중학 **사회** ①-1

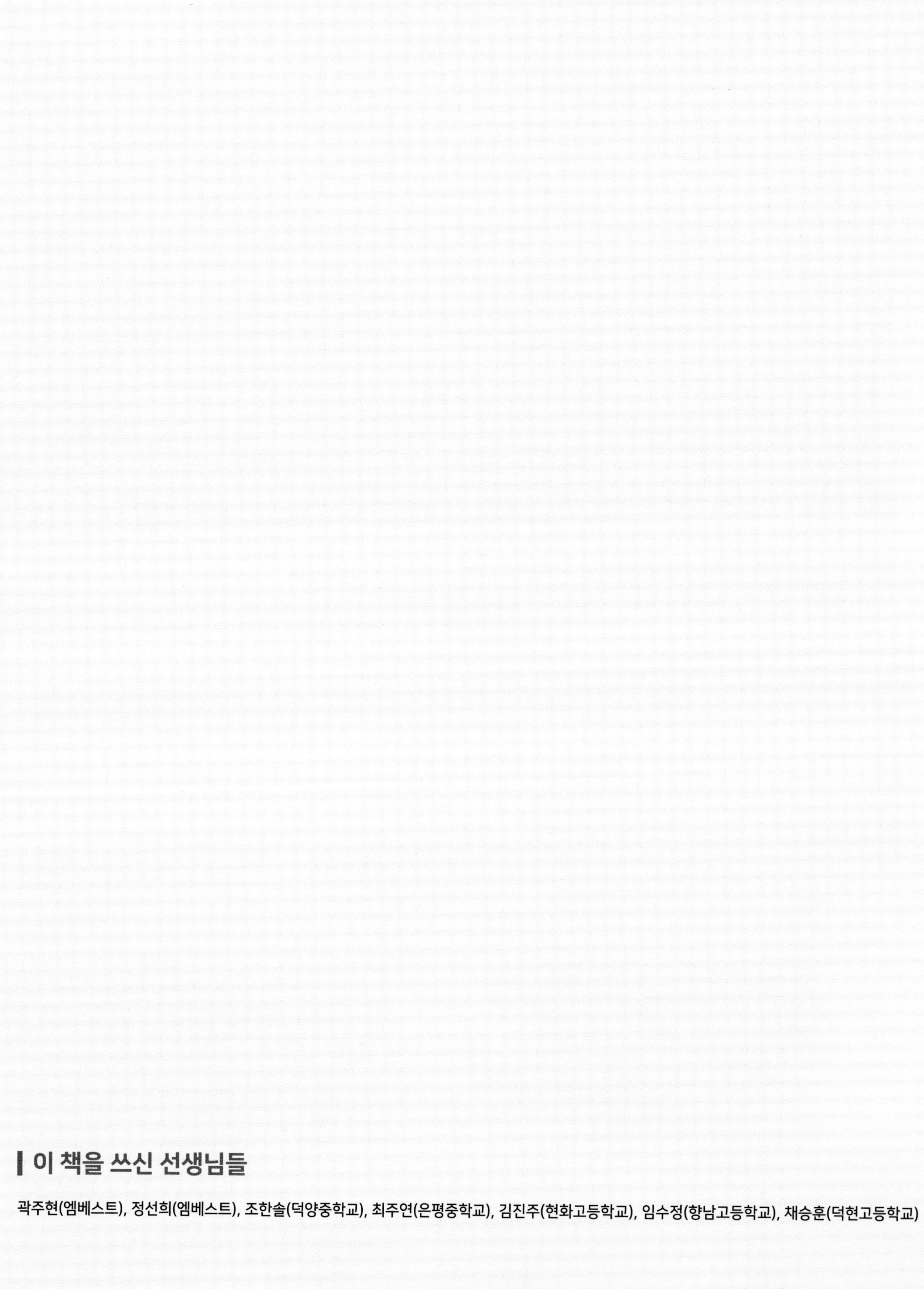

▎이 책을 쓰신 선생님들

곽주현(엠베스트), 정선희(엠베스트), 조한솔(덕양중학교), 최주연(은평중학교), 김진주(현화고등학교), 임수정(향남고등학교), 채승훈(덕현고등학교)

올바른 사회 개념은 옳소, 완벽한 내신 대비서 올쏘!

올쏘

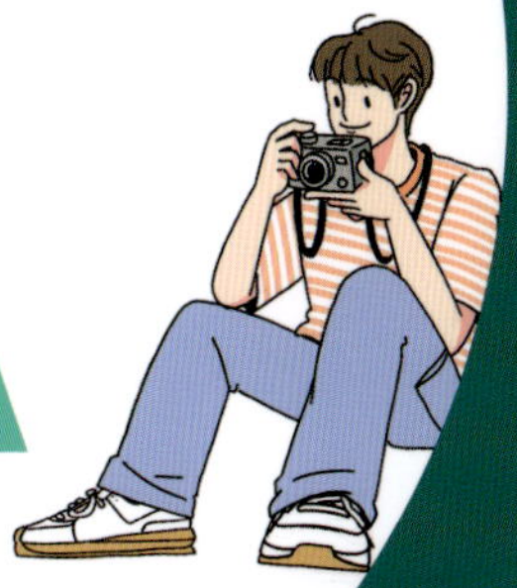

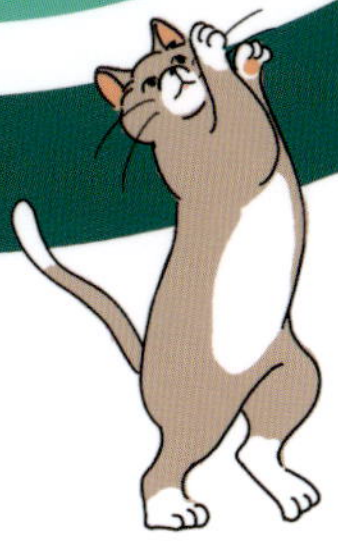

중학

사회 ①-1

개념 학습 정리책

내용 정리

꼼꼼하고 자세한
내용 정리와
핵심 자료 분석

단계별 문제

STEP 1. 개념 확인
STEP 2. 대표 문제
STEP 3. 주관식·서술형

대단원 마무리

핵심을 한눈에
파악하고
문제로 최종 점검

· 빠른 정답 확인
· 확인 테스트
· 무료 동영상 강의

동아출판

올쏘 중학 사회 ①-1

무료 동영상 강의는 이렇게 ~

PC에서

인터넷 검색창에서 '**동아출판**'을 검색하거나
주소창에 동아출판 누리집 주소(http://www.bookdonga.com)를 직접 입력합니다.
▶ **중학** → **중학 스마트러닝** → **올쏘**를 클릭하면
무료 동영상 강의를 볼 수 있습니다.

모바일에서 표지의 QR 코드를 찍습니다.

- **무료 동영상 강의** 선생님의 든든한 단원별 강의

- **확인 테스트** 게임하듯 재미있게! 필수 개념 확인 퀴즈

- **빠른 정답 확인** 손쉬운 채점 도우미

개념학습 정리책

중학 사회 ①-1

구성과 특징

>> **동아출판 홈페이지**에서 **무료 동영상 강의**를 이용해 보세요!

무료 동영상 강의로 핵심 내용을 한 번 더 학습하고
모르는 문제는 완벽하게 이해하기

동아출판 홈페이지 바로 가기
www.bookdonga.com

개념 학습 정리책

단원별 내용 학습으로 필수 개념 마스터하기

STEP 1-2-3의 단계별 문제로 실력 쌓기

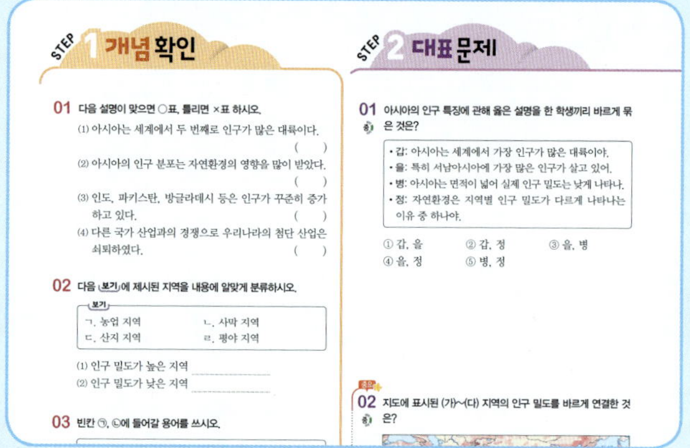

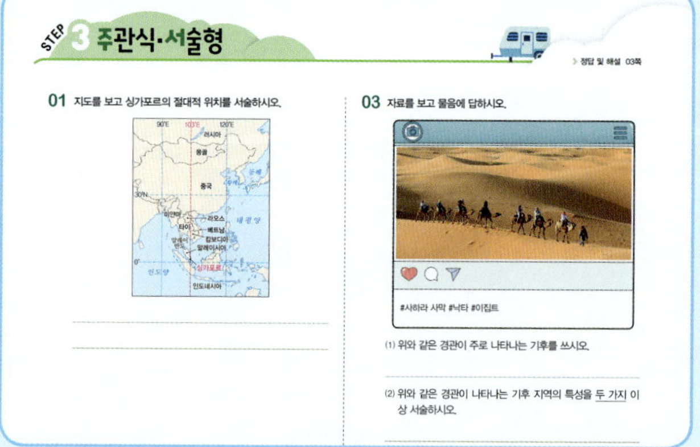

---

❶ 내용 정리

교과서의 핵심 개념을 꽉 채웠어요. 이것만은 꼭 알아 두세요.

❷ 핵심 자료와 개념

시험에 자주 출제되는 중요 자료만 모두 모았어요. 반드시 확인하세요.

❸ 용어 해설

교과서의 주요 용어를 이해하기 쉽게 풀이하였어요. 무조건 암기하지 말고 쉽게 이해하세요.

---

❶ 개념 확인

빈칸 채우기, 선 잇기 등 간단한 문제를 풀며 주요 개념을 내 것으로 만들어 보세요.

❷ 대표 문제

시험에 꼭 나오는 핵심 문제만을 엄선하였어요. 다양한 유형의 문제를 풀며 실력을 키워 보세요.

❸ 주관식·서술형

시험에 자주 출제되는 주관식·서술형 문제를 풀며 서술형 평가에도 대비해 보세요.

대단원 개념 정리와 실전 문제로 반복 학습하기

❶ 대단원 한눈에 정리하기

대단원 내용을 한눈에 파악할 수 있도록 도표, 자료 등을 구성하였어요. 꼭 확인하고 넘어가세요.

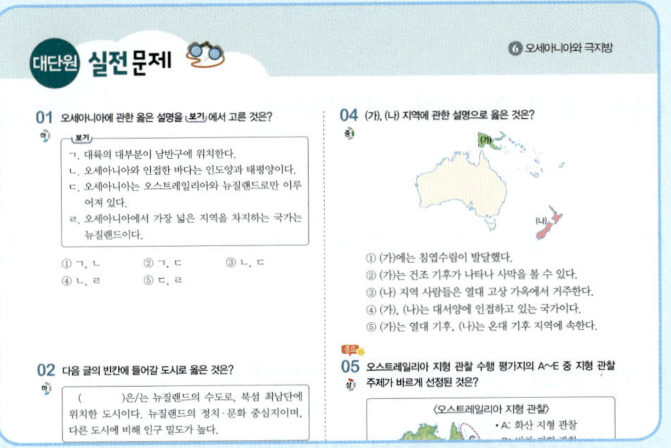

❷ 대단원 실전 문제

대단원을 정리할 수 있는 다양한 유형의 단원 통합형 문제로 구성하였어요. 문제를 풀며 실력을 점검해 보세요.

특별 자료

- 대단원 학습에 활용할 수 있는 지형도와 기후도, 백지도를 모아 구성하였어요. 정리책에서 학습한 국가와 도시 등의 위치를 직접 표시하며 지도와 친해지도록 해요.

시험 대비 문제책

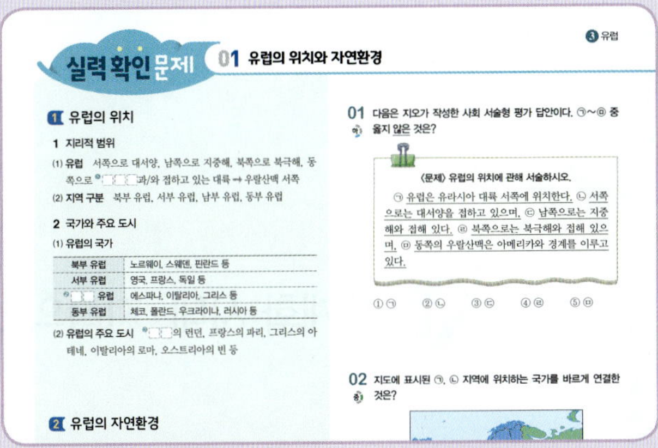

❶ 실력 확인 문제

문제를 풀며 정리책에서 학습한 내용을 복습해 보세요. 문제를 많이 틀렸거나, 개념이 명확하게 정립되지 않은 느낌이라면 정리책으로 돌아가 다시 한 번 학습하세요.

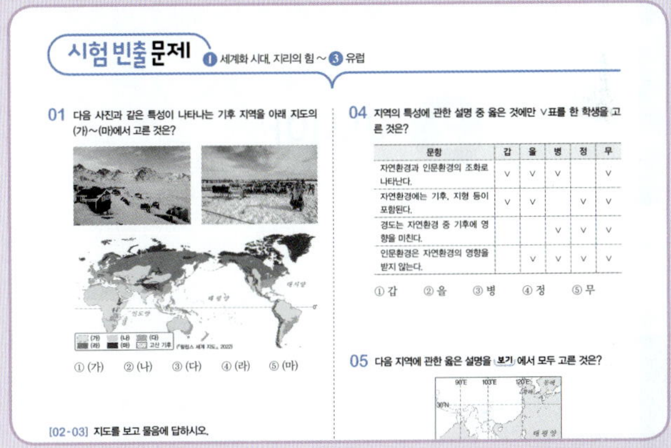

❷ 시험 빈출 문제

시험에 자주 출제되는 문제들만 뽑아 구성하였어요. 문제를 풀며 실전 경험을 쌓아 보세요.

정답 및 해설

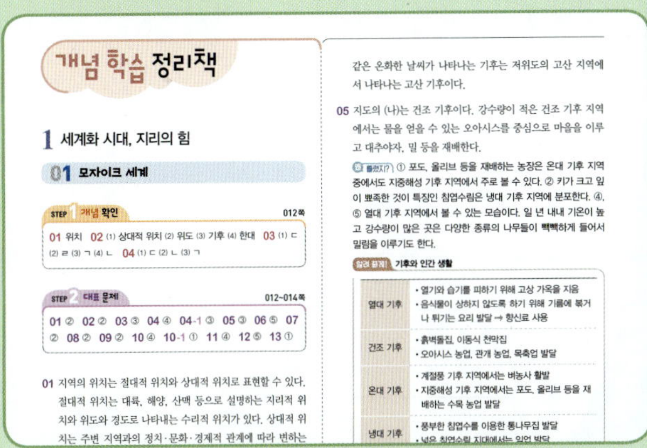

- 상세한 해설로 자료를 분석하고 정답을 찾는 방법을 익히도록 하였어요. 왜 틀렸지? 로 오답을 상세하게 설명하여 답이 아닌 까닭을 파악할 수 있고, 알려 줄게! 로 문제 풀이에 필요한 보충 자료를 제시하였어요.

이 책의 

contents 차례

단원 찾기

미래엔	비상	아침나라	천재
008~011	010~013	008~013	010~017
012~021	014~021	014~021	018~025
028~032	028~031	028~033	030~035
033~037	032~037	034~037	036~039
038~045	038~045	038~045	040~047
052~055	052~055	052~059	052~057
056~065	056~065	060~067	058~065
072~075	072~075	074~079	070~075
076~085	076~083	080~087	076~083
092~095	092~095	094~099	088~093
096~105	096~103	100~109	094~101
112~117	110~113	116~121	106~109
118~125	114~123	122~129	110~117

1

세계화 시대,
지리의 힘

북극해
그린란드
고비 사막
동해
로키산맥
애팔래치아산맥
대서양
태평양
아마존강
0°
양
대찬정분지
남극해
히말라야산맥

01 모자이크 세계

❶ 세계 여러 지역의 차이

1 위치에 따른 지역의 특성

(1) **위치** 어떤 지역이 일정한 장소에 차지하고 있는 자리

더 알기
자료 1

절대적 위치	• 지역의 변하지 않는 고정적인 정보로 나타낸 위치 • 수리적 위치: ❶위도와 ❷경도로 나타내는 위치 • 지리적 위치: 대륙, 해양, 산맥 등 ❸지형지물로 나타내는 위치
상대적 위치	주변 국가와의 관계에 따라 결정되는 위치 — 시대나 상황에 따라 변할 수 있어.

(2) **중요성** 위치에 따른 자연환경과 ❹인문환경을 파악하여 지역의 특성을 이해할 수 있음
기후, 지형 등의 자연환경과 더불어 지역의 특성을 다채롭게 만드는 역할을 해.

2 자연환경과 지역의 특성

자료 2 (1) **지형** 땅의 생긴 모양이나 형태로 ❺침식·운반·❻퇴적 과정을 거쳐 산지, 평야, 하천, 해안 등의 다양한 형태로 만들어짐

◀ **세계의 주요 지형** 세계는 각 지역마다 서로 다른 지형이 분포하며, 지형에 따라 사람들의 생활양식도 다양하게 나타난다.

(2) **기후** 어떤 지역에서 오랜 기간 걸쳐 나타나는 기온, 강수, 바람 등의 평균 상태 → 위도, ❼해발 고도, 지형 등에 따라 다양하게 나타남

기후는 지역의 의식주를 비롯한 주민 생활 방식에 큰 영향을 줘.

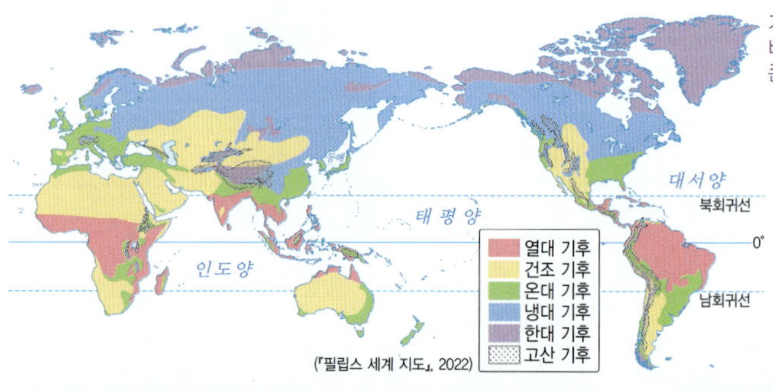

◀ **세계의 기후 지역** 기온과 강수량을 기준으로 열대·건조·온대·냉대·한대 기후 등으로 구분할 수 있다.

열대 기후
건조 기후
온대 기후
냉대 기후
한대 기후
고산 기후

『필립스 세계 지도』, 2022

열대 기후	건조 기후	온대 기후
• 일 년 내내 기온이 높고 연 강수량이 많음 • 적도 주변 지역	• 강수량보다 증발량이 많음 • 강수량에 따라 사막이나 초원이 발달함	• 사계절의 변화가 뚜렷하고 기온이 온화함 • 중위도 지역

더 알기 경도에 따른 시간 차이

지구는 하루에 한 바퀴씩 서쪽에서 동쪽으로 자전하기 때문에 경도 15°마다 1시간의 차이가 발생한다. 해외여행을 떠날 때나 해외에서 스포츠 경기가 열릴 때는 이러한 시차를 고려해야 한다.

자료 1 세계의 대륙과 해양

지구 표면은 육지가 약 30%, 해양이 약 70%로 이루어져 있다. 육지는 크게 아시아, 유럽, 아프리카, 북아메리카, 남아메리카, 오세아니아, 남극 대륙으로 구분할 수 있으며, 해양은 태평양, 인도양, 대서양, 북극해, 남극해로 구분할 수 있다.

자료 2 세계의 주요 지형

산지 지역은 해발 고도가 높고 대체로 경사가 급하여 인간이 거주하기에 불리하다.

평야 지역은 넓고 평탄하여 기후 조건이 적절할 경우 농업이 발달한다.

해안 지역은 바다가 가까이 있어 어업 활동에 유리하고, ❽해상 교통이 편리하다.

용어 풀이

❶ 위도: 적도를 중심으로 남북을 각각 90°로 나눈 것
❷ 경도: 본초 자오선을 기준으로 동서를 각각 180°로 나눈 것
❸ 지형지물: 땅의 생김새와 땅 위에 있는 모든 물체를 이르는 말
❹ 인문환경: 산업, 종교, 언어 등 인간 활동의 결과로 만들어진 환경
❺ 침식: 비, 하천, 빙하, 바람 따위의 자연 현상이 지표를 깎는 일
❻ 퇴적: 물, 빙하, 바람 따위의 작용으로 운반되어 일정한 곳에 쌓이는 일
❼ 해발 고도: 평균 해수면을 기준으로 하여 잰 어떤 지점의 높이
❽ 해상 교통: 바다 위를 교통로로 하여 이루어지는 수송

냉대 기후	한대 기후	고산 기후
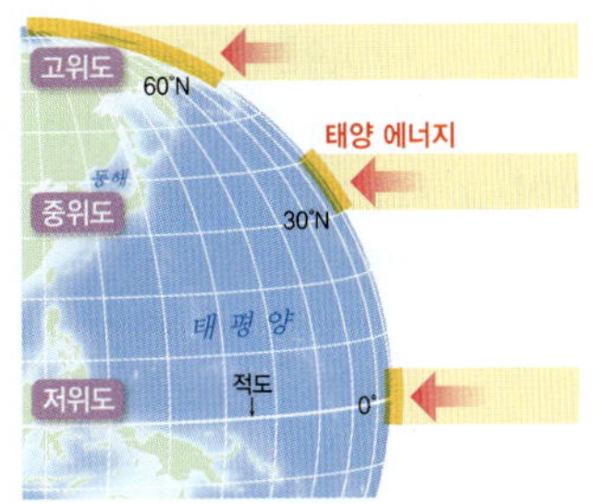		
• 겨울이 길고 추우며, 침엽수림이 넓게 분포함 • 고위도 지역	• 연중 기온이 매우 낮음 • ❶극지방 주변	• 연중 기후가 온화함 • ❷적도 부근의 해발 고도가 높은 지역

3 인문환경과 지역의 특성

산업	• 지역에 발달한 산업에 따라 주민들의 생활 방식이 달라짐 • 예 농경 지역은 정착 생활, 유목 지역은 이동 생활을 함 • 예 제조업, 첨단 산업이 발달한 지역은 도시적 생활 모습이 나타남
종교	주민들의 일상생활과 밀접한 관련을 맺으며 독특한 인문환경 형성 예 음식, 결혼 및 장례 문화
언어	언어가 다르면 문자로 표현되는 언어 ❹경관이 달라짐

2 세계 여러 지역의 다양성

1 세계 여러 지역의 특성

지역의 위치에 따라 자연환경이 다르게 나타나고, 이러한 자연환경의 차이가 인간 생활 전반에 영향을 주기 때문에 세계 여러 지역에서 다양한 생활 모습이 나타나.

구분	싱가포르	이집트	몽골
위치	말레이반도	아프리카 북동부	아시아 내륙
자연환경	열대 기후, 믈라카 해협에 인접	강수량이 적은 건조 기후, 사막이 넓게 분포	건조 기후, 초원과 사막
인문환경	❺중계 무역 발달, 다양한 민족과 언어, 종교	길고 헐렁한 옷, 나일강의 물을 이용한 농업 발달	농사짓기 어려워 유목 발달, 게르에서 생활
구분	에스파냐	러시아 북극해 연안	페루
위치	지중해 북서쪽	아시아 대륙 북부	안데스산맥
자연환경	여름이 고온 건조한 온대 기후, 지중해와 접함	일 년 내내 추운 한대 기후	해발 고도 약 2,400m에 위치, 고산 기후
인문환경	올리브, 포도, 오렌지 등을 재배하는 농업이 발달함	순록을 키우며 이동 생활을 하는 유목이 이루어짐	❻잉카 문명이 탄생한 곳으로 일찍부터 도시 발달

2 세계 여러 지역의 다양성 이해

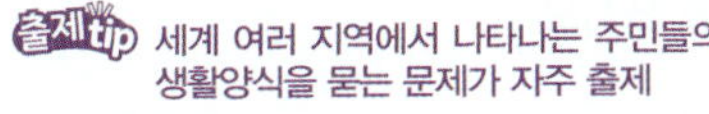

(1) **지역의 다양성** 지역의 위치와 자연환경, 인문환경이 결합하여 지역의 특성 형성 → 지역에서 나타나는 주민들의 삶의 모습 다양

(2) **지리적 다양성의 존중** 세계 각 지역의 특성을 이해하고, 다른 문화의 다양성과 고유성을 존중하는 세계시민의 태도 필요

 위도에 따른 기온 차이

지구는 둥글기 때문에 위도에 따라 ❸일사량의 차이가 발생하여 저위도에서 고위도로 갈수록 기온이 점차 낮아진다. 저위도 지역은 태양 에너지를 수직에 가깝게 받아 열이 좁은 지역에 집중되어 대체로 열대 기후가 나타나고, 고위도 지역은 태양 에너지를 비스듬하게 받아 열이 넓은 지역으로 분산되어 대체로 한대 기후가 나타난다.

 유목 생활과 게르

몽골은 물과 풀을 찾아 이동하면서 염소나 양 등의 가축을 기르는 유목 생활을 주로 하기 때문에 조립과 분해가 쉬운 이동식 가옥 형태가 발달했다.

더 알기 세계 여러 지역의 특성과 전통 의상

▲ 베트남　　▲ 모로코　　▲ 페루

베트남	덥고 비가 많이 내림 → 얇고 바람이 잘 통하는 긴 옷을 입고, 챙이 넓은 모자를 씀
모로코	기온이 높고 비가 적게 내림 → 사막의 모래바람을 피하고 열기를 막기 위해 길고 헐렁한 옷을 입음
페루	낮과 밤의 기온 차가 큼 → 낮의 뜨거운 햇볕을 막고 밤의 추위를 견디기 위해 망토를 걸치고 모자를 씀

용어 풀이

❶ 극지방: 남극과 북극을 중심으로 한 그 주변 지역
❷ 적도: 위도의 기준이 되는 선으로, 적도의 위도는 0°임
❸ 일사량: 태양 복사 에너지가 지표에 닿는 양
❹ 경관: 일정 지역의 고유한 풍경
❺ 중계 무역: 외국에서 수입해 온 물자를 그대로 제3국에 수출하면서 이익을 얻는 무역 방식
❻ 잉카 문명: 남아메리카 안데스 지대의 페루를 중심으로 16세기 초까지 잉카족이 이루었던 청동기 문화

01 빈칸에 공통으로 들어갈 말을 쓰시오.

> (   )(이)란, 어떤 지역이 일정한 장소에 차지하고 있는 자리를 말한다. 어떤 지역의 (   )을/를 알면 그곳의 자연환경과 인문환경을 파악할 수 있고, 이는 지역의 특성을 이해하는 데 도움이 된다.

02 다음 중 알맞은 말에 ○표 하시오.

(1) (절대적 위치, 상대적 위치)는 주변 국가와의 관계에 따라 결정되는 위치이다.
(2) 지구는 둥글기 때문에 (위도, 경도)에 따라 지표면이 받는 일사량이 달라져서 지역마다 기온이 다르게 나타난다.
(3) 어떤 지역에서 오랜 기간 걸쳐 나타나는 기온, 강수, 바람 등의 평균 상태를 (기후, 지형)(이)라고 한다.
(4) (한대, 고산) 기후는 극지방 주변에 나타나며, 연중 기온이 매우 낮다.

03 다음 기후와 관련 있는 지역의 특성을 바르게 연결하시오.

(1) 열대 기후 •　　　　　• ㄱ. 사계절
(2) 건조 기후 •　　　　　• ㄴ. 침엽수림
(3) 온대 기후 •　　　　　• ㄷ. 고온 다습
(4) 냉대 기후 •　　　　　• ㄹ. 사막과 초원

04 다음 설명에 해당하는 지형을 보기 에서 골라 기호를 쓰시오.

> **보기**
> ㄱ. 산지　　　　ㄴ. 평야　　　　ㄷ. 해안

(1) 바다와 가까이 있어 항구와 수산업이 발달함 　(　　)
(2) 넓고 평탄하여 기후 조건이 적절할 경우 농업이 발달함 　(　　)
(3) 해발 고도가 높고 경사가 급해 인간이 거주하기에 불리함 　(　　)

01 위치에 관한 설명으로 옳지 <u>않은</u> 것은?

① 상대적 위치는 시대나 상황에 따라 변할 수 있다.
② 위도와 경도로 나타내는 위치는 상대적 위치에 해당한다.
③ 어떤 지역이 일정한 장소에 차지하고 있는 자리를 가리킨다.
④ 절대적 위치는 수리적 위치와 지리적 위치로 구분할 수 있다.
⑤ 절대적 위치는 지역의 변하지 않는 고정적인 정보로 나타내는 위치이다.

02 다음에서 설명하는 위치에 해당하는 국가로 옳은 것은?

> • 북위 22°~31°, 동경 24°~34°에 위치
> • 아프리카 북동부에 위치하며, 북쪽으로는 지중해를 사이에 두고 그리스, 튀르키예 등과 인접
> • 건조 기후 지역

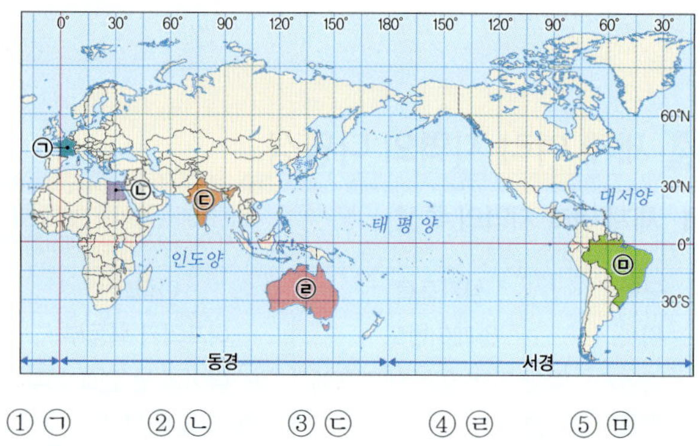

① ㉠　　② ㉡　　③ ㉢　　④ ㉣　　⑤ ㉤

03 다음 자료에 관한 설명으로 옳지 <u>않은</u> 것은?

① ㉠에서는 대체로 열대 기후가 나타난다.
② ㉡에서는 대체로 한대 기후가 나타난다.
③ ㉠에서 ㉡으로 갈수록 일사량이 많아진다.
④ ㉠에서 ㉡으로 갈수록 기온이 점차 낮아진다.
⑤ 위도에 따라 태양 에너지의 양에 차이가 있음을 보여 주는 자료이다.

[04-05] 세계 기후 구분을 나타낸 지도를 보고 물음에 답하시오.

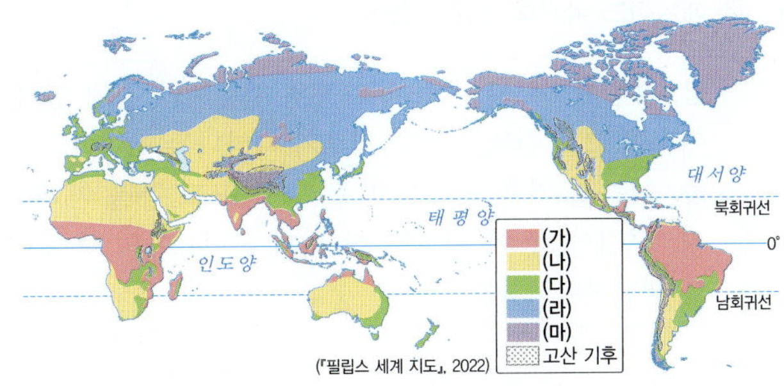

『필립스 세계 지도』, 2022

04 지도의 (가)~(마) 기후를 바르게 연결한 것은?

① (가) – 한대 기후　　② (나) – 열대 기후

③ (다) – 건조 기후　　④ (라) – 냉대 기후

⑤ (마) – 온대 기후

같은 주제 다른 문제

04-1 (가)~(마) 기후 지역에 관한 설명으로 옳지 <u>않은</u> 것은?

① (가) – 적도 주변 지역에 나타나며 기온이 높고 강수량이 많다.

② (나) – 강수량보다 증발량이 많아 식생이 자라기 어렵다.

③ (다) – 일 년 내내 봄과 같이 온화한 날씨가 나타난다.

④ (라) – 고위도 지역에 나타나며 겨울이 길고 춥다.

⑤ (마) – 극지방 주변에 나타나며 연중 기온이 매우 낮다.

05 (나) 기후 지역에서 볼 수 있는 모습으로 옳은 것은?

① 포도, 올리브를 재배한다.

② 넓은 침엽수림이 나타난다.

③ 오아시스 주변에서 농작물을 재배한다.

④ 키가 큰 나무가 빼곡한 밀림이 나타난다.

⑤ 비를 피하기 위해 챙이 넓은 모자를 쓴다.

06 적도 주변 지역에 관한 설명으로 옳은 것은?

① 겨울이 길고 추우며, 침엽수림이 분포한다.

② 순록을 키우는 유목 생활을 하며 살아간다.

③ 강수량이 증발량보다 적어 식생이 자라기 어렵다.

④ 일 년 내내 기온이 매우 낮아 인간 생활에 불리하다.

⑤ 기온이 높고 강수량이 많아 푸르고 잎이 넓은 나무가 자란다.

07 지형과 지역의 특성에 관한 옳은 설명을 보기 에서 고른 것은?

보기

ㄱ. 평야 지역에서는 농업이 발달한다.

ㄴ. 산지는 인간이 거주하기에 유리한 지형이다.

ㄷ. 세계의 큰 도시는 주로 평야와 해안 지역에 발달하였다.

ㄹ. 서로 다른 지형이라도 사람들의 생활양식은 동일하게 나타난다.

① ㄱ, ㄴ　　② ㄱ, ㄷ　　③ ㄴ, ㄷ

④ ㄴ, ㄹ　　⑤ ㄷ, ㄹ

08 빈칸에 들어갈 말로 옳은 것은?

제목: (　　　　)에서 생활하는 사람들의 모습

• 히말라야산맥을 방문하는 등산객에게 길을 안내하고 짐을 날라주는 사람을 '셰르파'라고 부른다. 이들은 관광업에 종사하지 않는 시기에는 농사를 짓거나 야크를 키우며 살아간다.

• 알프스 산지는 아름다운 자연 경관을 바탕으로 관광 산업이 발달하였다. 더불어 목축업과 낙농업이 이루어지고, 빵에 치즈를 찍어 먹는 퐁뒤가 유명하다.

① 빙하 지역　　② 산지 지역

③ 평야 지역　　④ 하천 지역

⑤ 해안 지역

09 다음과 같은 가옥이 나타나는 데 가장 큰 영향을 미친 요인으로 옳은 것은?

① 교통
② 기후
③ 언어
④ 종교
⑤ 소득 수준

중요

10 지도에 표시된 지역의 특성을 추론한 내용으로 가장 적절한 것은?

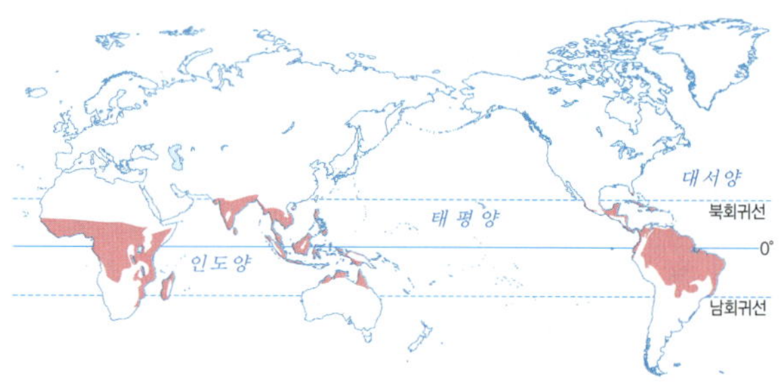

① 이끼를 찾아 이동하면서 순록을 유목한다.
② 지붕의 경사를 평평하게 만들어 비에 대비한다.
③ 추위를 견디기 위해 털가죽으로 만든 옷을 입는다.
④ 열대 과일이 풍부하여 이를 이용한 요리가 발달했다.
⑤ 침엽수림이 넓게 분포해 이를 이용한 종이와 펄프 산업이 발달했다.

같은 주제 다른 문제

10-1 지도에 표시된 지역에서 볼 수 있는 경관으로 적절한 것은?

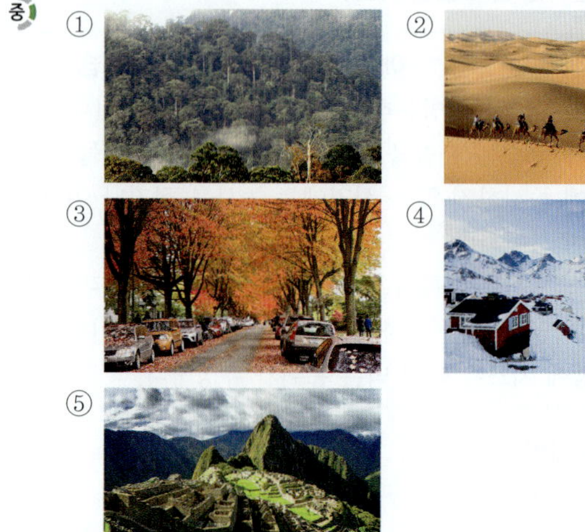

11 다음은 어느 지역의 특성을 이야기하는 친구들의 대화이다. ㉠에 해당하는 국가로 옳은 것은?

> • 갑: 유럽에 속하는 ㉠ 이 지역은 지중해와 접해 있어. 여름이 고온 건조한 온대 기후가 나타나는 곳이야.
> • 을: 여름철 기후를 이용해 올리브, 포도 등을 재배하지. 그래서 ㉠ 이 지역은 전 세계 올리브유의 약 45%를 생산한다고 해.

① 몽골
② 페루
③ 이집트
④ 에스파냐
⑤ 싱가포르

12 지역의 특성을 추론하는 다섯 고개 퀴즈 중 빈칸에 들어갈 내용으로 가장 적절한 것은?

> 〈지역의 특성 다섯 고개 퀴즈〉
> – 적도 부근에 위치한다.
> – 덥고 습한 열대 기후가 나타난다.
> – 많은 섬으로 이루어져 있고, 동남아시아에 속한다.
> – 이슬람교를 믿는 사람이 대다수이다.
> – (   )
>
> 정답: 인도네시아

① 이동식 가옥인 게르에서 생활한다.
② 오로라, 백야 등 자연 경관을 이용한 관광 산업이 발달했다.
③ 잉카 문명이 탄생한 곳으로, 관련 유적을 볼 수 있는 세계적인 관광지이다.
④ 낮의 뜨거운 햇볕을 막고 밤의 추위를 견디기 위해 망토를 걸치고 모자를 쓴다.
⑤ 음식이 쉽게 상하지 않도록 기름과 향신료를 사용하여 만든 나시고렝이 지역의 대표 음식이다.

13 다음 퀴즈의 정답으로 가장 적절한 것은?

① 세계시민
② 경제 시민
③ 민주 시민
④ 지역 주민
⑤ 현대 시민

01 지도를 보고 싱가포르의 절대적 위치를 서술하시오.

02 그림의 (가)~(다) 중 태양 에너지를 가장 많이 받는 지역을 쓰고, 그 이유를 서술하시오.

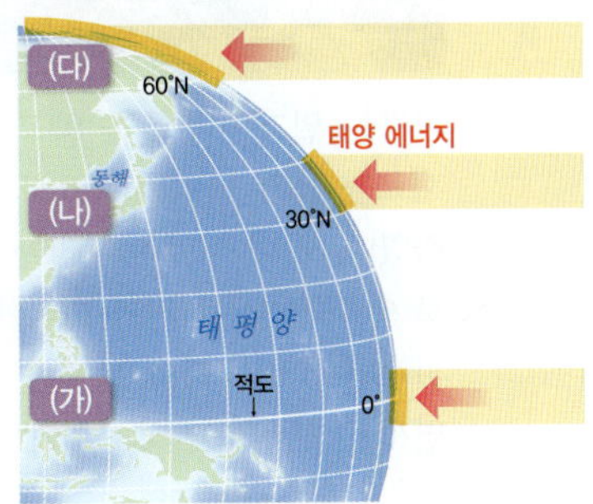

03 자료를 보고 물음에 답하시오.

(1) 위와 같은 경관이 주로 나타나는 기후를 쓰시오.

(2) 위와 같은 경관이 나타나는 기후 지역의 특성을 <u>두 가지</u> 이상 서술하시오.

04 세계 각 지역의 의생활 모습이 다르게 나타나는 이유를 서술하시오.

▲ 베트남, 모로코, 페루의 전통 의상

02 네트워크 세계
~03 세계는 하나로, 지역은 세계로

1 세계 각 지역의 공간적 상호 작용

1 세계 여러 지역의 연결 ┌ 다른 곳과 구별되는 특성이 나타나는 공간적 범위야.

(1) **지역**의 연결   지역 간에 사람과 물자 등이 이동하면서 지역이 서로 연결

(2) **지역 간 연결의 확대**   교통과 정보 통신 기술의 발달로 상호 작용의 범위 확대 ➡ 지역이 전 세계적으로 연결
┌ 자동차, 대형 선박, 고속 철도, 항공기 등 전 세계의 각 지역을 연결하는 교통망이 형성되었다.

교통의 발달	• 새로운 교통수단 등장: 사람, 물자 등의 지역 간 이동이 더욱 빠르고 편리 • 공간적 범위 확대, 지역의 ❶접근성 향상 ➡ 국경을 ❷초월한 지역 간 상호 작용 활발
정보 통신 기술의 발달	• 인터넷, 스마트폰의 발달: 사회 관계망 서비스(SNS), 동영상 공유 플랫폼 등으로 실시간 소통 가능, ❸해외 직접 구매 증가, 다양한 정보 공유 • 정보 통신 기술의 발달로 공간적 제약 극복 ➡ 다양한 상호 작용 가능

(국제 민간 항공 기구, 2021)

▲ **세계 항공 네트워크**   세계 주요 공항들은 항공 노선이 서로 연결되어 있고, 운항 횟수가 많아 사람과 화물의 이동에 중요한 역할을 한다.

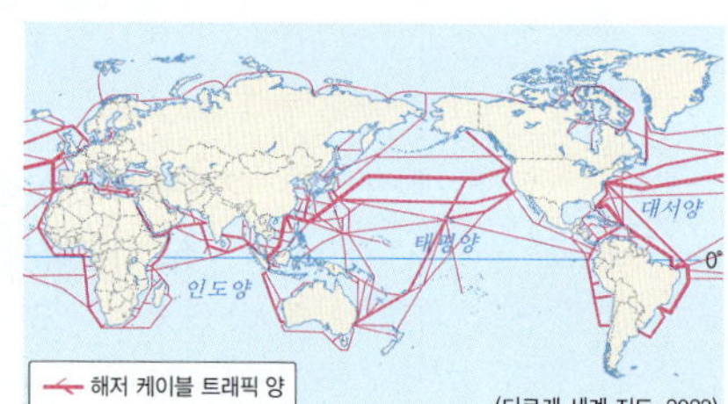

(디르케 세계 지도, 2023)

▲ **세계 해저 케이블 네트워크**   인터넷에 올라온 정보는 해저 케이블과 각국의 국내 통신망을 통해 빠르게 세계로 퍼진다.

2 공간적 상호 작용 [자료 1]

(1) **의미**   여러 지역 사이에 발생하는 사람, 물자, 정보, 자본 등의 흐름

세계적 규모의 공간적 상호 작용	예 지구 반대편에서 하는 스포츠 경기를 실시간으로 보는 것, 특정 국가에서 생산한 제품을 전 세계에 판매하는 것 등
국가적·지역적 규모의 공간적 상호 작용	예 전국 곳곳에서 열리는 지역 축제에 방문하여 지역 특산물을 사는 것, 스마트폰 애플리케이션으로 음식을 주문하고 배달받는 것 등

(2) ❹**네트워크로서의 세계**   물리적 공간을 초월하여 서로 다른 지역, 국가, 세계 등이 다양한 방식으로 연결된 사회

2 하나 되어 가는 세계

1 세계화 [자료 2] ┌ 세계화로 국경의 의미와 역할은 점차 줄어들었어.

(1) **의미**   정치, 경제, 사회, 문화 등의 인간 활동이 해당 지역이나 국가의 경계를 넘어 전 세계로 확대되고 지역 또는 국가 간 ❺상호의존성이 커지는 현상

(2) **특징**   새로운 교통수단과 정보 통신 기술의 발달로 시·공간 거리가 단축됨에 따라 지역 간 사람, 물자, 정보의 교류가 활발해지면서 빠르게 진행

자료 1 청바지와 세계의 연결

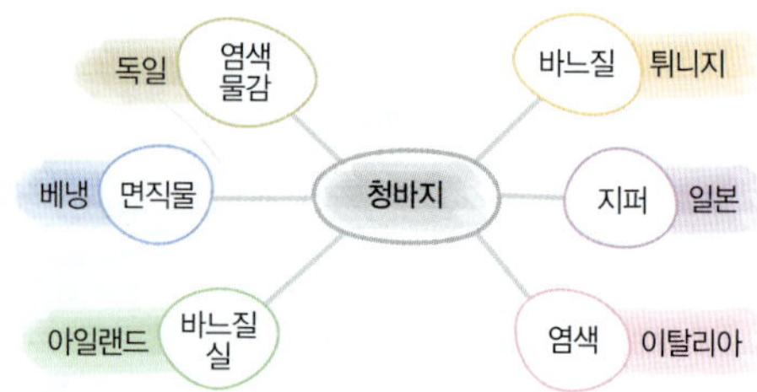

▲ **청바지의 원료와 부품별 원산지**

A 의류 기업에서는 청바지 한 벌을 만들 때 유럽, 아시아, 아프리카, 오세아니아 대륙에 있는 많은 업체가 참여한다. 튀니지를 비롯한 베냉, 이탈리아, 일본 등 12개 이상의 국가에서 원료와 부품, 노동력 등을 공급받는다.

더알기 다양한 규모의 네트워크

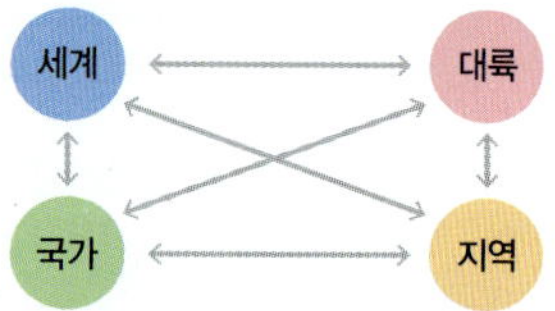

네트워크를 통한 연결은 지구적 수준에서 지역 수준까지 다양한 공간 스케일에서 발생한다. 사람, 물자, 정보의 이동을 통한 세계의 연결은 다양한 교통·통신 네트워크를 통해 이루어진다.

자료 2 피자의 세계화

피자는 밀가루 반죽을 얇고 넓게 편 후 다양한 재료를 올려 구워낸 것으로 이탈리아에서 유래하였다. 19세기 말 이탈리아 이민자들이 미국으로 이주하면서 피자가 미국에 전파되었다. 이후 피자의 크기가 커지고, 피자 속 재료가 다양해지면서 전 세계로 퍼져 나가게 되었다.

❶ 접근성: 통행 발생 지역으로부터 특정 지역이나 시설로 접근할 수 있는 가능성. 일반적으로 거리·통행 시간·매력도 등에 의하여 결정되는 것으로, 이것이 높을수록 교통량이 많아짐
❷ 초월: 어떠한 한계나 표준을 뛰어넘음
❸ 해외 직접 구매: 국내 소비자가 온라인 상점 등을 통해 외국의 상품을 직접 구매하는 행위
❹ 네트워크: 장소, 사람, 시설 등이 그물망처럼 연결되어 있는 것
❺ 상호의존성: 상대가 되는 이쪽과 저쪽 모두 서로에게 의지하여 존재하는 성질

> 세계 무역 기구(WTO)의 출범과 초국적 기업의 등장은 경제의 세계화를 촉진했어.

경제의 세계화	• 의미: 세계화로 상품, 서비스, 자본 등의 교류가 활발해지면서 전 세계가 하나의 거대한 시장을 형성 • 긍정적 영향: 기업은 전 세계를 대상으로 제품을 생산하고 판매하면서 경제적 ❶이득을 얻고, 소비자는 다양한 상품 구매 가능 • 부정적 영향: 국가 및 기업 간 경쟁이 치열해지고, 지역 간 경제적 격차 커짐
문화의 세계화	• 음악, 영화, 음식 등 일상생활 속 문화 요소들이 활발하게 교류 • 긍정적 영향: 한 지역에서도 국경을 초월한 다양한 문화를 경험 • 부정적 영향: 세계 문화가 ❷보편화되면서 지역 ❸고유문화의 ❹정체성이 약화되고, 세계 각 지역의 문화가 유사해지는 현상 발생

> 한 지역의 문화적 특성이 다른 지역에서 비슷하게 나타나는 문화 획일화 현상이 발생해.

💚 **교과서 비교**

지역화 전략

동아	지역 축제, 지역 브랜드, 지리적 표시제
미래엔	지역 축제, 지리적 표시제
비상	지역 브랜드, 장소 마케팅, 지리적 표시제
천재	지리적 표시제, 지역 브랜드, 장소 마케팅

3 세계로 향하는 지역의 변화

1 지역화

(1) **의미** 각 지역이 고유성을 살리고 ❺성장 잠재력을 길러 세계적 차원에서 고유한 가치를 지니게 되는 현상

(2) **지역화 ❻전략** 지역의 고유한 전통이나 특성을 이용하여 세계적인 경쟁력을 갖추고자 함 ➡ 다른 지역과 차별화된 이미지 형성, 지역 경제 ❼활성화

지역 축제 [자료 3]	• 지역의 자연환경, 특산물, 역사 등을 이용해 축제 개최 • 지역의 관광 산업 발달과 지역 경제 활성화에 기여 • 예) 브라질의 리우 카니발, 에스파냐의 라 토마티나, 타이의 송끄란 축제 등
지역 브랜드	• 지역 그 자체나 지역의 상품과 서비스를 소비자가 특별한 브랜드로 인식하도록 하는 전략 • 예) 미국 뉴욕의 I❤NY, 네덜란드 암스테르담의 I amsterdam 등
지리적 표시제	• 특정 지역의 지리적 특성을 반영한 우수한 상품이 그 지역에서 생산·가공되었음을 증명하고 표시하는 제도 ➡ 지역의 우수한 상품에 대한 경쟁력을 높임 • 예) 콜롬비안 커피(콜롬비아), 부팔라캄파냐모차렐라치즈(이탈리아), 다르질링 차(인도) 등

▲ 콜롬비아 커피

▲ 이탈리아 치즈

▲ 인도 차

장소 마케팅	지역의 특성 장소를 매력적인 상품으로 만드는 전략

[자료 4] **2 지역의 변화가 세계에 미친 영향**

> 출제Tip 사례를 보고 어떤 지역화 전략을 활용했는지 묻는 문제가 자주 출제

(1) 지역의 문화가 다른 지역으로 전파되어 세계 문화를 다양하게 만듦

(2) 세계 문화가 지역의 특성과 결합하여 새로운 문화를 창조하기도 함

(3) 지역의 변화가 세계에 영향 ➡ 지역을 변화시키는 세계시민으로서의 참여와 실천

예) 브라질의 쿠리치바(생태 도시), 영국의 가스탕(공정 무역 도시) 등

> 2000년 마을 회의에서 세계 최초 공정 무역 마을이 될 것을 결정하고, 공정 무역 제품 사용을 약속하는 선언을 했어.

▲ 소시지를 넣은 독일 햄버거

▲ 밥으로 만든 우리나라 햄버거

햄버거는 세계적인 햄버거 프랜차이즈 매장을 통해 세계 어디서든 쉽게 접할 수 있는 음식이다. 전 세계로 널리 퍼진 햄버거는 지역의 문화에 맞게 변화하여 지역별로 특색 있는 햄버거 메뉴가 만들어지고 있다.

[자료 3] 지역 축제

▲ 에스파냐의 라 토마티나

▲ 타이의 송끄란 축제

세계 각 지역에서는 지역의 독특한 문화를 바탕으로 한 축제가 열린다. 지역 축제는 매력적인 지역 이미지를 만들고, 지역을 홍보하는 데 매우 효과적인 수단으로 관광객을 불러 모으고 있다. 에스파냐는 지역 특산물인 토마토를 던지며 축제를 즐기고, 타이는 물을 뿌리며 더위를 식히고 농사가 잘되길 기원하는 의미로 축제를 개최한다.

[자료 4] 브라질의 쿠리치바

브라질의 쿠리치바는 체계적인 교통 시스템을 도입하여 친환경 도시로 거듭났다. 특히 원통형 버스 정류장, 버스 전용 도로 등 버스 중심의 교통 정책을 펼쳤고, 이는 우리나라를 비롯한 세계 여러 지역에 영향을 주었다.

01 빈칸에 알맞은 말을 쓰시오.

(1) (   )은/는 여러 지역 사이에 발생하는 사람, 물자, 정보, 자본 등의 흐름을 말한다.

(2) (   )(이)란, 정치·경제·사회·문화 등 다양한 분야에서 세계가 하나의 공동체로 통합되어 가는 현상이다.

(3) (   )(이)란, 각 지역이 고유성을 살리고 성장 잠재력을 길러 세계적 차원에서 고유한 가치를 지니게 되는 현상이다.

02 다음 설명이 맞으면 ○표, 틀리면 ×표 하시오.

(1) 정보 통신 기술의 발달로 지역의 공간적 제약이 극복되었다. (   )

(2) 국경을 초월한 지역 간의 활발한 교류의 결과 세계 여러 지역이 하나로 연결된 네트워크 세계가 형성되었다. (   )

(3) 상품이나 서비스 등의 교류가 활발해지면서 전 세계가 거대한 하나의 시장을 형성하는 문화의 세계화가 나타나고 있다. (   )

(4) 세계화로 국가 간 경제적 격차는 작아지고 있다. (   )

03 빈칸에 공통으로 들어갈 알맞은 말을 쓰시오.

> 세계의 각 (   )은/는 고유한 특성을 지니고 있으며 (   )이/가 가진 자원, 농산물, 공업 제품 등도 서로 다르다. 따라서 (   ) 간에 부족한 것을 채우기 위해 사람과 물자 등이 이동하는 과정에서 (   )이/가 서로 연결된다.

04 사진 속 지역 브랜드를 바르게 연결하시오.

(1) 

•   • ㄱ. 인도 차

(2) 

•   • ㄴ. 콜롬비아 커피

01 빈칸 ㉠~㉢에 들어갈 말을 바르게 연결한 것은? [하]

> (㉠)의 발달로 지역 간 이동이 더욱 (㉡) 편리해지면서 사람, 물자 등이 이동할 수 있는 공간적 범위가 (㉢)되고 지역 간 상호 작용이 활발해졌다.

	㉠	㉡	㉢
①	교통	빠르고	확대
②	교통	빠르고	축소
③	교통	느리고	확대
④	통신	느리고	축소
⑤	통신	느리고	확대

02 세계 여러 지역의 공간적 상호 작용이 증가하게 된 원인으로 옳은 것을 보기 에서 모두 고른 것은? [하]

> **보기**
> ㄱ. 교통수단의 발달
> ㄴ. 자유 무역의 축소
> ㄷ. 정보 통신 기술의 발달
> ㄹ. 지역 간 상호의존성 강화

① ㄱ, ㄴ   ② ㄷ, ㄹ
③ ㄱ, ㄷ, ㄹ   ④ ㄴ, ㄷ, ㄹ
⑤ ㄱ, ㄴ, ㄷ, ㄹ

03 그림과 관련된 옳은 설명을 보기 에서 고른 것은? [중]

> **보기**
> ㄱ. 교통 네트워크의 발달을 보여 준다.
> ㄴ. 장소 간 이동에 필요한 시간이 증가했다.
> ㄷ. 오늘날 지역 간 실시간 소통이 가능해졌다.
> ㄹ. 이와 같은 발달로 지역 간 공간적 상호 작용이 증가했다.

① ㄱ, ㄴ   ② ㄱ, ㄷ   ③ ㄴ, ㄷ
④ ㄴ, ㄹ   ⑤ ㄷ, ㄹ

04 다음 뉴스와 관련하여 옳게 설명한 개수는?

중

> 지난해 우리나라 해외 직접 구매의 규모는 6조 6천억 원을 넘어섰습니다. 특히 중국 제품에 대한 해외 직접 구매가 급성장하고 있는데요. 소비자들은 품질은 물론 가격이 저렴해 해외 직접 구매를 선호한다고 합니다.

> • 교통의 발달과 관계있다.
> • 통신의 발달과 관계있다.
> • 다른 지역 간의 상품 이동이 나타나고 있다.
> • 가까운 지역끼리만 이러한 교류가 나타날 것이다.

① 0개　　② 1개　　③ 2개　　④ 3개　　⑤ 4개

05 다음은 우리나라 라면에 들어가는 재료이다. 자료와 관련된 설명으로 옳지 **않은** 것은?

상

> • 면: 소맥분(밀: 오스트레일리아산, 미국산), 감자 전분(덴마크산, 프랑스산, 독일산 등), 팜유(말레이시아산), 정제염(국내산), 귀리 식이 섬유, 채소 풍미액, 난각 분말, 조미 마늘 엑기스, 녹차 풍미유 등

① 네트워크 세계를 보여 주는 사례이다.
② 각 지역의 독립성이 강화되고 있는 모습이다.
③ 멀리 있는 지역과도 많은 교류가 이루어진다.
④ 교통의 발달이 이러한 생산을 가능하게 하였다.
⑤ 일상생활이 세계 여러 지역과 연결되어 있음을 알 수 있다.

같은 주제 다른 문제

05-1 자료를 보고 추론할 수 있는 내용으로 옳은 것을 보기 에서 모두 고른 것은?

중

> **보기**
> ㄱ. 세계 여러 국가에서 원료를 공급받는다.
> ㄴ. 항공과 해운 등 교통망의 중요성이 감소하였다.
> ㄷ. 지역 간에 부족한 것을 채우기 위해 물자 등이 이동한다.
> ㄹ. 생산·유통·소비 등은 지구를 가로질러 상호의존적으로 이루어진다.

① ㄱ, ㄴ　　　　　　② ㄷ, ㄹ
③ ㄱ, ㄴ, ㄷ　　　　④ ㄱ, ㄷ, ㄹ
⑤ ㄴ, ㄷ, ㄹ

06 세계화에 관한 설명으로 옳은 것은?

하

① 경제 분야에서만 나타난다.
② 지역의 상호의존성이 감소한다.
③ 세계화의 영향은 지역마다 같다.
④ 여러 공동체로 분열되는 현상을 말한다.
⑤ 교통과 정보 통신 기술의 발달로 나타난다.

07 빈칸 ㉠, ㉡에 들어갈 말을 바르게 연결한 것은?

중

> 세계화로 다양한 문화를 접할 기회가 늘어나고 여러 매체를 통해 각 지역의 문화가 빠르게 공유되고 있다. 이 과정에서 햄버거, 청바지의 사례처럼 세계 어디서나 비슷한 문화를 즐기는 (㉠)가 진행되고 있다. 또한 세계화로 상품과 서비스, 자본 등을 활발하게 교류하고 세계가 하나의 시장으로 통합되는 (㉡)도 이루어지고 있다.

	㉠	㉡
①	경제의 세계화	문화의 세계화
②	경제의 세계화	정치의 세계화
③	문화의 세계화	경제의 세계화
④	문화의 세계화	정치의 세계화
⑤	정치의 세계화	경제의 세계화

08 세계화 사례로 옳지 **않은** 것은?

중

① 세계 어디에서나 볼 수 있는 음식점 브랜드가 있다.
② 여행, 취업, 업무 등을 위한 국제 이동이 증가하고 있다.
③ 스마트폰의 조립, 판매 등의 과정에서 여러 국가가 관여한다.
④ 한 지역의 경제 상황 변화가 여러 지역에 영향을 주지 않는다.
⑤ 감염병이 세계 여러 지역으로 이동하는 '감염병의 세계화'가 나타난다.

09 다음 글의 ㉠, ㉡에 관한 설명으로 옳지 <u>않은</u> 것은?

상

> 세계화는 국가 및 지역 간의 경계를 허물고 세계를 하나의 마을처럼 만들고 있다. 이에 따라 자유로운 무역이 확대되고 전 세계의 다양한 문화를 쉽게 접할 수 있게 되었다. 그러나 세계화가 ㉠ <u>긍정적인 영향</u>만 가져오는 것은 아니다. 세계화는 지구촌 곳곳에 ㉡ <u>부정적인 영향</u>을 주기도 한다.

① ㉠ – 소비자는 다양한 상품을 구매할 수 있다.
② ㉠ – 세계 각국의 다양한 음악, 음식 등을 쉽게 즐길 수 있다.
③ ㉡ – 지역 간 경제적 격차가 커진다.
④ ㉡ – 국가 및 기업 간 경쟁이 치열해진다.
⑤ ㉡ – 지역 고유문화의 정체성이 강화된다.

중요

10 (가), (나) 지역화 전략의 명칭을 바르게 연결한 것은?

중

(가)   (나)

	(가)	(나)
①	지역 축제	지역 브랜드
②	지역 축제	지리적 표시제
③	지역 브랜드	지역 축제
④	지역 브랜드	지리적 표시제
⑤	지리적 표시제	지역 브랜드

같은 주제 다른 문제

10-1 (가), (나) 지역화 전략에 관한 옳은 설명을 보기 에서 고른 것은?

중

> **보기**
> ㄱ. (가)는 지역 브랜드이다.
> ㄴ. (나)는 지리적 표시제이다.
> ㄷ. (가), (나) 모두 지역화 전략 중 하나이다.
> ㄹ. (가)는 브라질 리우데자네이루, (나)는 미국 뉴욕의 지역화 전략이다.

① ㄱ, ㄴ   ② ㄱ, ㄷ   ③ ㄴ, ㄷ
④ ㄴ, ㄹ   ⑤ ㄷ, ㄹ

11 빈칸 ㉠, ㉡에 들어갈 지역화 전략 사례를 바르게 연결한 것은?

중

> (㉠)은/는 특정 지역의 지리적 특성을 반영한 상품이 그 지역에서 생산·제조·가공한 것임을 증명하고 표시하는 제도이다. 지역의 자연환경이나 특산물, 역사와 전통 등을 이용한 (㉡)은/는 지역의 독특한 정체성과 이미지를 통해 세계 여러 지역의 관광객을 유치한다. 브라질의 리우 카니발, 에스파냐의 라 토마티나가 세계적이다.

	㉠	㉡
①	뉴욕 I♥NY	콜롬비아 커피
②	뉴욕 I♥NY	보령 머드 축제
③	콜롬비아 커피	뉴욕 I♥NY
④	콜롬비아 커피	보령 머드 축제
⑤	보령 머드 축제	뉴욕 I♥NY

12 (가), (나)에 해당하는 지리적 표시제를 바르게 연결한 것은?

하

(가)   (나)

	(가)	(나)
①	인도 차	이탈리아 치즈
②	인도 차	콜롬비아 커피
③	이탈리아 치즈	인도 차
④	이탈리아 치즈	콜롬비아 커피
⑤	콜롬비아 커피	인도 차

13 다음과 같은 지역화 전략에 관한 설명으로 옳지 <u>않은</u> 것은?

중

(가)   (나)

① (가)는 타이의 송끄란 축제이다.
② 지역의 독특한 문화를 바탕으로 기획한다.
③ 지역의 관광 산업과 지역 경제 활성화에 기여한다.
④ (나)는 에스파냐 특산물인 토마토를 이용한 축제이다.
⑤ 특정 지역의 지리적 요인과 관련 있는 상품에 생산지의 이름을 상표로 사용하는 전략이다.

STEP 3 주관식·서술형

01 자료를 보고 물음에 답하시오.

왼쪽은 (㉠) 발달에 따른 서울–부산 간 이동 시간의 변화를 보여 주는 자료이다. 이러한 발달로 인해 지역 간 접근성이 확대되고, 지역 간 ㉡ 공간적 상호 작용이 증가하였다.

(1) 위 자료의 빈칸 ㉠에 들어갈 단어를 쓰시오.

(2) 자료의 밑줄 친 ㉡의 의미와 사례를 한 가지 서술하시오.

02 빈칸 ㉠, ㉡에 들어갈 알맞은 말을 쓰시오.

인간 활동이 지역이나 국가의 경계를 넘어 전 세계로 확대되고 지역 간 또는 국가 간 상호 의존성이 커지는 현상을 (㉠)(이)라고 한다. 한편 각 지역이 고유성을 살리고 성장 잠재력을 길러 세계적 차원에서 고유한 가치를 갖게 되는 현상이 나타나고 있는데, 이를 (㉡)(이)라고 한다.

03 자료를 보고 물음에 답하시오.

세계화로 한 지역에서도 국경을 초월한 다양한 문화를 경험할 수 있는 ( )이/가 나타났다. 특히 음악, 영화, 음식 등 일상생활과 밀접한 문화 요소들이 교류되는 것을 ( )(이)라고 한다. 그러나 이러한 ( )은/는 긍정적·부정적 영향을 모두 가지고 있다.

(1) 위 자료의 빈칸에 들어갈 개념을 쓰시오.

(2) 자료의 밑줄 친 긍정적·부정적 영향에 대해 각각 한 가지씩 서술하시오.

04 두 사진에 해당하는 지역화 전략의 명칭을 쓰고, 이 지역화 전략이 지역에 가져오는 긍정적인 효과를 한 가지 서술하시오.

대단원 한눈에 정리하기

01 모자이크 세계

1 세계 여러 지역의 차이

(1) 위치에 따른 지역의 특성

① (❶　　　　): 어떤 지역이 일정한 장소에 차지하고 있는 자리

(❷　　　) 위치	• 지역의 변하지 않는 고정적인 정보로 나타낸 위치 • 수리적 위치: 위도와 경도로 나타내는 위치 • 지리적 위치: 대륙, 해양, 산맥 등 지형지물로 나타내 는 위치
상대적 위치	주변 국가와의 관계에 따라 결정되는 위치

② 중요성: 어떤 지역의 위치를 알면 그곳의 자연환경과 인문환경
을 파악하여 지역의 특성을 이해할 수 있음

(2) 자연환경과 지역의 특성

① 기후: 어떤 지역에서 오랜 기간 걸쳐 나타나는 기온, 강수, 바람
등의 평균 상태 ➡ 위도, 지형 등에 따라 다양하게 나타남

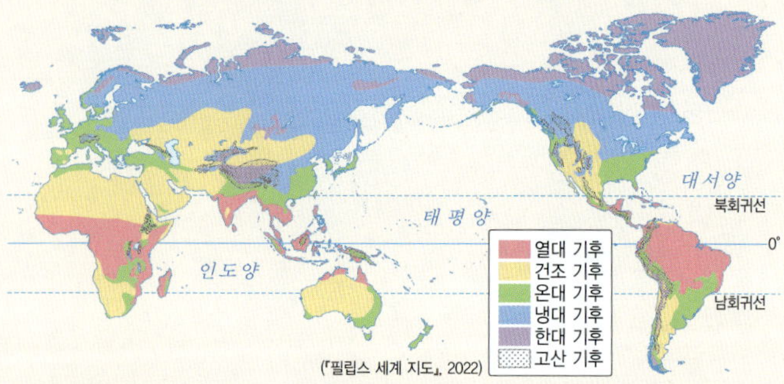

『필립스 세계 지도』, 2022)

▲ 세계의 기후 지역

(❸　　　) 기후	• 일 년 내내 기온이 높고 연 강수량이 많음 • 적도 주변 지역
건조 기후	• 강수량보다 증발량이 많음 • 강수량에 따라 사막이나 초원이 발달함
온대 기후	• 사계절의 변화가 뚜렷하고 기온이 온화함 • 중위도 지역
냉대 기후	• 겨울이 길고 추우며, 침엽수림이 넓게 분포함 • 고위도 지역
한대 기후	• 연중 기온이 매우 낮음 • 극지방 주변
(❹　　　) 기후	• 연중 기후가 온화함 • 적도 부근의 해발 고도가 높은 지역

▲ 열대 기후 지역　　　▲ 건조 기후 지역

▲ 냉대 기후 지역　　　▲ 고산 기후 지역

② 지형: 땅의 생긴 모양이나 형태로 침식·운반·퇴적 과정을 거쳐
산지, 평야, 하천, 해안 등의 다양한 형태로 만들어짐

산지 지역	해발 고도가 높고 대체로 경사가 급하여 인간이 거주 하기에 불리함
평야 지역	넓고 평탄하여 기후 조건이 적절할 경우 농업이 발달함
(❺　　　) 지역	바다가 가까이 있어 어업 활동에 유리하고, 해상 교통 이 편리함

▲ 세계의 주요 지형

(3) 인문환경과 지역의 특성

산업	지역에 발달한 산업에 따라 주민들의 생활 방식이 달라짐 에 농경 지역은 정착 생활, 유목 지역은 이동 생활을 함
종교	주민들의 일상생활과 밀접한 관련을 맺으며 독특한 인문환경 형성 에 음식, 결혼 및 장례 문화
언어	언어가 다르면 문자로 표현되는 언어 경관이 달라짐

2 세계 여러 지역의 다양성

(1) 세계 여러 지역의 특성

싱가포르	열대 기후, 중계 무역 발달, 다양한 민족과 언어
이집트	건조 기후, 사막, 모래와 열기를 막는 길고 헐렁한 옷
몽골	건조 기후, 초원과 사막, 유목 생활, 게르
에스파냐	온대 기후, 여름 고온 건조, 올리브·오렌지 농업
러시아 북부	한대 기후, 농경이 불리해 순록을 유목
페루	고산 기후, 과거 잉카 문명 발달

(2) 세계 여러 지역의 다양성 이해

① 지역의 위치와 자연환경, 인문환경이 결합하여 지역의 특성 형
성 ➡ 지역에서 나타나는 주민들의 삶의 모습 다양

② 세계 각 지역의 특성을 이해하고, 다른 문화의 다양성과 고유성
을 존중하는 (❻　　　　)의 태도 필요

02 네트워크 세계

1 세계 여러 지역의 연결

(1) **지역의 연결** 지역 간에 사람과 물자 등이 이동하면서 지역이 서로 연결

(2) **지역 간 연결의 확대** 교통과 정보 통신 기술의 발달로 상호 작용의 범위 확대 ➡ 지역이 전 세계적으로 연결

(❼　　　)의 발달	• 새로운 교통수단 등장: 사람, 물자 등의 지역 간 이동이 더욱 빠르고 편리 • 공간적 범위 확대, 지역의 접근성 향상 ➡ 국경을 초월한 지역 간 상호 작용 활발
정보 통신 기술의 발달	• 인터넷, 스마트폰의 발달: 사회 관계망 서비스(SNS), 동영상 공유 플랫폼 등으로 실시간 소통 가능, 해외 직접 구매 증가, 다양한 정보 공유 • 정보 통신 기술의 발달로 공간적 제약 극복 ➡ 다양한 상호 작용 가능

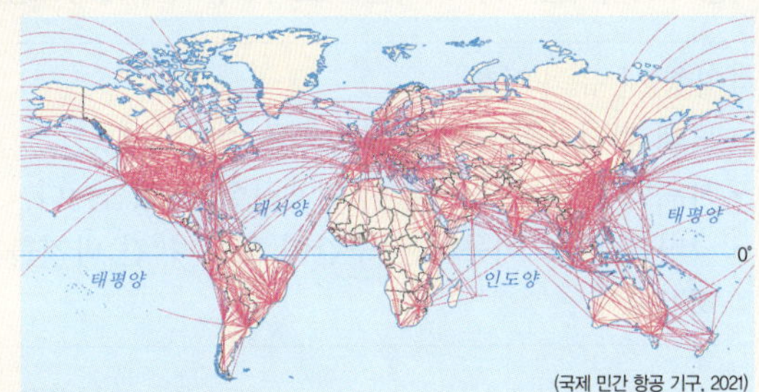

▲ 세계 항공 네트워크

2 공간적 상호 작용

(1) **의미** 여러 지역 사이에 발생하는 사람, 물자, 정보, 자본 등의 흐름

(2) **네트워크로서의 세계** 물리적 공간을 초월하여 서로 다른 지역, 국가, 세계 등이 다양한 방식으로 연결된 사회

03 세계는 하나로, 지역은 세계로

1 하나 되어 가는 세계

(1) **세계화**

의미	정치, 경제, 사회, 문화 등의 인간 활동이 해당 지역이나 국가의 경계를 넘어 전 세계로 확대되고 지역 또는 국가 간 상호 의존성이 커지는 현상
특징	새로운 교통수단과 정보 통신 기술의 발달로 시·공간 거리가 단축됨에 따라 지역 간 사람, 물자, 정보의 교류가 활발해지면서 빠르게 진행
사례	• 여행, 업무 등을 위한 국제 이동의 증가로 길거리에서 외국인을 쉽게 볼 수 있음 • 사람들의 이동을 따라 감염병의 세계화가 나타남 • 스마트폰을 조립, 판매하는 과정에 여러 국가가 관여함 • 세계 어디서나 비슷한 패션, 영화 등을 즐김

(2) **세계화가 지역에 미친 영향**

구분	(❽　　　　　)의 세계화	문화의 세계화
의미	세계화로 상품, 서비스, 자본 등의 교류가 활발해지면서 전 세계가 하나의 거대한 시장을 형성	음악, 영화, 음식 등 일상생활 속 문화 요소들이 활발하게 교류 ➡ 세계 어디서나 비슷한 문화를 즐길 수 있음
긍정적 영향	전 세계를 대상으로 제품을 생산하고 판매하면서 경제적 이득을 얻고, 소비자는 다양한 상품 구매 가능	세계화로 한 지역에서도 국경을 초월한 다양한 문화를 경험
부정적 영향	국가 및 기업 간 경쟁이 치열해지고, 지역 간 경제적 격차 커짐	세계 문화가 보편화되면서 지역 고유문화의 정체성이 약화되고, 세계 각 지역의 문화가 유사해지는 현상 발생

2 세계로 향하는 지역의 변화

(1) **지역화**

① 의미: 각 지역이 고유성을 살리고 성장 잠재력을 길러 세계적 차원에서 고유한 가치를 지니게 되는 현상

② (❾　　　　　　): 지역의 고유한 전통이나 특성을 이용하여 세계적인 경쟁력을 갖추고자 함 ➡ 다른 지역과 차별화된 이미지 형성, 지역 경제 활성화

지역 축제	• 지역의 자연환경, 특산물, 역사 등을 이용해 축제 개최 • 지역의 관광 산업 발달과 지역 경제 활성화에 기여 • ⑩ 브라질의 리우 카니발, 에스파냐의 라 토마티나, 타이의 송끄란 축제 등 ▲ 브라질의 리우 카니발　▲ 에스파냐의 라 토마티나
지역 브랜드	• 지역 그 자체나 지역의 상품과 서비스를 소비자가 특별한 브랜드로 인식하도록 하는 전략 • ⑩ 미국 뉴욕의 I♥NY 등
(❿　　　)	• 특정 지역의 지리적 특성을 반영한 우수한 상품이 그 지역에서 생산·가공되었음을 증명하고 표시하는 제도 ➡ 지역의 우수한 상품에 대한 경쟁력을 높임 • ⑩ 콜롬비안 커피, 이탈리아 부팔라캄파냐모차렐라치즈, 인도 다르질링차 등

(2) **지역의 변화가 세계에 미친 영향**

① 지역의 문화가 다른 지역으로 전파 ➡ 세계의 문화를 다양하게 만듦

② 세계 문화가 지역의 특성과 결합 ➡ 새로운 문화 창조

③ 지역의 변화가 세계에 영향 ➡ 지역을 변화시키는 세계시민으로서의 참여와 실천 중요 ⑩ 브라질의 쿠리치바(생태 도시), 영국의 가스탕(공정 무역 도시) 등

01 위치에 관한 옳은 설명을 보기 에서 고른 것은?

보기

ㄱ. 위치는 크게 절대적 위치와 상대적 위치로 구분할 수 있다.
ㄴ. 대륙, 해양, 산맥 등으로 나타내는 위치는 수리적 위치이다.
ㄷ. 어떤 지역의 위치를 알면 자연환경과 인문환경을 파악할 수 있다.
ㄹ. 상대적 위치는 지역의 변하지 않는 고정적인 정보로 나타낸 위치이다.

① ㄱ, ㄴ   ② ㄱ, ㄷ   ③ ㄴ, ㄷ
④ ㄴ, ㄹ   ⑤ ㄷ, ㄹ

[02-03] 자료를 보고 물음에 답하시오.

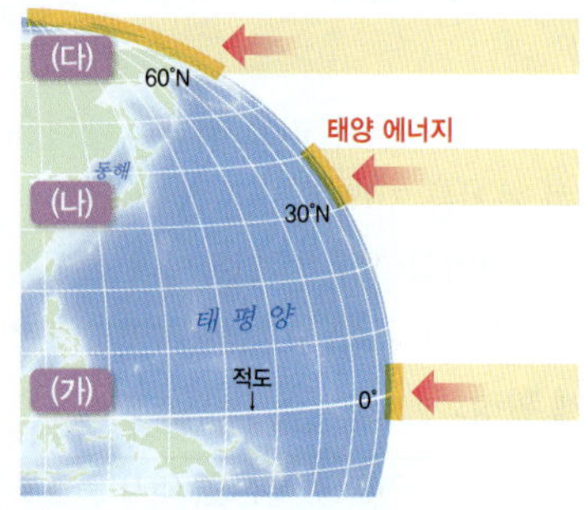

02 위 자료에 관한 설명으로 옳지 않은 것은?

① 위도는 시간에 영향을 준다.
② 위도에 따라 다른 지역 특성이 나타난다.
③ (가) 지역은 (다) 지역보다 일 년 내내 기온이 높다.
④ 지구는 둥글기 때문에 위도에 따른 일사량의 차이가 발생한다.
⑤ (가) 지역은 태양이 수직으로 비추어 좁은 지역에 열이 집중된다.

03 (가)~(다) 지역에서 나타나는 특성으로 옳은 것을 보기 에서 고른 것은?

보기

ㄱ. (가) 지역에서는 폐쇄적인 가옥 구조가 나타난다.
ㄴ. (나) 지역은 사계절의 변화가 뚜렷하다.
ㄷ. (다) 지역의 주민들은 순록을 유목하며 생활한다.
ㄹ. (가)에서 (다)로 갈수록 통풍이 잘되는 얇은 옷을 입는다.

① ㄱ, ㄴ   ② ㄱ, ㄷ   ③ ㄴ, ㄷ
④ ㄴ, ㄹ   ⑤ ㄷ, ㄹ

04 기후에 관한 설명으로 옳지 않은 것은?

① 기후는 식생 분포에도 영향을 미친다.
② 기후는 각 지역의 강수량만을 기준으로 구분한다.
③ 지역의 의식주를 비롯한 주민 생활 방식에 큰 영향을 미친다.
④ 각 지역의 위도, 해발 고도, 지형 등에 따라 다양하게 나타난다.
⑤ 일정한 지역에서 오랜 기간 되풀이되는 기온, 강수, 바람 등의 평균 상태를 말한다.

05 다음 자료는 어느 지역을 여행할 때의 유의 사항이다. 이와 같은 특징이 나타나는 기후 지역을 지도의 (가)~(마)에서 고른 것은?

[여행 시 유의 사항]
• 모래 먼지가 많으므로 마스크를 준비하세요.
• 샤워할 때는 물을 충분히 이용하실 수 없습니다.
• 낙타를 타고 이동하는 구간이 있으니 긴 바지를 준비하세요.

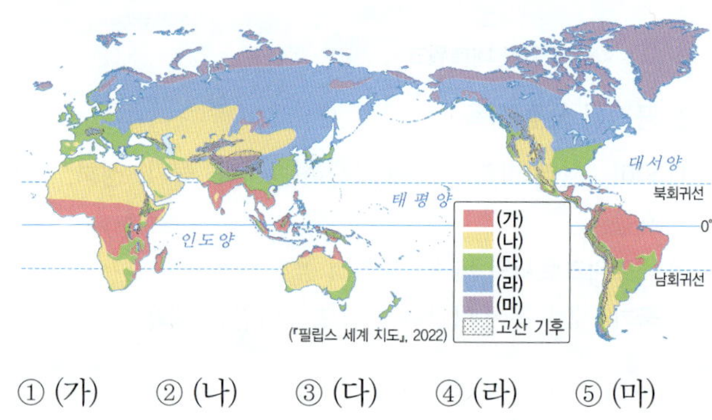

① (가)   ② (나)   ③ (다)   ④ (라)   ⑤ (마)

06 사진과 함께 올릴 게시물의 해시태그로 적절하지 않은 것은?

① #게르   ② #몽골
③ #유목   ④ #고상 가옥
⑤ #넓은 초원

[07-08] 지도를 보고 물음에 답하시오.

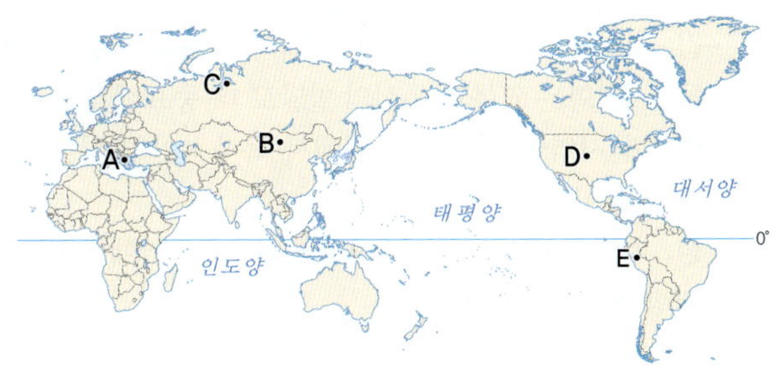

07 사진과 같은 지역 특성이 나타나는 곳을 지도의 A~E에서 고른 것은?

① A
② B
③ C
④ D
⑤ E

08 지도의 A~C 지역에 관한 옳은 설명을 보기 에서 고른 것은?

보기
ㄱ. A 지역은 여름철에 덥고 건조한 기후가 나타난다.
ㄴ. B 지역은 벼농사가 활발하여 쌀 요리가 발달했다.
ㄷ. C 지역의 원주민은 순록을 데리고 다니며 이동 생활을 한다.
ㄹ. C 지역에는 고산 기후가 나타나며 과거 잉카 문명이 발달했다.

① ㄱ, ㄴ   ② ㄱ, ㄷ   ③ ㄴ, ㄷ
④ ㄴ, ㄹ   ⑤ ㄷ, ㄹ

09 인문환경이 지역의 특성에 영향을 미친 사례로 적절한 것을 보기 에서 고른 것은?

보기
ㄱ. 힌두교를 믿는 인도에서는 소를 신성시한다.
ㄴ. 미국 뉴욕에는 산업 시설과 빌딩이 밀집해 있다.
ㄷ. 인도네시아는 기온이 높고 강수량이 많아 천연고무, 팜유 등을 재배한다.
ㄹ. 건조 기후 지역인 이집트에서는 열기와 모래바람을 막는 길고 헐렁한 옷을 입는다.

① ㄱ, ㄴ   ② ㄱ, ㄷ   ③ ㄴ, ㄷ
④ ㄴ, ㄹ   ⑤ ㄷ, ㄹ

10 정보 통신 기술의 발달에 관한 설명으로 옳지 <u>않은</u> 것은?

① 실시간으로 정보를 공유할 수 있게 되었다.
② 지역 간 공간적 상호 작용이 증가하고 있다.
③ 과거보다 적은 양의 정보를 빠르게 공유한다.
④ 사회 관계망 서비스(SNS)를 통한 소통과 해외 직접 구매가 증가하였다.
⑤ 정보 통신 기술의 발달은 생산, 유통, 소비 측면에도 영향을 주고 있다.

11 항공 네트워크의 변화 자료이다. 이를 보고 추론한 내용으로 옳은 것을 보기 에서 모두 고른 것은?

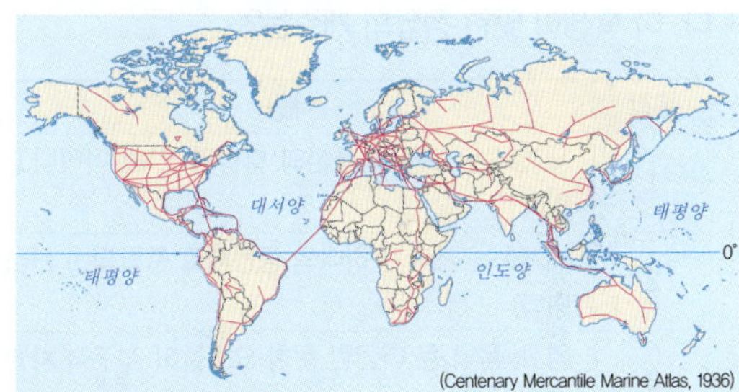

▲ 1935년의 항공 노선

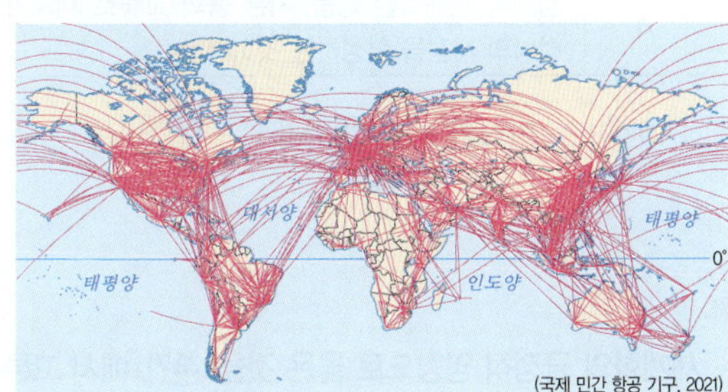

▲ 2018년의 항공 노선

보기
ㄱ. 지역 간 상호 작용이 활발해졌다.
ㄴ. 국경을 초월한 지역 간 이동이 증가하였다.
ㄷ. 정보 통신 기술의 발달을 보여 주는 자료이다.
ㄹ. 사람, 물자 등이 이동할 수 있는 공간적 범위가 확대되었다.

① ㄱ, ㄴ   ② ㄱ, ㄷ   ③ ㄴ, ㄷ
④ ㄱ, ㄴ, ㄹ   ⑤ ㄴ, ㄷ, ㄹ

12 자료를 보고 추론할 수 있는 내용으로 옳은 것을 보기 에서 고른 것은?

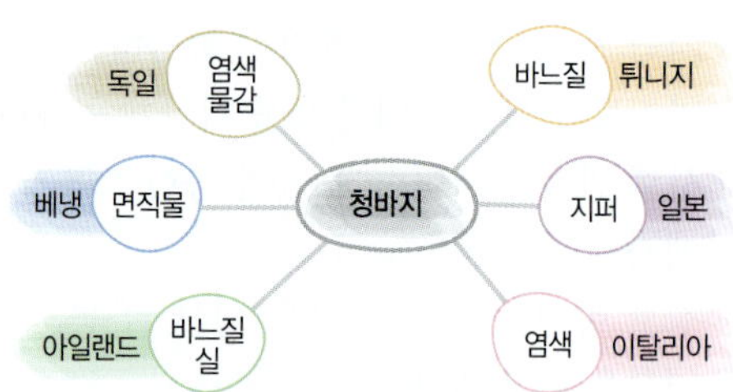

▲ 청바지의 원료와 부품별 원산지

보기
ㄱ. 네트워크 세계를 보여 주는 사례이다.
ㄴ. 제조에 필요한 부품들이 여러 지역에서 공급된다.
ㄷ. 세계 각 지역들이 독립적으로 활동함을 보여 준다.
ㄹ. 한 국가에서 문제가 생겨도 상품 생산에 영향이 없다.

① ㄱ, ㄴ ② ㄱ, ㄷ ③ ㄴ, ㄷ
④ ㄴ, ㄹ ⑤ ㄷ, ㄹ

13 다음은 어떤 학생이 작성한 세계화 관련 ○× 문제의 정답지이다. 이 학생이 맞힌 정답의 개수는?

문항	내용	답
1	세계화는 교통과 통신의 발달로 인해 나타나고 있다.	×
2	세계화는 세계가 하나의 공동체로 통합되는 현상이다.	○
3	영화, 음악 등 다양한 문화 요소들이 지구적 차원에서 교류된다.	○
4	경제의 세계화란 상품, 자본 등의 교류로 세계가 하나의 시장을 형성하는 것이다.	×

① 0개 ② 1개 ③ 2개 ④ 3개 ⑤ 4개

14 세계화의 긍정적 영향으로 옳은 것을 보기 에서 고른 것은?

보기
ㄱ. 지역 간 경제적 격차가 벌어진다.
ㄴ. 소비자가 다양한 상품을 구입할 수 있다.
ㄷ. 기업이 하나의 상품을 여러 국가에서 생산하고 판매할 수 있다.
ㄹ. 문화 교류로 지역의 문화가 변형되거나 약화, 소멸하기도 한다.

① ㄱ, ㄴ ② ㄱ, ㄷ ③ ㄴ, ㄷ
④ ㄴ, ㄹ ⑤ ㄷ, ㄹ

15 지역화에 관해 옳은 설명을 한 학생을 바르게 골라 묶은 것은?

• 갑: 지역의 고유문화가 변형되거나 약화하는 현상이야.
• 을: 지역화는 교통과 통신의 발달로 더 중요해지고 있어.
• 병: 한 지역이 세계적 차원에서 독자적인 가치를 지니는 현상이야.
• 정: 지역이 지닌 특수한 요소들이 그 지역에 한정되어 영향을 주는 것이야.

① 갑, 을 ② 갑, 병 ③ 을, 병
④ 을, 정 ⑤ 병, 정

[16-17] 자료를 보고 물음에 답하시오.

(가) (나)

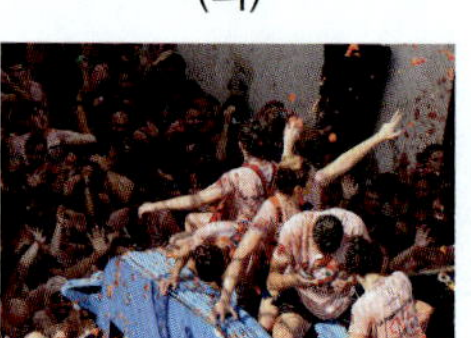

16 (가), (나)의 지역화 전략을 바르게 연결한 것은?

	(가)	(나)
①	지역 축제	지역 브랜드
②	지역 축제	지리적 표시제
③	지역 브랜드	지역 축제
④	지리적 표시제	지역 축제
⑤	지리적 표시제	지역 브랜드

17 (가), (나) 지역화 전략에 대한 설명으로 옳은 것은?

① (가)는 지역 특산물을 활용해 축제를 여는 전략이다.
② (가)는 지역 자체를 특별한 브랜드로 인식하도록 하는 전략이다.
③ (가)는 특정 지역의 지리적 특성을 반영한 생산품임을 증명하는 전략이다.
④ (나)는 지역화 전략을 통해 지역의 우수한 상품에 대한 경쟁력을 높이고 있다.
⑤ (가), (나) 모두 특정 장소를 상품으로 인식하고 사람들이 선호하는 이미지를 개발하는 전략이다.

[18-19] 사진을 보고 물음에 답하시오.

(가)

(나)

18 (가)를 볼 수 있는 국가로 옳은 것은?

하

① 인도
② 타이
③ 브라질
④ 이탈리아
⑤ 콜롬비아

19 (가), (나)에 관한 옳은 설명을 보기 에서 모두 고른 것은?

중

보기

ㄱ. (가)는 지역의 독특한 문화를 이용한 지역화 전략이다.
ㄴ. (나)는 지역의 자연환경을 이용한 지역화 전략이다.
ㄷ. (가), (나) 모두 지역화 전략 중 지리적 표시제를 활용하고 있다.
ㄹ. (가), (나) 모두 지역화 전략을 통해 지역 경제를 활성화하고 있다.

① ㄱ, ㄴ
② ㄱ, ㄷ
③ ㄴ, ㄷ
④ ㄱ, ㄴ, ㄹ
⑤ ㄴ, ㄷ, ㄹ

20 다음 기사에 관한 옳은 설명을 보기 에서 모두 고른 것은?

상

한류 열풍과 함께 한국의 음악, 영화 등의 문화 콘텐츠가 전 세계로 확산하고 있다. 사례로 우리나라의 가수 A 그룹은 영국 런던의 웸블리 스타디움에서 콘서트를 성황리에 마쳤다.

보기

ㄱ. 지역의 문화가 세계에 영향을 주고 있다.
ㄴ. 우리나라 문화가 세계적으로 인기를 끌고 있다.
ㄷ. 이러한 변화는 교통·통신의 발달로 더욱 가속화되고 있다.
ㄹ. 세계적인 문화가 지역의 특성과 만나 새로운 문화를 창조하고 있다.

① ㄱ, ㄴ
② ㄱ, ㄷ
③ ㄴ, ㄷ
④ ㄱ, ㄴ, ㄷ
⑤ ㄴ, ㄷ, ㄹ

21 자료를 보고 물음에 답하시오.

(1) 위 사진과 관련된 기후의 명칭을 쓰시오.

(2) 이 지역의 기후 특징과 이로 인해 나타나는 지역의 독특한 특성을 한 가지만 서술하시오.

22 자료가 나타내는 지역화 전략의 명칭을 쓰고 의미를 서술하시오.

2 아시아

고비 사막
타커라마간 사막
동해
황허강
티베트 고원
창장강
히말라야산맥
갠지스강
메콩강
인도 반도
인도차이나 반도
태평양
인도양
보르네오 섬
수마트라섬
뉴기니섬
0°

01 아시아의 위치와 자연환경

1 아시아의 위치

1 지리적 범위

더 알기 (1) **아시아** 서쪽으로 유럽, 서남쪽으로 아프리카, 동쪽으로 태평양, 남쪽으로 인도양, 북쪽으로 북극해와 접하고 있는 대륙 ➡ 세계에서 가장 큰 대륙

자료 1 (2) **아시아의 지역 구분** 자연환경과 문화 등을 기준으로 동아시아, 동남아시아, 남부 아시아, 서남아시아, 중앙아시아로 구분

2 국가와 주요 도시

(1) 아시아의 국가

동아시아	• 오늘날 세계 경제 ❶주도, ❷유교와 불교, 젓가락 문화가 공통으로 나타남 • 대한민국, 중국, 일본 등
동남아시아	• 종교와 민족 다양, 적도와 가까워 주로 열대 기후가 나타남 • 베트남, 말레이시아, 인도네시아 등
남부 아시아	• 히말라야산맥 남쪽의 인도❸반도를 중심으로 한 지역 • 인도, 파키스탄, 방글라데시 등
서남아시아	• 유럽, 아시아, 아프리카가 만나는 길목에 위치, 대체로 건조 기후가 나타남 • 사우디아라비아, 이란, 이라크 등
중앙아시아	카자흐스탄, 우즈베키스탄, 투르크메니스탄 등

국가 이름에 땅을 일컫는 말인 '스탄'을 사용한 국가가 많아.

(2) **아시아의 주요 도시**

① 대한민국의 서울, 중국의 베이징, 일본의 도쿄: 각국의 정치, 경제, 문화 중심지

② 싱가포르: 말레이반도 끝에 있는 ❹도시 국가로 ❺해상 교통의 요충지

③ 인도 뭄바이: 인도에서 인구가 가장 많은 도시

④ 아랍 에미리트의 두바이: 금융과 항공 교통의 중심지

2 아시아의 자연환경

자료 2 **1 지형**

출제tip 산지, 하천, 사막 등 각 지형의 위치와 특징을 묻는 문제가 출제

에베레스트산을 비롯한 해발 고도 8,000m 이상의 산들이 모여 있어 '세계의 지붕'이라고 불려.

산지	대륙 중앙에 히말라야산맥, 티베트고원 등 높은 산지와 고원 분포 ➡ 해발 고도가 높으며 지각 운동이 활발하여 지진이 자주 발생 알프스·히말라야 조산대의 영향이야.
하천	• 하천 주변의 평야 지대는 토양이 비옥하고 물을 구하기 쉬움 ➡ 농경이 발달해 문명의 중심지를 이룸 • 티그리스–유프라테스강, 인더스강, 갠지스강, 메콩강, 황허강 등
사막	• 강수량이 적은 지역에 형성 • 아라비아반도의 룹알할리 사막, 유라시아 대륙 내부의 고비 사막 등
기타	• 화산 지형: 일본, 필리핀, 인도네시아 등은 ❻환태평양 조산대에 위치 ➡ 지진과 화산 활동 활발 • 섬: 아시아의 남동쪽 ➡ 인도네시아, 필리핀 등은 크고 작은 여러 개의 섬이 분포함

용어 풀이
❶ 주도: 앞장서서 조직이나 무리를 이끎
❷ 유교: '유학'을 종교적인 관점에서 이르는 말
❸ 반도: 삼면이 바다로 둘러싸이고 한 면은 육지에 이어진 땅. 대륙에서 바다 쪽으로 좁다랗게 돌출한 육지를 말함
❹ 도시 국가: 도시 그 자체가 정치적으로 독립하여 하나의 작은 국가를 이루는 공동체
❺ 해상: 바다의 위
❻ 환태평양 조산대: 태평양판과 이를 둘러싼 판들이 충돌하는 화산대로, 전 세계 화산의 70~80%가 분포하여 '불의 고리'라고도 함

더 알기 **아시아와 유럽의 경계**

하나의 땅덩어리인 유라시아 대륙은 우랄산맥을 기준으로 아시아와 유럽으로 나눌 수 있다. 보통 우랄산맥 동쪽을 아시아, 서쪽을 유럽이라고 부른다.

자료 1 **아시아의 지역 구분**

아시아는 자연환경과 문화 특성에 따라 크게 동아시아, 동남아시아, 남부 아시아, 서남아시아, 중앙아시아로 구분한다.

자료 2 **아시아의 지형**

아시아에는 산지, 하천, 사막 등 지역에 따라 다양한 지형이 나타난다.

2 기후

(1) 아시아의 기후 특성 위도, 지형, 해발 고도 등에 따라 다양한 기후가 나타남

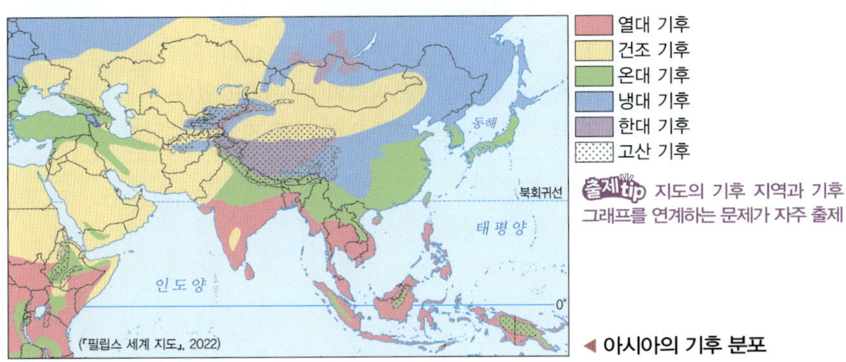

(『필립스 세계 지도』, 2022)

출제tip 지도의 기후 지역과 기후 그래프를 연계하는 문제가 자주 출제

◀ 아시아의 기후 분포

(2) 아시아의 기후 구분

열대 기후	• 동남아시아, 남부 아시아 일대 • 적도 부근은 일 년 내내 기온이 높고 강수량이 많음 → ❶열대림 형성
건조 기후	• 중앙아시아와 서남아시아 일대 • 강수량이 적어 초원과 사막이 펼쳐짐
온대 기후	• 동아시아 지역 일대 • 중위도 대륙 동안에 위치하여 계절의 변화가 뚜렷
냉대 기후	동아시아 일부 지역
한대 기후	러시아의 고위도 지역과 북극해 주변
고산 기후	히말라야 산지 부근

계절풍의 영향으로 여름은 덥고 습하며, 겨울은 춥고 건조해.

더알기 (3) 아시아의 기후와 주민 생활

출제tip 온대 계절풍 기후 지역의 여름철 기후 특성과 벼농사가 활발한 이유가 연계되어 출제

벼농사	• ❷계절풍의 영향을 받는 열대 및 온대 기후 지역에서 발달 • 기온이 높고 강수량이 많아 벼농사에 유리 → 세계적인 쌀 생산지
유목	• 농사짓기 어려운 건조 기후 및 고산 기후 지역에서 발달 • 가축을 데리고 다니며 이동 생활을 함
관개 농업	• 건조 기후 지역에서 발달 • 관개 시설을 설치하여 물을 공급해 농작물을 재배함
❸플랜테이션	• 열대 기후 지역에서 발달 • 차, 커피, 카카오 등 ❹열대작물을 대규모로 재배함

▲ 벼농사(일본) 온대 기후 지역의 계절풍 영향을 받는 곳은 여름철 기온이 높고 강수량이 많아 벼농사에 유리하다.

▲ 유목(요르단) 건조 기후 지역에서는 농사가 어려워 가축의 먹이를 찾아 이동 생활하는 유목이 이루어지기도 한다.

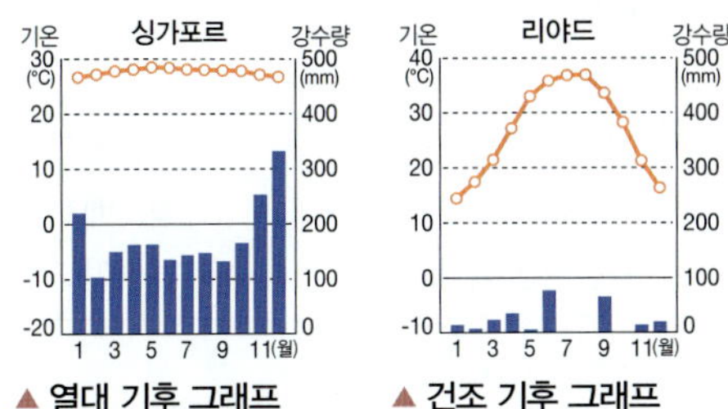

▲ 열대 기후 그래프　　▲ 건조 기후 그래프

동남아시아와 남부 아시아는 주로 기온이 높고 강수량이 많은 열대 기후가 나타나고, 서남아시아는 주로 일 년 내내 비가 거의 내리지 않는 건조 기후가 나타난다.

더알기 아시아의 기후와 가옥

▲ 열대 기후 지역의 고상 가옥

지면에서 올라오는 습기와 해충을 피하려고 기둥을 높이 세우고 땅에서 바닥을 띄운 집이다. 지붕의 경사를 급하게 하여 많은 비가 내릴 때 빗물이 잘 흘러내리도록 지어졌다.

▲ 건조 기후 지역인 몽골의 게르

강수량이 적어 농사를 짓기 어렵기 때문에 가축에게 먹일 물과 풀을 찾아 이동하는 유목 생활을 한다. 초원 지역을 이동하며 살기 때문에 빨리 설치하고 해체할 수 있는 이동식 집을 짓는다.

❶ 열대림: 열대 기후가 나타나는 곳에 분포하는 숲으로, 키가 크고 작은 나무들과 다양한 식물들이 분포

❷ 계절풍: 계절에 따라 주기적으로 방향이 바뀌는 바람. 여름에는 바다에서 습윤한 바람이 불어오고, 겨울에는 육지에서 건조한 바람이 불어옴

❸ 플랜테이션: 선진국의 기술 및 자본과 현지인의 저렴한 노동력이 결합하여 열대작물을 대규모로 재배하는 농업 형태

❹ 열대작물: 열대 및 아열대 기후에서 재배되는 농작물로 따뜻하고 습윤한 기후에서 잘 자람

01 동남아시아에 해당하는 국가를 보기 에서 모두 골라 기호를 쓰시오.

> **보기**
>
> ㄱ. 이란 　　　　　 ㄴ. 일본
> ㄷ. 타이 　　　　　 ㄹ. 베트남
> ㅁ. 방글라데시 　　 ㅂ. 인도네시아

02 아시아의 주요 도시와 위치한 지역을 바르게 선으로 연결하시오.

(1) 두바이 •　　　　　　　　• ㄱ. 동아시아

(2) 뭄바이 •　　　　　　　　• ㄴ. 서남아시아

(3) 베이징 •　　　　　　　　• ㄷ. 남부 아시아

03 다음 설명이 맞으면 ○표, 틀리면 ×표 하시오.

(1) 일본은 동아시아, 인도는 남부 아시아에 위치한다.
　　　　　　　　　　　　　　　　　　　　(　)

(2) 동아시아, 동남아시아 지역은 열대 기후가 나타난다.
　　　　　　　　　　　　　　　　　　　　(　)

(3) 서남아시아 지역은 건조 기후가 나타난다. (　)

(4) 적도 부근은 일 년 내내 기온이 높고 강수량이 많아 초원과 사막이 형성되어 있다. 　　　　　(　)

04 온대 및 열대 기후 지역의 벼농사에 영향을 주며 계절에 따라 주기적으로 방향이 바뀌는 바람은?

05 ㉠, ㉡에 들어갈 알맞은 말을 각각 쓰시오.

> 아시아에서는 지구의 지붕이라고 불리며 에베레스트산이 있는 (　㉠　)산맥을 볼 수 있으며, 강수량이 적은 유라시아 대륙 내부에서는 고비 (　㉡　)을/를 볼 수 있다.

㉠ _______________　　　㉡ _______________

---

01 아시아의 위치에 관한 옳은 설명을 보기 에서 고른 것은?

> **보기**
>
> ㄱ. 동쪽으로 태평양과 접하고 있다.
> ㄴ. 남쪽으로 인도양과 접하고 있다.
> ㄷ. 북쪽으로 아프리카와 이웃하고 있다.
> ㄹ. 우랄산맥을 기준으로 서쪽 지역에 해당한다.

① ㄱ, ㄴ　　　② ㄱ, ㄷ　　　③ ㄴ, ㄷ
④ ㄴ, ㄹ　　　⑤ ㄷ, ㄹ

[02-03] 아시아의 지역 구분 지도를 보고 물음에 답하시오.

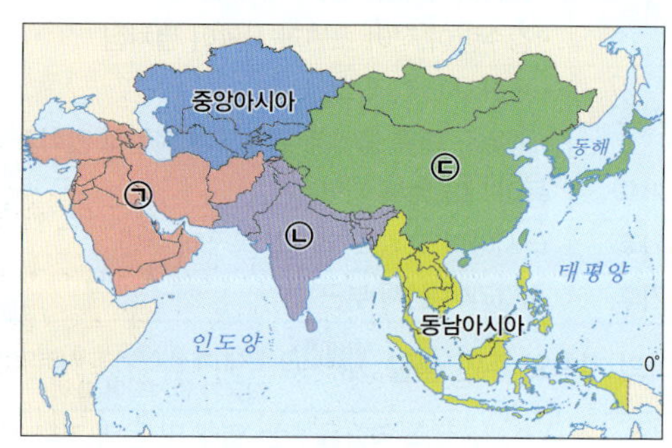

02 ㉠, ㉡에 해당하는 지역의 명칭을 바르게 연결한 것은?

	㉠	㉡
①	동아시아	서남아시아
②	서남아시아	동아시아
③	서남아시아	남부 아시아
④	남부 아시아	동아시아
⑤	남부 아시아	서남아시아

03 지도의 ㉠~㉢에 해당하는 국가들을 바르게 짝지어진 것은?

① ㉠ – 카타르, 타이, 사우디아라비아
② ㉠ – 사우디아라비아, 이란, 카타르
③ ㉡ – 인도, 방글라데시, 카자흐스탄
④ ㉢ – 중국, 방글라데시, 카자흐스탄
⑤ ㉢ – 대한민국, 중국, 사우디아라비아

04 다음 글의 밑줄 친 (가), (나) 도시에 관한 옳은 설명을 보기 에서 고른 것은?
^상

> • (가) 도시는 세계적인 금융 도시이다. 특히 신주쿠 지역은 기업과 상점이 많아 유동 인구가 많다.
> • (나) 도시는 타이의 수도이자 역사, 경제, 문화의 중심지이다. 화려한 불교 사원과 왕궁 등 볼거리가 풍부하다.

보기
> ㄱ. (가) 도시는 동아시아에 속해 있다.
> ㄴ. (가) 도시는 세계적으로 영향력이 큰 도시이다.
> ㄷ. (나) 도시는 남부 아시아에 속해 있다.
> ㄹ. (가) 도시는 도쿄, (나) 도시는 자카르타이다.

① ㄱ, ㄴ   ② ㄱ, ㄷ   ③ ㄴ, ㄷ
④ ㄴ, ㄹ   ⑤ ㄷ, ㄹ

05 밑줄 친 이 도시의 명칭과 위치한 지역을 바르게 연결한 것은?
^하

> 중국의 수도인 이 도시에서 제11회 아시안 게임이 개최되었다. 아시안 게임의 상징물에는 중국을 대표하는 만리장성을 표현했다.

① 베이징 – 동아시아
② 베이징 – 중앙아시아
③ 상하이 – 동아시아
④ 상하이 – 중앙아시아
⑤ 자카르타 – 동아시아

06 아시아의 기후에 관한 설명으로 옳지 <u>않은</u> 것은?
^중
① 서남아시아 지역은 증발량이 강수량보다 많다.
② 위도, 지형 등에 따라 다양한 기후가 나타난다.
③ 동아시아는 계절풍의 영향을 크게 받는 지역이다.
④ 중앙아시아 지역에서는 건조 기후가 넓게 나타난다.
⑤ 동남아시아는 적도 가까이 위치하여 냉대 기후가 나타난다.

[07-08] 지도를 보고 물음에 답하시오.

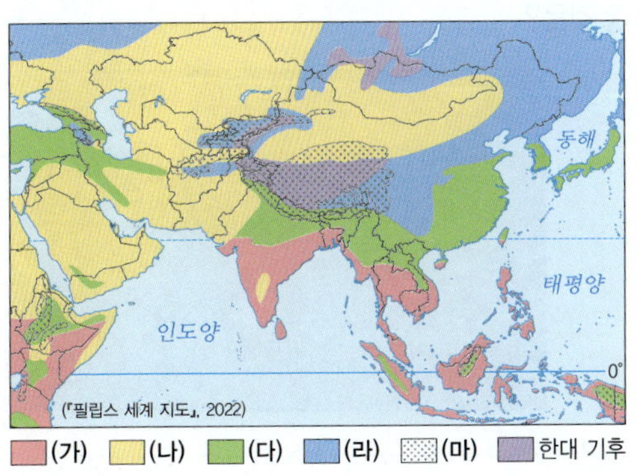

중요
07 (가)~(마) 기후 지역의 명칭을 바르게 연결한 것은?
^중
① (가) – 건조 기후
② (나) – 냉대 기후
③ (다) – 온대 기후
④ (라) – 고산 기후
⑤ (마) – 열대 기후

같은 주제 다른 문제

07-1 (가)~(마) 지역에서 볼 수 있는 주민 생활 모습으로 옳은 것은?
^중
① (가) – 주민들은 이동식 가옥을 짓고 산다.
② (나) – 강수량이 적어 유목 생활을 하기도 한다.
③ (다) – 습기를 피하려고 고상 가옥을 짓고 산다.
④ (라) – 열대작물을 대규모로 재배한다.
⑤ (마) – 계절풍의 영향을 받는 곳으로 벼농사가 활발하다.

08 다음 기후 그래프와 관련된 기후 지역을 지도에서 고른 것은?
^중

① (가)
② (나)
③ (다)
④ (라)
⑤ (마)

09 사진과 관련된 농업 방식에 관한 옳은 설명을 〈보기〉에서 모두 고른 것은?

〈보기〉
ㄱ. 열대 기후 지역에서 이루어지는 농업이다.
ㄴ. 차, 커피, 카카오 등이 주요 작물로 재배된다.
ㄷ. 선진국의 노동력과 현지인의 자본을 이용한다.
ㄹ. 열대작물을 대규모로 재배하는 상업적 농업이다.

① ㄱ, ㄴ   ② ㄱ, ㄹ
③ ㄱ, ㄴ, ㄷ   ④ ㄱ, ㄴ, ㄹ
⑤ ㄱ, ㄴ, ㄷ, ㄹ

10 다음 글의 빈칸 ㉠~㉢에 들어갈 단어를 바르게 연결한 것은?

> 우리 동네에서는 벼농사가 주로 이루어지고 있어. 벼농사는 계절에 따라 주기적으로 방향이 바뀌는 바람인 (㉠)의 영향을 받는 지역에서 많이 이루어지는데, 여름철에 기온이 (㉡) 강수량이 (㉢) 때문에 벼 재배에 유리하거든.

	㉠	㉡	㉢
①	계절풍	높고	많기
②	계절풍	높고	적기
③	계절풍	낮고	많기
④	편서풍	높고	많기
⑤	편서풍	낮고	적기

11 아시아의 지형에 관한 설명으로 옳지 <u>않은</u> 것은?

① 높은 산지와 고원을 볼 수 있다.
② 알프스·히말라야 조산대의 영향을 받았다.
③ 높은 산지에서 발원한 하천이 흐르고 있다.
④ 유라시아 대륙 내부에서는 사막을 볼 수 있다.
⑤ 대부분 지역에 넓은 초원과 사막이 펼쳐져 있다.

[12-14] 지도를 보고 물음에 답하시오.

12 (가), (나) 지형에 관한 옳은 설명을 〈보기〉에서 고른 것은?

〈보기〉
ㄱ. (가)는 아시아와 유럽의 경계이다.
ㄴ. (가)에서는 킬리만자로산을 볼 수 있다.
ㄷ. (나)에는 사막과 초원이 펼쳐져 있다.
ㄹ. (나)는 강수량이 적어 형성된 지형이다.

① ㄱ, ㄴ   ② ㄱ, ㄷ   ③ ㄴ, ㄷ
④ ㄴ, ㄹ   ⑤ ㄷ, ㄹ

13 ㉠, ㉡ 하천의 이름을 바르게 연결한 것은?

	㉠	㉡
①	메콩강	갠지스강
②	메콩강	인더스강
③	갠지스강	메콩강
④	갠지스강	인더스강
⑤	인더스강	메콩강

14 ㉢ 하천에 관한 설명으로 옳지 <u>않은</u> 것은?

① 평야 지대를 거쳐 바다로 흘러간다.
② 주변의 높은 산지에서 발원한 하천이다.
③ 인도차이나반도까지 길게 뻗은 하천이다.
④ 하천 주변은 일찍부터 문명의 중심지를 이루었다.
⑤ 하천 주변의 넓게 펼쳐진 평야에서는 벼농사가 활발하게 이루어진다.

01 다음은 아시아의 지역 구분을 나타낸 지도이다. ㉠ 지역의 명칭과 이에 포함된 국가를 하나만 쓰시오.

02 다음은 지오가 여행을 다녀온 후 올린 사회 관계망 서비스 게시물이다. 이를 보고 물음에 답하시오.

(1) 자료의 빈칸에 들어갈 기후의 명칭을 쓰시오.

(2) 사진과 연관된 생활 방식의 명칭을 쓰고, 이러한 생활 방식이 나타나게 된 이유를 서술하시오.

03 사진과 같은 형태의 가옥이 주로 나타나는 기후를 쓰고, 이러한 가옥을 지은 이유를 <u>한</u> 가지만 서술하시오.

04 지도를 보고 물음에 답하시오.

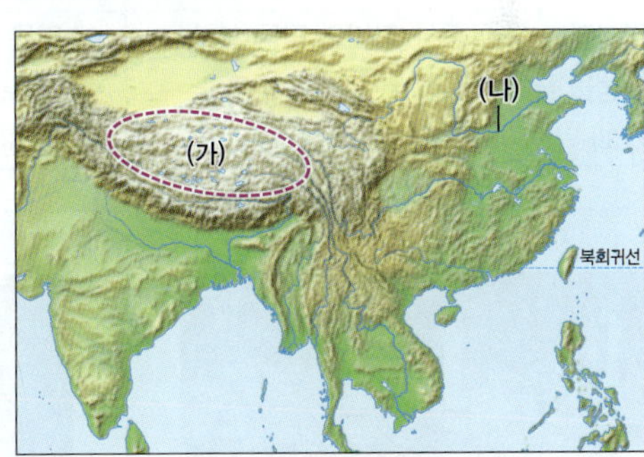

(1) 다음 설명에 해당하는 지형의 명칭을 쓰시오.

> (가) 지역에서는 주변 지역에 비해 해발 고도가 높고 평평한 지대가 나타나는 지형을 볼 수 있다.

(2) (나) 하천의 명칭을 쓰고, 이 지역에 일찍부터 문명이 발달한 이유를 서술하시오.

02 아시아의 종교와 문화 다양성

1 아시아의 다양한 종교

1 아시아의 종교

(1) **종류** ❶보편 종교인 불교, 이슬람교, 크리스트교와 민족 종교인 힌두교 등이 분포

(2) **특징** 세계 주요 종교의 ❷기원지 ➡ 종교의 다양성
└ 일부 민족과 관련하여 성립된 종교로 유대교(이스라엘)와 힌두교(인도와 네팔) 등이 있어.

① 불교, 힌두교: 인도 북부 지역에서 기원

② 이슬람교, 크리스트교: 서남아시아 일대에서 기원

자료 1 (3) **분포**

불교	동남 및 동아시아 지역
힌두교	인도의 주요 종교
이슬람교	서남 및 중앙아시아 대부분 지역, 남부 및 동남아시아 일부 지역
크리스트교	필리핀의 주요 종교

출제tip 힌두교와 이슬람교에서 금기하는 음식에 관한 문제가 자주 출제

더알기 2 종교와 관련된 문화경관과 생활양식

힌두교 사원은 신들이 땅에 내려와서 머무는 곳으로, 사원 곳곳에 수많은 신이 조각된 것이 특징이야.

불교	힌두교
 ▲ 타이의 왓 프라싱 사원	 ▲ 인도의 스리미낙시 사원

불교
• ❸명상과 수행을 중시, 자비와 평등 실천
• ❹살생을 금하며 채식 위주의 음식 문화
• 불상과 탑 등이 있는 불교 사원
└ 불교 사원의 탑에는 부처나 스님의 사리가 모셔져 있어.

힌두교
• 수많은 신을 ❺숭배
• 갠지스강을 ❻신성시함
• 소를 신성하게 여겨 소고기를 먹지 않음

이슬람교	크리스트교
 ▲ 사우디아라비아의 카바 신전	 ▲ 이스라엘의 성묘 교회

이슬람교
• 성지 순례, 금식 기간 준수 등 의무 실천
• 돼지고기와 술을 금지하고 할랄 음식을 먹음
• 둥근 돔과 ❼첨탑이 있는 ❽모스크

크리스트교
• 성당이나 교회에서 기도하며 성경의 가르침을 따름
• 십자가와 종탑을 세운 성당이나 교회

자료 1 아시아의 종교 분포 특징

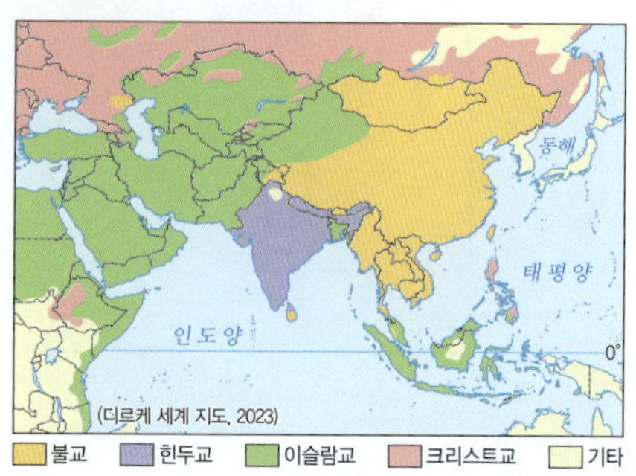

동아시아는 불교와 토착 종교를 비롯한 다양한 종교가 나타난다. 동남아시아는 국가별로 종교가 다양하며, 남부 아시아는 인도와 네팔 등 힌두교 신자가 많은 국가와 방글라데시, 파키스탄 등 이슬람교 신자가 많은 국가도 있다. 서남아시아와 중앙아시아에는 이슬람교 신자가 많다.

더알기 인도의 갠지스강

▲ 갠지스강에서 몸을 씻고 있는 힌두교도들

갠지스강은 인도인들에게 성스러운 강으로, 이 강에 몸을 씻으면 모든 죄가 없어진다고 믿기 때문에 강물에 몸을 담그는 순례자들이 많다. 이 강물로 빨래를 하여 생계를 유지하는 사람도 있고, 사람이 죽으면 화장을 한 후 이 강물에 뿌리기도 한다.

❶ 보편 종교: 국경과 민족을 초월하여 세계 여러 지역에 널리 퍼져 있는 종교
❷ 기원지: 특정 집단이 최초로 나타났다고 추측되는 곳
❸ 명상: 고요히 눈을 감고 깊이 생각함
❹ 살생: 생물을 죽이는 일
❺ 숭배: 신이나 부처 등의 종교적 대상을 우러러 신앙함
❻ 신성: 함부로 가까이할 수 없을 만큼 고결하고 거룩함
❼ 첨탑: 뾰족한 탑
❽ 모스크: 이슬람교도들이 예배하는 장소

2 종교의 갈등과 공존

1 종교 갈등 지역

(1) 원인 종교 구성이 복잡하여 서로의 문화를 이해하지 못하면서 갈등 발생

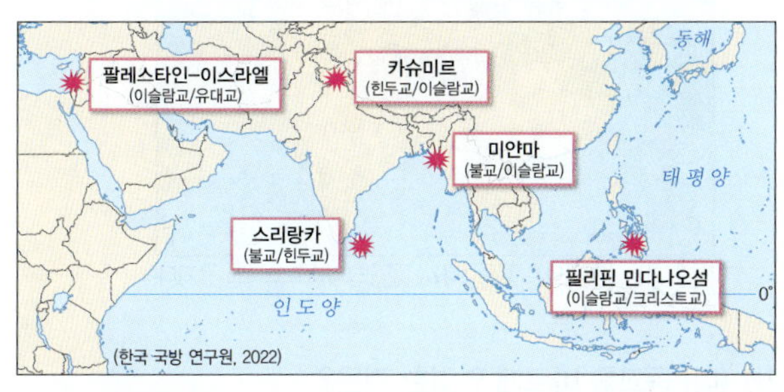

출제tip 팔레스타인-이스라엘 분쟁과 카슈미르 분쟁에 관한 문제가 자주 출제

(2) 사례 지역

팔레스타인 -이스라엘	• 이슬람교(팔레스타인)와 ❶유대교(이스라엘) • 팔레스타인 지역에 유대교를 믿는 유대인들이 이스라엘을 세우며 분쟁 지속
카슈미르 [자료 2]	• 힌두교(인도)와 이슬람교(파키스탄) • 영국으로부터 독립하면서 이슬람교도가 많은 카슈미르 지역이 인도에 속하게 되면서 갈등 발생
스리랑카	불교를 믿는 다수의 신할리즈족과 힌두교를 믿는 소수의 타밀족 간 갈등
미얀마	불교를 믿는 대다수 국민과 이슬람교를 믿는 소수의 로힝야족 간 갈등

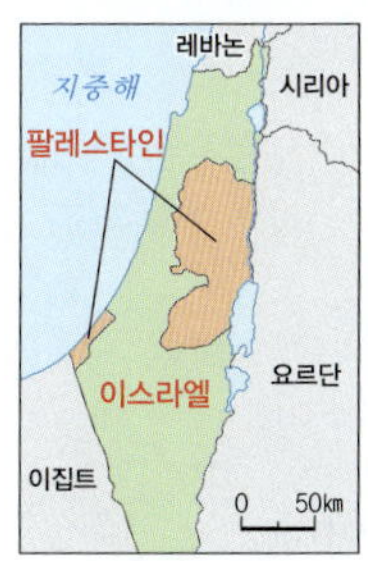

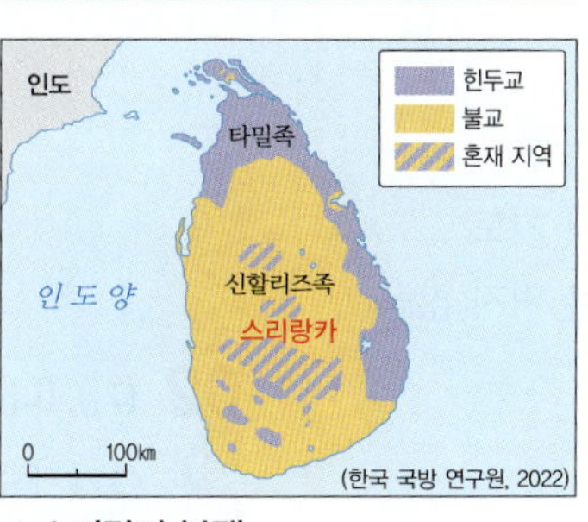

▲ 팔레스타인-이스라엘 분쟁　　▲ 카슈미르 분쟁　　▲ 스리랑카 분쟁

2 종교 공존 지역

(1) 사례 지역　말레이시아와 싱가포르는 민족과 종교가 다양한 국가로 서로의 종교를 존중하며 공존하고 있어.

싱가포르	불교, 힌두교, 이슬람교, 크리스트교 등 여러 종교의 기념일을 각각 법정 공휴일로 지정
말레이시아 [자료 3]	• 이슬람교를 ❷국교로 지정하고 있지만, 종교에 대한 자유를 보장 • 다양한 종교 축제 개최하고 종교별 공휴일을 지정

(2) 문화 다양성을 위한 세계시민의 자세

국가	종교의 자유를 법으로 보장하는 등 종교 갈등을 극복하기 위한 ❸제도적 장치 필요
개인	❹문화 상대주의의 관점에서 문화의 다양성을 존중하고 수용할 줄 아는 ❺세계시민의 태도가 필요

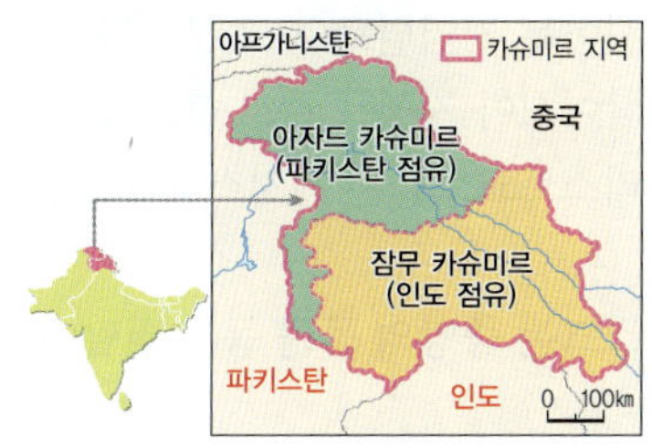

카슈미르 분쟁은 인도와 파키스탄이 영국으로부터 독립하면서 이슬람교도가 많은 카슈미르 지역이 인도에 속하게 되면서 발생하였다. 현재는 국제 연합(UN)의 중재로 파키스탄령, 인도령으로 분할되었으나 여전히 갈등이 지속되고 있다.

자료 3 말레이시아의 종교 공존

말레이시아는 오래전부터 동서양을 연결해 온 해상 운송로로, 다양한 문명이 교류하였다. 오늘날에는 아시아의 대표적인 다문화 국가로 성장하여 다양한 민족, 종교, 언어가 공존하고 있다. 특히 믈라카 해협 등에서는 다양한 종교 건축물이 공존하는 것을 볼 수 있다.

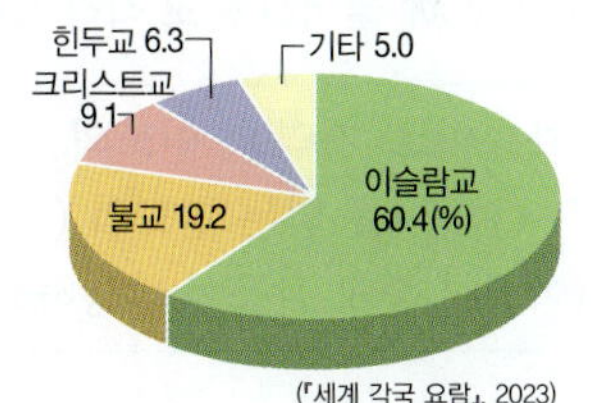

▲ 말레이시아의 종교별 인구 비율

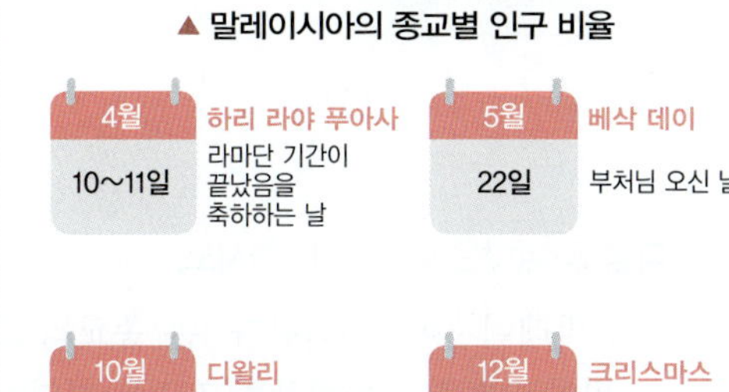

▲ 말레이시아의 다양한 종교 공휴일(2024년 기준)

용어풀이

❶ 유대교: 유대인들의 민족 종교로 유일신을 신봉하면서 구세주의 도래 및 지상 천국의 건설을 믿는 종교
❷ 국교: 국가에서 법으로 정하여 온 국민이 믿도록 하는 종교
❸ 제도: 관습이나 도덕, 법률 등의 규범이나 사회 구조의 체계
❹ 문화 상대주의: 어떠한 문화가 우월하거나 열등하지 않으며, 세계의 문화는 모두 존중받아야 한다고 보는 태도
❺ 세계시민의 태도: 자신을 세계의 시민으로 인식하고 다양한 문화와 배경의 사람들과 더불어 살아가려는 태도

01 다음 설명이 맞으면 ○표, 틀리면 ×표 하시오.

(1) 아시아는 지역별로 종교 분포가 다양하다. (　　)
(2) 서남아시아 지역은 주로 불교를 믿는다. (　　)
(3) 크리스트교도들은 갠지스강과 소를 신성하게 여긴다.
　　　　　　　　　　　　　　　　　　　　　(　　)
(4) 모스크는 중앙의 둥근 돔과 첨탑이 어우러져 있다.
　　　　　　　　　　　　　　　　　　　　　(　　)

02 서남아시아에서 기원한 종교를 보기 에서 모두 골라 기호를 쓰시오.

> **보기**
> ㄱ. 불교　　　　　　　　ㄴ. 힌두교
> ㄷ. 이슬람교　　　　　　ㄹ. 크리스트교

03 종교와 관련한 생활양식을 바르게 연결하시오.

(1) 불교　　　•　　　•ㄱ. 할랄 음식
(2) 힌두교　•　　　•ㄴ. 자비와 평등
(3) 이슬람교 •　　　•ㄷ. 교회에서 기도
(4) 크리스트교 •　　•ㄹ. 소고기를 먹지 않음

04 빈칸 ㉠, ㉡에 들어갈 종교 각각 쓰시오.

> 카슈미르 지역은 인도와 파키스탄의 접경지역이며, (　㉠　)를 믿는 인도와 (　㉡　)를 믿는 파키스탄 사이에서 종교 갈등이 발생하고 있다.

㉠ _____________　　　㉡ _____________

05 다음 중 알맞은 말에 ○표 하시오.

(1) (말레이시아, 스리랑카)는 종교의 자유를 보장하여 평화롭게 종교가 공존하고 있는 지역이다.
(2) 미얀마에서는 대다수 국민이 믿는 (불교, 이슬람교)와 소수의 로힝야족이 믿는 (불교, 이슬람교)가 갈등하고 있다.
(3) 종교 공존을 위해서는 문화 (사대주의, 상대주의)적 관점에서 다양한 종교를 존중하고 이해해야 한다.

[01-03] 아시아의 종교 분포 지도를 보고 물음에 답하시오.

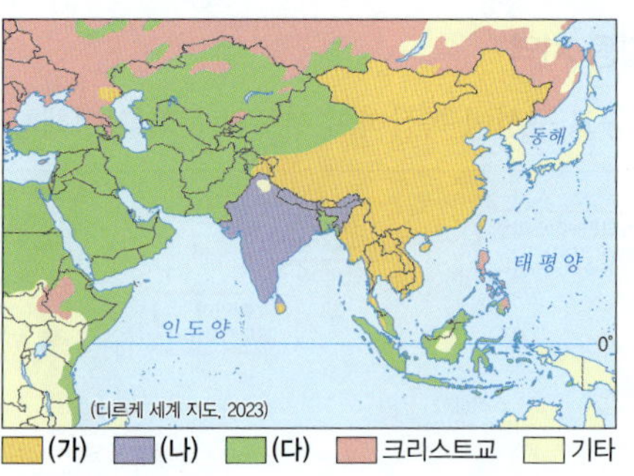

01 (가), (나) 종교를 바르게 연결한 것은?

	(가)	(나)
①	불교	힌두교
②	불교	이슬람교
③	힌두교	불교
④	이슬람교	불교
⑤	이슬람교	힌두교

02 (가), (나) 종교에 관한 설명으로 옳은 것은?

① (가)는 명상과 수행을 중시하는 종교이다.
② (가) 종교는 특별히 금기하는 음식이 없다.
③ (나)는 동아시아 지역에서 많이 믿는 종교이다.
④ (나) 종교를 믿는 신자들은 모스크에서 기도한다.
⑤ (가), (나) 모두 서남아시아에서 기원하였다.

03 (다) 종교에 관한 옳은 설명을 보기 에서 고른 것은?

> **보기**
> ㄱ. 서남아시아에서 기원한 종교이다.
> ㄴ. 채식 위주의 음식 문화가 나타난다.
> ㄷ. 신자들은 소를 먹는 것을 금기한다.
> ㄹ. 사원은 모스크로 둥근 지붕이 특징이다.

① ㄱ, ㄴ　　② ㄱ, ㄹ　　③ ㄴ, ㄷ
④ ㄴ, ㄹ　　⑤ ㄷ, ㄹ

04 아시아의 종교 특징에 관한 설명으로 옳지 <u>않은</u> 것은?

중

① 세계 주요 종교의 기원지이다.
② 지역에 따라 다양한 종교 특징이 나타난다.
③ 보편 종교보다는 주로 민족 종교가 나타난다.
④ 불교는 인도 북부 지역에서 기원한 종교이다.
⑤ 크리스트교는 서남아시아 일대에서 기원하였다.

06 아시아의 종교 분포에 관하여 옳은 설명을 한 학생끼리 바르게 묶은 것은?

중

- 갑: 동아시아에는 주로 힌두교 신자들이 많아.
- 을: 동남아시아의 종교는 다양한 것이 특징이지.
- 병: 서남아시아에는 이슬람교를 믿는 신자들이 많네.
- 정: 인도와 네팔 등 남부 아시아에는 힌두교 신자들이 많구나.

① 갑, 을　　　　　　② 을, 병
③ 갑, 을, 병　　　　④ 을, 병, 정
⑤ 갑, 을, 병, 정

07 다음 여행지에서 주로 볼 수 있는 경관으로 옳은 것은?

하

나는 이번 여름 방학에 타이를 방문했어. 이곳에서는 종교로 인해 독특한 경관이 나타나서 관광객이 정말 많아.

① 모스크　　　　　　② 예수상
③ 뾰족한 첨탑　　　　④ 불상과 불탑
⑤ 십자가를 세운 건물

05 다음 게시물과 관련된 종교의 명칭은?

하

① 불교　　　　　　② 유대교
③ 힌두교　　　　　④ 이슬람교
⑤ 크리스트교

같은 주제 다른 문제

05-1 위 게시물과 관련된 종교에 관한 옳은 설명을 보기 에서 고른 것은?

중

보기
ㄱ. 단 하나의 신만을 숭배한다.
ㄴ. 소를 신성시하여 먹는 것을 금기한다.
ㄷ. 둥근 지붕과 뾰족한 첨탑의 사원이 나타난다.
ㄹ. 신성하게 여기는 강에서 목욕하면 영혼이 정화된다고 믿는다.

① ㄱ, ㄴ　　　② ㄱ, ㄹ　　　③ ㄴ, ㄷ
④ ㄴ, ㄹ　　　⑤ ㄷ, ㄹ

08 빈칸 ㉠, ㉡에 들어갈 종교의 명칭을 바르게 연결한 것은?

중

최근 팔레스타인-이스라엘 지역에서 갈등이 발생하면서 수천 명의 민간인이 폭격의 공포 속에 피란길에 오르는 상황이 발생했다. 이는 (㉠)를 믿는 팔레스타인 사람들과 (㉡)를 믿는 이스라엘 사람들이 서로 지상전을 강행하고 있기 때문이다. 　－○○ 일보－

	㉠	㉡
①	유대교	이슬람교
②	유대교	크리스트교
③	이슬람교	유대교
④	이슬람교	크리스트교
⑤	크리스트교	유대교

09 지도의 (가) 지역에서 갈등이 발생하고 있는 종교를 바르게 연결한 것은?

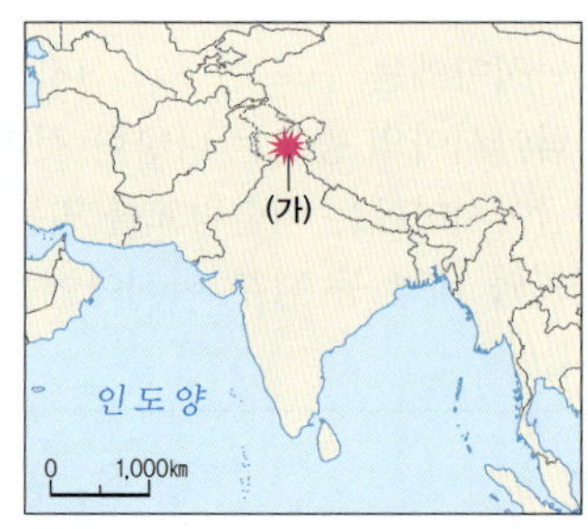

① 불교 – 힌두교 ② 불교 – 이슬람교
③ 힌두교 – 이슬람교 ④ 이슬람교 – 유대교
⑤ 크리스트교 – 불교

같은 주제 다른 문제

09-1 지도의 (가) 지역에 관한 옳은 설명을 보기에서 고른 것은?

> **보기**
> ㄱ. 인도와 파키스탄의 접경지역이다.
> ㄴ. 파키스탄에는 주로 힌두교도들이 많다.
> ㄷ. 영국으로부터 독립하는 과정에서 갈등이 발생했다.
> ㄹ. 최근 갈등이 해결되어 종교가 공존하고 있는 지역이다.

① ㄱ, ㄴ ② ㅣ, ㄷ ③ ㄴ, ㄷ
④ ㄴ, ㄹ ⑤ ㄷ, ㄹ

10 다음 글의 밑줄 친 '이 국가'로 옳은 것은?

> 이 국가는 신할리즈족이 전체 인구의 3/4을 차지하며, 이 밖에 타밀족과 무어족 등이 사는 다민족 국가이다. 불교 신자(주로 신할리즈족)가 국민의 69%를 차지하며, 그 밖에 힌두교 신자(주로 타밀족), 이슬람교 신자, 크리스트교 신자가 있다. 이 국가는 식민 지배를 벗어나 독립한 이후에 서로 다른 종교를 믿고 있는 민족들 간에 갈등이 나타났다.

① 인도 ② 미얀마
③ 스리랑카 ④ 싱가포르
⑤ 말레이시아

11 자료에 관한 옳은 설명을 보기에서 모두 고른 것은?

> 안녕?
> 우리는 로힝야족이라고 해. 대다수 국민들과 달리 우리는 (㉠)를 믿고 있어. 그래서 정부로부터 받는 차별을 피하고자 고향을 떠나는 중이야.

> **보기**
> ㄱ. ㉠은 이슬람교이다.
> ㄴ. 미얀마에서 발생하고 있는 종교 갈등이다.
> ㄷ. 로힝야족이 믿는 종교는 수많은 신을 숭배한다.
> ㄹ. 이 국가의 대다수 국민이 믿는 종교는 석가모니의 가르침을 따르는 불교이다.

① ㄱ, ㄴ ② ㄱ, ㄷ
③ ㄴ, ㄹ ④ ㄱ, ㄴ, ㄹ
⑤ ㄱ, ㄷ, ㄹ

12 다음은 어떤 학생이 작성한 말레이시아의 종교 관련 ○× 문제의 답안지이다. 이 학생이 맞힌 정답의 개수는?

문항	내용	답
1	종교의 자유를 헌법에 명시한다.	○
2	종교별로 공휴일을 지정하고 있다.	○
3	다양한 종교가 공존하고 있는 국가이다.	×
4	동서양을 잇는 길목에 있어 종교가 다양해졌다.	×

① 0개 ② 1개 ③ 2개
④ 3개 ⑤ 4개

13 빈칸 ㉠, ㉡에 들어갈 용어를 바르게 연결한 것은?

> 세계의 종교 갈등을 해결하기 위해서는 어떠한 문화가 우월하거나 열등하지 않고 모두 존중받아야 한다는 (㉠)의 관점이 필요하며, 다양한 문화를 존중하고 수용하는 (㉡)의 태도가 필요하다.

	㉠	㉡
①	문화 사대주의	세계시민
②	문화 사대주의	자유시민
③	문화 상대주의	세계시민
④	문화 상대주의	자유시민
⑤	자문화 중심주의	세계시민

01 아시아의 종교 분포 지도를 보고 (가), (나)에 해당하는 종교의 명칭을 각각 쓰시오.

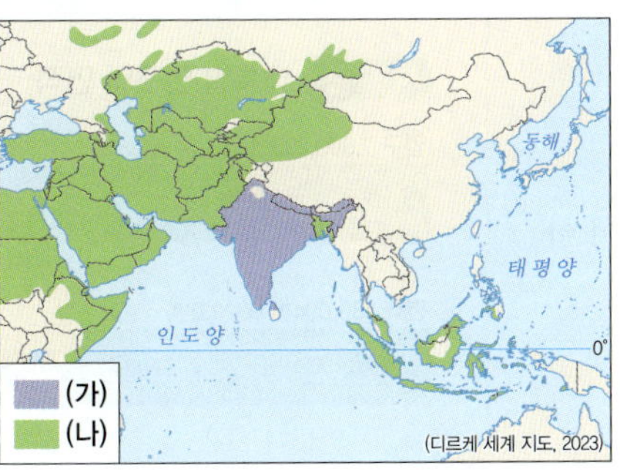

03 다음 종교와 관련된 건축물의 특징과 금기하는 음식을 각각 <u>한 가지씩</u> 서술하시오.

04 지도의 지역에서 갈등이 발생하고 있는 <u>두 종교</u>를 쓰시오.

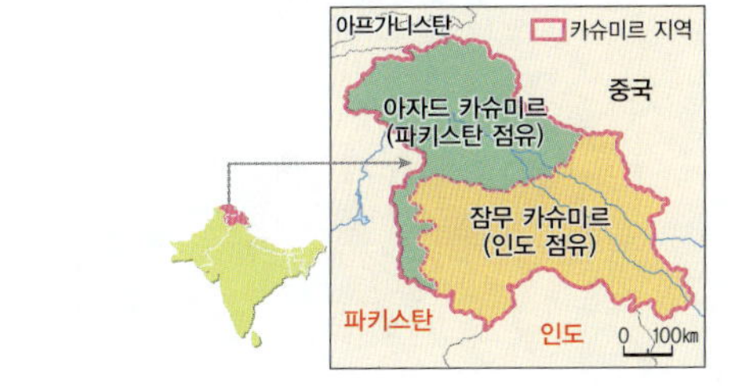

02 자료를 보고 물음에 답하시오.

한 예능 프로그램에서 인도를 방문한 출연자가 갠지스강에서 보트 관광을 즐기기도 하고, 아이들과 수영 시합을 하는 등의 모습을 보여 주며 시청자들의 관심을 모았다.

(1) 기사에 해당하는 지역과 관련된 종교의 명칭을 쓰시오.

(2) 주인공이 이곳의 주된 종교와 관련하여 경험하게 될 생활양식을 <u>두 가지</u> 서술하시오.

05 다음과 같이 말레이시아가 종교별로 공휴일을 지정한 이유를 서술하시오.

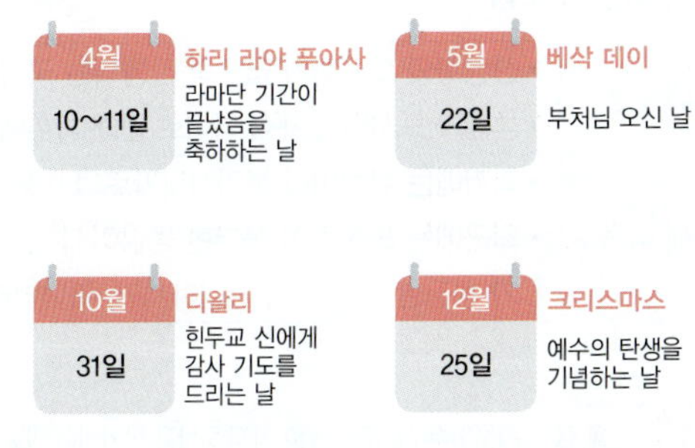

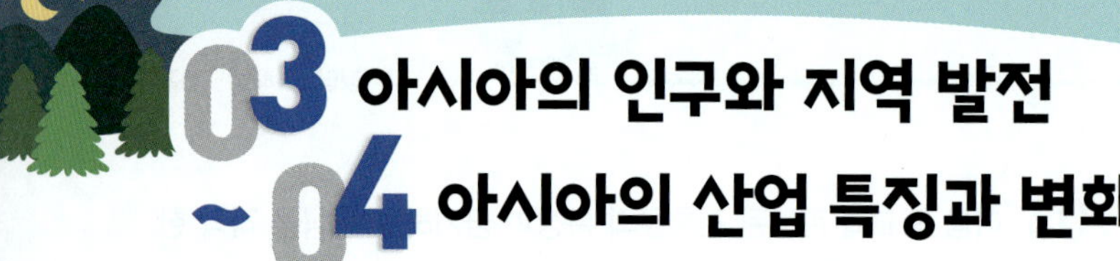

03~04 아시아의 인구와 지역 발전 / 아시아의 산업 특징과 변화

1 아시아의 인구 특징

1 인구 분포

자료 1 (1) **특징** 인구가 가장 많은 대륙 ➡ 전 세계 인구의 약 60%에 가까운 약 47억 명이 아시아에 거주

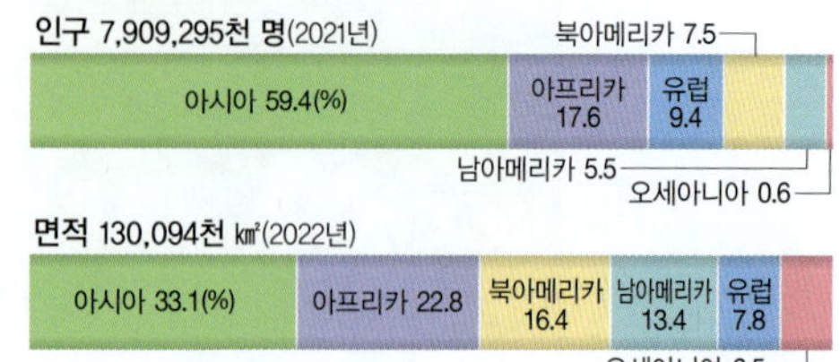

자료 1 대륙별 인구와 면적

자료 2 남부 아시아	• 세계에서 인구가 가장 많은 지역 • 인도, 파키스탄, 방글라데시 등 인구가 1억 명이 넘는 국가들 분포
동아시아	• 중국이 위치하여 남부 아시아 다음으로 세계에서 인구가 많음 • 최근 인구 성장 ❶정체
동남아시아	인구가 증가하는 추세 ➡ 동남아시아에서 인도네시아의 인구가 가장 많음
서남아시아와 중앙아시아	• 건조한 기후로 상대적으로 인구 적음 • 일부 ❷산유국을 중심으로 인구 유입이 많아 인구 증가

아시아는 세계의 대륙 중 인구가 가장 많으며, 인구 밀도가 높은 대륙이다. 아시아의 면적은 세계 전체 면적의 약 33%에 불과하지만, 세계 인구의 약 60%가 거주하고 있다.

(2) **지역별 ❸인구 밀도** 자연환경, 농목업, 도시 분포에 따라 인구 분포가 다름

① 농사에 유리한 평야 지역이 산지나 사막 지역보다 인구 밀도 높음

② 농업 지역이 목축업 지역보다 인구 밀도 높음

산업화 이전 동아시아, 남부 아시아, 동남아시아의 계절풍 지역은 벼농사에 유리해 인구 밀도가 높았어.

③ 도시 지역이 농촌 지역보다 인구 밀도 높음

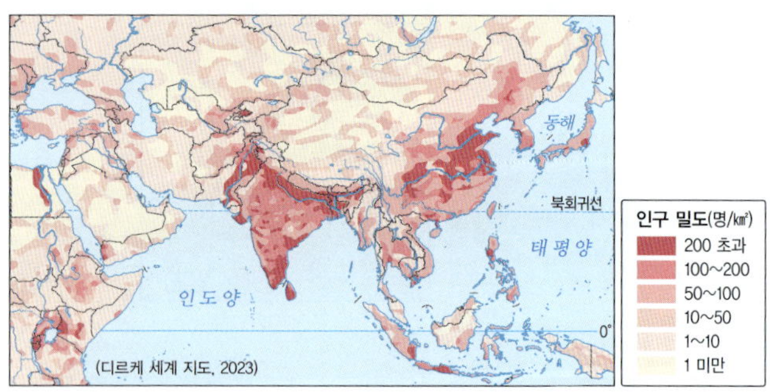

▲ 아시아의 인구 분포

출제tip 인구 분포 지도와 함께 인구 분포의 특징과 원인을 묻는 문제가 자주 출제

자료 2 세계의 인구수 상위 10개국

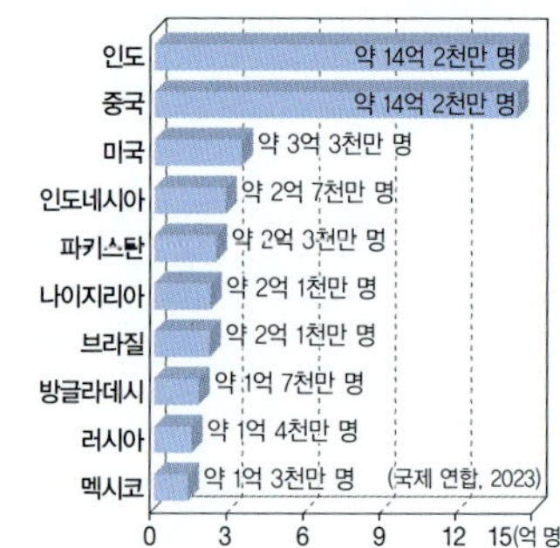

2023년 기준으로, 세계에서 인구가 가장 많은 인도를 비롯하여 중국, 인도네시아, 파키스탄, 방글라데시 등도 인구수 상위 10개국에 속해 있다.

2 인구이동

자료 3

(1) **요인** 주로 지역 간 경제적 차이로 인해 발생하며, ❹내전이나 자연재해로 인해 발생하기도 함

정치적 이유로 시리아, 아프가니스탄 등에서 주변 국가로 난민의 이동이 발생하고 있어.

(2) **인구이동의 모습**

국내 이동	• 산업화와 도시화가 급속히 진행되는 국가에서 발생 • 농촌과 도시의 경제적 차이로 인해 농촌에서 도시로 이동 ➡ ❺이촌 향도 현상
국제 이동	• 과거에는 유럽이나 북아메리카로의 이동이 많았음 • 최근에는 노동력이 풍부한 동남아시아, 남부 아시아에서 ❻임금이 높고 경제가 성장한 동아시아, 서남아시아, 북아메리카 등으로 이동

자료 3 아시아의 인구이동

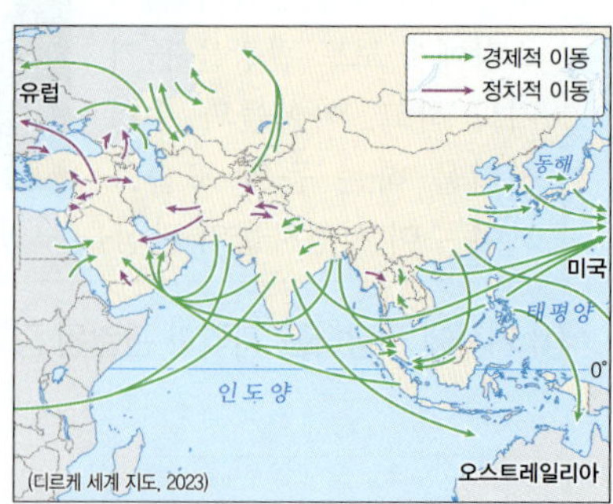

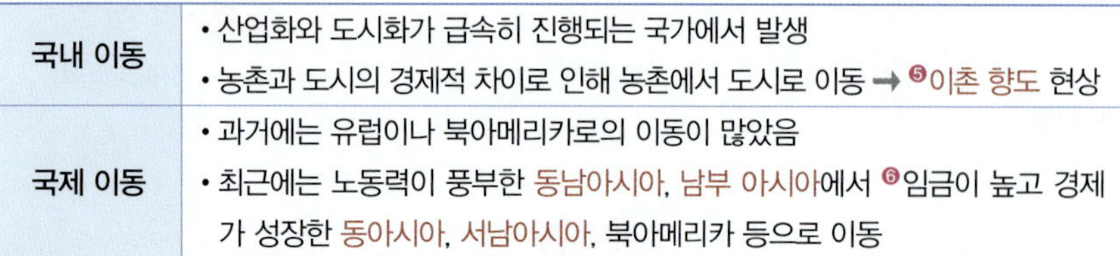

용어풀이

❶ 정체: 사물이 발전하거나 나아가지 못하고 한자리에 머물러 그침
❷ 산유국: 자국의 영토 및 영해에서 원유를 생산하는 나라
❸ 인구 밀도: 일정 지역의 인구를 해당 지역의 면적으로 나눈 수치로, 인구 밀도를 통해 지역 간 인구 분포 차이를 파악할 수 있음
❹ 내전: 한 나라 안에서 일어나는 싸움
❺ 이촌 향도 현상: 농촌과 도시의 경제적 차이 등으로 인해 농촌에서 도시로 인구가 이동하는 현상
❻ 임금: 근로자가 노동의 대가로 사용자에게 받는 보수

2 아시아의 인구 구조와 지역 변화

1 출생률이 높은 국가

(1) **특징**   높은 출생률과 ❶기대 수명의 증가로 인구 급증 예 인도, 파키스탄, 방글라데시, 필리핀 등
└ 식량 생산량 증가, 의학 발달, 위생 시설 확충 등으로 가능해졌어.

(2) **영향**

긍정적 영향	생산 활동이 가능한 청장년층 인구 비율이 높고, 넓은 소비 시장을 필요로 하는 세계적인 기업들의 투자 증가로 빠른 경제 성장 기대
부정적 영향	인구 급증에 따른 높은 실업률과 빈곤 인구 증가, 사회 기반 시설 부족, 환경 오염 발생 등

2 ❷저출산·❸고령화가 나타나는 국가

(1) **특징**   인구가 정체하거나 감소 예 우리나라, 일본, 중국, 싱가포르 등

(2) **원인**   소득 증대, 가치관의 변화, 평균 수명 연장 등

(3) **영향과 대책**

영향	• 노동력 부족, 소비 감소 등으로 경제 성장 둔화 • 노인 인구의 증가로 노인 ❹복지 비용이 증가하여 부양 부담이 늘어남
대책	• 출산 장려 정책, 외국인 이민 수용 등 • 노인 일자리 확보, 연금 등 사회 보장 제도 정비

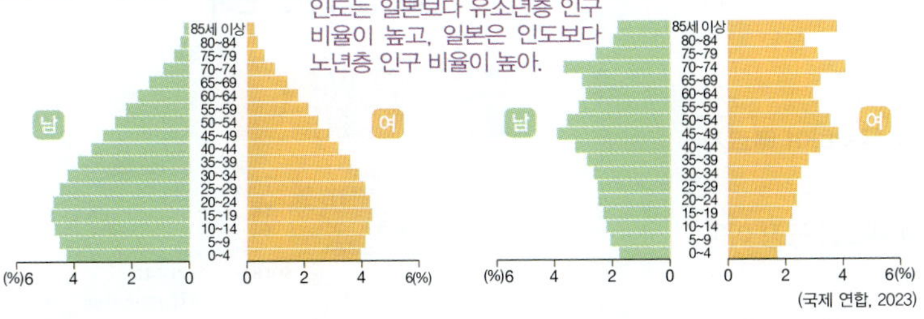

▲ 인도의 인구 피라미드(2021년)　　▲ 일본의 인구 피라미드(2021년)

출제tip 국가별 인구 피라미드와 특징을 묻는 문제가 자주 출제

더알기 3 인구 이주가 많은 국가   소득 수준이 낮고 고용 기회가 적은 국가에서 일자리가 많은 국가로 이주 예 인도, 파키스탄 등에서 서남아시아의 산유국으로 이동

3 아시아의 산업 특징

1 천연자원 생산

(1) **특징**   산업에 필요한 주요 천연자원의 공급지 역할

(2) **종류**
└ 사우디아라비아 등 서남아시아 일대 국가들은 석유와 천연가스 수출로 경제 성장을 이루었어.
└ 특히 중국은 세계 생산량의 절반 이상을 생산하고 있어.

① 석탄, 석유, 천연가스 등의 에너지 자원과 철광석, ❺희토류 등 광물 자원 풍부

② 쌀, 밀 등의 곡물 자원과 커피, 차, ❻팜유 등의 다양한 자원 생산

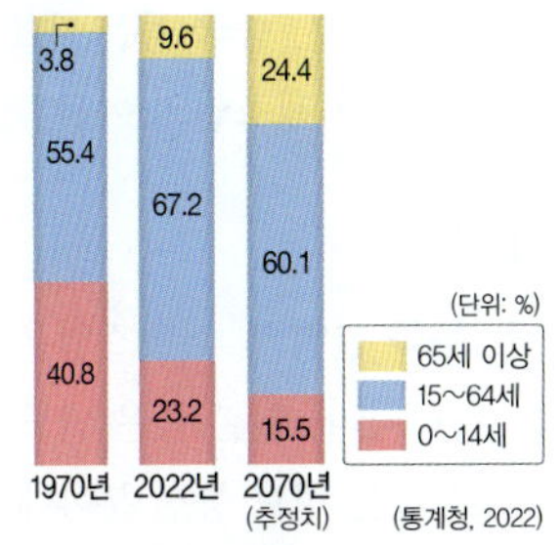

▲ 아시아의 연령별 인구 구조 변화

아시아는 유소년층과 청장년층 인구 비율이 감소하고 있다. 또한 의학 기술의 발달 및 생활 수준의 향상으로 기대 수명이 높아져 노년층 인구 비율이 증가하고 있다.

더알기 젊은 남성 이민자 유입이 많은 국가들

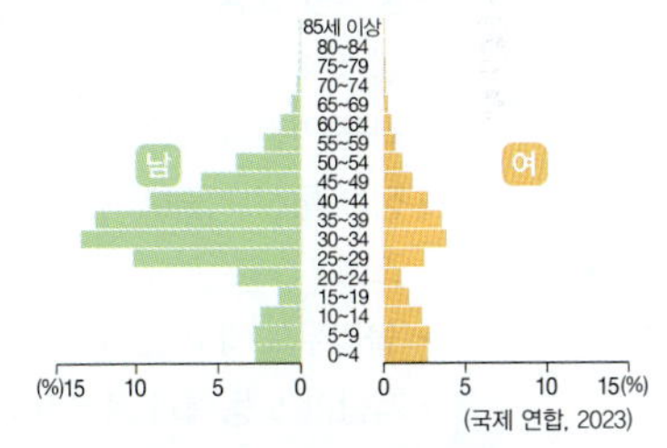

▲ 카타르의 인구 피라미드(2021년)

서남아시아의 사우디아라비아, 아랍 에미리트, 카타르 등은 석유 개발로 얻은 경제적 이익을 대규모 개발 사업에 투자하고 있어 일자리가 풍부하다. 이 국가들은 필요한 노동자를 해외에서 적극 받아들여 방글라데시, 인도, 파키스탄 등 주변 아시아 국가의 젊은 남성 노동자들이 서남아시아로 유입되고 있다.

출제tip 주요 천연자원의 생산 그래프와 해당 국가를 연결하는 문제가 출제

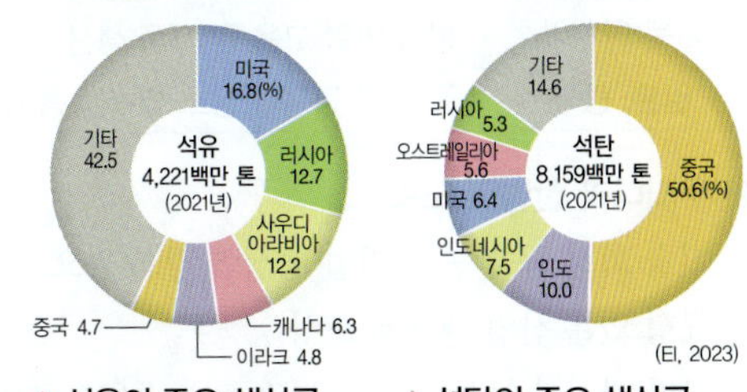

▲ 석유의 주요 생산국　　▲ 석탄의 주요 생산국

용어풀이

❶ 기대 수명: 0세 출생자가 앞으로 생존할 것으로 기대되는 평균 수명

❷ 저출산: 아이를 적게 낳아 출산율이 감소하는 현상

❸ 고령화: 한 사회의 전체 인구에서 65세 이상의 노인 인구가 차지하는 비율이 높아지는 현상

❹ 복지 비용: 국민의 생활 수준 향상과 사회 보장을 위해 필요한 비용

❺ 희토류: 스마트폰 등 첨단 산업의 부품을 만드는 데 쓰이는 희귀 광물

❻ 팜유: 기름야자의 열매에서 뽑아내는 기름으로 전 세계 생산량의 84%가 인도네시아, 말레이시아에서 생산

2 제조업

(1) **특징** 우리나라, 일본, 중국 등은 제조업 성장을 바탕으로 경제 성장
(2) **최근** ❶노동 집약적 제조업의 이전, 첨단 제조업 분야 육성 등

3 첨단·문화 산업

(1) **특징** 첨단·문화 산업 및 서비스업은 부가 가치가 높음
(2) **첨단 산업** 우리나라, 일본 등은 반도체와 디스플레이 등 첨단 기술 제품 생산, 베트남과 싱가포르 등은 정보 통신 분야에서 급속한 성장
(3) **문화 산업** 우리나라의 K-pop, 일본의 애니메이션, 아랍 에미리트의 관광 산업 등

출제tip 동남아시아로 제조업 공장이 이동하는 이유에 관한 문제가 출제

4 아시아의 산업 변화

1 아시아 주요 지역의 산업 변화

일본	• 철강, 기계, 전기·전자, 자동차 등이 주요 산업 • 최근 로봇 등의 첨단 산업 발달
중국	• 풍부한 노동력과 지하자원을 바탕으로 '세계의 공장'으로 불리며 노동 집약적 제조업 주도 ➡ ❷국내 총생산 세계 2위 국가로 급성장 • 최근 인건비 상승으로 생산 기지의 중심이 동남 및 남부 아시아로 이동
인도	• 정보 통신 기술(IT) 산업의 발달로 벵갈루루, 뭄바이 등에 첨단 산업 단지 조성 • '볼리우드'라고 불리는 영화 산업 발달
동남아시아	• 저렴한 노동력과 풍부한 자원을 바탕으로 외국 자본을 유치하여 빠르게 공업화 진행 • 임금이 저렴한 베트남, 인도네시아 등으로 노동 집약적 제조업 공장 이동
서남아시아	• 풍부한 석유와 천연가스를 바탕으로 경제 성장 • 석유 고갈에 대비하여 자원 의존도를 낮추고자 산업의 다변화 노력 ➡ 첨단 산업, 관광 산업 육성

중국은 저렴한 가격의 물건을 세계 각국에 공급하는 생산 기지 역할을 했어.

2 우리나라 산업에 미치는 영향

(1) **우리나라 산업의 변화** ❸자유 무역 협정(FTA) 체결 등을 통해 여러 아시아 국가와 경제적 협력 강화

서남아시아	관광, 제조업 등에 필요한 기반 시설 ❹구축에 참여
동남 및 남부 아시아	인건비가 저렴하거나 넓은 시장을 확보할 수 있는 국가에 공장 설립 ➡ 현지 인력 고용 및 제품 생산
일본, 중국	국가 간 경쟁과 상호 협력을 통해 첨단 산업 분야에서 세계 시장 ❺선도

(2) **우리나라 산업의 노력**
① 기술 혁신 등을 통해 기업 경쟁력 강화 필요
② 균형 있는 산업 생태계 조성
③ 부가 가치가 높은 첨단 산업과 문화 산업으로의 진출 확대

❶ **노동 집약적 제조업**: 생산비 중 노동비가 가장 많은 비중을 차지하는 산업으로 의류, 신발 제조업 등이 해당
❷ **국내 총생산(GDP)**: 일정 기간 한 국가 안에서 생산된 모든 생산물의 가치를 합한 것을 의미
❸ **자유 무역 협정(FTA)**: 국가 간 무역을 자유롭게 하기 위해 세금, 법 등의 무역 장벽을 줄이거나 없애기로 한 약속
❹ **구축**: 어떤 시설물을 쌓아 올려 만듦
❺ **선도**: 앞장서서 이끌거나 안내함

자료 6 아시아 주요 국가의 산업 특징

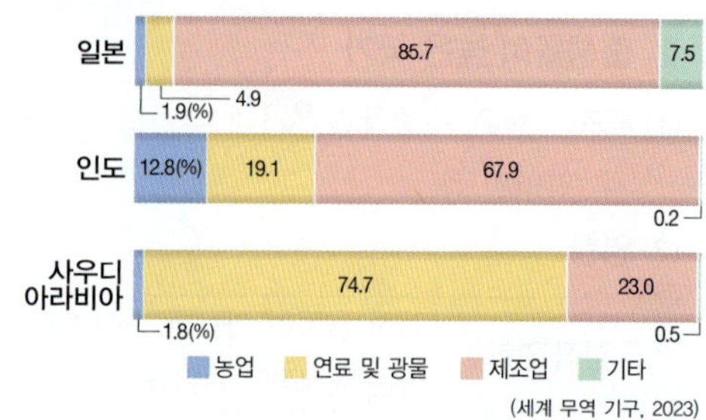

(세계 무역 기구, 2023)

아시아는 지역 및 국가마다 산업의 특성과 발전 정도가 각기 다르다. 일본은 풍부한 자본과 기술을 바탕으로 원료를 수입 후 가공해 수출하는 가공 무역과 첨단 산업이 발달했다. 인도는 농업, 수공업, 첨단 산업 등 다양한 산업이 발달했으며, 사우디아라비아는 세계적인 산유국으로 석유, 천연가스 등 에너지 자원 산업이 발달했다.

더 알기 베트남의 산업 변화

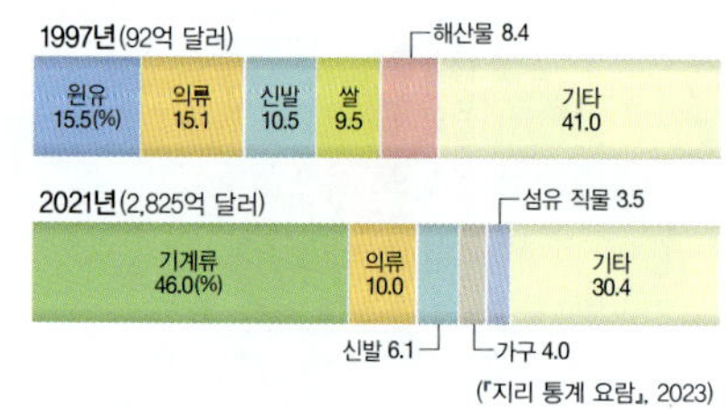

(『지리 통계 요람』, 2023)

과거에는 천연자원, 노동 집약적 경공업 등 부가 가치가 낮은 제품을 수출했으나, 최근 기계류 등의 수출 비중이 높아지는 등 산업이 발전하고 있다.

자료 7 문화 산업 성장에 따른 연계 효과

우리나라의 드라마, 영화, 음악, 게임 등 한류 콘텐츠는 국내 시장을 넘어 세계 시장에서 큰 인기를 얻으며 주요 수출 산업으로 성장하였다. 한류 콘텐츠의 세계적인 위상이 크게 높아지면서 여러 아시아 국가에서 이와 관련된 화장품, 식품, 가전제품 등의 상품 소비가 증가하고 있다.

01 다음 설명이 맞으면 ○표, 틀리면 ×표 하시오.

(1) 아시아는 세계에서 두 번째로 인구가 많은 대륙이다.
( )
(2) 아시아의 인구 분포는 자연환경의 영향을 많이 받았다.
( )
(3) 인도, 파키스탄, 방글라데시 등은 인구가 꾸준히 증가하고 있다. ( )
(4) 다른 국가 산업과의 경쟁으로 우리나라의 첨단 산업은 쇠퇴하였다. ( )

02 다음 보기 에 제시된 지역을 내용에 알맞게 분류하시오.

보기
ㄱ. 농업 지역 　　　ㄴ. 사막 지역
ㄷ. 산지 지역 　　　ㄹ. 평야 지역

(1) 인구 밀도가 높은 지역 ___________
(2) 인구 밀도가 낮은 지역 ___________

03 빈칸 ㉠, ㉡에 들어갈 용어를 쓰시오.

우리나라, 일본 등의 국가는 결혼 및 출산에 대한 인식 변화와 평균 수명 연장 등으로 인해 출산율이 감소하는 (㉠) 현상과 고령 인구가 급격히 증가하는 (㉡) 현상이 진행되고 있다.

㉠ ___________　　　㉡ ___________

04 석탄과 희토류의 주요 생산 국가를 보여 주는 그래프의 ㉠에 공통으로 들어갈 국가를 쓰시오.

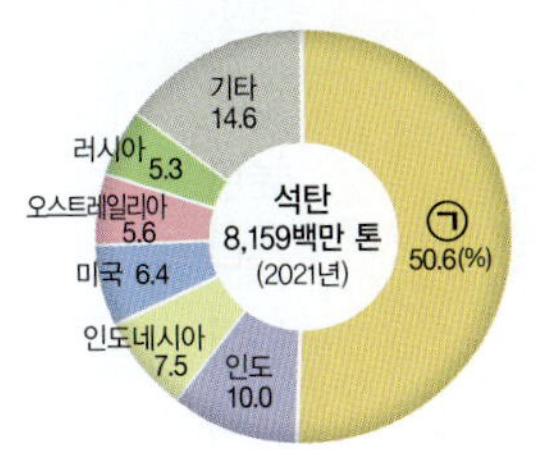

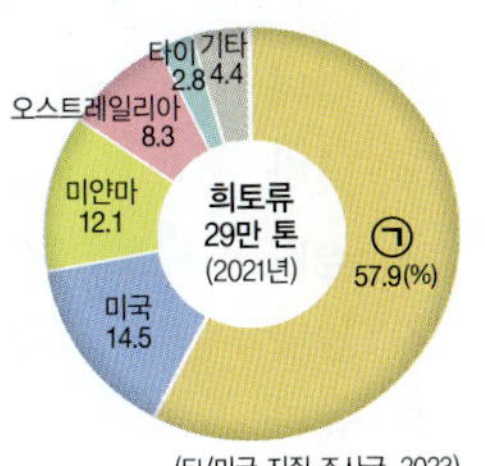

(티/미국 지질 조사국, 2023)

05 다음 중 알맞은 말에 ○표 하시오.

(1) (방글라데시, 일본)은/는 인구 감소로 경제 성장 둔화, 노인 복지 비용 증가 등의 문제가 발생하고 있다.
(2) (인도, 사우디아라비아)는 세계적인 산유국으로 석유, 천연가스 등 에너지 산업이 발달하였다.
(3) (일본, 베트남)은 저렴한 노동력을 바탕으로 노동 집약적 제조업이 발달하였다.

01 아시아의 인구 특징에 관해 옳은 설명을 한 학생끼리 바르게 묶은 것은?

• 갑: 아시아는 세계에서 가장 인구가 많은 대륙이야.
• 을: 특히 서남아시아에 가장 많은 인구가 살고 있어.
• 병: 아시아는 면적이 넓어 실제 인구 밀도는 낮게 나타나.
• 정: 자연환경은 지역별 인구 밀도가 다르게 나타나는 이유 중 하나야.

① 갑, 을　　　② 갑, 정　　　③ 을, 병
④ 을, 정　　　⑤ 병, 정

02 지도에 표시된 (가)~(다) 지역의 인구 밀도를 바르게 연결한 것은?

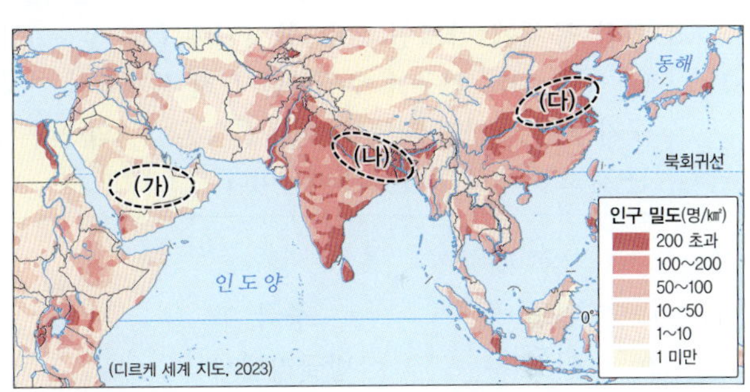

	(가)	(나)	(다)
①	낮다	낮다	낮다
②	낮다	높다	높다
③	낮다	낮다	높다
④	높다	낮다	높다
⑤	높다	높다	낮다

같은 주제 다른 문제

02-1 지도에 표시된 (가)~(다) 지역에 관한 옳은 설명을 보기 에서 고른 것은?

보기
ㄱ. (가)는 강수량이 많은 지역이다.
ㄴ. (다) 지역은 계절풍의 영향으로 벼농사가 활발하다.
ㄷ. (가), (나) 지역은 농경에 유리한 지역이다.
ㄹ. (나), (다) 지역에는 넓은 평야가 펼쳐져 있다.

① ㄱ, ㄴ　　　② ㄱ, ㄷ　　　③ ㄴ, ㄷ
④ ㄴ, ㄹ　　　⑤ ㄷ, ㄹ

03 다음은 아시아의 인구 밀도를 정리한 내용이다. 빈칸 ㉠~㉢에 들어갈 부등호를 바르게 연결한 것은?

〈아시아의 인구 밀도〉
1. 아시아는 자연환경, 농목업, 도시 분포에 따라 인구 분포가 다르게 나타남
   • 사막 지역 (㉠) 평야 지역
   • 농업 지역 (㉡) 목축업 지역
   • 도시 지역 (㉢) 농촌 지역

	㉠	㉡	㉢		㉠	㉡	㉢
①	>	>	>	②	>	>	<
③	<	>	>	④	<	>	<
⑤	<	<	>				

04 다음 기사의 빈칸 ㉠, ㉡에 들어갈 국가를 바르게 연결한 것은?

세계에서 가장 인구가 많은 국가는 어디일까? 국제 연합 통계에 따르면 2023년 4월에 (㉠)이/가 (㉡)의 인구를 추월하면서 전 세계에서 가장 인구가 많은 국가가 되었다. 이는 (㉡)의 인구가 최근 감소 추세로 돌아섰기 때문이다.

	㉠	㉡
①	인도	중국
②	인도	방글라데시
③	중국	인도
④	중국	방글라데시
⑤	방글라데시	중국

05 다음 말풍선의 빈칸 ㉠, ㉡에 들어갈 수 있는 지역을 바르게 연결한 것은?

	㉠	㉡
①	동아시아	동남아시아
②	동아시아	남부 아시아
③	동남아시아	서남아시아
④	동남아시아	남부 아시아
⑤	남부 아시아	동남아시아

06 아시아의 인구이동에 관한 설명으로 옳지 <u>않은</u> 것은?

① 내전이나 자연재해로 인해 이동하기도 한다.
② 주로 지역 간 경제적 차이로 인구가 이동한다.
③ 가까운 아시아 국가로의 이주는 감소하고 있다.
④ 급속한 도시화로 이촌 향도 현상이 나타나기도 한다.
⑤ 과거에는 소득이 높은 유럽이나 북아메리카로의 인구 이동이 많았다.

중요★

07 인구 피라미드를 보고 아래 글의 빈칸 ㉠~㉢에 들어갈 말을 바르게 연결한 것은?

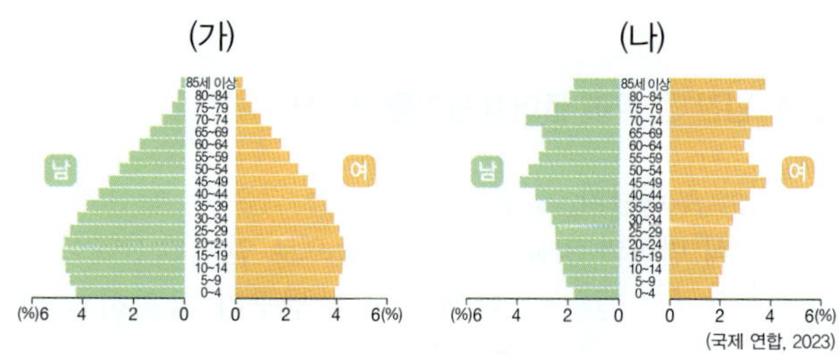

(가) 국가는 (나) 국가에 비해 유소년층 인구 비율이 (㉠). 따라서 (가) 국가의 생산 가능 인구는 점점 (㉡)할 것이다. 한편 (나) 국가는 (가) 국가에 비해 노년층 인구 비율이 (㉢).

	㉠	㉡	㉢
①	낮다	감소	낮다
②	낮다	감소	높다
③	높다	감소	높다
④	높다	증가	높다
⑤	높다	증가	낮다

같은 주제 다른 문제

07-1 (가) 국가와 비교한 (나) 국가의 인구 특징으로 옳은 설명의 개수는?

• 65세 이상의 인구 비율이 증가하고 있을 것이다.
• 출생아 수가 줄어드는 저출산 현상이 나타나고 있다.
• 의학 기술의 발달은 이러한 인구 구조에 영향을 미쳤다.
• 이러한 인구 구조로 인해 경제 성장이 둔화될 수 있다.

① 0개　② 1개　③ 2개　④ 3개　⑤ 4개

[08 - 09] 다음 기사를 보고 물음에 답하시오.

> 2023년 인구 통계를 확인한 결과 70대 이상 인구는 12%로 20대 인구를 넘어서면서 노년층과 청년층 간의 인구가 역전하는 현상이 발생했다. <u>2036년 노인 인구는 전체 인구의 30%에 달할 전망이다.</u> 이에 더해 합계 출산율은 0.6명으로 추락하면서 인구 문제가 심각해지고 있다.

08 위 기사와 비슷한 인구 문제를 겪고 있는 국가를 보기 에서 고른 것은?

> **보기**
> ㄱ. 인도   ㄴ. 일본
> ㄷ. 싱가포르   ㄹ. 방글라데시

① ㄱ, ㄴ   ② ㄱ, ㄷ   ③ ㄴ, ㄷ
④ ㄴ, ㄹ   ⑤ ㄷ, ㄹ

09 위 기사의 밑줄 친 인구 문제를 해결하기 위한 대책을 보기 에서 고른 것은?

> **보기**
> ㄱ. 노인 일자리 창출   ㄴ. 연금 제도의 정비
> ㄷ. 해외 이주 정책 실시   ㄹ. 산아 제한 정책 실시

① ㄱ, ㄴ   ② ㄱ, ㄷ   ③ ㄴ, ㄷ
④ ㄴ, ㄹ   ⑤ ㄷ, ㄹ

10 아시아의 천연자원에 관한 옳은 설명에 ∨표 한 학생을 고른 것은?

문항	갑	을	병	정	무
아시아는 천연자원의 생산량이 많다.	∨	∨	∨		∨
서남아시아는 석유를 많이 수출한다.	∨	∨	∨	∨	∨
희토류는 인도에서 가장 많이 생산한다.			∨		∨
커피, 차, 천연고무, 팜유 등을 생산하기도 한다.			∨	∨	∨

① 갑   ② 을   ③ 병   ④ 정   ⑤ 무

11 아시아의 제조업과 관련된 설명으로 옳지 <u>않은</u> 것은?

① 우리나라는 제조업을 바탕으로 경제가 성장했다.
② 최근 중국, 베트남 등은 첨단 제조업 분야를 육성하고 있다.
③ 노동 집약적 제조업은 베트남, 인도네시아 등에서 활발하다.
④ 중국은 풍부한 노동력을 바탕으로 세계적인 제조업 강국이 되었다.
⑤ 노동 집약적 제조업은 최근 동남아시아에서 중국으로 공장이 이전하고 있다.

12 사진의 (가), (나) 산업에 관한 설명으로 옳은 것은?

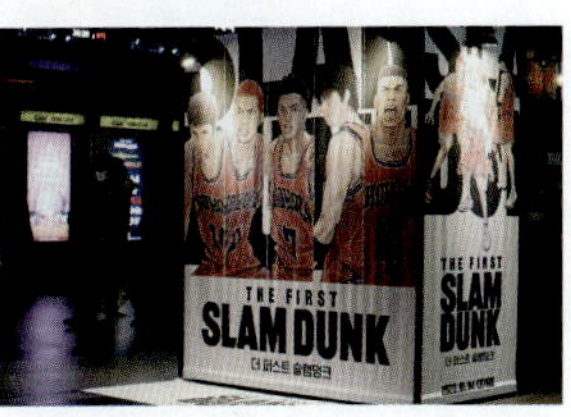

① (가)는 문화 산업, (나)는 첨단 산업이다.
② 우리나라는 (가) 산업의 발달이 미약하다.
③ (가), (나) 산업 모두 부가 가치가 낮은 산업이다.
④ 일본은 애니메이션, 게임 분야에서 (나) 산업이 유명하다.
⑤ (나) 산업은 풍부한 노동력을 바탕으로 발달하는 산업이다.

 같은 **주제** 다른 **문제**

12-1 (가), (나) 산업에 관한 옳은 설명을 〈보기〉에서 모두 고른 것은?

> **보기**
> ㄱ. 중국에서는 (가) 산업의 발달이 미약한 편이다.
> ㄴ. 우리나라의 (나) 산업으로는 K-pop이 대표적이다.
> ㄷ. 인도의 벵갈루루, 뭄바이 등은 (가) 산업이 발달했다.
> ㄹ. (나) 산업은 상품 수출, 관광객 증가 등의 연계 효과를 가져온다.

① ㄱ, ㄴ   ② ㄱ, ㄷ   ③ ㄴ, ㄹ
④ ㄱ, ㄷ, ㄹ   ⑤ ㄴ, ㄷ, ㄹ

13 다음의 산업 특징이 나타나는 (가) 국가에 관한 옳은 설명을 **보기** 에서 고른 것은? (단, (가)는 인도, 사우디아라비아 중 하나임)

| (가) | 연료 및 광물 74.7 | 제조업 23.0 |

└ 농업 1.8(%)   기타 0.5 ┘
(세계 무역 기구, 2023)

보기

ㄱ. 그래프의 연료 산업은 석탄과 관련이 있다.
ㄴ. 자원 고갈에 대비하여 산업을 다변화하고 있다.
ㄷ. 최근 첨단 산업, 관광 산업 육성에 힘쓰고 있다.
ㄹ. 이 국가의 벵갈루루 지역은 첨단 산업의 중심지이다.

① ㄱ, ㄴ   ② ㄱ, ㄷ   ③ ㄴ, ㄷ
④ ㄴ, ㄹ   ⑤ ㄷ, ㄹ

14 베트남의 수출 품목 변화 그래프와 관련된 설명으로 옳지 **않은** 것은?

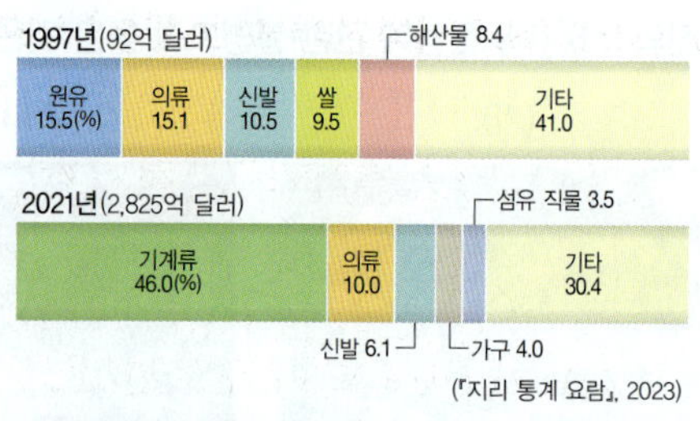

1997년(92억 달러)
| 원유 15.5(%) | 의류 15.1 | 신발 10.5 | 쌀 9.5 | 해산물 8.4 | 기타 41.0 |

2021년(2,825억 달러)
| 기계류 46.0(%) | 의류 10.0 | 신발 6.1 | 섬유 직물 3.5 | 가구 4.0 | 기타 30.4 |

(『지리 통계 요람』, 2023)

▲ 베트남의 수출 품목 변화

① 부가 가치가 높은 제품의 수출 비중이 증가했다.
② 1997년에 비해 2021년의 수출액이 대폭 증가했다.
③ 1997년에는 최근보다 천연자원의 수출 비중이 높았다.
④ 1997년에 비해 2021년의 농산물 수출 비중이 감소하였다.
⑤ 1997년에 비해 2021년의 의류와 신발 산업 수출액은 감소하였다.

15 아시아의 국가별 산업에 관한 설명으로 옳은 것은?

① 인도: 석유 등의 에너지 관련 산업이 주를 이룬다.
② 일본: 원료를 수입하여 가공해 수출하는 무역을 한다.
③ 우리나라: 천연자원 수출 관련 산업 비중이 가장 크다.
④ 싱가포르: 노동 집약적 제조업의 비중이 가장 크다.
⑤ 사우디아라비아: 전체 산업 중에서 제조업의 비중이 가장 크다.

16 다음 설명에 해당하는 국가를 지도의 A~E에서 고르면?

이 국가는 풍부한 노동력과 자원을 바탕으로 국내 총 생산 세계 2위 국가로 급성장하였다. 우리나라와는 경제적 교류를 통해 협력하기도 하지만, 이 나라의 제조업이 고도화되면서 우리나라의 관련 업체들이 타격을 받기도 하였다.

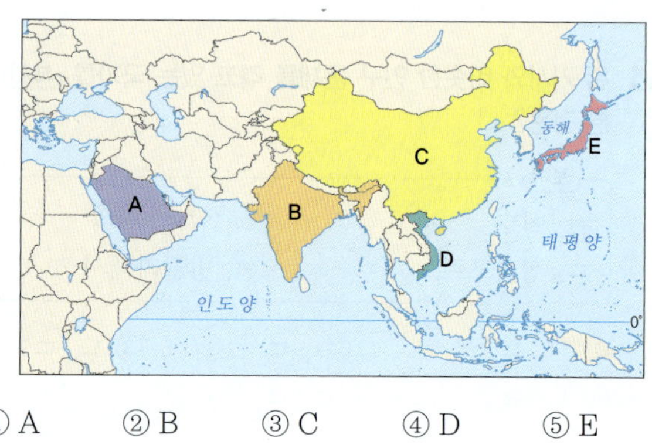

① A   ② B   ③ C   ④ D   ⑤ E

17 아시아의 산업 변화가 우리나라에 미치는 영향으로 적절하지 **않은** 것은?

① 다른 국가와의 경쟁으로 우리나라의 첨단 산업이 쇠퇴하였다.
② 아시아 국가들과 협력하지만 동시에 경쟁 관계에 있기도 하다.
③ 인건비가 저렴한 아시아 국가에 우리나라 공장을 세우기도 한다.
④ 우리나라는 아시아 각 국가들과 자유 무역 협정을 통해 경제적 협력을 강화하고 있다.
⑤ 우리나라는 경제에서 무역이 차지하는 비중이 높아 주변 국가들의 영향을 많이 받는 편이다.

18 다음 기사의 빈칸 ㉠~㉢에 들어갈 말을 바르게 연결한 것은?

최근 세계적인 스포츠 의류 기업 A 사는 (㉠)에 있던 생산 공장을 (㉡)으로 이전하기로 결정하였다. A 사는 이런 결정의 주된 이유로는 (㉠)의 인건비가 (㉢)함에 따라 기업 이익에 영향이 있었기 때문이라고 밝혔다.

	㉠	㉡	㉢
①	중국	베트남	감소
②	중국	베트남	상승
③	중국	한국	상승
④	베트남	한국	감소
⑤	베트남	중국	상승

01 (가), (나) 국가의 인구 피라미드에서 유소년층 인구와 노년층 인구 비율을 비교하여 서술하시오.

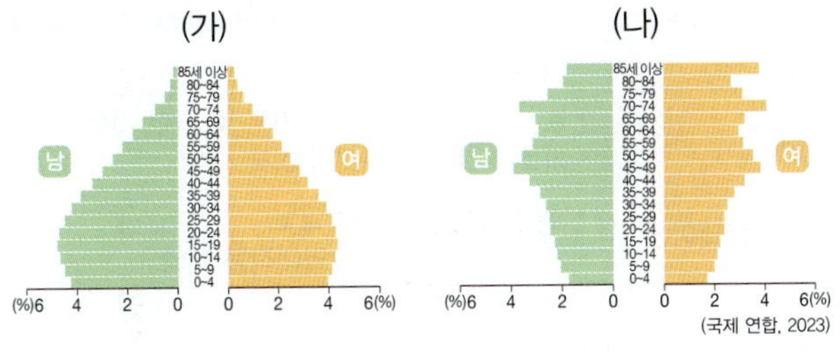

02 다음은 카타르의 인구 피라미드이다. 표시된 부분과 같은 특징적인 인구 구조가 나타나는 이유를 서술하시오.

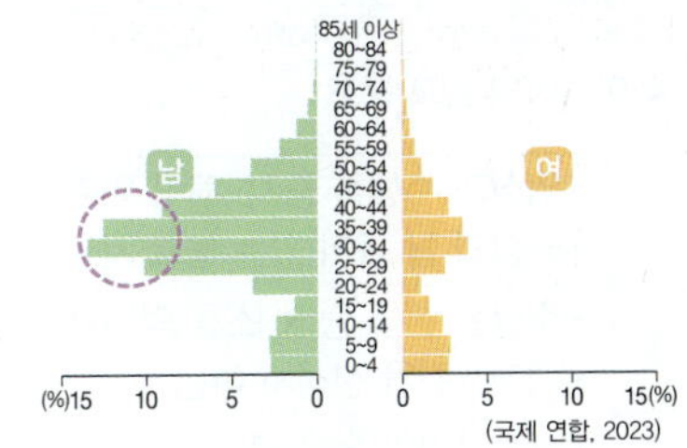

03 다음 기사에서 나타나는 인구 문제를 해결하기 위한 방안을 <u>두 가지</u> 서술하시오.

최근 통계에 따르면 일본의 현재 65세 이상 인구의 비중은 29.1%로 역대 최고치이며 80세 이상 노인 인구 비율도 지난해 처음으로 10%를 넘었다고 전해졌다.

04 주요 천연자원의 생산량과 생산국을 나타낸 그래프이다. (가), (나) 자원의 명칭을 각각 쓰시오. (단, (가), (나)는 각각 석탄, 석유 중 하나임)

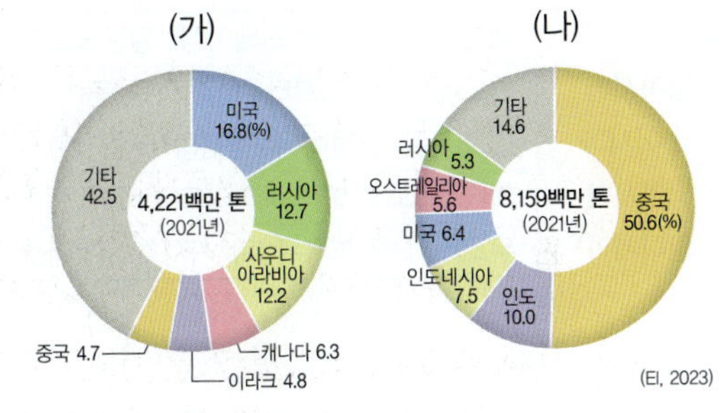

05 다음 자료와 같이 신발의 주요 생산국이 변화하는 이유를 서술하시오.

구분	1960년대	1970년대	1980년대	1990년대 이후
주요 생산국	일본	타이완	한국	중국, 베트남

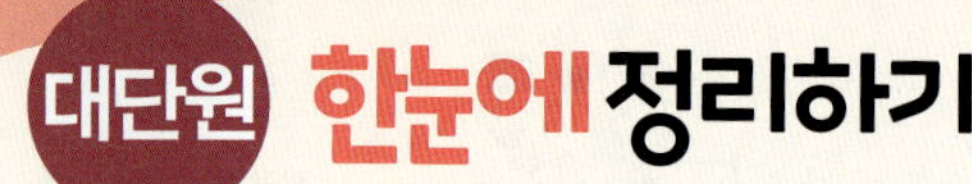

대단원 한눈에 정리하기

01 아시아의 위치와 자연환경

1 아시아의 위치

(1) **지리적 범위** 우랄산맥 동쪽 지역, 세계에서 가장 큰 대륙

서쪽	유럽, 아프리카와 접하고 있음
동쪽	태평양과 접하고 있음
남쪽	인도양과 접하고 있음
북쪽	북극해와 접하고 있음

(2) **아시아의 지역 구분** 자연환경과 문화 등을 기준으로 동아시아, 동남아시아, 남부 아시아, 서남아시아, 중앙아시아로 구분

2 아시아의 주요 국가와 도시

(❶)	대한민국(서울), 중국(베이징), 일본(도쿄) 등
동남아시아	인도네시아(자카르타), 타이(방콕) 등
남부 아시아	인도(뉴델리, 뭄바이), 방글라데시(다카) 등
서남아시아	카타르(도하), 아랍 에미리트(두바이) 등
중앙아시아	우즈베키스탄(타슈켄트), 카자흐스탄(아스타나) 등

3 아시아의 기후

(1) 아시아의 기후 구분

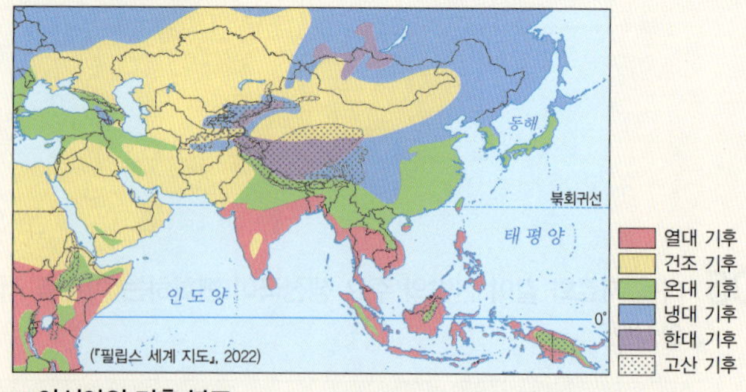

▲ 아시아의 기후 분포

열대 기후	• 동남아시아, 남부 아시아 지역 일대 • 일 년 내내 기온이 높고 강수량이 많음
(❷) 기후	• 중앙아시아와 서남아시아 일대 • 강수량이 적어 초원과 사막이 펼쳐짐
온대 기후	• 동아시아 지역 일대 • 중위도 대륙 동안에 위치하여 계절의 변화 뚜렷

(2) 아시아의 기후와 주민 생활

벼농사	• (❸)의 영향을 받는 열대 및 온대 기후 지역 • 기온이 높고 강수량이 많아 벼농사 유리 ➡ 세계적인 쌀 생산지
(❹)	• 농사짓기 어려운 건조 기후 및 고산 기후 지역 • 가축을 데리고 다니며 이동 생활
플랜테이션	• 열대 기후 지역에서 발달 • 차, 커피, 카카오 등 열대작물 재배

4 아시아의 지형

▲ 아시아의 주요 지형

산지	• 히말라야산맥, 티베트고원 등 높은 산지와 고원 • 해발 고도가 높고 지각 운동 활발 ➡ 지진 발생
하천	• 인더스강, 갠지스강, 메콩강, 황허강 등 • 주변 평야 지대는 농경이 발달해 문명의 중심지
사막	강수량이 적은 지역에 형성 ⑩ 고비·룹알할리 사막

02 아시아의 종교와 문화 다양성

1 아시아의 종교와 생활양식

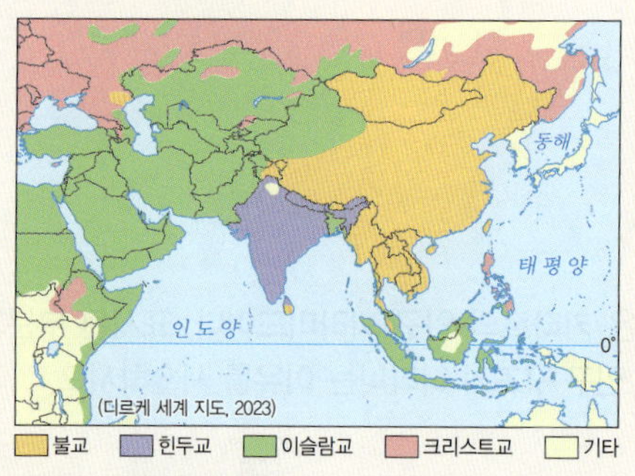

▲ 아시아의 종교 분포

불교	• 명상과 수행을 중시, 채식 위주의 음식 문화 • 불상과 탑 등이 있는 불교 사원
(❺)	• 수많은 신을 숭배, 소를 먹는 것을 금기 • 갠지스강을 신성시 여김
(❻)	• 돼지고기와 술을 금기 • 둥근 돔과 첨탑이 있는 모스크
크리스트교	• 성당이나 교회에서 기도 • 십자가와 종탑을 세운 성당이나 교회

2 아시아의 종교 갈등과 공존

(1) 종교 갈등 지역

팔레스타인 -이스라엘	• (❼)(팔레스타인)와 유대교(이스라엘) • 팔레스타인 지역에 유대교를 믿는 유대인들이 이스라엘을 세우며 분쟁 지속
(❽)	• 힌두교(인도)와 이슬람교(파키스탄) • 영국으로부터 독립하면서 이슬람교도가 많은 카슈미르 지역이 인도에 속하게 되면서 갈등 발생
스리랑카	• 불교(신할리즈족)와 힌두교(타밀족) • 힌두교를 믿는 소수의 타밀족 차별
미얀마	• 불교와 이슬람교(로힝야족) • 이슬람교를 믿는 소수의 로힝야족 차별

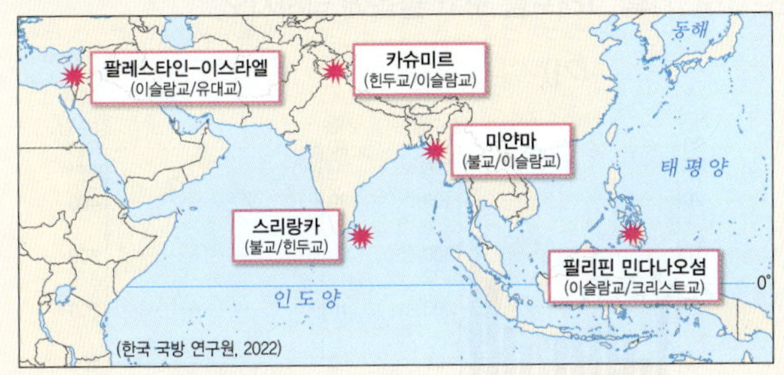

(2) 종교 공존 지역
문화 상대주의의 관점에서 문화의 다양성을 존중하고 수용하는 세계시민의 태도 필요

싱가포르	여러 종교의 기념일을 각각 법정 공휴일로 지정
말레이시아	이슬람교를 국교로 지정하고 있으나, 종교에 대한 자유를 보장하고 다양한 종교 축제 개최

03 아시아의 인구와 지역 발전

1 아시아의 인구 특징

인구 분포	• 전 세계 인구의 약 60%가 (❾)에 거주 • 인도, 중국, 인도네시아 등 인구 1억 명이 넘는 국가 분포
인구이동	• 주로 지역 간 경제적 차이로 발생 • 농촌에서 도시로 이동하는 이촌 향도 현상 • 동남아시아, 남부 아시아에서 임금이 높고 경제가 성장한 동아시아, 서남아시아 등으로 이동

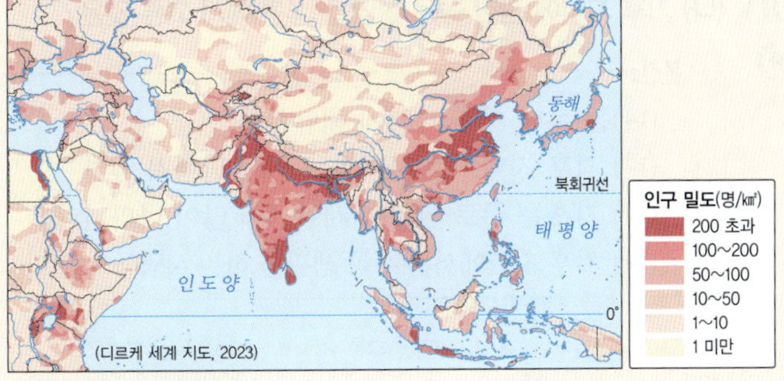

▲ 아시아의 인구 분포

2 아시아의 인구 구조와 지역 변화

출생률이 높은 국가	• 인도, 파키스탄, 방글라데시 등 • 높은 출생률과 기대 수명의 증가로 인구 급증 • 청장년층 인구 비율이 높아 빠른 경제 성장 기대 • 높은 실업률과 빈곤 인구 증가, 사회 기반 시설 부족 등의 문제 발생
저출산· 고령화가 나타나는 국가	• 우리나라, 일본, 중국 등 • 영향: 노동력 부족 등으로 경제 성장 둔화, 노인 부양 부담 증가 등 • 대책: 출산 장려 정책, 사회 보장 제도 정비 등

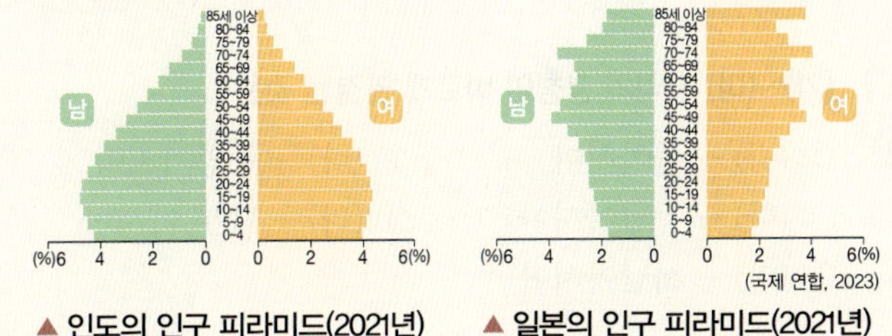

▲ 인도의 인구 피라미드(2021년)　　▲ 일본의 인구 피라미드(2021년)

04 아시아의 산업 특징과 변화

1 아시아의 산업 특징

천연자원 생산	• 산업에 필요한 주요 천연자원의 공급지 역할 • 에너지, 광물, 곡물 자원 등 다양한 자원 생산
제조업	• 우리나라, 일본, 중국 등은 제조업 성장을 바탕으로 경제 성장 • 최근 노동 집약적 제조업의 이전, 첨단 제조업 육성
첨단·문화 산업	• 우리나라, 일본 등은 첨단 기술 제품 생산 • 우리나라의 K-pop, 아랍 에미리트의 관광 산업 등 문화 산업 발달

2 아시아의 산업 변화

일본	철강, 기계, 자동차, 로봇 등의 산업 발달
중국	풍부한 노동력과 자원 ➡ 노동 집약적 제조업 주도
인도	정보 통신 기술 산업의 발달로 벵갈루루, 뭄바이 등에 첨단 산업 단지 조성
동남아시아	• 저렴한 노동력과 풍부한 자원 ➡ 빠르게 공업화 • 최근 중국의 노동 집약적 제조업 공장 이전 중
서남아시아	• 풍부한 (❿)을/를 바탕으로 경제 성장 • 자원 고갈에 대비해 산업의 다변화 노력
우리나라	• 아시아 국가들과 협력 및 경쟁의 관계 ⓓ 서남아시아 여러 국가의 기반 시설 구축에 참여, 동남아시아 국가에 공장 설립 등 • 기술 혁신 추구, 균형 있는 산업 생태계 조성 등의 노력 필요 • 부가 가치가 높은 첨단·문화 산업으로의 진출 확대

대단원 실전 문제

[01-02] 지도를 보고 물음에 답하시오.

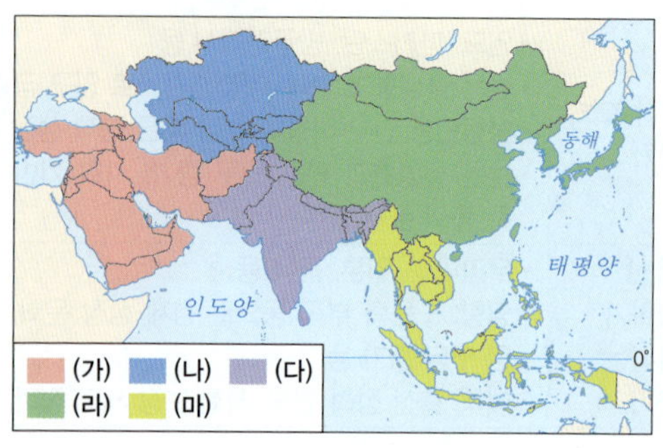

01 (가)~(마) 지역의 명칭이 바르게 연결된 것은?

① (가) – 동아시아　　② (나) – 중앙아시아
③ (다) – 동남아시아　　④ (라) – 남부 아시아
⑤ (마) – 서남아시아

02 (마) 지역에서 여행할 수 있는 국가를 **보기** 에서 고른 것은?

보기

ㄱ. 인도　　　　　ㄴ. 타이
ㄷ. 베트남　　　　ㄹ. 싱가포르
ㅁ. 카자흐스탄

① ㄱ, ㄴ, ㄷ　　　　② ㄱ, ㄷ, ㅁ
③ ㄱ, ㄹ, ㅁ　　　　④ ㄴ, ㄷ, ㄹ
⑤ ㄴ, ㄹ, ㅁ

03 사진의 (가), (나) 국가에 관한 옳은 설명을 **보기** 에서 고른 것은?

▲ (가) 국가의 만리장성은 외적의 침입을 방어할 목적으로 만들어진 것이다.

▲ (나) 국가는 석회암 지형이 유명하며, 특히 할롱 베이는 많은 관광객이 찾는다.

보기

ㄱ. (가)에는 14억 명이 넘는 인구가 살고 있다.
ㄴ. (가)는 중국, (나)는 방글라데시에 해당한다.
ㄷ. (가)는 동아시아, (나)는 동남아시아에 속해 있다.
ㄹ. (나)에는 크리스트교, 이슬람교, 유대교의 성지가 모두 있다.

① ㄱ, ㄴ　　② ㄱ, ㄷ　　③ ㄴ, ㄷ
④ ㄴ, ㄹ　　⑤ ㄷ, ㄹ

04 다음 글에 해당하는 도시와 속한 지역을 바르게 연결한 것은?

> 아랍 에미리트는 석유 수출로 얻은 이익을 국가 개발에 투자하였다. 이 도시는 사막 지역에 고층 빌딩 등의 시설이 지어지면서 성장했고, 관광 산업과 금융 산업이 발달하였다.

① 두바이 – 서남아시아　　② 두바이 – 중앙아시아
③ 두바이 – 남부 아시아　　④ 뭄바이 – 서남아시아
⑤ 뭄바이 – 남부 아시아

[05-06] 기후 그래프를 보고 물음에 답하시오.

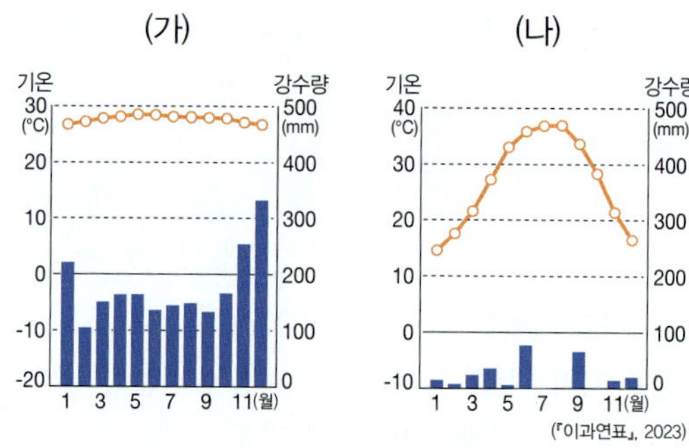

05 (가), (나) 기후 그래프가 나타나는 기후 지역을 지도의 ㉠~㉢에서 골라 바르게 연결한 것은?

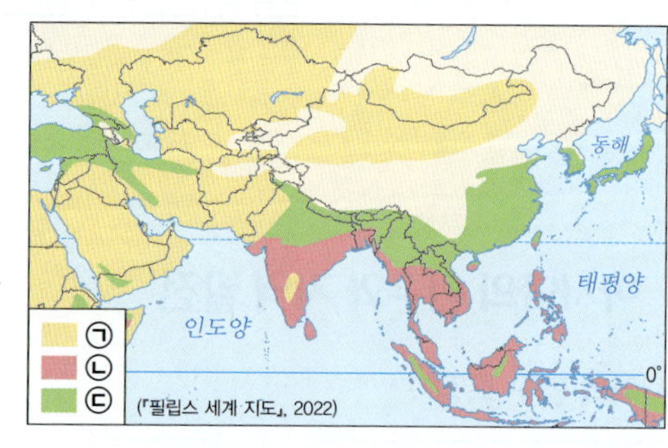

	(가)	(나)		(가)	(나)
①	㉠	㉡	②	㉠	㉢
③	㉡	㉠	④	㉡	㉢
⑤	㉢	㉠			

06 (나) 기후 지역에 관한 옳은 설명을 **보기** 에서 고른 것은?

보기

ㄱ. (나)는 온대 기후 지역에 해당한다.
ㄴ. (나) 기후 지역에는 사막과 초원이 펼쳐져 있다.
ㄷ. (나) 기후는 주로 남부 아시아에서 많이 나타난다.
ㄹ. (나) 기후 지역에서는 유목 생활을 하는 사람들도 있다.

① ㄱ, ㄴ　　② ㄱ, ㄷ　　③ ㄴ, ㄷ
④ ㄴ, ㄹ　　⑤ ㄷ, ㄹ

07 다음 여행 보고서의 빈칸에 들어갈 수 있는 내용으로 적절하지 않은 것은?

이번에 방문한 지역의 지도입니다. 이곳은 기온이 높고 비가 많이 내립니다. 이에 따라 여기서는 특별한 경험을 할 수 있는데 (　　　) 등을 예로 들 수 있습니다.

① 벼농사가 활발히 이루어지는 모습
② 대규모로 차나 커피 등을 재배하는 모습
③ 나무가 빽빽이 들어서 있는 열대림의 모습
④ 가축을 데리고 이동하면서 사는 유목민의 모습
⑤ 사람들이 바닥을 띄워 지은 고상 가옥에서 사는 모습

08 다음은 어떤 학생이 작성한 아시아의 종교 관련 ○× 문제의 정답지이다. 이 학생이 맞힌 정답의 개수는?

문항	내용	답
1	남부 아시아에는 이슬람교 국가가 없다.	○
2	보편 종교와 민족 종교 모두가 분포한다.	○
3	서남아시아 국가들은 대부분 이슬람교를 믿는다.	○
4	아시아는 불교, 힌두교, 이슬람교, 크리스트교의 기원지이다.	○

① 0개　　② 1개　　③ 2개　　④ 3개　　⑤ 4개

09 아시아의 종교 분포를 나타낸 지도이다. (가), (나) 종교에 관한 옳은 설명을 보기 에서 모두 고른 것은?

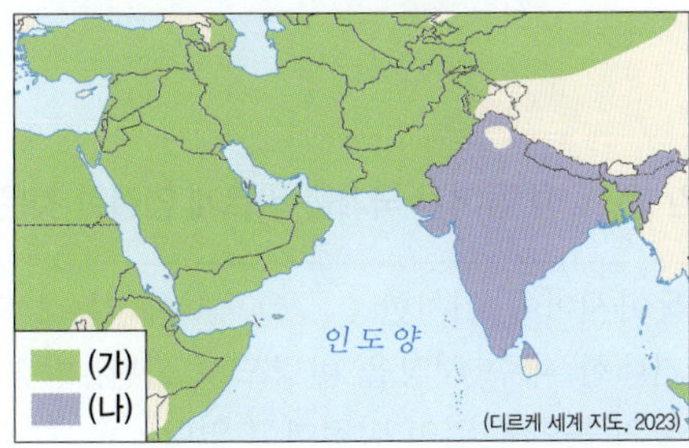

보기

ㄱ. (가)는 이슬람교, (나)는 힌두교이다.
ㄴ. (가)와 관련된 경관으로 사리를 모신 탑이 있다.
ㄷ. (가)를 믿는 사람들은 허용된 할랄 음식만 먹는다.
ㄹ. (나)는 소를 신성시하여 소를 먹는 행위를 금기한다.

① ㄱ, ㄴ　　　② ㄱ, ㄹ　　　③ ㄴ, ㄷ
④ ㄱ, ㄷ, ㄹ　　⑤ ㄴ, ㄷ, ㄹ

10 다음 게시물에 추가할 내용의 해시태그로 옳지 않은 것은?

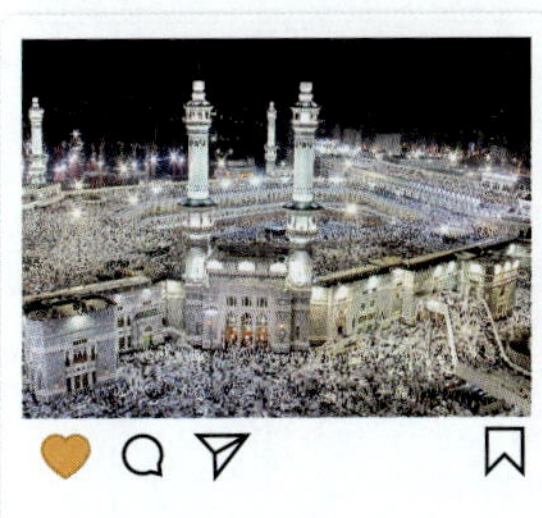

① #할랄 음식
② #돼지고기 금지
③ #쿠란의 가르침
④ #돔형 지붕과 첨탑
⑤ #갠지스강에서 목욕

11 다음 지도의 (가), (나) 지역에 관한 옳은 설명을 보기 에서 모두 고른 것은?

보기

ㄱ. (가)에서는 소수의 힌두교도들이 차별을 받고 있다.
ㄴ. (가)에 유대인들이 이스라엘을 세우며 종교 갈등이 발생했다.
ㄷ. (나)에서는 힌두교를 믿는 파키스탄과 이슬람교를 믿는 인도가 갈등한다.
ㄹ. (가), (나)의 종교 갈등은 모두 이슬람교와 관련 있다.

① ㄱ, ㄷ　　　② ㄴ, ㄹ　　　③ ㄷ, ㄹ
④ ㄱ, ㄴ, ㄹ　　⑤ ㄴ, ㄷ, ㄹ

12 다음 보고서의 ㉠~㉤ 중 옳지 않은 내용을 고르면?

◎ 아시아 인구 보고서
　㉠ 아시아는 세계의 대륙 중 인구수 1위이고, ㉡ 면적에 비해 많은 인구가 살고 있다. 특히 ㉢ 남부 아시아, 동아시아의 인구가 많으며 지역별로 ㉣ 농업 지역보다는 목축업 지역의 인구 밀도가 높다. 산업화가 진행되는 국가는 ㉤ 농촌보다 도시의 인구 밀도가 높다.

① ㉠　　② ㉡　　③ ㉢　　④ ㉣　　⑤ ㉤

13 지도의 A~C 지역에 관한 옳은 설명을 보기 에서 고른 것은?

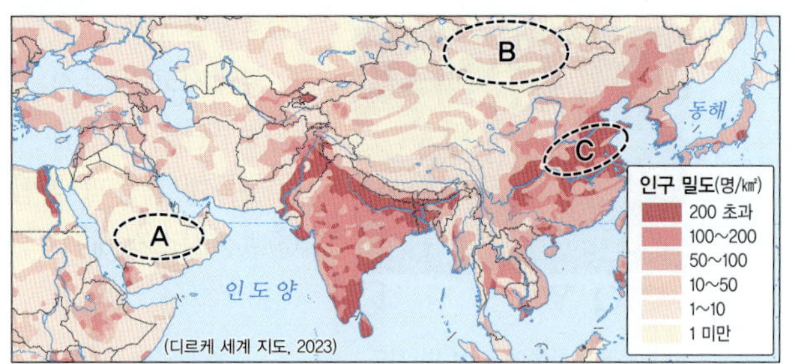

보기

ㄱ. A는 강수량이 적어 인구 밀도가 낮다.
ㄴ. B에는 산업화된 도시가 많아 인구 밀도가 높다.
ㄷ. C는 계절풍의 영향을 받는 벼농사 지대에 해당한다.
ㄹ. B, C는 아시아에서 인구 밀도가 높은 지역에 해당한다.

① ㄱ, ㄴ ② ㄱ, ㄷ ③ ㄴ, ㄷ
④ ㄴ, ㄹ ⑤ ㄷ, ㄹ

[14-15] 인구 피라미드를 보고 물음에 답하시오.

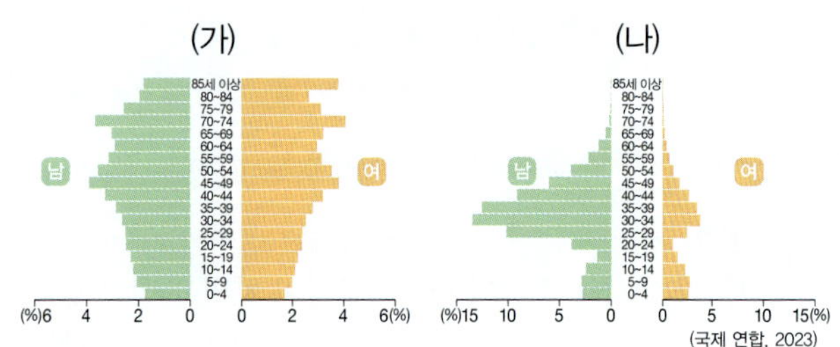

14 (가), (나) 국가에 관한 옳은 설명을 보기 에서 고른 것은? (단, (가), (나)는 일본, 카타르 중 하나임)

보기

ㄱ. (가)는 일본, (나)는 카타르에 해당한다.
ㄴ. (가)는 (나)보다 남성 생산 가능 인구 비율이 높다.
ㄷ. (가)는 거대한 석유 자본을 바탕으로 성장한 국가이다.
ㄹ. (나)에는 주변 아시아 국가에서 온 이주 노동자들이 많다.

① ㄱ, ㄴ ② ㄱ, ㄹ ③ ㄴ, ㄷ
④ ㄴ, ㄹ ⑤ ㄷ, ㄹ

15 (가) 국가에 관한 설명으로 옳지 <u>않은</u> 것은?

① 노년층 인구가 증가하고 있다.
② 유소년층 인구가 감소하고 있다.
③ 생산 가능 인구가 증가하여 경제가 활성화될 것이다.
④ 의학 기술의 발달이 이러한 인구 변화에 영향을 주었다.
⑤ 기대 수명이 증가하면서 이러한 인구 변화가 나타난다.

16 희토류와 석유의 주요 생산 국가 비중을 나타낸 그래프이다. ㉠, ㉡에 들어갈 국가를 바르게 연결한 것은?

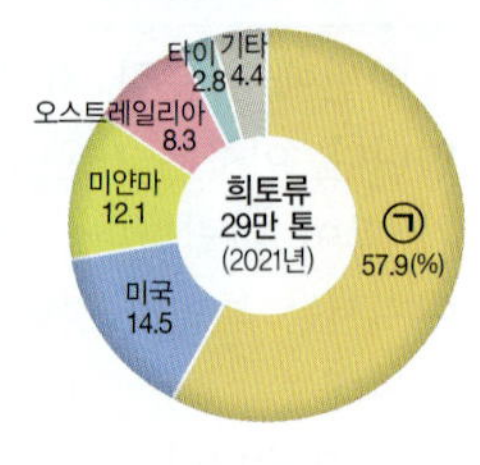
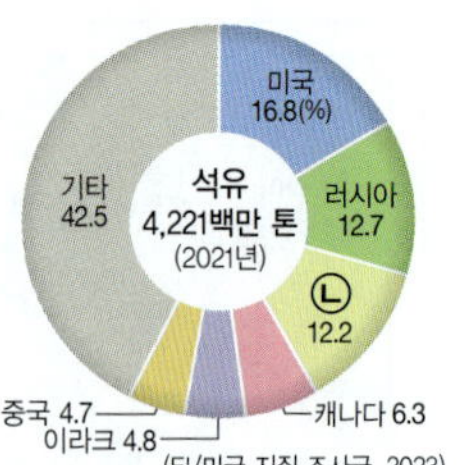

	㉠	㉡
①	인도	중국
②	인도	사우디아라비아
③	중국	인도
④	중국	사우디아라비아
⑤	사우디아라비아	중국

17 아시아의 산업 특징으로 옳지 <u>않은</u> 것은?

① 서남아시아 지역은 에너지 자원 관련 산업이 발달하였다.
② 우리나라, 일본 등은 고부가 가치 첨단 산업이 발달하였다.
③ 베트남, 인도네시아 등은 노동 집약적 제조업이 발달하였다.
④ 우리나라, 일본, 중국 등은 제조업 성장을 바탕으로 경제가 성장하였다.
⑤ 동남아시아 국가들은 대부분 천연자원 수출 위주의 산업 구조를 보인다.

18 빈칸 ㉠, ㉡에 들어갈 국가를 바르게 연결한 것은?

• 동아시아에 위치한 (㉠)에서는 14억 명이 넘는 거대한 내수 시장을 바탕으로 출판, 방송, 영화, 음악 등의 문화 산업이 발전하고 있다.
• 남부 아시아에 위치한 (㉡)에는 낮은 인건비, 높은 기술력을 갖춘 '볼리우드'라고 불리는 영화 산업이 발달했다.

	㉠	㉡			㉠	㉡
①	인도	중국		②	인도	일본
③	중국	인도		④	중국	일본
⑤	일본	중국				

[19-20] 다음은 아시아 주요 국가의 상품군별 수출액 비중을 나타낸 그래프이다. 그래프를 보고 물음에 답하시오.

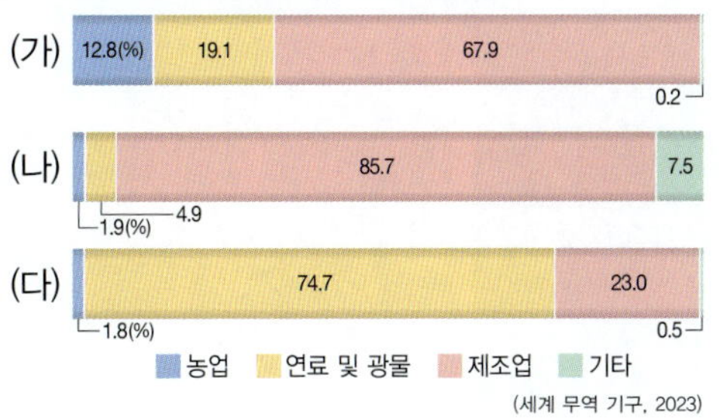

19 그래프 (가), (나)에 해당하는 국가를 바르게 연결한 것은? (단, (가), (나)는 인도, 일본, 사우디아라비아 중 하나임)

	(가)	(나)
①	인도	일본
②	인도	사우디아라비아
③	일본	인도
④	일본	사우디아라비아
⑤	사우디아라비아	일본

20 (가)~(다) 국가에 관한 옳은 설명을 **보기**에서 모두 고른 것은?

보기

ㄱ. (가) 국가는 농업부터 첨단 산업까지 다양한 산업이 발달했다.
ㄴ. (나) 국가에서는 반도체, 로봇 등의 첨단 산업이 발달했다.
ㄷ. (나) 국가는 노동 집약적 제조업 위주의 산업 구조가 특징이다.
ㄹ. (다) 국가는 세계적인 산유국이다.

① ㄱ, ㄴ   ② ㄱ, ㄹ   ③ ㄴ, ㄷ
④ ㄱ, ㄴ, ㄹ   ⑤ ㄴ, ㄷ, ㄹ

21 아시아의 산업 특징과 변화에 관한 옳은 설명을 **보기**에서 고른 것은?

보기

ㄱ. 동아시아 일대는 세계 최대의 석유 생산지이다.
ㄴ. 노동 집약적 제조업의 중심이 중앙아시아 지역으로 이전하고 있다.
ㄷ. 동아시아 국가들은 고부가 가치 첨단 산업 발전을 주도하고 있다.
ㄹ. 서남아시아 일부 국가는 석유 자본을 바탕으로 첨단 산업과 관광 산업 육성에 힘쓰고 있다.

① ㄱ, ㄴ   ② ㄱ, ㄷ   ③ ㄴ, ㄷ
④ ㄴ, ㄹ   ⑤ ㄷ, ㄹ

22 자료를 보고 물음에 답하시오.

계절풍의 영향을 받는 열대 및 온대 기후 지역에서는 (㉠)이/가 활발하게 이루어진다. 이는 계절풍 지역의 여름철 기후가 (㉡)는 특징 때문이다.

(1) ㉠에 알맞은 농사의 명칭을 쓰시오.

(2) ㉡에 들어갈 문장을 기온과 강수량 측면에서 서술하시오.

23 그래프와 관련하여 빈칸에 들어갈 알맞은 내용을 쓰고, 이에 관한 말레이시아의 노력을 <u>한 가지만</u> 서술하시오.

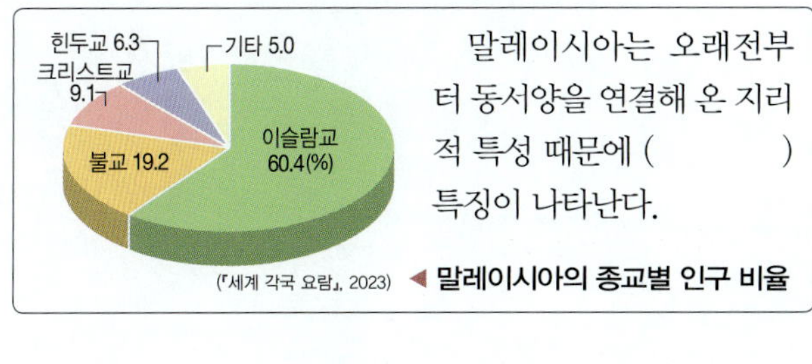

◀ 말레이시아의 종교별 인구 비율

말레이시아는 오래전부터 동서양을 연결해 온 지리적 특성 때문에 (   ) 특징이 나타난다.

3

유럽

스칸디나비아산맥
우랄산맥
동유럽 평원
북독일 평원
평원
라인강
알프스산맥
해
흑해
카스피해
지중해

01 유럽의 위치와 자연환경

1 유럽의 위치

1 지리적 범위

'서쪽의 땅', '해가 지는 곳'이라는 뜻의 '에레브(Ereb)'에서 유래했다고 해.

(1) **유럽** 서쪽으로 대서양, 남쪽으로 지중해, 북쪽으로 북극해, 동쪽으로 아시아와 접하고 있는 대륙 ➡ ❶유라시아 대륙 서부, 우랄산맥 서쪽 지역에 위치

(2) **유럽의 지역 구분** 크게 북부 유럽, 서부 유럽, 남부 유럽, 동부 유럽으로 구분

2 국가와 주요 도시

(1) **유럽의 국가**

북부 유럽	• ❷사회 복지 제도가 잘 갖추어져 있으며, 과거 빙하의 흔적을 볼 수 있음 • 노르웨이, 스웨덴, 핀란드 등
서부 유럽	• 제조업과 금융업 등이 발달해 세계 경제의 중심 역할을 함 • 영국, 프랑스, 독일 등
남부 유럽	• 지중해와 접해 있으며 관광 산업이 발달 • 에스파냐, 이탈리아, 그리스 등
동부 유럽	• 농업이 활발하게 이루어짐 • 체코, 폴란드, 우크라이나, 러시아 등

지중해성 기후가 나타나 여름철 맑은 날이 많아서 관광 산업이 발달했어.

세계에서 국토 면적이 가장 넓은 국가야.

(2) **유럽의 주요 도시**

① 영국의 런던, 프랑스의 파리, 독일의 베를린: 세계 경제의 중심지 역할

② 스위스의 제네바, 벨기에의 브뤼셀: ❸국제기구의 본부들이 위치

③ 그리스의 아테네, 이탈리아의 로마: 다양한 역사 ❹유적 분포

④ 에스파냐의 바르셀로나, 오스트리아의 빈, 체코의 프라하: 예술이 발달한 도시

2 유럽의 자연환경

1 지형

(1) **유럽의 지형 특성** 유럽은 작은 면적에 비해 다양한 지형 경관이 나타나는 편이며, 북부와 남부에 높은 산지가 있고, 중부와 동부에 넓은 평원이 펼쳐져 있음

출제Up 스칸디나비아산맥과 알프스산맥의 특징을 비교하는 문제가 자주 출제

◀ 유럽의 주요 지형

자료 1 유럽의 지역 구분

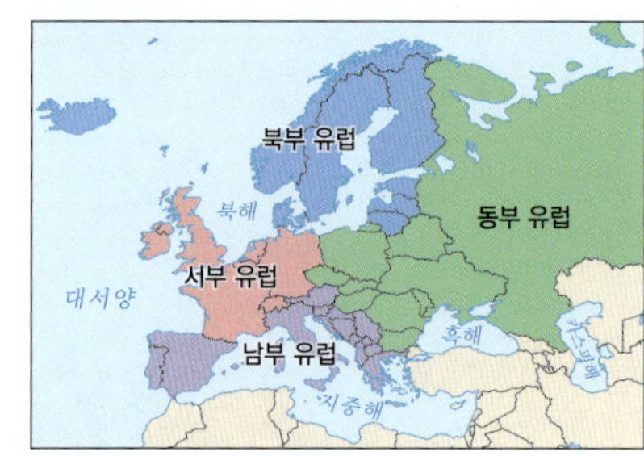

유럽의 지역 구분은 지리, 정치, 문화 등 기준에 따라 매우 다양하게 나타난다.

자료 2 농업이 발달한 우크라이나

동부 유럽의 우크라이나는 넓은 농경지가 있어 '유럽의 빵 바구니'라는 별명을 가졌다. 밀과 옥수수의 생산량과 수출량이 세계적이다.

자료 3 알프스산맥의 마터호른

스위스와 이탈리아 북부에 걸쳐진 알프스산맥은 해발 4,000m 이상의 산들이 모여 있으며, 알프스산맥에서 가장 높은 산봉우리인 마터호른은 빙하의 침식 작용으로 정상이 뾰족하다.

용어 풀이

❶ 유라시아: 유럽과 아시아를 아울러 이르는 이름
❷ 사회 복지: 국민의 생활 향상과 사회 보장을 위한 여러 가지 사회 정책과 시설을 통틀어 이르는 말. 교육, 문화, 직업, 의료, 노동 등 사회생활의 모든 분야에 관계하는 조직적인 개념
❸ 국제기구: 여러 국제적인 목적이나 활동을 위해 두 국가 이상의 회원국으로 구성된 조직체
❹ 유적: 남아 있는 자취. 건축물이나 싸움터 또는 역사적인 사건이 벌어졌던 곳이나 패총, 고분 따위

산지	• 북부: 스칸디나비아·페나인산맥 ➡ 비교적 해발 고도가 낮고, 경사가 완만함
	• 남부: 알프스·피레네산맥 ➡ 해발 고도가 높고 험준함
평야, 하천	• 유럽 중앙부에 분포하며, 지대가 낮고 평탄함 예 프랑스 평원, 북독일 평원 등
	• 평야 지대를 흐르는 하천(라인강 등)은 ❶운하로 연결되어 하천 교통 발달
빙하	노르웨이, 아이슬란드 등에서는 빙하 지형 발달 예 피오르, ❷빙하호 등

자료 4

(2) 유럽의 지형과 주민 생활

① 산지: 알프스산맥에는 스키장, 케이블카 등을 이용한 관광 산업 발달

② 평야, 하천: 지대가 낮고 평탄해 인구와 도시 및 산업 밀집

2 기후

(1) **유럽의 기후 특성** 대륙 ❸서안에 있어 비슷한 위도의 대륙 동안보다 바다의 영향을 많이 받으며, 대체로 온대 기후와 냉대 기후가 나타남

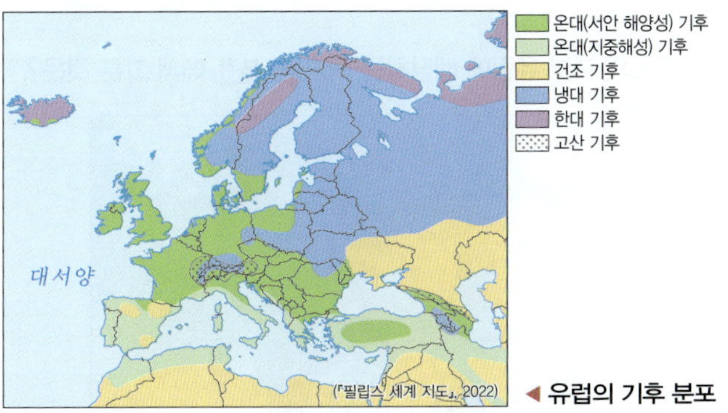

(『필립스 세계 지도』, 2022)

◀ 유럽의 기후 분포

자료 5 **(2) 유럽의 기후 구분** 출제tip 서안 해양성 기후와 지중해성 기후의 특징을 묻는 문제가 자주 출제

자료 6

서안 해양성 기후	• 서부 유럽 지역
	• 대서양을 흐르는 ❹난류와 일 년 내내 불어오는 ❺편서풍의 영향 ➡ 위도에 비해 겨울이 따뜻하고 강수량이 연중 고른 편 └ 일 년 내내 비가 고르게 내려 사람들은 겉옷과 우산을 가지고 다녀.
	• 온대 계절풍 기후 지역보다 하천 수위 변화가 작아 수운 교통 발달
	• 혼합 농업, 낙농업, ❻원예 농업 발달
지중해성 기후	• 지중해 연안의 남부 유럽 지역
	• 여름은 덥고 건조한 반면, 겨울은 따뜻하고 비가 자주 내림
	• 수목 농업 발달 └ 이 지역의 전통 가옥은 벽을 밝은 색으로 칠해 여름의 뜨거운 햇볕을 반사하고, 가옥의 벽을 두껍게 하여 외부의 열기를 차단하는 것이 특징이야.
냉대 기후	• 동부 및 북부 유럽 지역
	• ❼침엽수림 분포

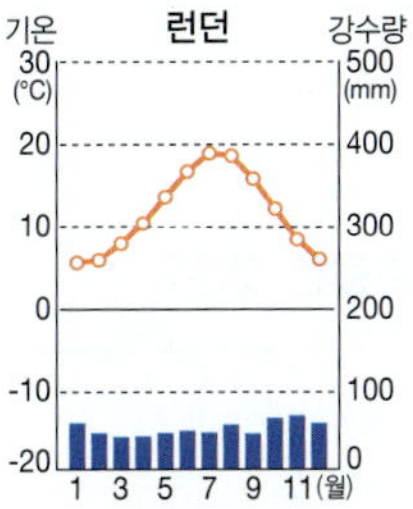

기온 런던 강수량 / 기온 리스본 강수량 / 기온 모스크바 강수량

(『이과연표』, 2023)

▲ 서안 해양성 기후 그래프 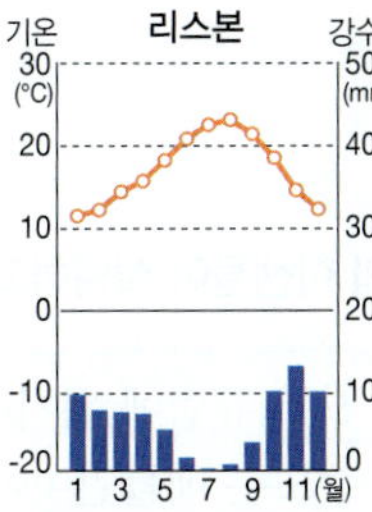   ▲ 지중해성 기후 그래프   ▲ 냉대 기후 그래프

자료 4 **피오르**

빙하에 의해 U자형으로 깎인 골짜기에 바닷물이 들어와 만들어진 좁고 긴 만을 말한다. 노르웨이의 송네 피오르가 유명하다.

자료 5 **유럽의 기후와 주민 생활**

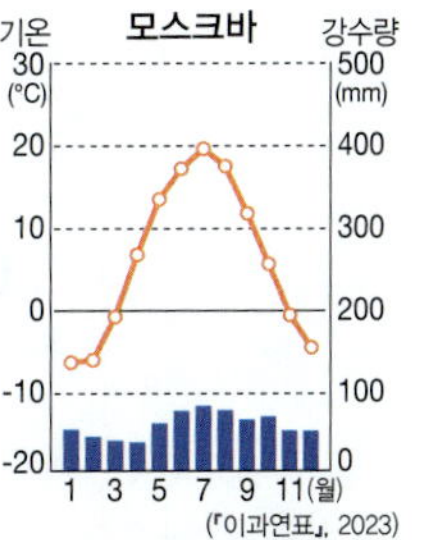

▲ 일광욕을 즐기는 사람들(영국)   ▲ 수목 농업(에스파냐)

서안 해양성 기후 지역은 흐리고 비가 내리는 날이 많아 날씨가 맑은 날이면 사람들은 일광욕을 즐긴다. 지중해성 기후 지역은 여름철 고온 건조한 기후를 잘 견디는 올리브, 오렌지, 레몬, 포도 등을 재배하는 농가가 많다.

자료 6 **혼합 농업**

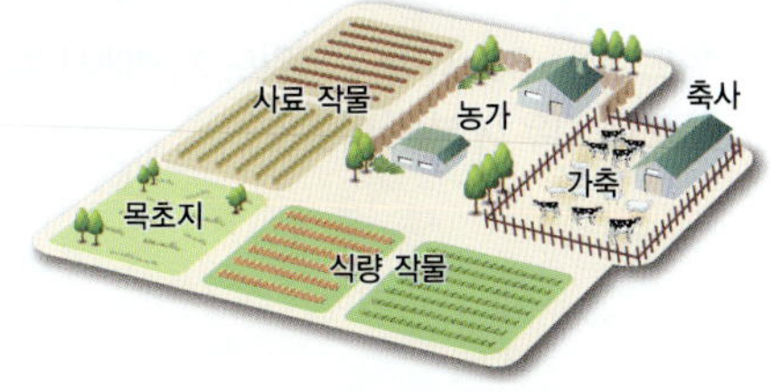

여름이 서늘해 목초지 조성에 유리한 서안 해양성 기후 지역에서는 혼합 농업이 발달했다. 혼합 농업은 소, 돼지 등의 가축 사육과 식량 작물, 사료용 작물 재배가 함께 이루어지는 농업의 형태이다.

01 빈칸에 알맞은 말을 쓰시오.

(1) 유럽은 동쪽으로 (　　　　)과/와 접해 있다.

(2) 그리스는 (　　　　) 유럽에 속한다.

(3) 서안 해양성 기후 지역의 대도시 주변에는 젖소를 사육해 유제품을 생산하는 (　　　　)이/가 발달했다.

02 다음 중 알맞은 말에 ○표 하시오.

(1) 프랑스 수도인 (파리, 런던)은/는 세계 경제의 중심 역할을 하는 도시이다.

(2) 유럽에는 대체로 (열대, 온대) 기후가 나타난다.

(3) 노르웨이, 아이슬란드 등 (빙하, 화산)의 영향을 받은 고위도 지역에서는 피오르 등의 지형을 볼 수 있다.

03 다음 설명이 맞으면 ○표, 틀리면 ×표 하시오.

(1) 유럽은 남쪽으로 지중해와 접해 있다. (　　)

(2) 프랑스는 동부 유럽에 속한다. (　　)

(3) 알프스산맥은 형성 시기가 오래되어 해발 고도가 낮고, 경사가 완만한 편이다. (　　)

04 위도 30°~60° 사이의 중위도 지역에서 일 년 내내 서쪽에서 동쪽으로 치우쳐 부는 바람은?

05 빈칸 ㉠, ㉡에 들어갈 알맞은 말을 각각 쓰시오.

> 일반적으로 유럽은 (　㉠　)산맥의 서쪽 지역을 가리키는데, 이 산맥을 기준으로 하나의 땅덩어리인 유라시아 대륙을 유럽과 (　㉡　)(으)로 구분하기도 한다.

㉠ ______________　　㉡ ______________

01 유럽의 위치에 관한 설명으로 옳은 것은? (하)

① 우랄산맥의 서쪽 지역이다.

② 서쪽으로 아시아와 접하고 있다.

③ 남쪽으로 대서양과 접하고 있다.

④ 북쪽으로 지중해를 접하고 있다.

⑤ 동쪽으로 북극해와 접하고 있다.

02 지도의 북부 유럽에 해당하는 국가를 보기 에서 고른 것은? (중)

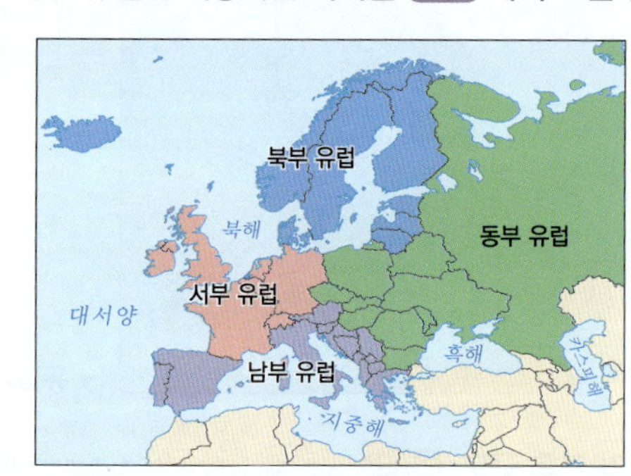

보기

ㄱ. 체코　　　　ㄴ. 영국

ㄷ. 핀란드　　　ㄹ. 노르웨이

① ㄱ, ㄴ　　② ㄱ, ㄷ　　③ ㄴ, ㄷ

④ ㄴ, ㄹ　　⑤ ㄷ, ㄹ

03 다음 글의 학생들이 설명하고 있는 국가로 옳은 것은? (중)

> • 지오: 서부 유럽에 위치해.
> • 대한: 수도는 베를린이야.
> • 민국: 주요 랜드마크로는 '평화의 문'인 브란덴부르크 문이 있어.

① 독일　　　　② 영국

③ 러시아　　　④ 프랑스

⑤ 이탈리아

04 지도의 A~E 국가에 관한 설명으로 옳은 것은?

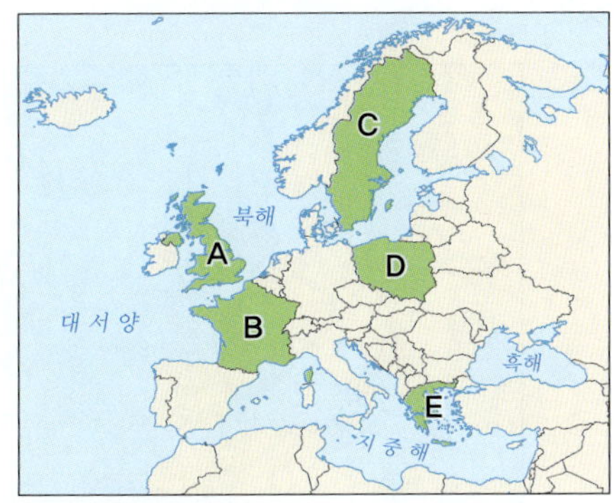

① A는 에스파냐이다.
② B의 수도는 런던이다.
③ C는 남부 유럽 국가이다.
④ D의 수도는 마드리드이다.
⑤ E는 산토리니섬으로 유명하다.

05 다음의 유럽 여행기에서 3일 차에 방문한 국가와 도시로 옳은 것은?

> [1일 차] 고대 로마 시대 검투사들의 격전 장소, 콜로세움 앞에 도착했다.
> [3일 차] 템스강 위 타워 브리지 앞에서 사진을 찍었다.

① 영국 런던 　　　　　② 독일 베를린
③ 체코 프라하 　　　　④ 그리스 아테네
⑤ 이탈리아 로마

06 유럽의 주요 도시로 옳지 <u>않은</u> 것은?

① 파리 　　　　　　② 베이징
③ 아테네 　　　　　④ 마드리드
⑤ 모스크바

07 유럽의 기후에 관한 설명으로 옳지 <u>않은</u> 것은?

① 열대 기후가 나타나지 않는다.
② 북부 유럽은 대체로 냉대 기후가 나타난다.
③ 서부 유럽의 대부분 지역은 기온의 연교차가 크다.
④ 남부 유럽의 지중해 연안은 여름이 덥고 건조하다.
⑤ 동부 유럽은 온대 기후와 냉대 기후가 함께 나타난다.

중요

08 유럽의 기후 구분을 나타낸 지도의 (가) 지역에 관한 설명으로 옳은 것은?

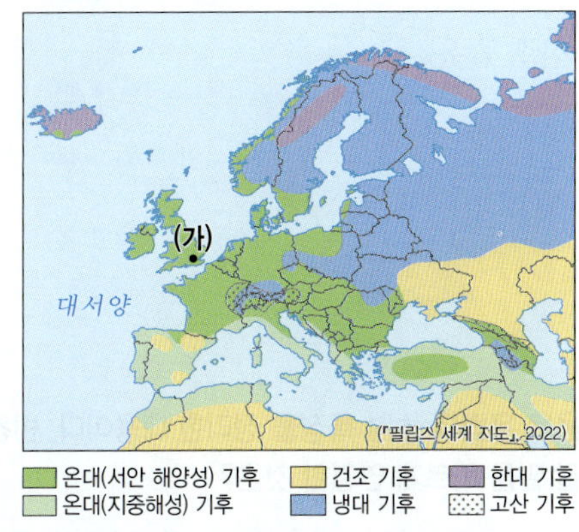

① 계절풍의 영향을 많이 받는다.
② 여름과 겨울의 기온 차가 크다.
③ 한류가 흐르는 바다의 영향을 받는다.
④ 여름에는 덥고 건조한 날씨가 나타난다.
⑤ 비슷한 위도의 대륙 동안보다 겨울이 따뜻한 편이다.

같은 주제 다른 문제

08-1 지도의 (가) 지역에서 볼 수 있는 주민 생활 모습으로 옳은 것은?

① 추운 겨울에 대비하여 온돌이 발달하였다.
② 흐린 날이 많아 맑은 날이면 일광욕을 즐긴다.
③ 햇빛을 반사하기 위해 외벽을 흰색으로 칠한다.
④ 올리브, 레몬, 포도 등의 과수를 주로 재배한다.
⑤ 통풍이 잘 되도록 벽이 얇고 창문이 큰 가옥이 많다.

09 다음은 지오가 유럽의 한 도시를 여행하며 쓴 여행기이다. 지오가 여행한 도시의 기후로 옳은 것은?

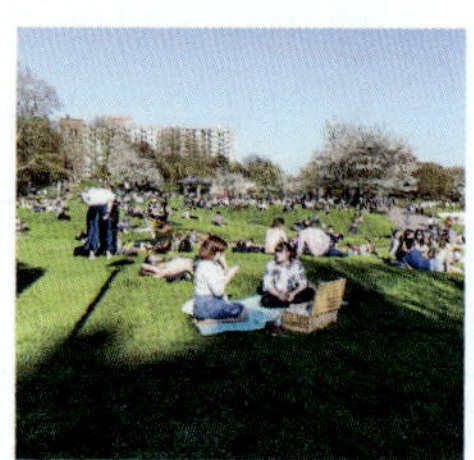

2020○년 8월 5일

이 도시는 지금 여름인데도 우리나라보다 날씨가 서늘하다. 어제는 온종일 하늘이 흐리고 비가 조금씩 내렸는데, 오늘 아침에는 맑게 갠 하늘을 볼 수 있었다. 그래서인지 공원에는 일광욕을 즐기는 사람들로 북적였다. 깜빡하고 우산을 들고 나가지 않았는데, 오후에 갑자기 비가 내렸다. 비에 흠뻑 젖은 날이었다.

① 열대 기후
② 냉대 기후
③ 고산 기후
④ 지중해성 기후
⑤ 서안 해양성 기후

같은 주제 다른 문제

09-1 지오가 여행한 도시의 여름철 기후 특징으로 옳은 것은?

① 고온 건조
② 고온 다습
③ 온난 건조
④ 온난 습윤
⑤ 한랭 습윤

10 다음은 유럽의 농업 특징을 정리한 내용이다. 빈칸 ㉠~㉢에 들어갈 말을 바르게 연결한 것은?

〈유럽의 농업〉
• 서안 해양성 기후 지역: 가축 사육과 식량 작물, 사료용 작물 재배가 함께 이루어지는 (㉠) 농업이 발달했다.
• 지중해성 기후 지역: (㉡)철 기후가 고온 건조하므로 레몬이나 오렌지, 올리브, 포도 등을 재배하는 (㉢) 농업이 발달했다.

	㉠	㉡	㉢
①	원예	여름	관개
②	원예	겨울	수목
③	혼합	여름	수목
④	혼합	여름	관개
⑤	혼합	겨울	수목

11 지도의 (가), (나) 산맥에 관한 설명으로 옳은 것을 보기 에서 고른 것은?

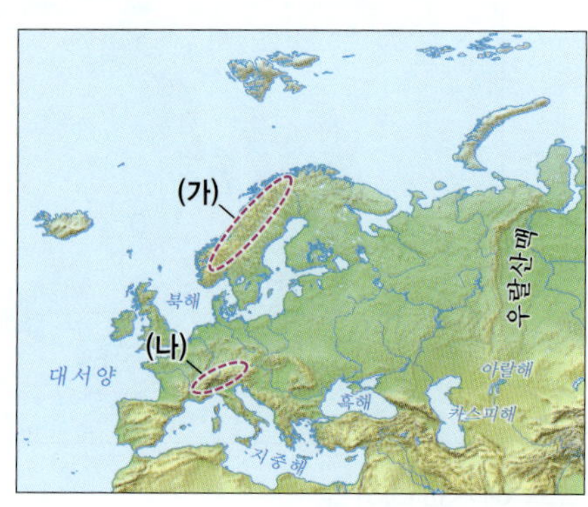

보기
ㄱ. (가)는 피레네산맥이다.
ㄴ. (나)는 알프스산맥이다.
ㄷ. (가)는 (나)보다 경사가 완만하다.
ㄹ. (나)는 (가)보다 형성 시기가 오래되었다.

① ㄱ, ㄴ
② ㄱ, ㄷ
③ ㄴ, ㄷ
④ ㄴ, ㄹ
⑤ ㄷ, ㄹ

12 유럽의 지형과 주민 생활에 관한 설명으로 옳지 <u>않은</u> 것은?

① 산지는 주로 북부와 남부에 분포한다.
② 유럽 중앙부에는 주로 평야가 분포한다.
③ 유럽 주요 도시들은 산지에 분포해 있다.
④ 라인강은 운하로 연결되어 있어 교통로로 이용하기도 한다.
⑤ 노르웨이에서는 피오르, 빙하호 등과 같은 빙하 지형을 볼 수 있다.

13 다음 설명의 빈칸에 들어갈 산맥의 예로 옳은 것은?

① 알프스산맥
② 안데스산맥
③ 아틀라스산맥
④ 히말라야산맥
⑤ 스칸디나비아산맥

01 런던과 리스본의 기후 그래프를 보고 여름철 기후 특징을 기온, 강수량 측면에서 비교하여 서술하시오.

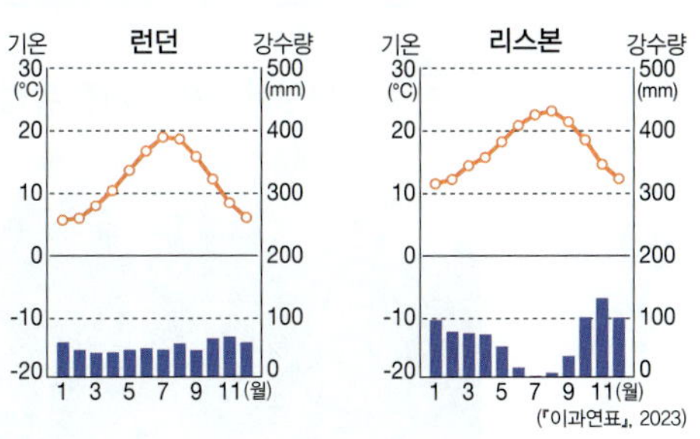

02 다음 글에서 설명하는 농업 형태는 무엇인지 쓰시오.

> 지중해성 기후 지역에서는 고온 건조한 여름철 기후를 이용하여 레몬이나 오렌지와 같이 껍질이 두꺼운 작물이나 뿌리가 깊은 포도, 유분을 포함하고 있는 올리브 등을 재배한다.

03 다음은 유럽 중부와 남부의 지형 단면도이다. 이를 보고 유럽 중부와 남부의 지형 특징을 비교하여 서술하시오.

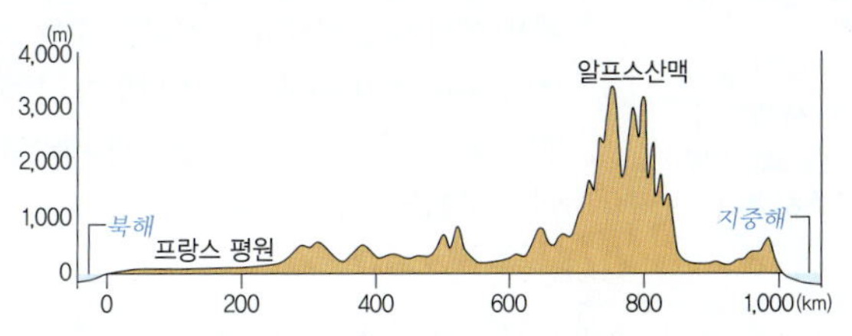

04 자료를 보고 물음에 답하시오.

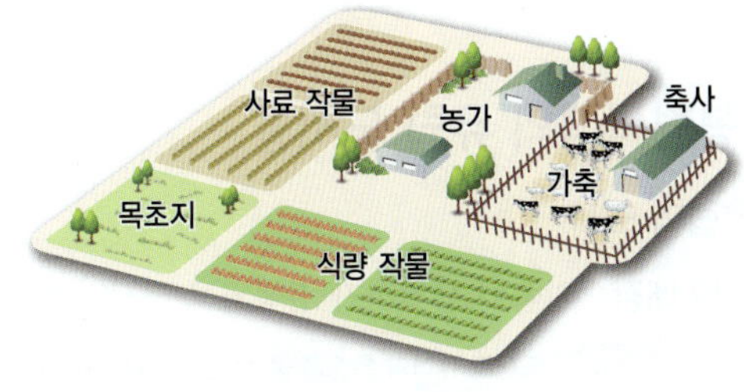

(1) 위와 같은 농업 형태를 무엇이라고 하는지 쓰시오.

(2) 위와 같은 농업 형태가 나타나는 기후 지역에서 볼 수 있는 주민 생활 모습을 <u>두 가지</u> 이상 서술하시오.

05 노르딕 스키와 알파인 스키의 이름이 유래한 지역의 지형 특징을 해발 고도와 경사 측면에서 비교하여 서술하시오.

> 스키는 크게 노르딕 스키와 알파인 스키로 구분할 수 있다. 노르웨이에서 이름이 유래한 노르딕 스키는 북부 유럽의 스칸디나비아산맥이 있는 국가에서 발달했다. 반면 알파인 스키는 알프스산맥에서 이름이 유래했다.

▲ 노르딕 스키

▲ 알파인 스키

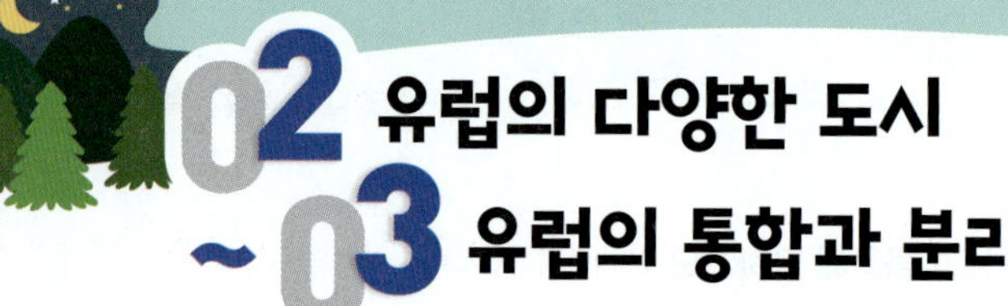

02~03 유럽의 다양한 도시 / 유럽의 통합과 분리

1 형형색색의 유럽 도시들

1 유럽의 도시

더알기 (1) **발달 배경**　일찍이 산업화가 진행되고 도시가 성장하면서 다양한 유형의 도시 발달

(2) **유형**　**출제tip** 도시의 유형과 특징을 묻는 문제가 자주 출제

세계 도시	• 세계 경제의 중심지 역할 • 영국의 런던, 프랑스의 파리 등
생태 도시	• 사람과 자연환경 및 문화가 조화를 이루는 친환경적인 도시 • 독일의 프라이부르크, 네덜란드의 암스테르담 등
역사·문화 도시	• 다양한 문화나 역사 유적을 바탕으로 성장 • 그리스의 아테네, 이탈리아의 로마와 피렌체, 에스파냐의 바르셀로나 등
관광 도시	• 특색 있는 자연환경을 바탕으로 성장 • 아이슬란드의 레이캬비크, 스위스의 인터라켄, 프랑스의 니스 등
첨단 도시	• 지식·정보 산업 등이 발달 • 프랑스의 소피아 앙티폴리스, 스웨덴의 스톡홀름 등

└ 반도체, 생명 공학, 신소재 등 세계적인 첨단 산업 관련 기업과 산업 단지가 위치해 있어.

2 기후위기에 대응하는 지속가능한 도시

(1) **지속가능한 도시**

의미	자연환경을 보호하고 경제·사회·문화적 측면에서 균형적인 발전을 추구하는 도시
등장 배경	• 산업화와 도시화 과정에서 발생한 도시 문제와 기후위기 문제 해결 • 제조업 쇠퇴로 ❶노후한 공장과 산업 시설 증가 • ❷스모그와 산성비 등의 환경 문제 발생 • 최근 폭염, 홍수 등 이상 기후 현상에 따른 자연재해 증가

(2) **지속가능한 도시를 만들기 위한 노력**

자료1 ① ❸도시 재생 사업: 낡은 시설 재정비 예 에스파냐의 빌바오 등

② ❹탄소중립을 포함한 다양한 정책 추진: 신·재생 에너지 사용 증대, 오염 물질 감소와 재활용 자원량 증가, 대중교통 확충, 녹지 공간 확보 등

자료2 ③ 친환경 도시 및 생태 도시 조성: 독일의 프라이부르크, 덴마크의 코펜하겐, 스웨덴의 말뫼, 네덜란드의 암스테르담 등

▲ **신·재생 에너지 이용**　아이슬란드의 레이캬비크에서는 지열을 이용하여 필요한 전력을 생산한다.

▲ **지속가능한 교통수단 확대**　네덜란드의 암스테르담에서는 자전거 이용 확대를 위해 자전거 도로를 구축하였다.

▲ **자원 재활용**　핀란드의 헬싱키 칼라사타마에서는 쓰레기 수거 차량이 필요 없는 쓰레기 분리 배출 시스템을 구축하였다.

더알기 다양한 모습을 가진 유럽 도시

▲ 프랑스 파리의 라데팡스

역사가 오래된 유럽의 도시들은 박물관, 미술관, 성당 등과 같은 역사 건축물이 도심에 많이 남아 있고, 프랑스 파리의 새로운 업무 중심지인 라데팡스와 같은 첨단 업무·상업 기능을 담당하는 도시도 많아 다양한 도시의 모습을 볼 수 있다.

자료1 도시 재생 사업으로 변화한 빌바오

▲ 조선소가 있던 곳에 세워진 구겐하임 미술관

에스파냐 빌바오는 쇠퇴하던 공업 도시였으나, 구겐하임 미술관 건립 등을 통해 문화 도시로 변모하였다.

자료2 친환경 도시, 스웨덴의 말뫼

스웨덴의 말뫼는 친환경 도시로 나아가기 위해 재생 에너지를 생산하는 정책을 펼쳐 스웨덴 최초의 환경 친화 지구로 지정되었다. 특히 말뫼의 '터닝 토르소'라는 건물은 풍력과 태양열 등 재생 에너지만을 사용하고 있다.

용어풀이

❶ 노후: 제구실을 하지 못할 정도로 낡고 오래됨

❷ 스모그: 자동차의 배기가스나 공장에서 내뿜는 연기가 안개와 같이 된 상태. 스모크(smoke)와 포그(fog)가 결합된 말로, 안개와는 상관없이 대기 오염의 심한 상태를 이르기도 함

❸ 도시 재생: 인구와 기능이 집중하여 도시 문제가 발생할 경우, 도시 환경을 개선하기 위해 정책적인 노력을 하는 것

❹ 탄소중립: 인간의 활동으로 발생하는 온실가스를 최대한 줄여 탄소의 순 배출량을 '0'으로 만드는 일

1 정치·경제적으로 하나 되는 유럽

(1) **유럽 연합(EU)** 국가를 [1]초월한 입법, 사법, 행정 기능을 갖추고 있는 유럽 국가들의 지역 협력체

① 목적: 유럽의 정치·경제적 통합

자료 3 ② 특징: 회원국 간 노동력, 자본, 상품의 자유로운 이동, 공동 화폐인 유로화 사용 등

③ 현황: 2023년 기준 27개국 가입(2020년 영국 [2]탈퇴)

> 유럽 연합에 내는 분담금에 대한 부담과 이민자 유입 과다 등을 이유로 영국은 유럽 연합을 탈퇴했어. 이 사건을 브렉시트(Brexit)라고 불러.

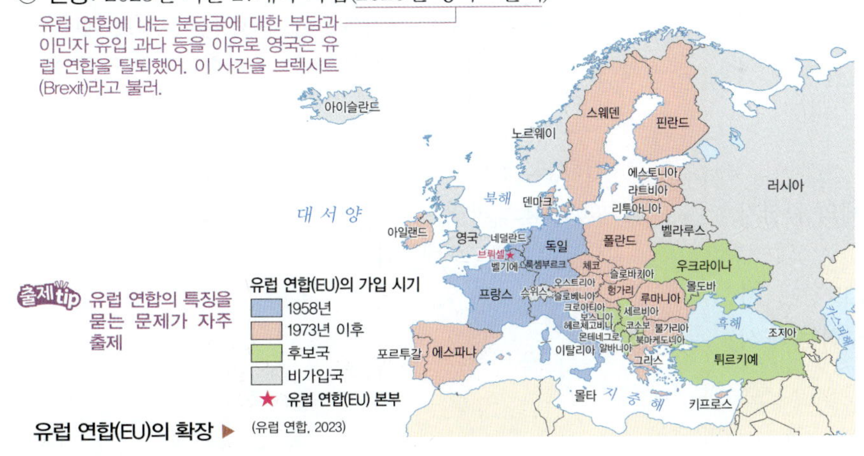

유럽 연합(EU)의 확장 ▶ (유럽 연합, 2023)

출제 tip 유럽 연합의 특징을 묻는 문제가 자주 출제

(2) **유럽 연합(EU)의 가입과 탈퇴**

구분	가입 희망국	비가입국	탈퇴국
국가	튀르키예 등	스위스 등	영국
이유	[3]관세 없이 수출이 가능하며, 일자리를 찾아 이동이 자유롭기 때문	[4]중립국의 특성을 유지하고자 유럽 연합에 미가입	[5]분담금의 지불 부담 및 이민자와의 갈등 심화

(3) **유럽 연합의 결속력 약화** 북서부 유럽과 동부 유럽 국가 간 경제적 격차, 남부 유럽의 [6]재정 적자 확대, 외국인 노동자 유입에 따른 문화적 차이 등

2 유럽 내 분리 독립 움직임

(1) **원인** 문화적 차이(민족, 언어, 종교 등)와 경제적 상황에 따른 갈등

(2) **유럽 국가 내 분리 독립 움직임이 나타나는 곳**

자료 4 **벨기에 플랑드르**	• 북부 플랑드르 지역: 네덜란드어 사용, 경제 발달 수준 높음 • 남부 왈롱 지역: 프랑스어 사용, 상대적으로 경제 발달 수준 낮음 • 언어와 경제 수준의 차이로 분리 독립 요구
에스파냐 카탈루냐	• 주민 대부분이 카탈루냐어를 사용하는 등 고유한 문화가 있음 • 제조업 발달로 에스파냐 내에서 경제 발전 수준 높아 독립 희망
영국 스코틀랜드	영국을 이루는 네 구성국(잉글랜드, 스코틀랜드, 웨일스, 북아일랜드) 중 하나로 잉글랜드와 민족과 언어, 문화가 달라 독립 요구

(3) **유럽의 분리 움직임이 미치는 영향** 정치적 안정성 악화, 지역 경제 성장에 부정적 영향, 이주자와 [7]난민에 대한 [8]적대감을 조성하여 문화적 갈등 야기

더 알기 셴겐 조약과 국경 철폐

▲ 벨기에와 네덜란드 사이의 열린 국경

셴겐 조약은 유럽 각국이 국경 검문·검색 폐지, 여권 검사 면제 등을 통해 국가 간 통행에 제한이 없도록 한다는 내용의 조약이다. 대부분의 유럽 연합 회원국과 아이슬란드, 노르웨이, 스위스 등이 셴겐 조약에 가입해 있다.

자료 3 유로화에 담긴 유럽의 정체성

유로화의 한쪽 면에는 유럽 지도와 주화의 액면 가치를 적은 공통의 디자인이, 다른 쪽 면에는 발행 국가마다 다른 주화 디자인이 그려져 국가 고유의 정체성을 표현하고 있다. 한편 유럽 연합 회원국이라고 반드시 유로화를 사용하는 것은 아니며, 유럽 연합 회원국이 아니더라도 유로화를 사용하는 국가도 있다.

자료 4 벨기에의 플랑드르

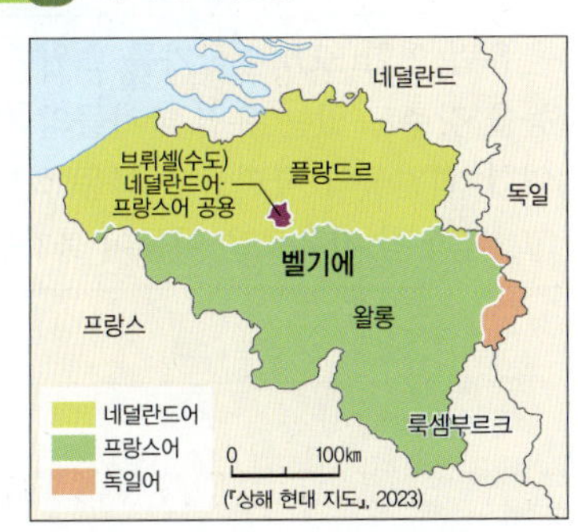

프랑스어권과 네덜란드어권 간의 언어 갈등에 경제적 문제가 결합하여 북부 플랑드르 지역의 분리 독립 움직임이 나타나고 있다.

용어 풀이

[1] 초월: 어떠한 한계나 표준을 뛰어넘음
[2] 탈퇴: 관계하고 있던 조직이나 단체 따위에서 관계를 끊고 물러남
[3] 관세: 물건을 수출하거나 수입할 때 부과되는 세금
[4] 중립: 어느 편에도 치우치지 않고 중간적인 입장에 섬
[5] 분담금: 나누어서 부담하는 돈
[6] 재정: 돈에 관한 여러 가지 일
[7] 난민: 전쟁이나 재난 등을 당하여 곤경에 빠진 사람
[8] 적대감: 적으로 여기는 감정

01 다음 설명이 맞으면 ○표, 틀리면 ×표 하시오.

(1) 프랑스 파리는 유럽 연합(EU)의 본부가 있는 유럽 정치의 중심 도시이다. ( )

(2) 아이슬란드의 레이캬비크는 지열을 이용한 전력 생산의 비중이 높은 도시이다. ( )

(3) 브렉시트는 영국의 유럽 연합 탈퇴를 의미한다. ( )

(4) 유럽의 분리 독립 움직임은 경제적 상황으로만 발생한다. ( )

02 빈칸에 알맞은 말을 쓰시오.

(1) 영국의 런던, 프랑스의 파리 등은 세계 경제의 중심지 역할을 하는 ( ) 도시이다.

(2) ( ) 도시란, 자연환경을 보호하고 경제·사회·문화적 측면에서 균형적인 발전을 추구하는 도시를 말한다.

03 다음 국가들의 유럽 연합 가입과 탈퇴에 관한 입장을 바르게 연결하시오.

(1) 영국 •　　　　　　• ㄱ. 비가입국

(2) 스위스 •　　　　　　• ㄴ. 가입 희망국

(3) 튀르키예 •　　　　　• ㄷ. 탈퇴국

04 다음 내용 중 잘못된 부분을 찾아 표시하고 바르게 고치시오.

> 유럽 연합(EU)은 국가를 초월한 입법, 사법, 행정 기능을 갖추고 있는 유럽 국가들의 지역 협력체이다. 유럽 연합 회원국의 국민들은 공동 화폐인 유로화를 사용하고, 국가 간 자유로운 이동이 불가능하다.

____

05 유럽 내 분리 독립 움직임이 나타나는 지역을 보기 에서 모두 골라 기호를 쓰시오.

> **보기**
> ㄱ. 티베트　　　　ㄴ. 플랑드르
> ㄷ. 카탈루냐　　　ㄹ. 스코틀랜드

01 다음 글에서 설명하는 도시로 옳은 것은?

> 이곳은 유럽의 문화와 역사가 발달한 도시로 에펠 탑, 노트르담 대성당 등 랜드마크가 나타나고 다양한 예술이 발달했다.

① 영국 런던　　　　　② 독일 베를린

③ 프랑스 파리　　　　④ 그리스 아테네

⑤ 네덜란드 로테르담

02 다음 도시들의 공통점으로 옳은 것은?

> • 그리스의 아테네
> • 에스파냐의 바르셀로나
> • 이탈리아의 로마와 피렌체

① 첨단 산업이 발달한 도시

② 역사·문화 유적이 많은 도시

③ 제조업의 쇠퇴로 노후한 공업 도시

④ 특색 있는 자연환경이 풍부한 휴양 도시

⑤ 세계 경제의 중심지 역할을 하는 세계 도시

03 유럽의 각 도시 특징에 관한 설명으로 옳지 <u>않은</u> 것은?

① 영국 런던은 세계 경제의 중심지 중 하나이다.

② 프랑스 소피아 앙티폴리스는 첨단 산업이 발달한 도시이다.

③ 프랑스 니스는 아름다운 해변이 있어 많은 관광객이 찾는 도시이다.

④ 독일의 프라이부르크는 자연과 조화를 이루는 친환경적인 생태 도시이다.

⑤ 아이슬란드의 레이캬비크는 패션과 예술이 발달한 세계 문화의 중심지이다.

중요
04 자료 (가), (나)에서 설명하는 도시를 바르게 연결한 것은?
상

(가)	(나)

▲ 세계 경제의 중심지이며 빅 벤, 타워 브리지가 유명한 도시	▲ 유럽 연합(EU) 본부가 있는 유럽 정치의 중심 도시

	(가)	(나)		(가)	(나)
①	런던	파리	②	런던	브뤼셀
③	로마	런던	④	로마	브뤼셀
⑤	파리	브뤼셀			

같은 주제 다른 문제

04-1 자료 (가), (나)에서 설명하는 도시의 위치를 지도에서 찾아 바르게 연결한 것은?
중

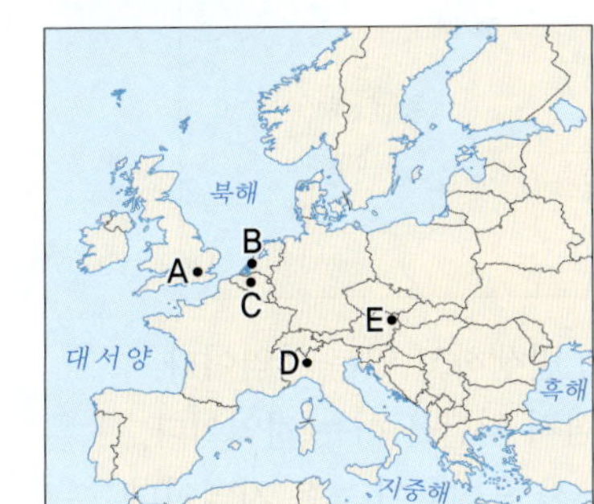

	(가)	(나)
①	A	C
②	A	E
③	B	C
④	B	D
⑤	D	E

05 다음 글에서 설명하는 개념으로 옳은 것은?
하

> 대기 중 온실가스 농도 증가를 막기 위해 인간 활동에 의한 이산화 탄소 배출량을 감소시키고, 흡수량을 증대하여 순 배출량을 '0'으로 만드는 일

① 기후위기   ② 탄소중립
③ 지구 온난화   ④ 화석 에너지
⑤ 신·재생 에너지

06 지속가능한 도시를 만들기 위한 노력으로 옳은 것을 보기에서 고른 것은?
하

> **보기**
> ㄱ. 대중교통의 이용을 줄인다.
> ㄴ. 일회용품의 사용을 제한한다.
> ㄷ. 도시 내 녹지 면적을 확대한다.
> ㄹ. 신·재생 에너지 사용량을 줄인다.

① ㄱ, ㄴ   ② ㄱ, ㄷ   ③ ㄴ, ㄷ
④ ㄴ, ㄹ   ⑤ ㄷ, ㄹ

07 다음 글의 빈칸 ㉠, ㉡에 들어갈 말을 바르게 연결한 것은?
중

> • 아이슬란드의 레이캬비크에서는 땅의 열에너지를 이용한 (㉠) 발전이 전력 생산의 큰 비중을 차지한다.
> • '바람의 도시'라고도 불리는 덴마크 코펜하겐은 풍부한 바람을 이용한 (㉡) 발전이 전체 에너지의 약 40%를 차지한다.

	㉠	㉡		㉠	㉡
①	수력	지열	②	지열	수력
③	지열	풍력	④	태양광	지열
⑤	태양광	수력			

08 자료의 빈칸에 들어갈 도시의 이름으로 옳은 것은?
중

> 과거 철강 산업 중심의 공업 도시였던 (   )은/는 산업이 쇠퇴하자 지역 경제가 침체하기 시작하였다. 도시를 되살리기 위해 도시 재생 사업을 추진하였고, 구겐하임 미술관을 건립하는 등 (   )은/는 공업 도시에서 문화 도시로 변모하였다.

① 독일 베를린   ② 스웨덴 말뫼
③ 핀란드 헬싱키   ④ 에스파냐 빌바오
⑤ 네덜란드 로테르담

중요
09 유럽 연합(EU)에 관한 설명으로 옳지 <u>않은</u> 것은?

중
① 본부는 벨기에 브뤼셀에 있다.
② 공동 화폐인 유로화를 사용한다.
③ 회원국 간 국경을 통제하고 있다.
④ 회원국 간에는 노동력의 이동이 자유롭다.
⑤ 유럽의 정치·경제적 통합을 목적으로 한다.

같은 주제 다른 문제

09-1 유럽 연합(EU)에 관한 옳은 설명을 **보기** 에서 고른 것은?

하

보기
ㄱ. 모든 회원국이 공동 화폐를 사용한다.
ㄴ. 회원국 간 무역에 있어 관세를 부과한다.
ㄷ. 회원국 내 시민들의 자유로운 이동이 가능하다.
ㄹ. 유럽의 정치·경제적 통합을 실현하기 위한 지역 협력체이다.

① ㄱ, ㄴ   ② ㄱ, ㄷ   ③ ㄴ, ㄷ
④ ㄴ, ㄹ   ⑤ ㄷ, ㄹ

11 다음 글의 밑줄 친 '이 국가'로 옳은 것은?

하
이 국가는 2016년 6월에 치른 투표를 통해 유럽 연합 탈퇴를 결정하였으며, 2020년 1월에 유럽 연합에서 탈퇴하였다. 이 사건을 브렉시트(Brexit)라고 부른다.

① 독일   ② 영국
③ 프랑스   ④ 그리스
⑤ 네덜란드

12 지도에 표시된 지역들의 공통점으로 옳은 것은?

중

① 전쟁으로 난민이 발생하고 있는 지역이다.
② 세계 경제의 중심지 역할을 하는 지역이다.
③ 신·재생 에너지 사용 비율이 높은 지역이다.
④ 세계의 첨단 산업 발전을 주도하고 있는 지역이다.
⑤ 국가 내에서 분리 독립 움직임이 나타나는 지역이다.

10 유럽 연합에 해당하지 <u>않는</u> 국가를 지도에서 골라 바르게 짝지은 것은?

상

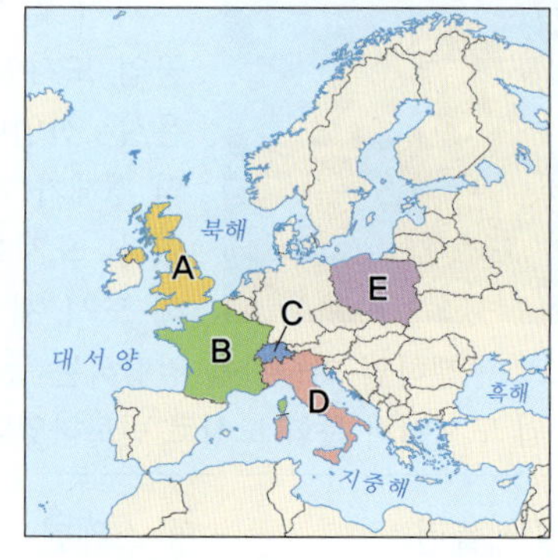

① A, C   ② A, E   ③ B, C
④ B, D   ⑤ D, E

13 자료에서 설명하는 국가로 옳은 것은?

중
네덜란드어를 사용하는 북부의 플랑드르 지역과 프랑스어를 사용하는 남부의 왈롱 지역으로 나뉘어 있다. 북부 지역은 남부 지역보다 소득 수준이 높은 편인데, 플랑드르 주민은 언어 차이와 함께 경제적 차이가 커지면서 분리 독립을 요구하고 있다.

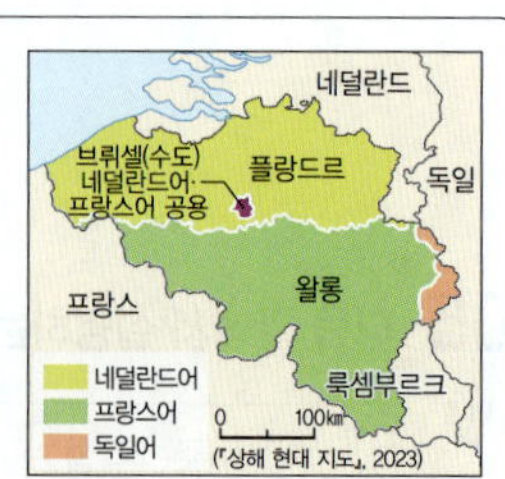

① 영국   ② 그리스
③ 벨기에   ④ 에스파냐
⑤ 이탈리아

01 다음 제시된 도시들의 공통점을 보기 에서 적절한 단어를 골라 서술하시오.

- 프랑스의 니스
- 스위스의 인터라켄
- 아이슬란드의 레이캬비크

보기
- 자연환경
- 관광 도시
- 세계 도시
- 첨단 도시
- 지식·정보 산업

____

____

02 자료를 보고 물음에 답하시오.

( )(이)란, 자연환경을 보호하고 경제·사회·문화적 측면에서 균형적인 발전을 추구하는 도시를 말한다. 이는 산업화, 도시화 과정에서 발생한 도시 문제와 기후위기 문제 등을 해결하기 위해 등장하였다.

▲ 네덜란드 암스테르담의 자전거 도로

▲ 핀란드 헬싱키의 쓰레기 배출 시스템

(1) 위 자료의 빈칸에 들어갈 개념을 쓰시오.

____

(2) 위 자료를 참고하여 기후위기에 대응하는 유럽 여러 도시의 다양한 노력 사례를 두 가지 서술하시오.

____

____

03 유럽 연합으로 이루어진 유럽의 통합이 주민 생활에 미친 영향을 두 가지 서술하시오.

____

____

04 다음에서 설명하는 조약의 이름이 무엇인지 쓰시오.

대부분의 유럽 연합 회원국과 아이슬란드, 노르웨이, 스위스 등이 이 조약에 가입해 있다. 이 조약은 검문·검색 폐지, 여권 검사 면제 등을 통해 국경을 개방하고 있어 국경이 없는 한 국가를 여행하는 것처럼 가입국들을 자유롭게 이동할 수 있다.

____

05 지도에 표시된 지역의 공통적인 특징과 이러한 현상의 발생 원인을 서술하시오.

____

____

01 유럽의 위치와 자연환경

1 유럽의 위치

(1) **지리적 범위** (❶   )산맥 서쪽 지역에 위치

서쪽	대서양과 접하고 있음
남쪽	지중해와 접하고 있음
북쪽	북극해와 접하고 있음
동쪽	아시아와 접하고 있음

(2) **유럽의 지역 구분**   위치와 문화적 특성에 따라 북부 유럽, 서부 유럽, 남부 유럽, 동부 유럽으로 구분

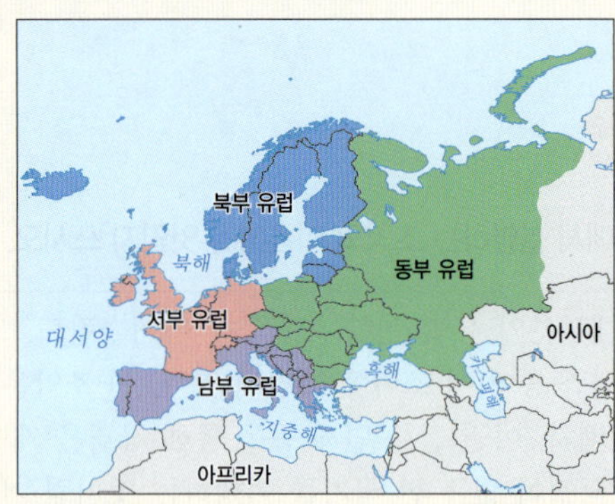

2 유럽의 주요 국가와 도시

(1) **지역별 주요 국가**

북부 유럽	• 과거 빙하의 흔적 • 노르웨이, 스웨덴, 핀란드 등
(❷) 유럽	• 제조업·금융업 발달, 세계 경제의 중심 역할 • 영국, 프랑스, 독일 등
남부 유럽	• 지중해와 접해 있으며, 관광 산업 발달 • 에스파냐, 이탈리아, 그리스 등
동부 유럽	• 농업 발달 • 체코, 폴란드, 우크라이나, 러시아 등

(2) **주요 도시**

① 영국의 런던, 프랑스의 파리: 세계 경제의 중심지 역할

② 스위스의 제네바, 벨기에의 브뤼셀: 국제기구의 본부들이 위치

③ 그리스의 아테네, 이탈리아의 로마: 다양한 역사 유적 분포

④ 에스파냐의 바르셀로나, 오스트리아의 빈: 예술이 발달한 도시

3 유럽의 기후

(1) **유럽의 기후 특성**

① 대륙 서안에 있어 비슷한 위도의 대륙 동안보다 바다의 영향을 많이 받음 ➡ 여름과 겨울의 기온 차이가 작음

② 대체로 인간 생활에 유리한 (❸   ) 기후(서안 해양성 기후, 지중해성 기후), 냉대 기후가 나타남

(2) **유럽의 기후 구분**

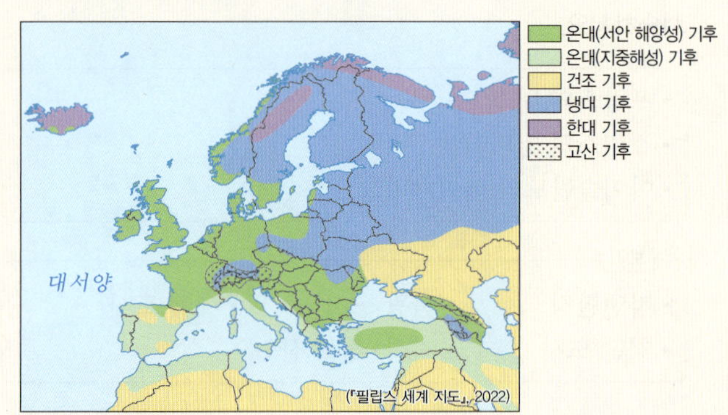

▲ 유럽의 기후 분포

(❹) 기후	• 서부 유럽 지역 • 난류와 일 년 내내 불어오는 (❺)의 영향 ➡ 위도에 비해 겨울이 따뜻하고 강수량이 연중 고른 편 • 혼합 농업, 낙농업, 원예 농업 발달
지중해성 기후	• 지중해 연안의 남부 유럽 지역 • 여름은 덥고 건조한 반면, 겨울은 따뜻하고 비가 자주 내림 • (❻) 농업 발달
냉대 기후	• 동부 및 북부 유럽 지역 • 내륙으로 갈수록 바다의 영향을 적게 받기 때문 • 침엽수림 분포

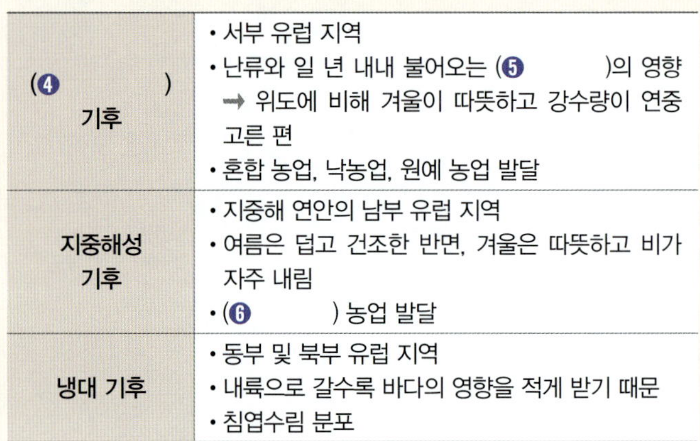

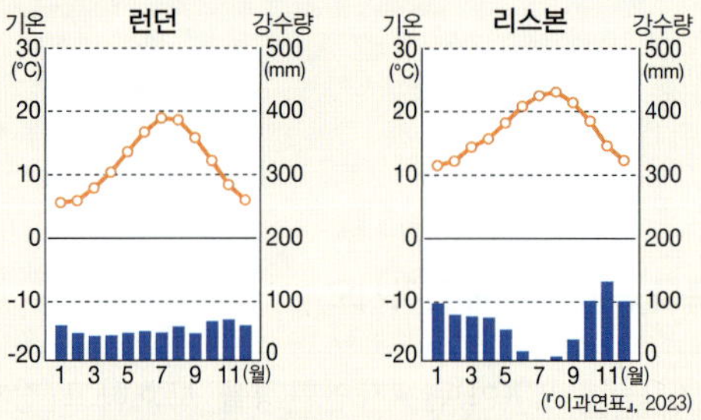

▲ 서안 해양성 기후 그래프   ▲ 지중해성 기후 그래프

4 유럽의 지형

(1) **유럽의 지형 분포**

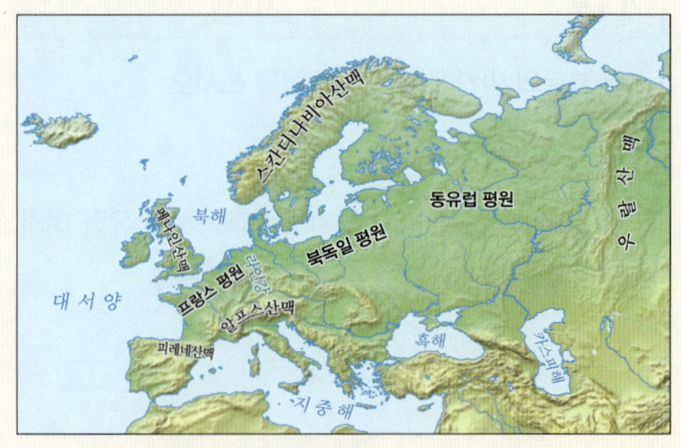

(2) 유럽의 지형 특성

산지	• 북부: 스칸디나비아산맥, 페나인산맥 ➡ 해발 고도가 낮고 경사가 완만함 • 남부: (❼)산맥, 피레네산맥 ➡ 해발 고도가 높고 험준함
평야, 하천	• 유럽 중앙부에 분포하며 지대가 낮고 평탄 • 평야 지대를 흐르는 하천(라인강)은 운하로 연결되어 하천 교통 발달
빙하	피오르, 빙하호 등과 같은 (❽) 지형 발달

02 유럽의 다양한 도시

1 다양한 특징이 있는 유럽의 도시

(1) 발달 배경 일찍이 산업화가 진행되고 오랜 기간 도시가 성장하면서 다양한 유형의 도시가 발달함

(2) 유형

세계 도시	• 세계 경제의 중심지 역할 • 영국의 런던, 프랑스의 파리 등
생태 도시	• 사람과 자연환경 및 문화가 조화를 이루는 친환경적인 도시 • 독일의 프라이부르크, 네덜란드의 암스테르담 등
역사·문화 도시	• 다양한 문화나 역사 유적을 바탕으로 성장 • 그리스의 아테네, 이탈리아의 로마와 피렌체 등
관광 도시	• 특색 있는 자연환경을 바탕으로 성장 • 아이슬란드의 레이캬비크, 스위스의 인터라켄, 프랑스의 니스 등
첨단 도시	• 지식·정보 산업 등이 발달 • 프랑스의 소피아 앙티폴리스, 스웨덴의 스톡홀름 등

2 기후위기에 대응하는 지속가능한 도시

(1) 지속가능한 도시

의미	자연환경을 보호하고 경제·사회·문화적 측면에서 균형적인 발전을 추구하는 도시
등장 배경	산업화와 도시화 과정에서 발생한 도시 문제와 기후위기 문제 등을 해결하기 위해 등장

(2) 지속가능한 도시를 만들기 위한 노력

① 도시 재생 사업: 낡은 시설 재정비 예 에스파냐의 빌바오 등

② 탄소중립을 포함한 다양한 정책 추진: 신·재생 에너지 사용 증대, 오염 물질 감소와 재활용 자원량 증가, 대중교통 확충, 녹지 공간 확보 등

③ 친환경 도시 및 생태 도시 조성: 독일의 프라이부르크, 덴마크의 코펜하겐, 스웨덴의 말뫼, 네덜란드의 암스테르담 등

03 유럽의 통합과 분리

1 정치·경제적으로 하나 되는 유럽

(1) 유럽 연합(EU)

목적	유럽의 경제·정치·사회적 통합
현황	2023년 기준 27개국 가입 ➡ 2020년 (❾) 탈퇴
특징	• 솅겐 조약으로 회원국 간 노동력, 자본, 상품, 서비스의 자유로운 이동 가능 • 유로화 사용

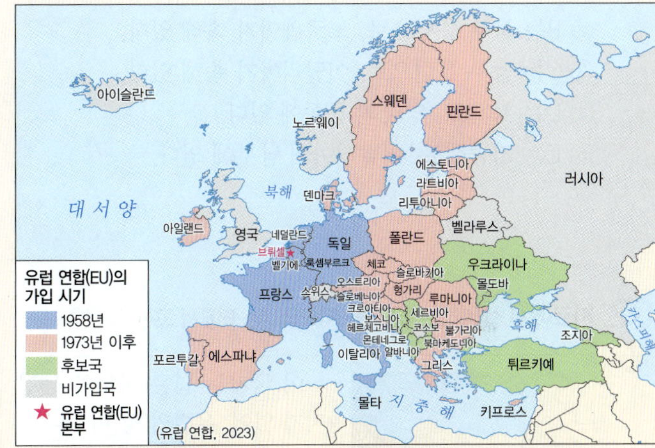

▲ 유럽 연합(EU)의 확장

(2) 유럽 연합의 결속력 약화 북서부 유럽과 동부 유럽 국가 간 경제적 격차, 남부 유럽의 재정 적자 확대, 외국인 노동자 유입에 따른 문화적 차이 등

2 유럽 내 분리 독립 움직임

원인	문화적 차이(민족, 언어, 종교 등)와 지역 간 경제적 격차
지역	• 영국 스코틀랜드: 영국을 이루는 네 구성국 중 하나로 잉글랜드와 민족, 언어, 문화가 달라 독립 요구 • 벨기에 플랑드르: 언어와 경제 수준 차이로 분리 독립 요구 • 에스파냐 (❿): 고유한 문화가 있으며, 경제 수준이 높아 독립 희망 • 이탈리아 파다니아: 제조업이 발달한 북부 파다니아 지역과 농업이 발달한 남부 지역과의 경제적 차이로 독립 요구
영향	• 정치적 안정성 악화로 지역 경제 성장에 부정적 영향 • 이주자와 난민에 대한 적대감 조성으로 문화적 갈등 야기

▲ 유럽 내 분리 독립 움직임이 나타나는 지역

01 지도의 A~E에 관한 설명으로 옳지 <u>않은</u> 것은?

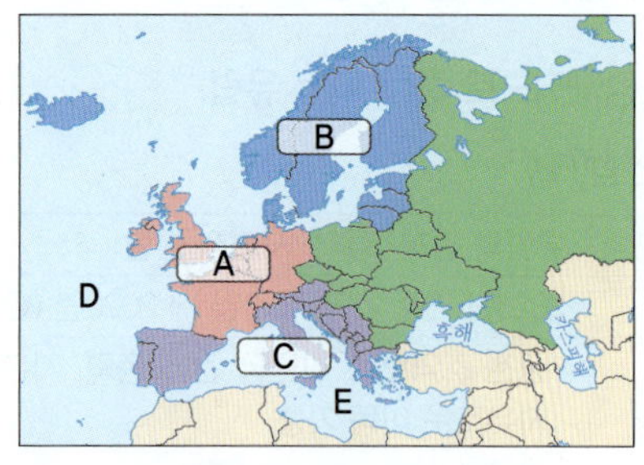

① A는 서부 유럽으로, 영국이 속해 있다.
② B는 북부 유럽으로, 노르웨이가 속해 있다.
③ C는 남부 유럽으로, 이탈리아가 속해 있다.
④ D는 북해로, 영국의 동쪽에 있다.
⑤ E는 지중해로, 이탈리아의 남부에 있다.

02 자료에서 설명하는 국가를 지도의 A~E에서 고른 것은?

이 국가는 넓은 국토와 농경지가 있어 '유럽의 빵 바구니'라는 별명을 지녔다. 밀과 옥수수의 생산량과 수확량이 세계적이다.

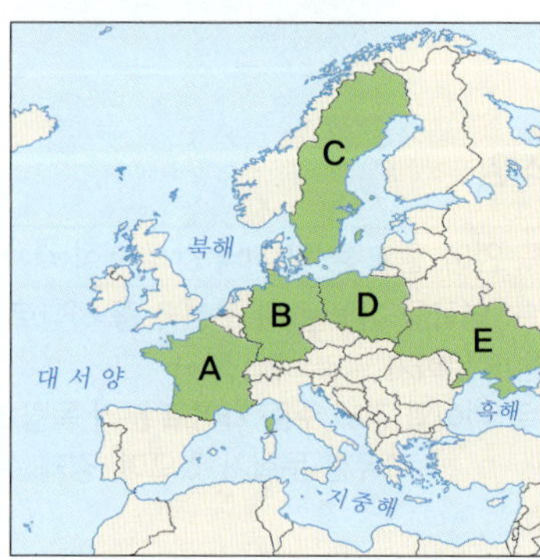

① A
② B
③ C
④ D
⑤ E

03 유럽의 국가와 도시에 관한 옳은 설명을 <u>보기</u>에서 고른 것은?

<u>보기</u>
ㄱ. 스웨덴, 핀란드는 북부 유럽에 있다.
ㄴ. 런던에는 유럽 연합의 본부가 위치한다.
ㄷ. 로마는 그리스, 아테네는 이탈리아에 있는 도시이다.
ㄹ. 세계에서 국토 면적이 가장 넓은 러시아는 동부 유럽에 있다.

① ㄱ, ㄴ
② ㄱ, ㄹ
③ ㄴ, ㄷ
④ ㄴ, ㄹ
⑤ ㄷ, ㄹ

04 다음 중 서안 해양성 기후 지역에 관한 설명으로 옳지 <u>않은</u> 것은?

① 하천 수위 변화가 작아 수운 교통이 발달했다.
② 올리브, 오렌지, 포도 등을 재배하는 농가가 많다.
③ 대도시 근교나 교통이 편리한 지역을 중심으로 낙농업이 활발하다.
④ 가축 사육과 식량 작물, 사료용 작물을 재배하는 혼합 농업이 발달했다.
⑤ 흐리고 비가 내리는 날이 많아 날씨가 맑은 날이면 사람들은 일광욕을 즐긴다.

[05-06] 지도를 보고 물음에 답하시오.

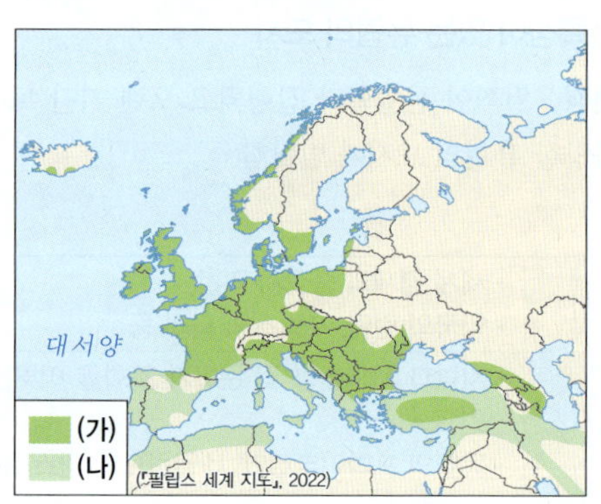

05 지도의 (가), (나)에 해당하는 기후를 바르게 연결한 것은?

	(가)	(나)
①	냉대 기후	지중해성 기후
②	지중해성 기후	서안 해양성 기후
③	지중해성 기후	냉대 기후
④	서안 해양성 기후	냉대 기후
⑤	서안 해양성 기후	지중해성 기후

06 (나) 기후의 특성에 관한 설명으로 옳은 것은?

① 겨울은 따뜻하고 비가 많이 내린다.
② 여름은 기온이 높고 비가 많이 내린다.
③ 흐린 날이 많아 일조량이 풍부하지 않다.
④ 기온의 일교차와 연교차가 모두 크게 나타난다.
⑤ 편서풍과 난류의 영향으로 연중 비가 고르게 내린다.

중요

07 다음 기후 그래프가 나타나는 지역에 관한 설명으로 옳은 것은?

중

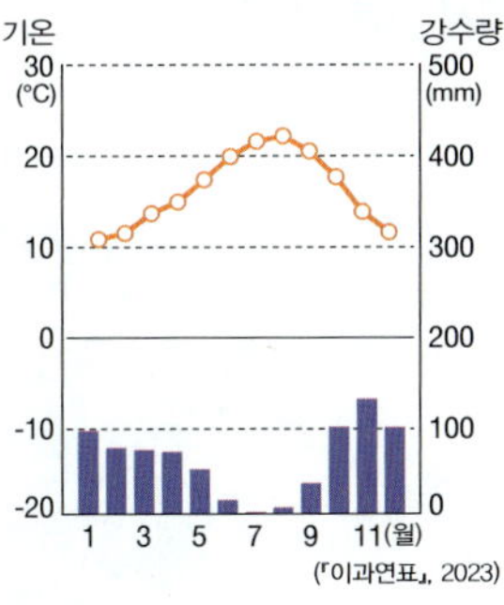

① 낙농업이 발달했다.
② 침엽수림이 분포한다.
③ 벼의 재배가 활발하다.
④ 혼합 농업이 발달했다.
⑤ 올리브, 오렌지 등의 재배가 활발하다.

08 사진은 프랑스 망통 레몬 축제의 모습이다. 이와 관련된 기후로 옳은 것은?

하

① 열대 기후
② 건조 기후
③ 고산 기후
④ 지중해성 기후
⑤ 서안 해양성 기후

09 서부 유럽 지역에서 전통적으로 다음과 같은 형태의 농업이 발달한 이유로 옳은 것은?

중

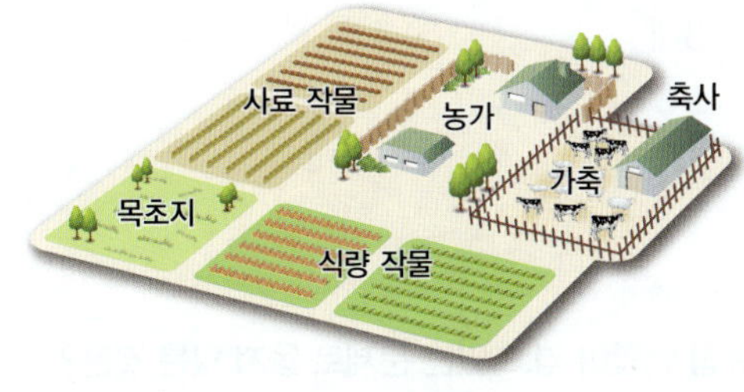

① 여름철 고온 건조한 기후가 나타나기 때문에
② 겨울철 춥고 건조한 기후가 나타나기 때문에
③ 여름철 덥고 습윤한 기후가 나타나기 때문에
④ 겨울이 따뜻하고 강수량이 연중 고르기 때문에
⑤ 계절에 따른 기온과 강수량의 차이가 크기 때문에

10 유럽의 지형에 관한 설명으로 옳지 <u>않은</u> 것은?

중

① 유럽의 가장 동쪽에는 알프스산맥이 있다.
② 알프스산맥은 해발 고도가 높고 험준하다.
③ 노르웨이, 아이슬란드에는 빙하 지형이 발달했다.
④ 프랑스는 넓은 프랑스 평원을 이용하여 밀 농사가 발달했다.
⑤ 스칸디나비아산맥은 비교적 해발 고도가 낮고 경사가 완만한 편이다.

11 다음 자료에서 설명하는 하천으로 옳은 것은?

중

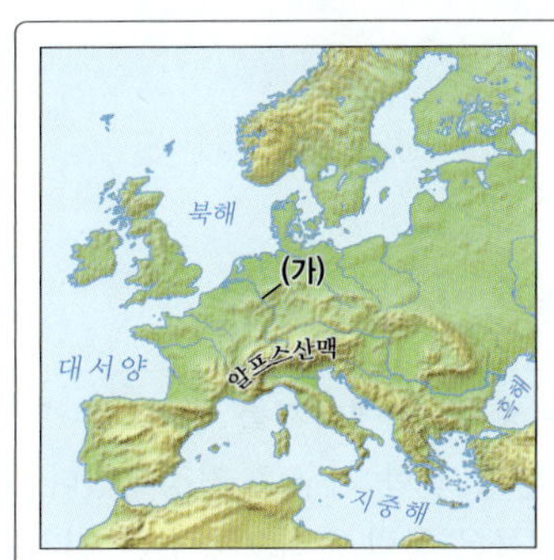

스위스 알프스산맥에서 독일, 네덜란드를 거쳐 북해로 흘러드는 (가) 하천은 수많은 운하가 연결되어 하천 교통이 발달했다.

① 포강
② 나일강
③ 라인강
④ 템스강
⑤ 아마존강

12 다음 지형의 명칭으로 옳은 것은?

하

빙하에 의해 U자형으로 깎인 골짜기에 바닷물이 들어와 만들어진 좁고 긴 만을 말한다.

① 갯벌
② 석호
③ 호른
④ 피오르
⑤ 빙하호

13 다음은 지오가 여행하면서 올린 사회 관계망 서비스(SNS)의 게시물이다. 지오가 여행하고 있는 도시는?

① 독일 베를린
② 프랑스 파리
③ 그리스 아테네
④ 이탈리아 로마
⑤ 네덜란드 로테르담

14 자료에서 설명하고 있는 도시로 옳은 것은?

> 친환경 도시를 위해 재생 에너지를 생산하는 정책을 펼쳐 국가 최초의 환경 친화 지구로 지정되었다. 특히 '터닝 토르소'라는 건물은 풍력 발전으로 만든 전기를 사용하는 등 건물 내부에서 사용하는 에너지 모두를 재생 에너지로 충당하고 있다.

① 스웨덴 말뫼
② 덴마크 코펜하겐
③ 에스파냐 빌바오
④ 네덜란드 로테르담
⑤ 독일 프라이부르크

15 다음 글에서 지오가 환전하려는 이 화폐의 이름으로 옳은 것은?

> 지오는 여름휴가 때 가족들과 유럽 여행을 떠나기 위해 환전을 하러 은행에 갔다. 우리나라의 화폐를 프랑스, 벨기에, 독일의 화폐로 각각 바꾸려 했는데 은행 직원은 (   )라는 화폐로만 바꾸면 된다고 말했다.

① 엔화
② 페소
③ 유로화
④ 위안화
⑤ 파운드

16 유럽 연합(EU) 가입국을 표시한 지도이다. 이에 관한 옳은 설명을 보기 에서 고른 것은?

> **보기**
>
> ㄱ. 유럽의 경제적 통합을 위해서만 협력한다.
> ㄴ. 영국은 중립국으로 유럽 연합 회원국이 아니다.
> ㄷ. 동부 유럽 국가들의 추가 가입으로 회원국이 확대되었다.
> ㄹ. 유럽 연합은 초기에 서부 유럽 국가들을 중심으로 결성되었다.

① ㄱ, ㄴ
② ㄱ, ㄷ
③ ㄴ, ㄷ
④ ㄴ, ㄹ
⑤ ㄷ, ㄹ

17 다음은 어떤 학생이 작성한 유럽 연합 관련 ○× 문제의 정답지이다. 이 학생이 맞힌 정답의 개수는?

문항	내용	답
1	달러를 공동 화폐로 사용한다.	×
2	회원국 간에 관세를 내지 않는다.	○
3	회원국 간 생산 요소의 이동이 자유롭다.	○
4	회원국 간 이동 시에는 입·출국 수속이 필요하다.	○

① 0개
② 1개
③ 2개
④ 3개
⑤ 4개

18 유럽 연합이 겪고 있는 문제로 옳지 <u>않은</u> 것은?

① 유럽 연합 회원국 수의 부족
② 남부 유럽의 재정 적자 확대
③ 대규모 난민 유입에 따른 문화적 갈등
④ 서부 유럽 지역의 분담금 지불에 대한 부담
⑤ 북서부 유럽과 동부 유럽 간의 경제적 격차

19 자료에서 설명하는 국가로 옳은 것은?

하

> 유럽 연합을 탈퇴하는 과정에서 탈퇴 찬반을 둘러싸고 국민 간 갈등이 발생하였다. 유럽 연합 탈퇴 이후에도 노동력 부족, 물가 상승, 세계 금융 중심지였던 런던의 위상 저하 등과 같은 문제가 발생하면서 유럽 연합 재가입을 두고 국민의 의견이 충돌하고 있다.

① 영국   ② 그리스
③ 벨기에   ④ 에스파냐
⑤ 이탈리아

20 자료를 통해 알 수 있는 내용으로 옳은 것은?

중

> 벨기에는 네덜란드어를 사용하는 북부 지역과 프랑스어를 사용하는 남부 지역으로 갈라질 위기에 처해 있다. 두 지역 간의 문화 차이에 남북 간의 경제력 차이까지 심해지면서 갈등은 더욱 깊어지고 있다.

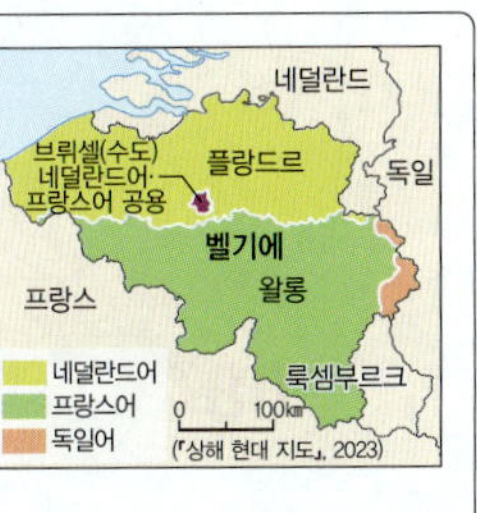

① 벨기에와 주변 국가 간의 갈등이다.
② 종교 갈등이 더해지면서 심화되었다.
③ 영토 문제가 새롭게 발생하면서 심화되었다.
④ 두 지역의 경제력 차이는 갈등을 완화해 준다.
⑤ 벨기에 북부와 남부 지역이 서로 다른 언어 차이에 따라 갈등이 심화되고 있다.

21 에스파냐 카탈루냐 지역에 관한 설명으로 옳은 것은?

상

① 프랑스어를 사용한다.
② 잉글랜드와 같은 나라에 속해 있다.
③ 국가 내 경제 발달 수준이 낮은 편이다.
④ 중앙 정부가 위치한 카스티야와 문화가 다르다.
⑤ 다른 지역과의 언어적 갈등으로 인해 분리 독립을 희망한다.

22 자료를 보고 물음에 답하시오.

> 유럽을 북부 유럽, 서부 유럽, 남부 유럽, 동부 유럽으로 구분할 때, 에스파냐와 포르투갈, 이탈리아, 그리스 등의 국가는 (㉠) 유럽에 해당한다. 이들 국가는 지중해와 접해 있으며 관광 산업이 발달하였다.

(1) ㉠에 해당하는 지역을 쓰시오.

(2) 위 국가들에서 관광 산업이 발달한 이유를 기후적 측면에서 서술하시오.

23 자료의 밑줄 친 도시를 만들기 위한 유럽 여러 국가들의 노력을 사례로 제시하여 서술하시오.

> 유럽의 도시들은 기후위기에 대응하고 탄소중립을 실현하기 위해 다양한 정책을 바탕으로 <u>지속가능한 도시</u>를 만들고 있다.

4

아프리카

흑해
카스피해
지중해
아틀라스산맥
사하라 사막
나일강
아비시니아고원
기니만
콩고강
콩고 분지
빅토리아호
킬리만자로산
0°
인도양
대서양
빅토리아 폭포
나미브 사막
칼라하리 사막

01 아프리카의 위치와 자연환경

1 아프리카의 위치

1 지리적 범위
└ 라틴어로 '햇볕이 잘 드는 땅'을 의미하고, 아시아에 이어 세계에서 두 번째로 면적이 큰 대륙이야.

(1) **아프리카** 서쪽으로 대서양, 동쪽으로 인도양, 북동쪽으로는 홍해와 접하며, 북쪽으로 지중해를 사이에 두고 유럽과 마주하고 있는 대륙

(2) **아프리카의 지역 구분** └ 지역 구분은 기준에 따라 달라질 수 있어.

① 사하라 사막을 기준으로 북부 아프리카와 중·남부 아프리카로 구분

② 사하라 사막 이남 지역은 서부·중앙·동부·남부 아프리카로 구분하기도 함

2 국가와 주요 도시

교과서 비교

아프리카의 지역 구분	
동아, 비상	북부 및 중·남부 아프리카
미래엔	북부·서부·중앙·동부·남부 아프리카
아침나라, 천재	지역 구분을 하지 않음

자료 1 (1) 아프리카의 국가

북부 아프리카	• 이슬람 문화의 영향을 많이 받은 지역 • 이집트, 모로코 등
서부 아프리카	• 해안 지역을 중심으로 자원 개발과 수출 산업이 발달 • 나이지리아, 코트디부아르, 세네갈 등 ─ 아프리카에서 인구가 가장 많은 국가야.
중앙 아프리카	• ❶열대림 발달 → 풍부한 자연과 생태계 • 콩고 민주 공화국, 카메룬 등
동부 아프리카	• 기온이 선선하여 과거부터 많은 사람이 모여 산 ❷고원 지역이 있음 • 에티오피아, 케냐, 탄자니아 등
남부 아프리카	• 해안 지역을 따라 온대 기후가 나타나 일찍부터 유럽인이 진출 • 남아프리카 공화국 등

(2) 아프리카의 주요 도시

① 이집트의 카이로: 나일강 ❸하구의 넓은 평야에 발달한 인류 역사와 문명의 도시

② 나이지리아의 라고스: 수출입에 유리한 항구 도시이며, 인구가 많은 대도시

③ 에티오피아의 아디스아바바: 고원에 발달한 도시

④ 남아프리카 공화국의 요하네스버그: 아프리카 최대의 상공업 도시

2 아프리카의 자연환경

1 지형

└ 아프리카 대륙에서 지각판이 동서 방향으로 벌어지고 있는 지역이야. 거대한 골짜기를 이루고 있고 그 주변에서는 지진과 화산 활동이 일어나.

자료 2 (1) 아프리카의 지형 특성

산지	• 북서부의 아틀라스산맥: ❹판의 경계와 가깝고 형성 시기가 오래되지 않아 해발 고도가 높고 험준 ─ 아프리카에서 가장 높은 산이야. • 동아프리카 ❺지구대를 따라 킬리만자로산, 케냐산 등 높은 화산 발달
하천	• 강수량이 풍부한 열대 기후 지역에서 시작해 바다로 흘러감 • 나일강, 나이저강, 콩고강, 잠베지강 등 • 나일강: 고대 문명 번성, 도시 발달 → ❻이집트 문명
사막	사하라 사막, 나미브 사막, 칼라하리 사막 등 ─ 전체 아프리카 면적의 약 30%를 차지하고 있어.

용어 풀이

❶ 열대림: 적도 주변의 덥고 습한 기후 환경에서 자라는 삼림 식물대로, 키가 크고 작은 나무들과 다양한 식물들이 분포

❷ 고원: 해발 고도가 높고 비교적 기복이 작고 지대가 평탄한 지역

❸ 하구: 강물이 바다나 호수, 다른 강으로 흘러 들어가는 부분

❹ 판의 경계: 지구 표면을 구성하는 판들이 부딪히거나 멀어지는 곳으로, 지진이나 화산 활동이 자주 발생함

❺ 지구대: 양쪽으로 잡아당기는 힘에 의해 판이 갈라지고 그 사이는 내려앉은 지형

❻ 이집트 문명: 세계 4대 문명 중 하나로, 나일강 유역에서 형성된 고대 문명

자료 1 아프리카의 국경선은 왜 직선일까?

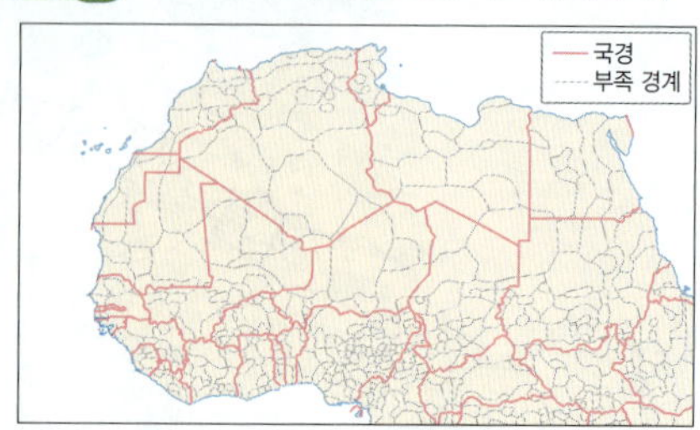

아프리카는 고유의 의식주 문화를 가진 부족 중심의 사회가 나타난다. 하지만 과거 아프리카를 식민 지배했던 유럽이 부족 분포를 고려하지 않고 국경선을 그었다. 이에 따라 아프리카의 여러 지역에서 부족 간 갈등이 발생하기도 한다.

더 알기 다채로운 특성을 가진 모로코

모로코에서는 비교적 쉽게 사하라의 모래사막을 만날 수 있다. 사막 마을인 아이트벤하두는 이국적인 풍경으로 할리우드 영화의 주요 촬영지가 되었다. 모로코의 아틀라스산맥은 겨울철 눈으로 덮여 있어 스키 관광지로 유명하다.

▲ 모로코의 아이트벤하두

자료 2 아프리카의 지형

아프리카의 대륙은 오래전에 형성되어 비교적 안정적이며, 전체적으로 단조롭고 평평한 고원과 대지를 이루고 있다.

(2) 아프리카의 지형과 주민 생활

① 산지: 겨울철 눈을 이용한 스키장 등 레저 관광 산업 발달
② 사막: 낙타 체험, 사막 캠프, **❶샌드 보드** 체험 등 관광 산업 발달
③ 하천: 빅토리아 폭포, 하천 **❷래프팅** 등 관광 산업 발달

▲ 킬리만자로산

▲ 나일강

▲ 사하라 사막

2 기후

(1) 아프리카의 기후 특성

① 대륙의 중앙 부근을 가로지르는 <u>적도를 중심</u>으로 북쪽과 남쪽에 기후가 대체로 대칭하여 분포
② 적도에서 고위도로 가면서 열대 기후, 건조 기후, 온대 기후 순으로 나타남
③ 열대 기후의 열대림, 건조 기후의 사막 등 다양한 자연환경이 나타남

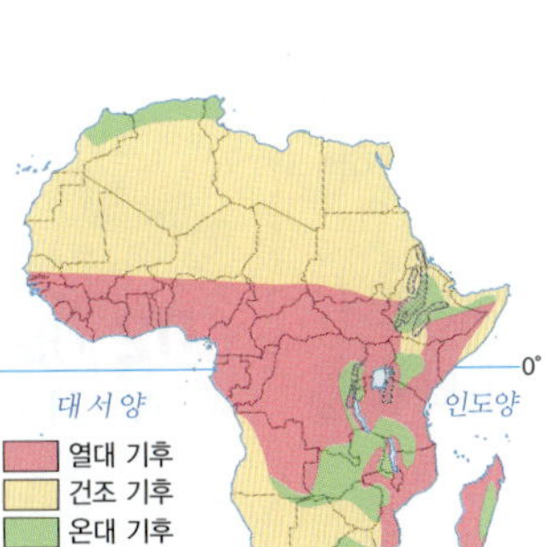

아프리카의 기후 분포 ▶ (『필립스 세계 지도』, 2022)

자료 3 (2) 아프리카의 기후 구분

출제 tip 열대 기후와 건조 기후의 강수 특징을 비교하는 문제가 자주 출제

자료 4	열대 기후	• 적도 부근은 기온이 높고, 강수량이 많음 → 이곳의 넓고 **❸울창**한 숲은 다양한 동식물의 서식처로 이용되며, 생태적 가치가 높음 • 그 주변에는 **❹건기**와 **❺우기**가 뚜렷한 기후가 나타남 → 키가 큰 풀이 자라는 초원에 나무가 드문드문 분포, <u>야생 동물의 천국</u> (이 초원을 '사바나'라고도 불러.) • 플랜테이션, 이동식 **❻화전 농업** 발달
	건조 기후	• <u>사하라 사막</u>과 그 주변, 남서부 해안 지역 • 연 강수량 500mm 미만인 곳으로, 증발량이 강수량보다 많음 • **❼오아시스** 주변이나 나일강 주변에서 농업 발달 (물을 구하기 쉬운 지역에서 대추야자, 밀 등을 재배해.)
더 알기	온대 기후	아프리카 북부의 지중해 연안과 남동부 지역
	고산 기후	아프리카 동부의 해발 고도가 높은 아비시니아고원 등 일부 산지 지역

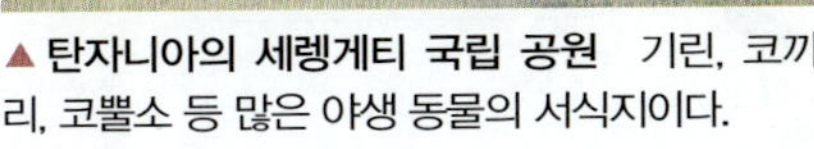

▲ 탄자니아의 세렝게티 국립 공원 기린, 코끼리, 코뿔소 등 많은 야생 동물의 서식지이다.

▲ 마다가스카르의 바오바브나무 건조한 기후를 견디기 위해 뿌리와 줄기에 수분을 저장한다.

자료 3 아프리카의 열대 기후와 건조 기후

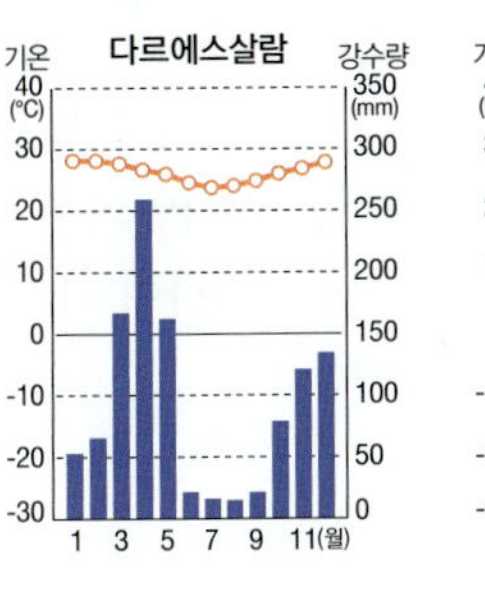

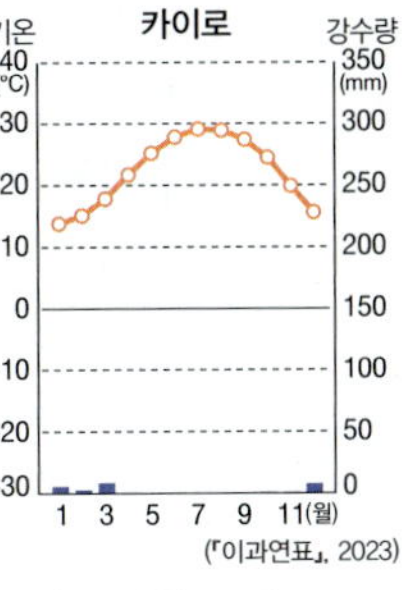

▲ 열대 기후 그래프   ▲ 건조 기후 그래프

자료 4 열대 기후 지역의 농업 방식

플랜테이션	• 현지인의 저렴한 노동력과 선진국의 기술 및 자본 결합하여 열대작물을 상업적으로 재배하는 농업 방식 • 고무나무, 카카오, 커피 등 상품 작물 재배
이동식 화전 농업	• 삼림을 불태워 작물을 재배하고 토지가 황폐해지면 다른 지역으로 이동하는 농업 방식 • 옥수수, **❽카사바** 등 식량 작물 재배

열대 기후 지역에서는 <u>플랜테이션</u>과 전통적인 방식의 <u>이동식 화전 농업</u>이 발달하였다.

더 알기 지중해성 기후가 나타나는 케이프타운

아프리카 대륙의 북단과 남단 지역 등에서는 온대 기후가 나타난다. 특히 남아프리카 공화국의 케이프타운은 여름이 덥고 건조하고, 겨울은 따뜻하고 비가 자주 내리는 지중해성 기후가 나타나는데, 이러한 케이프타운의 기후는 포도 재배에 적합하다. 예부터 케이프타운에서는 다양한 품종의 포도를 재배해 왔고, 포도를 이용한 와인 생산이 활발해 케이프타운은 세계적인 와인 생산지로 알려져 있다.

용어 풀이

❶ 샌드 보드: 모래 언덕에서 보드를 타고 내려오는 스포츠
❷ 래프팅: 고무보트를 타고 계곡의 급류를 헤쳐 나가는 레포츠
❸ 울창: 나무가 빽빽하게 우거지고 푸르름
❹ 건기: 일 년 중 비가 적게 오는 건조한 시기
❺ 우기: 일 년 중 비가 많이 오는 시기
❻ 화전 농업: 삼림을 불태워 작물을 재배하는 농업 방식
❼ 오아시스: 사막 가운데에 샘이 솟고 풀과 나무가 자라는 곳
❽ 카사바: 열대 기후 지역에서 자라는 고구마처럼 생긴 뿌리 작물

01 빈칸에 알맞은 말을 쓰시오.

(1) 아프리카는 서쪽으로 (　　　　)과/와 접해 있다.

(2) 모로코는 (　　　　) 아프리카에 속한다.

(3) 열대 기후 지역에서는 현지인의 저렴한 노동력과 선진국의 기술 및 자본이 결합하여 카카오, 커피 등과 같은 열대작물을 재배하는 (　　　　)이/가 발달했다.

02 다음 중 알맞은 말에 ○표 하시오.

(1) 나이지리아는 (서부, 동부) 아프리카에 속한다.

(2) 키가 큰 풀이 자라는 초원에 나무가 드문드문 분포하는 열대 초원을 (사파리, 사바나)라고 한다.

(3) (열대, 건조) 기후 지역에서는 물을 구하기 쉬운 오아시스 주변이나 나일강과 같은 하천 주변에서 대추야자, 밀 등을 재배한다.

03 다음 설명이 맞으면 ○표, 틀리면 ×표 하시오.

(1) 아프리카는 동쪽으로 인도양과 접해 있다. (　　　)

(2) 북부 아프리카는 이슬람 문화의 영향을 많이 받은 지역이다. (　　　)

(3) 아프리카에는 대체로 냉대 기후가 나타난다. (　　　)

(4) 아틀라스산맥은 형성 시기가 오래되어 해발 고도가 낮고, 경사가 완만한 편이다. (　　　)

04 빈칸 ㉠, ㉡에 들어갈 알맞은 말을 각각 쓰시오.

아프리카는 기준에 따라 지역 구분이 다양하게 나타난다. 아프리카 대륙은 크게 (　㉠　) 사막을 기준으로 지중해와 인접한 (　㉡　) 아프리카와 중·남부 아프리카로 구분할 수 있다.

㉠ ＿＿＿＿＿＿＿＿＿　　　㉡ ＿＿＿＿＿＿＿＿＿

01 아프리카의 위치에 관한 옳은 설명을 보기 에서 고른 것은?

> **보기**
> ㄱ. 서쪽으로 홍해와 접하고 있다.
> ㄴ. 북쪽으로 유럽과 마주하고 있다.
> ㄷ. 동쪽으로 인도양과 접하고 있다.
> ㄹ. 북동쪽으로 태평양과 접하고 있다.

① ㄱ, ㄴ　　　② ㄱ, ㄷ　　　③ ㄴ, ㄷ
④ ㄴ, ㄹ　　　⑤ ㄷ, ㄹ

02 다음 글의 밑줄 친 지역에 해당하는 국가로 알맞은 것을 보기 에서 고른 것은?

아프리카는 크게 북부 아프리카와 중·남부 아프리카로 구분한다. 또는 자연환경과 문화적 경계에 따라 북부·서부·중앙·동부·남부 아프리카로 구분하기도 한다.

> **보기**
> ㄱ. 케냐　　　　　　　　ㄴ. 모로코
> ㄷ. 이집트　　　　　　　ㄹ. 남아프리카 공화국

① ㄱ, ㄴ　　　② ㄱ, ㄷ　　　③ ㄴ, ㄷ
④ ㄴ, ㄹ　　　⑤ ㄷ, ㄹ

03 다음 학생이 설명하는 국가로 옳은 것은?

① 이집트　　　　　　② 탄자니아
③ 나이지리아　　　　④ 에티오피아
⑤ 마다가스카르

04 지도의 A~E 국가에 관한 설명으로 옳은 것은?

상

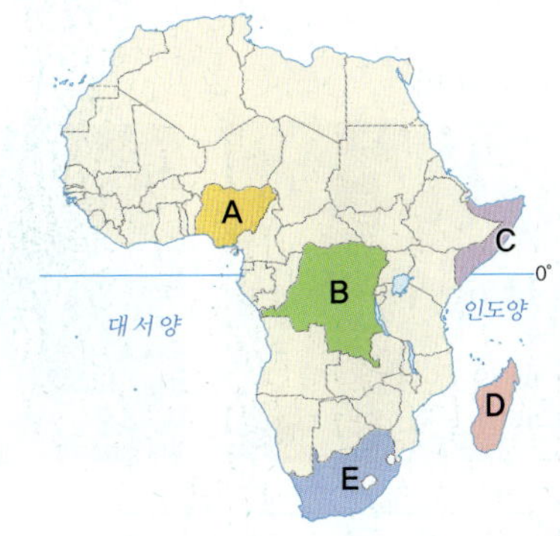

① A는 에티오피아이다.
② B는 수단이다.
③ C의 수도는 아디스아바바이다.
④ D는 지중해에 위치한다.
⑤ E는 온대 기후가 나타나 일찍부터 유럽인이 진출하였다.

05 다음은 지오가 아프리카를 여행하며 쓴 여행기의 일부이다. 지오가 방문한 국가로 옳은 것은?

중

> 오늘은 스키를 타러 가는 날이다. 높고 험준한 아틀라스산맥에 눈이 쌓여 있는 모습이 멋있었다.

① 케냐
② 모로코
③ 세네갈
④ 나이지리아
⑤ 남아프리카 공화국

06 아프리카의 주요 도시로 옳지 않은 것은?

하

① 라고스
② 카이로
③ 뉴델리
④ 아디스아바바
⑤ 요하네스버그

07 아프리카의 기후에 관한 옳은 설명을 보기 에서 고른 것은?

중

보기

ㄱ. 북부 아프리카는 주로 열대 기후가 나타난다.
ㄴ. 건조 기후 지역은 강수량이 증발량보다 많다.
ㄷ. 지중해 연안과 남동부 지역에서는 온대 기후가 나타난다.
ㄹ. 적도에서 고위도로 가면서 열대 기후, 건조 기후, 온대 기후 순으로 나타난다.

① ㄱ, ㄴ
② ㄱ, ㄷ
③ ㄴ, ㄷ
④ ㄴ, ㄹ
⑤ ㄷ, ㄹ

08 지도에 표시된 (가) 기후 지역에 관한 설명으로 옳은 것은?

중요 ✦

중

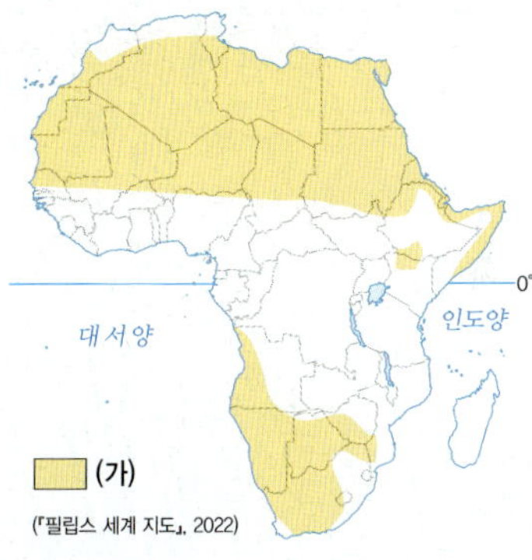

(『필립스 세계 지도』, 2022)

① 건기와 우기가 반복된다.
② 열대림이 넓게 분포한다.
③ 강수량보다 증발량이 많다.
④ 편서풍과 난류의 영향을 받는다.
⑤ 해발 고도가 높아 고산 기후가 나타난다.

같은 주제 다른 문제

08-1 (가) 기후 지역에서 볼 수 있는 주민 생활 모습으로 옳은 것은?

중

① 계절풍을 이용하여 벼농사를 한다.
② 카카오, 커피 등 열대작물을 주로 재배한다.
③ 햇볕을 반사하기 위해 외벽을 흰색으로 칠한다.
④ 물을 구하기 쉬운 오아시스 주변에서 농사를 짓는다.
⑤ 차를 타고 야생 동물을 관찰하는 사파리 관광이 발달했다.

09 다음은 지오가 아프리카의 한 지역을 여행하며 쓴 일기이다. 이를 통해 유추한 여행지의 기후로 옳은 것은?

> 202△년 7월 20일
>
> ○○에 도착했다. 이곳은 일 년 내내 우리나라의 여름철 기후처럼 무덥고 습하다고 한다. 오후 3시쯤 갑자기 강한 소나기가 쏟아졌다. 거의 매일 이렇게 강한 소나기가 내려서 정글 같은 울창한 숲이 형성될 수 있겠구나 싶었다. 오늘은 정글 투어를 다녀왔는데 키가 크고 작은 나무들과 다양한 식물을 볼 수 있었다.

① 열대 기후 ② 건조 기후
③ 온대 기후 ④ 냉대 기후
⑤ 고산 기후

 같은 주제 다른 문제

09-1 지오의 여행 일기에 나타난 경관으로 옳은 것은?

① 사막 ② 화산
③ 피오르 ④ 열대림
⑤ 오아시스

10 빈칸 ㉠~㉢에 들어갈 말을 바르게 연결한 것은?

> • 열대 기후 지역의 (㉠)에서는 야생 동물을 서식지 가까이에서 관찰하는 (㉡) 관광이 발달했다.
> • 건조 기후 지역에서는 물을 구하기 쉬운 (㉢)에서 밀, 대추야자 등과 같은 작물을 재배한다.

	㉠	㉡	㉢
①	분지	사파리	오아시스
②	분지	샌드 보드 체험	하천
③	사바나	일광욕	고원
④	사바나	사파리	오아시스
⑤	사바나	샌드 보드 체험	하천

11 (가), (나) 사진의 농업 방식에 관한 옳은 설명을 보기 에서 모두 고른 것은?

(가)

(나)

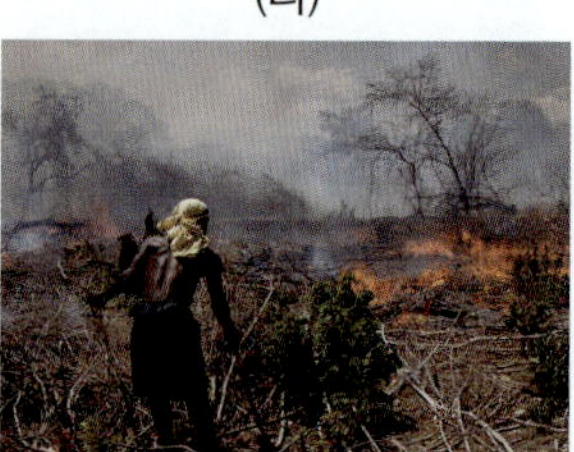

> 보기
>
> ㄱ. (가)는 플랜테이션이다.
> ㄴ. (나)는 이동식 화전 농업이다.
> ㄷ. (가)는 (나)보다 식량 작물 재배 비중이 높다.
> ㄹ. (나)는 (가)보다 자본의 투입 규모가 작다.

① ㄱ, ㄴ ② ㄷ, ㄹ
③ ㄱ, ㄴ, ㄷ ④ ㄱ, ㄴ, ㄹ
⑤ ㄴ, ㄷ, ㄹ

12 아프리카의 지형 특징과 주민 생활에 관한 설명으로 옳지 <u>않은</u> 것은?

① 아틀라스산맥은 북서부에 위치한다.
② 나일강 유역에서는 고대 문명이 번성하였다.
③ 서부에는 판이 갈라지는 지구대가 분포한다.
④ 동부의 킬리만자로산은 아프리카에서 가장 높다.
⑤ 사하라 사막 인근에 살던 사람들은 이동할 때 낙타를 이용하였다.

13 밑줄 친 '이 사막'의 명칭으로 옳은 것은?

> 이 사막은 아프리카 지역 구분의 주요 기준이 되기도 하며, 전체 아프리카 면적의 약 30%를 차지할 정도로 크다.

① 고비 사막 ② 나미브 사막
③ 모히비 사막 ④ 사하라 사막
⑤ 아타카마 사막

▶ 정답 및 해설 19쪽

01 아프리카의 국경 특징과 이에 따라 나타나는 문제점을 한 가지 서술하시오.

---

02 아프리카의 기후 그래프를 보고 물음에 답하시오.

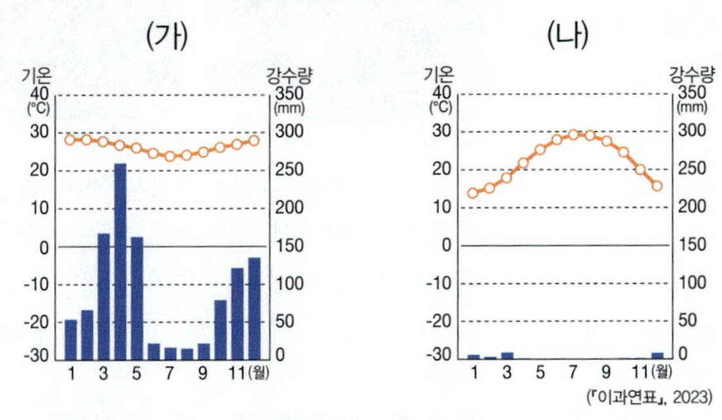

(1) (가)와 (나) 지역의 기후를 각각 쓰시오.

---

(2) (가), (나) 두 지역의 강수량을 비교하여 서술하시오.

---

03 다음 글과 같은 관광 산업이 발달한 기후 지역의 명칭과 경관 특징을 서술하시오.

> 아프리카의 세렝게티 국립 공원, 응고롱고로 국립 공원, 마사이마라 국립 공원에서는 이른바 '빅5'라 불리는 사자, 표범, 코끼리, 물소, 코뿔소를 차로 이동하며 관람하는 관광 산업이 발달하였다.

---

04 다음 글의 빈칸에 공통으로 들어갈 지형을 쓰시오.

> 아프리카 대륙에서 지각판이 동서 방향으로 벌어지고 있는 지역을 (   )(이)라고 한다. 거대한 골짜기를 이루고 있는 (   ) 주변에서는 지진과 화산 활동이 일어나며, 이 지형을 따라 킬리만자로산, 케냐산과 같은 높은 화산과 고원이 발달해 있다.

---

05 다음 지도에 표시된 ㉠ 사막과 ㉡강의 명칭을 쓰고, ㉠, ㉡ 지형의 주변에서 볼 수 있는 주민 생활 모습을 각각 서술하시오.

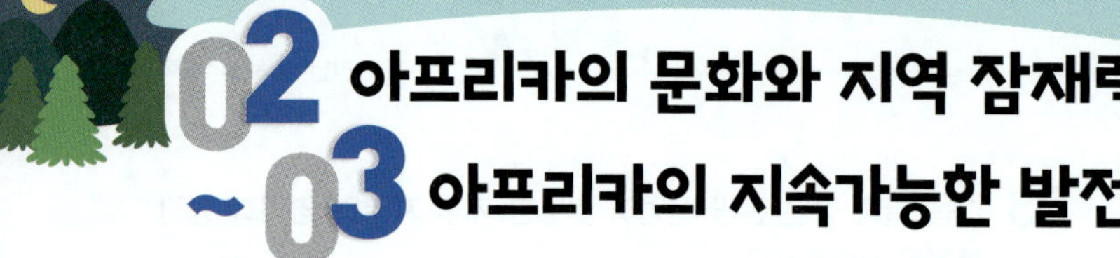

02 아프리카의 문화와 지역 잠재력
~ 03 아프리카의 지속가능한 발전

1 아프리카의 문화 다양성

1 아프리카의 **지역별 문화** ── 특히 지리적 조건에 따라 다양한 문화가 발달했어.

더알기 (1) **발달 배경** 아프리카는 수많은 민족(인종)과 부족이 자신들만의 고유한 ❶정체성을 형성해 생활양식, 종교, 언어가 지역별로 다양하게 나타남

(2) **지역별로 다양한 생활 문화**

구분	건조 기후 지역	적도 주변의 열대 기후 지역
주요 재배 작물	대추야자, 밀 등	카사바, 옥수수 등
가옥 구조	벽이 두껍고 창문이 작은 구조	창문이 크고 개방적인 구조
의복	얇은 천으로 몸을 감싸는 형태의 옷	화려한 색상과 무늬의 옷

자료 1

출제tip 아프리카의 문화를 비교하는 문제가 자주 출제

2 아프리카 문화의 영향

미술	• 단순하고 강렬한 색채를 이용하며, 일정한 형태나 형식이 없는 것이 특징 • 아프리카 미술이 유럽에 소개되면서 고갱, 피카소 등에 영향
음악	• 특유의 리듬감과 경쾌함을 살려 음악과 춤 등의 분야에서 새로운 문화를 만듦 • 삼바나 레게, ❷재즈, 소울 등의 음악에 영향 • 아프리카의 다양한 전통 악기는 세계 여러 지역으로 전파됨(젬베, 칼림바 등)
패션	아프리카에서 많이 사용하는 화려한 무늬와 색상을 접목한 의상 등

2 아프리카의 지역 ❸잠재력

1 아프리카의 인구 잠재력

(1) 아프리카는 다른 대륙에 비해 경제활동을 하는 청장년층 인구 비율이 높고, 빠른 인구 성장을 보임 ➡ 전 세계에서 아프리카 인구가 차지하는 비중이 더 높아질 것으로 예상

(2) 경제 성장으로 인해 ❹구매력 증대 및 소비 시장의 성장 가능성이 높음
── 앞으로 경제활동을 할 인구가 많기 때문에 성장 가능성이 높아.

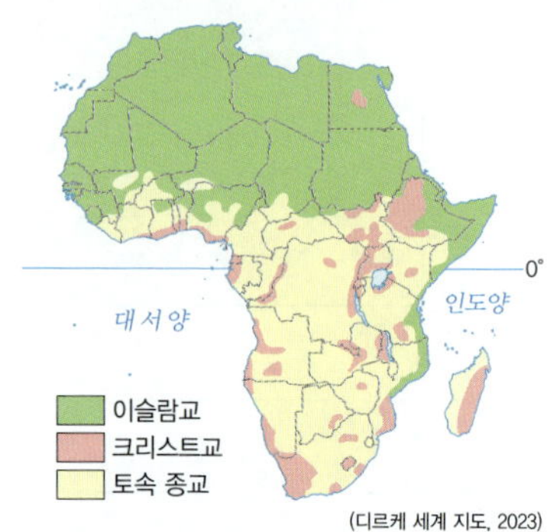

▲ **세계의 대륙별 ❺중위 연령** 아프리카는 전 세계에서 중위 연령이 가장 낮은 대륙이다.

2 아프리카의 풍부한 자원

(1) **풍부한 지하자원** ❻원유와 천연가스 등의 에너지 자원과 다이아몬드, 구리, 금 등 다양한 광물 자원이 풍부 ➡ 아프리카 경제 성장의 기반

(2) **상품 작물의 재배** 동부 고원 지역에서는 커피, 기니만 연안에서는 카카오 등의 상품 작물 재배가 활발

아프리카의 주요 자원 ▶ (『신상 고등 지도』 / 디르케 세계 지도, 2023)

더알기 아프리카의 다양한 종교

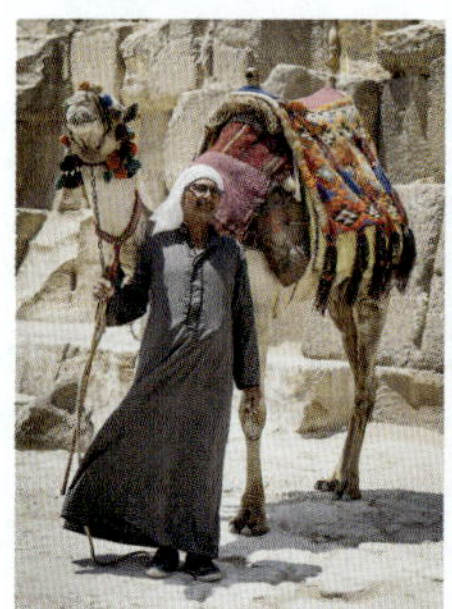

아프리카의 종교는 지역에 따라 차이가 뚜렷하다. 서남아시아에서 전파된 이슬람교는 북부 아프리카 지역을 중심으로 널리 확산되었으며, 중·남부 아프리카는 토속 종교와 함께 유럽의 식민 지배로 전파된 크리스트교가 주를 이루고 있다.

자료 1 아프리카의 의복 문화

건조 기후가 나타나는 지역은 기온의 일교차가 매우 크다. 따라서 얇은 천으로 몸을 감싸는 형태의 의복을 입어 낮에는 뜨거운 태양으로부터 피부를 보호하고, 밤에는 찬 공기로부터 체온을 유지한다.

반면 열대 기후가 나타나는 지역에서는 덥고 습한 기후에 적합한 얇고 짧은 옷을 입으며, 전통 문화에 따라 화려한 무늬의 옷을 만들어 입는다.

용어풀이 ❶ 정체성: 변하지 않는 존재의 본질을 깨닫는 성질. 또는 그 성질을 가진 독립적 존재를 의미
❷ 재즈: 미국에서 19세기 말~20세기 초에 걸쳐 아프리카 민속 음악에 클래식, 행진곡 등의 요소가 섞여서 발달한 대중음악. 발상지는 미국 남동부의 뉴올리언스임
❸ 잠재력: 겉으로 드러나지 않고 속에 숨어 있는 힘
❹ 구매력: 개인이나 단체가 어떤 물건이나 서비스를 살 수 있는 능력
❺ 중위 연령: 전체 인구를 연령순으로 세웠을 때 한가운데 있는 사람의 나이
❻ 원유: 땅속에서 뽑아낸, 정제하지 않은 그대로의 기름

3 아프리카의 지속가능한 발전

1 지속가능한 발전을 위한 아프리카의 주체적 노력

(1) 지속가능한 발전 국제 연합(UN)에서는 지속가능발전 목표(SDGs)를 세워 전 지구적 차원의 지속가능한 발전을 달성하기 위해 노력하고 있음

▲ **지속가능발전 목표(SDGs)** 국제 연합(UN)은 국제 사회의 협력과 공존을 위해 사회, 경제, 환경 영역에서 2030년까지 모든 국가가 공동으로 추진해 나가는 17개의 목표를 세웠다.

(2) 아프리카의 주체적 노력 지속가능한 발전을 위하여 다양한 분야에서 협력

아프리카 연합 (AU) 자료 2	• 본부는 에티오피아의 아디스아바바에 있으며, 2002년에 출범 • 아프리카 국가들의 단결을 추구하며, 사회·경제·문화적 차원에서 지속가능한 발전과 아프리카의 경제 통합을 추구
아프리카 대륙 자유 무역 지대 (AfCFTA)	• 2019년에 공식 출범한 신생 자유 무역 지대 • 아프리카 내에서 ❶관세나 무역 규제를 없애는 등의 경제 정책 도입

2 아프리카의 지속가능한 발전을 위한 세계의 협력

(1) 아프리카와 세계의 협력

① 국제기구: 국제 연합(UN)을 비롯하여 보건, 의료, 건설, 교육, 농업 등 다양한 부문에서 지원 활동 — 국제 연합 환경 계획(UNEP), 국제 연합 아동 기금(UNICEF), 국제 연합 세계 식량 계획(WFP) 등의 산하 기구를 두고 있어.

② 국가 및 기업: 우리나라를 비롯한 많은 국가와 기업 등도 아프리카 국가에 대한 지원과 협력 사업 추진 중 — 과거에는 일방적으로 제공하는 원조의 형태가 주를 이루었으나 최근에는 아프리카 국가와 협력하는 사업이 증가하고 있어.

③ ❷비정부 기구(NGO): 시민 단체를 중심으로 활동 활발 ➡ 빈곤 퇴치를 위해 노력하는 옥스팜, 환경 보호 운동을 하는 그린피스, 저개발 지역에 의료 지원 서비스를 하는 국경 없는 의사회 등

(2) 세계시민으로서의 참여 방안

① 아프리카에 관심을 가지고 아프리카 문화를 존중하는 자세 필요

② 빈곤과 기아 문제를 해결하기 위한 기부나 봉사 활동 등에 참여

③ ❸공정 무역 제품을 구매하거나 ❹공정 여행을 이용 ➡ 아프리카 현지 경제에 도움 현지 주민이 운영하는 숙박 시설과 음식점을 이용하면 공정 여행을 실천할 수 있어.

▲ **공정 무역 인증 표시와 제품들**

아프리카 연합의 기는 아프리카의 밝은 미래를 상징한다. 빛이 초록색 바탕의 아프리카 대륙을 비추고 있으며, 그 주변에 아프리카 55개국을 상징하는 55개의 별이 원형으로 연결되어 있다.

더 알기 K–라이스 벨트 사업에 참여하는 국가

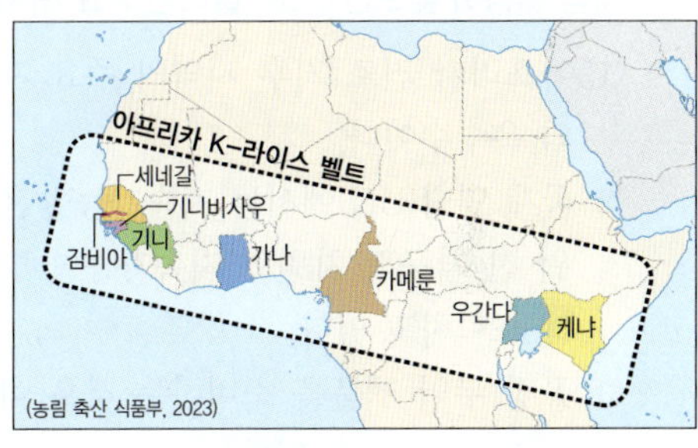

아프리카의 카메룬, 케냐 등 8개 국가는 빠르게 증가하는 인구를 부양하기 위해 대한민국의 벼 재배 기술을 도입하여 쌀 생산의 기반을 마련하고자 하였다. 대한민국의 쌀 생산 경험과 기술을 공유하여 아프리카의 땅에서 쌀을 생산하는 협력이 서로의 발전에 도움이 될 것으로 전망된다.

자료 3 공정 무역

▲ **일반 커피와 공정 무역 커피의 이익 배분 구조**

공정 무역은 경제 발전 혜택으로부터 소외된 개발 도상국 생산자의 경제적 자립과 권리 보호를 위해 생산자에게 더 나은 거래 조건을 제공하는 무역 방식이다. 이러한 무역 방식은 부의 편중, 노동력 착취, 인권 침해, 환경 파괴 등을 막아 장기적으로 생산자와 소비자는 물론 환경에도 이로운 지속가능한 발전을 이룰 수 있다.

용어 풀이

❶ 관세: 국내에 반입하거나 국내에서 소비 또는 사용하는 외국 물품에 대해서 부과·징수하는 세금

❷ 비정부 기구(NGO): 어떠한 종류의 정부도 간섭하지 않고, 시민 또는 민간 단체에 의해 조직되는 단체

❸ 공정 무역: 선진국과 개발 도상국 간의 불공정한 무역을 개선하여 생산자에게 정당한 가격을 지급하는 무역 방식

❹ 공정 여행: 현지인과 교류하고 그 사회에 도움을 주며, 현지의 환경과 문화를 존중하는 여행

01 다음 중 알맞은 말에 ○표 하시오.

(1) 기온의 일교차가 매우 큰 (건조, 열대) 기후 지역에서는 얇은 천으로 몸을 감싸는 의복이 발달했다.

(2) 열대 기후 지역은 창문이 (큰, 작은) 전통 가옥 구조가 나타난다.

(3) 중·남부 아프리카는 토속 종교와 함께 유럽의 식민 지배로 전파된 (이슬람교, 크리스트교)를 주로 믿는다.

(4) 아프리카는 다른 대륙에 비해 경제활동을 하는 청장년층 인구 비율이 (높다, 낮다).

02 다음 설명이 맞으면 ○표, 틀리면 ×표 하시오.

(1) 아프리카 건조 기후 지역의 주요 재배 작물은 카사바와 옥수수이다. ( )

(2) 국제 연합(UN)에서는 지속가능발전 목표(SDGs)를 세워 전 지구적 차원의 지속가능한 발전을 달성하기 위해 노력하고 있다. ( )

(3) 공정 무역 제품을 소비하는 것은 아프리카 경제 성장에 도움을 줄 수 있다. ( )

03 빈칸에 알맞은 말을 쓰시오.

(1) ( ) 기후 지역에서는 오아시스 주변에서 재배한 대추야자나 밀을 이용한 음식이 발달했다.

(2) ( )은/는 아프리카의 사회·경제적 통합을 촉진하기 위해 설립한 기구이다.

04 현지인과 교류하고 그 사회에 도움을 주며, 현지의 환경과 문화를 존중하는 여행은?

05 비정부 기구(NGO)에 해당하는 것을 보기 에서 모두 골라 기호를 쓰시오.

> **보기**
> ㄱ. 옥스팜　　　　　ㄴ. 그린피스
> ㄷ. 국경 없는 의사회　　ㄹ. 국제 연합 아동 기금

01 아프리카의 다양한 문화에 관한 설명으로 옳은 것은?

① 아프리카의 모든 지역에서 크리스트교를 믿는다.

② 식민 지배의 영향으로 종교, 언어가 다양하지 않다.

③ 건조 기후가 나타나는 북부 아프리카의 주요 재배 작물은 카사바, 옥수수 등이다.

④ 수많은 부족이 고유한 정체성을 형성해 생활양식, 종교, 언어가 지역별로 다양하게 나타난다.

⑤ 열대 기후가 나타나는 중·남부 아프리카에서는 주로 얇은 천으로 몸을 감싸는 형태의 의복을 입는다.

02 다음 그림과 같은 가옥이 나타나는 기후 지역에 관한 옳은 설명을 보기 에서 고른 것은?

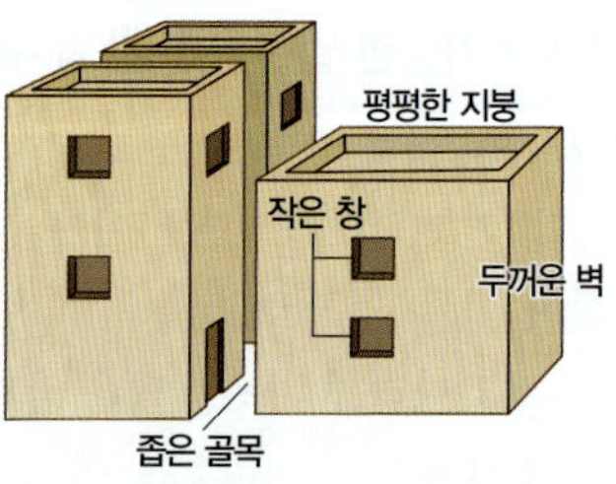

> **보기**
> ㄱ. 기온의 일교차가 매우 큰 지역이다.
> ㄴ. 일 년 내내 덥고 습한 기후가 나타난다.
> ㄷ. 전통 의복은 주로 반바지, 민소매 형태이다.
> ㄹ. 낮에 뜨거운 열기가 집으로 들어오는 것을 막기 위해 작은 창문과 두꺼운 벽이 나타난다.

① ㄱ, ㄴ　　　② ㄱ, ㄹ　　　③ ㄴ, ㄷ
④ ㄴ, ㄹ　　　⑤ ㄷ, ㄹ

같은 주제 다른 문제

02-1 그림과 같은 가옥을 주로 볼 수 있는 기후로 옳은 것은?

① 열대 기후　　　② 건조 기후
③ 온대 기후　　　④ 냉대 기후
⑤ 고산 기후

03 다음과 같은 제목에 들어갈 글의 내용으로 가장 적절하지 <u>않은</u> 것은?

〈전 세계에 영향을 준 아프리카의 예술 문화〉

① 브라질에서 개최되는 삼바 축제
② 세계 각지에서 연주되는 피아노
③ 서울에서 열리는 재즈 페스티벌
④ 아프리카 전통 가면과 닮은 피카소의 작품들
⑤ 파리 패션쇼에서 선보여진 마사이족의 슈카를 연상케 하는 붉은 의상

04 아프리카의 종교 분포를 나타낸 지도의 A~C 종교에 관한 설명으로 옳은 것은?

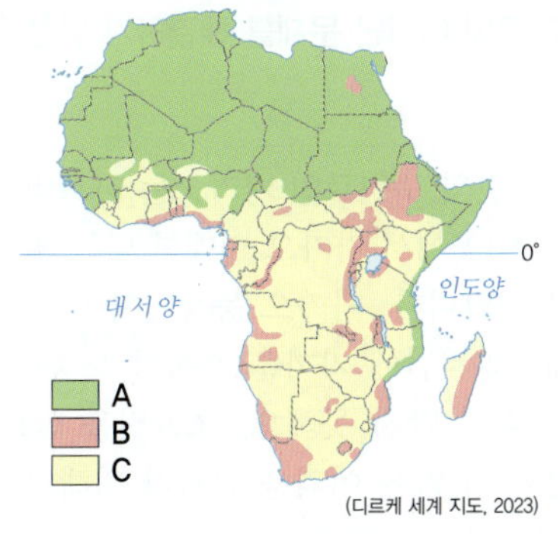

(디르케 세계 지도, 2023)

① A는 토속 종교이다.
② B는 이슬람교이다.
③ B는 유럽의 식민 지배로 전파되었다.
④ C는 크리스트교이다.
⑤ C는 서남아시아에서 전파되었다.

05 아프리카 문화의 영향에 관한 설명으로 옳지 <u>않은</u> 것은?
① 아프리카 음악은 동적인 특징이 있다.
② 아프리카 음악은 타악기를 많이 사용한다.
③ 재즈는 아프리카 음악의 영향을 받은 대중음악이다.
④ 아프리카 미술은 일정한 형태나 형식이 없어 현대 미술에 영향을 주지 못했다.
⑤ 아프리카에서 사용하는 기하학적인 모양은 오늘날 패션 산업에 많은 영향을 주었다.

중요

06 사진과 같은 의복 문화가 나타나는 지역에 관한 옳은 설명을 보기 에서 고른 것은?

보기
ㄱ. 주민 대부분이 이슬람교 신자이다.
ㄴ. 일 년 내내 무더운 날씨가 지속된다.
ㄷ. 주요 재배 작물은 카사바, 옥수수 등이다.
ㄹ. 일 년 내내 매우 건조한 날씨가 지속된다.

① ㄱ, ㄴ   ② ㄱ, ㄷ   ③ ㄴ, ㄷ
④ ㄴ, ㄹ   ⑤ ㄷ, ㄹ

같은 주제 다른 문제

06-1 사진과 같은 의복 문화가 나타나는 지역에서 볼 수 있는 전통 가옥 구조로 옳은 것은?
① 대청마루와 온돌을 갖춘 가옥
② 통풍이 잘되도록 창문이 큰 개방형 가옥
③ 설치와 철거가 쉽도록 천막으로 지은 가옥
④ 흙벽돌을 활용해 지은 지붕이 평평한 가옥
⑤ 햇볕을 반사하기 위해 외벽을 흰색으로 칠한 가옥

07 아프리카의 지역 잠재력에 관한 설명으로 옳지 <u>않은</u> 것은?
① 다른 대륙에 비해 중위 연령이 낮다.
② 다른 대륙에 비해 인구 성장 속도가 빠르다.
③ 자원이 풍부하여 '자원의 보고'라고도 불린다.
④ 다른 대륙에 비해 경제활동 인구 비율이 낮다.
⑤ 경제 성장으로 인해 구매력 증대 및 소비 시장의 성장 가능성이 높다.

08 다음은 아프리카의 잠재력을 정리한 내용이다. 빈칸 ㉠, ㉡에 들어갈 말을 바르게 연결한 것은?

〈아프리카의 지역 잠재력〉
- (㉠) 비율이 높은 인구 구조
  → 경제활동 인구가 많아 성장 가능성이 높음
- 풍부한 (㉡)
  → 아프리카 경제 성장의 기반

	㉠	㉡
①	노년층	기술력
②	노년층	지하자원
③	유소년층	기술력
④	청장년층	자본
⑤	청장년층	지하자원

09 아프리카 연합(AU)의 본부가 위치한 국가와 도시로 옳은 것은?

① 케냐 나이로비
② 이집트 카이로
③ 모로코 카사블랑카
④ 나이지리아 아부자
⑤ 에티오피아 아디스아바바

10 다음 글에서 설명하는 경제 공동체로 옳은 것은?

아프리카 연합(AU)의 주력 프로젝트로 지난 2019년 5월 30일 공식적인 출범을 선언한 자유 무역 지대이다. 아프리카 내에서 관세나 무역 규제를 없애는 등의 경제 정책을 도입하였다.

① 국제 연합(UN)
② 유럽 연합(EU)
③ 북미 자유 무역 협정(USMCA)
④ 동남아시아 국가 연합(ASEAN)
⑤ 아프리카 대륙 자유 무역 지대(AfCFTA)

11 아프리카의 지속가능한 발전을 위한 국제 연합(UN)의 노력으로 옳은 것을 [보기]에서 고른 것은?

[보기]
ㄱ. 지속가능발전 목표(SDGs)를 세워 아프리카와 협력하고 있다.
ㄴ. 아프리카 연합(AU)을 출범하여 국가 간 협력을 위해 노력하고 있다.
ㄷ. K-라이스 벨트 사업을 통해 식량 부족 문제를 해결하고자 노력하고 있다.
ㄹ. 산하에 여러 기구를 두어 식량 보급 및 난민 지원 등의 다양한 활동을 하고 있다.

① ㄱ, ㄴ   ② ㄱ, ㄹ   ③ ㄴ, ㄷ
④ ㄴ, ㄹ   ⑤ ㄷ, ㄹ

12 다음 자료에 나타난 문제를 해결하기 위한 무역 방법으로 옳은 것은?

초콜릿의 주원료인 카카오는 아프리카 지역에서 많이 나요. 이곳에서 카카오 열매를 따는 일은 주로 아이들이 하고 있답니다. 카카오 농장에서 일하는 아이들은 일주일에 100시간에 가까운 혹독한 노동을 하고도 매우 적은 돈밖에 받지 못해요. 초콜릿을 만드는 기업과 농장 주인이 더 많은 이익을 남기기 위해서 아이들을 착취하고 있는 것이지요.

① 가공 무역   ② 공정 무역
③ 관세 무역   ④ 자유 무역
⑤ 중개 무역

13 공정 여행을 실천하는 방법으로 옳지 <u>않은</u> 것은?

① 현지의 인사와 춤, 노래를 배운다.
② 현지 주민이 운영하는 음식점을 이용한다.
③ 외국 대기업이 운영하는 호텔에서 숙박한다.
④ 직원에게 정당한 대가를 지불하는 업체를 이용한다.
⑤ 멸종 위기에 놓인 동식물로 만든 기념품을 사지 않는다.

▶ 정답 및 해설 21쪽

01 다음 (가), (나)는 아프리카의 의복 문화를 대표하는 사진이다. 의복의 형태가 아래와 같이 나타나는 이유를 기후와 관련지어 각각 서술하시오.

(가)

(나)

02 사진 속 경관이 나타나는 지역의 주요 재배 작물과 전통 가옥 특징을 서술하시오.

03 다음은 세계의 대륙별 중위 연령을 나타낸 지도이다. 이를 통해 추론할 수 있는 아프리카의 지역 잠재력에 관해 서술하시오.

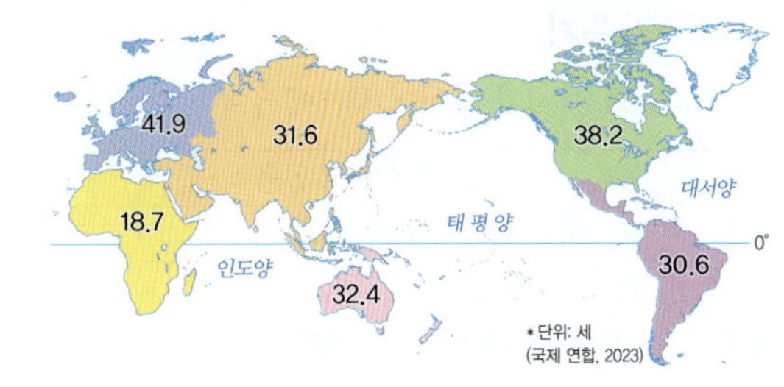

04 다음 글에서 설명하는 비정부 기구(NGO)의 명칭을 쓰시오.

> 이 단체는 국제 인도주의 의료 구호 단체이다. 의료 지원의 부족, 무력 분쟁, 전염병, 자연재해 등으로 인해 생존의 위협에 처한 사람들을 위해 긴급 구호 활동을 펼치고 있다.

05 아프리카의 지속가능한 발전을 위해 세계시민으로서의 참여 방안을 두 가지 서술하시오.

01 아프리카의 위치와 자연환경

1 아프리카의 위치

(1) 지리적 범위   아시아에 이어 세계에서 두 번째로 면적이 큼

서쪽	(❶)과/와 접하고 있음
동쪽	인도양과 접하고 있음
북동쪽	홍해와 접하고 있음
북쪽	지중해를 사이에 두고 유럽과 마주하고 있음

(2) 아프리카의 지역 구분

① (❷   )을/를 기준으로 북부 아프리카와 중·남부 아프리카로 구분

② 사하라 사막 이남 지역은 자연환경과 문화적 경계에 따라 서부·중앙·동부·남부 아프리카로 구분하기도 함

2 아프리카의 주요 국가와 도시

(1) 지역별 주요 국가

북부 아프리카	• 이슬람 문화의 영향을 많이 받은 지역 • 이집트, 모로코 등
서부 아프리카	• 해안 지역을 중심으로 자원 개발과 수출 산업이 발달 • 나이지리아, 코트디부아르, 세네갈 등
중앙 아프리카	• 열대림 발달, 풍부한 자연과 생태계 ➡ 환경적 가치가 높음 • 콩고 민주 공화국, 카메룬 등
동부 아프리카	• 기온이 선선하여 과거부터 많은 사람이 모여 산 고원 지역이 있음 • 에티오피아, 케냐, 탄자니아 등
남부 아프리카	• 해안 지역을 따라 온대 기후가 나타나 일찍부터 유럽인이 진출 • 남아프리카 공화국 등

(2) 주요 도시

① 이집트의 카이로: 나일강 하구의 넓은 평야에 발달한 인류 역사와 문명의 도시

② 나이지리아의 라고스: 수출입에 유리한 항구 도시이며, 인구가 많은 대도시

③ 에티오피아의 아디스아바바: 고원에 발달한 도시

④ 남아프리카 공화국의 요하네스버그: 아프리카 최대의 상공업 도시

3 아프리카의 기후

(1) 아프리카의 기후 특성

① 대륙 중앙을 가로지르는 (❸   )을/를 중심으로 북쪽과 남쪽에 기후가 대체로 대칭하여 분포

② 적도에서 고위도로 가면서 열대 기후, 건조 기후, 온대 기후 순으로 나타남

(2) 아프리카의 기후 구분

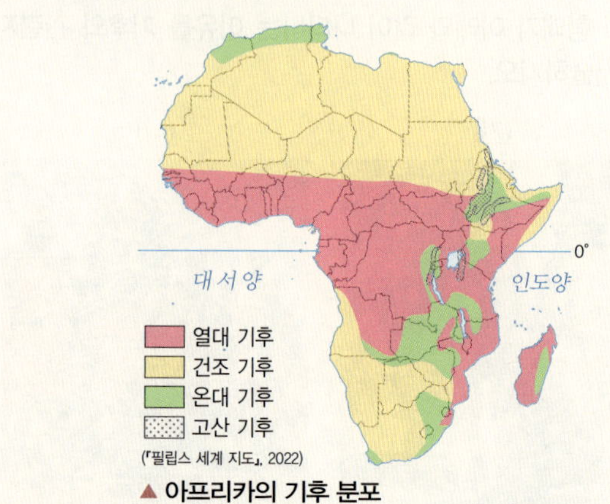

▲ 아프리카의 기후 분포

(❹) 기후	• 적도 부근은 기온이 높고, 강수량이 많음 ➡ 이곳의 넓고 울창한 숲은 다양한 동식물의 서식처로 이용 • 주변에는 건기와 우기가 뚜렷한 기후가 나타남 ➡ 키가 큰 풀이 자라는 초원에 나무가 드문드문 분포, 야생 동물의 천국 • 플랜테이션, 이동식 (❺) 농업 발달
건조 기후	• 사하라 사막과 그 주변, 남서부 해안 지역 • 연 강수량 500mm 미만, 증발량이 강수량보다 많음 • (❻) 주변이나 나일강 주변에서 농업 발달
온대 기후	아프리카 북부의 지중해 연안과 남동부 지역
고산 기후	아프리카 동부의 해발 고도가 높은 아비시니아고원 등 일부 산지 지역

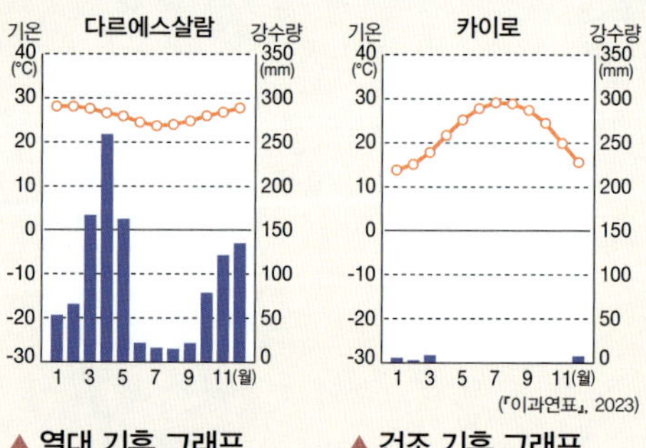

▲ 열대 기후 그래프   ▲ 건조 기후 그래프

4 아프리카의 지형

(1) 아프리카의 지형 분포   전체적으로 단조롭고 평평한 고원과 대지를 이룸

(2) 아프리카의 지형 특성

산지	• 북서부의 아틀라스산맥: 판의 경계와 가깝고 형성 시기가 오래되지 않아 해발 고도가 높고 험준 • 동아프리카 지구대를 따라 킬리만자로산, 케냐산 등 높은 화산 발달
하천	• 강수량이 풍부한 열대 기후 지역에서 시작해 바다로 흘러감 • 나일강, 나이저강, 콩고강, 잠베지강 등 • 나일강: 고대 문명 번성, 도시 발달 → (❼) 문명
사막	사하라 사막, 나미브 사막, 칼라하리 사막 등

02 아프리카의 문화와 지역 잠재력

1 아프리카의 문화 다양성

(1) 아프리카의 지역별 문화

① 발달 배경: 수많은 민족(인종)과 부족이 고유한 정체성을 형성해 생활양식, 종교, 언어가 지역별로 다양함

② 지역별로 다양한 생활 문화

기후	건조 기후 지역	적도 주변의 열대 기후 지역
주요 재배 작물	대추야자, 밀 등	카사바, 옥수수 등
가옥 구조	벽이 두껍고 창문이 작은 구조	창문이 크고 개방적인 구조
의복	얇은 천으로 몸을 감싸는 형태의 옷	화려한 색상과 무늬의 옷

③ 아프리카의 종교: 북부 아프리카는 (❽   ), 중·남부 아프리카는 토속 종교 및 (❾   ) 우세

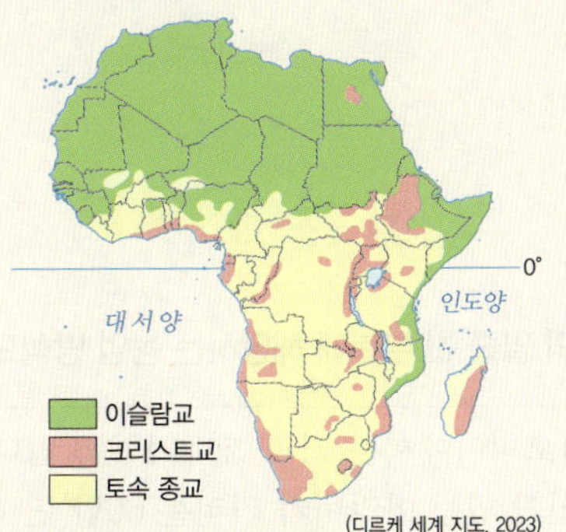

▲ 아프리카의 종교 분포

(2) 아프리카 문화의 영향 미술(단순하고 강렬한 색채), 음악(재즈, 레게 등), 패션(화려한 색상, 기하학적 패턴) 등 다양한 분야에 많은 영향을 미침

2 아프리카의 지역 잠재력

(1) 아프리카의 인구 잠재력 아프리카는 다른 대륙에 비해 경제활동 인구 비율이 높고, 빠른 인구 성장을 보임

(2) 아프리카의 풍부한 자원

풍부한 지하자원	• 원유, 천연가스 등의 에너지 자원과 다이아몬드, 구리, 금 등 광물 자원 풍부 • 아프리카 경제 성장의 기반
상품 작물의 재배	커피(동부 고원 지역), 카카오(기니만 연안) 등의 상품 작물 재배 활발

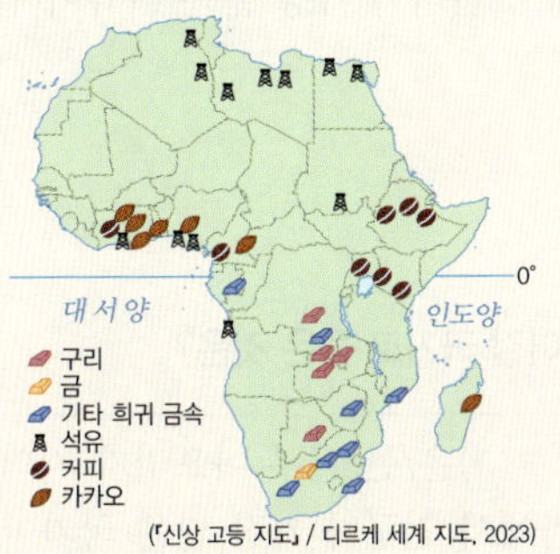

▲ 아프리카의 주요 자원

03 아프리카의 지속가능한 발전

1 지속가능한 발전을 위한 아프리카의 주체적 노력

(1) 지속가능발전 목표(SDGs) 국제 연합(UN)에서는 지속가능발전 목표(SDGs)를 세워 전 지구적 차원의 지속가능한 발전을 달성하기 위해 노력하고 있음

(2) 아프리카의 주체적 노력

아프리카 연합 (AU)	• 본부는 에티오피아의 아디스아바바에 위치, 2002년에 출범 • 아프리카 국가들의 단결을 추구, 사회·경제·문화적 차원에서 지속가능한 발전과 아프리카의 경제 통합을 추구
아프리카 대륙 자유 무역 지대 (AfCFTA)	• 2019년에 공식 출범한 신생 자유 무역 지대 • 아프리카 내에서 관세나 무역 규제를 없애는 등의 경제 정책 도입

2 아프리카의 지속가능한 발전을 위한 세계의 협력

(1) 아프리카와 세계의 협력

국제기구	국제 연합(UN)을 비롯하여 보건, 의료, 건설, 교육, 농업 등 다양한 부문에서 지원 활동
국가 및 기업	우리나라를 비롯한 많은 국가와 기업 등도 아프리카 국가에 대한 지원과 협력 사업 추진 중
비정부 기구 (NGO)	빈곤 퇴치를 위해 노력하는 옥스팜, 환경 보호 운동을 하는 그린피스, 저개발 지역에 의료 지원 서비스를 하는 국경 없는 의사회 등

(2) 세계시민으로서의 참여 방안 아프리카 문화를 존중하는 자세 필요, (❿   ) 제품 구매와 공정 여행 이용 등

01 아프리카의 지리적 범위에 관한 설명으로 옳은 것은?

① 서쪽으로 대서양과 접하고 있다.
② 남쪽으로 태평양과 접하고 있다.
③ 북쪽으로 인도양과 접하고 있다.
④ 북동쪽으로 지중해와 접하고 있다.
⑤ 세계에서 면적이 가장 넓은 대륙이다.

02 빈칸에 들어갈 국가로 옳은 것은?

> (   )은/는 서부 아프리카 지역에 위치해 있고, 아프리카에서 인구가 가장 많은 국가이다. 원래 수도는 라고스였으나 아부자로 이전하였다.

① 수단　　　　　　② 리비아
③ 세네갈　　　　　④ 소말리아
⑤ 나이지리아

03 다음 두 학생이 설명하는 국가로 옳은 것은?

① 모로코　　　　　② 나미비아
③ 보츠와나　　　　④ 에티오피아
⑤ 마다가스카르

04 아프리카의 국가와 그 국가의 도시를 바르게 연결한 것은?

① 케냐 – 아부자
② 이집트 – 나이로비
③ 나이지리아 – 몸바사
④ 에티오피아 – 라고스
⑤ 남아프리카 공화국 – 요하네스버그

05 다음 글의 밑줄 친 '이 국가'로 옳은 것은?

> 겨울에 높고 험준한 아틀라스산맥을 오르면 눈이 쌓여 있는 모습을 볼 수 있다. 이 국가는 이러한 자연환경을 이용하여 스키장을 건설해 많은 사람이 스키를 타러 이곳을 방문한다.

① 모로코　　　　　② 잠비아
③ 카이로　　　　　④ 에티오피아
⑤ 나이지리아

06 아프리카의 기후 특성에 관한 설명으로 옳지 <u>않은</u> 것은?

① 사하라 사막과 그 주변에서는 건조 기후가 나타난다.
② 적도를 중심으로 북쪽과 남쪽에 대칭적으로 기후가 분포한다.
③ 아프리카 북부의 지중해 연안 일대는 온대 기후가 나타난다.
④ 열대 기후 지역의 열대림은 다양한 동식물의 서식처로 이용된다.
⑤ 고위도에서 적도로 가면서 열대 기후, 건조 기후, 온대 기후가 순서대로 나타난다.

07 다음 글의 밑줄 친 부분에 해당하는 농업 방식으로 옳은 것은?

> 에티오피아에서는 커피 재배가 한창입니다. 세계에서 가장 인기 있는 아라비카 커피는 60만 년 전에 에티오피아에서 처음 등장한 것으로 알려져 있습니다. 에티오피아에서는 많은 농가가 전통 방식으로 커피나무를 재배하고 있지만, 생산성을 높이기 위해 <u>선진국의 기술 및 자본과 현지인의 저렴한 노동력을 이용한 농업 방식이 도입되었습니다.</u>

① 수목 농업　　　　② 혼합 농업
③ 플랜테이션　　　　④ 오아시스 농업
⑤ 이동식 화전 농업

08 다음 글이 설명하는 지역에서 주로 이루어지는 전통적인 농업  방식으로 옳은 것은?

> 이 지역은 적도를 중심으로 열대 기후가 넓게 나타나며, 고유의 의식주 문화를 가진 부족 중심의 공동체 생활을 해 왔다. 주로 식량 작물인 카사바, 옥수수 등을 재배한다.

① 수목 농업
② 순록 유목
③ 혼합 농업
④ 오아시스 농업
⑤ 이동식 화전 농업

09 아프리카의 지형에 해당하는 것만을 보기 에서 고른 것은?

> **보기**
> ㄱ. 알프스산맥
> ㄴ. 아틀라스산맥
> ㄷ. 히말라야산맥
> ㄹ. 칼라하리 사막

① ㄱ, ㄴ
② ㄱ, ㄷ
③ ㄴ, ㄷ
④ ㄴ, ㄹ
⑤ ㄷ, ㄹ

중요
10 다음은 지오가 사회 수업 시간에 아프리카의 지형의 관해 정리한 내용이다. ㉠~㉢에 들어갈 내용으로 적절한 것은?

아프리카의 지형: 전체적으로 단조롭고 안정되어 있음

구분	특징
산지	㉠
하천	㉡
사막	㉢

① ㉠ – 우랄산맥이 위치한다.
② ㉠ – 대륙의 남서부에 아틀라스산맥이 있다.
③ ㉡ – 열대 기후 지역에서 시작하여 바다로 흐른다.
④ ㉡ – 나일강 유역에서 메소포타미아 문명이 탄생하였다.
⑤ ㉢ – 사하라 사막, 고비 사막 등이 해당된다.

11 다음 여행기의 밑줄 친 '이 사막'으로 옳은 것은? 

> 모로코 여행 3일 차인 오늘은 남동부로 이동하여 이 사막에 방문할 예정이다. 거대한 모래 언덕 위에서 보드를 타고 미끄러져 내려오고 유목민인 베르베르족의 안내에 따라 낙타를 타고 일몰을 감상하기로 했다.

① 고비 사막
② 나미브 사막
③ 사하라 사막
④ 아라비아 사막
⑤ 칼라하리 사막

12 빈칸 ㉠, ㉡에 해당하는 지형을 바르게 연결한 것은?

> (㉠)은 열대 기후 지역에서 시작해 바다로 흘러간다. 이곳은 세계 4대 문명 중 이집트 문명의 발상지이다. (㉡)은 아프리카에서 가장 높은 산으로 해발 고도가 높아 정상 부근에는 눈이 쌓여 있다.

	㉠	㉡
①	나일강	에베레스트산
②	나일강	킬리만자로산
③	콩고강	케냐산
④	콩고강	킬리만자로산
⑤	잠베지강	에베레스트산

중요
13 다음 글의 밑줄 친 '이 지역'을 지도의 A~E에서 고른 것은? 

> 이 지역은 세계에서 가장 큰 사막으로, 모래 언덕이나 자갈, 바위 등으로 이루어져 있다. 이 지역의 남쪽에는 사막화가 빠르게 진행되는 구역이 있는데, 이를 사헬 지대라 한다.

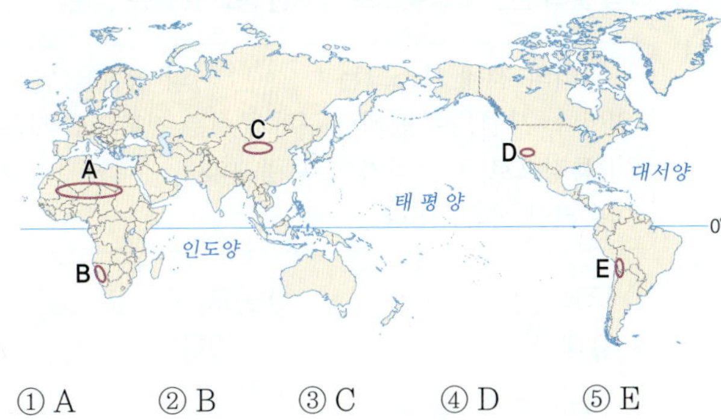

① A
② B
③ C
④ D
⑤ E

14 다음 대화에서 (가)에 들어갈 남학생의 대답으로 적절한 것은?

하

① 지붕이 평평한 형태야.
② 바람을 막기 위한 폐쇄적 구조가 나타나.
③ 덥고 습한 기후에 적합한 개방적인 형태야.
④ 햇볕을 반사하기 위해 흰색으로 벽을 칠했어.
⑤ 유목 생활에 유리하도록 설치와 해체가 편리한 구조야.

15 아프리카의 문화에 관한 설명으로 옳지 않은 것은?

하

① 재즈는 아프리카 문화의 영향을 받았다.
② 전통 미술은 일정한 형태나 형식이 뚜렷하게 정해져 있다.
③ 기하학적인 전통 문양은 현대 패션에 많은 영향을 주었다.
④ 중·남부 아프리카는 토속 종교의 비중이 북부 아프리카보다 높다.
⑤ 북부 아프리카에는 이슬람교 신자 수가 크리스트교 신자 수보다 많다.

16 다음 글의 빈칸에 공통으로 들어갈 종교로 옳은 것은?

중

> 말리의 젠네 모스크는 (   )의 영향을 받은 사원이다. 사원은 주변에서 구하기 쉬운 진흙으로 지은 것이 특징으로, 아프리카 토속 종교와 (   ) 문화가 어우러진 건축물이다.

① 도교　　　　　② 불교
③ 유대교　　　　④ 이슬람교
⑤ 크리스트교

중요

17 아프리카의 종교에 관한 옳은 설명을 **보기** 에서 고른 것은?

상

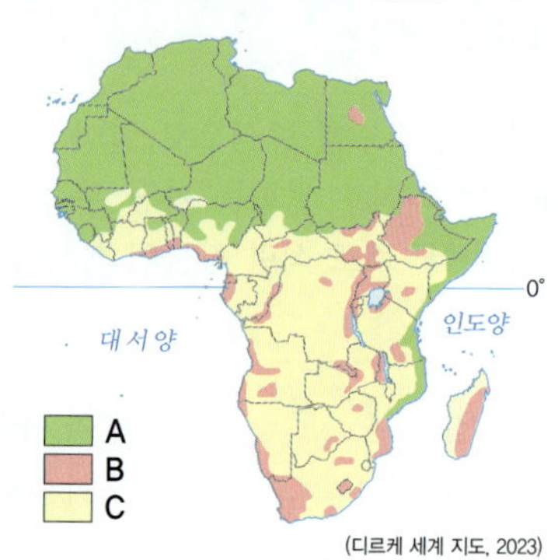

보기

> ㄱ. A는 서남아시아에서 전파되었다.
> ㄴ. B는 유럽에서 전파되었다.
> ㄷ. C의 형태는 지역별로 동일하다.
> ㄹ. A는 크리스트교, B는 이슬람교, C는 토속 종교이다.

① ㄱ, ㄴ　　　② ㄱ, ㄷ　　　③ ㄴ, ㄷ
④ ㄴ, ㄹ　　　⑤ ㄷ, ㄹ

18 아프리카의 지역 잠재력에 관한 설명으로 옳지 않은 것은?

중

① 세계에서 중위 연령이 가장 높다.
② 아시아 다음으로 인구가 많은 대륙이다.
③ 원유, 천연가스 등의 에너지 자원이 풍부하다.
④ 나이지리아는 아프리카 최대의 석유 생산국이다.
⑤ 구리, 금, 커피 등 자원이 풍부하여 높은 지역 잠재력을 지녔다.

19 다음 글의 빈칸에 들어갈 내용으로 옳은 것은?

하

> 미국 뉴올리언스에서 발생한 즉흥적이고 다양한 리듬을 가진 (   )은/는 아프리카 음악의 영향을 받아 탄생하였다.

① 팝　　　　　　② 재즈
③ 발라드　　　　④ 클래식
⑤ 시티팝

20 지속가능한 발전을 위한 아프리카 및 세계의 노력과 관련된 설명으로 옳지 <u>않은</u> 것은?

① 옥스팜은 비정부 기구에 해당한다.
② 국경 없는 의사회는 정부 간 연합체이다.
③ 그린피스는 아프리카의 환경 보호 활동을 하고 있다.
④ 국제 연합(UN)은 국제 원조를 위한 국가 중심의 공적 기구이다.
⑤ 아프리카 연합(AU) 본부는 에티오피아의 아디스아바바에 위치한다.

21 다음 제시문과 관련 있는 주제로 가장 적절한 것은?

> • 오랜 내전을 겪은 르완다는 국민 통합을 이루기 위해 노력한 결과, 빠른 속도로 안정을 되찾았다. 정부는 외국 자본의 적극적인 유치와 고부가 가치 산업 육성 등 국민의 삶의 질을 높이고 경제를 성장시키기 위해 힘쓰고 있다.
> • 1인당 국내 총생산이 약 7,700달러(2022년)에 이르는 보츠와나의 성장 원동력은 다이아몬드 광산이다. 보츠와나 정부는 자원 개발을 통해 얻은 이익으로 생활 기반 시설을 구축하고 건강, 교육 부분에 투자하였다.

① 천연자원만을 활용한 경제 성장을 꾀한다.
② 산업 구조의 단일화를 위해 노력하고 있다.
③ 농업 부문에 투자하여 식량 생산량을 늘린다.
④ 신·재생 에너지를 개발하여 기후변화에 대응한다.
⑤ 주체적인 경제 성장을 통한 지속가능성을 추구한다.

22 공정 무역의 긍정적인 효과를 보기 에서 고른 것은?

> **보기**
> ㄱ. 생산자에게 건강한 노동 환경을 제공한다.
> ㄴ. 빈곤 지역에 의료 지원 서비스를 실시한다.
> ㄷ. 외국 자본이 주체가 된 협동조합을 조직한다.
> ㄹ. 수익금 일부를 생산지의 생활 기반 시설 조성에 활용한다.

① ㄱ, ㄴ ② ㄱ, ㄹ ③ ㄴ, ㄷ
④ ㄴ, ㄹ ⑤ ㄷ, ㄹ

23 다음은 아프리카의 국경을 나타낸 지도이다. 자료에서 유추할 수 있는 문제점을 서술하시오.

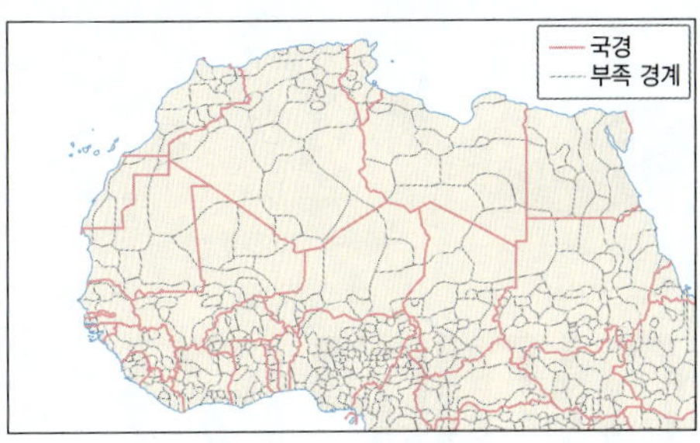

24 다음 자료에서 알 수 있는 아프리카의 지역 잠재력을 서술하시오.

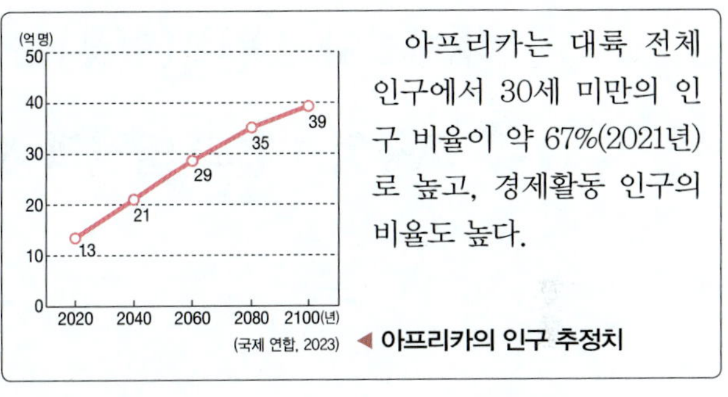

아프리카는 대륙 전체 인구에서 30세 미만의 인구 비율이 약 67%(2021년)로 높고, 경제활동 인구의 비율도 높다.

◀ 아프리카의 인구 추정치

25 다음 글과 관련 있는 지속가능한 발전 방안을 쓰시오.

> 현지인과 교류하며 그 사회에 도움을 주기 위한 방안으로, 현지의 환경과 문화를 존중하는 여행을 말한다. 이를 통해 아프리카 주민의 수익을 증가시키고 생활 기반 시설을 개선할 수 있다.

5 아메리카

로키산맥
오대호
나이아가라 폭포
애팔래치아산맥
미시시피강
리오그란데강
멕시코만
카리브해
대서양
태평양
아마존강
안데스산맥
브라질고원
0°

01 아메리카의 위치와 자연환경

1 아메리카의 위치

1 지리적 범위

(1) **아메리카** 서쪽으로 태평양, 동쪽으로 대서양, 북쪽으로 북극해와 접하며 북반구와 남반구에 걸쳐 있는 대륙 ➡ 세계 육지 면적의 약 30% 차지

자료 1 (2) **아메리카의 지역 구분** **출제tip** 아메리카의 지역 구분 기준을 묻는 문제가 자주 출제
① 지리적 구분: 북아메리카와 남아메리카(파나마 ❶지협 기준)
② 문화적 구분: 앵글로아메리카와 라틴 아메리카(❷리오그란데강 기준)

2 국가와 주요 도시

(1) **아메리카의 국가**

북아메리카	미국(세계 최대 경제 대국), 캐나다(북아메리카에서 면적이 가장 넓은 국가), 멕시코(❸아스테카 문명의 발상지), 대륙 중앙의 쿠바와 코스타리카 등
남아메리카	브라질(남아메리카에서 면적이 가장 넓은 국가), 에콰도르(적도가 지나는 국가), 칠레(국토가 남북으로 긴 국가) 등

└ 적도(Equator)에서 이름이 유래했다고 해.

(2) **아메리카의 주요 도시** 대서양이나 태평양 연안을 중심으로 분포
① 미국의 뉴욕: 세계 도시, 상업·금융·예술 발달
② 멕시코의 멕시코시티: 고산 도시, 고대 문명의 유적 분포 └ 국제 연합(UN)의 본부가 있는 도시이기도 해.
③ 브라질의 상파울루: 남아메리카에서 인구가 가장 많은 도시
④ 콜롬비아의 보고타, 에콰도르의 키토, 페루의 쿠스코: 고산 도시

2 아메리카의 자연환경

자료 2 **1 지형**

┌ 안데스산맥에서 발원해 대서양으로 흘러 들어가.
┌ 세계적인 곡창 지대를 이루며, '그레이트플레인스'라고도 해.

산지	북아메리카	• 로키산맥(서부): 높고 험준하며, 지각 운동 활발 • 애팔래치아산맥(동부): 오랜 침식으로 고도가 낮고 경사 완만
	남아메리카	안데스산맥(서부): 높고 험준하며, 화산과 지진 활동 활발
하천, 평야	북아메리카	미시시피강: 두 산맥 사이의 대평원을 가로질러 흐름
	남아메리카	• 아마존강: 세계에서 유량이 가장 풍부한 하천, 열대 우림 발달 • 동부: 오래되고 안정화된 브라질고원 발달
빙하	북아메리카	과거 빙하로 덮였던 알래스카,❹오대호 일대와 캐나다 북부 지역
	남아메리카	남아메리카의 남단 일대

▲ 안데스산맥

▲ 아마존강

▲ 빙하호

자료 1 아메리카의 지역 구분

아메리카 대륙 중부에 위치한 **파나마 지협**은 지리적 구분의 기준이 되며, 미국과 멕시코를 지나는 **리오그란데강**은 문화적 구분의 기준이 된다.

자료 2 아메리카의 지형

더 알기 환태평양 조산대

지구를 둘러싼 판들이 만나는 경계 지역은 **지진과 화산 활동이 빈번하며 지각이 매우 불안정하다.**

용어 풀이

❶ 지협: 두 개의 육지를 연결하는 좁고 잘록한 땅. 아시아와 아프리카 대륙을 연결하는 수에즈, 북아메리카와 남아메리카 사이의 파나마 지협 등이 있음
❷ 리오그란데강: 미국 서부의 로키산맥에서 발원하여 미국과 멕시코의 국경을 따라 흐르는 강
❸ 아스테카 문명: 1520년 에스파냐가 침입하기 직전까지 멕시코고원에 발달한 아스테카 왕국의 인디오 문명
❹ 오대호: 미국과 캐나다의 국경에 있는 다섯 개의 호수를 의미하며 슈피리어호, 미시간호, 휴런호, 온타리오호, 이리호로 이루어짐

2 기후

(1) 아메리카의 기후 특성

① 대륙이 남북으로 길게 뻗어 있어 위도에 따라 다양한 기후가 나타남

② 열대·건조·온대·냉대·한대 기후가 나타남

③ 적도 주변의 안데스 산지 인근에서는 연중 날씨가 온화한 고산 기후 분포

④ 위도와 해발 고도에 따른 아메리카의 기후 차이는 산업 활동과 인구 분포에 영향을 미침

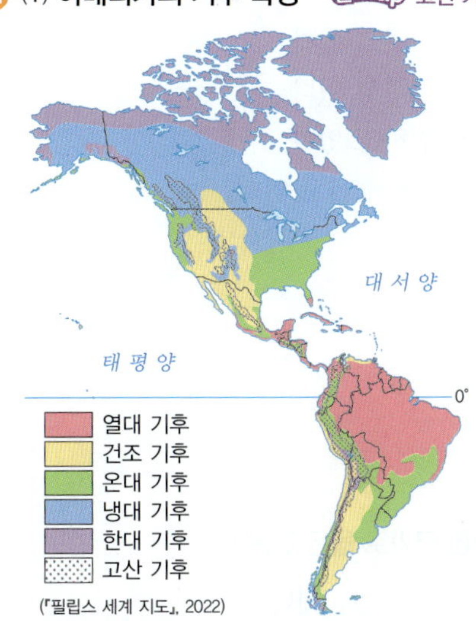

◀ 아메리카의 기후 분포

(2) 아메리카의 기후 구분

열대 기후	• 북아메리카 멕시코 남부와 카리브해 지역 • 남아메리카 적도 부근 • 고온 다습, 아마존 열대 우림 ('지구의 허파'라고 불릴 만큼 산소 공급량이 많아.)
건조 기후	• 북아메리카 내륙 (로키산맥의 영향으로 바다에서 불어오는 습윤한 공기가 차단되기 때문이야.) • 남아메리카 태평양 연안 지역 일부와 남부 내륙 — 해류와 산맥의 영향이야.
온대 기후	• 북아메리카 남동부 및 서부 해안 ➡ 인구 밀도가 높은 대도시 분포 • 남아메리카 남동부(브라질 남부와 아르헨티나 일대)
냉대 기후	• 북아메리카 북부 캐나다 일대 • 침엽수림이 넓게 분포
한대 기후	• 북아메리카 북극해 주변 • ❶이누이트 등과 같은 ❷소수 민족 거주
고산 기후	• 적도 주변의 안데스산맥 일대 • 해발 고도가 높아 연중 날씨가 온화하여 ❸저지대의 열대 기후 지역보다 인간 생활에 적합 • 보고타(콜롬비아), 키토(에콰도르) 등의 고산 도시 발달 • 고대 문명(잉카 문명, 마야 문명) 유적지 ➡ 관광 산업 발달

▲ 고산 도시(에콰도르 키토) 고산 지역은 적도 부근의 덥고 습한 지역보다 생활하기에 쾌적하여 고산 도시가 발달하였다.

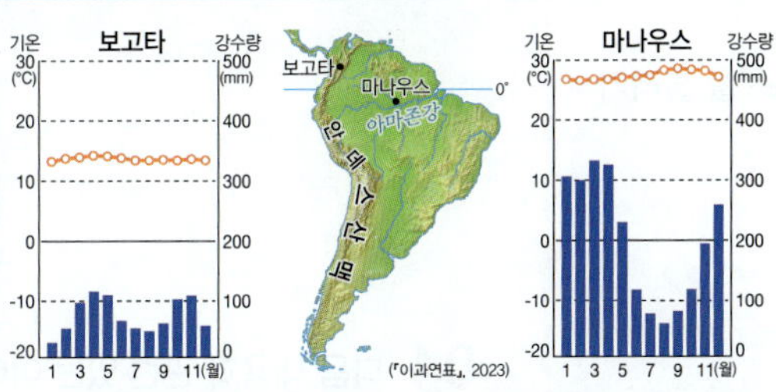

▲ 고산 기후(보고타)와 열대 기후(마나우스)의 기후 그래프 보고타(콜롬비아)와 마나우스(브라질)는 모두 적도 부근에 위치하지만 해발 고도 차이에 따라 두 지역의 기온이 다르게 나타난다.

더알기 열대 고산 기후 지역의 주민

적도 부근의 해발 고도가 높은 지역은 연중 기온이 10~20℃로 사람이 살기 좋은 기후가 나타난다. 우리나라의 봄과 같은 기온이 지속되는 저위도 고산 지역의 기후를 열대 고산 기후라고 한다. 저지대의 열대 기후 지역보다 인간이 생활하기에 적합하여 일찍부터 사람이 거주하며 도시와 고대 문명이 발달해 왔다. 이 지역의 원주민들은 야마와 알파카 털로 짠 ❹판초를 둘러, 기온이 낮아지는 밤에 보온용으로 사용한다.

교과서 비교
아메리카의 고산 기후 그래프

동아, 비상, 아침나라	보고타
미래엔, 천재	키토

더알기 아메리카의 농목업

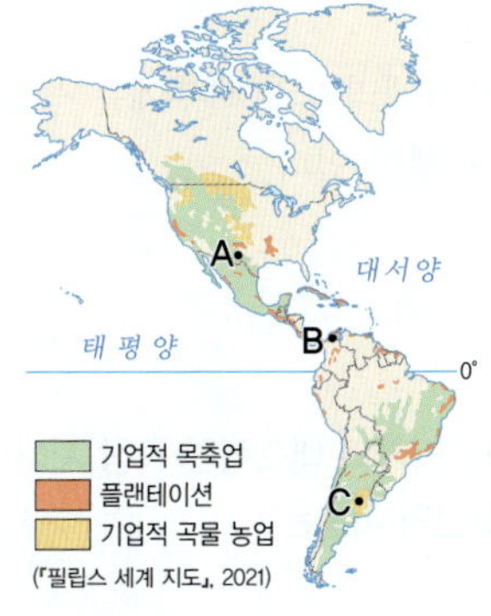

아메리카는 다양한 기후와 넓은 토지를 바탕으로 농목업이 발달하였다. A는 미국 서부의 건조 초원 지대로 기업적 목축업이 이루어지며, B 지역은 ❺플랜테이션 농업을 통해 커피, 카카오 등의 작물을 재배한다. C는 온대 초원 지대로 대규모의 기업적 밀 농사가 이루어진다.

용어풀이

❶ 이누이트: 그린란드와 캐나다, 알래스카, 시베리아 등 북극해 연안에 사는 사람들. 주로 어로와 수렵을 하며 살아감

❷ 소수 민족: 상대적으로 인구수가 적고 언어와 관습 따위를 달리하는 민족

❸ 저지대: 낮은 지대

❹ 판초: 천 중앙에 구멍을 뚫고 그곳으로 머리를 내어 입는 옷을 통틀어 이르는 말. 라틴 아메리카의 인디오가 착용하던 직물의 이름에서 유래함

❺ 플랜테이션: 선진국의 자본 및 기술과 열대 기후 지역의 기후 특성 및 노동력이 결합되어 있는 상업적 농업

01 빈칸에 알맞은 말을 쓰시오.

(1) 아메리카의 지리적 구분 기준은 (　　　)이다.

(2) 북아메리카에서 면적이 가장 넓은 국가는 (　　　)
이다.

(3) 적도 주변의 안데스산맥 일대는 해발 고도가 높아 봄
같은 날씨가 일 년 내내 지속되는 (　　　) 기후가
나타난다.

(4) 태평양 주변의 지진과 화산 활동이 자주 일어나는 지
역들을 (　　　)(이)라고 한다.

02 다음 중 알맞은 말에 ○표 하시오.

(1) 아메리카는 서쪽으로 (태평양, 대서양)과 접해 있다.

(2) 멕시코는 (북아메리카, 남아메리카)에 위치한다.

(3) 북아메리카 동부의 (로키, 애팔래치아)산맥은 오랜 시
간 침식을 받아 비교적 고도가 낮고 경사가 완만하다.

(4) 남아메리카의 중앙부에는 (갠지스강, 아마존강)이 흐
른다.

03 다음 설명이 맞으면 ○표, 틀리면 ×표 하시오.

(1) 브라질은 북아메리카에 속한다. 　　　(　)

(2) 남아메리카는 적도를 중심으로 열대 기후가 넓게 나타
난다. 　　　(　)

(3) 북아메리카의 서부에는 높고 험준한 안데스산맥이 길
게 뻗어 있다. 　　　(　)

04 북아메리카의 대표적인 곡창 지대 '그레이트플레인스'를 흘러가는 하천의 이름은?

05 빈칸 ㉠, ㉡에 들어갈 알맞은 말을 각각 쓰시오.

> 북아메리카의 주요 산맥으로는 해발 고도가 높고 경사
> 가 급한 서부의 (　㉠　)산맥과 비교적 해발 고도가
> 낮고 경사가 완만한 동부의 (　㉡　)산맥 등이 있다.

㉠ ＿＿＿＿＿＿＿　　　　㉡ ＿＿＿＿＿＿＿

01 아메리카의 위치에 관한 설명으로 옳은 것은?

① 북반구에만 위치한다.

② 동쪽으로 대서양과 접하고 있다.

③ 서쪽으로 북극해와 접하고 있다.

④ 북쪽으로 태평양과 접하고 있다.

⑤ 남쪽으로 오세아니아와 접하고 있다.

02 아메리카 대륙에 위치한 국가로 옳은 것은?

① 네팔 　　　　② 캐나다

③ 프랑스 　　　④ 네덜란드

⑤ 아이슬란드

03 다음 설명에 해당하는 국가로 옳은 것은?

> 남아메리카에서 연중 고온 다습한 날씨가 나타나는
> 이 국가의 이름은 '적도'에서 유래했다.

① 칠레 　　　　② 브라질

③ 에콰도르 　　④ 볼리비아

⑤ 아르헨티나

04 다음 내용과 관련 있는 아메리카의 도시로 옳은 것은?

> • 세계 도시
> • 미국 동부의 대도시
> • 상업·금융·예술 발달

① 뉴욕 　　　　② 보고타

③ 상파울루 　　④ 멕시코시티

⑤ 로스앤젤레스

[05-06] 지도를 보고 물음에 답하시오.

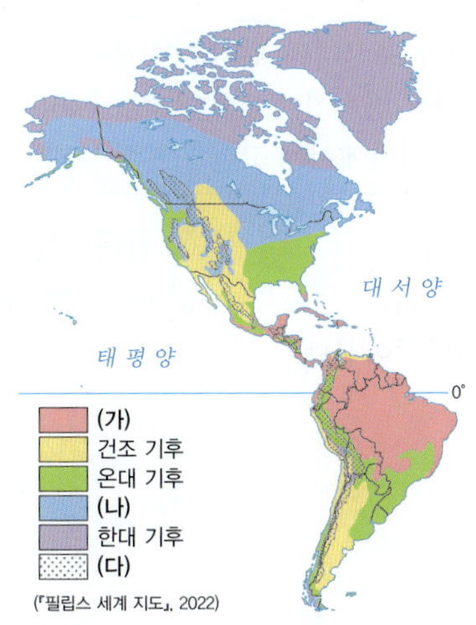

05 (가), (나) 기후 지역에 관한 설명으로 옳은 것은?

① (가) 지역에는 침엽수림 지대가 나타난다.
② (가) 지역은 플랜테이션 농업을 통해 커피, 카카오 등을 재배한다.
③ (나) 지역에서는 기업적 목축업이 이루어진다.
④ (나) 지역은 일 년 내내 봄과 같은 날씨가 나타난다.
⑤ (가) 지역은 (나) 지역에 비해 연평균 기온이 낮다.

같은 주제 · 다른 문제

05-1 지도의 (가), (나) 기후 지역에서 볼 수 있는 자연·인문 경관으로 옳은 것은?

① (가) – 세계 최대의 열대 우림
② (가) – 빙하호와 같은 빙하 지형
③ (가) – 포도, 올리브, 레몬 등의 과수 농장
④ (나) – 설치와 해체가 빠르게 가능한 이동식 집
⑤ (나) – 햇볕을 반사하기 위해 외벽을 흰색으로 칠한 집

06 (다) 기후 지역에 관한 설명으로 옳은 것은?

① 연교차가 매우 크다.
② 인간 거주에 불리하다.
③ 이누이트가 살고 있다.
④ 기온이 높고 강수량이 매우 많다.
⑤ 보고타, 키토 등의 고산 도시가 발달했다.

07 아메리카의 기후 특성에 관한 옳은 설명을 **보기** 에서 고른 것은?

보기

ㄱ. 건조 기후의 분포 면적이 가장 넓다.
ㄴ. 아마존 열대 우림은 북반구에 위치한다.
ㄷ. 적도 주변의 안데스산맥 일대에서는 고산 기후가 나타난다.
ㄹ. 대륙이 남북으로 길게 뻗어 있어 위도에 따라 다양한 기후가 나타난다.

① ㄱ, ㄴ ② ㄱ, ㄷ ③ ㄴ, ㄷ
④ ㄴ, ㄹ ⑤ ㄷ, ㄹ

08 지도의 A~C 지역에 관한 설명으로 옳은 것은?

① A 지역에서는 목축업 발달이 어렵다.
② B 지역에서는 침엽수림이 나타난다.
③ C 지역에서는 벼농사가 이루어진다.
④ A 지역은 B 지역보다 연 강수량이 적다.
⑤ B 지역은 C 지역보다 연평균 기온이 낮다.

09 다음 설명에 해당하는 농업 방식으로 옳은 것은?

선진국의 자본 및 기술과 열대 기후 지역의 노동력 및 자연환경 등을 결합하여 커피, 카카오 등의 상품 작물을 재배하는 농업 방식

① 수목 농업 ② 플랜테이션
③ 다국적 농업 ④ 기업적 곡물 농업
⑤ 이동식 화전 농업

10 (가), (나) 지역에 관한 설명으로 옳지 <u>않은</u> 것은?

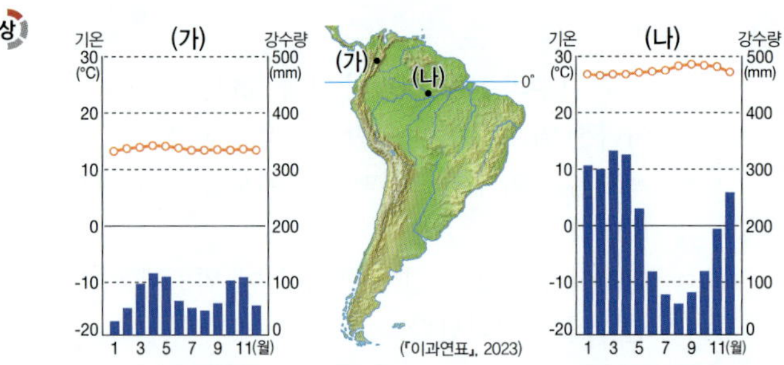

① (가) 지역은 일 년 내내 우리나라의 봄과 같은 날씨가 나타난다.
② (가) 지역과 같은 기후는 적도 주변의 안데스산맥 일대에서 나타난다.
③ (나) 지역은 고온 다습한 열대 기후가 나타난다.
④ (가) 지역보다 (나) 지역이 인간 거주에 유리하다.
⑤ (가) 지역은 (나) 지역보다 해발 고도가 높은 곳에 위치한다.

11 아메리카의 지형 특성에 관한 옳은 설명을 보기 에서 고른 것은?

보기
ㄱ. 로키산맥은 북아메리카 서부에 위치한다.
ㄴ. 북아메리카에서 아마존강을 관찰할 수 있다.
ㄷ. 남아메리카에서 미시시피강을 관찰할 수 있다.
ㄹ. 대륙 서부에서는 태평양 연안을 따라 화산, 지진 활동이 활발하다.

① ㄱ, ㄴ   ② ㄱ, ㄹ   ③ ㄴ, ㄷ
④ ㄴ, ㄹ   ⑤ ㄷ, ㄹ

12 다음 학생의 발표에 해당하는 사례 지역으로 옳은 것은?

① 오대호   ② 미시시피강
③ 아마존 분지   ④ 그랜드 캐니언
⑤ 그레이트플레인스

13 다음 설명에 해당하는 아메리카의 지형으로 옳은 것은?

> 환태평양 조산대에 위치하여 해발 고도가 높고 험준하며 산지의 연속성이 강하다. 남아메리카 서부에 위치하며 특정 지역에서는 고산 기후가 나타나기도 한다.

① 로키산맥   ② 안데스산맥
③ 알프스산맥   ④ 애팔래치아산맥
⑤ 스칸디나비아산맥

중요
14 북아메리카의 지형을 나타낸 지도의 (가), (나) 지역에서 나타나는 지형 특성에 관한 설명으로 옳은 것은?

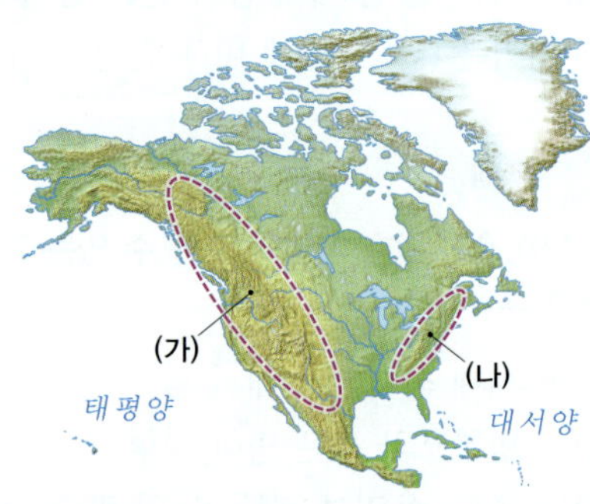

① (가)에는 안데스산맥이 위치한다.
② (가) 지역에는 애팔래치아산맥이 위치한다.
③ (나) 지역에는 로키산맥이 위치한다.
④ (가)와 (나) 지역 사이에는 미시시피강이 흐른다.
⑤ (가) 지역은 (나) 지역보다 평균 해발 고도가 낮게 나타난다.

같은 주제 다른 문제

14-1 (가), (나) 산지 특성에 관한 옳은 설명을 보기 에서 고른 것은?

보기
ㄱ. (가)에는 로키산맥이 위치한다.
ㄴ. (가)는 (나)보다 오대호와 가깝다.
ㄷ. (가)는 (나)보다 형성 시기가 이르다.
ㄹ. (가)는 (나)보다 산지의 연속성이 강하다.

① ㄱ, ㄴ   ② ㄱ, ㄹ   ③ ㄴ, ㄷ
④ ㄴ, ㄹ   ⑤ ㄷ, ㄹ

▶ 정답 및 해설 24쪽

01 빈칸 ㉠, ㉡에 들어갈 알맞은 말을 각각 쓰시오.

> 아메리카 대륙은 (㉠)을/를 경계로 북아메리카와 남아메리카로 지역을 구분할 수 있다. 문화적으로는 (㉡)을/를 경계로 앵글로아메리카와 라틴 아메리카로 구분할 수 있다.

02 다음 글의 빈칸에 공통으로 들어갈 알맞은 말을 쓰시오.

> ( )은/는 세계의 중심지 역할을 수행하는 도시로 각종 국제기구, 초국적 기업의 본사가 밀집해 있는 곳이다. ( )(으)로 대표되는 미국의 뉴욕은 전 세계의 상업·금융 기능이 밀집된 최대 도시로, 월가(Wall Street)를 중심으로 세계 경제의 중심 역할을 하고, 국제 연합(UN) 본부가 있는 도시이다.

03 다음과 같은 기후 그래프가 나타나는 기후의 명칭을 쓰고, 그 특징을 아래 제시어를 사용하여 서술하시오.

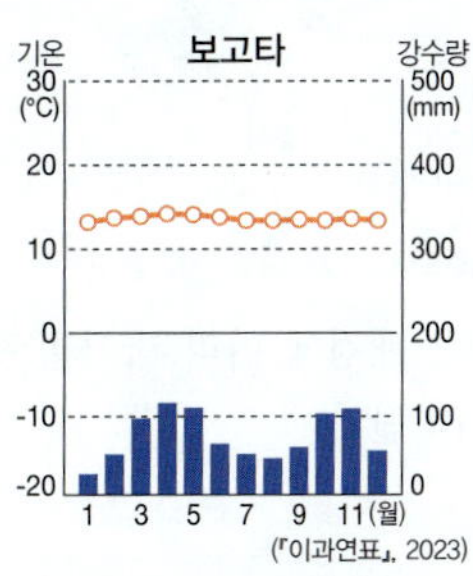

> 제시어: 안데스산맥, 해발 고도, 봄, 인간 생활

04 자료를 보고 물음에 답하시오.

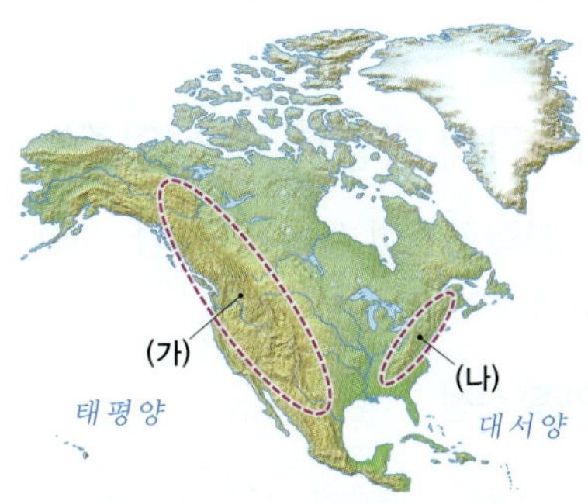

(1) (가), (나) 지역의 대표적인 산맥을 각각 쓰시오.

(2) (가), (나) 지역의 지형적 특징을 비교하여 서술하시오.

05 자료를 보고 물음에 답하시오.

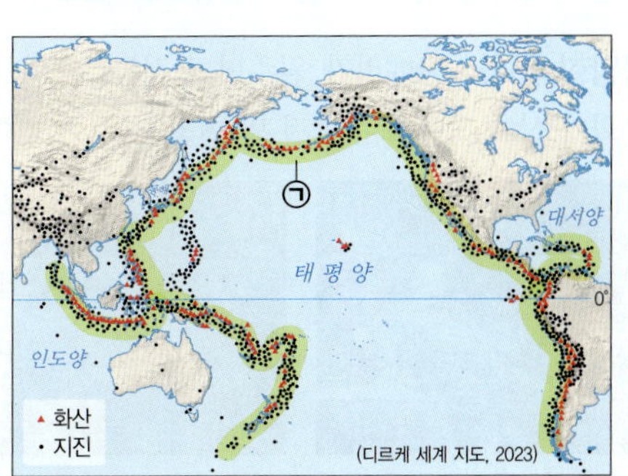

(1) ㉠을 무엇이라고 하는지 쓰시오.

(2) ㉠ 지역의 특징을 서술하시오.

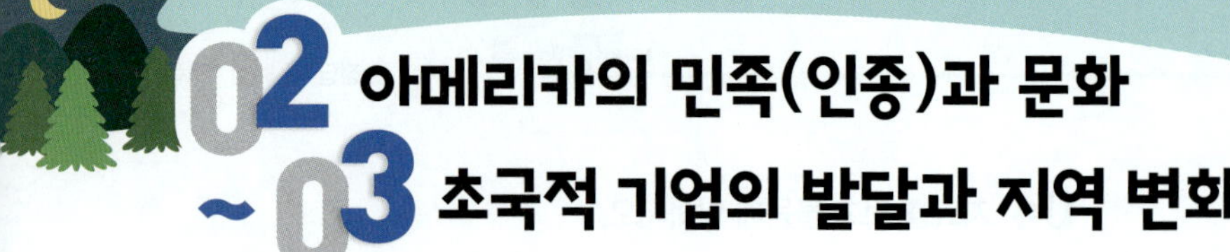

02~03 아메리카의 민족(인종)과 문화 / 초국적 기업의 발달과 지역 변화

1 아메리카의 다양한 민족(인종)

1 다양한 민족(인종)이 사는 아메리카 세계 곳곳에서 이주해 온 다양한 민족(인종)이 어울려 살아가는 다문화 사회

2 민족(인종) 구성

> 유럽의 식민지 개척 과정에서 적은 수만 남아 오늘날에는 보호 구역에서 많이 살고 있다고 해.

앵글로 아메리카	• 미국: 아메리카 원주민이 살던 지역에 영국의 ❶청교도를 시작으로 유럽, 아프리카 등에서 이주 → 최근 ❷히스패닉 급증, 아시아계 ❸이주민 증가 추세
	• 캐나다 퀘벡주: 과거 프랑스 지배의 영향으로 프랑스계 주민 비율 높음
라틴 아메리카	• 혼혈인: 원주민과 유럽계 간 ❹혼혈로 라틴 아메리카 전역에 거주, 멕시코 등
	• 유럽계: 거주에 유리한 온대 기후가 나타나는 우루과이와 아르헨티나에 주로 분포
	• 아프리카계: 대규모 농장이 발달한 브라질, ❺카리브해 연안의 자메이카 등에 분포
	• 원주민: 주로 안데스 산지에 위치한 페루와 볼리비아에 분포

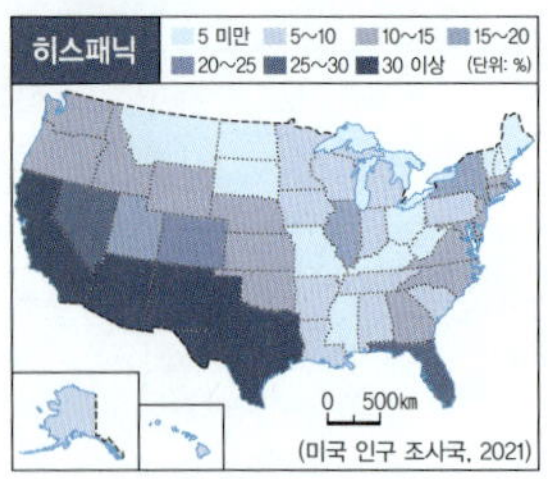
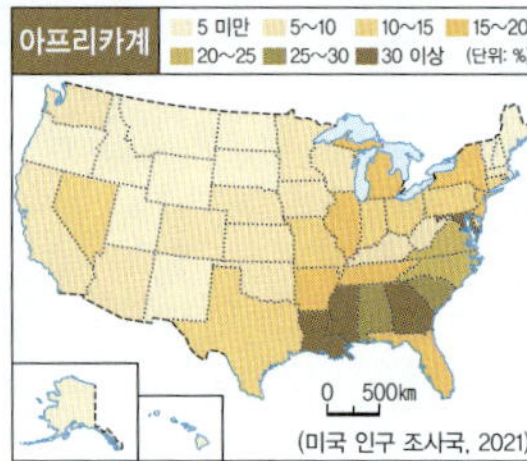
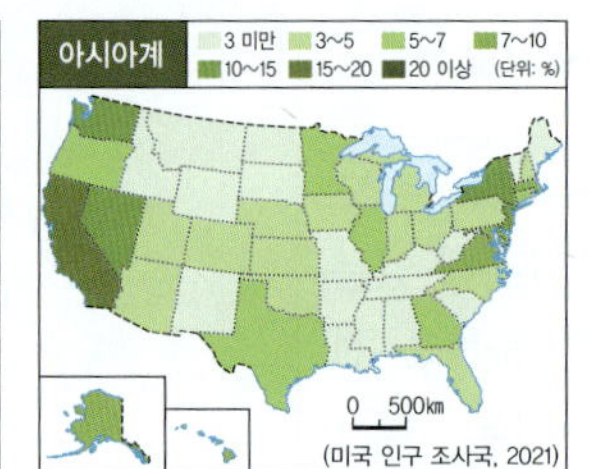

▲ **미국의 민족(인종) 분포** 히스패닉은 멕시코와 국경을 접한 남서부 지역, 아프리카계는 남동부 지역, 아시아계는 태평양 연안의 대도시에 집중적으로 분포한다.

> 마야·아스테카·잉카 문명 등 원주민 문명이 번성했던 지역이야.
> 16세기부터 에스파냐와 브라질의 식민 지배를 받았어.

2 아메리카의 다양한 문화

출제tip 아메리카의 다양한 문화 혼종 사례를 묻는 문제가 자주 출제

1 언어와 종교

(1) **앵글로아메리카** 영국의 영향으로 주로 영어 사용, 개신교

(2) **라틴 아메리카** 남부 유럽의 영향으로 에스파냐어와 포르투갈어 사용, 가톨릭교

2 다양한 문화 아메리카 원주민의 전통문화와 유럽, 아프리카, 아시아 등 이주민의 문화가 상호 작용하며 발전 및 변동 → ❻문화 혼종성이 나타나 다채로운 문화 형성

▲ **미국의 재즈** 아프리카의 전통 음악과 미국 군악대 연주 기법이 결합해 만들어진 음악이다.

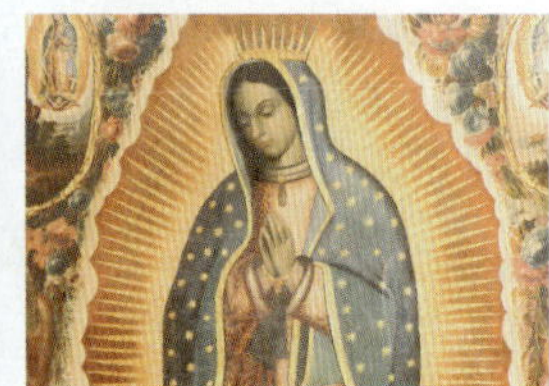

▲ **멕시코의 과달루페 성모상** 갈색 피부의 성모상은 유럽의 가톨릭과 아메리카 원주민의 전통 신앙이 결합한 것이다.

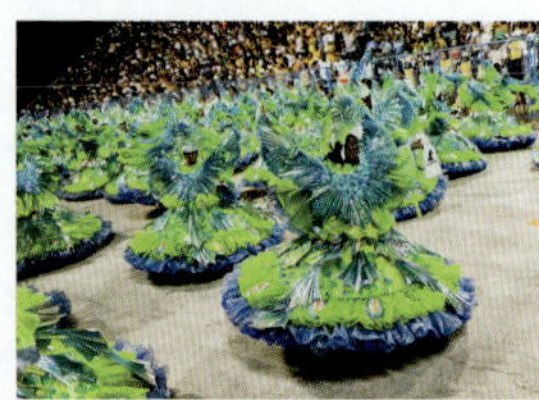

▲ **브라질의 리우 카니발** 유럽의 크리스트교 축제와 아프리카 전통 ❼타악기 연주 및 춤이 합쳐져 발전했다.

히스패닉, 혼혈, 문화 혼종성, 초국적 기업, 공간적 분업, 산업 공동화

더 알기 미국의 민족(인종) 구성

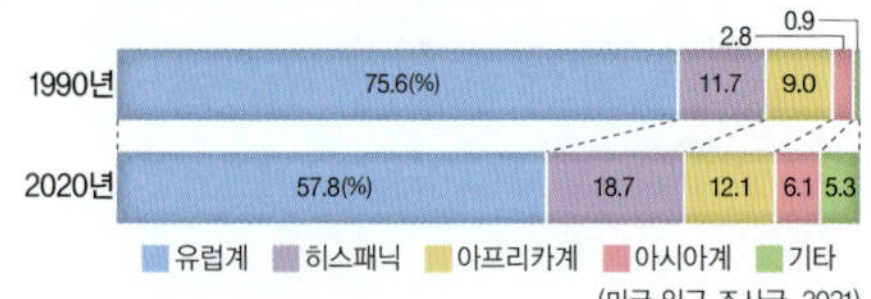

미국에서 유럽계 비율은 지속적으로 감소하고 있으며, 이주민의 비율은 점차 증가하고 있다.

자료 1 라틴 아메리카의 민족(인종) 구성

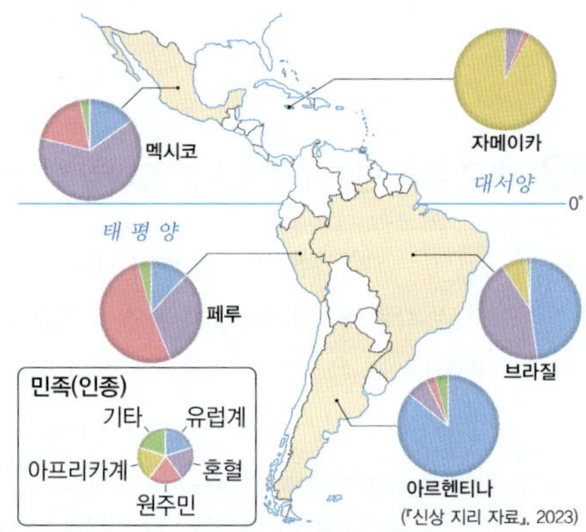

아메리카에 정착한 유럽인은 대규모 농장을 운영하기 위해 아프리카에서 많은 노예를 이주시켰다. 이 과정에서 원주민, 유럽계, 아프리카계 간의 혼혈이 이루어져 라틴 아메리카의 민족(인종) 구성이 다양해졌다.

자료 2 아메리카의 다양한 언어

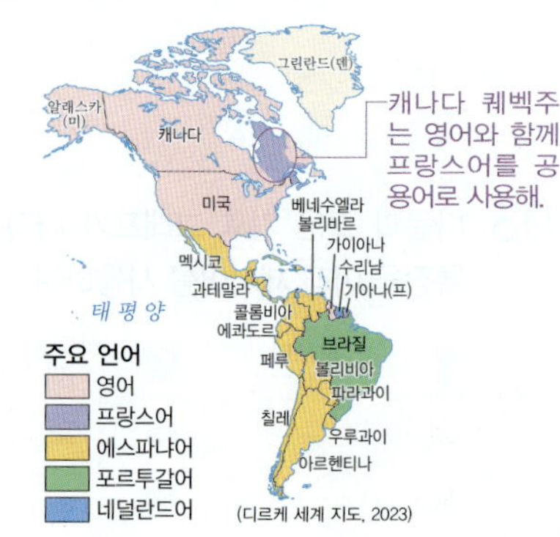

> 캐나다 퀘벡주는 영어와 함께 프랑스어를 공용어로 사용해.

아메리카는 역사적 배경에 따라 국가별로 언어가 각각 다르게 나타난다.

용어 풀이

❶ 청교도: 16세기 후반 영국 국교회에 반항하여 생긴 개신교의 한 교파
❷ 히스패닉: 에스파냐어를 사용하는 라틴 아메리카 출신의 이주민과 그 후손들
❸ 이주민: 다른 곳으로 옮겨 가서 사는 사람
❹ 혼혈: 서로 인종이 다른 혈통이 섞임
❺ 카리브해: 멕시코만과 대서양에 접한 바다. 약 7,000개의 섬으로 이루어져 있음
❻ 문화 혼종성: 서로 다른 문화가 섞여 여러 가지 정체성을 지닌 새로운 문화를 만드는 현상
❼ 타악기: 두드려서 소리를 내는 악기를 통틀어 이르는 말로, 주로 리듬을 맞추기 위해 사용

3 초국적 기업의 입지

1 초국적 기업

(1) **의미** 국경을 넘어 제품의 기획, 생산, 판매 등의 활동이 이루어지는 기업 ➡ 제조업 뿐만 아니라 농산물의 생산과 가공, 관광, 금융 등 다양한 분야에 진출

(2) **성장 배경** 교통·통신의 발달로 국가 간 교류 증가, 세계 무역 기구(WTO)의 등장과 자유 무역 협정(FTA)의 확대

2 초국적 기업의 공간적 분업

(1) **의미** 경영의 효율성을 높이고 이윤을 극대화하기 위해 기업의 기획·관리·연구·생산·판매 등의 기능을 최적의 지역에 분산하여 배치

기능	역할	입지
본사	경영 및 관리	• 정보와 자본 확보에 유리한 지역
연구소	기술 개발, 연구	• 지식과 기술을 갖춘 고급 인력이 풍부한 지역
생산 공장	제품 생산	• 원료 산지 근처, 땅값이 낮고 저렴한 노동력이 풍부한 지역 • ❶무역 장벽을 피하거나 판매 시장 확보를 위해 선진국 내 입지

본사·연구소는 주로 선진국의 대도시에 입지해.

(2) **특징** 초국적 기업의 본사와 ❷자회사는 전문화된 핵심 자산을 각자 보유하고 있으며, 상호의존적이며 수평적 구조로 연결

본사에 모든 권한이 집중되지 않고, 자회사가 비교적 동등한 지위를 가져.

(3) **아메리카 초국적 기업의 공간적 분업 사례**

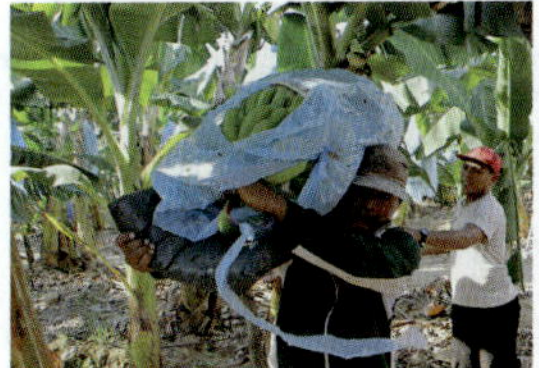
▲ 식품 기업 D사는 필리핀에 대규모로 바나나 농장을 운영한다.

▲ 전기차 기업 T사는 중국 상하이에 제조 공장을 가동하고 있다.

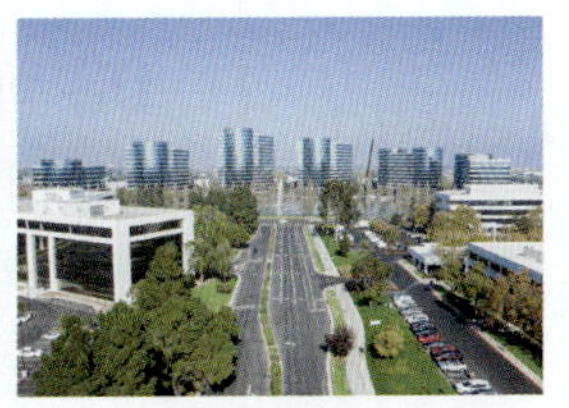
▲ 미국 실리콘 밸리에는 초국적 기업의 본사들이 밀집해 있다.

출제tip 초국적 기업의 공간적 분업을 묻는 문제가 자주 출제

4 초국적 기업과 지역 변화

1 초국적 기업의 진출과 지역 변화

긍정적 영향	• 일자리 증가, 인구 유입, ❸사회 기반 시설 개선 등 ➡ 지역 경제 활성화 • 자본과 선진 기술 유입 ➡ 국가의 산업 경쟁력 높아짐
부정적 영향	• 해당 국가의 관련 산업 위축, 본국으로의 자본 유출 • 노동 환경 열악, 환경 오염 물질 배출

2 초국적 기업의 생산 공장 이전과 지역 변화

보통 생산 비용을 줄이기 위해 본국보다 임금이 저렴한 국가로 이전해.

(1) **문제점** 초국적 기업의 생산 공장이 다른 지역으로 빠져나가면 생산 공장이 있던 지역은 일자리 감소로 지역 경제 침체 ➡ ❹산업 공동화 현상

(2) **해결 노력** 새로운 기술 도입, 문화 산업으로의 전환 등

세계 무역 기구와 자유 무역 협정

세계 무역 기구 (WTO)	• 세계 무역의 질서를 세우고 전 세계 무역 장벽 약화와 자유로운 국제 무역을 위해 노력하는 국제기구 • 국가 간 경제 분쟁에 관한 판결권
자유 무역 협정 (FTA)	• 상품의 자유로운 교역을 위해 국가 간 무역 장벽을 완화하거나 제거하는 협정 • 회원국들만 특혜 적용

자료 3 초국적 기업의 공간적 분업

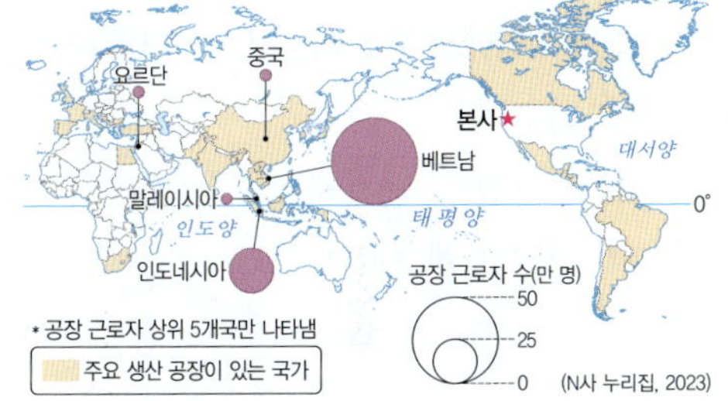

▲ 미국 스포츠 의류 기업 N사의 본사 및 생산 공장

초국적 기업의 본사는 주로 선진국에 위치하지만 생산 공장은 노동력이 풍부한 개발 도상국에 주로 입지한다. 이처럼 초국적 기업은 기업 조직의 기능을 서로 다른 국가와 지역에 나누어 배치한다.

더 알기 자동차 산업 도시 디트로이트의 변화

▲ 방치된 자동차 공장

▲ 국제 모터쇼

미국 자동차 산업의 중심지였던 디트로이트는 생산 공장이 해외로 이전하며 도시도 함께 쇠퇴하였다. 인구가 크게 감소하였고, 시는 재정난으로 파산 보호 신청까지 해야 했다. 최근에는 30년 만에 새로운 자동차 공장이 건설되고, 모터쇼가 열리는 등 정부와 기업의 지원을 바탕으로 도시 활성화를 위해 노력하고 있다.

---

❶ 무역 장벽: 국가 간의 경쟁에서 자국의 산업과 상품을 보호하고 교역 조건을 유리하게 하기 위해 정부가 인위적으로 취하는 법적·제도적 조치를 말함. 관세, 수입 할당제 등이 있음

❷ 자회사: 다른 회사와 자본적 관계를 맺어 그 회사의 지배를 받는 회사

❸ 사회 기반 시설: 사회 유지와 경제 발전에 기초가 되는 도로, 교량, 통신, 수도, 전력 등의 공공시설

❹ 산업 공동화: 지역에 기반을 둔 산업이 다른 지역으로 이전하면서 기존 산업이 쇠퇴하는 현상

01 빈칸에 알맞은 말을 쓰시오.

(1) (　　　　)은/는 에스파냐어를 사용하는 라틴 아메리카 출신의 이주민을 의미한다.

(2) 앵글로아메리카에서 가장 높은 구성 비율을 차지하는 민족(인종)은 (　　　　)이다.

(3) 라틴 아메리카 원주민들은 주로 (　　　　) 산지에 위치한 페루와 볼리비아에 분포한다.

(4) 국경을 넘어 제품의 기획, 생산, 판매 등의 활동이 이루어지는 기업을 (　　　　)(이)라고 한다.

02 다음 지역에서 주로 사용하는 언어를 바르게 연결하시오.

(1) 미국　　　　　•　　　　　• ㄱ. 영어
(2) 브라질　　　　•　　　　　• ㄴ. 프랑스어
(3) 캐나다 퀘벡주 •　　　　　• ㄷ. 포르투갈어

03 다음 설명이 맞으면 ○표, 틀리면 ×표 하시오.

(1) 라틴 아메리카의 대부분 국가는 영어를 주로 사용한다.　　　　　　　　　　　　　　　　(　)

(2) 아메리카의 문화는 서로 다른 문화가 뒤섞이면서 다양함이 줄어들었다.　　　　　　　　　(　)

(3) 세계 무역 기구의 등장으로 초국적 기업의 활동 범위와 영향력이 증가하고 있다.　　　　　(　)

(4) 초국적 기업의 생산 공장은 주로 개발 도상국에 입지한다.　　　　　　　　　　　　　　　(　)

04 빈칸 ㉠, ㉡에 들어갈 알맞은 말을 각각 쓰시오.

> 브라질의 (　㉠　)은/는 유럽의 크리스트교 축제와 아프리카의 음악이 합쳐져서 탄생한 (　㉡　)의 사례이다.

㉠ ＿＿＿＿＿＿＿＿＿　　㉡ ＿＿＿＿＿＿＿＿＿

05 지역에 기반을 둔 산업이 다른 지역으로 이전하면서 산업이 쇠퇴하고 산업 구조에 공백이 생기는 현상은?

01 다음 글의 밑줄 친 민족(인종)으로 옳은 것은? 〔하〕

> 아메리카 대륙은 새로운 정착지를 찾아 이동한 <u>민족(인종)</u>들로 인해 개척이 시작되었다.

① 유럽계　　　　　② 아시아계
③ 아프리카계　　　④ 이누이트계
⑤ 히스패닉계

02 빈칸에 들어갈 말로 가장 적절한 것은? 〔중〕

> 아메리카는 세계 곳곳에서 이주해 온 다양한 민족(인종)이 함께 어울려 살아가는 (　　　　)의 전형적인 모습을 보여 준다.

① 다문화 사회　　　② 문화 단일성
③ 문화 통일성　　　④ 문화 혼합성
⑤ 문화 획일화

03 아메리카의 민족(인종)과 문화에 관한 설명으로 옳지 <u>않은</u> 것은? 〔중〕

① 라틴 아메리카는 가톨릭교 신자가 많다.
② 앵글로아메리카의 미국과 캐나다는 영어를 사용한다.
③ 앵글로아메리카는 마야·잉카 문명 등 원주민 문명이 번성했던 곳이다.
④ 미국의 히스패닉은 멕시코와 국경을 접한 남서부 지역에 주로 분포한다.
⑤ 아메리카에 정착한 유럽인들은 대규모 농장을 운영하기 위해 아프리카에서 많은 노예를 이주시켰다.

04 다음은 미국의 민족(인종)별 구성 변화를 나타낸 자료이다. 이에 관한 설명으로 옳은 것은? 〔상〕

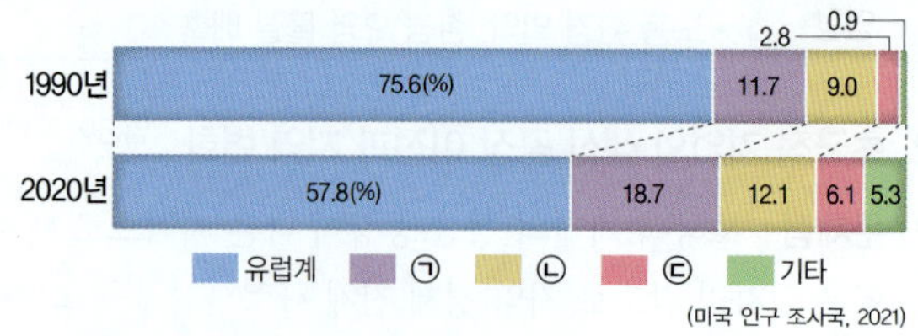

① 미국은 단일 민족 국가에 해당한다.
② 유럽계의 인구 증가율이 가장 높다.
③ ㉠은 주로 강제 이주의 형태로 유입되었다.
④ ㉠은 ㉢에 비해 에스파냐어 사용 비율이 높다.
⑤ ㉠은 히스패닉, ㉡은 아시아계, ㉢은 아프리카계이다.

05 라틴 아메리카의 민족(인종) 구성을 보여 주는 지도의 A∼D에
관한 설명으로 옳은 것은?

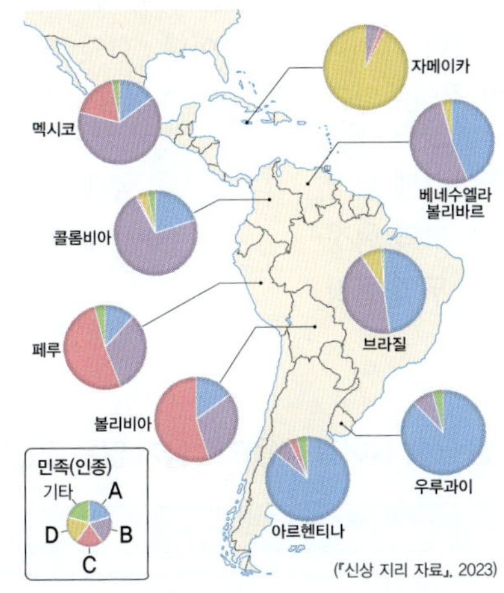

① A는 아프리카계이다.
② B의 비율은 지형적 특성과 관련이 있다.
③ C는 안데스 산지 일대에 많이 분포한다.
④ D는 주로 온대 기후 지역을 따라 분포한다.
⑤ A∼D는 다문화 사회 형성에 기여하지 못한다.

06 라틴 아메리카 지역의 문화적 특성으로 옳지 <u>않은</u> 것은?
① 주로 에스파냐어와 포르투갈어를 사용한다.
② 아프리카계 민족(인종)의 문화를 수용하였다.
③ 남부 유럽의 문화가 전파되어 영향을 미쳤다.
④ 원주민 문화는 완전히 사라져 찾아보기 어렵다.
⑤ 다양한 문화가 섞이면서 끊임없이 변화하고 있다.

07 다음 대화에서 (가)에 들어갈 남학생의 대답으로 적절하지 <u>않은</u>
것은?

① 브라질에서 개최되는 축제지.
② 아프리카 문화의 영향을 받았어.
③ 유럽 문화의 영향을 받은 축제야.
④ 전통문화 소멸의 전형적인 사례야.
⑤ 서로 다른 두 문화가 합쳐진 사례야.

08 아메리카의 언어 분포를 나타낸 지도의 (가), (나) 지역에서 사용
하는 언어를 바르게 연결한 것은?

	(가)	(나)
①	독일어	프랑스어
②	독일어	네덜란드어
③	프랑스어	독일어
④	프랑스어	포르투갈어
⑤	네덜란드어	포르투갈어

같은 주제 다른 문제

08-1 지도를 보고 설명한 내용으로 옳지 <u>않은</u> 것은?
① 미국과 캐나다는 영어를 사용한다.
② 영어 사용 지역은 개신교를 주로 믿는다.
③ 에스파냐어 사용 지역은 가톨릭교를 주로 믿는다.
④ 이 지역은 공통적으로 아시아 문화의 영향을 크게 받
았다.
⑤ 역사적 배경에 따라 국가별로 주요 언어가 다르게 나
타난다.

09 초국적 기업의 성장 배경으로 가장 적절한 것은?
① 전 지구적 환경 문제의 확대
② 경제 대공황으로 인한 노동력 부족
③ 기후변화로 인한 생물종 다양성 감소
④ 종교적 갈등에 따른 난민 인구의 증가
⑤ 세계 무역 기구의 등장 및 자유 무역 협정의 확대

10 초국적 기업에 관한 설명으로 옳지 <u>않은</u> 것은?

① 전 세계를 대상으로 생산과 판매 활동을 한다.
② 무역 장벽이 낮아지면서 수와 규모가 작아지고 있다.
③ 본사와 자회사가 상호의존적이며 수평적으로 연결되어 있다.
④ 세계 무역 기구(WTO) 출범으로 초국적 기업의 활동은 더욱 활발해졌다.
⑤ 제조업뿐만 아니라 농산물의 생산과 가공, 관광 등 다양한 분야로 확대되고 있다.

11 빈칸 ㉠에 들어갈 내용으로 가장 적절한 것은?

> 초국적 기업은 경영의 효율성을 높이고 이윤을 극대화하기 위해 기획·연구·생산·판매 등의 기능을 세계 여러 지역에 분산하여 배치하는데, 이를 (㉠)(이)라고 한다.

① 기술 이전　　　　② 무역 장벽
③ 공간적 분업　　　④ 산업 공동화
⑤ 자유 무역 협정

12 다음 자료에 관한 설명 및 추론으로 옳지 <u>않은</u> 것은?

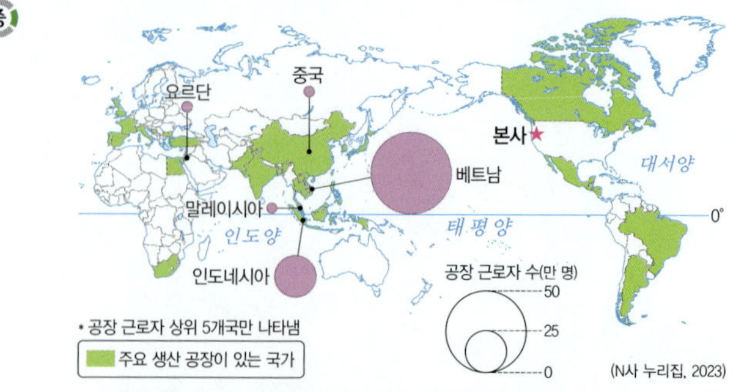

▲ 미국 스포츠 의류 기업 N사의 본사 및 생산 공장

① 초국적 기업의 공간적 분업이 나타난다.
② 기업 운영의 효율성을 높이기 위한 전략이다.
③ 베트남은 정보와 자본 확보에 유리할 것이다.
④ 본사와 주요 생산 공장이 위치한 국가가 다르다.
⑤ 인도네시아는 미국보다 생산 비용이 저렴할 것이다.

13 다음 설명에 해당하는 용어로 옳은 것은?

> 상품의 자유로운 교역을 위해 국가 간 무역 장벽을 완화하거나 제거하는 협정이다. 회원국들만 특혜가 적용되어 지역주의를 심화시킬 수 있다는 단점이 있다.

① 관세 철폐 협정　　　② 국제 무역 조약
③ 보호 무역 협정　　　④ 세계 무역 협정
⑤ 자유 무역 협정

14 밑줄 친 ㉠에 들어갈 내용으로 옳지 <u>않은</u> 것은?

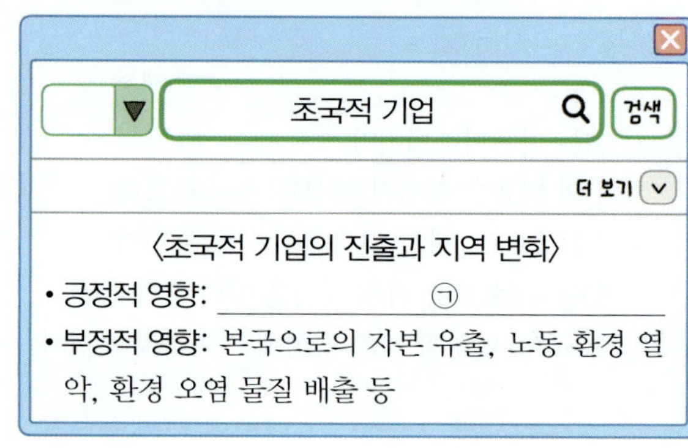

① 인구 유입　　　　② 일자리 증가
③ 국내 기업 쇠퇴　　④ 선진 기술 유입
⑤ 사회 기반 시설 개선

15 다음 글의 ㉠, ㉡ 지역에서 나타날 수 있는 변화로 옳은 것을 보기 에서 고른 것은?

> 스마트 기기를 제조하는 미국의 초국적 기업은 제품의 대부분을 ㉠ 중국에서 생산했다. 그러나 미국과 중국 간 무역 갈등 등의 다양한 이유로 제품 생산에 차질을 빚었다. 제품을 안정적으로 확보하고, 중국에 대한 의존도를 낮추기 위해 중국에 있던 공장을 ㉡ 인도로 이전하고 새로운 제품을 인도에서 생산하기로 하였다.

보기

ㄱ. ㉠에서는 산업 공동화 현상이 나타날 것이다.
ㄴ. ㉠에서는 일자리가 늘어나고 산업 단지가 조성될 것이다.
ㄷ. ㉡의 스마트 기기를 제조하는 국내 기업이 어려움을 겪을 수 있다.
ㄹ. ㉡에서는 일자리가 줄어들고 지역 경제 침체 문제가 나타날 수 있다.

① ㄱ, ㄴ　　　② ㄱ, ㄷ　　　③ ㄴ, ㄷ
④ ㄴ, ㄹ　　　⑤ ㄷ, ㄹ

STEP 3 주관식·서술형

01 앵글로아메리카의 언어 분포 지도를 보고 물음에 답하시오.

(1) 지도의 (가), (나)에 해당하는 언어를 각각 쓰시오.

(2) 캐나다 동부 지역이 (나) 언어를 주로 사용하는 이유를 서술하시오.

02 다음 글에서 설명하는 현상은 무엇인지 쓰시오.

> 아메리카의 문화는 아메리카 원주민의 전통문화와 유럽, 아프리카, 아시아 등 이주민의 문화 요소가 상호 작용하며 발전했다. 이처럼 서로 다른 문화가 섞여 여러 가지 정체성을 지닌 새로운 문화를 만든다.

03 초국적 기업의 생산 공장이 입지하기 유리한 조건을 **두 가지** 서술하시오.

04 밑줄 친 ㉠의 사례를 **두 가지** 서술하시오.

> 고객 상담을 주로 하는 콜센터는 전화와 온라인으로 업무를 한다. 필리핀은 노동력이 풍부하고, 영어 구사 능력을 갖춘 사람들이 많다는 장점을 살려 초국적 기업의 콜센터를 유치하였다. 필리핀에 초국적 기업의 외주 콜센터가 들어서면서 지역에 ㉠ 긍정적인 변화가 나타났다.

01 아메리카의 위치와 자연환경

1 아메리카의 위치

(1) 지리적 범위 북반구와 남반구에 걸쳐 있는 대륙

서쪽	태평양과 접하고 있음
동쪽	대서양과 접하고 있음
북쪽	북극해와 접하고 있음

(2) 아메리카의 지역 구분

지리적 구분	• 북아메리카와 남아메리카 • (❶) 기준
문화적 구분	• 앵글로아메리카와 (❷) • 리오그란데강 기준

2 아메리카의 주요 국가와 도시

(1) 지역별 주요 국가

북아메리카	미국, 캐나다, 멕시코, 쿠바, 코스타리카 등
남아메리카	브라질, 에콰도르, 아르헨티나, 페루, 칠레 등

(2) 주요 도시

① 미국의 뉴욕: 세계 도시, 상업·금융·예술 발달

② 멕시코의 멕시코시티: 고산 도시, 고대 문명의 유적 분포

③ 브라질의 상파울루: 남아메리카에서 인구가 가장 많은 도시

④ 콜롬비아의 보고타, 에콰도르의 키토: 고산 도시

3 아메리카의 기후

(1) 아메리카의 기후 특성 대륙이 남북으로 길게 뻗어 있어 위도에 따라 다양한 기후가 나타남

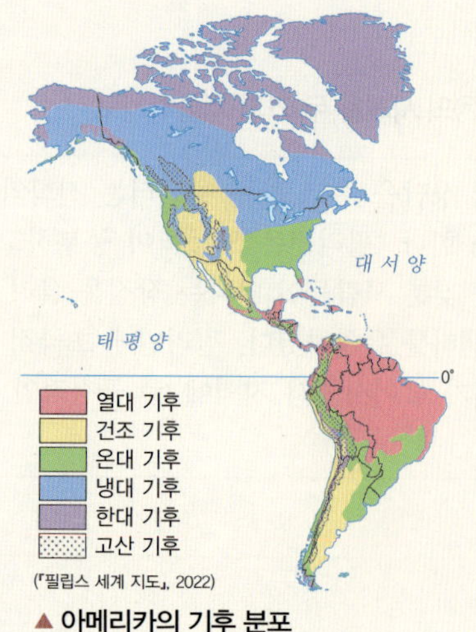

▲ 아메리카의 기후 분포

(2) 아메리카의 기후 구분

열대 기후	• 북아메리카 멕시코 남부와 카리브해 지역 • 남아메리카 적도 부근 • 고온 다습, 아마존 열대 우림
건조 기후	• 북아메리카 내륙 • 남아메리카 태평양 연안 지역 일부와 남부 내륙
온대 기후	• 북아메리카 남동부 및 서부 해안 ➡ 인구 밀도가 높은 대도시 분포 • 남아메리카 남동부(브라질 남부와 아르헨티나 일대)
냉대 및 한대 기후	• 북아메리카 북부 지역 • 냉대 기후 지역에는 침엽수림이 넓게 분포 • 한대 기후 지역에는 이누이트 등 소수 민족 거주
(❸)	• 적도 주변의 안데스산맥 일대 • 해발 고도가 높아 연중 날씨가 온화하여 저지대의 열대 기후 지역보다 인간 생활 적합 ➡ 고산 도시 발달 • 고대 문명(잉카 문명, 마야 문명) 유적지 ➡ 관광 산업 발달

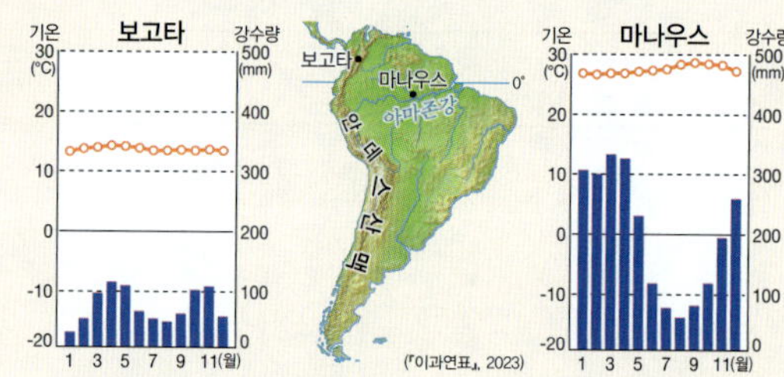

▲ 고산 기후(보고타)와 열대 기후(마나우스)의 기후 그래프

4 아메리카의 지형

산지	• 로키산맥과 (❹)산맥: 높고 험준하며 지각 운동 활발, 환태평양 조산대 • 애팔래치아산맥: 오랜 침식으로 비교적 고도가 낮고 경사가 완만
하천, 평야	• 미시시피강: 대평원을 가로질러 흐름 • (❺): 세계에서 유량이 가장 풍부한 하천, 유역에는 세계 최대의 열대 우림 형성
빙하	과거 빙하로 덮였던 미국 알래스카, 북동부의 오대호 일대와 캐나다 북부, 남아메리카의 남단 일대

02 아메리카의 민족(인종)과 문화

1 아메리카의 다양한 민족(인종)

(1) 앵글로아메리카의 민족(인종) 구성

유럽계	대부분 지역에 널리 분포, 인구 비율 가장 높음
(❻)	미국과 멕시코 국경 부근, 에스파냐어 사용
아프리카계	미국 남동부, 노동력 확보를 위한 강제 이주
아시아계	태평양 연안의 대도시, 최근 증가 추세

(2) 라틴 아메리카의 민족(인종) 구성

혼혈인	라틴 아메리카 전역에 거주
유럽계	온대 기후가 나타나는 우루과이, 아르헨티나 등
아프리카계	브라질과 카리브해 연안의 자메이카 등
원주민	안데스 산지 일대의 페루, 볼리비아 등

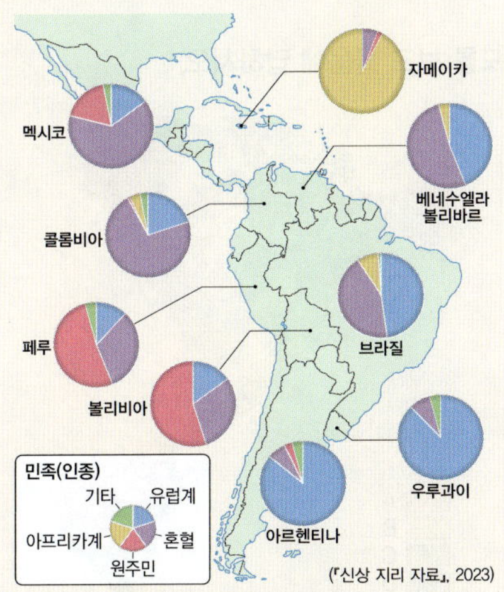

▲ 라틴 아메리카의 국가별 민족(인종) 구성

2 아메리카의 다양한 문화

(1) 언어와 종교

앵글로아메리카	
• 캐나다 퀘벡주(프랑스어)를 제외한 대부분 지역이 영어 사용 • 개신교	
(❼)	
• 브라질(포르투갈어)을 제외한 대부분 지역이 에스파냐어 사용 • 가톨릭교	

(2) 다양한 문화

문화 혼종성	원주민의 전통문화와 유럽, 아프리카, 아시아 등 이주민들의 문화가 상호 작용하며 발전 및 변동
사례	미국의 재즈, 멕시코의 과달루페 성모상, 브라질의 리우 카니발 등

03 초국적 기업의 발달과 지역 변화

1 초국적 기업의 입지

(1) 초국적 기업

의미	국경을 넘어 제품의 기획, 생산, 판매 등의 활동이 이루어지는 기업 ➡ 제조업뿐만 아니라 농산물의 생산과 가공, 관광, 금융 등 다양한 분야에 진출
성장 배경	• 교통·통신의 발달로 국가 간 교류 증가 • 세계 무역 기구(WTO)의 등장과 자유 무역 협정(FTA)의 확대

(2) 초국적 기업의 (❽) 경영의 효율성을 높이고 이윤을 극대화하기 위해 기업의 기획·연구·생산·판매 등의 기능을 최적의 지역에 분산하여 배치

기능	역할	입지
(❾)	경영 및 관리	• 정보와 자본 확보에 유리한 지역
연구소	기술 개발, 연구	• 지식과 기술을 갖춘 고급 인력이 풍부한 지역
생산 공장	제품 생산	• 원료 산지 근처, 땅값이 낮고 저렴한 노동력이 풍부한 지역 • 무역 장벽을 피하거나 판매 시장 확보를 위해 선진국 내 입지

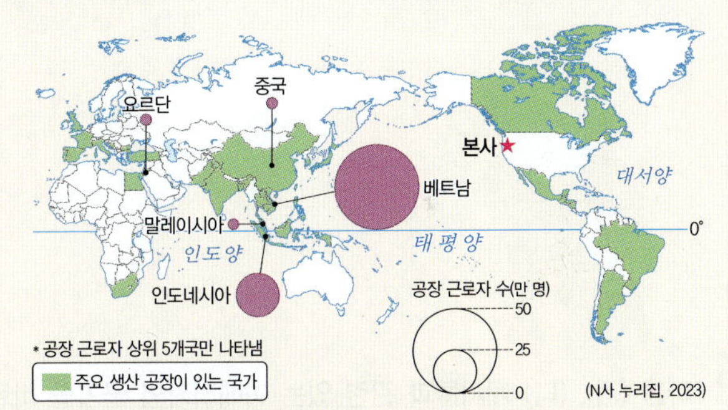

▲ 초국적 기업의 공간적 분업(미국 N사)

2 초국적 기업과 지역 변화

(1) 초국적 기업의 진출과 지역 변화

긍정적 영향	• 일자리 증가, 인구 유입, 사회 기반 시설 개선 등 ➡ 지역 경제 활성화 • 자본과 선진 기술 유입 ➡ 국가 산업 경쟁력 강화
부정적 영향	• 해당 국가의 관련 산업 위축, 본국으로의 자본 유출 • 노동 환경 열악, 환경 오염 물질 배출

(2) 초국적 기업의 생산 공장 이전과 지역 변화

문제점	초국적 기업의 생산 공장이 다른 지역으로 빠져나가면 생산 공장이 있던 지역은 일자리 감소로 지역 경제 침체 ➡ (❿) 현상
해결 노력	새로운 기술 도입, 문화 산업으로의 전환 등

대단원 실전 문제

01 아메리카에 관한 설명으로 옳은 것은?

① 동쪽으로 태평양과 접하고 있다.
② 서쪽으로 대서양과 접하고 있다.
③ 대륙의 대부분이 남반구에 위치한다.
④ 문화적 구분의 기준은 안데스산맥이다.
⑤ 지리적 구분의 기준은 파나마 지협이다.

02 다음 글의 밑줄 친 지역에 해당하는 국가로 알맞은 것을 보기 에서 고른 것은?

> 아메리카를 지리적으로 구분하면 북아메리카와 남아메리카로 구분할 수 있다.

보기
ㄱ. 멕시코   ㄴ. 브라질
ㄷ. 캐나다   ㄹ. 볼리비아

① ㄱ, ㄴ   ② ㄱ, ㄷ   ③ ㄴ, ㄷ
④ ㄴ, ㄹ   ⑤ ㄷ, ㄹ

03 다음 (가), (나) 게시물과 관련 있는 아메리카의 국가를 바르게 연결한 것은?

(가)

(나)

	(가)	(나)
①	미국	브라질
②	미국	캐나다
③	멕시코	브라질
④	캐나다	페루
⑤	캐나다	멕시코

04 다음 설명에 해당하는 아메리카 도시로 알맞은 것을 보기 에서 고른 것은?

> 적도 주변 안데스산맥 일대의 고산 기후 지역은 일찍부터 도시가 발달하였다.

보기
ㄱ. 에콰도르의 키토
ㄴ. 브라질의 상파울루
ㄷ. 콜롬비아의 보고타
ㄹ. 아르헨티나의 부에노스아이레스

① ㄱ, ㄴ   ② ㄱ, ㄷ   ③ ㄴ, ㄷ
④ ㄴ, ㄹ   ⑤ ㄷ, ㄹ

[05-06] 지도를 보고 물음에 답하시오.

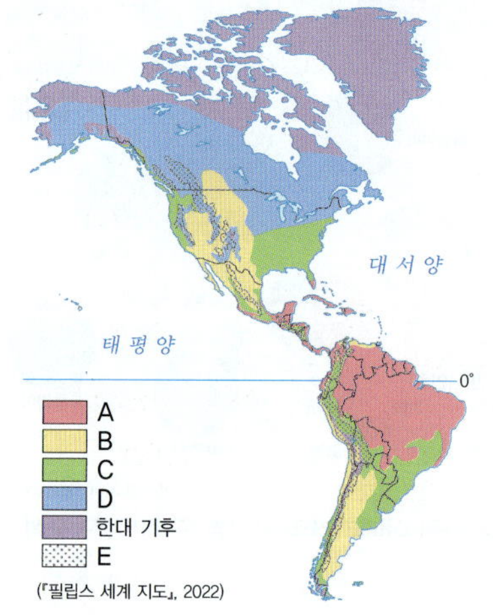

(『필립스 세계 지도』, 2022)

05 다음 설명에 해당하는 기후 지역을 지도의 A~E에서 고른 것은?

> 적도 부근의 해발 고도가 높은 지역에서는 연중 기온이 10~20℃로 사람이 살기 좋은 기후가 나타난다. 이 지역의 원주민들은 야마와 알파카 털로 짠 판초를 둘러, 기온이 낮아지는 밤에 보온용으로 사용한다.

① A   ② B   ③ C   ④ D   ⑤ E

06 D 기후 지역에 관한 설명으로 옳은 것은?

① 적도와 가까운 지역에서 주로 나타난다.
② 벼농사가 발달해 많은 사람이 모여 산다.
③ 열대 기후 지역보다 연평균 기온이 낮다.
④ 플랜테이션 농업이 대규모로 이루어진다.
⑤ 마야, 잉카 문명 등 고대 문명의 유적지가 발견된다.

07 두 학생의 대화에서 (가)에 들어갈 내용으로 적절한 것은?

중

> • 갑: 북아메리카의 독특한 지형을 관찰하고 싶어.
> • 을: 그래? 혹시 미국과 캐나다 국경에 있는 다섯 개 호수에 관해 들어 본 적 있니?
> • 갑: 응. _______________ (가)

① 고산 기후가 나타나는 지역이잖아.
② 고대 문명의 유적지가 있는 곳이잖아.
③ 과거 빙하의 영향을 받은 지역이잖아.
④ 세계에서 유량이 가장 많은 하천이잖아.
⑤ 환태평양 조산대에 속해 있는 지역이잖아.

08 다음 글의 밑줄 친 ㉠, ㉡에 관한 설명으로 옳지 <u>않은</u> 것은?

상

> 북아메리카의 서부와 동부에는 형성 시기와 모습이 서로 다른 산맥이 공존한다. ㉠ <u>서부 산맥</u>은 주로 석유, 천연가스 등이 생산되며 지반이 불안정하다. 반면에 ㉡ <u>동부 산맥</u>은 주로 석탄이 채굴되며 지반이 비교적 안정된 상태이다.

① ㉠의 사례로는 로키산맥이 있다.
② ㉠은 환태평양 조산대에 속해 있다.
③ ㉡은 화산과 지진 활동이 활발하다.
④ ㉡은 안데스산맥보다 형성 시기가 빠르다.
⑤ ㉠은 ㉡보다 해발 고도가 높고 험준한 편이다.

09 (가), (나)에 해당하는 지형을 바르게 연결한 것은?

중

> (가) 남아메리카의 서부 해안가를 따라 형성된 산맥으로 환태평양 조산대에 속해 있다.
> (나) 세계 최대 곡창 지대인 '그레이트플레인스' 일대를 가로질러 흐르는 강이다.

	(가)	(나)
①	로키산맥	아마존강
②	로키산맥	미시시피강
③	우랄산맥	미시시피강
④	안데스산맥	아마존강
⑤	안데스산맥	미시시피강

10 사진과 관련 있는 앵글로아메리카의 민족(인종)에 관한 설명으로 옳은 것은?

중

① 유럽인들의 정착 이후 유입되었다.
② 미국 남동부에 집중적으로 분포한다.
③ 앵글로아메리카에서 인구수가 가장 많다.
④ 오늘날에는 보호 구역에서 많이 살고 있다.
⑤ 노동력 확보를 위해 아프리카에서 강제로 이주하였다.

11 앵글로아메리카의 민족(인종)에 관한 옳은 설명을 보기 에서 고른 것은?

하

> **보기**
> ㄱ. 아시아계의 인구 유입은 거의 없다.
> ㄴ. 유럽계 인구 비율은 꾸준히 증가하고 있다.
> ㄷ. 앵글로아메리카는 다문화 사회에 해당한다.
> ㄹ. 최근 라틴 아메리카에서 이주한 히스패닉이 급증하고 있다.

① ㄱ, ㄴ ② ㄱ, ㄷ ③ ㄴ, ㄷ
④ ㄴ, ㄹ ⑤ ㄷ, ㄹ

12 (가), (나)에 해당하는 앵글로아메리카의 민족(인종)에 관한 설명으로 옳은 것은?

상

> (가) 에스파냐어를 모국어로 사용하는 라틴 아메리카계 이주민을 의미한다.
> (나) 과거 플랜테이션 농업에 필요한 노동력 확보를 위해 유입되었으며, 현재 미국 남동부에 집중 분포한다.

① (가)는 이주민 보호 구역에 분포한다.
② (가)는 미국 전체 인구에서 차지하는 비율이 감소하고 있다.
③ (나)는 강제 이주 형태로 유입되었다.
④ (나)는 라틴 아메리카에서는 볼 수 없다.
⑤ (가)는 히스패닉, (나)는 아시아계이다.

13 다음 대화에서 (가)에 들어갈 여학생의 대답으로 적절한 것은?

중

① 거주에 유리한 기후가 나타나기 때문이야.
② 유럽과 비슷한 지형이 나타나기 때문이야.
③ 유럽인들에게 유리한 사회 제도 때문이야.
④ 노동력 확보를 위해 강제 이주했기 때문이야.
⑤ 기업적 목축업이 활발하게 이루어지기 때문이야.

14 라틴 아메리카의 민족(인종) 구성에 관한 설명으로 옳은 것은?

하

① 혼혈 인구 비율은 역사적 배경과 관련이 없다.
② 원주민은 대규모 농장이 발달한 브라질에 많다.
③ 유럽계는 카리브해 인근 국가에서 비율이 높다.
④ 혼혈인은 라틴 아메리카 전역에 걸쳐 거주하고 있다.
⑤ 아프리카계는 온대 기후 지역에 집중적으로 분포한다.

15  (가), (나)에 해당하는 지역 및 국가를 바르게 연결한 것은?

중

(가) 앵글로아메리카에서 영어와 함께 프랑스어를 공용어로 사용하는 지역으로, 문화적 차이 등을 이유로 과거 분리 독립 운동이 활발했던 곳이다.
(나) 라틴 아메리카에서 포르투갈어를 공용어로 사용하는 국가로, 아마존강과 열대 우림으로 유명하다.

	(가)	(나)
①	뉴욕	페루
②	퀘벡	브라질
③	몬트리올	브라질
④	몬트리올	에콰도르
⑤	로스앤젤레스	에콰도르

16 다음 설명에 해당하는 사례를 보기 에서 고른 것은?

중

서로 다른 문화가 섞여 여러 가지 정체성을 지닌 새로운 문화를 만드는 현상

보기

ㄱ. 브라질의 리우 카니발
ㄴ. 멕시코의 과달루페 성모상
ㄷ. 아메리카 원주민의 문화 소멸
ㄹ. 식민 지배로 인한 고유 언어 대체

① ㄱ, ㄴ   ② ㄱ, ㄷ   ③ ㄴ, ㄷ
④ ㄴ, ㄹ   ⑤ ㄷ, ㄹ

17 세계 무역 기구(WTO)에 관한 설명으로 옳은 것은?

중

① 가입 회원국들만 특혜가 적용된다.
② 무역 장벽 강화를 위해 출범하였다.
③ 보호 무역의 확대가 주요 목적이다.
④ 초국적 기업의 성장 배경이 되었다.
⑤ 국가 간 경제 분쟁에 관한 판결권은 없다.

18 다음 글의 밑줄 친 부분에 들어갈 내용으로 가장 적절한 것을 보기 에서 고른 것은?

상

초국적 기업의 생산 공장은 원료 산지 근처 또는 지가와 임금이 저렴해 생산 비용이 적게 드는 곳에 두는 경우가 많다. 그러나 일부는 ＿＿＿＿＿＿＿＿ 선진국에 생산 공장을 두기도 한다.

보기

ㄱ. 무역 장벽을 피하기 위해
ㄴ. 환경 오염을 줄이기 위해
ㄷ. 판매 시장을 확보하기 위해
ㄹ. 산업 공동화를 피하기 위해

① ㄱ, ㄴ   ② ㄱ, ㄷ   ③ ㄴ, ㄷ
④ ㄴ, ㄹ   ⑤ ㄷ, ㄹ

19 다음 지도를 통해 알 수 있는 초국적 기업의 경영 전략으로 옳은 것은?

중

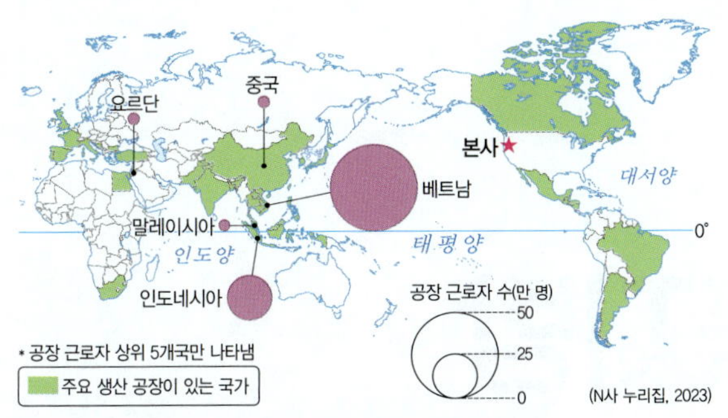

① 공간적 분업
② 규모의 경제
③ 전략적 제휴
④ 현지화 전략
⑤ 노동조합 강화

20 초국적 기업의 (가)~(다) 각 기능에 관한 설명으로 옳지 <u>않은</u> 것은?

상

> (가) 기업의 경영 및 관리를 담당하며, 주로 선진국에 입지한다.
> (나) 기업의 제품 생산을 담당하며, 다양한 목적에 따라 입지한다.
> (다) 기업의 기술 개발과 연구 및 디자인을 담당하며, 주로 선진국에 입지한다.

① (가)는 정보와 자본 확보가 중요하다.
② (나)는 원료 산지 근처에 입지하기도 한다.
③ (나)는 무역 장벽 국가 내부에 입지하기도 한다.
④ (다)는 기업의 연구소에 해당한다.
⑤ (다)는 (나)보다 저임금 노동력 확보가 중요하다.

중요

21 초국적 기업의 생산 공장이 들어선 지역에서 나타나는 긍정적 변화로 옳은 것은?

하

① 사회 기반 시설 개선
② 국내 기업 경쟁력 하락
③ 산업 공동화 현상 심화
④ 초국적 기업의 의존도 심화
⑤ 본국으로의 자본 유출 증가

22 아메리카를 지리적, 문화적으로 구분할 때 지역 구분 기준과 지역 이름을 각각 서술하시오.

23 비슷한 위도에 위치한 두 지역의 연평균 기온이 다른 이유를 서술하시오.

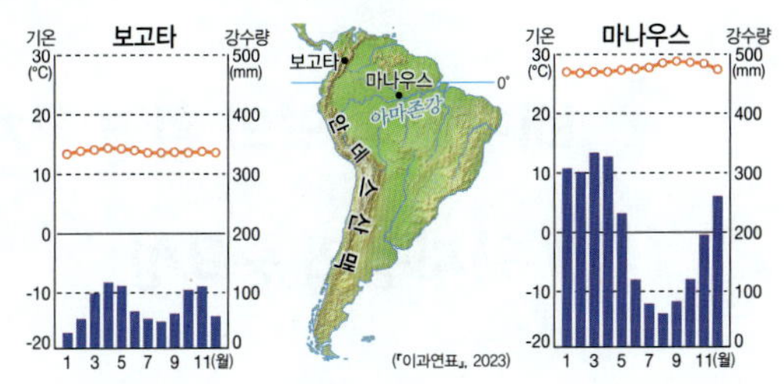

24 초국적 기업의 진출이 지역에 미친 긍정적 영향과 부정적 영향을 각각 <u>한 가지씩</u> 서술하시오.

6

오세아니아와 극지방

그레이트샌디 사막
울루루
그레이트빅토리아 사막
대찬정 분지
대보초
그레이트디바이딩 산맥
달링강
머리강
태평양
태즈먼해
남알프스 산맥

대서양
북극권
북극점
북극해

태평양
남극권
남극해
남극점
대서양
인도양

01 세계 속의 오세아니아

1 오세아니아의 자연환경

1 지리적 범위

(1) **오세아니아** 인도양과 태평양 사이, 대륙의 대부분이 ❶남반구에 위치
  └ 북반구와 계절이 반대로 나타나.

(2) **오세아니아의 지역 구분** 오스트레일리아, 뉴질랜드, 태평양의 여러 섬나라들
  └ 두 나라는 과거 영국의 식민지였기 때문에 주민의 대부분이 유럽계이며, 크리스트교를 믿는다는 공통점이 있어.

2 국가와 주요 도시

오세아니아에서 국토 면적이 가장 넓은 국가야.

오스트레일리아	• 캔버라: 수도, ❷계획도시 • 시드니: 오스트레일리아에서 인구가 가장 많은 도시, 금융 산업 발달
뉴질랜드	• 웰링턴: 수도 • 오클랜드: 뉴질랜드에서 인구가 가장 많은 도시로 경제의 중심지 역할
태평양의 섬 국가	파푸아 뉴기니, 키리바시, 피지, 투발루, 사모아, 나우루 등

3 지형과 기후

(1) **지형**

자료 1 오스트레일리아	• 서부: 사막 발달 ➡ 그레이트샌디 사막, 그레이트빅토리아 사막 • 중앙 저지대: 대찬정 ❸분지 ├ 오랜 침식으로 비교적 고도가 낮고 경사가 완만해. • 동부: 그레이트디바이딩산맥 • 북동부 해안: 대보초 해안 ➡ 세계 최대 규모의 ❹산호초 지역
뉴질랜드	• 북섬: 화산 지형과 온천 등이 발달 • 남섬: ❺U자곡과 피오르 등 다양한 빙하 지형 발달
태평양의 여러 섬	대부분 화산 활동으로 형성되거나 산호초가 쌓여 만들어진 섬

(2) **기후** 출제tip 오세아니아의 기후 특징을 묻는 문제가 자주 출제

열대 기후	• 오스트레일리아의 북부 • 적도 부근의 많은 섬: 연중 기온이 높고 강수량이 풍부
건조 기후	오스트레일리아의 내륙 및 서부
자료 2 온대 기후	• 오스트레일리아의 남동부와 남서부 ➡ 시드니, 멜버른 등 대도시 발달 • 뉴질랜드 대부분 지역: 바다의 영향으로 기온의 연교차가 작고 연중 강수량이 고른 편 ➡ 농업과 목축업 활발

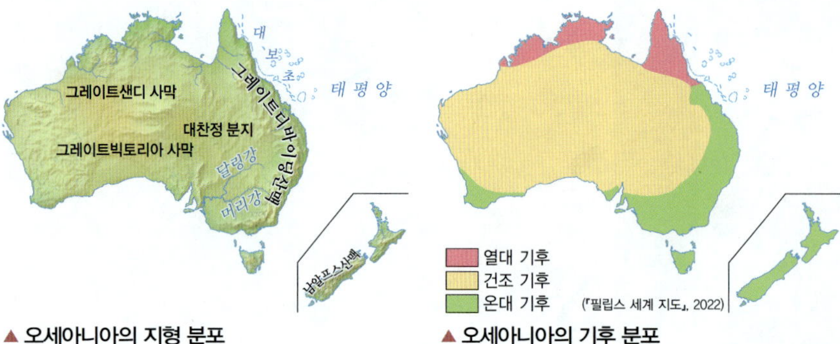

▲ 오세아니아의 지형 분포   ▲ 오세아니아의 기후 분포

더알기 태평양의 섬나라들

▲ 태평양 지역의 섬(피지)

태평양 지역에는 수많은 섬이 흩어져 있다. 이 섬들은 경도 180°선과 적도를 경계로 폴리네시아, 미크로네시아, 멜라네시아 등으로 구분된다. 산호초나 화산섬인 이들 섬 중에 기후가 좋고 경치가 아름다운 곳은 관광지로 개발되고 있다.

자료 1 대찬정 분지

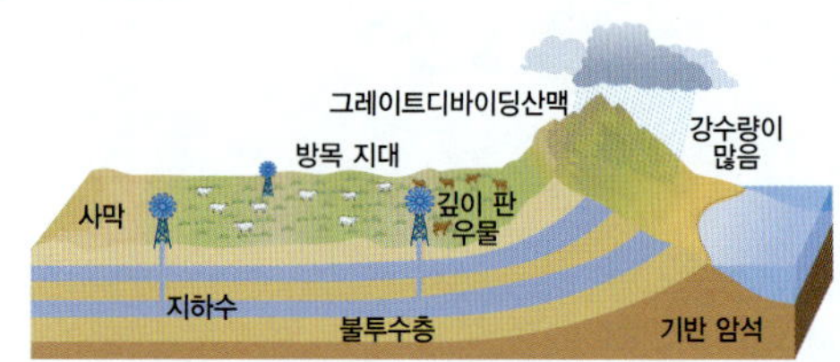

❻찬정은 오스트레일리아의 건조 지대에서 지하수를 끌어올려 사용하는 대규모의 우물을 말한다. 찬정 개발로 농목업이 가능해진 건조 지역의 넓은 분지를 대찬정 분지라고 한다. 대찬정 분지에서는 지하수 개발로 건조 기후를 극복하여 기업적 방목으로 양을 사육한다. 습윤한 북동부 해안 일대에서는 소를 사육한다.

자료 2 오세아니아의 인구 분포

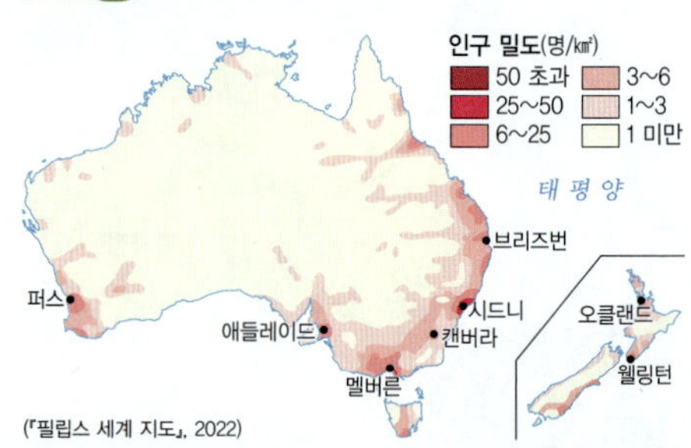

오스트레일리아의 인구는 대체로 온대 기후가 나타나 기후 조건이 좋은 남동부 해안을 따라 분포하며, 주요 도시들도 이 지역에 발달해 있다.

용어 풀이

❶ 남반구: 적도를 경계로 지구를 둘로 나누었을 때의 남쪽 부분. 북반구에 비해 바다의 면적이 넓음
❷ 계획도시: 도시 계획에 의하여 건설된 도시
❸ 분지: 해발 고도가 더 높은 지형으로 둘러싸인 평지
❹ 산호초: 산호 군락과 그 분비물인 탄산 칼슘이 쌓여서 만들어진 암초
❺ U자곡: 빙하의 침식 작용으로 형성된 U자 모양의 계곡
❻ 찬정: 불투수층 사이의 투수층에 있는 지하수가 지층의 압력에 의하여 지표상으로 솟아 나오는 우물

2 세계와 소통하는 오세아니아

1 오세아니아의 자원

자료 3 (1) 오세아니아의 천연자원

오스트레일리아	• 지하자원 풍부: 철광석, 보크사이트, 석탄, 금 등 • ❶기업적 농목업: 밀, 소고기, 양털, 유제품 등의 생산 활발
뉴질랜드	• 양고기, 양털, 소고기, ❷유제품 등의 생산 활발 • 국토의 약 40%가 ❸목초지로 ❹낙농업에 유리한 청정 환경
태평양의 섬 국가	바다의 풍부한 어족 자원을 이용한 수산업 발달

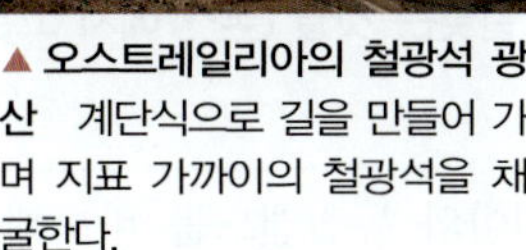

▲ 오스트레일리아의 철광석 광산 계단식으로 길을 만들어 가며 지표 가까이의 철광석을 채굴한다.

▲ 오스트레일리아의 밀 재배 북반구와 계절이 반대로 나타나는 자연조건을 바탕으로 밀을 재배하여 세계로 수출한다.

▲ 뉴질랜드의 양 목장 넓은 목초지에서 양을 방목해 양모, 양고기 등을 세계로 수출한다.

(2) **오세아니아의 관광 자원** 풍부한 관광 자원을 바탕으로 생태 관광지로 성장

① 아름다운 자연 경관

자료 4 ② 고유한 원주민 문화(오스트레일리아의 애버리지니, 뉴질랜드의 마오리족)

③ 독특한 동식물(캥거루, 코알라, 유칼리나무 등)

출제tip 오세아니아의 자원 생산과 수출 특징을 묻는 문제가 자주 출제

2 오세아니아와 세계 다른 지역과의 교류

(1) **오스트레일리아의 교류 현황** 세계적인 자원 수출국

① 과거에는 유럽, 미국과의 교류가 많았으나 최근에는 지리적으로 가까운 아시아 지역과의 교류 활발

② 제조업의 원료인 지하자원을 수출하고 우리나라, 중국, 일본 등에서 ❺공산품을 수입

> 인구가 적어 국내 소비 시장 규모가 작아 제조업의 성장이 상대적으로 취약한 편이어서 대부분의 공산품은 수입에 의존하고 있어.

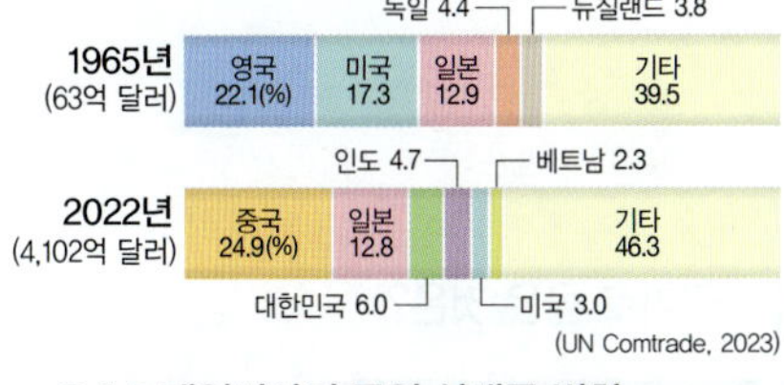

▲ 오스트레일리아의 무역 상대국 변화

▲ 오스트레일리아의 수출입 품목

(2) **경제 협력**

① 아시아 태평양 경제 협력체(APEC) 출범: 아시아 및 태평양 연안 국가들의 경제 협력 강화

> 역내 포괄적 경제 동반자 협정(RCEP)이라고도 해.

② ❻다자간 자유 무역 협정 체결: 오스트레일리아, 뉴질랜드, 동남아시아 국가 연합, 우리나라 등을 포함한 15개국 참여 ➡ 아시아와의 경제 협력 강화

자료 3 오스트레일리아의 광물 자원 수출

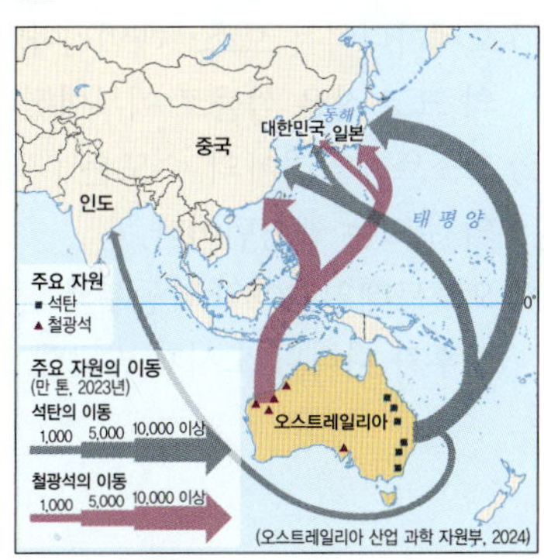

석탄은 그레이트디바이딩산맥 주변, 철광석은 북서부 해안 근처에서 많이 생산되어 우리나라와 중국, 일본 등지로 수출하고 있다.

더 알기 오스트레일리아의 밀 수확 시기

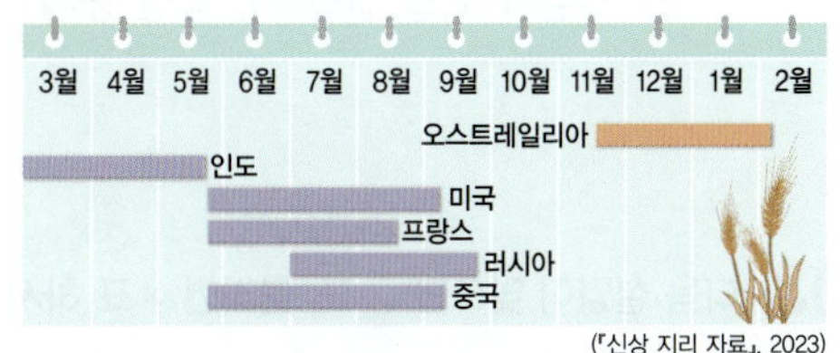

오스트레일리아는 세계에서 밀을 많이 수출하는 국가이다. 남반구에 있는 오스트레일리아는 11월부터 다음 해 2월까지 밀을 수확하기 때문에 북반구의 주요 밀 수출 국가와 수확 시기가 달라 밀 수출에 유리하다.

자료 4 오세아니아의 원주민 문화

▲ 오스트레일리아의 애버리지니

▲ 뉴질랜드의 마오리족

오세아니아의 원주민 문화가 관광 자원으로 활용되고 있다. 또한 각 국가들은 이주민과 원주민 간의 문화를 존중하고 유지·발전해 나가는 다문화 정책에 힘쓰고 있다.

용어풀이

❶ 기업적 농목업: 곡물, 유제품, 육류 등을 세계 시장에 팔기 위해 농업이나 목축업이 대규모로 이루어지는 것

❷ 유제품: 우유를 가공하여 만든 식품을 통틀어 이르는 말. 버터, 치즈, 분유, 연유 등이 있음

❸ 목초지: 가축의 사료가 되는 풀이 자라고 있는 곳

❹ 낙농업: 젖소나 양을 기르고 그 젖을 이용하는 산업

❺ 공산품: 원료를 인력이나 기계력으로 가공하여 만들어 내는 물품

❻ 다자간: 개인과 여러 사람 사이. 또는 단체와 여러 단체 사이

01 빈칸에 알맞은 말을 쓰시오.

(1) 오세아니아는 오스트레일리아와 뉴질랜드, (   ) 의 크고 작은 섬들로 이루어졌다.
(2) 오스트레일리아의 수도는 (   )이고, 뉴질랜드 의 수도는 웰링턴이다.
(3) 오스트레일리아의 남동부와 남서부 지역은 (   ) 기후가 나타나 도시가 발달해 있다.

02 다음 중 알맞은 말에 ○표 하시오.

(1) 오세아니아는 대륙의 대부분이 (북반구, 남반구)에 위치한다.
(2) 뉴질랜드의 북섬은 (화산, 빙하) 지형이 발달하였고, 남섬은 (화산, 빙하) 지형이 발달하였다.
(3) 오스트레일리아에서는 (기업적 농목업, 플랜테이션) 이 이루어져 밀, 소고기, 양털 등의 생산이 활발하다.

03 다음 설명이 맞으면 ○표, 틀리면 ×표 하시오.

(1) 뉴질랜드는 기온의 연교차가 작고 연중 강수량이 고른 온대 기후가 나타난다.   (   )
(2) 오스트레일리아는 철광석과 석탄의 수출량이 많다.
                                                            (   )
(3) 오스트레일리아의 원주민은 마오리족, 뉴질랜드의 원 주민은 애버리지니이다.   (   )
(4) 오스트레일리아와 뉴질랜드는 유럽 연합(EU) 가입국 에 해당한다.   (   )

04 오스트레일리아 북동부 해안에 있는 세계 최대 규모의 산호초 지역을 일컫는 말은?

05 빈칸에 공통으로 들어갈 알맞은 말을 쓰시오.

(   )은/는 오스트레일리아의 건조 지대에서 지 하수를 끌어올려 사용하는 대규모의 우물을 말한다. (   ) 개발로 농목업이 가능해진 건조 지역의 넓 은 분지를 대찬정 분지라고 한다.

---

01 오세아니아의 위치에 관한 설명으로 옳은 것은?

하
① 남쪽으로는 북극해가 있다.
② 북쪽에는 유럽 대륙이 있다.
③ 대륙의 대부분이 북반구에 있다.
④ 동쪽에 인도양, 서쪽에 대서양이 있다.
⑤ 태평양의 크고 작은 섬나라로 이루어져 있다.

02 밑줄 친 지역에 해당하는 국가로 알맞은 것을 보기 에서 고른 것은?

중

오세아니아는 오스트레일리아와 뉴질랜드를 비롯해 태평양의 여러 섬나라들로 이루어져 있다. 태평양에 있 는 수많은 섬은 크게 미크로네시아, 멜라네시아, 폴리네 시아 등으로 구분된다.

보기
ㄱ. 피지   ㄴ. 투발루
ㄷ. 스리랑카   ㄹ. 마다가스카르

① ㄱ, ㄴ   ② ㄱ, ㄷ   ③ ㄴ, ㄷ
④ ㄴ, ㄹ   ⑤ ㄷ, ㄹ

03 다음 학생이 설명하는 국가로 옳은 것은?

하

① 피지   ② 투발루
③ 뉴질랜드   ④ 키리바시
⑤ 오스트레일리아

04 오세아니아의 기후 분포를 보여 주는 지도의 (가)~(다)에 해당하는 기후를 바르게 연결한 것은?

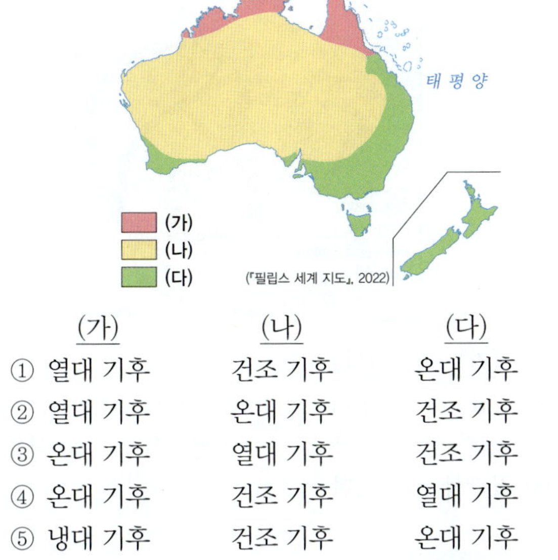

	(가)	(나)	(다)
①	열대 기후	건조 기후	온대 기후
②	열대 기후	온대 기후	건조 기후
③	온대 기후	열대 기후	건조 기후
④	온대 기후	건조 기후	열대 기후
⑤	냉대 기후	건조 기후	온대 기후

05 오스트레일리아의 지형에 관한 설명으로 옳지 <u>않은</u> 것은?

① 중앙에 대찬정 분지가 있다.
② 동부에 그레이트디바이딩산맥이 있다.
③ 서부에 그레이트빅토리아 사막이 있다.
④ 남동부 해안에 화산 지형과 온천이 있다.
⑤ 북동부 해안에 산호초가 발달한 대보초 해안이 있다.

06 뉴질랜드를 소개한 ㉠~㉤ 내용 중 옳은 것은?

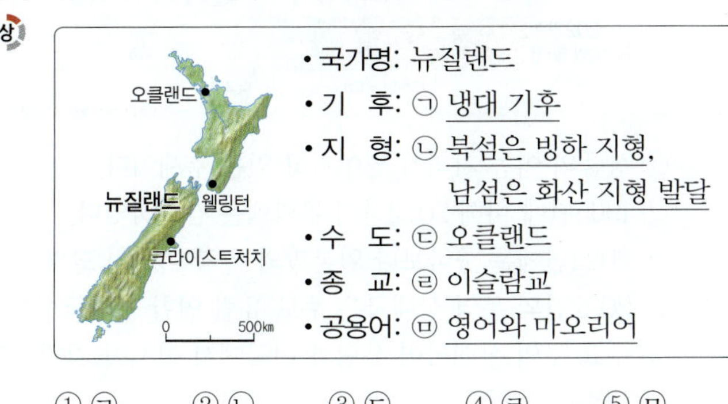

- 국가명: 뉴질랜드
- 기 후: ㉠ 냉대 기후
- 지 형: ㉡ 북섬은 빙하 지형, 남섬은 화산 지형 발달
- 수 도: ㉢ 오클랜드
- 종 교: ㉣ 이슬람교
- 공용어: ㉤ 영어와 마오리어

① ㉠   ② ㉡   ③ ㉢   ④ ㉣   ⑤ ㉤

[07-08] 지도를 보고 물음에 답하시오.

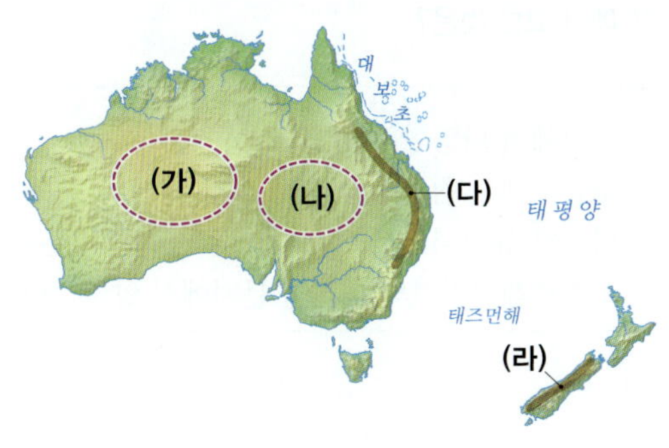

중요

07 (가)~(라) 지형에 관한 옳은 설명을 **보기**에서 모두 고른 것은?

보기

ㄱ. (가)는 목초지가 형성되어 있어 낙농업에 유리하다.
ㄴ. (나)에서는 찬정을 이용하는 양 목장을 볼 수 있다.
ㄷ. (다)는 오랜 침식으로 비교적 고도가 낮고 경사가 완만하다.
ㄹ. (라)에서는 빙하의 영향을 받은 다양한 빙하 지형을 볼 수 있다.

① ㄱ, ㄴ   ② ㄷ, ㄹ   ③ ㄱ, ㄴ, ㄷ
④ ㄴ, ㄷ, ㄹ   ⑤ ㄱ, ㄴ, ㄷ, ㄹ

같은 주제 다른 문제

07-1 (다), (라) 지형에 관한 설명으로 옳은 것은?

① (다)는 남알프스산맥이다.
② (다)는 지진 및 화산 활동이 활발하다.
③ (다)에는 환태평양 조산대가 통과한다.
④ (라)는 그레이트디바이딩산맥이다.
⑤ (라)의 산 정상에서는 만년설을 볼 수 있다.

08 (나) 지역에서 볼 수 있는 경관 설명으로 옳은 것은?

① 울창한 열대 밀림을 볼 수 있다.
② 대규모의 사탕수수 농장을 볼 수 있다.
③ 오렌지, 포도 등의 과수 농가를 볼 수 있다.
④ 지하수를 끌어올려 만든 우물을 볼 수 있다.
⑤ 지면에서 띄워 지어진 고상 가옥을 볼 수 있다.

09 오세아니아의 주요 관광지에서 할 수 있는 활동으로 옳은 것을 <보기>에서 고른 것은?

> **보기**
> ㄱ. 피지에서 다양한 해양 스포츠 체험
> ㄴ. 투발루에서 침엽수림 숲길 걷기 체험
> ㄷ. 파푸아 뉴기니에서 애버리지니 원주민의 문화 체험
> ㄹ. 오스트레일리아의 대찬정 분지에서 양 떼 몰이 체험

① ㄱ, ㄴ　　② ㄱ, ㄹ　　③ ㄴ, ㄷ
④ ㄴ, ㄹ　　⑤ ㄷ, ㄹ

10 오스트레일리아를 관광하면서 볼 수 있는 경관으로 적절하지 않은 것은?

①

②

③

④

⑤

11 (가)~(다) 국가의 산업 특징에 관한 설명으로 옳은 것은?

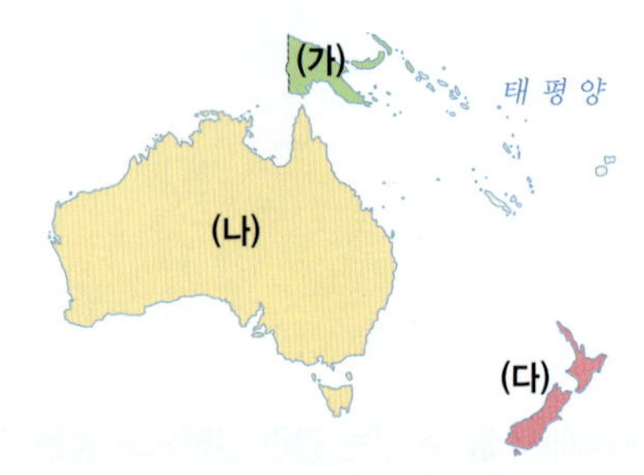

① (가) 국가는 세계적인 철광석 수출국이다.
② (나) 국가는 가공 무역이 발달하였다.
③ (다) 국가는 플랜테이션 농업이 발달하였다.
④ (가) 국가는 밀을, (나) 국가는 쌀을 경작한다.
⑤ (나)와 (다) 국가는 양고기와 양털 제품을 수출한다.

12 자원의 이동을 보여 주는 지도의 (가), (나)에 해당하는 자원을 바르게 연결한 것은?

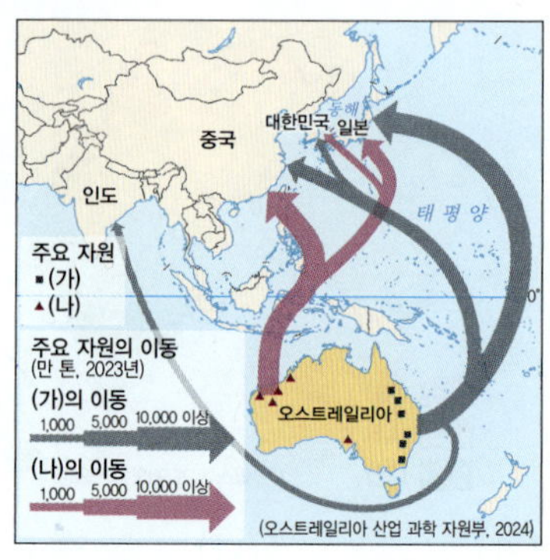

	(가)	(나)		(가)	(나)
①	금	구리	②	석탄	철광석
③	석탄	석유	④	철광석	석유
⑤	철광석	석탄			

같은 주제 다른 문제

12-1 (가), (나) 자원에 관한 옳은 설명을 <보기>에서 고른 것은?

> **보기**
> ㄱ. (가)는 그레이트디바이딩산맥 주변에 분포한다.
> ㄴ. (나)는 대찬정 분지 주변에 분포한다.
> ㄷ. (나)는 제철 및 자동차 공업의 주원료이다.
> ㄹ. 우리나라와 일본은 오스트레일리아에 (가), (나) 자원을 주로 수출한다.

① ㄱ, ㄴ　　② ㄱ, ㄷ　　③ ㄴ, ㄷ
④ ㄴ, ㄹ　　⑤ ㄷ, ㄹ

13 다음은 오스트레일리아의 시기별 무역 상대국을 보여 주는 그래프이다. 이에 관한 설명으로 옳은 것은?

① 상품의 이동 거리가 멀어지고 있는 추세이다.
② 1965년에 비해 2022년의 무역액은 감소하였다.
③ 2022년에는 중국보다 일본과의 무역 비중이 크다.
④ 2022년의 무역 상대국은 주로 유럽 연합 가입국이다.
⑤ 주요 무역 상대국이 유럽과 미국에서 아시아 지역으로 변화하고 있다.

01 오스트레일리아의 인구 밀도를 나타낸 지도를 보고 남동부와 남서부 해안에 인구 밀도가 높은 이유를 서술하시오.

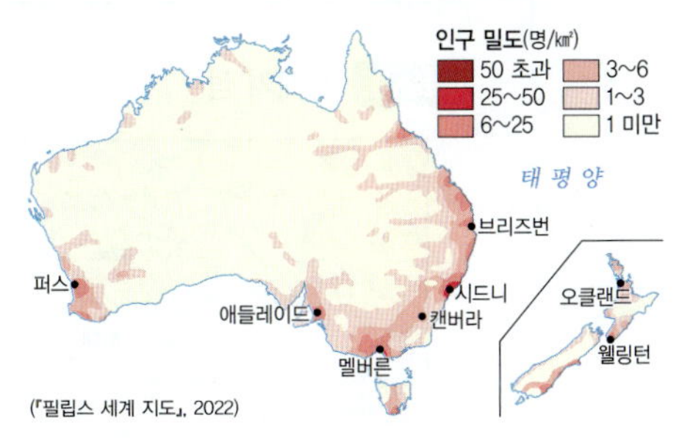

03 다음은 주요 국가의 밀 수확 시기를 나타낸 자료이다. 오스트레일리아가 북반구로의 밀 수출에 유리한 이유를 서술하시오.

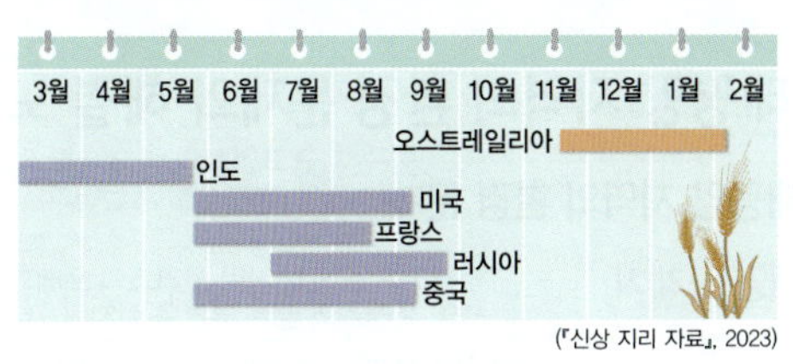

02 다음은 (가) 지역에 설치된 찬정을 나타낸 그림이다. 찬정을 설치하게 된 이유와 이를 활용한 경제활동에 관해 서술하시오.

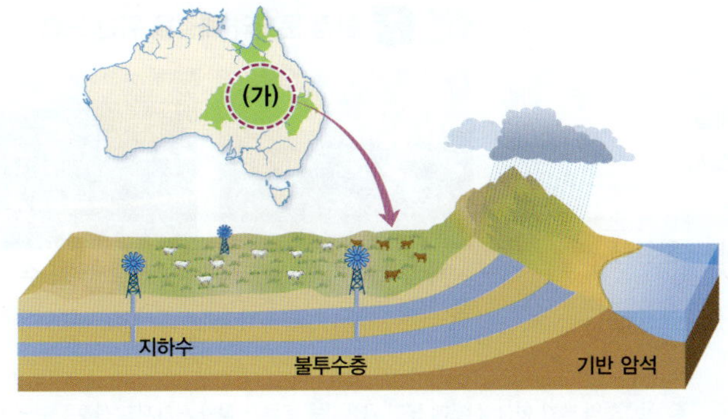

04 오스트레일리아의 시기별 무역 상대국을 나타낸 그래프를 보고 1965년과 2022년의 무역 상대국의 변화를 지리적인 측면에서 비교하여 서술하시오.

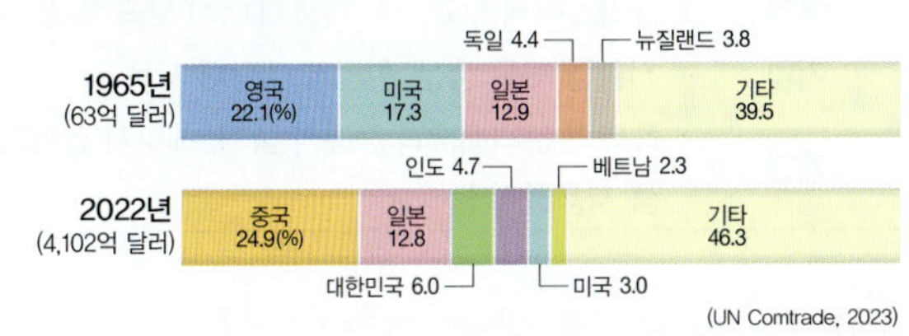

02 태평양 지역의 환경 문제
~03 극지방의 중요성

1 태평양 지역의 환경 문제와 해결 노력

1 태평양 지역의 환경 문제
└ 지구 표면적의 약 30%를 차지하는 큰 바다로, 많은 해양 생물이 살아가는 자원의 보고야.

(1) 해양 쓰레기 └ 인간이 사용하고 버린 플라스틱 쓰레기가 해양 쓰레기의 많은 부분을 차지해.

원인 (자료 1)	• 바다로 유입된 쓰레기로 해안, 바다 표면, 바닷속의 모든 쓰레기 • 가볍고 잘 썩지 않는 플라스틱류, 어업용 그물 등 • 쓰레기 섬: 쓰레기가 해류를 따라 이동하다가 한곳에 모여 쓰레기 섬을 이룸
피해 (더알기)	• 해양 생물의 폐사 등으로 해양 생태계 파괴 • 미세 플라스틱 오염 문제로 인간의 건강 위협 • 지역 주민의 경제활동인 어업, 양식업, 관광 산업에도 피해를 미침

(2) 해수면 상승

원인	• 지구 온난화: 산업화 이후 화석 연료의 사용 증가, 무분별한 벌목, 도시화 등으로 ❶온실가스 배출량 증가 • 지구의 평균 기온 상승으로 극지방과 고산 지역의 빙하가 녹아 해수면 상승
피해	• 태평양 저지대의 섬과 해안 지역 침수 • 농경지의 침수 및 농작물의 ❷염해 발생, 시설물 붕괴, 식수 부족 등 • 예 투발루: 국토 수몰 및 난민 발생, 바닷물이 지하수로 유입하여 식수난 발생

(3) 산호초 파괴

원인	기후변화로 해수 온도 상승 ➡ ❸산호초의 백화 현상 발생
피해	• 산호초가 해양 생물의 서식처로서의 역할 상실 ➡ 해양의 생물 다양성 붕괴 초래 • 예 태평양 및 대보초(그레이트 배리어 리프) 지역의 백화 현상 발생

▲ **해양 쓰레기** 플라스틱은 해양 생물들이 먹이로 착각해 먹을 수 있어 해양 생태계에 심각한 영향을 미친다.

▲ **해수면 상승** 해발 고도가 낮은 곳은 물에 잠기게 되면서 삶의 터전을 잃는 사람들도 생겨난다.

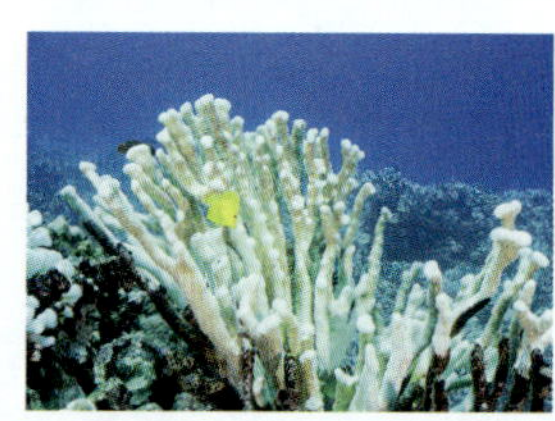

▲ **산호초 파괴** 해양 생물의 서식지 역할을 하지 못해 해양 생태계가 파괴된다.

출제 tip 태평양 지역 환경 문제의 원인과 피해를 묻는 문제가 자주 출제

2 태평양 지역의 환경 문제 해결 노력 (자료 2) └ 태평양 지역의 환경 문제는 우리 생활에 영향을 미치기 때문에 전 지구적 관점에서 해결하기 위해 노력해야 해.

국제 사회	플라스틱 규제 국제 협약 마련, ❹교토 의정서 및 파리 협정 등 체결
국가	플라스틱세 부과, 신·재생 에너지 보급 확대 등의 친환경 정책 실시
기업	친환경 제품 생산, 친환경 포장재 사용 등
개인	쓰레기 분리배출과 쓰레기 줍기, 에너지 절약과 대중교통 이용하기, 친환경 제품 사용하기 등

자료 1 쓰레기 섬

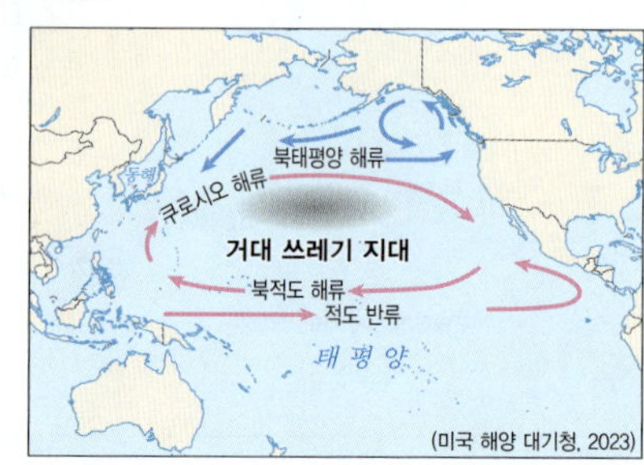

(미국 해양 대기청, 2023)

바다로 흘러 들어간 쓰레기가 해류와 바람에 의해 이동하다 모여 쓰레기 섬을 형성하게 된다. 해양 쓰레기의 양이 증가하면서 쓰레기 섬의 면적이 점점 커지고 있다.

더알기 플라스틱의 순환 과정

미세 플라스틱은 5mm 미만의 플라스틱 조각으로, 그 크기가 작아 하수 처리 시설에서 걸러 내지 못하고 바다와 강으로 그대로 유입된다. 바다와 강으로 유입된 미세 플라스틱은 조류나 해양 생물들이 먹이로 착각하여 먹게 된다. 결국 해양 생물에 축적된 플라스틱은 인간의 식탁으로 다시 올라와 우리가 먹게 된다.

자료 2 환경 문제와 해결을 위한 노력

▲ 해양 쓰레기로 만든 작품 전시

▲ 해양 쓰레기 수거 작업

용어 풀이

❶ 온실가스: 지구 대기를 오염시켜 온실 효과를 일으키는 이산화 탄소, 메탄 등의 가스를 말함

❷ 염해: 토양 속에 나트륨, 마그네슘, 칼륨 따위의 염류가 일정 정도 이상 함유되어 농작물에 입히는 피해

❸ 산호초의 백화 현상: 산호에 붙어 공생하는 조류가 점차 사라지고 산호초 표면이 하얗게 변해 가는 현상. 바다의 사막화라고도 함

❹ 교토 의정서: 지구 온난화 규제와 방지를 위해 선진국의 온실가스 감축 목표치를 규정한 국제 협약

② 극지방의 중요성과 지역 개발

1 극지방의 지리적 중요성

(1) 극지방의 위치

> 북극해 연안은 매우 춥지만 여러 원주민이 살아가는 삶의 터전이기도 해. 하지만 남극은 일 년 내내 빙하가 덮여 있어 인간이 거주하기 어려워.

극지방	북극과 남극을 중심으로 한 주변 지역
북극 지방	북극점을 중심으로 북극해가 있으며, 유라시아 대륙과 북아메리카 대륙, 그린란드에 둘러싸인 지역
남극 지방	남극점을 중심으로 남극 대륙과 이를 둘러싼 남극해로 구성

(2) 극지방의 기후
한대 기후 ➡ 나무가 자라지 못하고, 이끼류가 있는 초원이 나타나거나 일 년 내내 눈과 얼음으로 덮여 있음

> 남극 대륙은 평균 2,000m 두께의 빙하로 덮여 있어. 전 세계 담수의 약 70%를 얼음과 눈으로 보유하고 있는 거야.

▲ 북극의 위치

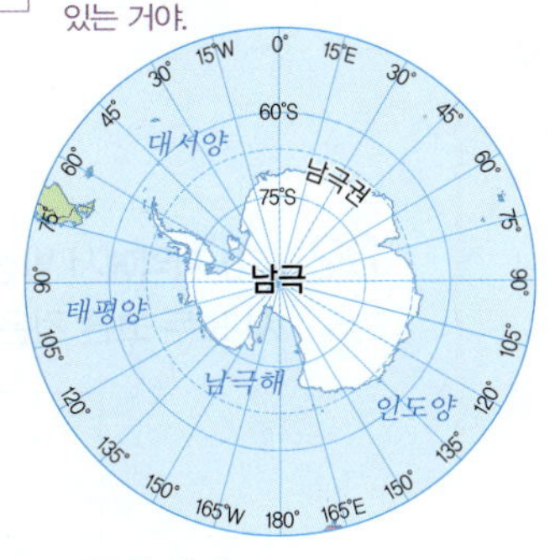

▲ 남극의 위치

(3) 극지방의 중요성
출제tip 북극 지방과 남극 지방의 지리적 중요성을 묻는 문제가 자주 출제

자료 3 북극 지방	• 항공 교통의 중심지: 유럽, 아시아, 북아메리카의 주요 도시를 짧은 거리로 연결하는 주요 항공 교통로 • 해상 교통: 북극해를 거쳐 아시아와 유럽을 잇는 최단 ❶해운 항로로 최근 주목(북동 항로) • 석유, 천연가스, ❷가스 하이드레이트 등의 에너지 자원 매장
남극 지방	• 석탄, 철광석, 구리 등의 자원 매장 • 다양한 해양 생물 서식: 해양 생태계 연구의 장 • 남극의 빙하는 과거 지구 환경과 기후변화를 연구하는 데 중요한 역할

2 극지방의 지역 개발

(1) 극지방의 지역 개발과 ❸이해관계
정치·경제적 중요성이 점차 커짐에 따라 극지방 개발을 둘러싼 다양한 이해관계 충돌

자료 4 북극 지방	• 북극해에 매장된 자원 개발을 위한 주변 국가의 경쟁 심화 • 빙하가 녹는 속도가 빨라지면서 해수면 상승 가속화, 북극곰의 서식지 감소 등 북극 생태계 변화
더알기 남극 지방	• 과학적 연구와 남극 개발에 대비하여 많은 국가가 연구 기지 설립 • ❹남극 조약 체결: ❺영유권 주장 금지, 공동 관리 및 과학 연구와 탐사 진행 • 청정한 자연환경 오염, 불법 어업과 동물 ❻포획 등으로 남극의 생태계 위협

(2) 극지방의 지속가능한 개발
국제 사회는 국가 간의 협의를 통해 지속가능한 방향으로 극지방의 개발을 도모하고, 환경 보호를 위한 노력을 기울여야 함

자료 3 북동 항로

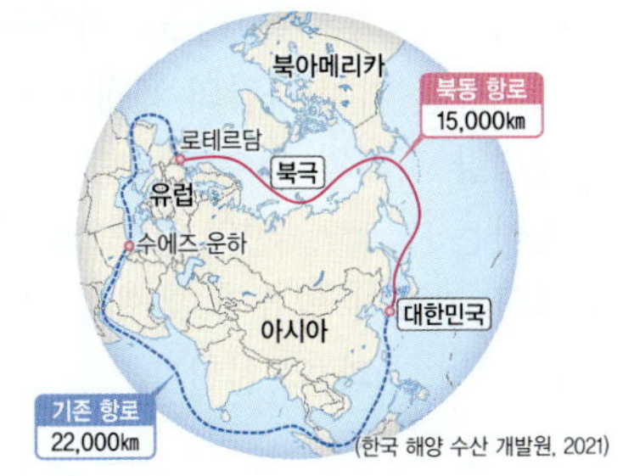

북극권은 항공이나 선박 운항에서 중요한 역할을 한다. 기후변화로 북극의 빙하가 녹아 선박이 북극해를 지날 수 있게 되면 현재 항로보다 운송 거리와 시간을 크게 단축할 수 있다.

자료 4 북극해 영유권 갈등

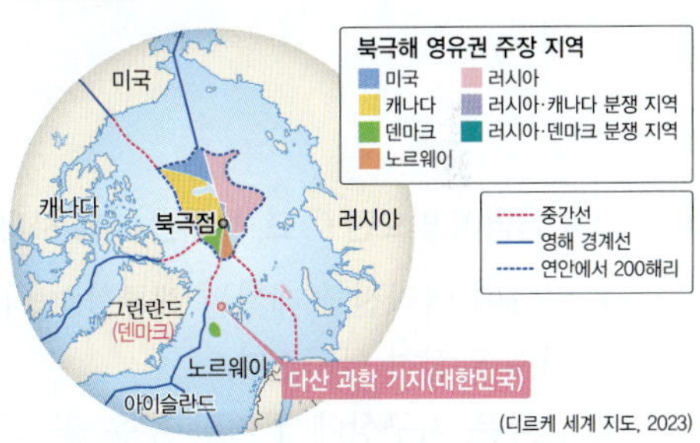

북극해에는 전 세계 천연가스의 30%, 석유의 13%가 매장된 것으로 추정된다. 지구 온난화로 북극해의 얼음이 녹으면서 항로와 어로 개척뿐만 아니라 자원 채굴이 가능해졌다. 이 때문에 북극해에 인접한 러시아, 캐나다, 덴마크, 미국, 노르웨이 등은 자원을 더 많이 얻기 위해 이전보다 더 넓은 북극해 영유권을 주장하고 있다.

더알기 우리나라의 극지방 연구소

▲ 우리나라의 장보고 과학 기지

우리나라는 남극 지방에는 세종 과학 기지와 장보고 과학 기지, 북극 지방에는 다산 과학 기지를 설치하여 극지방에 관한 연구 활동을 수행하고 있다.

01 빈칸에 알맞은 말을 쓰시오.

(1) ( )은/는 5mm 미만의 작은 플라스틱으로, 어패류를 거쳐 사람의 체내에 들어오기도 한다.

(2) 태평양 지역의 해수면 상승은 지구의 평균 기온이 상 승하는 ( )의 영향으로 나타난다.

(3) 북극 지방의 영유권 분쟁은 북극해에 매장되어 있는 ( )과/와 천연가스를 확보하기 위한 분쟁이다.

02 다음 중 알맞은 말에 ○표 하시오.

(1) 개인은 탄소 배출을 (줄이기, 늘이기) 위해 친환경 제 품을 사용하는 노력이 필요하다.

(2) 극지방은 (열대, 한대) 기후가 나타난다.

(3) 세종 과학 기지와 장보고 과학 기지는 (북극, 남극)에 있다.

03 다음 설명이 맞으면 ○표, 틀리면 ×표 하시오.

(1) 바다에 버려진 쓰레기는 해류를 따라 이동하다 잘게 부 서져 완전히 사라진다. ( )

(2) 남극은 지구상에서 가장 추운 곳으로 동물들이 살 수 없다. ( )

(3) 북동 항로로 선박 운항이 가능해지면 현재 항로보다 운송 거리와 시간을 단축할 수 있다. ( )

04 빈칸 ㉠, ㉡에 들어갈 알맞은 말을 쓰시오.

구분	(㉠)	(㉡)
원인	바다로 유입된 모든 쓰레기	지구 온난화로 인한 지구의 평균 기온 상승
피해	해양 생태계 파괴, 미세 플라 스틱 오염 등	저지대의 섬과 해안 지역 침 수, 해양 생태계 파괴

㉠ _______________   ㉡ _______________

05 다음 내용 중 잘못된 부분을 찾아 표시하고 바르게 고치시오.

> 1959년에 발효된 남극 조약에 가입한 국가들은 남극 지역에 관한 영유권을 주장할 수 있다. 또한 남극 지역 의 평화적인 활동을 보장하기 위해 상호 협력을 강화하 고 있다.

____

01 태평양 지역에서 발생하는 환경 문제만을 보기 에서 모두 고른 것은?
(하)

보기
ㄱ. 사막화　　　　　ㄴ. 해양 쓰레기
ㄷ. 해수면 상승　　　ㄹ. 산호초 파괴

① ㄱ, ㄴ　　② ㄴ, ㄷ　　③ ㄷ, ㄹ
④ ㄱ, ㄷ, ㄹ　　⑤ ㄴ, ㄷ, ㄹ

02 (가) 지역에서 발생하는 환경 문제에 관한 옳은 설명을 보기 에 서 모두 고른 것은?
(중)

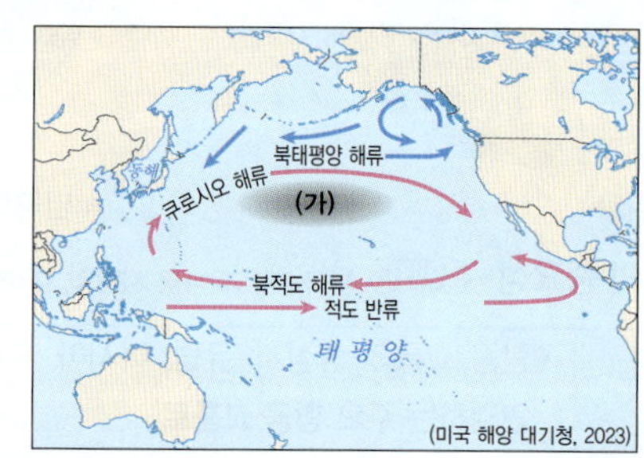

보기
ㄱ. 해류와 바람을 타고 이동한다.
ㄴ. 해양 생물들의 생명에 위협을 주고 있다.
ㄷ. 대부분 플라스틱 쓰레기로 이루어져 있다.
ㄹ. 해양 쓰레기 발생 지역과 피해 지역이 일치한다.

① ㄱ, ㄴ　　② ㄷ, ㄹ　　③ ㄱ, ㄴ, ㄷ
④ ㄴ, ㄷ, ㄹ　　⑤ ㄱ, ㄴ, ㄷ, ㄹ

03 다음 설명에 해당하는 국가로 옳은 것은?
(중)

• 해수면 상승으로 전 세계에서 가장 먼저 사라질 위기 를 겪고 있다.
• 지하수에 염분이 스며들어 섬에 식수가 부족해지고, 농작물도 염해 피해를 입고 있다.

① 인도　　　　　② 투발루
③ 필리핀　　　　④ 뉴질랜드
⑤ 오스트레일리아

04 다음 자료와 같은 현상이 나타나게 된 공통적인 원인으로 옳은 것은?

- 극지방의 빙하 면적 감소
- 해수 온도 상승에 따른 해양 생태계 파괴
- 국토의 일부가 바닷물에 잠겨 난민 발생

① 사막화　　　　　② 산성비
③ 지구 온난화　　　④ 열대림 파괴
⑤ 오존층 파괴

05 다음 글의 밑줄 친 ㉠~㉣에 해당하는 옳은 사례를 보기 에서 고른 것은?

태평양 지역의 환경 문제를 해결하기 위해 ㉠ 국제 사회, ㉡ 국가, ㉢ 기업, ㉣ 개인 등은 다양한 노력을 기울이고 있다.

보기
ㄱ. ㉠ – 온실가스 배출량을 감축하기 위한 국제 협약 체결
ㄴ. ㉡ – 신·재생 에너지 생산 감축 캠페인 활동
ㄷ. ㉢ – 에너지 고효율 및 친환경 제품 생산
ㄹ. ㉣ – 대중교통 이용률 줄이기

① ㄱ, ㄴ　　　② ㄱ, ㄷ　　　③ ㄴ, ㄷ
④ ㄴ, ㄹ　　　⑤ ㄷ, ㄹ

같은 주제 다른 문제

05-1 태평양 지역의 환경 문제 해결과 관련하여 각 학생이 실천한 내용으로 적절하지 않은 것은?

① 갑: 외출할 때에는 다회용 컵을 들고 다녀.
② 을: 저탄소 제품 인증 마크가 표시된 상품을 구매했어.
③ 병: 종이, 플라스틱 등 쓰레기를 종류별로 분리해서 배출했어.
④ 정: 주말에 가족과 해안가 쓰레기를 줍는 봉사 활동에 참여했어.
⑤ 무: 자주 사용하지 않는 물건은 나눠 쓰지 않고 바로 정리해서 버렸어.

06 다음은 플라스틱 쓰레기의 순환 과정을 나타낸 자료이다. ㉠~㉤ 내용 중 옳지 않은 것은?

㉠ 우리가 버린 플라스틱은 바다로 흘러가 더 작은 입자로 쪼개진다. ㉡ 해양 생물들은 이 플라스틱 조각을 먹이로 착각해 섭취하게 된다. ㉢ 플라스틱을 섭취한 해양 생물들은 먹이 사슬 구조로 순환되며, 해양 생물의 성장 장애, 감염, 폐사 등을 일으킨다. ㉣ 해양 생물에 축적된 플라스틱을 인간이 섭취하게 되면 체내에 축적되는데, ㉤ 체내에 축적된 플라스틱은 인간의 건강에 이상을 일으키지는 않는다.

① ㉠　　② ㉡　　③ ㉢　　④ ㉣　　⑤ ㉤

07 교토 의정서에 관한 설명으로 옳은 것은?

① 온실가스 감축을 결의한 협약
② 생물 자원의 보존을 위한 조약
③ 사막의 확대를 방지하기 위한 국제 협약
④ 해양 쓰레기 문제를 해결하기 위한 조약
⑤ 지역 개발로 감소하는 습지를 보존하기 위한 협약

08 (가), (나) 지역에 관한 설명으로 옳은 것은?

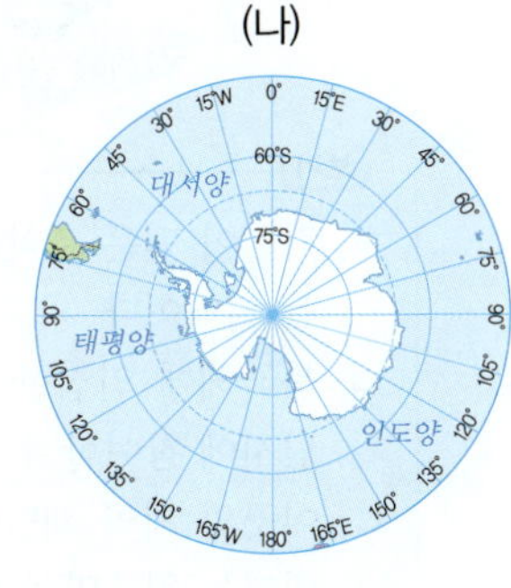

① (가)는 대륙으로 이루어져 있다.
② (가)의 주변 국가로 미국과 캐나다가 있다.
③ (나)는 해양으로 이루어져 있다.
④ (나)의 주변 국가로는 러시아와 노르웨이가 있다.
⑤ (가)는 남극, (나)는 북극에 해당한다.

09 남극 주변에 위치한 국가를 보기 에서 고른 것은?

〈하〉

보기

ㄱ. 미국　　　　　　　　ㄴ. 칠레
ㄷ. 캐나다　　　　　　　ㄹ. 아르헨티나

① ㄱ, ㄴ　　　② ㄱ, ㄷ　　　③ ㄴ, ㄷ
④ ㄴ, ㄹ　　　⑤ ㄷ, ㄹ

10 극지방에 관한 설명으로 옳은 것은?

〈중〉

① 극지방은 기온이 매우 낮아 지하자원이 희소하다.
② 남극에는 세계 각국의 군사 기지가 분포하고 있다.
③ 극지방의 빙하 속 물질을 통해 지구의 기후변화를 연구할 수 있다.
④ 북극은 일 년 내내 빙하가 덮여 있어 인간이 거주하기에 어려운 지역이다.
⑤ 남극은 북반구 국가들을 빠르게 연결하는 항공로가 지나는 항공 교통의 중심지이다.

11 다음 자료에 관한 옳은 설명을 보기 에서 고른 것은?

〈상〉

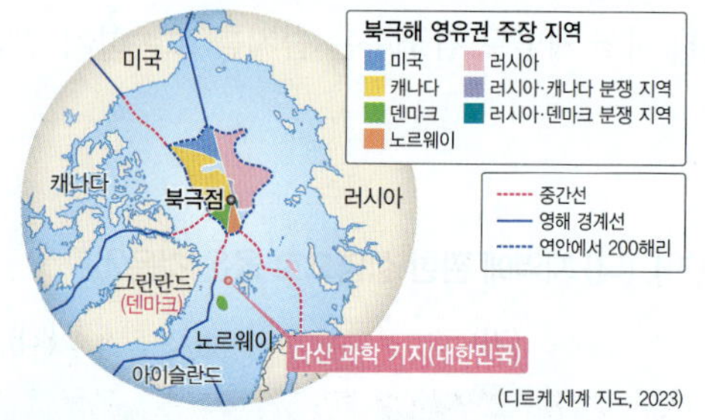

(디르케 세계 지도, 2023)

보기

ㄱ. 각국이 맺은 조약에 따라 군사 기지를 설치할 수 없는 지역이다.
ㄴ. 북극해에 인접한 국가들만 이 지역의 자원 개발과 탐사에 참여할 수 있다.
ㄷ. 이곳의 지역 개발이 늘어나면 이 지역에 정착해 살아가는 원주민 수는 감소할 것이다.
ㄹ. 주변국이 이 지역의 영유권을 주장하는 이유는 자원이 풍부하게 매장되어 있기 때문이다.

① ㄱ, ㄴ　　　② ㄱ, ㄷ　　　③ ㄴ, ㄷ
④ ㄴ, ㄹ　　　⑤ ㄷ, ㄹ

12 북극 지방의 중요성에 관한 설명으로 옳지 <u>않은</u> 것은?

〈하〉

① 항공 교통의 중심지 역할을 한다.
② 해상 교통에 있어 중요한 위치에 있다.
③ 석유, 천연가스 등의 자원이 매장되어 있다.
④ 이누이트 등과 같은 원주민의 삶터이기도 하다.
⑤ 인구가 적어 대규모 원자력 폐기장으로 활용하고 있다.

13 다음 글의 밑줄 친 ㉠~㉣에 해당하는 옳은 사례를 보기 에서 고른 것은?

〈중〉

북극해는 ㉠ 주변국뿐만 아니라 많은 국가가 관심을 가지고 이 지역의 개발과 탐사에 참여하고 있다. 이 과정에서 극지방은 ㉡ 환경 오염, ㉢ 생태계 파괴, ㉣ 북극해 주변 원주민의 생활 방식 변화 등이 발생할 가능성이 높은데, 이를 방지하기 위해 국제 사회는 다양한 노력을 기울이고 있다.

보기

ㄱ. ㉠ – 우리나라, 중국, 일본 등
ㄴ. ㉡ – 개발 과정에서 석유 유출 등으로 바다 오염
ㄷ. ㉢ – 빙하 감소에 따른 북극곰의 서식처 축소
ㄹ. ㉣ – 원주민들의 순록 유목이나 물개잡이 증가

① ㄱ, ㄴ　　　② ㄱ, ㄷ　　　③ ㄴ, ㄷ
④ ㄴ, ㄹ　　　⑤ ㄷ, ㄹ

14 다음 대화에서 (가)에 들어갈 남학생의 대답으로 적절한 것을 보기 에서 고른 것은?

〈중〉

보기

ㄱ. 군사적인 조치 및 활동을 금지하고 있어.
ㄴ. 평화적인 목적의 과학 연구를 허용하고 있어.
ㄷ. 핵 실험 및 방사능 물질 처리 등을 인정하고 있어.
ㄹ. 세계 각국은 남극 지방의 영유권을 주장할 수 있어.

① ㄱ, ㄴ　　　② ㄱ, ㄷ　　　③ ㄴ, ㄷ
④ ㄴ, ㄹ　　　⑤ ㄷ, ㄹ

▶ 정답 및 해설 31쪽

01 다음은 사회 수업의 한 장면이다. 빈칸에 들어갈 학생의 대답으로 적절한 내용을 <u>두 가지</u> 서술하시오.

〈수업 주제: 해양 쓰레기 문제 해결 방안 모색〉
• 교사: 태평양 지역의 해양 쓰레기를 줄이기 위해 다양한 주체가 노력하고 있습니다. 국제 연합은 2017년 해양 쓰레기와 미세 플라스틱에 대한 결의안을 채택하고 캠페인 활동을 진행하고 있습니다. 또한 비영리 단체는 플라스틱 폐기물을 수거하기 위해 떠다니는 장벽, 무인 배 등을 개발하고 있어요.
자, 그렇다면 해양 쓰레기 해결 방안으로 일상생활에서 개인이 할 수 있는 구체적인 활동을 발표해 볼까요?
• 학생:

02 자료를 보고 물음에 답하시오.

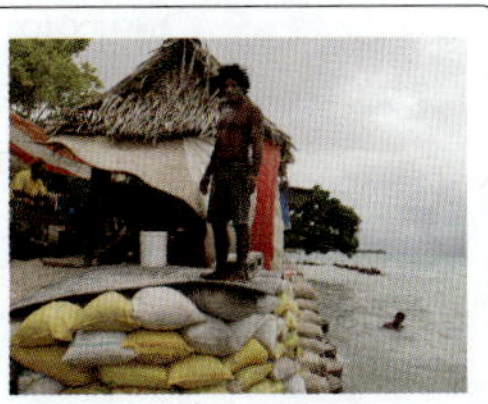

지구의 평균 기온이 높아지는 (   )(으)로 해수면이 상승하면서 해발 고도가 낮은 오세아니아와 태평양 지역의 섬들은 큰 피해를 입고 있다.

(1) 위 자료의 빈칸에 들어갈 개념을 쓰시오.

(2) 해수면이 계속 상승하면 오세아니아와 태평양 지역의 주민들에게 어떤 변화가 나타날지 서술하시오.

03 다음 글의 밑줄 친 내용이 인간 생활에 미치는 영향을 긍정적·부정적인 측면으로 구분하여 서술하시오.

▲ 북극 해빙 면적 비교

북극이 따뜻해지면서 해빙도 급속도로 녹고 있다. 미국 국립 빙설 자료 센터(NSIDC)에 따르면 1979년 9월 북극 해빙의 면적은 약 645만 km²였지만, <u>2023년 9월에는 약 423만 km²로 줄었다.</u> 한반도 면적의 10배 이상의 얼음이 그 사이에 사라진 셈이다.

* 해빙: 바닷물이 얼어서 생긴 얼음

04 남극 조약을 통해 각 국가들이 합의한 내용이 무엇인지 <u>두 가지</u>만 서술하시오.

01 세계 속의 오세아니아

1 오세아니아의 자연환경

(1) **오세아니아**　인도양과 태평양 사이, 대륙의 대부분이 (❶　　　　)에 위치

(2) **오세아니아의 지역 구분**　오스트레일리아, 뉴질랜드, 태평양의 여러 섬나라들

2 오세아니아의 주요 국가와 도시

오스트레일리아	캔버라(수도), 시드니(오스트레일리아의 대표 도시)
뉴질랜드	웰링턴(수도), 오클랜드(경제의 중심지) 등
태평양의 섬 국가	파푸아 뉴기니, 키리바시, 피지, 투발루 등

3 기후와 지형

(1) 기후

열대 기후	오스트레일리아의 북부, 적도 부근의 많은 섬
건조 기후	오스트레일리아의 내륙 및 서부
(❷　　　) 기후	• 오스트레일리아의 남동부와 남서부 ➡ 대도시 발달 • 뉴질랜드 대부분 지역 ➡ 농업과 목축업 활발

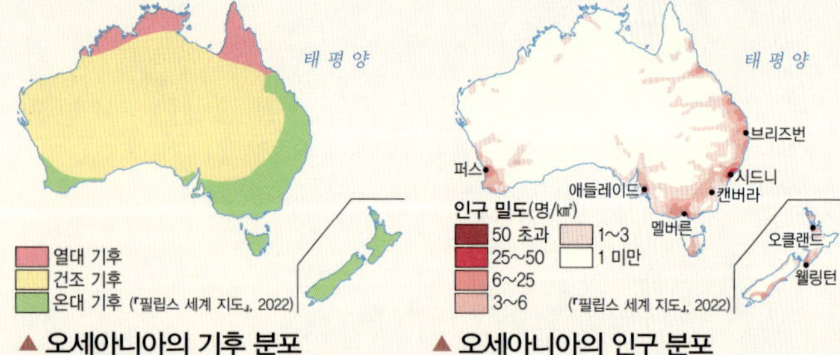

▲ 오세아니아의 기후 분포　　　▲ 오세아니아의 인구 분포

(2) 지형

오스트레일리아	• 서부: 그레이트빅토리아 사막 등 • 중앙 저지대: (❸　　　) 분지 • 동부: 그레이트디바이딩산맥 • 북동부 해안: 대보초 해안
(❹　　　)	• 북섬: 화산 지형과 온천 등이 발달 • 남섬: U자곡과 피오르 등 다양한 빙하 지형 발달
태평양의 여러 섬	대부분 화산 활동으로 형성되거나 산호초가 쌓여 만들어진 섬

▲ 오세아니아의 지형 분포　　　▲ 대보초 해안

4 오세아니아의 자원

(1) 오세아니아의 천연자원

오스트레일리아	• 지하자원 풍부: 철광석, 보크사이트, 석탄, 금 등 • (❺　　　　　): 밀, 소고기, 양털, 유제품 등의 생산 활발
뉴질랜드	• 양고기, 양털, 소고기, 유제품 등의 생산 활발 • 국토의 약 40%가 목초지로 낙농업에 유리한 환경
태평양의 섬 국가	바다의 풍부한 어족 자원을 이용한 수산업 발달

▲ 오스트레일리아의 밀 재배　　　▲ 뉴질랜드의 양 목장

(2) 오세아니아의 관광 자원

특징	풍부한 관광 자원을 바탕으로 생태 관광지로 성장
종류	• 아름다운 자연 경관 • 고유한 원주민 문화(오스트레일리아의 애버리지니, 뉴질랜드의 마오리족) • 독특한 동식물(캥거루, 코알라, 유칼리나무 등)

5 오세아니아와 세계 다른 지역과의 교류

교류 현황	• 과거에는 유럽, 미국과의 교류가 많았으나 최근에는 지리적으로 가까운 (❻　　　) 지역과의 교류 활발 • 제조업의 원료인 지하자원을 수출하고 우리나라, 중국, 일본 등에서 공산품을 수입
경제 협력	• 아시아 태평양 경제 협력체(APEC) 출범: 아시아 및 태평양 연안 국가들의 경제 협력 강화 • 다자간 자유 무역 협정 체결: 오스트레일리아, 뉴질랜드, 동남아시아 국가 연합, 우리나라 등을 포함한 15개국 참여 ➡ 아시아와의 경제 협력 강화

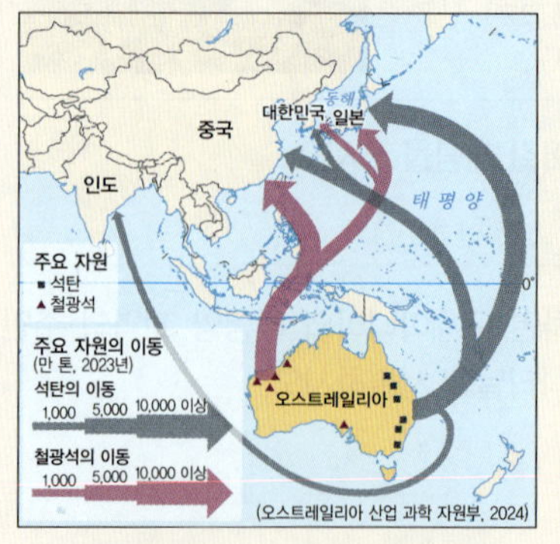

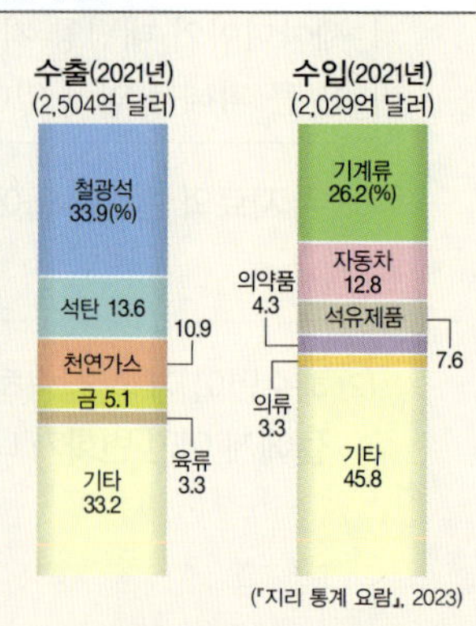

▲ 오스트레일리아의 광물 자원 수출　　　▲ 오스트레일리아의 수출입 품목

02 태평양 지역의 환경 문제

1 태평양 지역의 환경 문제

(1) 해양 쓰레기

원인	• 바다로 유입된 쓰레기로 해안, 바다 표면, 바닷속의 모든 쓰레기 • 가볍고 잘 썩지 않는 플라스틱류, 어업용 그물 등 • 쓰레기 섬: 쓰레기가 해류를 따라 이동하다가 한곳에 모여 쓰레기 섬을 이룸
피해	• 해양 생물의 폐사 등으로 해양 생태계 파괴 • 미세 플라스틱 오염 문제로 인간의 건강 위협 • 지역 주민의 경제활동인 어업, 양식업, 관광 산업 등에도 피해를 미침

(2) 해수면 상승

원인	• (❼　　　　): 산업화 이후 화석 연료의 사용 증가, 무분별한 벌목, 도시화 등으로 온실가스 배출량 증가 • 지구의 평균 기온 상승으로 극지방과 고산 지역의 빙하가 녹아 해수면 상승
피해	• 태평양 저지대의 섬과 해안 지역 침수 • 농경지의 침수 및 농작물의 염해 발생, 시설물 붕괴, 식수 부족 등 • 例 투발루: 국토 수몰 및 난민 발생, 바닷물이 지하수로 유입하여 식수난 발생

▲ 해양 쓰레기

▲ 해수면 상승

(3) 산호초 파괴

원인	기후변화로 해수 온도 상승 ➡ 산호초의 (❽　　　) 현상 발생
피해	• 산호초가 해양 생물의 서식처로서의 역할 상실 ➡ 해양의 생물 다양성 붕괴 초래 • 例 태평양 및 대보초(그레이트 배리어 리프) 지역의 백화 현상 발생

2 태평양 지역의 환경 문제 해결 노력

국제 사회	플라스틱 규제 국제 협약 마련, 교토 의정서 및 파리 협정 등 체결
국가	플라스틱세 부과, 신·재생 에너지 보급 확대 등의 친환경 정책 실시
기업	친환경 제품 생산, 친환경 포장재 사용 등
개인	쓰레기 분리배출과 쓰레기 줍기, 에너지 절약과 대중교통 이용하기, 친환경 제품 사용하기 등

03 극지방의 중요성

1 극지방의 위치

북극 지방	북극점을 중심으로 북극해가 있으며, 유라시아 대륙과 북아메리카 대륙, 그린란드에 둘러싸인 지역
남극 지방	남극점을 중심으로 남극 대륙과 이를 둘러싼 남극해로 구성

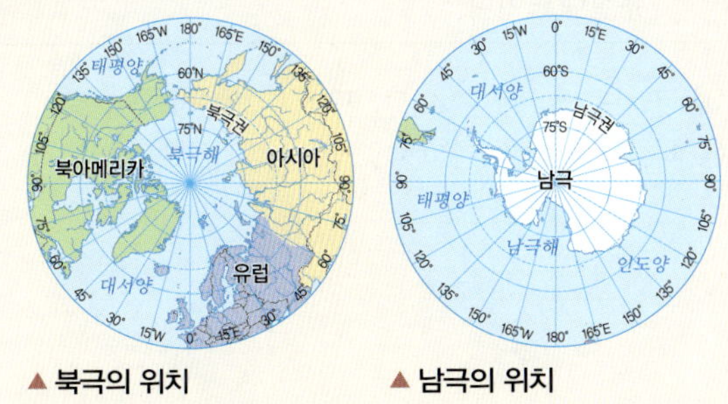

▲ 북극의 위치　　　　▲ 남극의 위치

2 극지방의 중요성

북극 지방	• 항공 교통의 중심지: 유럽, 아시아, 북아메리카의 주요 도시를 짧은 거리로 연결하는 주요 항공 교통로 • 해상 교통: 북극해를 거쳐 아시아와 유럽을 잇는 최단 해운 항로로 최근 주목 ➡ (❾　　　　) • 석유, 천연가스, 가스 하이드레이트 등 에너지 자원 매장
남극 지방	• 석탄, 철광석, 구리 등의 자원 매장 • 다양한 해양 생물 서식: 해양 생태계 연구의 장 • 남극의 빙하는 과거 지구 환경과 기후변화를 연구하는 데 중요한 역할

3 극지방의 지역 개발

북극 지방	• 북극해에 매장된 자원 개발을 위한 주변국의 경쟁 심화 • 빙하가 녹는 속도가 빨라지면서 해수면 상승 가속화, 북극곰의 서식지 감소 등 북극 생태계 변화
남극 지방	• 과학적 연구와 남극 개발에 대비하여 많은 국가가 연구 기지 설립 • (❿　　　　) 체결: 영유권 주장 금지, 공동 관리 및 과학 연구와 탐사 진행 • 청정한 자연환경 오염, 불법 어업과 동물 포획 등으로 남극의 생태계 위협

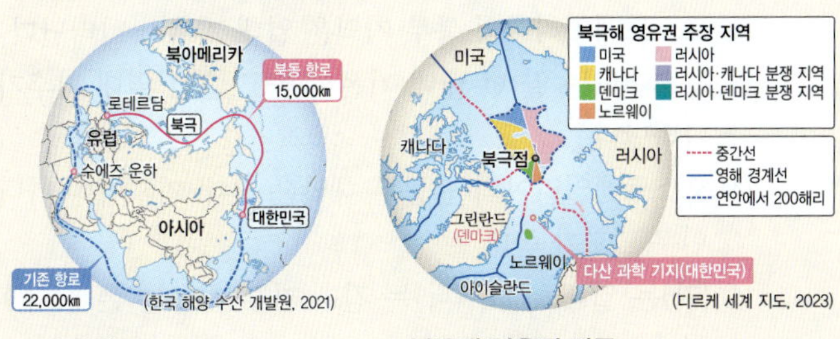

▲ 북동 항로　　　　▲ 북극해 영유권 갈등

01 오세아니아에 관한 옳은 설명을 보기 에서 고른 것은?

〈보기〉
ㄱ. 대륙의 대부분이 남반구에 위치한다.
ㄴ. 오세아니아와 인접한 바다는 인도양과 태평양이다.
ㄷ. 오세아니아는 오스트레일리아와 뉴질랜드로만 이루어져 있다.
ㄹ. 오세아니아에서 가장 넓은 지역을 차지하는 국가는 뉴질랜드이다.

① ㄱ, ㄴ　　② ㄱ, ㄷ　　③ ㄴ, ㄷ
④ ㄴ, ㄹ　　⑤ ㄷ, ㄹ

02 다음 글의 빈칸에 들어갈 도시로 옳은 것은?

(　　　　)은/는 뉴질랜드의 수도로, 북섬 최남단에 위치한 도시이다. 뉴질랜드의 정치·문화 중심지이며, 다른 도시에 비해 인구 밀도가 높다.

① 시드니　　　　② 웰링턴
③ 캔버라　　　　④ 싱가포르
⑤ 오클랜드

03 오세아니아의 기후에 관한 설명으로 옳지 <u>않은</u> 것은?

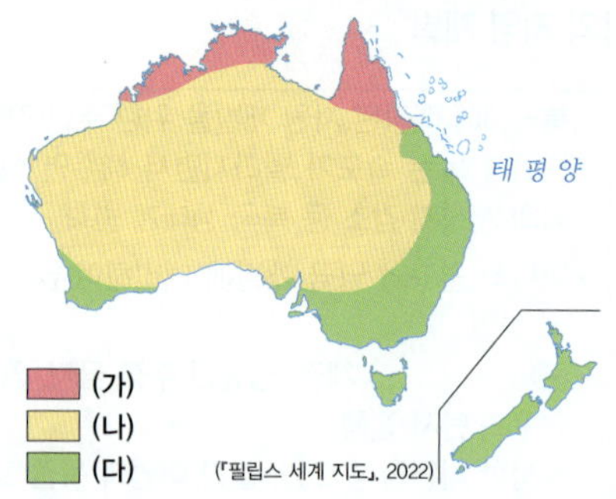

① 오스트레일리아는 대체로 건조 기후가 나타난다.
② 오스트레일리아의 북부 지역은 열대 기후가 나타난다.
③ 뉴질랜드는 일 년 내내 기온이 높고 습한 열대 기후가 나타난다.
④ 오스트레일리아의 남동부 해안은 온대 기후가 나타나 인구 밀도가 높다.
⑤ (가)는 열대 기후, (나)는 건조 기후, (다)는 온대 기후이다.

04 (가), (나) 지역에 관한 설명으로 옳은 것은?

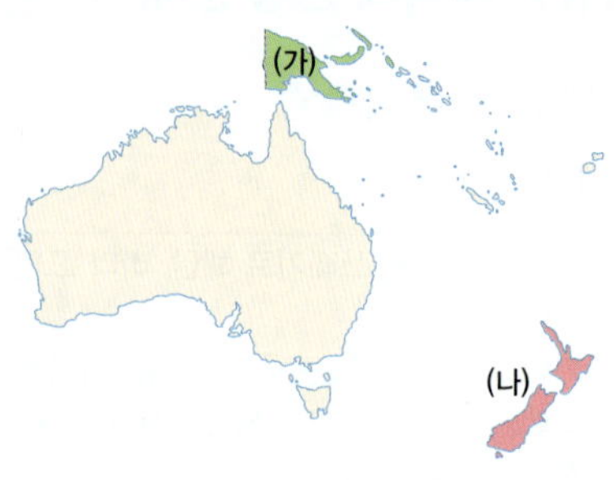

① (가)에는 침엽수림이 발달했다.
② (가)는 건조 기후가 나타나 사막을 볼 수 있다.
③ (나) 지역 사람들은 열대 고상 가옥에서 거주한다.
④ (가), (나)는 대서양에 인접하고 있는 국가이다.
⑤ (가)는 열대 기후, (나)는 온대 기후 지역에 속한다.

05 오스트레일리아 지형 관찰 수행 평가지의 A~E 중 지형 관찰 주제가 바르게 선정된 것은?

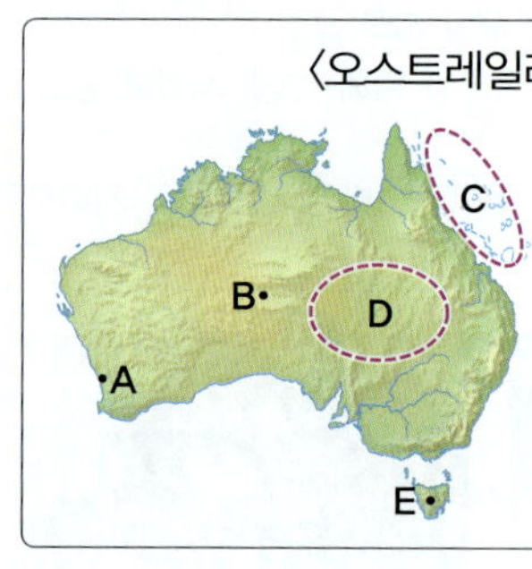

① A　　② B　　③ C　　④ D　　⑤ E

06 (가), (나) 지역에 관한 옳은 설명을 보기 에서 고른 것은?

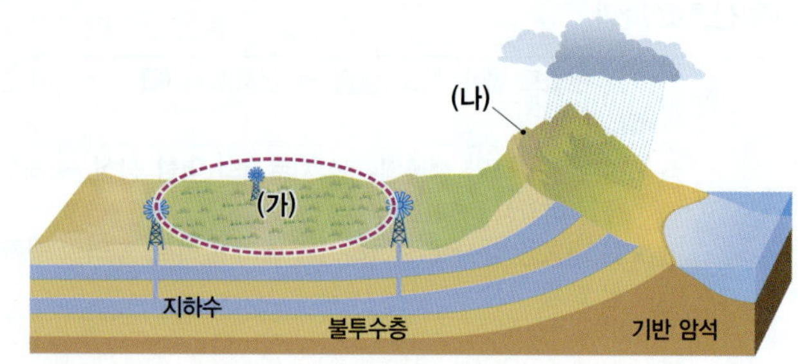

〈보기〉
ㄱ. (가) 지역에서는 건조 기후에 강한 양을 사육한다.
ㄴ. (가) 지역에서는 하천의 풍부한 물을 활용하여 밀을 경작한다.
ㄷ. (나) 주변에는 대량의 석탄이 매장되어 있다.
ㄹ. (나) 지역은 해발 고도가 높고 험준하며, 화산 지형과 온천을 볼 수 있다.

① ㄱ, ㄴ　　② ㄱ, ㄷ　　③ ㄴ, ㄷ
④ ㄴ, ㄹ　　⑤ ㄷ, ㄹ

07 오스트레일리아를 주제로 검색한 내용으로 옳은 것은?

① 콜롬버스가 발견한 대륙
② 별과 초승달이 표현된 국가 깃발
③ 국가 공용어로 영어와 마오리어를 채택
④ 드넓은 양 떼 목장에서 풀을 뜯고 있는 양
⑤ 계절풍의 영향을 받는 세계적인 벼농사 지역

08 다음은 오스트레일리아를 여행하면서 찍은 사진이다. (가), (나) 지역을 지도의 A~E에서 골라 바르게 연결한 것은?

(가)	(나)

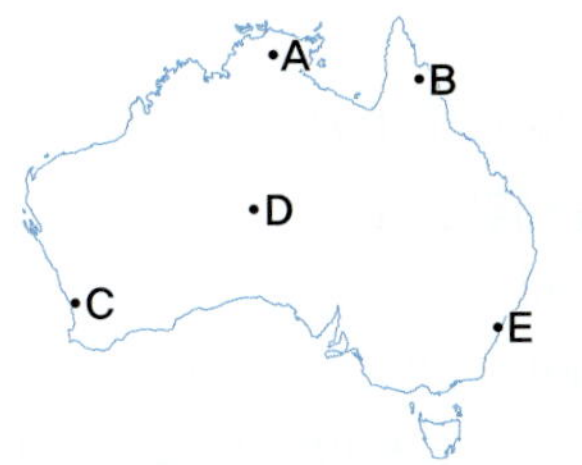

	(가)	(나)
①	A	B
②	B	C
③	C	D
④	D	E
⑤	E	A

중요

09 오스트레일리아와 관련한 다음 글의 ㉠~㉤에 관한 설명으로 옳지 <u>않은</u> 것은?

> 오스트레일리아는 남반구에 위치하여 ㉠ 북반구와 계절이 반대로 나타난다. ㉡ 아름다운 자연 경관과 함께 ㉢ 고유한 원주민 문화, ㉣ 독특한 생태계를 가지고 있어 오늘날 ㉤ 많은 관광객이 방문하고 있다.

① ㉠ – 북반구와 수확 시기가 반대인 밀의 재배와 수출에 유리하다.
② ㉡ – 세계 최대의 산호초 지역을 볼 수 있다.
③ ㉢ – 전통을 지키며 살고 있는 마오리족의 문화를 체험할 수 있다.
④ ㉣ – 캥거루, 코알라, 유칼리나무 등 다른 대륙에서 볼 수 없는 동식물이 있다.
⑤ ㉤ – 관광 산업이 국가 경제에서 중요한 부분을 차지한다.

10 오스트레일리아의 자원과 교류에 관한 설명으로 옳은 것은?

① 주로 철광석과 석탄을 수입한다.
② 값싼 인건비로 제조업이 발달하였다.
③ 주요 수입 품목으로 육류와 유제품 등이 있다.
④ 우리나라, 중국, 일본 등에 공산품을 수출한다.
⑤ 최근 지리적으로 가까운 아시아 지역과의 교류가 증가하고 있다.

11 오스트레일리아의 수출입 품목을 나타낸 그래프에 관한 설명으로 옳은 것은?

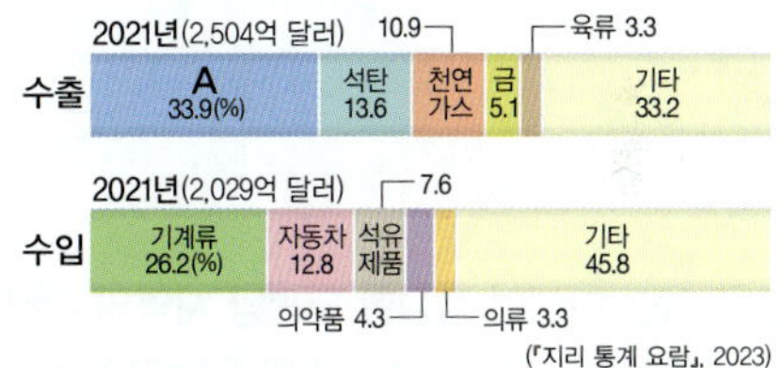

① A에 해당하는 품목은 철광석이다.
② 수출 품목으로 식량 자원의 비중이 높다.
③ 원료를 수입하고 제품을 만들어 수출한다.
④ 2021년에는 수출액보다 수입액이 더 많다.
⑤ 제조업이 발달하여 가공 무역이 발달한 편이다.

12 다음 무역 협정에 관한 설명으로 옳은 것은?

> 2020년에 오스트레일리아, 뉴질랜드를 포함하여 15개국이 참여하는 다자간 자유 무역 협정이 체결되어 경제 협력이 증진되고 국가 간 인적·물적 교류도 증가할 것으로 보인다.

① 보호 무역 확대를 목적으로 한다.
② 미국과 태평양 국가들이 참여한 협정이다.
③ 국가 간의 상품 및 자본 이동이 감소하고 있다.
④ 유럽과 오세아니아 지역 간의 경제 협력체이다.
⑤ 오스트레일리아와 뉴질랜드를 포함하여 우리나라와 중국 등도 가입한 상태이다.

13 태평양 지역의 환경 문제를 정리한 다음 표의 빈칸 ㉠~㉢에 들어갈 말을 바르게 연결한 것은?

구분	(㉠)	(㉡)
원인	주변 지역이나 배에서 버리는 쓰레기 유입	온실가스 배출량 증가 → (㉢) 현상
피해	해양 생태계 파괴, 어업과 양식업 등에 피해	저지대 섬과 해안 침수, 해양 생태계 영향
해결 노력	해양 유출 방지, 쓰레기 분리 배출 등	온실가스 배출량 감축, 탄소 배출 줄이기 등

	㉠	㉡	㉢
①	산호초 파괴	해수면 상승	지구 온난화
②	해수면 상승	해양 쓰레기	사막화
③	해수면 상승	산호초 파괴	해양 쓰레기
④	해양 쓰레기	해수면 상승	사막화
⑤	해양 쓰레기	해수면 상승	지구 온난화

14 다음은 어떤 학생이 작성한 태평양 지역의 환경 문제 관련 ○× 문제의 정답지이다. 이 학생이 맞힌 정답의 개수는?

문항	내용	답
1	탄소 배출을 줄이기 위해 친환경 제품을 사용해야 한다.	○
2	해양 쓰레기는 환경 문제의 원인이 되는 지역과 피해 지역이 일치하지 않는다.	○
3	해수면이 상승하면 태평양의 섬나라에서는 식수가 증가한다.	○
4	인간의 활동은 멀리 떨어진 지역의 환경에는 영향을 주지 않는다.	×

① 0개　② 1개　③ 2개　④ 3개　⑤ 4개

15 다음과 같은 문제가 발생하는 직접적인 원인을 보기 에서 고른 것은?

- 투발루의 수몰 위기
- 북극곰의 서식지 감소

보기
ㄱ. 친환경 제품 사용　　ㄴ. 지구 온난화 현상
ㄷ. 쓰레기 무단 투기　　ㄹ. 화석 연료 사용 증가

① ㄱ, ㄴ　　② ㄱ, ㄷ　　③ ㄴ, ㄷ
④ ㄴ, ㄹ　　⑤ ㄷ, ㄹ

16 다음 글의 밑줄 친 ㉠ 현상과 관련하여 옳은 내용을 보기 에서 모두 고른 것은?

미국 항공 우주국(NASA) 등에 따르면 북극 해빙(바다에 뜬 얼음)은 최근 40년 사이 375만 km² 감소했다. 해마다 평균 10만 km²에 가까운 크기가 줄어들고 있는 것이다. ㉠ 남극 대륙, 알래스카, 히말라야산맥 등지의 빙하도 각각 매년 평균 1,510억~4,000억 톤씩 감소하고 있다고 미국 항공 우주국은 밝혔다.

보기
ㄱ. 북극곰의 서식지가 감소하고 있다.
ㄴ. 산호초의 분포 지역이 증가하고 있다.
ㄷ. 지구의 평균 기온이 상승하고 있기 때문이다.
ㄹ. 해수면 상승으로 태평양의 섬들이 침수되고 있다.

① ㄱ, ㄴ　　② ㄷ, ㄹ　　③ ㄱ, ㄴ, ㄷ
④ ㄱ, ㄷ, ㄹ　　⑤ ㄱ, ㄴ, ㄷ, ㄹ

17 태평양 지역의 환경 문제 해결을 위해 노력하는 자세로 적절하지 않은 것은?

① 지속가능한 해결 방안을 모색한다.
② 국가만이 환경 문제를 해결할 수 있다.
③ 개인은 환경 보호에 관한 인식을 높인다.
④ 국제기구 및 환경 단체의 노력이 필요하다.
⑤ 기업은 제품 생산 시 에너지 소비를 줄이는 노력을 해야 한다.

18 다음 지역에 관한 설명으로 옳은 것은?

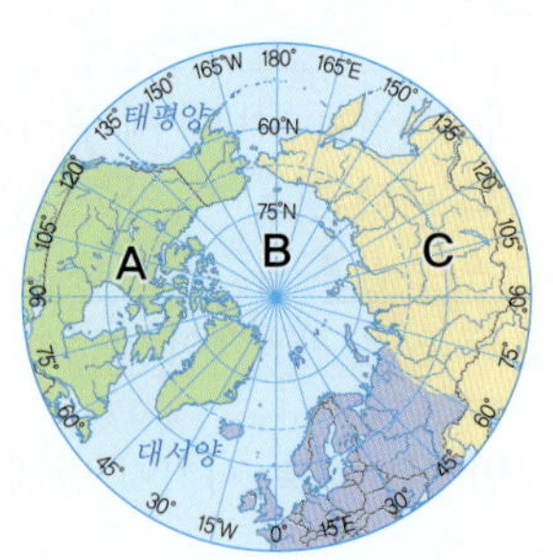

① A는 유럽 대륙이다.
② B는 남극해이다.
③ C는 아메리카 대륙이다.
④ 이 지역에는 석유와 천연가스 등의 자원이 풍부하게 매장되어 있다.
⑤ 이 지역은 주변국들의 영유권 주장으로 갈등이 심해지면서 관련 국가들이 조약을 맺게 되었다.

19 남극과 북극 지방에 풍부한 자원으로 옳지 <u>않은</u> 것은?

① 구리
② 석유
③ 원목
④ 천연가스
⑤ 크릴새우

20 다음 글의 빈칸에 공통으로 들어갈 바다로 옳은 것은?

> (   )에 접해 있는 미국, 캐나다, 러시아, 덴마크, 노르웨이는 서로 (   )의 영유권을 주장하며 갈등을 빚고 있다. 이는 (   )에 많은 양의 석유와 천연가스가 매장되어 있기 때문이다.

① 남극해
② 대서양
③ 북극해
④ 인도양
⑤ 태평양

21 다음은 극지방의 개발을 둘러싼 다양한 입장이다. 개발에 찬성하는 입장과 반대하는 입장을 바르게 짝지은 것은?

> • 갑: 석유, 천연가스 등의 개발로 경제적 이익이 기대되고 있지.
> • 을: 남극 대륙의 주변 바다는 수산 자원이 풍부해서 어업 활동이 증가하고 있어.
> • 병: 개발을 위해 쇄빙선이 드나들면서 공해가 발생하고 북극 생태계가 급격하게 변화하고 있어.
> • 정: 남극 여행객이 증가하면서 쓰레기 처리, 남극 현지 생물들의 환경 변화 등의 문제가 발생하고 있어.

	개발 찬성	개발 반대
①	갑, 을	병, 정
②	갑, 병	을, 정
③	을, 병	갑, 정
④	을, 정	갑, 병
⑤	병, 정	갑, 을

22 빈칸에 공통으로 들어갈 자원의 이름을 쓰시오.

> (   )은/는 비교적 기온이 낮고 건조한 지역에서도 잘 자라기 때문에 전 세계적으로 많이 재배된다. 특히 오스트레일리아는 남반구에 위치하여 북반구의 주요 생산 국가들과 (   ) 수확 시기가 달라 수출에 유리하다.

23 다음 글에서 설명하는 조약의 이름을 쓰시오.

> 극지방의 평화적인 활동과 과학적 연구를 목적으로 체결된 국제 조약이다. 2024년 현재 57개국이 가입하고 있는 이 조약은 군사 활동, 원자력 활동, 폐기물 배출 등을 금지한다. 또한 과학 조사 연구의 자유는 인정하지만 영유권은 주장할 수 없다.

24 태평양 지역에서 다음과 같은 문제가 발생하는 원인은 무엇인지 서술하시오.

> 태평양의 섬나라 투발루는 바닷물이 지반에 침투하면서 경작과 식수 확보가 어려워져 결국 2013년 국가 위기를 선포하고 기후 난민이 되는 길을 선택했다.

올쏘에서만 제공하는

특별 자료

자료 소개

1~6단원 학습에 활용할 수 있는 세계 지형도와 기후도, 백지도예요.

활용 TIP

배운 내용을 바탕으로 지형과 기후 분포를 확인하고, 대륙별 국가와 도시, 주요 지형의 위치 등을 지도에 표현해 나만의 세계 지도를 만들어 보세요.

차례

세계의 지형

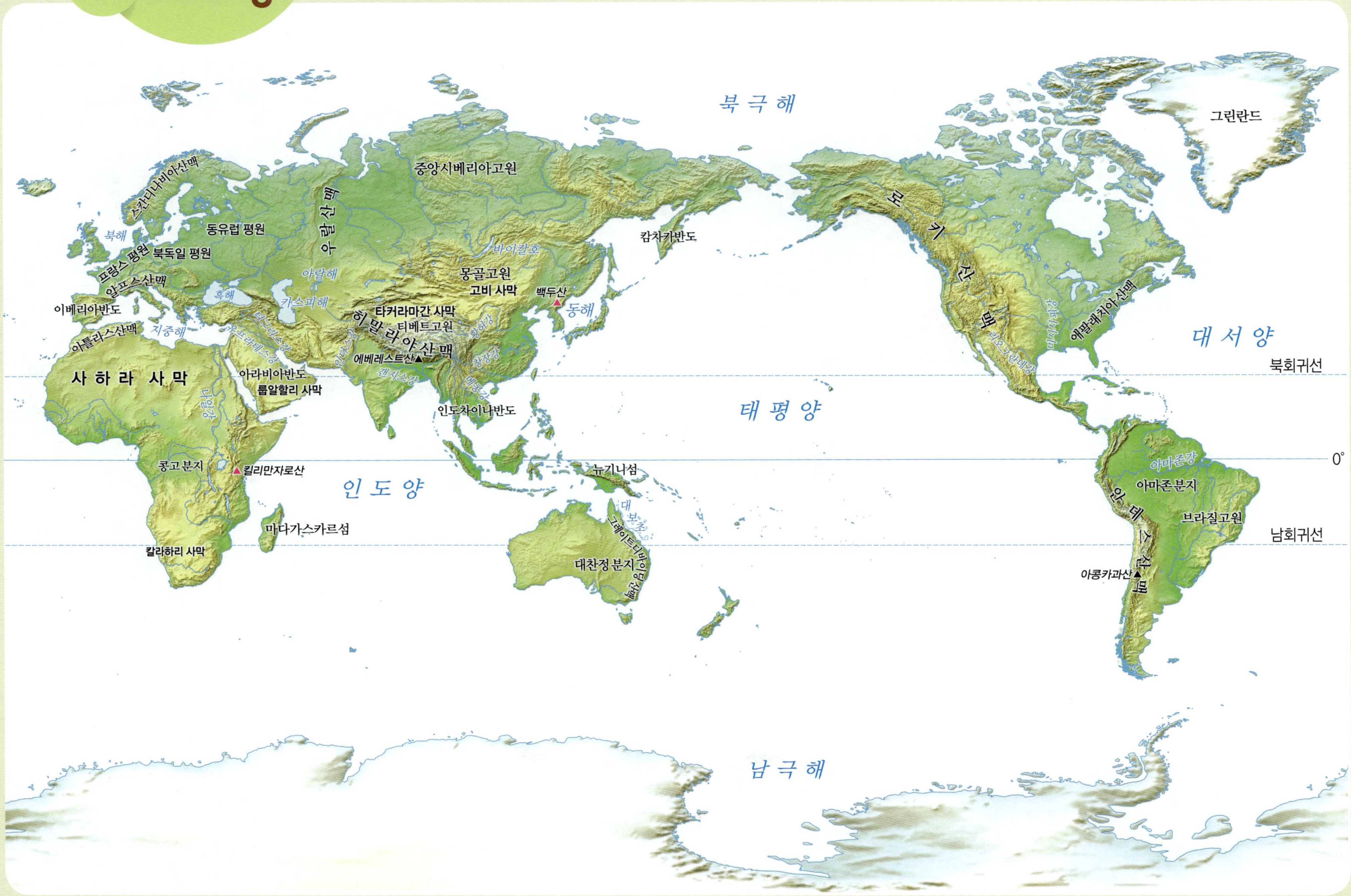

북극해
그린란드
중앙시베리아고원
스칸디나비아산맥
동유럽 평원
우랄산맥
북해
북독일 평원
프랑스 평원
알프스산맥
이베리아반도
흑해
아랄해
카스피해
바이칼호
몽골고원
고비 사막
백두산
동해
캄차카반도
타커라마간 사막
티베트고원
히말라야산맥
에베레스트산
황허강
창장강
메콩강
갠지스강
인더스강
티그리스강
유프라테스강
지중해
아틀라스산맥
사하라 사막
아라비아반도
룹알할리 사막
나일강
인도차이나반도
콩고 분지
킬리만자로산
인도양
마다가스카르섬
칼라하리 사막
뉴기니섬
대보초
그레이트디바이딩산맥
대찬정 분지
태평양
로키산맥
리오그란데강
미시시피강
애팔래치아산맥
대서양
북회귀선
0°
아마존강
아마존분지
안데스산맥
브라질고원
남회귀선
아콩카과산
남극해

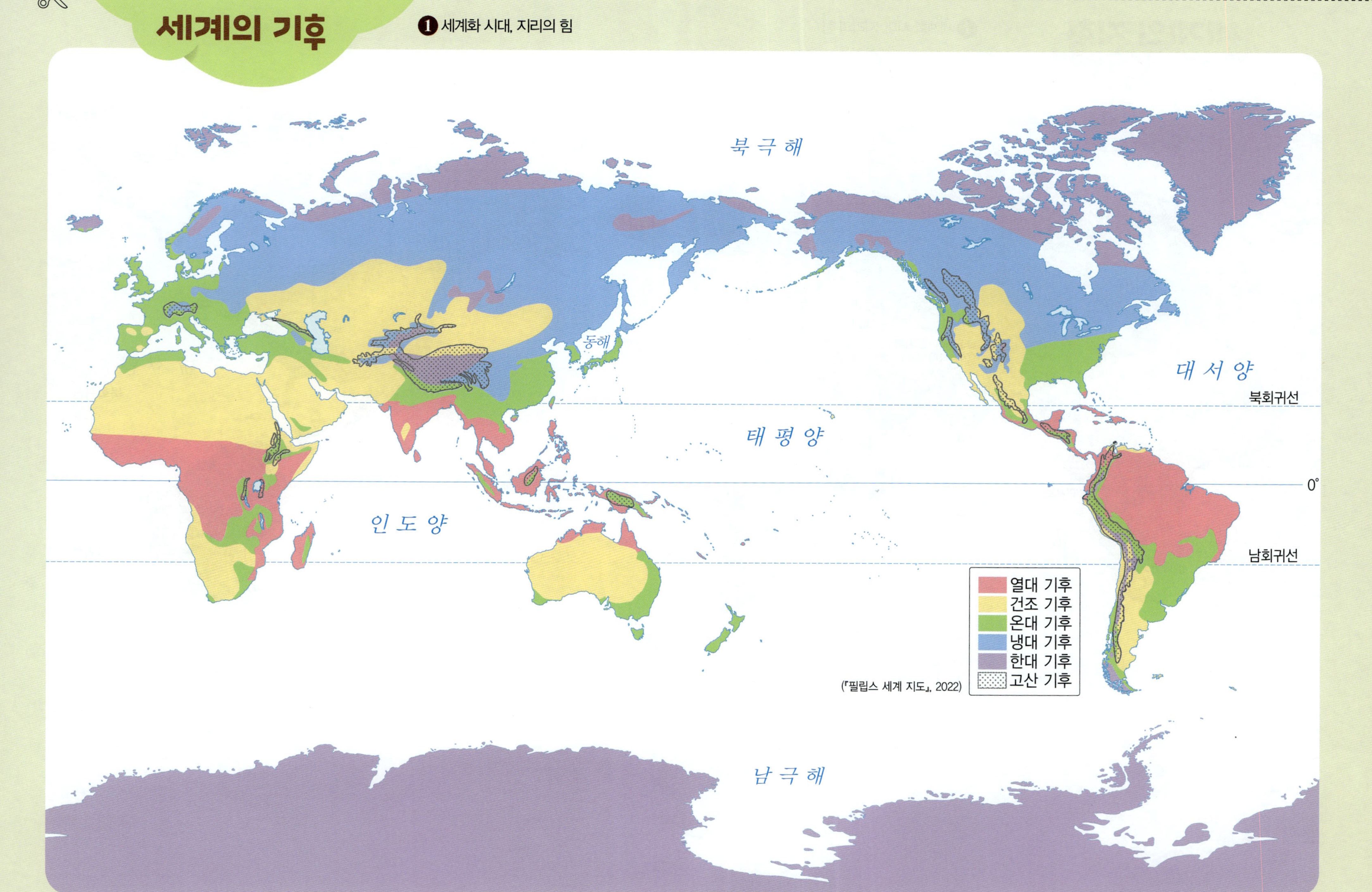

북극해
동해
대서양
태평양
인도양
북회귀선
남회귀선
0°
남회귀선
남극해
열대 기후
건조 기후
온대 기후
냉대 기후
한대 기후
고산 기후
(『필립스 세계 지도』, 2022)

*러시아, 튀르키예, 이집트는 두 대륙에 걸쳐 있음.

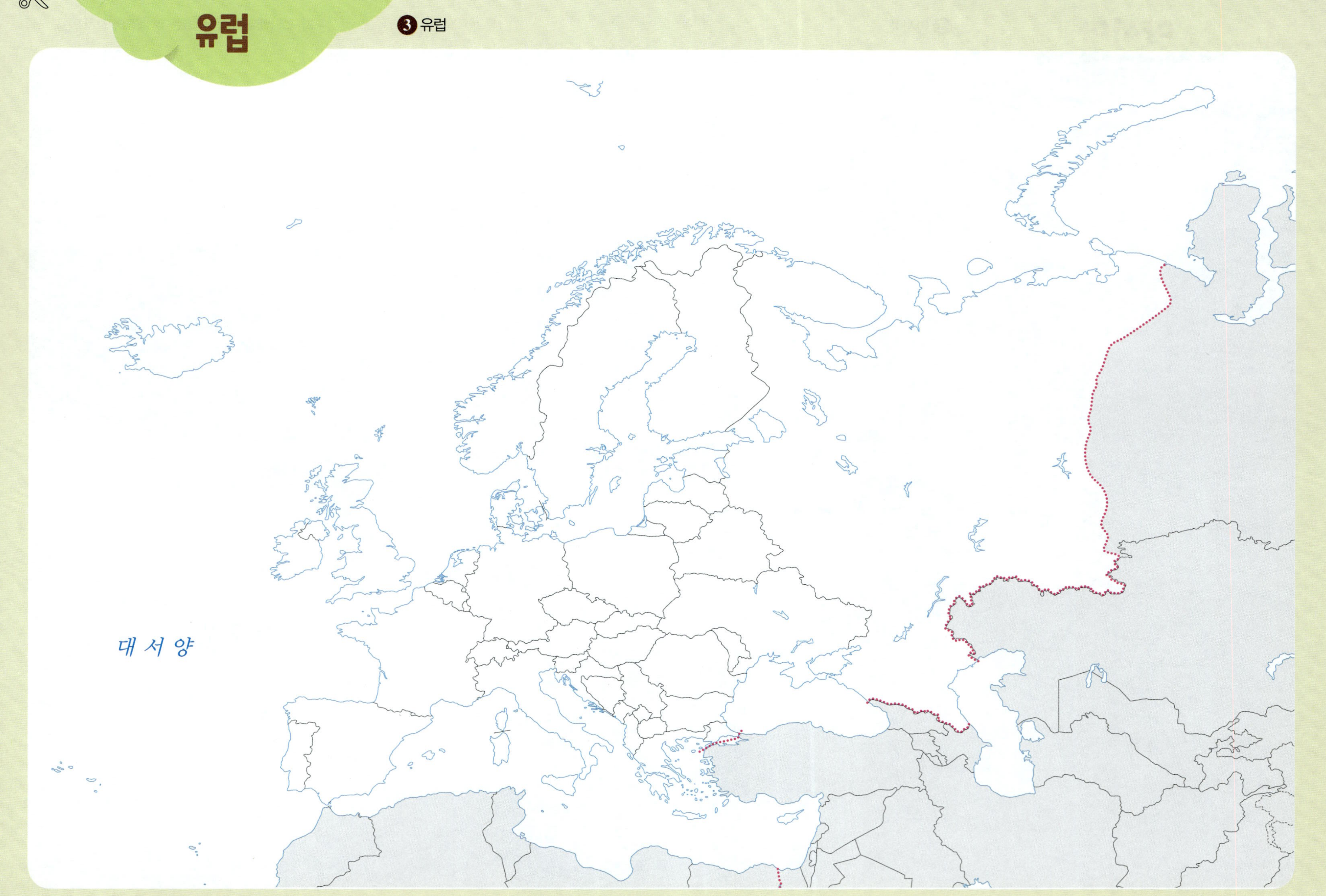

대 서 양

아프리카

대 서 양
태 평 양

오세아니아

세계

내신과 수능의 빠른시작!
중학 국어 빠작 시리즈

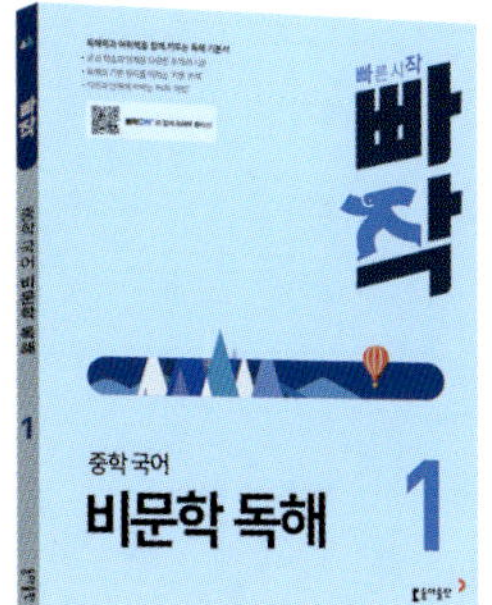

비문학 독해 0~3단계

독해력과 어휘력을
함께 키우는
독해 기본서

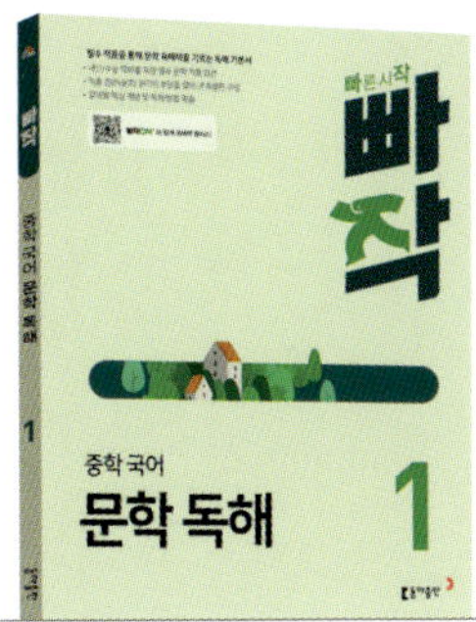

문학 독해 1~3단계

필수 작품을 통해
문학 독해력을 기르는
독해 기본서

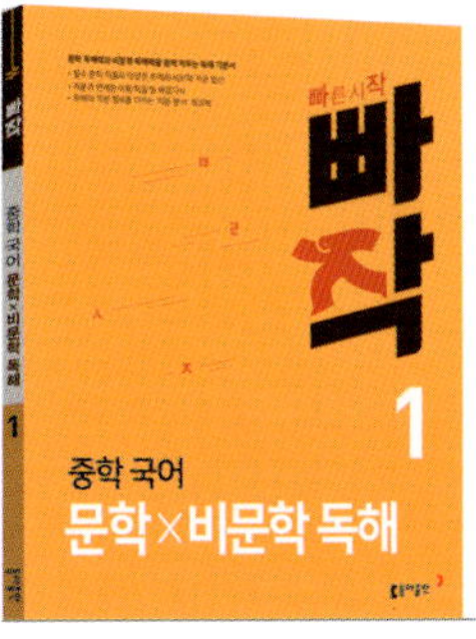

문학X비문학 독해 1~3단계

문학 독해력과
비문학 독해력을 함께 키우는
독해 기본서

고전 문학 독해

필수 작품을 통해
고전 문학 독해력을 기르는
독해 기본서

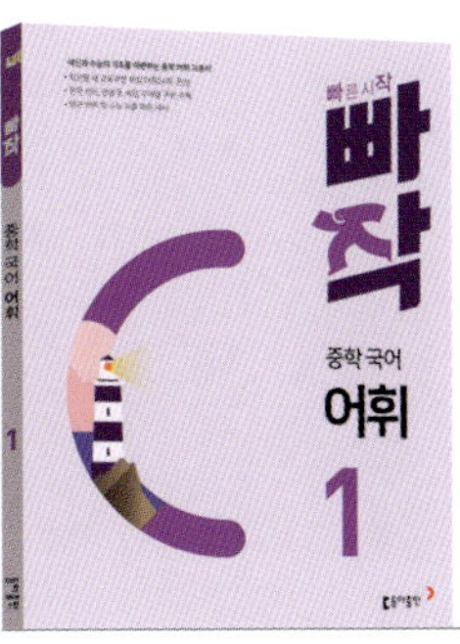

어휘 1~3단계

내신과 수능의
기초를 마련하는
중학 어휘 기본서

한자 어휘

중학 국어 필수 어휘를
배우는 한자 어휘 기본서

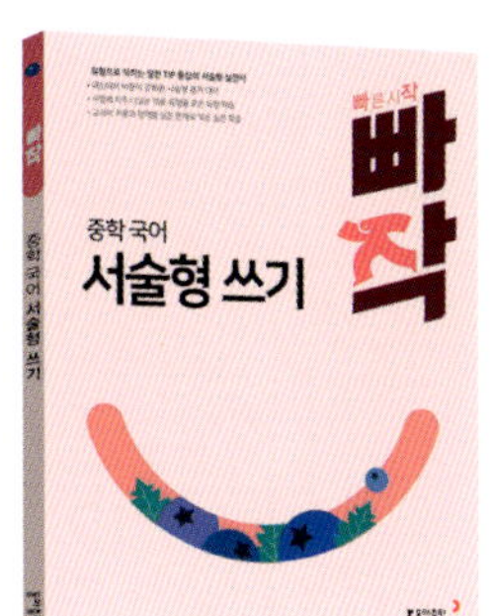

서술형 쓰기

유형으로 익히는
실전 TIP 중심의
서술형 실전서

첫 문법

중학 국어 문법을
쉽게 익히는 문법 입문서

문법

풍부한 문제로 문법 개념을
정리하는 문법서

중학 **사회** ①-1
개념 학습 정리책

중학

사회 ①-1

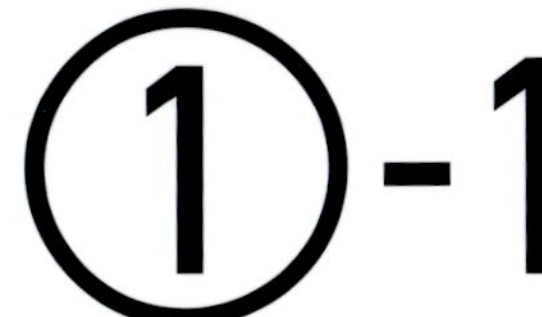

시험 대비 문제책

실력 확인 문제

문제로 복습하는
실력 확인

시험 빈출 문제

시험 빈출 문제로
실력 올리기

시험대비 **문제책**

중학 사회 ①-1

실력 확인 문제

시험 빈출 문제

실력확인문제 01 모자이크 세계

1 세계 여러 지역의 차이

1 위치에 따른 지역의 특성

(1) ❶ ☐☐ 어떤 지역이 일정한 장소에 차지하고 있는 자리

절대적 위치	• 지역의 변하지 않는 고정적인 정보로 나타낸 위치 • ❷ ☐☐☐ 위치: 위도와 경도로 나타내는 위치 • ❸ ☐☐☐ 위치: 대륙, 해양, 산맥 등 지형지물로 나타내는 위치
상대적 위치	주변 국가와의 관계에 따라 결정되는 위치

(2) **중요성** 어떤 지역의 위치를 알면 그곳의 자연환경과 인문환경을 파악하여 지역의 특성을 이해할 수 있음

2 자연환경과 지역의 특성

(1) **지형** 땅의 생긴 모양이나 형태로 침식·운반·퇴적 과정을 거쳐 산지, 평야, 하천, 해안 등의 다양한 형태로 만들어짐

산지 지역	해발 고도가 높고 대체로 경사가 급함
❹ ☐☐ 지역	넓고 평탄하여 기후 조건이 적절할 경우 농업 발달
해안 지역	바다가 가까이 있어 어업 활동 유리, 해상 교통 편리

(2) **기후** 어떤 지역에서 오랜 기간 걸쳐 나타나는 기온, 강수, 바람 등의 평균 상태 ➡ 위도, 지형 등에 따라 다양하게 나타남

열대 기후	연중 기온이 높고 연 강수량이 많음, 적도 주변 지역
❺ ☐☐ 기후	강수량보다 증발량이 많음, 사막과 초원 발달
온대 기후	사계절의 변화가 뚜렷하고 기온이 온화, 중위도 지역
냉대 기후	겨울이 길고 추우며 침엽수림 분포, 고위도 지역
한대 기후	연중 기온이 매우 낮음, 극지방 주변
고산 기후	연중 기후 온화, 적도 부근의 해발 고도가 높은 지역

3 인문환경과 지역의 특성

산업	지역에 발달한 산업에 따라 주민들의 생활 방식이 달라짐
종교	주민들의 일상생활과 밀접한 관련을 맺으며 인문환경 형성
언어	언어가 다르면 문자로 표현되는 언어 경관이 달라짐

2 세계 여러 지역의 다양성

❻ ☐☐☐☐	열대 기후, 중계 무역 발달, 다양한 민족과 언어
이집트	건조 기후, 사막, 모래와 열기를 막는 길고 헐렁한 옷
❼ ☐☐	건조 기후, 초원과 사막, 유목 생활, 게르
에스파냐	온대 기후, 여름 고온 건조, 올리브·오렌지 농업
러시아 북부	한대 기후, 농경에 불리해 순록을 유목
페루	고산 기후, 과거 잉카 문명 발달

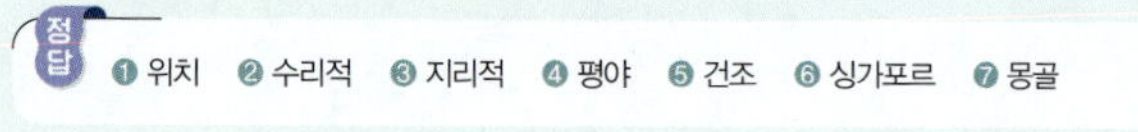

정답 ❶ 위치 ❷ 수리적 ❸ 지리적 ❹ 평야 ❺ 건조 ❻ 싱가포르 ❼ 몽골

---

01 다음은 세계 여러 지역의 위치를 설명한 것이다. 이 중 성격이 다른 하나는? 〔중〕

① 오스트레일리아는 남반구에 있다.
② 우리나라는 북위 33°~43°에 위치한다.
③ 싱가포르는 동경 103°~104°에 위치한다.
④ 아메리카 대륙에 속하는 미국은 서쪽으로 태평양에 접해 있다.
⑤ 우리나라는 동경 135°를 표준 경선으로 사용해 영국보다 9시간 빠른 시간대를 사용한다.

[02-03] 그림을 보고 물음에 답하시오.

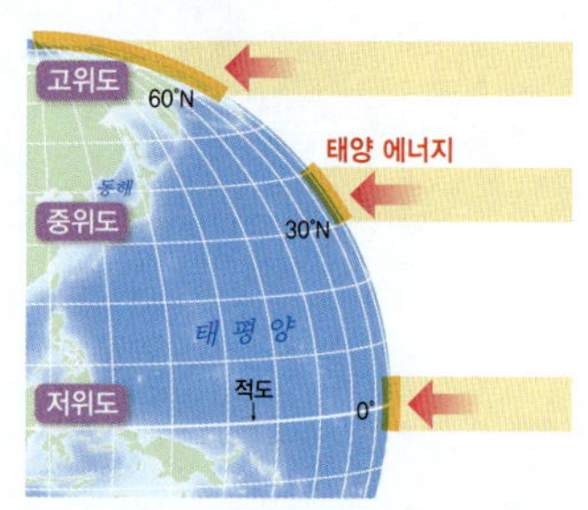

02 빈칸 ㉠~㉢에 들어갈 말을 바르게 연결한 것은? 〔중〕

> 위 그림은 위도에 따른 지역의 (㉠) 차이를 보여 준다. (㉡) 지역으로 갈수록 태양 에너지를 많이 받아 기온이 높아져 사람들의 생활 방식이 달라진다. 이는 (㉢)의 차이로 인한 지역성의 차이를 보여 준다.

	㉠	㉡	㉢
①	기후	저위도	자연환경
②	기후	저위도	인문환경
③	기후	고위도	자연환경
④	시간	저위도	인문환경
⑤	시간	고위도	자연환경

빈출
03 위 그림에 관한 옳은 설명을 〔보기〕에서 모두 고른 것은? 〔중〕

> **보기**
> ㄱ. 위도는 사람들의 의식주에 영향을 줄 것이다.
> ㄴ. 고위도 지역에는 열대 기후가 나타날 것이다.
> ㄷ. 위치의 차이로 인해 지역의 특성이 달라질 것이다.
> ㄹ. 중위도 지역에는 계절에 따른 옷차림이 발달할 것이다.

① ㄱ, ㄷ　　② ㄱ, ㄹ　　③ ㄷ, ㄹ
④ ㄱ, ㄷ, ㄹ　　⑤ ㄴ, ㄷ, ㄹ

[04-05] 세계의 기후 구분 지도를 보고 물음에 답하시오.

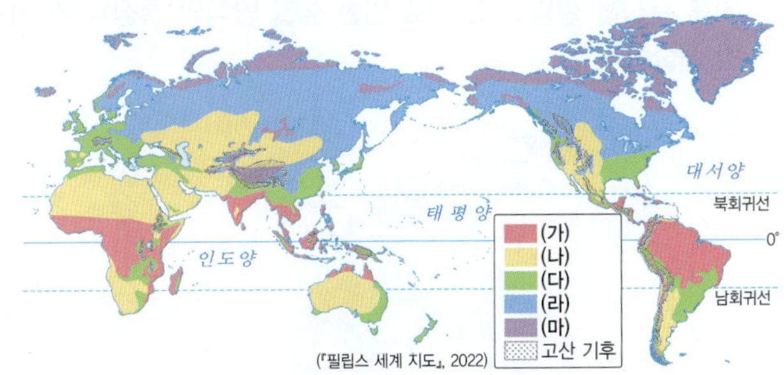

04 다음과 같은 특성이 나타나는 기후 지역을 지도의 (가)~(마)에서 고른 것은? (중)

- 물을 구할 수 있는 오아시스 주변에서 농사를 짓는다.
- 주변에서 구하기 쉬운 진흙으로 집을 짓고, 낮과 밤의 기온 차를 견디기 위해 벽을 두껍게 만들며, 창문을 작게 낸다.
- 강한 햇볕과 모래바람을 막기 위해 온몸을 감싸는 긴 옷을 주로 입는다.

① (가) ② (나) ③ (다) ④ (라) ⑤ (마)

05 (가) 기후 지역에서 볼 수 있는 모습으로 옳은 것은? (하)

① 얼음과 눈으로 지은 이글루에서 생활한다.
② 낮과 밤의 기온 차를 견디기 위해 망토를 입는다.
③ 주변에서 구하기 쉬운 침엽수로 통나무집을 짓는다.
④ 사계절이 뚜렷해 계절에 따라 다른 옷차림이 나타난다.
⑤ 음식이 쉽게 상하지 않도록 향신료를 사용하거나 기름에 볶고 튀긴 요리가 발달했다.

06 자연환경과 관련 있는 지역의 특성으로 옳은 것을 보기 에서 고른 것은? (하)

보기
ㄱ. 사우디아라비아에서는 아랍어 간판을 볼 수 있다.
ㄴ. 메콩강 일대에서는 강물을 이용한 벼농사가 활발하다.
ㄷ. 이집트에서는 열기를 막기 위해 길고 헐렁한 옷을 입는다.
ㄹ. 미국 뉴욕에는 제조업, 첨단 산업, 서비스업 등이 발달했다.

① ㄱ, ㄴ ② ㄱ, ㄷ ③ ㄴ, ㄷ
④ ㄴ, ㄹ ⑤ ㄷ, ㄹ

07 다음은 일본의 위치와 자연환경에 관한 자료이다. 이를 통해 유추한 지역의 특성으로 거리가 먼 것은? (상)

- 북위 약 30°~45°, 동경 약 130°~145°에 위치
- 네 개의 큰 섬과 수천 개의 작은 섬으로 이루어진 태평양의 섬나라
- 주로 온대 기후와 냉대 기후가 나타남
- 환태평양 조산대에 속해 화산과 지진 활동이 많이 일어남

① 북반구 중위도와 계절이 반대로 나타난다.
② 온천이 많아 이를 관광 자원으로 활용한다.
③ 태평양 인근에서 잡히는 해산물을 이용한 요리가 발달했다.
④ 지진 발생의 피해를 줄이기 위해 목재를 활용한 주택이 발달했다.
⑤ 생선의 가시를 편하게 바를 수 있도록 끝이 뾰족한 나무젓가락을 사용한다.

08 인문환경과 지역의 특성에 대한 설명 중 옳지 않은 것은? (상)

① 언어가 다르면 문자로 표현되는 언어 경관이 달라진다.
② 종교에 따라 음식, 결혼 문화 등의 모습이 다르게 나타난다.
③ 지역에 발달한 산업에 따라 주민들의 생활 방식이 달라진다.
④ 제조업, 첨단 산업이 발달한 지역은 도시적 생활 모습이 나타난다.
⑤ 농경 지역은 이동 생활, 유목 지역은 정착 생활의 모습을 볼 수 있다.

09 국가와 지역성이 바르게 연결된 것을 고르면? (중)

	국가	지역성
①	몽골	잉카 문명의 탄생지
②	이집트	믈라카 해협에 인접
③	러시아	올리브, 포도 등을 재배
④	싱가포르	중계 무역 발달
⑤	에스파냐	순록을 기르는 유목 생활

[10-11] 사진을 보고 물음에 답하시오.

(가) (나)

10 (가), (나)와 관련된 지역의 위치를 지도의 A~E에서 골라 바르게 연결한 것은?

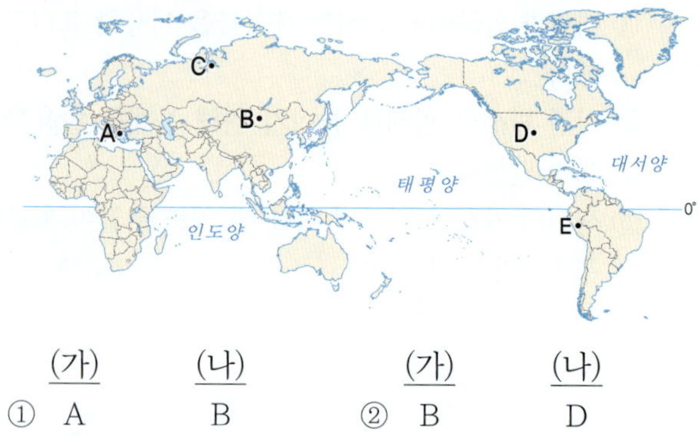

	(가)	(나)		(가)	(나)
①	A	B	②	B	D
③	B	E	④	C	D
⑤	C	E			

11 (가), (나) 지역에 관하여 옳은 설명을 한 학생끼리 바르게 묶은 것은?

- 갑: (가) 지역은 건조 기후로 인한 지역성이 형성되었지.
- 을: (가) 지역은 이곳의 기후를 이용한 벼농사가 활발하게 이루어진대.
- 병: (나) 지역은 해발 고도가 높아 연중 우리나라의 봄 날씨와 같은 고산 기후가 나타나.
- 정: (나) 지역은 여름철 건조한 날씨를 이용해서 포도 등을 키우는 수목 농업을 한대.

① 갑, 을 ② 갑, 병 ③ 을, 병
④ 을, 정 ⑤ 병, 정

12 다음은 위도에 따른 기온의 차이를 나타낸 그림이다. A 지역의 기후 특징을 설명하고, 이로 인한 생활 방식의 특징을 <u>한 가지</u>만 서술하시오.

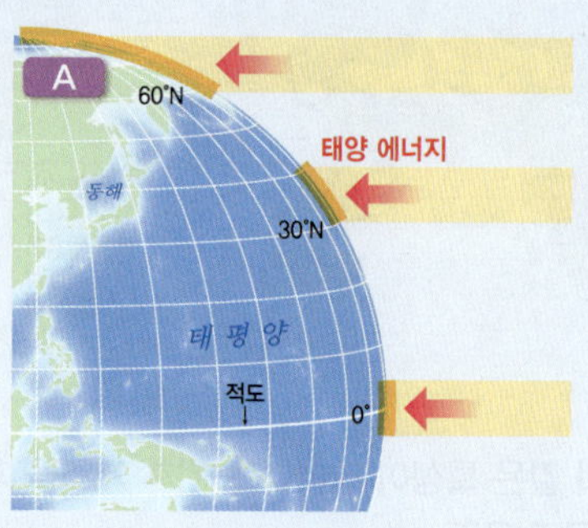

____

____

13 다음 지도에 표시된 지역에서 주로 믿는 종교로 인해 나타나는 지역성을 <u>두 가지</u>만 서술하시오.

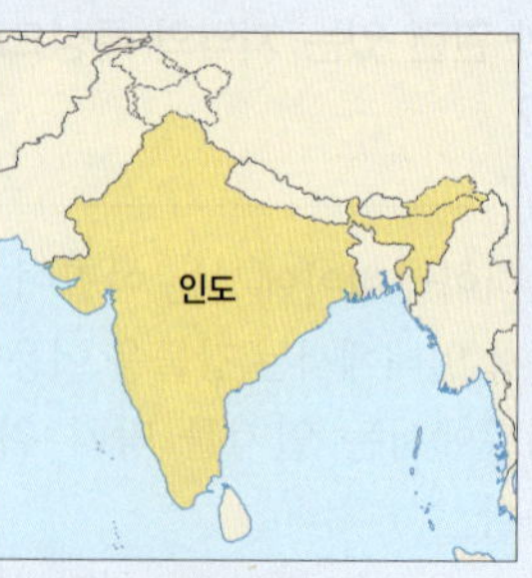

____

____

실력 확인 문제   **02** 네트워크 세계 ~ **03** 세계는 하나로, 지역은 세계로

1 세계 각 지역의 공간적 상호 작용

1 세계 여러 지역의 연결

교통의 발달	• 새로운 ❶□□□□ 등장: 사람, 물자 등의 지역 간 이동이 더욱 빠르고 편리 • 공간적 범위 확대, 지역의 접근성 향상
정보·통신 기술의 발달	• 인터넷, 스마트폰의 발달: 실시간 소통 가능, 해외 직접 구매 증가, 다양한 정보 공유 • 정보 통신 기술의 발달로 공간적 제약 극복

2 공간적 상호 작용

(1) **의미**   여러 지역 사이에 발생하는 사람, 물자, 정보 등의 흐름

(2) **네트워크로서의 세계**   물리적 공간을 초월하여 서로 다른 지역, 국가, 세계 등이 다양한 방식으로 연결된 사회

2 하나 되어 가는 세계

1 ❷□□□   정치, 경제, 사회, 문화 등의 인간 활동이 해당 지역이나 국가의 경계를 넘어 전 세계로 확대되고 지역 또는 국가 간 상호의존성이 커지는 현상

2 세계화가 지역에 미친 영향

경제의 세계화	• 세계화로 상품, 서비스, 자본 등의 교류가 활발해지면서 전 세계가 하나의 거대한 시장을 형성 • 기업은 전 세계를 대상으로 제품을 생산하고 판매하면서 경제적 이득을 얻고, 소비자는 다양한 상품 구매 가능 • 국가 및 기업 간 경쟁 치열, 지역 간 경제적 격차 커짐
❸□□의 세계화	• 음악, 영화, 음식 등 일상생활 속 문화 요소들이 교류 • 세계 문화가 보편화되면서 지역 고유문화의 정체성이 약화되고, 세계 각 지역의 문화가 유사해지는 현상 발생

3 세계로 향하는 지역의 변화

1 ❹□□□   지역이 세계에서 고유한 가치를 지니게 되는 현상

2 지역화 전략

❺□□□□	지역의 자연환경, 특산물, 역사 등을 이용해 축제 개최 ➡ 지역의 ❻□□ 산업 발달과 지역 경제 활성화
지역 브랜드	지역 그 자체나 지역의 상품과 서비스를 소비자가 특별한 브랜드로 인식하도록 하는 전략
지리적 표시제	특정 지역의 지리적 특성을 반영한 우수한 상품이 그 지역에서 생산·가공되었음을 증명하고 표시하는 제도

정답 ❶ 교통수단 ❷ 세계화 ❸ 문화 ❹ 지역화 ❺ 지역 축제 ❻ 관광

01 항공 네트워크 변화 자료를 보고 추론한 내용으로 옳은 것을 **보기**에서 고른 것은?

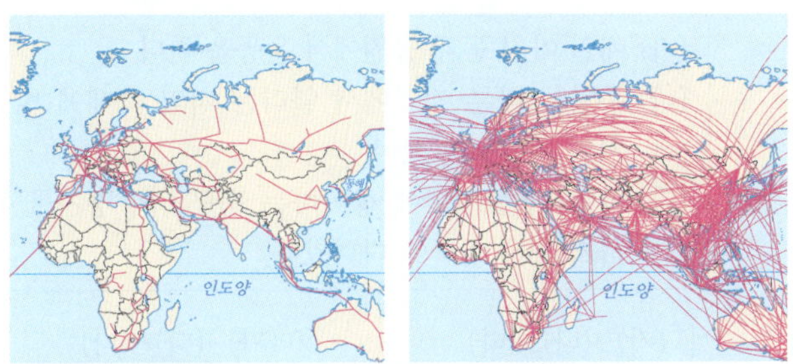

▲ 1935년 항공 노선   ▲ 2018년 항공 노선

보기

ㄱ. 교통의 발달을 보여 주는 자료이다.

ㄴ. 1935년에 비해 2018년에 항공 네트워크가 증가하였다.

ㄷ. 2018년에는 가까운 지역끼리의 교류만 이루어지고 있다.

ㄹ. 이러한 변화로 인해 생활 공간의 범위가 좁아질 것이다.

① ㄱ, ㄴ   ② ㄱ, ㄷ   ③ ㄴ, ㄷ
④ ㄴ, ㄹ   ⑤ ㄷ, ㄹ

02 다음은 공간적 상호 작용과 관련하여 학생들이 나눈 대화이다. 옳게 이야기를 한 학생끼리 바르게 묶은 것은?

① 지호, 수현   ② 지호, 소현
③ 수현, 소현   ④ 수현, 진수
⑤ 소현, 진수

03 다음 (가)~(다)의 공간적 상호 작용을 규모가 작은 순서대로 바르게 나열한 것은?

> (가) 매일 아침 동네 공원에서 운동을 한다.
> (나) 주말에 다른 지역에서 열리는 지역 축제에 방문해 지역 특산물을 샀다.
> (다) 이번 겨울 방학에 좋아하는 축구팀의 경기를 관람하기 위해 영국에 다녀왔다.

① (가)-(나)-(다)　　② (가)-(다)-(나)
③ (나)-(가)-(다)　　④ (나)-(다)-(가)
⑤ (다)-(나)-(가)

04 다음 일기의 밑줄 친 ㉠~㉤ 중 공간적 상호 작용의 규모가 다른 하나는?

> 이번 겨울 방학에 부모님과 ㉠ <u>해외여행</u>을 떠나기로 했다. 여행에 입고 갈 옷을 구매하기 위해 ㉡ <u>해외 상품 누리집</u>에서 여행에 입고 갈 옷을 직접 구매했다. 바다를 건너올 테니 일주일 정도 걸리려나? 저녁을 먹고 ㉢ <u>지구 반대편에서 하는 월드컵 8강 경기</u>를 실시간으로 시청했다. 이곳은 오후 8시인데, 월드컵을 개최한 곳은 오전이었다. 축구 경기에 치킨이 빠지면 안 되니 ㉣ <u>배달 애플리케이션으로 동네 치킨집에서 치킨을 주문</u>해 먹었다. 치킨의 재료인 닭고기는 ㉤ <u>브라질에서 온 닭고기</u>였다.

① ㉠　　② ㉡　　③ ㉢　　④ ㉣　　⑤ ㉤

05 세계화에 관한 설명으로 옳지 <u>않은</u> 것은?

① 국경을 초월한 문화를 경험할 수 있다.
② 전 세계가 하나의 거대한 시장을 형성한다.
③ 문화의 세계화로 지역 고유문화의 정체성은 강해진다.
④ 소비자는 세계에서 생산된 다양한 상품을 쉽게 구입할 수 있다.
⑤ 세계 각국의 다양한 문화를 일상에서 쉽게 즐길 수 있게 되었다.

[06-07] 다음 글을 보고 물음에 답하시오.

> 마트에 가면 세계 각지에서 온 다양한 먹을거리가 가득하다. 덴마크산 삼겹살, 미국산 오렌지 등 우리 식탁 위 음식들은 지구 반 바퀴를 돌아서 건너 온 것들로 채워지고 있다. 이는 세계화로 인해 상품 등이 교류되고 세계가 하나의 시장을 형성하는 (　㉠　)로 인한 현상이다.

06 빈칸 ㉠에 들어갈 용어로 가장 적절한 것은?

① 경제의 세계화　　② 경제의 획일화
③ 문화의 세계화　　④ 문화의 획일화
⑤ 지역의 세계화

07 ㉠에 관한 옳은 설명을 보기 에서 모두 고른 것은?

> **보기**
> ㄱ. 세계 무역 기구로 인해 촉진되었다.
> ㄴ. 소비자가 다양한 상품을 접할 수 있게 한다.
> ㄷ. 지역 간 경제적 격차가 커지는 데 영향을 준다.
> ㄹ. 이로 인해 항공과 해운 등의 중요성이 감소하고 있다.

① ㄱ, ㄴ　　② ㄱ, ㄷ　　③ ㄴ, ㄹ
④ ㄱ, ㄴ, ㄷ　　⑤ ㄴ, ㄷ, ㄹ

08 다음 자료를 통해 추론한 내용으로 가장 적절한 것은?

> 아프리카의 고원 지대에서 유래한 커피는 이슬람 문화와 유럽의 궁중 문화를 거치면서 오늘날 전 세계인이 즐기는 음료로 자리잡았다. 특히 미국에 본사를 둔 A 커피 전문점은 세계 여러 국가에 매장을 열어 세계적으로 비슷한 상품과 서비스를 제공하지만, 지역 특산물을 이용한 메뉴를 개발하거나 지역의 특색을 살려 매장 인테리어를 하기도 한다.

① 세계화로 국경의 의미와 역할이 약화되었다.
② 세계화로 지역 간 경제적 격차가 커질 수 있다.
③ 세계화는 경제와 문화 분야에서 주로 나타난다.
④ 세계화는 교통·통신의 발달로 더욱 가속화되고 있다.
⑤ 세계화는 지역의 특성에 따라 다른 모습이 나타나기도 한다.

[09-10] 자료를 보고 물음에 답하시오.

> 세계화, (　　　) 현상을 일으키다.
>
> 우리나라, 중국, 베트남의 전통 의복은 모두 다르지만 오늘날 이 세 나라의 옷차림은 모두 비슷하다. 서양의 청바지가 전 세계로 전파되면서 세계 각지 사람들이 즐겨 입는 일상복이 되었고, 전통 의복을 이제 일상적으로 입지 않기 때문이다.
>
> 
> ▲ 베트남 거리의 청바지를 입은 사람들

09 위 글에 관한 옳은 설명을 보기 에서 모두 고른 것은?

중

> **보기**
> ㄱ. 지역의 전통문화가 강화되는 모습이다.
> ㄴ. 제목의 빈칸에 들어갈 단어는 문화 획일화이다.
> ㄷ. 세계화로 인해 지역 간 문화가 유사해지고 있다.
> ㄹ. 지역 간 공간적 상호 작용 증가로 이러한 현상이 나타난다.

① ㄱ, ㄴ　　　② ㄱ, ㄷ　　　③ ㄷ, ㄹ
④ ㄱ, ㄴ, ㄹ　　　⑤ ㄴ, ㄷ, ㄹ

10 위 자료에서 알 수 있는 현상에 관한 사례로 적절하지 <u>않은</u> 것은?

하

① 커피　　　　② 불고기
③ 티셔츠　　　④ 햄버거
⑤ 할리우드 영화

11 다음은 한 학생이 작성한 지역화 관련 정답지이다. 이 학생이 맞힌 정답의 개수는?

중

문항	내용	답
1	지역화는 교통·통신이 발달하며 더욱 중요해졌다.	○
2	지역의 전통이나 지리적 특성을 이용하기도 한다.	×
3	어느 지역에나 나타나는 공통된 특성을 이용한다.	○
4	지역의 특성을 살려 세계적인 경쟁력을 갖추려고 한다.	×

① 0개　　② 1개　　③ 2개　　④ 3개　　⑤ 4개

12 다음은 지역화 전략의 주요 사례를 보여 주는 자료이다. (가), (나)에 해당하는 지역화 전략을 바르게 연결한 것은?

중

> (가) 프랑스 리옹의 'ONLY LYON'은 오직을 뜻하는 'ONLY'와 도시 이름인 'LYON'이 알파벳 두 자씩 대칭을 이루고 있다. 또한 리옹은 프랑스어 발음으로 사자를 뜻하는데, 그림에 사자를 함께 표현했다. 
>
> (나) 콧수염을 기르고, 모자를 쓴 후안 발데스라는 인물이 그려진 표시는 콜롬비아 커피로 만들어진 커피 제품이라는 것을 증명한다. 콜롬비아 커피는 전 세계인들이 즐겨 찾는 커피이다.

	(가)	(나)
①	지역 축제	지리적 표시제
②	지역 브랜드	지역 축제
③	지역 브랜드	지리적 표시제
④	지리적 표시제	지역 축제
⑤	지리적 표시제	지역 브랜드

13 다음 설명과 관련된 지역을 지도의 A∼E에서 바르게 고른 것은?

중

> • 강렬한 삼바 퍼레이드를 볼 수 있다.
> • 포르투갈의 축제 문화와 아프리카의 전통문화가 결합해 만들어진 축제이다.

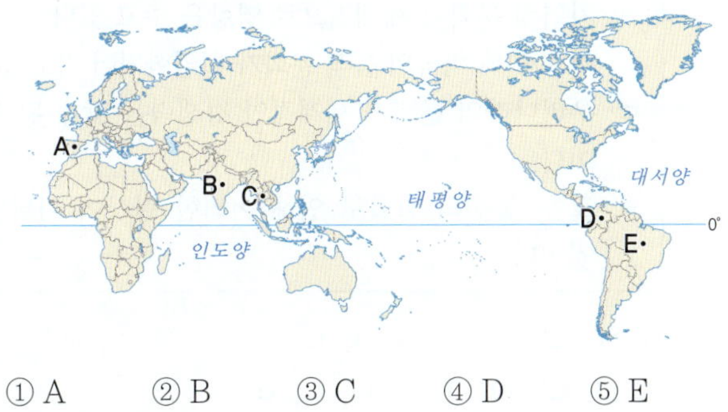

① A　　② B　　③ C　　④ D　　⑤ E

14 자료에 나타난 지역에 관한 설명으로 옳지 <u>않은</u> 것은?

(   )에 있는 도시 쿠리치바는 인구 급증으로 인한 교통 체증 문제가 나타났다. 이러한 문제를 해결하기 위해 기존 도로망을 활용하는 대중교통 체계를 도입하였고, 예산을 많이 들이지 않고도 도시 문제를 현명하게 해결하였다. 이러한 쿠리치바의 교통 체계는 우리나라, 콜롬비아 등 다양한 국가에 영향을 주었다.

① 빈칸에 들어갈 국가는 브라질이다.
② 지역의 변화가 세계에 영향을 미치는 사례이다.
③ 이 지역의 교통 시스템은 다른 지역에 영향을 주었다.
④ 이 지역의 문제 해결 방식은 세계적으로 모범 사례가 되었다.
⑤ 세계적인 문화가 쿠리치바의 기존 문화를 변형하고 있는 모습이다.

15 다음 기사에 관한 옳은 설명을 **보기**에서 모두 고른 것은?

최근 우리나라의 ○○ 볶음면이 미국에서 K−푸드 열풍을 일으키고 있다. 매운 음식에 익숙하지 않은 미국인들이 ○○ 볶음면을 먹는 모습을 사회 관계망 서비스(SNS)에 올리는 '○○ 볶음면 챌린지'가 유행하며 이 상품은 품귀 현상이 나타나고 있다.

보기

ㄱ. 지역의 문화가 세계적으로 영향을 주고 있다.
ㄴ. 이로 인해 미국의 음식 문화가 획일화되어 가고 있다.
ㄷ. 우리나라의 문화가 세계적인 경쟁력을 갖게 된 사례이다.
ㄹ. 교통·통신의 발달로 인해 이러한 현상이 나타났을 것이다.

① ㄱ, ㄴ　　② ㄱ, ㄷ　　③ ㄷ, ㄹ
④ ㄱ, ㄷ, ㄹ　　⑤ ㄴ, ㄷ, ㄹ

16 다음 글을 통해 알 수 있는 현상의 명칭을 쓰고, 그 의미를 서술하시오.

우리는 세계 어디에서든 프랜차이즈 커피 A사의 매장을 만날 수 있다. 서로의 국가는 다르나 사람들은 똑같은 로고가 박힌 컵에 똑같은 아메리카노를 즐기고 있다. 이렇듯 세계 사람들은 각국의 전통 음료보다는 서양에서 전해진 커피를 더 많이 마신다.

17 다음 자료에서 볼 수 있는 지역화 전략의 명칭을 쓰고, 그 의미를 서술하시오.

▲ 콜롬비아 커피

▲ 인도 차

실력확인문제 　01 아시아의 위치와 자연환경

1 아시아의 위치

1 지리적 범위

(1) **아시아**　서쪽으로 유럽, 서남쪽으로 아프리카, 남쪽으로 인도양, 동쪽으로 ❶□□□, 북쪽으로 북극해와 접하고 있는 대륙

(2) **지역 구분**　동아시아, 동남아시아, 남부 아시아, 서남아시아, 중앙아시아

2 국가와 주요 도시

동아시아	대한민국(서울), 중국(베이징), 일본(도쿄) 등
❷□□□□□	인도네시아(자카르타), 타이(방콕) 등
남부 아시아	❸□□(뉴델리, 뭄바이), 방글라데시(다카) 등
서남아시아	카타르(도하), 아랍 에미리트(두바이) 등
중앙아시아	우즈베키스탄(타슈켄트), 카자흐스탄(아스타나) 등

2 아시아의 자연환경

1 지형

산지	❹□□□□□산맥, 티베트고원 등 높은 산지와 고원 → 해발 고도가 높고 지각 운동 활발
하천	• 인더스강, 갠지스강, 메콩강, 황허강 등 • 주변 평야 지대는 농업에 유리 → 문명 발달
사막	강수량이 적은 지역에 형성 예 룹알할리 사막, 고비 사막

2 기후

(1) 아시아의 기후 구분

❺□□ 기후	• 동남아시아, 남부 아시아 지역 일대 • 적도 부근은 일 년 내내 기온이 높고 강수량이 많음
건조 기후	• 중앙아시아와 서남아시아 일대 • 강수량이 적어 초원과 사막 발달
온대 기후	동아시아 지역 일대
냉대 기후	동아시아 일부 지역(중국 북동부)
고산 기후	히말라야 산지 부근

(2) 아시아의 기후와 주민 생활

벼농사	• 계절풍의 영향을 받는 열대 및 온대 기후 지역 • 여름철 기온이 높고 강수량이 많아 벼농사 유리
❻□□	• 농사에 불리한 건조 및 고산 기후 지역 • 가축을 데리고 다니며 이동 생활
플랜테이션	• ❼□□ 기후 지역 • 차, 커피, 카카오 등 열대작물을 대규모로 재배

---

01 다음 학생이 시험에서 받은 점수로 옳은 것은? (단, 한 문장당 점수는 1점으로 처리함)

<문제> 아시아의 위치에 관해 서술하시오.

- 아시아는 서쪽으로 유럽과 이웃한다.
- 아시아는 서남쪽으로 아프리카와 이웃한다.
- 아시아는 남쪽으로 태평양과 접하고 있다.
- 아시아는 동쪽으로 대서양과 접하고 있다.

　　　　　　　　　총점 (　　)점 / 4점

① 0점　　② 1점　　③ 2점　　④ 3점　　⑤ 4점

02 지도에 관한 설명으로 옳은 것을 **보기**에서 고른 것은?

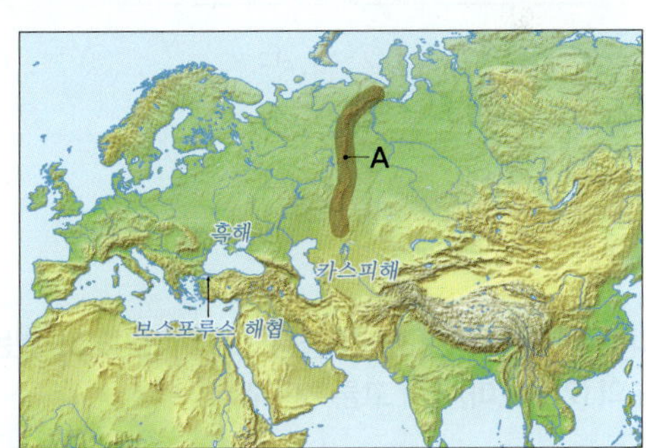

보기

ㄱ. A는 히말라야산맥이다.
ㄴ. A는 유라시아 대륙에 위치한 산맥이다.
ㄷ. A는 유럽과 아시아의 경계를 이루는 산맥이다.
ㄹ. A의 서쪽을 아시아, 동쪽을 유럽이라고 부른다.

① ㄱ, ㄴ　　　② ㄱ, ㄷ　　　③ ㄴ, ㄷ
④ ㄴ, ㄹ　　　⑤ ㄷ, ㄹ

03 광고에 등장하는 도시의 명칭과 도시가 위치한 지역이 바르게 연결된 것은?

① 도하 – 서남아시아　　② 도하 – 중앙아시아
③ 두바이 – 서남아시아　　④ 두바이 – 중앙아시아
⑤ 자카르타 – 서남아시아

[04-06] 지도를 보고 물음에 답하시오.

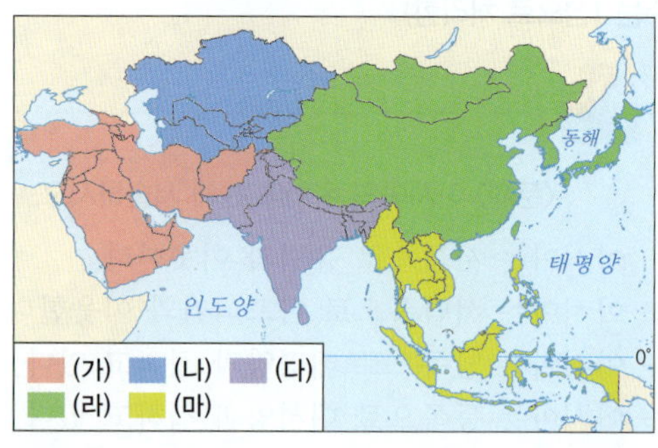

04 지도에 관한 옳은 설명을 보기 에서 모두 고른 것은?

보기
ㄱ. 아시아를 크게 다섯 지역으로 구분하고 있다.
ㄴ. (라) 지역은 동아시아, (마) 지역은 동남아시아이다.
ㄷ. 아시아를 자연환경, 문화 특성에 따라 구분한 것이다.
ㄹ. (나) 지역은 서남아시아, (다) 지역은 남부 아시아이다.

① ㄱ, ㄴ　　② ㄴ, ㄷ　　③ ㄱ, ㄴ, ㄷ
④ ㄴ, ㄷ, ㄹ　　⑤ ㄱ, ㄴ, ㄷ, ㄹ

05 다음 대화에서 친구들이 공통으로 이야기하고 있는 지역을 지도의 (가)~(마)에서 고른 것은?

① (가)　② (나)　③ (다)　④ (라)　⑤ (마)

06 다음 게시물에 소개된 도시가 위치한 지역과 도시의 이름을 바르게 연결한 것은?

① (다) – 베이징
② (다) – 상하이
③ (라) – 베이징
④ (라) – 상하이
⑤ (마) – 베이징

07 다음 학생이 여행을 다녀온 국가로 옳은 것은?

나는 뭄바이라는 도시에 다녀왔는데, 이 국가에서 인구가 가장 많은 도시라고 해. 여기는 상업과 무역뿐만 아니라 영화 산업도 발달했어.

① 인도　　② 일본　　③ 중국
④ 타이　　⑤ 파키스탄

[08-09] 기후 그래프를 보고 물음에 답하시오.

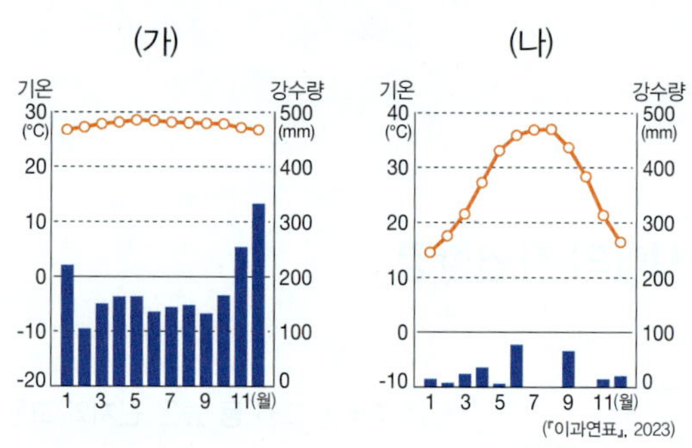

08 (가), (나) 지역에 관한 옳은 설명을 보기 에서 고른 것은?

보기
ㄱ. (가)는 연중 기온이 높다.
ㄴ. (나)에는 이동 생활을 하는 사람들도 있다.
ㄷ. (가)는 (나)에 비해 강수량이 적다.
ㄹ. (가)는 (나)에 비해 농업에 불리하다.

① ㄱ, ㄴ　　② ㄱ, ㄷ　　③ ㄴ, ㄷ
④ ㄴ, ㄹ　　⑤ ㄷ, ㄹ

09 (나) 지역의 특징으로 옳은 것을 보기 에서 고른 것은?

보기
ㄱ. (나) 지역은 물을 구하기 힘든 지역이다.
ㄴ. (나) 지역에는 사막이나 초원이 펼쳐져 있다.
ㄷ. (나) 지역에는 나무가 빽빽한 열대림이 형성된다.
ㄹ. (나)와 같은 기후는 동남아시아에 주로 나타난다.

① ㄱ, ㄴ　　② ㄱ, ㄷ　　③ ㄴ, ㄷ
④ ㄴ, ㄹ　　⑤ ㄷ, ㄹ

[10-12] 아시아의 기후 분포도를 보고 물음에 답하시오.

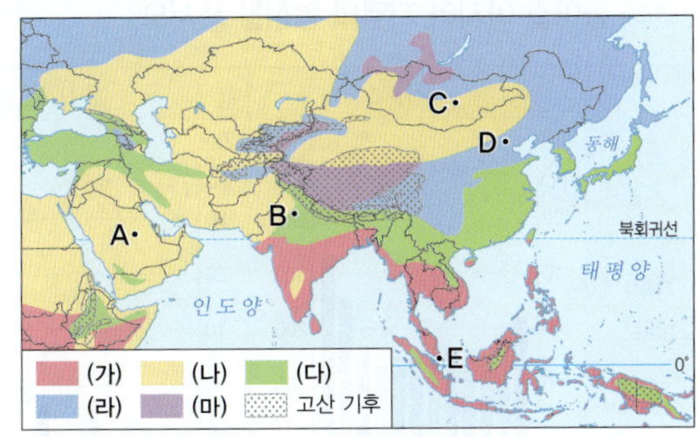

빈출

10 지도의 (가)~(다) 기후를 바르게 연결한 것은?

중

	(가)	(나)	(다)
①	건조 기후	온대 기후	열대 기후
②	열대 기후	온대 기후	건조 기후
③	열대 기후	건조 기후	온대 기후
④	온대 기후	열대 기후	건조 기후
⑤	온대 기후	건조 기후	열대 기후

11 다음 전통 음식과 관련 있는 기후 지역을 지도의 (가)~(마)에서 고른 것은?

중

나시고렝은 해산물이나 닭고기, 돼지고기 등을 각종 채소와 함께 넣고, 이 기후 지역에서 많이 나는 쌀을 특유의 향신료로 양념하여 볶아낸 일종의 볶음밥이다. 덥고 습한 기후에서 음식이 쉽게 상하지 않도록 기름과 향신료를 사용하여 만들었다.

① (가)　② (나)　③ (다)　④ (라)　⑤ (마)

12 다음 사진의 가옥을 볼 수 있는 지역을 지도의 A~E에서 고른 것은?

하

① A　② B　③ C　④ D　⑤ E

---

13 사진에 제시된 농업에 관한 옳은 설명을 **보기**에서 고른 것은?

중

보기

ㄱ. 온대 기후의 계절풍 지역에서 활발하다.
ㄴ. 여름철의 덥고 습한 기후를 이용한 농업이다.
ㄷ. 대규모의 열대작물을 상업적으로 재배하는 농업이다.
ㄹ. 현지인의 노동력과 선진국의 자본, 기술이 결합한 농업이다.

① ㄱ, ㄴ　② ㄱ, ㄷ　③ ㄴ, ㄷ
④ ㄴ, ㄹ　⑤ ㄷ, ㄹ

[14-15] 지도를 보고 물음에 답하시오.

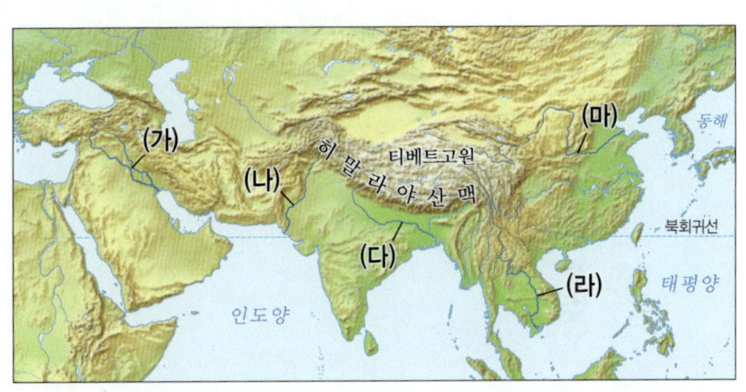

14 지도의 (가)~(마) 중 갠지스강의 위치로 옳은 것은?

중

① (가)　② (나)　③ (다)　④ (라)　⑤ (마)

15 (가)~(마) 하천에 관한 옳은 설명을 **보기**에서 모두 고른 것은?

상

보기

ㄱ. (가) 하천은 인도차이나반도까지 길게 뻗어 있다.
ㄴ. (가), (나), (마) 하천 주변에는 일찍부터 문명이 발달했다.
ㄷ. (라) 하천은 티베트 고원부터 시작해 여러 국가 사이를 흐른다.
ㄹ. (마) 하천의 주변 평야 지대에서는 일찍부터 농업이 활발하였다.

① ㄱ, ㄴ　② ㄱ, ㄷ　③ ㄷ, ㄹ
④ ㄱ, ㄴ, ㄹ　⑤ ㄴ, ㄷ, ㄹ

[16-17] 지도를 보고 물음에 답하시오.

16 B 산맥에 관한 옳은 설명을 **보기**에서 모두 고른 것은?

보기

ㄱ. B 산맥의 이름은 우랄산맥이다.

ㄴ. B 산맥은 지역 사이의 경계 역할을 하기도 한다.

ㄷ. B 산맥 주변에서 아시아의 큰 하천들이 발원한다.

ㄹ. B 산맥 주변에서는 해발 고도가 높고 평평한 지형을
볼 수 있다.

① ㄱ, ㄴ ② ㄱ, ㄷ ③ ㄴ, ㄹ

④ ㄱ, ㄴ, ㄹ ⑤ ㄴ, ㄷ, ㄹ

17 다음은 지도의 A, C 지형과 관련하여 학생들이 나눈 대화이다.
옳은 이야기를 한 학생끼리 바르게 묶은 것은?

① 지호, 수현 ② 지호, 소현

③ 수현, 소현 ④ 수현, 진수

⑤ 소현, 진수

18 다음 기후 그래프 (가), (나) 지역의 강수량을 비교하여 서술하고, ㉠에 들어갈 아시아 지역의 명칭을 쓰시오.

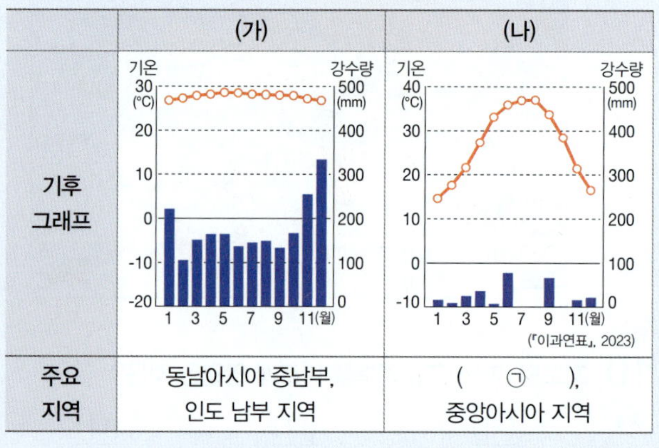

	(가)	(나)
기후 그래프	기온 / 강수량	기온 / 강수량
주요 지역	동남아시아 중남부, 인도 남부 지역	(㉠), 중앙아시아 지역

(『이과연표』, 2023)

19 다음 말풍선의 빈칸에 들어갈 기후의 명칭을 쓰고, 밑줄 친 농업의 특징을 서술하시오.

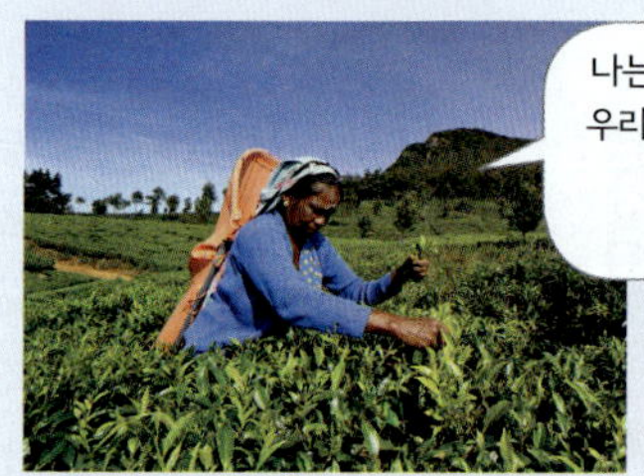

20 다음 글의 밑줄 친 산맥의 이름과 빈칸 ㉠에 들어갈 지형의 명칭을 각각 쓰시오.

이 산맥은 해발 고도가 높아 '지구의 지붕'이라고도 불리며 에베레스트산이 위치해 있다. 또한 해발 고도가 높고 평평한 티베트(㉠)을/를 볼 수 있다.

02 아시아의 종교와 문화 다양성

1 아시아의 다양한 종교

1 아시아의 종교

(1) **종류** 불교, 힌두교, 이슬람교, 크리스트교 등

(2) **분포**

불교	동남 및 동아시아 지역
❶ ☐☐☐	인도의 주요 종교
이슬람교	서남 및 중앙아시아 대부분 지역, 남부 및 동남아시아 일부 지역
크리스트교	필리핀의 주요 종교

2 종교와 관련된 문화경관과 생활양식

불교	• 명상과 수행을 중시, 자비와 평등 실천 • 살생을 금하며 채식 위주의 음식 문화 • 불상과 탑 등이 있는 불교 사원
힌두교	• 수많은 신을 숭배하며, ❷ ☐☐☐강을 신성시함 • 소를 신성하게 여겨 소고기를 먹지 않음
❸ ☐☐☐☐	• 성지 순례, 금식 기간 준수 등 의무 실천 • ❹ ☐☐고기와 술을 금지하고, 할랄 음식을 먹음 • 둥근 돔과 첨탑이 있는 모스크
크리스트교	• 성당이나 교회에서 기도하며, 성경의 가르침을 따름 • 십자가와 종탑을 세운 성당이나 교회

2 종교의 갈등과 공존

1 종교 갈등 지역

팔레스타인 -이스라엘	• ❺ ☐☐☐☐☐(팔레스타인)와 유대교(이스라엘) • 팔레스타인 지역에 유대교를 믿는 유대인들이 이스라엘을 세우며 분쟁 지속
❻ ☐☐☐☐	• 힌두교(인도)와 이슬람교(파키스탄) • 영국으로부터 독립하면서 이슬람교도가 많은 이 지역이 인도에 속하게 되면서 갈등 발생
❼ ☐☐☐☐	불교를 믿는 다수의 신할리즈족과 힌두교를 믿는 소수의 타밀족 간 갈등
미얀마	불교를 믿는 대다수 국민과 이슬람교를 믿는 소수의 로힝야족 간 갈등

2 종교 공존 지역

싱가포르, 말레이시아	불교, 힌두교, 이슬람교, 크리스트교 등 여러 종교의 기념일을 각각 법정 공휴일로 지정
말레이시아	이슬람교를 국교로 지정하고 있지만, 종교에 대한 자유를 보장하고 다양한 종교 축제 개최

정답 ❶ 힌두교 ❷ 갠지스 ❸ 이슬람교 ❹ 돼지 ❺ 이슬람교 ❻ 카슈미르 ❼ 스리랑카

---

01 다음은 학생이 정리한 사회 수업 노트이다. ㉠~㉤ 중 옳은 내용을 고른 것은?

> **〈아시아의 종교 분포〉**
> • ㉠ 동아시아: 대부분이 이슬람교 국가에 해당함
> • ㉡ 동남아시아: 국가마다 다양한 종교가 나타남
> • ㉢ 서남아시아: 크리스트교를 믿는 신자가 많음
> • ㉣ 중앙아시아: 주로 힌두교를 믿는 국가가 많음
> • ㉤ 남부 아시아: 모든 국가가 힌두교를 주로 믿음

① ㉠ ② ㉡ ③ ㉢ ④ ㉣ ⑤ ㉤

02 아시아의 종교에 관한 설명으로 옳지 않은 것은?

① 세계 주요 종교의 발상지이다.
② 아시아는 지역별로 종교가 다양하게 나타난다.
③ 이슬람교는 서남아시아에서 기원한 종교이다.
④ 힌두교는 인도에서 주요 종교로 자리 잡고 있다.
⑤ 크리스트교는 인도 북부 지역에서 기원한 종교이다.

03 다음 대화에서 친구들이 공통으로 이야기하고 있는 종교로 옳은 것은?

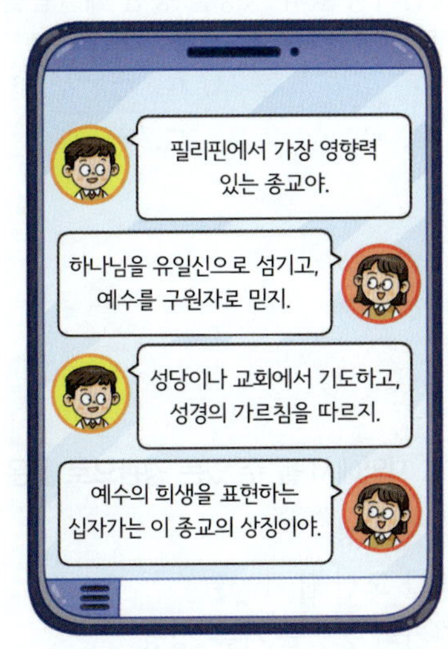

① 불교 ② 힌두교 ③ 유대교
④ 이슬람교 ⑤ 크리스트교

[04-06] 지도를 보고 물음에 답하시오.

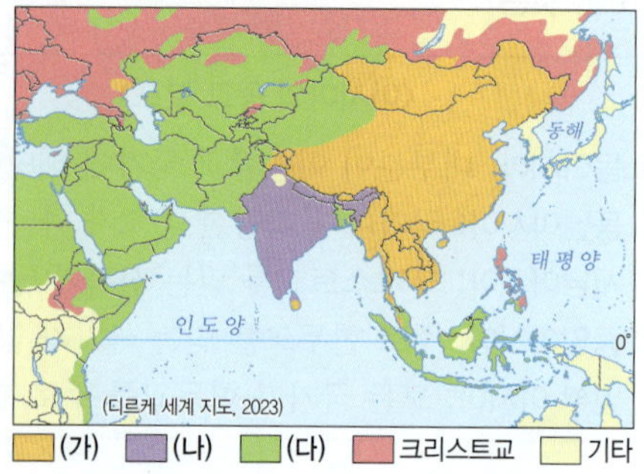

04 지도에 관한 옳은 설명을 보기 에서 고른 것은?

보기

ㄱ. (가)에 해당하는 종교는 불교이다.
ㄴ. (나)에 해당하는 종교는 이슬람교이다.
ㄷ. (다)에 해당하는 종교는 힌두교이다.
ㄹ. 거리가 가까운 지역도 서로 다른 종교가 나타난다.

① ㄱ, ㄴ ② ㄱ, ㄹ ③ ㄴ, ㄷ
④ ㄴ, ㄹ ⑤ ㄷ, ㄹ

05 (가) 종교와 관련된 옳은 설명을 보기 에서 모두 고른 것은?

보기

ㄱ. 인도 북부 지역에서 기원하였다.
ㄴ. 석가모니의 가르침을 따르는 종교이다.
ㄷ. 카스트 제도가 깊이 자리 잡고 있는 종교이다.
ㄹ. 개인의 수행과 명상을 통한 깨달음을 중요시한다.

① ㄱ, ㄴ ② ㄱ, ㄷ ③ ㄷ, ㄹ
④ ㄱ, ㄴ, ㄹ ⑤ ㄴ, ㄷ, ㄹ

06 (나) 종교 지역에서 볼 수 있는 경관으로 옳은 것은?

① 거대한 불상
② 사리를 모신 탑
③ 십자가와 종탑을 세운 성당
④ 다양한 신으로 장식된 사원
⑤ 둥근 돔과 첨탑이 있는 모스크

07 다음 자료와 관련 있는 종교로 옳은 것은?

오늘 친구와 이태원에 있는 식당에 갔다. 메뉴판을 보니 어떤 음식들에는 '할랄(halal)'이라는 표시가 있었다. 직원에게 물어보니 '할랄(halal)'은 율법에 허용된 음식이라는 뜻이라고 했다.

① 불교 ② 힌두교 ③ 유대교
④ 이슬람교 ⑤ 크리스트교

08 다음 자료에 나타난 여행지로 옳은 것은?

새로운 여행지에 도착했다. 이곳은 전체 인구의 약 80%가 힌두교를 믿을 만큼 힌두교가 주요 종교로 자리 잡은 곳이다. 이곳 사람들은 소를 신성하게 여겨 소고기를 먹지 않고, 운전 중 도로에 소가 있으면 피해 가기도 한다. 갠지스강에는 목욕하는 사람들과 장례를 치르는 사람들로 가득했다.

① 인도 ② 필리핀 ③ 싱가포르
④ 파키스탄 ⑤ 말레이시아

09 다음 기사의 ㉠에 해당하는 지역의 명칭과 ㉡에 들어갈 종교를 바르게 연결한 것은?

(㉠) – 이스라엘 갈등 격화하나?

최근 (㉠)과/와 이스라엘의 갈등이 격화되고 있다. 양측이 군사 작전을 시작한 이후 많은 사상자가 발생하고 있으며, 전쟁 지역을 떠나려는 난민이 80만 명에 달하고 있다. 이번 갈등은 (㉡)을/를 믿는 (㉠) 지역 사람들과 유대교를 믿는 이스라엘의 유대인들 사이에 오래전부터 있었던 갈등에서 비롯되었다.

	㉠	㉡
①	카슈미르	힌두교
②	카슈미르	이슬람교
③	카슈미르	크리스트교
④	팔레스타인	힌두교
⑤	팔레스타인	이슬람교

[10-12] 지도를 보고 물음에 답하시오.

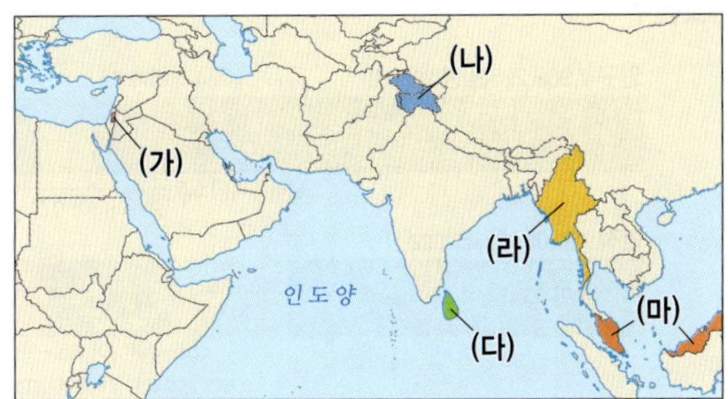

빈출

10 지도의 (가)~(다) 지역에서 갈등을 겪고 있는 종교를 바르게 연결한 것은?

① (가) – 불교와 힌두교
② (나) – 불교와 이슬람교
③ (나) – 힌두교와 이슬람교
④ (나) – 힌두교와 크리스트교
⑤ (다) – 이슬람교와 크리스트교

11 지도의 (라) 지역에 관한 설명으로 옳은 것은?

① 다양한 종교가 평화롭게 공존한다.
② 다수의 국민들은 하느님을 섬기고 있다.
③ 로힝야족은 석가모니의 가르침을 따른다.
④ 한 국가 안에서 종교 갈등이 벌어지고 있다.
⑤ 불교를 믿는 민족이 차별받고 있는 지역이다.

12 지도의 (마) 지역에 관한 옳은 설명을 **보기** 에서 고른 것은?

보기

ㄱ. 다양한 종교 경관을 볼 수 있는 지역이다.
ㄴ. 다양한 종교별로 공휴일을 지정하고 있다.
ㄷ. 불교와 이슬람교가 갈등하고 있는 지역이다.
ㄹ. 다른 종교를 믿는 소수의 민족이 차별을 받고 있는 지역이다.

① ㄱ, ㄴ   ② ㄱ, ㄷ   ③ ㄴ, ㄷ
④ ㄴ, ㄹ   ⑤ ㄷ, ㄹ

13 다음 지역에서 주로 나타나는 종교를 쓰고, 이 종교의 음식 문화에 관해 <u>한 가지</u>만 서술하시오.

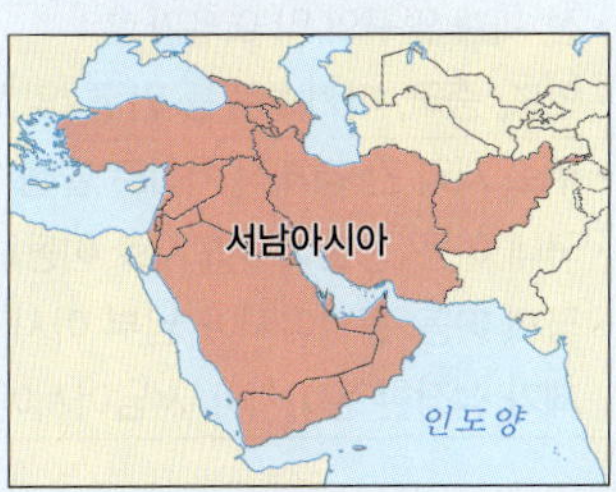

14 자료를 보고 물음에 답하시오.

(㉠) 지역의 종교 갈등 언제까지?

(㉠) 지역은 인도와 파키스탄의 접경 지역으로 두 국가 사이에 종교 갈등이 발생하고 있다.
　이 갈등은 영국으로부터 독립할 때 (㉡) 신자가 많은 이 지역이 힌두교도가 많은 인도에 포함되면서 시작되었다. 오늘날 이러한 세계 속 종교 갈등이 계속되고 있는 만큼 (㉢)의 태도가 필요한 때이다.

(1) ㉠에 들어갈 지역명과 ㉡에 들어갈 종교의 명칭을 쓰시오.

(2) ㉢에 들어갈 용어를 쓰고, 밑줄 친 이 태도의 의미를 서술하시오.

실력 확인 문제 03 아시아의 인구와 지역 발전 ~ 04 아시아의 산업 특징과 변화

1 아시아의 인구 특징

인구 분포	• 전 세계 인구의 약 60%가 ❶□□□에 거주 • 인도, 중국, 파키스탄 등 인구 1억 명이 넘는 국가 분포
❷□□ □□	• 주로 지역 간 경제적 차이로 발생 • 국내 이동: 농촌에서 도시로 이동하는 이촌 향도 현상 • 국제 이동: 동남아시아, 남부 아시아에서 임금이 높고 경제가 성장한 동아시아, 서남아시아 등으로 이동

2 아시아의 인구 구조와 지역 변화

1 출생률이 높은 국가

특징	높은 ❸□□□과/와 기대 수명의 증가로 인구 급증 ⓔ 인도, 파키스탄, 방글라데시, 필리핀 등
영향	• 높은 청장년층 인구 비율, 빠른 경제 성장 기대 • 높은 실업률, 빈곤 인구 증가, 사회 기반 시설 부족 등

2 ❹□□□·고령화가 나타나는 국가

특징	인구가 정체하거나 감소 ⓔ 우리나라, 일본, 중국, 싱가포르 등
영향	경제 성장 둔화, 노인 복지 비용 증가
대책	출산 장려 정책, 외국인 이민 수용, 노인 일자리 확보 등

3 아시아의 산업 특징

천연자원 생산	• 산업에 필요한 주요 천연자원의 공급지 역할 • 에너지·광물·곡물 자원 등 다양한 자원 생산
❺□□□	• 우리나라, 일본 등은 제조업을 바탕으로 경제 성장 • 최근 노동 집약적 제조업의 이전, 첨단 제조업 육성
첨단·문화 산업	• 우리나라, 일본 등은 첨단 기술 제품 생산 • 우리나라의 K-pop 등 ❻□□ 산업 발달

4 아시아의 산업 변화

1 아시아 주요 지역의 산업 변화

일본	철강, 기계는 물론 최근 로봇 등 첨단 산업 발달
❼□□	풍부한 노동력과 자원 ➡ 노동 집약적 제조업 주도
동남아시아	저렴한 노동력과 풍부한 자원으로 빠른 공업화
서남아시아	자원 고갈에 대비해 산업 다변화 노력

2 우리나라 산업에 미치는 영향 아시아 국가들과 자유 무역 협정 및 해외 공장 설립을 통한 협력, 주변국의 산업 변화에 따른 경쟁 등 ➡ 기술 혁신, 균형 있는 산업 생태계 조성 등

정답 ❶ 아시아 ❷ 인구이동 ❸ 출생률 ❹ 저출산 ❺ 제조업 ❻ 문화 ❼ 중국

---

01 자료를 통해 추론할 수 있는 내용으로 옳은 것을 보기 에서 고른 것은? 〔중〕

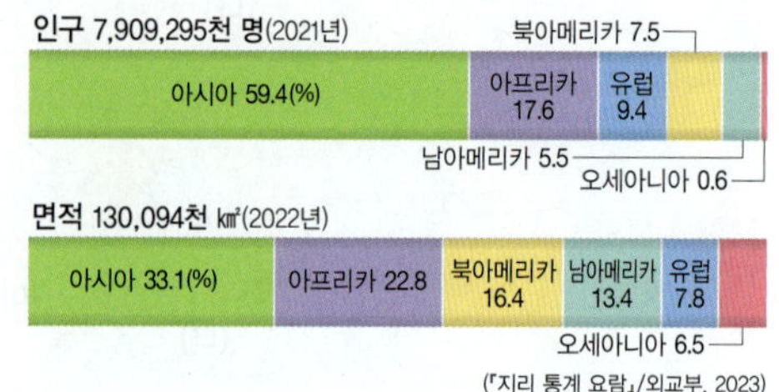

보기
ㄱ. 아시아는 다른 대륙에 비해 인구 밀도가 낮다.
ㄴ. 아시아는 세계에서 인구가 가장 많은 대륙이다.
ㄷ. 아시아는 면적 대비 많은 인구가 사는 대륙이다.
ㄹ. 아시아와 아프리카의 인구 규모는 비슷한 수준이다.

① ㄱ, ㄴ ② ㄱ, ㄷ ③ ㄴ, ㄷ
④ ㄴ, ㄹ ⑤ ㄷ, ㄹ

02 지도에 제시된 아시아 지역 중 인구가 특히 많은 두 곳을 바르게 묶은 것은? 〔하〕

① 동아시아, 중앙아시아
② 동아시아, 남부 아시아
③ 서남아시아, 동남아시아
④ 서남아시아, 중앙아시아
⑤ 중앙아시아, 남부 아시아

03 아시아의 지역별 인구 특징에 관한 설명으로 옳은 것은? 〔중〕
① 남부 아시아는 인구가 가장 많다.
② 중앙아시아는 남부 아시아 다음으로 인구가 많다.
③ 동남아시아에서는 말레이시아의 인구가 가장 많다.
④ 동아시아는 건조한 기후의 영향으로 상대적으로 인구가 적다.
⑤ 서남아시아의 일부 산유국을 중심으로 인구 성장이 정체되고 있다.

[04-05] 지도를 보고 물음에 답하시오.

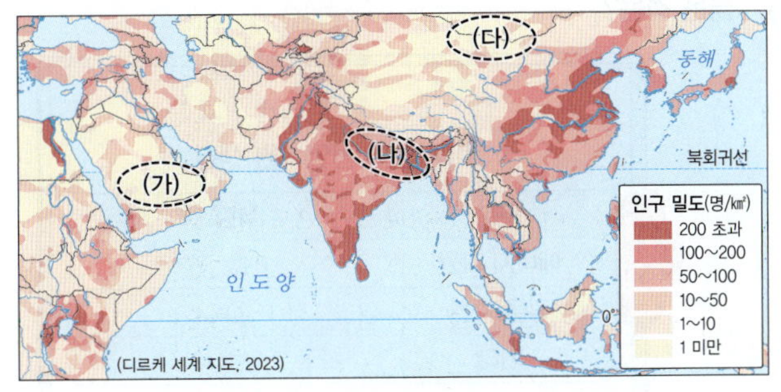

04 (가)~(다) 지역의 인구 밀도를 바르게 연결한 것은?

	(가)	(나)	(다)
①	높다	높다	낮다
②	높다	낮다	높다
③	높다	낮다	낮다
④	낮다	낮다	높다
⑤	낮다	높다	낮다

05 (가)~(다) 지역에 관한 옳은 설명을 보기 에서 고른 것은?

보기
ㄱ. (가) 지역은 토양이 비옥해 농사에 유리하다.
ㄴ. (나) 지역은 산지 지역으로 인구 밀도가 낮다.
ㄷ. (나) 지역은 대표적인 아시아 벼농사 지대이다.
ㄹ. (다) 지역은 농사에 불리하여 인구 밀도가 낮다.

① ㄱ, ㄴ   ② ㄱ, ㄷ   ③ ㄴ, ㄷ
④ ㄴ, ㄹ   ⑤ ㄷ, ㄹ

06 지도의 인구이동에 관해 옳은 설명을 보기 에서 고른 것은?

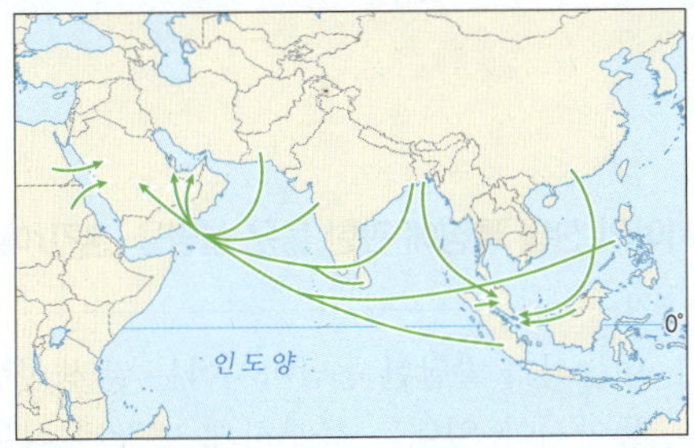

보기
ㄱ. 지역 간의 경제적 차이로 이동하고 있다.
ㄴ. 임금이 높은 곳으로 인구가 이동하고 있다.
ㄷ. 내전 등의 정치적 이유로 인구가 이동하고 있다.
ㄹ. 최근에는 이와 같은 인구이동이 줄어드는 추세이다.

① ㄱ, ㄴ   ② ㄱ, ㄷ   ③ ㄴ, ㄷ
④ ㄴ, ㄹ   ⑤ ㄷ, ㄹ

[07-08] 인구 피라미드를 보고 물음에 답하시오. (단, (가), (나) 국가는 각각 일본, 카타르 중 하나임)

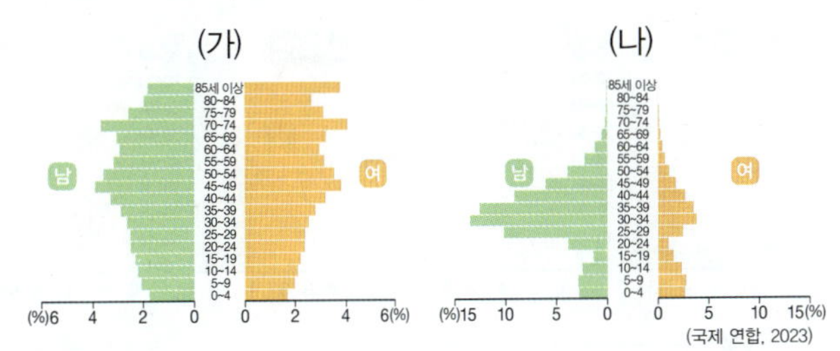

07 (가), (나) 국가에 관한 옳은 설명을 보기 에서 고른 것은?

보기
ㄱ. (가)는 일본, (나)는 카타르에 해당한다.
ㄴ. (가)의 생산 가능 인구 비율은 점차 증가할 것이다.
ㄷ. (나)는 서남아시아에 위치한 국가일 것이다.
ㄹ. (나)는 고령 인구 비율이 급격히 감소하고 있다.

① ㄱ, ㄴ   ② ㄱ, ㄷ   ③ ㄴ, ㄷ
④ ㄴ, ㄹ   ⑤ ㄷ, ㄹ

08 (가) 국가와 비슷한 인구 문제를 가진 국가들로만 바르게 묶은 것은?

① 대한민국, 싱가포르
② 대한민국, 파키스탄
③ 싱가포르, 파키스탄
④ 싱가포르, 방글라데시
⑤ 파키스탄, 방글라데시

09 다음과 같은 인구 정책이 필요할 것으로 예상되는 국가로 옳은 것은?

• 노인 일자리를 확보한다.
• 육아 휴직 기간을 연장하고 출산 지원금을 늘린다.
• 여성의 경력 개발을 지원하고 양성 평등 실현을 위해 노력한다.

① 인도   ② 일본   ③ 필리핀
④ 파키스탄   ⑤ 방글라데시

10 다음은 아시아의 인구 구조 변화를 나타낸 자료이다. 이에 관한 옳은 설명을 보기 에서 고른 것은?

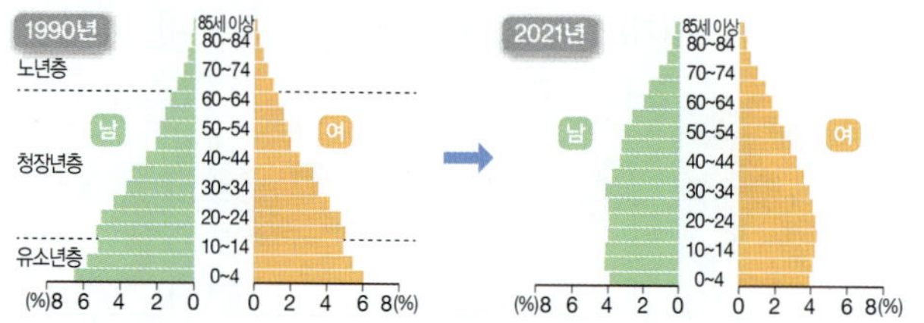

보기

ㄱ. 아시아의 노년층 인구 비율이 증가했다.
ㄴ. 아시아의 유소년층 인구 비율이 증가했다.
ㄷ. 아시아 인구의 기대 수명은 증가했을 것이다.
ㄹ. 산아 제한 정책으로 그래프에 나타나는 인구 문제를 해결할 수 있다.

① ㄱ, ㄴ   ② ㄱ, ㄷ   ③ ㄴ, ㄷ
④ ㄴ, ㄹ   ⑤ ㄷ, ㄹ

11 다음은 아시아의 산업에 관한 자료이다. (가), (나)에 해당하는 국가를 바르게 연결한 것은?

(가) 이 국가는 저렴한 가격의 물건을 세계 각지에 공급하는 생산 기지 역할을 해 '세계의 공장'으로 불렸다. 노동 집약적 제조업을 주도하였으나, 최근 인건비 상승으로 남부 및 동남아시아로 기능이 이전하고 있다.

(나) 이 국가는 과거 어촌에서 진주를 채취하면서 살아가는 국가였으나, 1950년대 석유 개발로 급격한 경제 성장을 이루었다. 최근 두바이와 아부다비에 경제 자유 구역과 관광 단지를 조성하는 등 석유 고갈에 대비하여 새로운 산업 육성에 투자하는 중이다.

	(가)	(나)
①	일본	중국
②	일본	아랍 에미리트
③	중국	인도
④	중국	아랍 에미리트
⑤	인도	베트남

12 다음은 지오의 사회 수업 노트이다. ㉠~㉢에 들어갈 내용으로 옳은 것은?

아시아의 천연자원 생산	
구분	**특징**
에너지 자원	㉠
광물 자원	㉡
기타	㉢

① ㉠ – 동아시아 지역에서 주로 석유, 천연가스 생산
② ㉡ – 희토류는 대부분 인도에서 생산
③ ㉡ – 석탄 등의 자원은 중국, 인도 등에서 많이 생산
④ ㉢ – 아시아는 곡물의 생산량이 적은 편
⑤ ㉢ – 팜유는 대부분 서남아시아 지역에서 생산

13 아시아의 제조업에 관한 설명으로 옳지 않은 것은?

① 노동 집약적 제조업은 저렴한 노동력이 중시된다.
② 최근 동남아시아 국가들에서 중국으로 공장이 이전하고 있다.
③ 중국, 베트남 등은 섬유, 의복 등 노동 집약적 제조업이 발달하였다.
④ 최근 각 국가들은 고부가 가치 제조업을 육성하기 위해 노력하고 있다.
⑤ 우리나라와 일본은 가공 무역으로 자동차, 석유 화학 제품을 수출하는 제조업이 발달하였다.

14 아시아의 산업 특징에 관한 옳은 설명을 보기 에서 고른 것은?

보기

ㄱ. 벼농사가 발달한 동남아시아는 쌀 생산량이 많다.
ㄴ. 동아시아 일대는 풍부하게 매장된 석유, 천연가스와 관련한 산업이 발달하였다.
ㄷ. 최근 우리나라와 일본 등에서는 쌀과 팜유 등의 천연자원을 생산하는 산업이 발달하고 있다.
ㄹ. 동남아시아는 저렴한 노동력과 풍부한 자원을 바탕으로 빠르게 공업화가 진행되고 있다.

① ㄱ, ㄴ   ② ㄱ, ㄹ   ③ ㄴ, ㄷ
④ ㄴ, ㄹ   ⑤ ㄷ, ㄹ

15 다음 그래프의 (가), (나) 국가에 관한 옳은 설명을 고르면? (단, (가), (나)는 사우디아라비아, 인도 중 하나임)

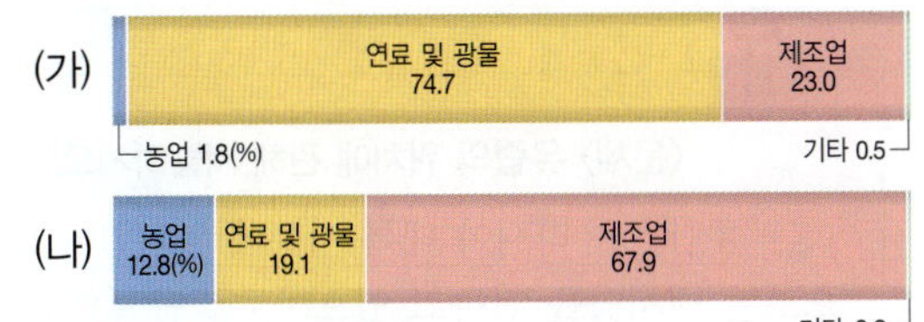

① (가)는 인도, (나)는 사우디아라비아에 해당한다.
② (가)는 로봇 등 첨단 산업 위주의 산업 구조를 보인다.
③ (나)는 석유 등 에너지 자원 위주의 산업이 발달했다.
④ (나)에는 농업, 수공업, 첨단 산업 등 다양한 산업이 발달했다.
⑤ (나)는 석유 고갈에 대비해 관광 산업 등 산업을 다변화하고 있다.

16 다음은 아시아와 우리나라 산업의 관계에 관한 대화이다. 빈칸 (가)에 들어갈 내용으로 적절한 것을 보기 에서 모두 고른 것은?

보기

ㄱ. 생산 비용에서 인건비를 줄이기 위한 선택이었을 거야.
ㄴ. 인도와 베트남이 중국보다 기술 수준이 높기 때문에 생산 거점을 옮겼을 거야.
ㄷ. 현지 국가의 경제 상황이 변화해 우리나라 산업이 영향을 받은 사례로 볼 수 있겠어.
ㄹ. 인도와 베트남의 경제 상황이 변화하면 A, B 기업은 또 다른 지역으로 생산 거점을 이동할 수도 있겠어.

① ㄱ, ㄴ　　② ㄱ, ㄹ　　③ ㄴ, ㄷ
④ ㄱ, ㄷ, ㄹ　　⑤ ㄱ, ㄴ, ㄷ, ㄹ

17 다음과 같은 인구 구조가 나타나는 국가가 겪고 있는 인구 문제와 그에 대한 대책을 한 가지씩 서술하시오.

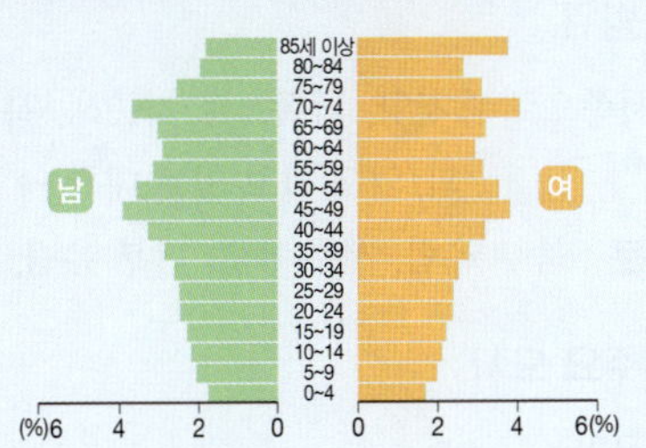

____

____

18 다음 자료의 밑줄 친 '이 현상'에 해당하는 용어를 쓰시오.

____

19 다음 글의 빈칸에 들어갈 산업의 명칭을 쓰고, 밑줄 친 긍정적 연계 효과에 관해 한 가지만 서술하시오.

아시아에서는 고부가 가치의 (　　　　)이/가 발전하고 있다. 예를 들어 우리나라의 K-pop, 일본의 애니메이션은 전 세계적으로 인기를 끌고 있다. (　　　　)은/는 다양한 산업에 긍정적 연계 효과를 발생시킨다.

____

실력 확인 문제 **01** 유럽의 위치와 자연환경

❶ 유럽의 위치

1 지리적 범위

(1) **유럽** 서쪽으로 대서양, 남쪽으로 지중해, 북쪽으로 북극해, 동쪽으로 ❶□□□과/와 접하고 있는 대륙 ➡ 우랄산맥 서쪽

(2) **지역 구분** 북부 유럽, 서부 유럽, 남부 유럽, 동부 유럽

2 국가와 주요 도시

(1) **유럽의 국가**

북부 유럽	노르웨이, 스웨덴, 핀란드 등
서부 유럽	영국, 프랑스, 독일 등
❷□□ 유럽	에스파냐, 이탈리아, 그리스 등
동부 유럽	체코, 폴란드, 우크라이나, 러시아 등

(2) **유럽의 주요 도시** ❸□□의 런던, 프랑스의 파리, 그리스의 아테네, 이탈리아의 로마, 오스트리아의 빈 등

❷ 유럽의 자연환경

1 지형

산지	• 북부: 스칸디나비아산맥, 페나인산맥 ➡ 형성 시기가 오래되어 해발 고도가 낮고, 경사가 완만함 • 남부: ❹□□□산맥, 피레네산맥 ➡ 형성 시기가 오래되지 않아 해발 고도가 높고 험준함
평야, 하천	• 유럽 중앙부에 분포하며, 지대가 낮고 평탄함 • 평야 지대를 흐르는 하천은 운하로 연결되어 하천 교통 발달
빙하	빙하 지형 발달 ⓐ 피오르, 빙하호 등

2 기후

(1) **유럽의 기후 특성** 대륙 서안에 있어 비슷한 위도의 대륙 동안보다 바다의 영향을 많이 받음

(2) **유럽의 기후 구분**

서안 해양성 기후	• ❺□□ 유럽 지역 • 난류와 일 년 내내 불어오는 편서풍의 영향 ➡ 위도에 비해 겨울이 따뜻하고 강수량이 연중 고른 편 • ❻□□ 농업, 낙농업, 원예 농업 발달
❼□□□□ 기후	• 지중해 연안의 남부 유럽 지역 • 여름은 덥고 건조한 반면, 겨울은 따뜻하고 비가 자주 내림 • 수목 농업 발달
냉대 기후	• 동부 및 북부 유럽 지역 • 침엽수림 분포

정답 ❶ 아시아 ❷ 남부 ❸ 영국 ❹ 알프스 ❺ 서부 ❻ 혼합 ❼ 지중해성

---

01 다음은 지오가 작성한 사회 서술형 평가 답안이다. ㉠~㉤ 중 옳지 <u>않은</u> 것은?

<문제> 유럽의 위치에 관해 서술하시오.

㉠ 유럽은 유라시아 대륙 서쪽에 위치한다. ㉡ 서쪽으로는 대서양을 접하고 있으며, ㉢ 남쪽으로는 지중해와 접해 있다. ㉣ 북쪽으로는 북극해와 접해 있으며, ㉤ 동쪽의 우랄산맥은 아메리카와 경계를 이루고 있다.

① ㉠ ② ㉡ ③ ㉢ ④ ㉣ ⑤ ㉤

---

02 지도에 표시된 ㉠, ㉡ 지역에 위치하는 국가를 바르게 연결한 것은?

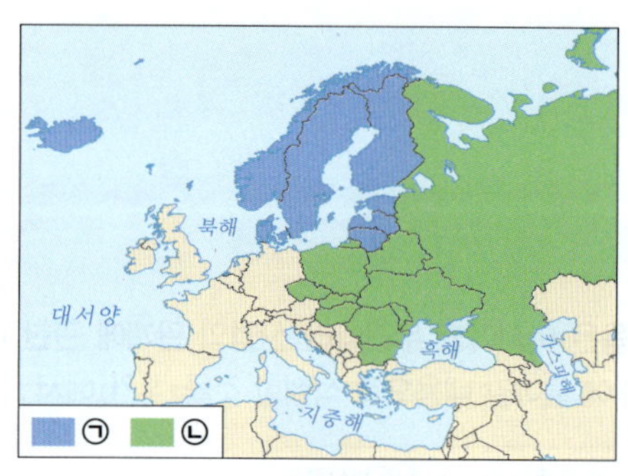

	㉠	㉡
①	영국	에스파냐
②	체코	핀란드
③	스웨덴	이탈리아
④	폴란드	프랑스
⑤	노르웨이	오스트리아

---

03 다음 뉴스의 밑줄 친 '이 도시'로 옳은 것은?

① 런던 ② 파리 ③ 브뤼셀
④ 레이캬비크 ⑤ 바르셀로나

[04-05] 지도를 보고 물음에 답하시오.

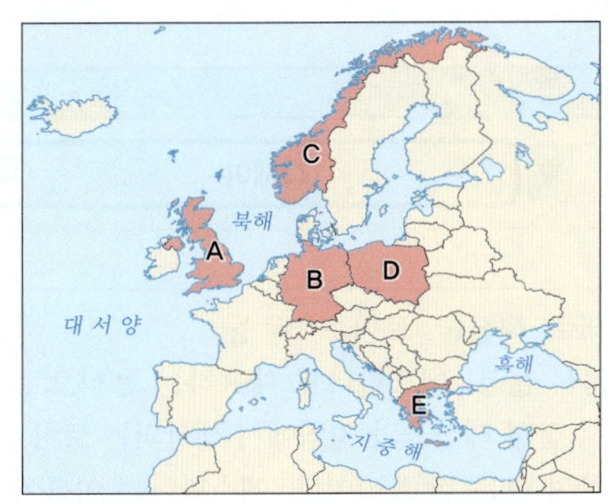

04 지도의 A~E 국가에 관한 설명으로 옳지 <u>않은</u> 것은?

중

① A는 영국이다.
② B는 세계 경제의 중심지 역할을 한다.
③ C에서는 빙하호를 볼 수 있다.
④ D는 동부 유럽으로 농업이 발달했다.
⑤ E는 포르투갈로 자연경관이 아름답다.

05 지도의 A, C 국가에 관한 옳은 설명을 보기 에서 고른 것은?

중

> **보기**
> ㄱ. A에는 지중해와 맞닿은 항구 도시가 있다.
> ㄴ. A에는 세계 경제를 이끄는 세계 도시가 있다.
> ㄷ. C에서는 피오르 해안을 볼 수 있다.
> ㄹ. C는 온화한 기후를 바탕으로 농업이 발달했다.

① ㄱ, ㄴ   ② ㄱ, ㄷ   ③ ㄴ, ㄷ
④ ㄴ, ㄹ   ⑤ ㄷ, ㄹ

06 자료에서 설명하는 국가로 옳은 것은?

하

> 이 국가에서는 산악 열차를 타고 알프스 산지를 관람할 수 있다. 이 열차를 타고 갈 수 있는 융프라우요흐역은 유럽에서 가장 높은 곳에 있는 기차역이다.

① 독일   ② 스웨덴   ③ 스위스
④ 에스파냐   ⑤ 노르웨이

07 자료의 ㉠, ㉡에 들어갈 용어를 바르게 연결한 것은?

중

> 서안 해양성 기후 지역은 (㉠)가 흐르는 바다 쪽에서 일 년 내내 불어오는 바람인 (㉡)의 영향으로 위도에 비해 겨울이 따뜻하고 강수량도 연중 고른 편이다.

	㉠	㉡		㉠	㉡
①	난류	극동풍	②	난류	무역풍
③	난류	편서풍	④	한류	무역풍
⑤	한류	편서풍			

[08-09] 기후 그래프를 보고 물음에 답하시오.

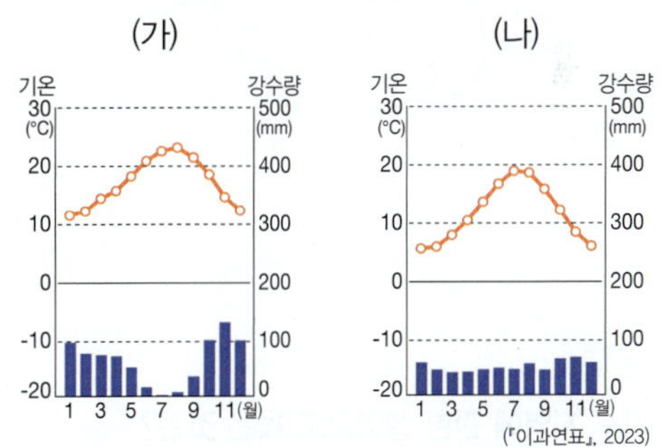

08 (가), (나) 기후 지역의 특징으로 옳은 것은?

중

① (가)는 서안 해양성 기후 지역이다.
② (가)는 여름철 강수량이 겨울철 강수량보다 많다.
③ (나)는 일 년 내내 맑은 날씨가 지속된다.
④ (나)는 강수량이 일정한 건조 기후가 나타난다.
⑤ (나)는 대륙 서안에 위치하여 편서풍의 영향을 강하게 받는다.

09 (가) 기후 지역에서 주로 볼 수 있는 경관으로 옳은 것을 보기 에서 고른 것은?

중

> **보기**
> ㄱ. 벼농사를 짓고 있는 드넓은 논
> ㄴ. 외벽을 하얗게 칠한 창문이 작은 집들
> ㄷ. 커피, 바나나 등을 대규모로 재배하고 있는 농장
> ㄹ. 여름철 지중해 해변에서 일광욕을 즐기고 있는 관광객

① ㄱ, ㄴ   ② ㄱ, ㄷ   ③ ㄴ, ㄷ
④ ㄴ, ㄹ   ⑤ ㄷ, ㄹ

[10-12] 유럽의 기후 구분 지도를 보고 물음에 답하시오.

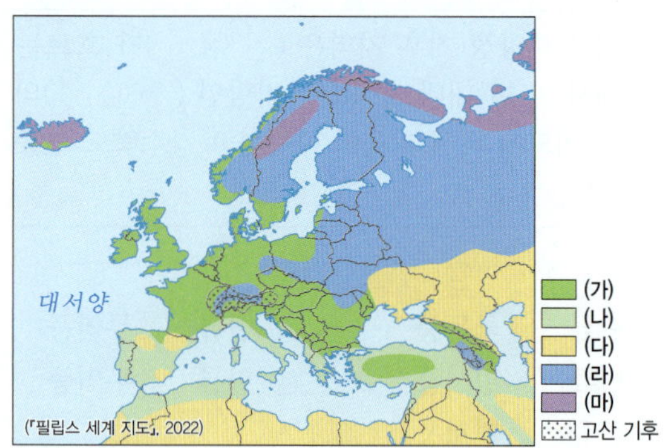

10 (나) 지역에서 주로 생산되는 작물로 적절하지 <u>않은</u> 것은?

① 레몬
② 포도
③ 오렌지
④ 올리브
⑤ 카카오

11 (라) 기후 지역에 관한 설명으로 옳은 것은?

① 온대 기후 지역이다.
② 여름이 고온 건조하다.
③ 혼합 농업과 낙농업이 발달한다.
④ 연교차가 크고 침엽수림이 분포한다.
⑤ 일 년 내내 기온이 높고 강수량이 많다.

12 다음과 같은 형태의 농업이 발달한 곳을 지도의 (가)~(마)에서 고른 것은?

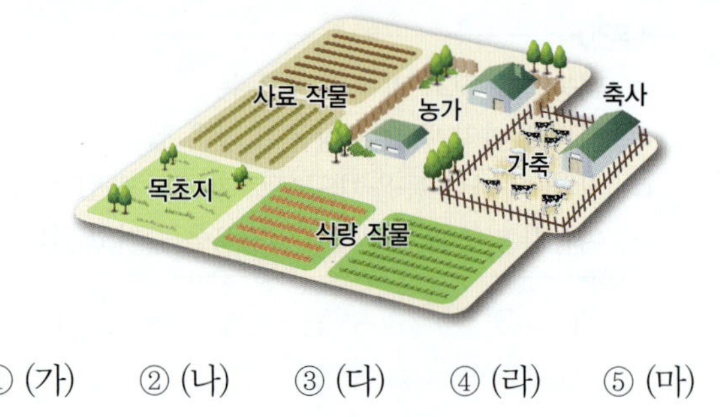

① (가)
② (나)
③ (다)
④ (라)
⑤ (마)

13 다음 인터넷 검색창의 빈칸에 공통으로 들어갈 내용으로 옳은 것은?

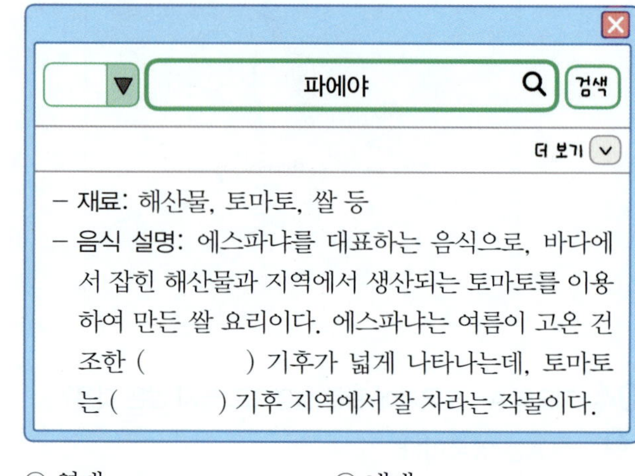

– 재료: 해산물, 토마토, 쌀 등
– 음식 설명: 에스파냐를 대표하는 음식으로, 바다에서 잡힌 해산물과 지역에서 생산되는 토마토를 이용하여 만든 쌀 요리이다. 에스파냐는 여름이 고온 건조한 (　　　) 기후가 넓게 나타나는데, 토마토는 (　　　) 기후 지역에서 잘 자라는 작물이다.

① 열대
② 냉대
③ 한대
④ 지중해성
⑤ 서안 해양성

14 선생님의 질문에 관한 대답으로 가장 적절한 것은?

① 연중 강수량이 고르기 때문입니다.
② 기온의 연교차가 크기 때문입니다.
③ 여름이 덥고 건조하기 때문입니다.
④ 여름에 강수가 집중되기 때문입니다.
⑤ 겨울이 따뜻하고 비가 자주 내리기 때문입니다.

15 유럽의 지형에 관한 설명으로 옳지 <u>않은</u> 것은?

① 북부와 남부에는 산지가 있다.
② 주요 하천들은 운하로 이용된다.
③ 평야 지대에는 주요 도시들이 분포한다.
④ 저위도 지역에는 빙하 지형이 발달한다.
⑤ 중앙에는 지대가 낮은 프랑스 평원이 있다.

16 다음 대화에서 친구들이 공통으로 이야기하고 있는 지형으로 옳은 것은?

① 안데스산맥
② 알프스산맥
③ 피레네산맥
④ 페나인산맥
⑤ 스칸디나비아산맥

17 다음과 같은 경관을 볼 수 있는 지역을 아래 지도 A~E에서 골라 바르게 연결한 것은?

> (가) 넓은 평원에서 밀 재배가 활발하게 이루어진다.
> (나) 빙하에 의해 U자 모양으로 깎인 계곡에 바닷물이 들어와 만들어진 좁은 만이다.

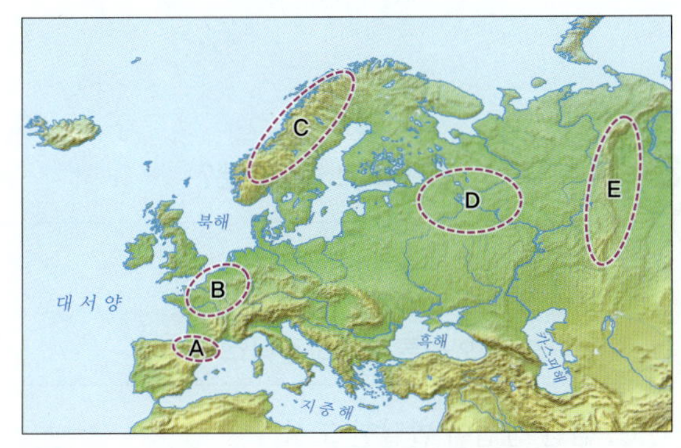

	(가)	(나)		(가)	(나)
①	A	B	②	B	C
③	C	D	④	D	E
⑤	E	A			

18 다음은 유럽의 주요 국가를 나타낸 지도이다. 서부 유럽에 해당하는 국가를 **두 곳** 이상 적고, 이 지역의 주요 특징을 서술하시오.

19 자료를 보고 물음에 답하시오.

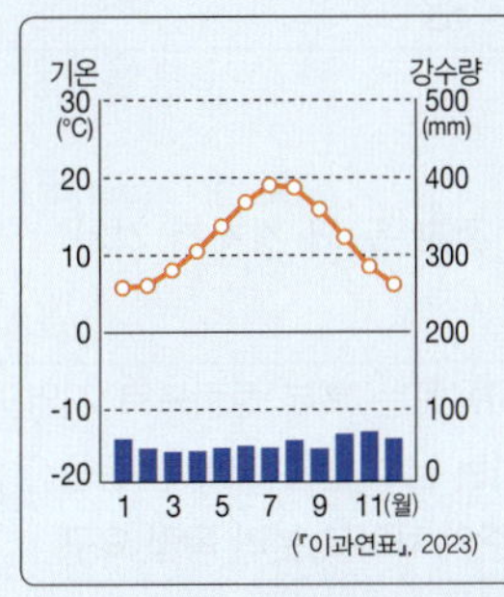

이 지역은 같은 위도대의 다른 지역보다 겨울철이 온난하다. 여름철에는 비교적 서늘하고, 겨울에는 따뜻하며 연중 비도 고르게 내린다.

⑴ 위와 같은 특징이 나타나는 기후의 명칭을 쓰시오.

⑵ 이러한 기후 특징이 나타나는 원인을 서술하시오.

실력 확인 문제 02 유럽의 다양한 도시 ~ 03 유럽의 통합과 분리

1 형형색색의 유럽 도시들

1 다양한 특징이 있는 유럽의 도시

❶▢▢▢▢	• 세계 경제의 중심지 역할 • 영국의 런던, 프랑스의 파리 등
생태 도시	• 사람, 자연환경, 문화가 조화를 이루는 친환경적 도시 • 독일의 프라이부르크, 네덜란드의 암스테르담 등
역사·문화 도시	• 다양한 문화나 역사 유적을 바탕으로 성장 • 그리스의 아테네, 이탈리아의 로마와 피렌체 등
관광 도시	• 특색 있는 자연환경을 바탕으로 성장 • 스위스의 인터라켄, 프랑스의 니스 등
첨단 도시	• 지식·정보 산업 등이 발달 • 프랑스의 소피아 앙티폴리스, 스웨덴의 스톡홀름 등

2 기후위기에 대응하는 지속가능한 도시

(1) **지속가능한 도시**   자연환경을 보호하고 경제·사회·문화적 측면에서 균형적인 발전을 추구하는 도시

(2) **지속가능한 도시를 만들기 위한 노력**   도시 재생 사업, 탄소중립을 포함한 다양한 정책 추진, 친환경 및 생태 도시 조성 등

2 유럽의 통합과 분리의 움직임

1 ❷▢▢▢▢▢(EU)

의미	국가를 초월한 입법, 사법, 행정 기능을 갖추고 있는 유럽 국가들의 지역 협력체
목적	유럽의 정치·경제·사회적 통합
현황	2023년 기준 27개국 가입 ➡ 2020년 ❸▢▢ 탈퇴
특징	• 회원국 간 노동력, 상품, 서비스의 자유로운 이동 가능 • 공동 화폐인 ❹▢▢▢ 사용

2 유럽 내 분리 독립 움직임

(1) **원인**   문화적 차이(민족, 언어, 종교 등)와 경제적 격차

(2) **현황**

❺▢▢▢ 플랑드르	• 네덜란드어를 사용하는 북부 플랑드르 지역과 프랑스어를 사용하는 남부 왈롱 지역 간 갈등 • 언어와 경제 수준의 차이로 분리 독립 요구
에스파냐 ❻▢▢▢▢	• 주민 대부분 카탈루냐어 사용, 고유한 문화 • 제조업 발달로 에스파냐 내에서 경제 발전 수준 높음 ➡ 독립 희망
영국 스코틀랜드	영국을 이루는 네 구성국(잉글랜드, 스코틀랜드, 웨일스, 북아일랜드) 중 하나로 잉글랜드와 민족과 언어, 문화가 달라 독립 요구

정답 ❶ 세계 도시 ❷ 유럽 연합 ❸ 영국 ❹ 유로화 ❺ 벨기에 ❻ 카탈루냐

빈출 01 다음 설명에 해당하는 도시로 옳은 것을 보기 에서 고른 것은? (중)

> 일찍부터 산업화가 이루어진 유럽에는 세계적인 영향력을 가지는 세계 도시가 형성되었다. 전 세계 경제·정치·문화의 중심지 역할을 하는 세계 도시에는 기업의 본사, 국제 금융 시장, 국제기구 등이 집중적으로 위치해 있다.

보기

ㄱ. 영국 런던	ㄴ. 프랑스 파리
ㄷ. 이탈리아 로마	ㄹ. 독일 프라이부르크

① ㄱ, ㄴ ② ㄱ, ㄷ ③ ㄴ, ㄷ
④ ㄴ, ㄹ ⑤ ㄷ, ㄹ

02 다음 일기를 보고 지오가 방문한 도시를 고른 것은? (하)

> 새로운 여행지에 도착했다. 이곳은 고대 그리스·로마, 중세 시대 등을 거쳐 형성된 곳으로, 고대 유적이 유명하여 많은 관광객이 찾는 도시라고 한다. 올림픽이 최초로 열린 곳이며, 민주주의가 시작된 곳으로도 알려져 있다. 내일은 도시 중심에 자리한 아크로폴리스의 파르테논 신전에 가 보려 한다.

① 빈 ② 제네바 ③ 아테네
④ 모스크바 ⑤ 프랑크푸르트

03 다음 도시들의 공통점으로 옳은 것은? (중)

> • 스웨덴의 스톡홀름
> • 프랑스의 소피아 앙티폴리스
> • 핀란드의 오울루 테크노폴리스

① 첨단 산업이 발달한 도시
② 문화유산이 많은 관광 도시
③ 특색 있는 자연환경이 풍부한 휴양 도시
④ 세계 경제의 중심지 역할을 하는 세계 도시
⑤ 다양한 친환경 정책을 펼치고 있는 생태 도시

04 다음에서 설명하는 도시를 아래 지도의 A∼E에서 바르게 고른 것은?

 ▲ 라데팡스

세계 경제의 중심지 역할을 하는 유럽의 도시 중 한 곳이다. 첨단 업무 및 상업 기능 등이 밀집해 있고, 도시 주변으로 센강이 흐르고 있다. 이 도시의 도심 외곽에 새롭게 형성된 업무 중심지가 바로 라데팡스이다.

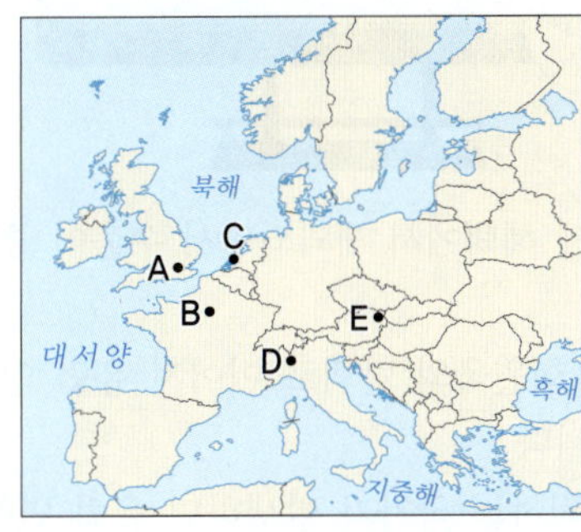

① A
② B
③ C
④ D
⑤ E

05 빈칸 ㉠, ㉡에 들어갈 도시를 바르게 연결한 것은?

• (㉠)은/는 세계적으로 번성한 무역항이 있는 도시이다. 오늘날 세계 물류 산업의 중심지 역할을 하고 철도, 도로, 항공 교통이 발달하여 유럽의 관문으로 불린다.

• (㉡)은/는 오스트리아의 수도로 '비엔나'로도 알려져 있다. 유명한 예술가들이 활동한 고전 음악의 성지로, 구시가지 전체가 유네스코 세계 문화유산에 등재되었다.

	㉠	㉡
①	베네치아	빈
②	로테르담	빈
③	로테르담	브뤼셀
④	프랑크푸르트	브뤼셀
⑤	프랑크푸르트	베네치아

06 다음은 여행 프로그램 촬영 계획서이다. 빈칸에 들어갈 내용으로 가장 적절한 것은?

• 프로그램 제목: 유럽의 지속가능한 도시를 찾아서
• 기획 의도: ( )
• 회차 정보
　– 제1편: 증기를 내뿜는 땅, 아이슬란드 레이캬비크
　– 제2편: 터닝 토르소와 환경 친화 지구의 도시, 스웨덴 말뫼
　– 제3편: 바람의 도시, 덴마크 코펜하겐

① 녹지 공간을 늘려 나가는 도시의 사례를 소개한다.
② 일회용품의 사용을 제한하는 도시의 사례를 소개한다.
③ 신·재생 에너지로 전력을 생산하는 도시의 사례를 소개한다.
④ 자동차 대신 자전거 이용을 장려하는 도시의 사례를 소개한다.
⑤ 디지털 기술을 활용하여 도시를 관리하는 스마트 도시의 사례를 소개한다.

07 다음에서 설명하는 도시를 아래 지도의 A∼E에서 바르게 고른 것은?

북유럽의 풍부한 바람을 활용하여 생산한 전기 비중이 전체 에너지의 약 40%를 차지한다. 이 도시는 '바람의 도시'라고 불릴 정도로 대부분의 에너지를 풍력으로 충당하고 있다.

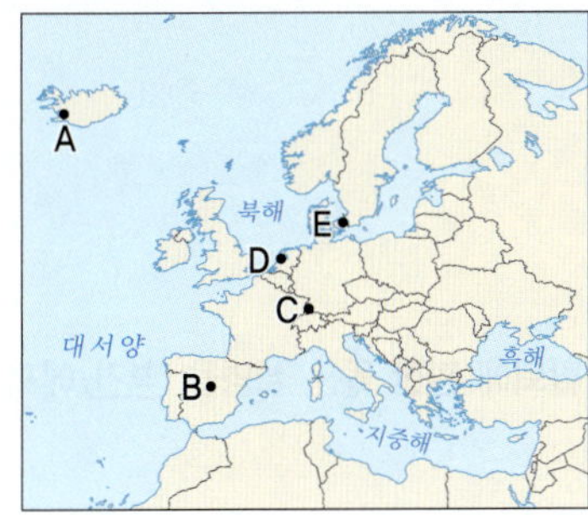

① A
② B
③ C
④ D
⑤ E

08 빈칸에 들어갈 개념으로 알맞은 것은?

( )란, 자연환경을 보호하고 경제·사회·문화적 측면에서 균형적인 발전을 추구하는 도시를 의미한다.

① 슬로 시티　　　② 세계 도시
③ 자족 도시　　　④ 스마트 도시
⑤ 지속가능한 도시

09 유럽 연합(EU)에 관한 설명으로 옳지 <u>않은</u> 것은?

① 유럽의 정치, 경제적 통합을 목적으로 한다.
② 국가를 초월한 입법, 사법, 행정 기능을 갖추고 있다.
③ 2023년 기준으로 영국을 포함하여 28개국이 가입되어 있다.
④ 회원국의 대부분은 유로(Euro)화라는 단일 화폐를 사용한다.
⑤ 회원국 간의 관세를 없애 상품, 자본, 서비스 등의 자유로운 이동을 추구하고 있다.

10 다음은 유럽 연합(EU)이 주민 생활에 미친 영향에 관한 대화이다. ㉠~㉤ 중 옳지 <u>않은</u> 것은?

> • 소비자(에스파냐): ㉠ 이웃한 프랑스의 물건을 관세 없이 수입할 수 있어 상대적으로 저렴한 가격에 물건을 구입할 수 있게 되었어요.
> • 여행객(벨기에): ㉡ 국경을 접한 네덜란드로 여행할 때 여권 없이 자유롭게 이동할 수 있게 되었어요.
> • 취업 준비생(스웨덴): ㉢ 외국인에 대한 취업 규제가 없어 원하는 국가에서 일할 수 있게 되었어요.
> • 고등학생(폴란드): ㉣ 다른 국가에 있는 대학에 진학할 수 있게 되었어요.
> • 사업가(오스트리아): ㉤ 국가마다 다른 화폐로 환전을 해야 해 은행 가는 일이 잦아졌어요.

① ㉠ ② ㉡ ③ ㉢ ④ ㉣ ⑤ ㉤

11 유럽 연합의 가입과 탈퇴에 관한 옳은 설명을 보기 에서 고른 것은?

> **보기**
> ㄱ. 출범 초기보다 유럽 연합 회원국 수가 감소하였다.
> ㄴ. 우크라이나 등의 국가는 유럽 연합 가입을 희망하고 있다.
> ㄷ. 영국은 분담금 부담 및 이민자 문제로 유럽 연합을 탈퇴하였다.
> ㄹ. 프랑스는 중립국의 특성을 유지하고자 유럽 연합에 가입하지 않았다.

① ㄱ, ㄴ ② ㄱ, ㄷ ③ ㄴ, ㄷ
④ ㄴ, ㄹ ⑤ ㄷ, ㄹ

12 유럽 연합과 관련하여 성격이 <u>다른</u> 국가를 고른 것은?

① 독일 ② 프랑스
③ 튀르키예 ④ 포르투갈
⑤ 룩셈부르크

13 선생님의 질문에 관한 대답으로 적절하지 <u>않은</u> 것은?

① 영국은 관세 면제 혜택에서 제외되면서 수출이 증가할 것입니다.
② 다른 유럽 연합 회원국의 탈퇴로 이어져 유럽 연합이 분리될 수 있습니다.
③ 유럽 연합을 탈퇴하는 국가가 발생하면 유럽 연합 내 교역량이 감소할 수 있습니다.
④ 영국은 유럽 내 자유로운 교류가 어려워지면서 노동력 부족 문제가 나타날 수 있습니다.
⑤ 영국은 유럽 연합에 지출하던 분담금으로 교육, 산업 등 다양한 분야에 투자할 수 있습니다.

14 다음 지역들의 공통점으로 옳은 것은?

> • 영국의 스코틀랜드
> • 벨기에의 플랑드르
> • 에스파냐의 카탈루냐
> • 이탈리아의 파다니아

① 유럽 내에서 첨단 산업이 발달한 지역이다.
② 석유와 천연가스 개발이 이루어지고 있는 지역이다.
③ 현재 도시 재생 사업이 활발하게 이루어지고 있는 지역이다.
④ 기후위기에 대응하여 다양한 친환경 정책을 펼치고 있는 지역이다.
⑤ 해당 국가 내에서 분리 독립하려는 움직임이 나타나고 있는 지역이다.

15 다음 자료에서 설명하는 지역으로 옳은 것은?

> 세계적으로 유명한 소설인 『해리포터』 시리즈가 탄생한 곳이다. 이곳은 영국을 이루는 네 구성국 중 하나로, 잉글랜드와 민족과 언어, 문화가 달라 독립을 요구하는 지역이다. 이 지역의 전통 의상인 킬트는 독특한 체크무늬가 특징적인 치마 형태의 남성 의상으로, 잉글랜드와는 다른 자신들만의 문화를 유지하고 있다.

① 바스크 　　② 파다니아 　　③ 카탈루냐
④ 플랑드르 　　⑤ 스코틀랜드

[16-17] 지도를 보고 물음에 답하시오.

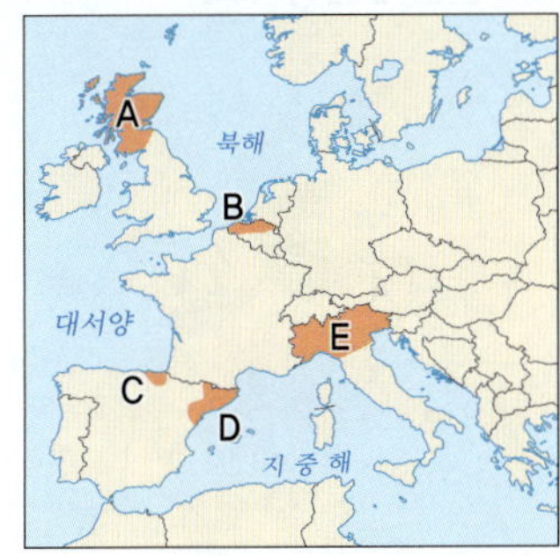

16 자료에서 설명하는 지역을 지도의 A~E에서 고른 것은?

> 네덜란드어를 사용하는 플랑드르 지역과 프랑스어를 사용하는 왈롱 지역 간에 언어 갈등이 나타난다. 플랑드르 지역은 부가 가치가 높은 지식 기반 산업이 발달하였다. 반면에 왈롱 지역은 농업과 광업 중심의 산업 구조가 나타나면서 두 지역 간에 경제적 격차가 커져 갈등이 심해지고 있다.

① A　　② B　　③ C　　④ D　　⑤ E

17 D 지역에 관한 옳은 설명을 보기 에서 고른 것은?

> **보기**
> ㄱ. 지역의 고유한 언어를 사용하고 있다.
> ㄴ. 유럽 연합 탈퇴 후 갈등이 지속되고 있다.
> ㄷ. 에스파냐 지역 내에서 경제적 수준이 높다.
> ㄹ. 오랫동안 농업 및 광업 중심의 산업이 발달하였다.

① ㄱ, ㄴ　　② ㄱ, ㄷ　　③ ㄴ, ㄷ
④ ㄴ, ㄹ　　⑤ ㄷ, ㄹ

18 다음 글의 밑줄 친 도시의 사례와 특징을 한 가지 서술하시오.

> 기후위기에 대응하려면 화석 에너지 사용을 줄이고 친환경 에너지를 적극적으로 활용하여 탄소 배출을 줄이려고 노력해야 한다. 유럽에서는 친환경 정책을 펼치고 있는 다양한 친환경 도시 및 생태 도시의 사례를 찾아볼 수 있다.

____

____

19 자료를 보고 물음에 답하시오.

> 영국은 2016년 6월에 치른 투표를 통해 유럽 연합 탈퇴를 결정하였으며, 2020년 1월에 유럽 연합에서 탈퇴하였다. 이 사건을 (　　　　)(이)라 부른다.

(1) 빈칸에 들어갈 알맞은 말을 쓰시오.

____

(2) 영국이 유럽 연합을 탈퇴한 이유를 두 가지 서술하시오.

____

실력확인문제 01 아프리카의 위치와 자연환경

1 아프리카의 위치

1 지리적 범위

(1) **아프리카** 서쪽으로 대서양, 동쪽으로 인도양, 북동쪽으로 홍해와 접하며, 북쪽으로 지중해를 사이에 두고 ❶☐☐과/와 마주하고 있음

(2) **지역 구분** ❷☐☐☐ 사막을 기준으로 북부 아프리카와 중·남부 아프리카로 구분

2 국가와 주요 도시

(1) **아프리카의 국가**

북부 아프리카	이집트, 모로코 등
서부 아프리카	나이지리아, 코트디부아르, 세네갈 등
중앙 아프리카	콩고 민주 공화국, 카메룬 등
동부 아프리카	에티오피아, 케냐, 탄자니아 등
남부 아프리카	남아프리카 공화국 등

(2) **아프리카의 주요 도시** ❸☐☐☐의 카이로, 나이지리아의 라고스, 남아프리카 공화국의 요하네스버그 등

2 아프리카의 자연환경

1 지형

산지	• 북서부의 아틀라스산맥: 해발 고도가 높고 험준 • ❹☐☐☐☐☐☐산: 아프리카에서 가장 높은 산
하천	❺☐☐강: 고대 문명 번성, 도시 발달 → 이집트 문명
사막	사하라 사막, 나미브 사막, 칼라하리 사막 등

2 기후

(1) **아프리카의 기후 특성** 적도를 중심으로 북쪽과 남쪽에 기후가 대체로 대칭하여 분포

(2) **아프리카의 기후 구분**

❻☐☐ 기후	• 적도 부근은 기온이 높고, 강수량이 많음 → 이곳의 넓고 울창한 숲은 다양한 동식물의 서식처로 이용 • 주변에는 건기와 우기가 뚜렷한 기후 → 키가 큰 풀이 자라는 초원에 나무가 드문드문 분포, 야생 동물의 천국 • 플랜테이션, ❼☐☐☐☐☐☐ 농업 발달
❽☐☐ 기후	• 사하라 사막과 그 주변, 남서부 해안 지역 • 연 강수량 500mm 미만, 증발량이 강수량보다 많음 • 오아시스 주변이나 나일강 주변에서 농업 발달
온대 기후	아프리카 북부의 지중해 연안과 남동부 지역
고산 기후	아프리카 동부의 해발 고도가 높은 아비시니아고원 등 일부 산지 지역

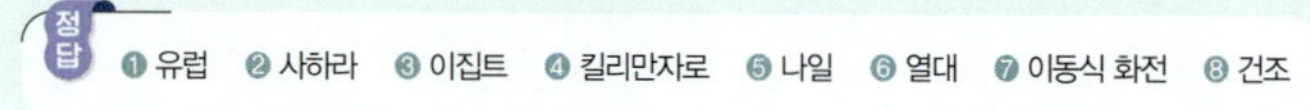
정답 ❶유럽 ❷사하라 ❸이집트 ❹킬리만자로 ❺나일 ❻열대 ❼이동식 화전 ❽건조

---

01 아프리카의 위치와 지역 구분에 관한 옳은 설명을 보기 에서 고른 것은?

> **보기**
> ㄱ. 대륙의 중앙 부근을 적도가 가로지른다.
> ㄴ. 지중해를 사이에 두고 아시아와 마주하고 있다.
> ㄷ. 서쪽으로 대서양, 동쪽으로 태평양과 접해 있다.
> ㄹ. 사하라 사막을 기준으로 북부 아프리카와 중·남부 아프리카로 구분할 수 있다.

① ㄱ, ㄴ ② ㄱ, ㄹ ③ ㄴ, ㄷ
④ ㄴ, ㄹ ⑤ ㄷ, ㄹ

[02-03] 지도를 보고 물음에 답하시오.

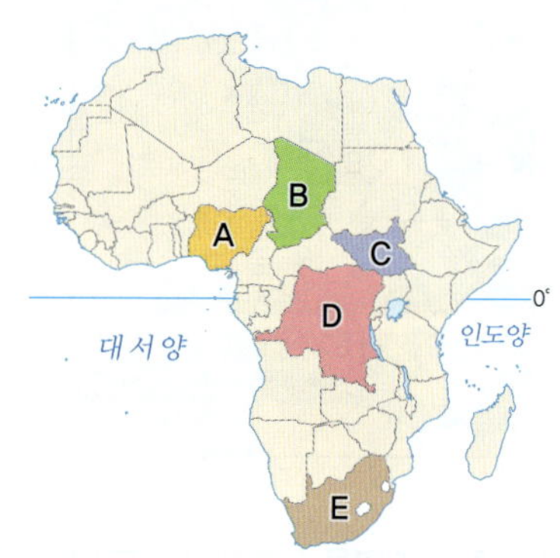

02 지도에 표시된 A~E의 국가 이름이 옳지 <u>않은</u> 것은?

① A – 나이지리아   ② B – 차드
③ C – 수단   ④ D – 콩고 민주 공화국
⑤ E – 남아프리카 공화국

03 다음에서 설명하는 국가를 지도의 A~E에서 고른 것은?

① A   ② B   ③ C   ④ D   ⑤ E

04 다음에서 설명하는 국가로 옳은 것은?

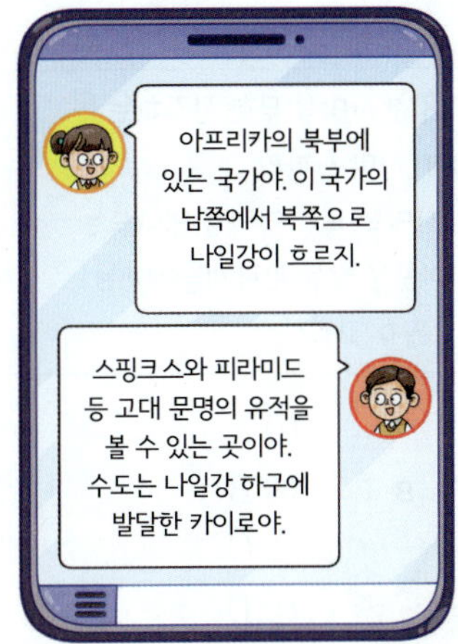

① 수단
② 세네갈
③ 이집트
④ 에티오피아
⑤ 콩고 민주 공화국

05 북부 아프리카에 위치해 있는 도시로 옳은 것을 보기 에서 고른 것은?

보기
ㄱ. 이집트의 카이로
ㄴ. 모로코의 카사블랑카
ㄷ. 소말리아의 모가디슈
ㄹ. 에티오피아의 아디스아바바

① ㄱ, ㄴ ② ㄱ, ㄷ ③ ㄴ, ㄷ
④ ㄴ, ㄹ ⑤ ㄷ, ㄹ

06 다음은 지오가 에티오피아를 여행하며 쓴 기행문이다. 밑줄 친 ㉠~㉣ 중 옳은 것끼리 바르게 묶은 것은?

에티오피아의 ㉠ 수도 아디스아바바에 있는 볼레 국제 공항에 도착했다. ㉡ 아프리카 연합(AU)의 본부가 있는 곳이라 그런지 공항을 빠져나오며 아프리카 여러 국가의 국기를 보았다. ㉢ 아프리카의 서부에 있는 에티오피아 에는 ㉣ 사하라 사막이 넓게 나타난다. 커피 재배로 유명한 곳이라 내일은 커피 농장에서 체험을 할 예정이다.

① ㉠, ㉡ ② ㉠, ㉢ ③ ㉡, ㉢
④ ㉡, ㉣ ⑤ ㉢, ㉣

07 아프리카의 기후에 관한 옳은 설명을 보기 에서 고른 것은?

보기
ㄱ. 북부 아프리카에는 건조 기후가 넓게 나타난다.
ㄴ. 적도가 지나가는 지역은 열대 기후가 나타난다.
ㄷ. 지중해 연안과 남동부 지역은 냉대 기후가 나타난다.
ㄹ. 고산 기후는 해발 고도가 높은 서부 산지 지역에 나타난다.

① ㄱ, ㄴ ② ㄱ, ㄷ ③ ㄴ, ㄷ
④ ㄴ, ㄹ ⑤ ㄷ, ㄹ

[08-09] 지도를 보고 물음에 답하시오.

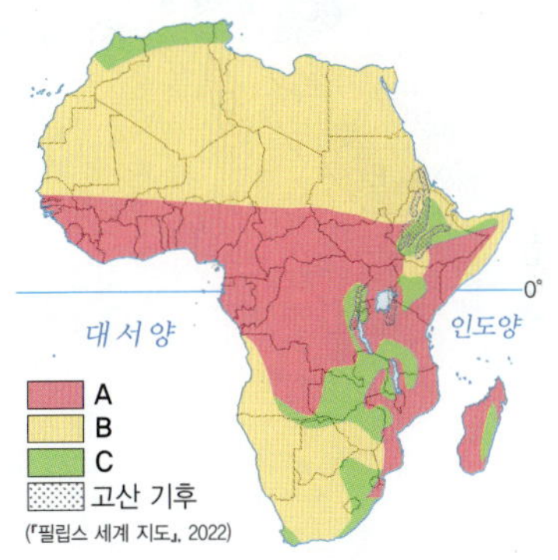

08 A~C 기후에 관한 설명으로 옳은 것은?

① A는 강수량보다 증발량이 많다.
② B 지역에는 키 큰 풀이 자라는 초원에 나무가 드문드문 분포한다.
③ C 지역에는 열대림이 넓게 분포한다.
④ C는 인간 거주에 매우 불리한 기후이다.
⑤ A는 B에 비해 연 강수량이 많다.

09 (가), (나)와 같은 기후 그래프 특징이 나타나는 기후 지역을 지도의 A~C에서 찾아 바르게 연결한 것은?

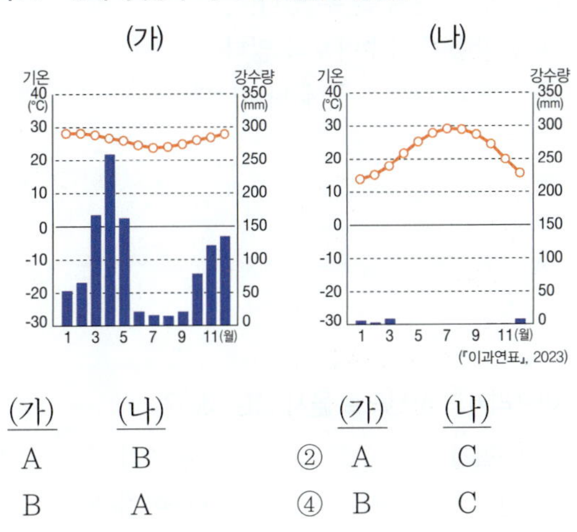

	(가)	(나)		(가)	(나)
①	A	B	②	A	C
③	B	A	④	B	C
⑤	C	B			

10 빈칸 ㉠, ㉡에 들어갈 국가를 지도의 A~E에서 고른 것은?

> (㉠)의 국립 공원에서는 사파리 투어가 한창입니다. 차로 이동하며 야생 동물을 관찰하면서 살아 있는 아프리카의 모습을 느낄 수 있습니다. (㉡)에서는 여우원숭이, 바오바브나무와 같은 독특한 동식물을 관찰할 수 있어 관광객이 많이 찾아옵니다.

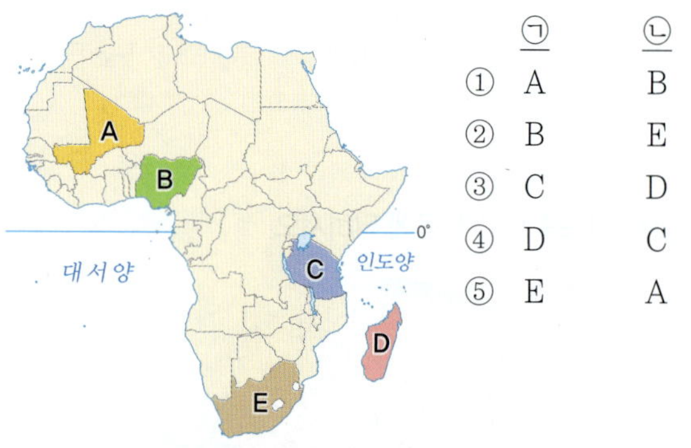

	㉠	㉡
①	A	B
②	B	E
③	C	D
④	D	C
⑤	E	A

11 다음 (가), (나)는 아프리카의 기후 지역을 보여 주는 사진이다. (가) 기후와 비교한 (나) 기후의 상대적 특징으로 옳지 <u>않은</u> 것은?

(가)  (나) 

① 연 강수량이 많다.
② 평균 습도가 높다.
③ 식생을 쉽게 볼 수 있다.
④ 증발량이 강수량보다 많다.
⑤ 적도와 가까운 곳에 나타난다.

12 아프리카의 하천으로 옳지 <u>않은</u> 것은?

① 나일강 ② 콩고강
③ 갠지스강 ④ 나이저강
⑤ 잠베지강

13 다음의 홍보 문구와 관련 있는 지형의 위치를 지도의 A~E에서 고른 것은?

> SUV를 타고 광활한 사막을 무한 질주하는 일명 '사막 사파리' 롤러코스터처럼 사막의 모래 언덕을 넘나드는 사막 사파리는 이곳을 찾는 관광객들에게는 필수 코스!

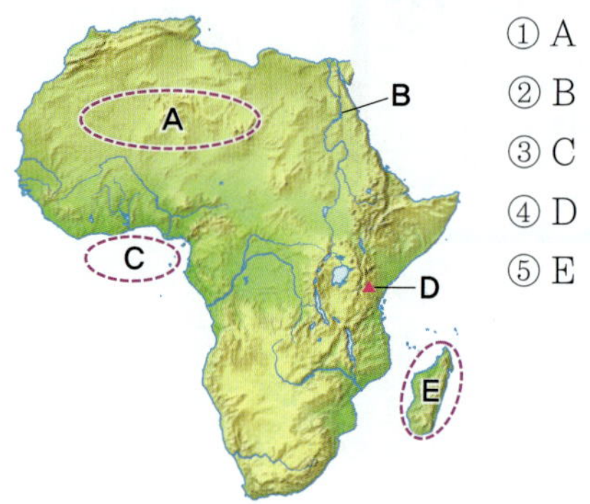

① A
② B
③ C
④ D
⑤ E

14 다음 자료의 밑줄 친 지형으로 옳은 것은?

세계 각국의 화폐는 지역의 자연환경을 담고 있는 경우가 많다. 세렝게티 국립 공원으로 유명한 탄자니아는 지폐에 야생 동물들을 새겨 넣었다. 특히 탄자니아의 2,000 실링 지폐 앞면에는 사자와 함께 <u>아프리카에서 가장 높은 산</u>이 그려져 있다.

① 케냐산 ② 마터호른산
③ 아콩카과산 ④ 에베레스트산
⑤ 킬리만자로산

15 아프리카에서 볼 수 있는 지형을 보기 에서 고른 것은?

> **보기**
> ㄱ. 메콩강 ㄴ. 콩고 분지
> ㄷ. 빅토리아호 ㄹ. 알프스산맥

① ㄱ, ㄴ ② ㄱ, ㄷ ③ ㄴ, ㄷ
④ ㄴ, ㄹ ⑤ ㄷ, ㄹ

16 다음은 사회 수업 시간의 모습이다. (가)~(다)에 해당하는 국가를 바르게 연결한 것은?

	(가)	(나)	(다)
①	이집트	짐바브웨	마다가스카르
②	나이지리아	케냐	나미비아
③	나이지리아	탄자니아	서사하라
④	에티오피아	케냐	나미비아
⑤	에티오피아	탄자니아	리비아

17 아프리카 여행기의 빈칸 ㉠~㉢에 들어갈 국가를 바르게 연결한 것은?

1주 차에는 바오바브나무와 여우원숭이를 보기 위해 동부 섬나라인 (㉠)(으)로 향했다. 마치 뿌리가 하늘 위로 솟은 듯한 모습이 인상적이었다.

2주 차에는 (㉡)(으)로 이동하여 희망봉 투어를 다녀왔다. 유럽에서 출발한 항해사들이 약 1만 km에 달하는 아프리카 서해안을 지나 처음으로 동쪽으로 도는 지점이라 생각해 희망봉이라고 이름 지었다고 한다.

3주 차에는 (㉢)로 이동하여 사막 마을인 아이트벤하두로 향했다. 여러 영화 촬영지로 쓰일 만큼 이색적인 풍경이 펼쳐져 있었다. 겨울철에는 아틀라스산맥에서 스키를 즐길 수 있다고 한다.

	㉠	㉡	㉢
①	짐바브웨	앙골라	모로코
②	시에라리온	앙골라	이집트
③	시에라리온	남아프리카 공화국	이집트
④	마다가스카르	남아프리카 공화국	모로코
⑤	코트디부아르	에티오피아	모잠비크

18 아프리카의 기후 분포를 보여 주는 지도를 보고 다음 제시어를 사용하여 아프리카의 기후 특성을 서술하시오.

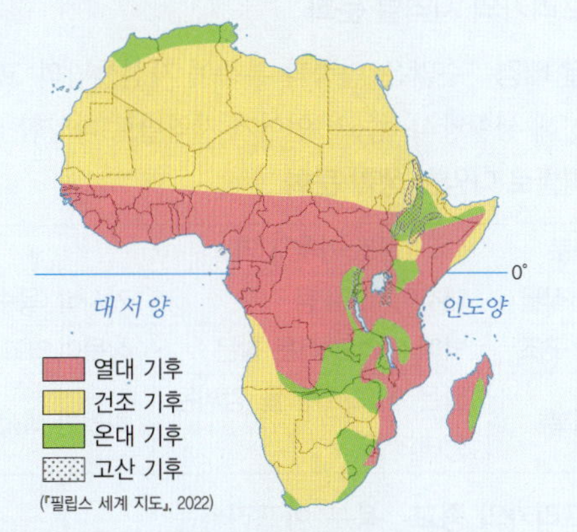

제시어: 적도, 대칭, 열대 기후, 건조 기후, 온대 기후

19 다음 글의 빈칸에 공통으로 들어갈 사막의 명칭을 쓰시오.

세계에서 규모가 가장 큰 사막은 아프리카 대륙 북부에 있는 (   ) 사막이다. 사막의 이름은 아랍어 '불모지'에서 유래하였으며, 광활한 (   ) 사막을 경계로 북쪽과 남쪽의 문화가 다르게 나타난다.

20 제시문의 밑줄 친 부분에 해당하는 농업 방식의 명칭을 쓰시오.

코트디부아르는 초콜릿의 주원료인 카카오의 세계 최대 생산국이다. 전 세계 카카오의 약 40%가 이곳에서 생산된다. 카카오는 <u>현지인의 노동력과 선진국의 기술 및 자본이 결합하여 상업적 목적으로 재배된다.</u>

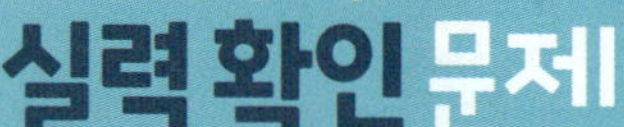

1 아프리카의 문화 다양성과 지역 잠재력

1 아프리카의 지역별 문화

(1) **발달 배경** 수많은 민족과 부족이 자신들만의 고유한 정체성을 형성해 생활양식, 종교, 언어가 지역별로 다양함

(2) **지역별로 다양한 생활 문화**

구분	건조 기후 지역	❶□□ 기후 지역
주요 작물	대추야자, 밀 등	카사바, 옥수수 등
가옥 구조	벽이 두껍고 작은 창문	창문이 크고 개방적인 구조
의복	얇은 천으로 몸을 감싸는 형태의 옷	화려한 색상과 무늬의 옷

(3) **아프리카의 종교** 북부 아프리카는 ❷□□□□, 중·남부 아프리카는 토속 종교 및 크리스트교

(4) **아프리카 문화의 영향** 미술(단순하고 강렬한 색채), 음악(재즈, 레게 등), 패션(화려한 색상, 기하학적 패턴) 등

2 아프리카의 지역 잠재력

인구 잠재력	아프리카는 다른 대륙에 비해 경제활동 인구 비율이 높고, 빠른 인구 성장을 보임
풍부한 ❸□□□□	원유, 천연가스 등의 에너지 자원과 다이아몬드, 구리 등 광물 자원 풍부 → 아프리카 경제 성장의 기반
상품 작물 재배	커피(동부 고원 지역), 카카오(기니만 연안) 등의 상품 작물 재배 활발

2 아프리카의 지속가능한 발전

1 아프리카의 주체적 노력

❹□□□□ □□ (AU)	• 본부는 에티오피아의 아디스아바바에 있음, 2002년 출범 • 아프리카 국가들의 단결을 추구, 사회·경제·문화적 차원에서 지속가능한 발전과 아프리카의 경제 통합을 추구
아프리카 대륙 자유 무역 지대 (AfCFTA)	• 2019년에 공식 출범한 신생 자유 무역 지대 • 아프리카 내에서 관세나 무역 규제를 없애는 등의 경제 정책 도입

2 아프리카와 세계의 협력

(1) **국제기구** ❺□□ □□(UN)을 비롯하여 보건, 의료, 교육 등 다양한 부문에서 지원 활동

(2) **비정부 기구(NGO)** 옥스팜, 그린피스, 국경 없는 의사회 등

(3) **세계시민으로서의 참여 방안** 아프리카 문화를 존중하는 자세, 공정 무역 제품 구매와 ❻□□ 여행 이용 등

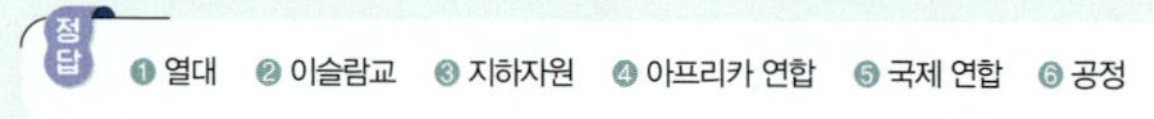

01 아프리카의 문화에 관한 옳은 설명을 보기 에서 고른 것은?

(중)

> **보기**
> ㄱ. 북부 아프리카의 주요 종교는 이슬람교이다.
> ㄴ. 대추야자는 아프리카의 건조 기후 지역에서 즐겨 먹는 간식이다.
> ㄷ. 아프리카의 건조 기후 지역에서는 화려한 무늬의 얇고 짧은 의복을 즐겨 입는다.
> ㄹ. 아프리카의 열대 기후 지역에서는 창문이 작고 벽이 두꺼운 가옥 구조가 나타난다.

① ㄱ, ㄴ　　② ㄱ, ㄹ　　③ ㄴ, ㄷ
④ ㄴ, ㄹ　　⑤ ㄷ, ㄹ

02 (가), (나)의 의복 형태가 나타나는 지역에 관한 설명으로 옳지 않은 것은?

(중)

(가)　　　　(나)

① (가) 지역은 (나) 지역보다 강수량이 많다.
② (가)는 주로 건조 기후 지역에서 볼 수 있다.
③ (나)는 주로 열대 기후 지역에서 볼 수 있다.
④ (가) 지역의 사람들은 벽이 두껍고 창문이 작은 집을 지어 생활한다.
⑤ (나) 지역의 사람들은 창문이 크고 개방적인 구조의 집을 지어 생활한다.

03 아프리카의 문화에 관한 설명으로 옳지 않은 것은?

(하)

① 클래식은 아프리카 음악의 영향으로 생긴 대중음악이다.
② 여러 부족의 독특한 문양과 그림은 현대 미술에 큰 영향을 미쳤다.
③ 아프리카 문화를 기반으로 한 패션 산업이 빠르게 성장하고 있다.
④ 아프리카 전통 음악은 다양한 리듬의 타악기 연주로 이루어져 있다.
⑤ 아프리카 예술 문화는 대체로 여러 부족 사회의 전통 문화에 영향을 받아 발달하였다.

04 사진의 종교 건축물과 관련된 옳은 설명을 보기 에서 고른 것은?

보기

ㄱ. 남부 아프리카에서 볼 수 있다.
ㄴ. 이슬람교의 영향을 받은 건축물이다.
ㄷ. 창문이 크고 개방적인 구조가 나타난다.
ㄹ. 건조 기후 지역에서 진흙을 이용하여 만들었다.

① ㄱ, ㄴ   ② ㄱ, ㄷ   ③ ㄴ, ㄷ
④ ㄴ, ㄹ   ⑤ ㄷ, ㄹ

06 아프리카의 인구와 관련한 지역 잠재력으로 옳지 <u>않은</u> 것은?

① 아프리카는 전 세계에서 중위 연령이 가장 높다.
② 아프리카는 아시아 다음으로 인구가 많은 대륙이다.
③ 아프리카의 많은 인구는 경제 성장의 원동력이 될 것이다.
④ 아프리카는 경제활동을 하는 청장년층 인구 비율이 높다.
⑤ 전 세계에서 아프리카 인구가 차지하는 비중은 더 높아질 것이다.

07 그래프를 통해 추론할 수 있는 아프리카의 성장 잠재력으로 가장 적절한 것은?

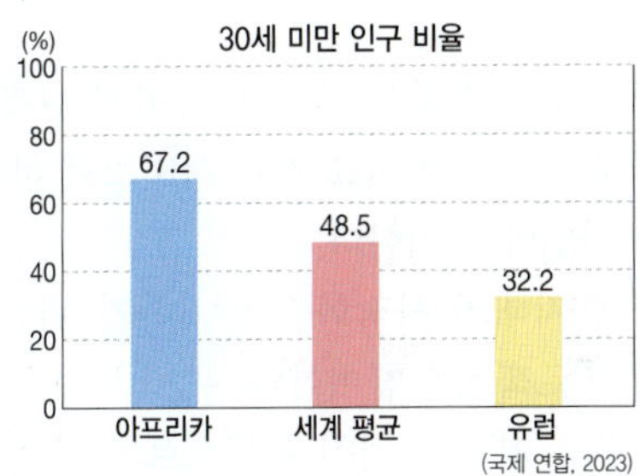

① 인구가 많기 때문에 성장 잠재력이 높다.
② 인구 증가율이 높기 때문에 성장 잠재력이 높다.
③ 지하자원이 풍부하기 때문에 성장 잠재력이 높다.
④ 경제활동을 할 인구가 많기 때문에 성장 잠재력이 높다.
⑤ 빈곤과 기아 문제가 해결되었기 때문에 성장 잠재력이 높다.

05 다음은 아프리카의 문화와 관련한 전시회 기획서이다. ㉠에 들어갈 내용으로 옳은 것을 보기 에서 모두 고른 것은?

• 전시회 제목: 아프리카의 문화 다양성
• 목적: 전 세계에 영향을 준 아프리카의 다양한 문화를 소개한다.
• 전시 내용: ________________ ㉠

보기

ㄱ. 아프리카에서 사용하는 화려한 무늬와 색상을 접목한 패션
ㄴ. 세계 곳곳에서 연주되는 아프리카의 전통 악기 젬베와 칼림바
ㄷ. 고갱, 피카소에 영향을 준 단순하고 강렬한 색채의 미술 작품
ㄹ. 다른 대륙의 음악과 융합하여 레게, 재즈 등으로 발전한 전통 음악

① ㄱ   ② ㄱ, ㄷ   ③ ㄱ, ㄴ, ㄷ
④ ㄴ, ㄷ, ㄹ   ⑤ ㄱ, ㄴ, ㄷ, ㄹ

08 자료에서 설명하는 국가를 지도의 A~E에서 고른 것은?

아프리카 최대 석유 생산국인 이 국가는 자원 중심의 산업 구조에서 탈피하고 산업 다각화를 위해 노력하고 있다. 2021년 기준 이 국가의 정보 통신 기술 산업은 국내 총생산의 약 17%를 차지할 만큼 국가 경제에 중요한 산업이다. 또한 놀리우드(Nollywood)라 불리는 영화 산업은 지역에 많은 일자리를 창출하고 있다.

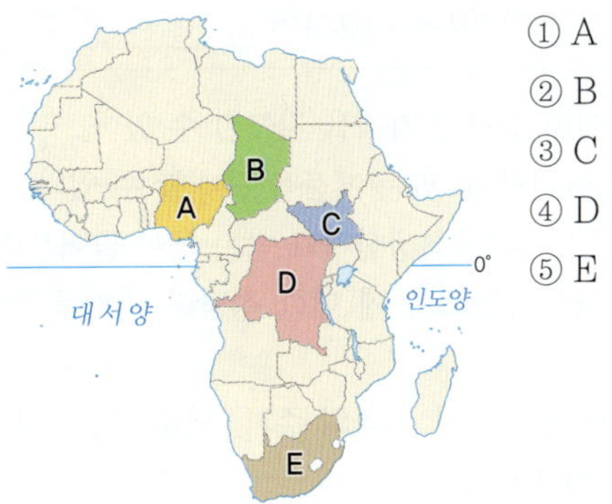

① A
② B
③ C
④ D
⑤ E

정답 및 해설 44쪽

09 아프리카 연합(AU)의 가입 국가로 옳지 <u>않은</u> 것은?

① 케냐 ② 캄보디아
③ 보츠와나 ④ 에티오피아
⑤ 나이지리아

10 아프리카의 지속가능한 발전을 위한 협력의 사례로 옳지 <u>않은</u> 것은?

① 공정 무역 제품을 구매하고, 공정 여행을 이용한다.
② 저개발 지역에 의료 지원 서비스를 하는 K-라이스 벨트 사업에 참여한다.
③ 사헬 지대의 사막화를 방지하기 위한 그레이트 그린 월 프로젝트에 참여한다.
④ 비정부 기구의 지원 활동으로 아프리카의 빈곤 퇴치, 환경 보호 등을 도모한다.
⑤ 국제기구에서는 보건, 의료 등 다양한 부문에서 아프리카에 지원 활동을 하고 있다.

11 다음 일기의 ㉠에 들어갈 내용으로 적절하지 <u>않은</u> 것은?

> 오늘은 친구와 함께 케이크를 사러 빵집에 갔다. 초콜릿 케이크를 사려고 하니 빵집 직원이 초콜릿 케이크는 코트디부아르에서 생산된 공정 무역 카카오로 만들어졌다고 했다. 집으로 돌아와 공정 무역에 관해 검색해 보았다. 공정 무역 제품을 이용하면 ________㉠

① 상품에 대한 정당한 가격을 지불할 수 있다.
② 질 좋고 신뢰할 수 있는 제품을 구매할 수 있다.
③ 유통 과정이 늘어나 생산자가 받는 몫이 줄어든다.
④ 제품의 생산자는 노동에 대한 정당한 대가를 받을 수 있다.
⑤ 제품의 이익이 생산 지역의 주거, 의료 시설 등을 개선하는 데 사용될 수 있다.

주관식·서술형 문제

12 자료를 보고 물음에 답하시오.

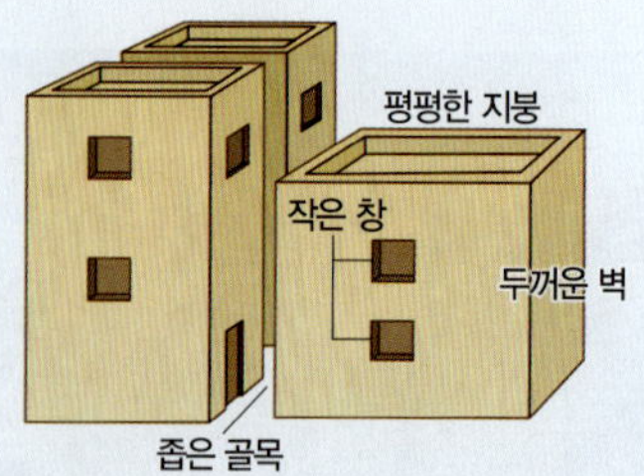

(1) 위와 같은 형태의 가옥을 볼 수 있는 기후 지역을 쓰시오.

____

(2) 북부 아프리카에서 위와 같은 형태의 가옥이 나타나는 이유를 기후와 관련지어 서술하시오.

____
____

13 자료의 밑줄 친 부분과 같은 인식을 바꿀 수 있는 아프리카의 지역 잠재력에는 무엇이 있는지 두 가지 서술하시오.

> 세계에서 두 번째로 면적이 넓고 인구가 많은 대륙인 아프리카, 우리는 아프리카에 관해 얼마나 알고 있을까? 기껏해야 <u>빈곤, 기아, 분쟁, 난민이 많은 곳</u>으로 인식할 뿐. 너무나 무관심했다.

____
____

실력 확인 문제　01 아메리카의 위치와 자연환경

1 아메리카의 위치

1 지리적 범위

(1) **아메리카** 서쪽으로 태평양, 동쪽으로 대서양, 북쪽으로 북극해 와 접하며 북반구와 남반구에 걸쳐 있음

(2) **지역 구분**

지리적 구분	북아메리카와 남아메리카 → ❶ □□□ 지협 기준
문화적 구분	❷ □□□ 아메리카와 라틴 아메리카 → 리오그란 데강 기준

2 국가와 주요 도시

(1) **아메리카의 국가**

북아메리카	미국, 캐나다, 멕시코, 쿠바, 코스타리카 등
남아메리카	브라질, 아르헨티나, 우루과이, 에콰도르, 칠레 등

(2) **아메리카의 주요 도시** ❸ □□의 뉴욕과 로스앤젤레스, 멕시코 의 멕시코시티, 브라질의 상파울루, 콜롬비아의 보고타 등

2 아메리카의 자연환경

1 지형

산지	• ❹ □□산맥과 안데스산맥: 높고 험준하며 지각 운동 활발, 환태평양 조산대 • 애팔래치아산맥: 오랜 침식으로 고도가 낮고 경사 완만
하천	• 미시시피강: 대평원을 가로질러 흐름 • ❺ □□□□: 세계에서 유량이 가장 풍부한 하천, 유역 에는 세계 최대의 열대 우림 형성
빙하	과거 빙하로 덮였던 미국 알래스카, 북동부의 오대호 일대와 캐나다 북부, 남아메리카의 남단 일대

2 기후

❻ □□ 기후	• 북아메리카 멕시코 남부와 카리브해 지역 • 남아메리카 적도 부근 • 고온 다습, 아마존 열대 우림
건조 기후	• 북아메리카 내륙(미국 서부) • 남아메리카 태평양 연안 지역 일부와 남부 내륙
온대 기후	• 북아메리카 남동부 및 서부 해안 • 남아메리카 남동부(브라질 남부와 아르헨티나 일대)
냉대 및 한대 기후	• 북아메리카 북부 지역 • 냉대 기후 지역에는 침엽수림이 넓게 분포 • 한대 기후 지역에는 이누이트 등 소수 민족 거주
❼ □□ 기후	• 적도 주변의 안데스산맥 일대 • 해발 고도가 높아 연중 날씨가 온화, 저지대의 열대 기후 지역보다 인간 생활에 적합 → 고산 도시 발달

정답 ❶ 파나마　❷ 앵글로　❸ 미국　❹ 로키　❺ 아마존강　❻ 열대　❼ 고산

---

01 아메리카의 위치와 특징에 관한 옳은 설명을 보기 에서 고른 것은?
(중)

> **보기**
> ㄱ. 서쪽은 대서양, 동쪽은 태평양과 접하고 있다.
> ㄴ. 북쪽으로는 북극해, 남쪽으로는 남극해와 가깝다.
> ㄷ. 아메리카 대륙은 세계 육지 면적의 절반 이상을 차 지한다.
> ㄹ. 북아메리카는 북반구에, 남아메리카는 대부분 남반 구에 위치한다.

① ㄱ, ㄴ　　② ㄱ, ㄷ　　③ ㄴ, ㄷ
④ ㄴ, ㄹ　　⑤ ㄷ, ㄹ

빈출
02 빈칸 ㉠, ㉡에 들어갈 지명을 바르게 연결한 것은?
(하)

> 아메리카를 지리적으로 구분하면 (㉠)을 기준 으로 '북아메리카'와 '남아메리카'로 구분한다. 또한 문화 적으로 구분하면 (㉡)을 기준으로 '앵글로아메리 카'와 '라틴 아메리카'로 구분한다.

	㉠	㉡
①	파나마 지협	리오그란데강
②	파나마 지협	애팔래치아산맥
③	리오그란데강	파나마 지협
④	리오그란데강	애팔래치아산맥
⑤	애팔래치아산맥	파나마 지협

03 밑줄 친 '이곳'에 해당하는 국가로 옳은 것은?
(중)

① 미국　　② 칠레　　③ 멕시코
④ 브라질　　⑤ 캐나다

04 다음은 지오가 사회 수업 시간에 아메리카의 어떤 국가에 관해 정리한 내용이다. 빈칸에 들어갈 국가로 옳은 것은?

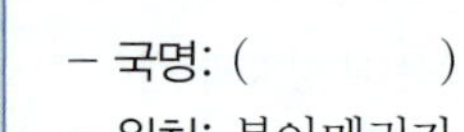

- 국명: (　　　　)
- 위치: 북아메리카
- 면적: 세계 국토 면적 2위(*1위: 러시아)
- 수도: 오타와
- 특징: 단풍이 유명하여 국기에도 단풍이 그려져 있고 메이플 시럽, 메이플 버터 등 단풍을 이용한 식재료가 발달했다.

① 미국　　　② 브라질　　　③ 캐나다
④ 우루과이　　　⑤ 아르헨티나

05 다음 글의 밑줄 친 '이 국가'로 옳은 것은?

이 국가의 수도는 라파스이며, 안데스 산지에 위치하고 티티카카호를 볼 수 있는 곳이다. 또한 우유니 사막은 이 국가에 위치한 세계 최대의 소금 사막으로 이 국가를 상징하는 대표적인 장소이기도 하다.

① 칠레　　　② 볼리비아　　　③ 콜롬비아
④ 아르헨티나　　　⑤ 코스타리카

06 다음은 아메리카의 어느 도시를 소개하는 동영상 미리 보기 화면이다. 동영상을 재생했을 때 영상에서 소개하는 도시로 옳은 것은?

① 뉴욕　　　② 키토　　　③ 보고타
④ 상파울루　　　⑤ 멕시코시티

[07-09] 지도를 보고 물음에 답하시오.

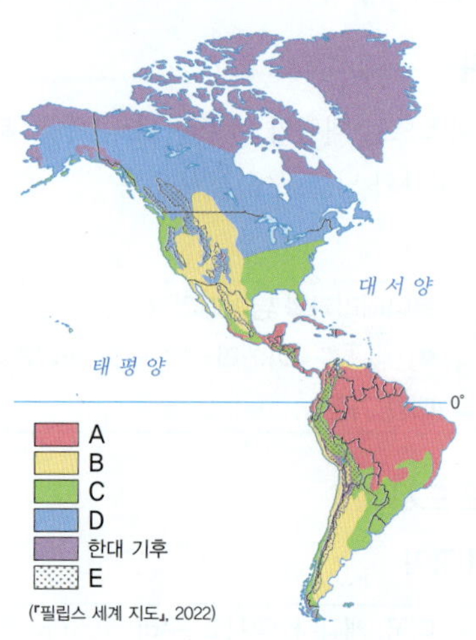

(『필립스 세계 지도』, 2022)

07 다음 키워드와 관련 있는 기후 지역을 지도의 A~E에서 고른 것은?

• 고온 다습　　　• 적도 주변　　　• 아마존강 유역

① A　　② B　　③ C　　④ D　　⑤ E

08 아메리카에서 나타나는 A 기후 지역과 비교한 D 기후 지역의 상대적 특징으로 옳은 것은?

① 연평균 기온이 높다.
② 저위도 지역에 나타난다.
③ 침엽수림의 분포 면적이 넓다.
④ 플랜테이션 농업 비율이 높다.
⑤ 아마존 열대 우림과의 거리가 가깝다.

09 다음 기후 그래프가 나타나는 지역에 관한 설명으로 옳지 <u>않은</u> 것은?

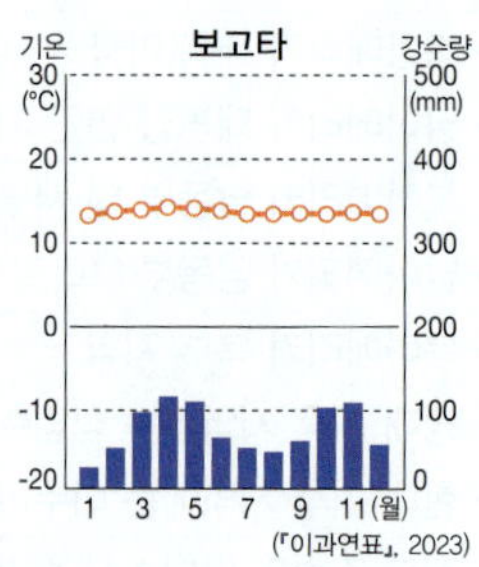

(『이과연표』, 2023)

① 고산 도시가 분포한다.
② 고대 문명의 유적지가 남아 있다.
③ 지도의 E 기후 지역과 관련 있다.
④ 적도 주변의 안데스 산지에서 나타난다.
⑤ 대규모의 기업적 밀 농사가 이루어지는 평원이 있다.

10 다음 질문에 관한 기상학자의 답변으로 가장 적절한 것은?

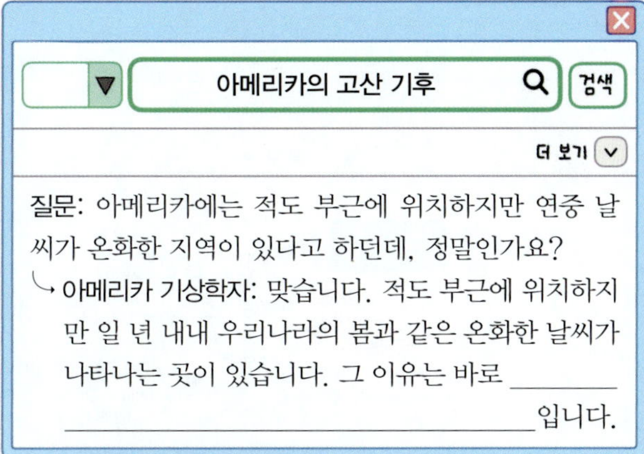

① 해발 고도가 높기 때문
② 바다와 맞닿아 있기 때문
③ 한류의 영향을 받기 때문
④ 편서풍의 영향을 받기 때문
⑤ 산맥이 습윤한 공기를 차단하기 때문

11 빈칸 ㉠, ㉡에 들어갈 기후를 바르게 연결한 것은?

• 캐나다 이누이트들은 기온이 낮아 농사를 지을 수 없는 (㉠) 기후에 적응하여 순록을 유목하거나, 바다표범  등을 잡으며 살았고, 멀리 사냥을 나갈 때에는 잠시 머물기 위해 눈으로 집을 지었다. 추위를 이겨 내기 위해 두꺼운 털옷이나 가죽으로 만든 옷을 입었다.

• 안데스산맥에 위치한 페루의 고산 지역은 연중 온화한 (㉡) 기후  가 나타난다. 페루의 원주민들은 야마와 알파카 털로 짠 망토를 둘러, 기온이 낮아지는 밤에 보온용으로 사용한다.

	㉠	㉡
①	냉대	고산
②	냉대	온대
③	한대	고산
④	한대	온대
⑤	한대	냉대

12 다음 영화 줄거리의 밑줄 친 '이 강'으로 옳은 것은?

　2014년 개봉한 영화 〈리오 2〉는 야생을 경험해 보지 못한 앵무새 '블루' 가족이 아메리카의 <u>이 강</u>으로 모험을 떠나는 애니메이션이다. 영화에는 <u>이 강</u> 주변으로 빽빽하게 들어선 세계 최대의 열대 우림과 그 속에서 살아가는 다양한 야생 동물의 모습이 나타난다. 또한 등장인물들이 열대 우림을 개발하려는 벌목꾼들에 맞서 싸우는 모습도 보여 준다.

① 허드슨강
② 아마존강
③ 미시시피강
④ 콜로라도강
⑤ 리오그란데강

빈출

13 아메리카의 자연환경에 관한 설명으로 옳은 것은?

① 대서양 해안을 따라 화산과 지진 활동이 활발하다.
② 로키산맥과 애팔래치아산맥 사이에는 아마존강이 흐른다.
③ 안데스산맥에서 발원한 아마존강은 대서양으로 흘러 들어간다.
④ 로키산맥은 애팔래치아산맥에 비해 해발 고도가 낮고 경사가 완만하다.
⑤ 남아메리카의 태평양 연안은 해류와 산맥의 영향으로 냉대 기후가 나타난다.

14 다음 설명에 해당하는 하천으로 옳은 것은?

　이 하천은 북아메리카 중부 평원에 분포하는 그레이트플레인스 일대를 흘러가며, 이곳은 세계 최대의 곡창지대를 이룬다.

① 갠지스강
② 다뉴브강
③ 아마존강
④ 미시시피강
⑤ 리오그란데강

정답 및 해설 45쪽

[15-16] 북아메리카 지형도를 보고 물음에 답하시오.

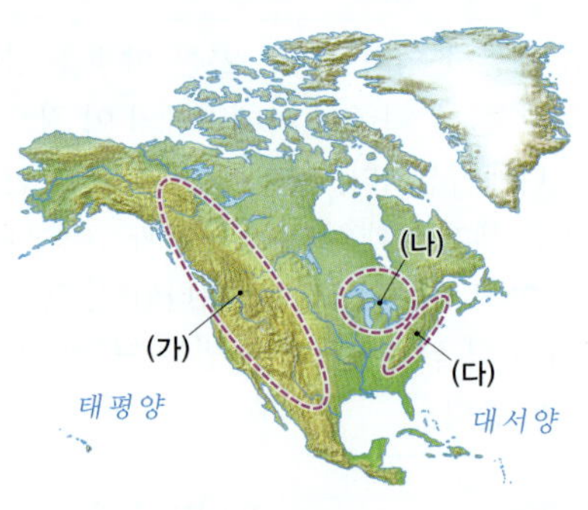

15 지도에 표시된 (다) 산맥과 비교한 (가) 산맥의 상대적 특징으로 옳은 것은?

① 해발 고도가 낮다.
② 형성 시기가 이르다.
③ 산지 경사가 완만하다.
④ 지각 운동이 활발하다.
⑤ 지반이 안정되어 있다.

16 (나) 지형에 관한 설명으로 옳은 것은?

① 멕시코 국경에 위치한다.
② 화산 폭발로 인해 형성되었다.
③ 아마존 분지 일대로 유입된다.
④ 로키산맥보다 서쪽에 위치한다.
⑤ 과거에 빙하로 덮여 있던 지역이다.

17 다음 대화의 (가)에 들어갈 내용으로 옳은 것은?

① 심각한 기후변화 때문이야.
② 자원 채굴이 활발하기 때문이야.
③ 지반이 안정되어 있기 때문이야.
④ 지열 발전소가 위치하기 때문이야.
⑤ 환태평양 조산대에 속하기 때문이야.

18 다음 지도를 보고 아메리카의 지역 구분 <u>두 가지</u>에 관하여 각각 서술하시오.

19 다음 기후 그래프를 통해 알 수 있는 보고타의 기후 특징과 이러한 기후 특징이 나타나는 원인을 서술하시오.

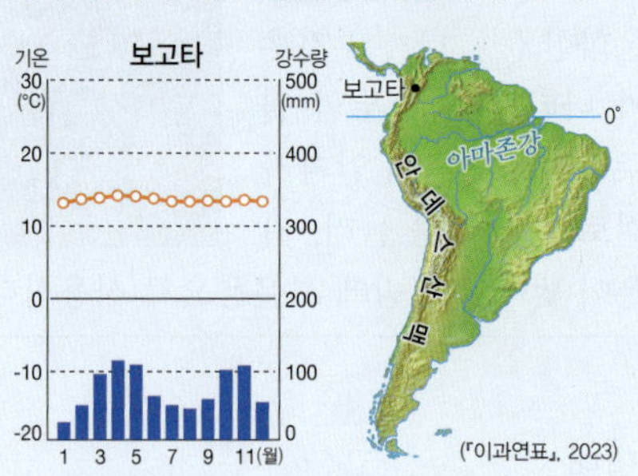

실력 확인 문제 02 아메리카의 민족(인종)과 문화 ~ 03 초국적 기업의 발달과 지역 변화

1 아메리카의 다양한 민족(인종)

1 앵글로아메리카의 민족(인종) 구성

유럽계	대부분 지역에 널리 분포, 인구 비율 가장 높음
❶ □□□□	미국과 멕시코 국경 부근, 에스파냐어 사용
아프리카계	❷ □□□□ 대륙과 가까운 미국 남동부, 강제 이주

2 라틴 아메리카의 민족(인종) 구성

혼혈인	라틴 아메리카 전역에 거주
유럽계	❸ □□ 기후가 나타나는 우루과이, 아르헨티나 등
아프리카계	브라질과 카리브해 연안의 자메이카 등
원주민	❹ □□□ 산지 일대의 페루, 볼리비아 등

2 아메리카의 다양한 문화

1 언어와 종교

앵글로 아메리카	캐나다 퀘벡주(프랑스어)를 제외한 대부분 지역이 ❺ □□ 사용, 개신교
라틴 아메리카	❻ □□□(포르투갈어)을/를 제외한 대부분 지역이 에스파냐어 사용, 가톨릭교

2 다양한 문화

(1) **특징** 원주민의 전통문화와 유럽, 아프리카 등 이주민의 문화가 상호 작용하며 발전 및 변동 ➜ 문화 혼종성

(2) **사례** 재즈, 과달루페 성모상, 리우 카니발, 탱고 등

3 초국적 기업의 입지와 지역 변화

1 초국적 기업

초국적 기업	국경을 넘어 제품의 기획, 생산, 판매 등의 활동이 이루어지는 기업
❼ □□□□	• 기업의 여러 기능을 최적의 지역에 분산 배치 • 본사, 연구소: 정보와 자본 확보에 유리한 지역, 지식과 기술을 갖춘 고급 인력이 풍부한 지역 등 • 생산 공장: 저렴한 노동력이 풍부한 지역 등

2 지역 변화

기업의 진출	• 일자리 증가로 지역 경제 활성화, 자본과 선진 기술의 유입으로 국가 산업 경쟁력 강화 등 • 해당 국가의 관련 산업 위축, 환경 오염 등
기업의 이전	일자리 감소로 지역 경제 침체 ➜ 산업 공동화 현상

정답 ❶ 히스패닉 ❷ 아프리카 ❸ 온대 ❹ 안데스 ❺ 영어 ❻ 브라질 ❼ 공간적 분업

빈출

01 아메리카의 인구 특징에 관한 설명으로 옳지 <u>않은</u> 것은?

중
① 아르헨티나는 유럽계 비율이 가장 높다.
② 캐나다 퀘벡주는 프랑스계 주민 비율이 높다.
③ 미국 내 원주민은 유럽의 식민 지배 이후 완전히 사라졌다.
④ 라틴 아메리카에서 아프리카계는 카리브해 연안 국가에 많이 거주한다.
⑤ 미국 내에서 히스패닉계는 멕시코와 국경을 접한 남서부 지역에 주로 분포한다.

02 아메리카에 유럽인의 정착 이후 다음과 같은 인구이동이 발생했던 이유로 옳은 것은?

중

① 전쟁으로부터의 피난
② 사막화로 인한 거주지 마련
③ 노동력 확보를 위한 강제 이주
④ 열대림 파괴로 인한 공장 이전
⑤ 기후변화로 인한 삶의 터전 상실

03 다음은 미국의 민족(인종)별 구성 비율 변화를 나타낸 자료이다. ㉠ 민족(인종)에 관한 설명으로 옳은 것은?

중

연도	유럽계	㉠	아프리카계	아시아계	기타
1990년	75.6%	11.7%	9.0%	2.8%	0.9%
2020년	57.8%	18.7%	12.1%	6.1%	5.3%

출처: 미국 인구 조사국, 2021

① 대부분 포르투갈어를 사용한다.
② 특정 보호 구역에 집단 거주한다.
③ 주로 강제 이주 형태로 유입되었다.
④ 16세기 이전부터 아메리카에 거주했다.
⑤ 주로 미국과 멕시코 국경 부근에 분포한다.

04 (가)~(다) 지역의 주요 언어에 영향을 준 유럽 국가 A~C를 바르게 연결한 것은?

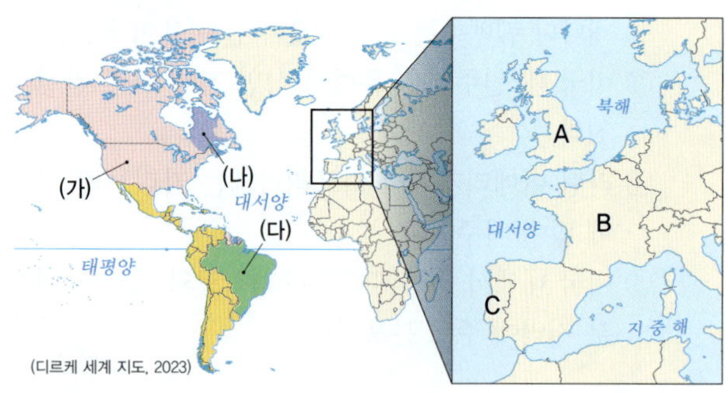

	(가)	(나)	(다)
①	A	B	C
②	A	C	B
③	B	A	C
④	B	C	A
⑤	C	B	A

05 아메리카의 문화 혼종성과 관련한 다음 자료의 밑줄 친 '이 국가'를 지도의 A~E에서 고른 것은?

① A
② B
③ C
④ D
⑤ E

06 제시된 라틴 아메리카 국가들의 공통점으로 옳은 것은?

• 브라질	• 자메이카	• 쿠바

① 북아메리카에 속한 국가이다.
② 유럽과 비슷한 온대 기후가 나타난다.
③ 아메리카 원주민의 인구 구성 비율이 높다.
④ 유럽계 민족(인종)의 비율이 절반 이상이다.
⑤ 인구 중 아프리카계 민족(인종) 비율이 비교적 높다.

07 다음 질문의 대답으로 옳은 것은?

• 선생님: 라틴 아메리카의 대부분 국가가 에스파냐어를 주로 사용하는 이유는 무엇일까요?
• 학생: _______________________________

① 초국적 기업의 등장 때문입니다.
② 정보 통신 기술의 발달 때문입니다.
③ 전쟁으로 인한 문화 교류 때문입니다.
④ 아프리카계 이주민이 많기 때문입니다.
⑤ 에스파냐의 식민 지배를 받았기 때문입니다.

08 아메리카의 문화 혼종성 사례로 옳은 것을 보기 에서 모두 고른 것은?

보기
ㄱ. 아프리카의 전통 음악과 미국 군악대 연주 기법이 결합한 재즈
ㄴ. 유럽의 가톨릭과 아메리카 원주민의 전통 신앙이 결합한 과달루페 성모상
ㄷ. 유럽의 크리스트교 축제와 아프리카 전통 타악기 연주 및 춤이 합쳐진 리우 카니발
ㄹ. 에스파냐 이민자들이 추던 춤에 아프리카의 리듬과 원주민의 전통 음악이 섞여 만들어진 탱고

① ㄱ
② ㄱ, ㄷ
③ ㄴ, ㄷ
④ ㄴ, ㄷ, ㄹ
⑤ ㄱ, ㄴ, ㄷ, ㄹ

09 초국적 기업에 관한 옳은 설명을 보기 에서 고른 것은?

> **보기**
> ㄱ. 초국적 기업은 제조업 분야에만 발달해 있다.
> ㄴ. 초국적 기업의 자회사는 본사와 일방적인 수직 관계로 연결되어 있다.
> ㄷ. 저렴한 노동력은 초국적 기업의 생산 공장이 입지하기에 유리한 조건이다.
> ㄹ. 세계 무역 기구(WTO)의 등장과 자유 무역 협정(FTA)의 확대로 초국적 기업의 활동 범위와 영향력은 증가하고 있다.

① ㄱ, ㄴ ② ㄱ, ㄷ ③ ㄴ, ㄷ
④ ㄴ, ㄹ ⑤ ㄷ, ㄹ

10 (가), (나)에 관한 설명으로 옳은 것은?

> (가) 세계 무역의 질서를 세우고 전 세계 무역 장벽 약화와 자유로운 국제 무역을 위해 노력하는 조직이다.
> (나) 상품의 자유로운 교역을 위해 국가 간 무역 장벽을 완화하거나 제거하는 협정을 의미한다.

① (가)는 개별 국가에 소속된 조직이다.
② (가)는 경제 분쟁에 관한 판결권은 없다.
③ (나)는 국가 간 관세 강화를 지향한다.
④ (나)는 회원국들에게 특혜를 제공하여 지역주의를 심화시킬 수 있다.
⑤ (가)는 자유 무역 협정, (나)는 세계 무역 기구에 관한 설명이다.

11 빈칸 ㉠, ㉡에 들어갈 용어를 바르게 연결한 것은?

> 초국적 기업의 해외 (㉠)은/는 전문화된 기능을 맡아 본사와 상호의존적이며 (㉡)으로 연결되어 있는데, 기업은 이를 바탕으로 세계적으로 활동한다.

	㉠	㉡		㉠	㉡
①	연구소	수직적	②	연구소	수평적
③	자회사	수직적	④	자회사	수평적
⑤	현지 기업	수직적			

12 (가), (나) 설명에 해당하는 초국적 기업의 기능을 바르게 연결한 것은?

> (가) 기업의 기술 개발과 연구 및 디자인을 담당하며, 주로 선진국에 입지한다.
> (나) 기업의 제품 생산을 담당하며, 다양한 목적에 따라 입지한다.

	(가)	(나)
①	본사	연구소
②	본사	생산 공장
③	연구소	본사
④	연구소	생산 공장
⑤	생산 공장	연구소

13 다음 글의 빈칸에 들어갈 내용으로 적절하지 않은 것은?

> 특정 기업이 초국적 기업으로 성장하는 과정에서 본국의 생산 공장이 해외로 이전하는 경우가 많은데, 이것은 _______________

① 생산 비용을 줄이기 위해서이다.
② 산업 공동화를 유발하기 위해서이다.
③ 원료 산지 근처에 입지하기 위해서이다.
④ 임금이 저렴한 지역을 선호하기 때문이다.
⑤ 지가가 저렴한 지역에 입지하기 위해서이다.

14 다음 대화의 (가)에 들어갈 내용으로 옳은 것은?

① 실업률이 감소할 거야.
② 선진 기술이 유입될 거야.
③ 외화 송금액이 증가할 거야.
④ 지역 경제가 활성화될 거야.
⑤ 해당 지역의 제조업이 쇠퇴하게 될 거야.

▶ 정답 및 해설 46쪽

15 다음 질문에 관한 답변으로 적절하지 <u>않은</u> 것은?

중

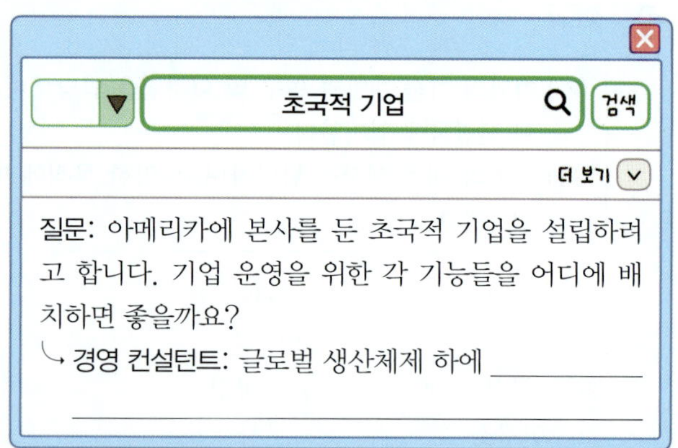

① 지가가 싼 곳에는 생산 공장을 설립해 보세요.

② 선진국 내에 생산 공장을 입지시킬 필요는 없습니다.

③ 기술을 갖춘 고급 인력이 풍부한 지역에는 연구소를 입지시키는 게 어떨까요?

④ 본사는 다양한 정보와 자본을 확보하기 유리한 곳에 두는 것이 좋을 것 같습니다.

⑤ 저렴한 노동력이 풍부한 곳은 생산 비용을 줄일 수 있으니 생산 공장을 두는 것이 좋겠어요.

16 다음 자료를 보고 추론한 내용으로 옳지 <u>않은</u> 것은?

상

> 멕시코는 소비 시장이 큰 미국에 인접해 있고, 저렴한 임금의 노동력이 풍부하다는 이점이 있다. 이러한 이점을 활용하기 위해 G사, N사, V사, F사 등 자동차 산업과 관련한 초국적 기업의 생산 공장이 멕시코로 이전했다.

① 멕시코에 일자리가 늘어난다.

② 멕시코에서는 환경 오염 문제가 심화될 수 있다.

③ 멕시코로 생산 공장이 빠져나간 지역에서는 실업률이 감소한다.

④ 멕시코의 임금이 상승하면 생산 공장은 또 다른 지역으로 이전할 수도 있다.

⑤ 멕시코로 생산 공장이 빠져나간 지역에서는 산업 공동화 현상이 나타날 수 있다.

17 다음 그림을 보고 추론할 수 있는 아메리카의 인구 특징을 서술하시오.

▲ 프리다 칼로, 「버스」

____

18 다음 글을 읽고 디트로이트에 나타날 것으로 예상되는 변화를 <u>두 가지</u> 서술하시오.

> 오대호 연안에 있는 미국 미시간주의 디트로이트는 세계적인 자동차 산업의 중심 도시였다. 자동차 산업의 발전으로 180만 명까지 인구가 증가했던 디트로이트는 미국 북동부 지역의 제조업 쇠퇴와 함께 공장이 해외로 이전하였다.

____

실력확인 문제 **01** 세계 속의 오세아니아

1 오세아니아의 자연환경

1 지리적 범위

(1) **오세아니아** 인도양과 태평양 사이, 대륙이 대부분이 ❶□□□에 위치

(2) **지역 구분** 오스트레일리아, 뉴질랜드, 태평양의 섬나라들

2 국가와 주요 도시

오스트레일리아	캔버라(수도), 시드니(오스트레일리아의 대표 도시)
❷□□□□	웰링턴(수도), 오클랜드(경제의 중심지 역할)
태평양의 섬 국가	파푸아 뉴기니, 키리바시, 피지, 투발루 등

3 지형과 기후

(1) **지형**

오스트레일리아	서부 사막, 중앙 저지대(대찬정 분지), 동부 산맥, 북동부 해안(대보초)
뉴질랜드	• 북섬: ❸□□ 지형과 온천 등이 발달 • 남섬: U자곡과 피오르 등 ❹□□ 지형 발달

(2) **기후**

열대 기후	오스트레일리아의 북부, 적도 부근의 많은 섬
❺□□ 기후	오스트레일리아의 내륙 및 서부
온대 기후	• 오스트레일리아의 남동부와 남서부 → 대도시 발달 • 뉴질랜드 대부분 지역 → 농업과 목축업 활발

2 세계와 소통하는 오세아니아

1 오세아니아의 자원

(1) **오세아니아의 천연자원**

오스트레일리아	• 지하자원 풍부: 철광석, 보크사이트, 석탄, 금 등 • ❻□□□□ □□□: 밀, 소고기, 양털, 유제품 등의 생산 활발
뉴질랜드	양고기, 양털, 소고기, 유제품 등의 생산 활발

(2) **오세아니아의 관광 자원** 풍부한 관광 자원을 바탕으로 생태 관광지로 성장 예 아름다운 자연 경관, 독특한 동식물 등

2 오세아니아와 세계 다른 지역과의 교류

교류 현황	• 최근에는 지리적으로 가까운 ❼□□□ 지역과의 교류 활발 • 지하자원 수출, 공산품 수입
경제 협력	• 아시아 태평양 경제 협력체(APEC) 출범: 아시아 및 태평양 연안 국가들의 경제 협력 강화 • 다자간 자유 무역 협정 체결: 아시아와의 경제 협력 강화

[01-02] 다음은 오세아니아의 어떤 국가에 관해 검색한 결과이다. 자료를 보고 물음에 답하시오.

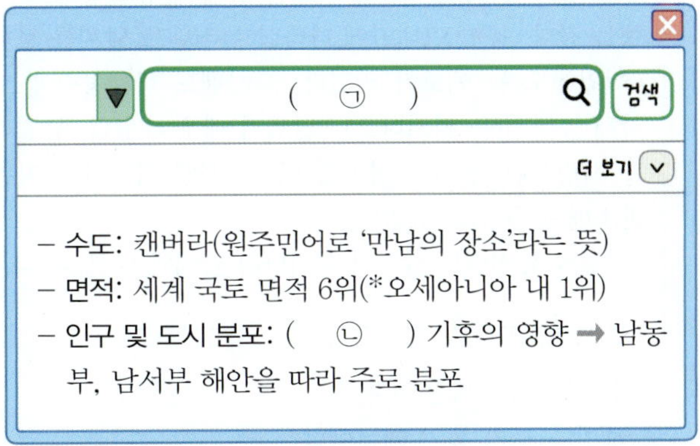

01 ㉠에 들어갈 국가로 옳은 것은?
하

① 피지 ② 투발루
③ 뉴질랜드 ④ 파푸아 뉴기니
⑤ 오스트레일리아

02 ㉡에 들어갈 기후로 옳은 것은?
중

① 열대 ② 건조
③ 온대 ④ 냉대
⑤ 한대

03 지도에 표시된 (가) 지역과 관련 있는 단어만을 **보기** 에서 고른 것은?
하

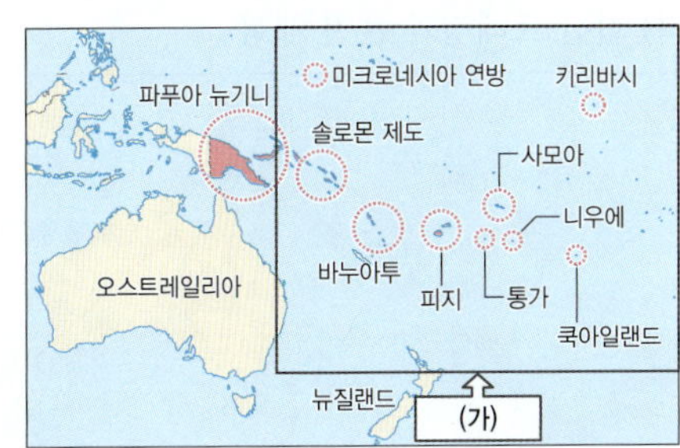

보기
ㄱ. 태평양 ㄴ. 열대 기후
ㄷ. 유럽 지역 ㄹ. 피오르 해안

① ㄱ, ㄴ ② ㄱ, ㄷ ③ ㄴ, ㄷ
④ ㄴ, ㄹ ⑤ ㄷ, ㄹ

04 다음 일기의 빈칸에 들어갈 내용으로 가장 적절한 것은?

중

> 여름 방학을 맞이하여 부모님과 함께 뉴질랜드로 여행을 갔다. 공항 안내판에 나타난 뉴질랜드 날씨를 보니 8월인데도 눈 예보가 있었다. 오클랜드 국제공항에 도착해 공항 밖을 빠져나오니 날씨가 매우 추웠다. 뉴질랜드 사람들은 두꺼운 점퍼를 입고 있었는데, 나 혼자만 반소매 옷을 입고 있었다.
> 8월의 뉴질랜드 날씨가 우리나라 날씨와 다른 이유는 ________________

① 섬 국가이기 때문이다.
② 해발 고도가 높기 때문이다.
③ 남반구에 위치하기 때문이다.
④ 바다의 영향을 많이 받기 때문이다.
⑤ 환태평양 조산대의 영향을 받기 때문이다.

05 다음은 오세아니아의 여행 프로그램 촬영을 위한 계획안이다.

중 **(나) 지역에서의 주요 촬영 내용으로 가장 적절한 것은?**

> 〈촬영 내용〉
> (가) 울루루를 신성시하는 원주민들의 전통문화 체험
> (나) ________________
> (다) 화산 트레킹과 온천 체험

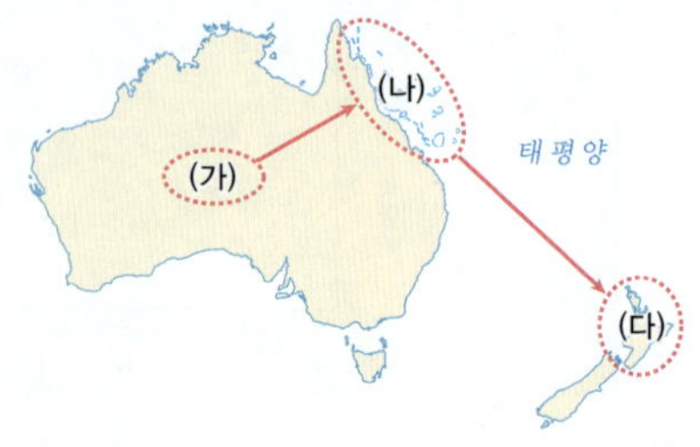

① 사막 횡단 체험
② 피오르를 따라가는 크루즈 여행 체험
③ 빽빽하게 우거진 열대 우림 경관 체험
④ 거대한 산호초 군락에서의 스쿠버 다이빙 체험
⑤ 찬정을 이용한 양 떼 목장에서의 먹이 주기 체험

06 A~D 지역의 지형 특징에 관한 설명으로 옳은 것은?

상

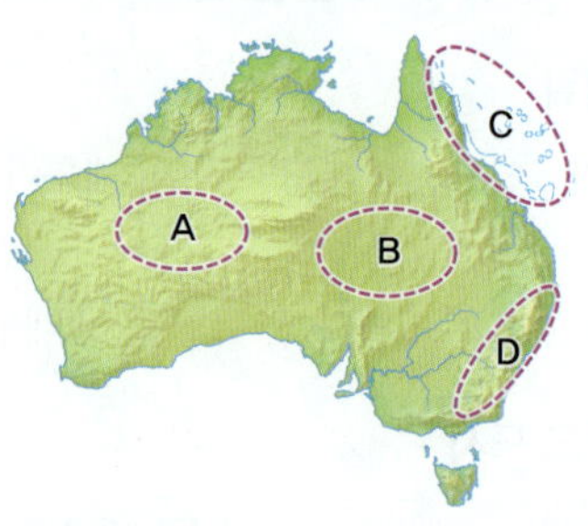

① A 지역에는 화산 지형이 넓게 분포한다.
② B 지역은 D 지역보다 해발 고도가 낮다.
③ B 지역은 조산대에 속해 지각이 불안정하다.
④ C 지역에 분포한 섬들은 화산 폭발로 형성되었다.
⑤ D 지역은 해발 고도가 높고 험준한 빙하 지형이다.

07 오스트레일리아의 대찬정 분지에 관한 옳은 설명을 보기 에서

중 고른 것은?

> 보기
> ㄱ. 양이 대규모로 방목되고 있다.
> ㄴ. 오스트레일리아의 서부 지역에 위치한다.
> ㄷ. 침수 피해를 막기 위한 댐 시설이 설치되어 있다.
> ㄹ. 찬정 개발로 농목업이 가능해진 건조 지역의 넓은 분지이다.

① ㄱ, ㄴ   ② ㄱ, ㄹ   ③ ㄴ, ㄷ
④ ㄴ, ㄹ   ⑤ ㄷ, ㄹ

08 오세아니아의 자원과 산업에 관한 설명으로 옳지 않은 것은?

중 ① 오스트레일리아에서는 기업적 농목업이 활발하다.
② 뉴질랜드는 넓은 목초지를 이용한 양 사육이 발달하였다.
③ 오스트레일리아는 석탄, 철광석 등의 지하자원이 풍부하다.
④ 오세아니아는 풍부한 관광 자원을 바탕으로 생태 관광지로 성장하고 있다.
⑤ 오스트레일리아는 북반구와 수확 시기가 달라 수출에 유리하여 벼 재배가 활발한 세계적인 벼농사 지대이다.

09 ㉠~㉢에 들어갈 국가에 관한 설명으로 옳은 것은? (단, ㉠~㉢은 뉴질랜드, 오스트레일리아, 일본 중에 하나임)

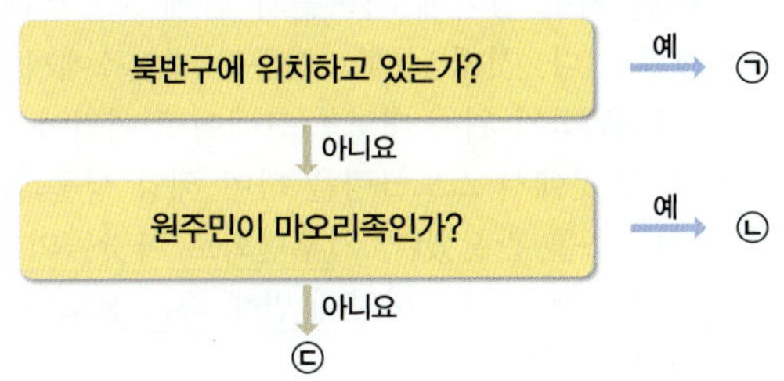

① ㉠의 수도는 웰링턴이다.
② ㉡은 불교 국가이다.
③ ㉡의 주요 도시로 캔버라, 시드니 등이 있다.
④ ㉢의 원주민은 애버리지니이다.
⑤ ㉡, ㉢은 미국의 식민 지배를 받았다.

10 뉴질랜드의 대표적인 수입 품목에 해당하지 <u>않는</u> 것은?

① 낙농품　　　　② 플라스틱
③ 전자 기기　　　④ 일반 차량
⑤ 광물성 연료

11 오스트레일리아와 세계 다른 지역과의 교류에 관한 옳은 설명을 보기 에서 고른 것은?

---보기---
ㄱ. 제조업의 원료가 되는 지하자원을 주로 수출한다.
ㄴ. 우리나라와 중국, 일본 등에 공산품을 주로 수출한다.
ㄷ. 최근 지리적으로 가까운 아시아 지역과의 교류가 활발하다.
ㄹ. 다자간 자유 무역 협정을 체결하여 유럽, 미국과의 경제 협력을 강화하고 있다.

① ㄱ, ㄴ　　② ㄱ, ㄷ　　③ ㄴ, ㄷ
④ ㄴ, ㄹ　　⑤ ㄷ, ㄹ

12 오스트레일리아의 무역 특징을 수출입 품목 차원에서 각각 서술하시오.

____

____

13 다음은 밀 생산과 국제적 이동에 관한 수업 내용이다. 빈칸에 들어갈 내용을 서술하시오.

수업 주제: 밀의 생산과 국제적 이동

• 선생님: 밀은 주요 생산지와 소비지가 일치하지 않아 국제 이동량이 많습니다. 신대륙의 상업적 곡물 농업 지역에서 생산하여 구대륙으로 수출합니다. 또한 남반구에서 재배된 밀은 높은 가격으로 수출할 수 있습니다. 주요 밀 수출국으로 미국, 프랑스, 캐나다, 오스트레일리아 등이 있습니다.
• 학생: 왜 남반구에서 생산된 밀의 가격이 높은가요?
• 선생님: _______________________________

____

 **02** 태평양 지역의 환경 문제 ~ **03** 극지방의 중요성

1 태평양 지역의 환경 문제와 해결 노력

1 태평양 지역의 환경 문제

❶□□ □□□	• 원인: 바다로 유입된 쓰레기로 해안, 바다 표면, 바닷속의 모든 쓰레기 → 플라스틱류, 어업용 그물 등 • 피해: 해양 생태계 파괴, 지역 주민의 경제활동에 피해 • 쓰레기 섬: 쓰레기가 해류를 따라 이동하다가 한곳에 모임
해수면 상승	• 원인: **❷**□□ □□□(으)로 인한 지구의 평균 기온 상승으로 극지방 등의 빙하가 녹아 해수면 상승 • 피해: 태평양 저지대의 섬과 해안 지역 침수, 식수 부족, 염해 피해 예 투발루의 국토 수몰 위기 등
산호초 파괴	• 원인: 해수 온도가 상승하여 산호초의 **❸**□□ 현상 발생 • 피해: 산호초가 해양 생물의 서식처로서의 역할 상실로 해양의 생물 다양성 붕괴 초래

2 태평양 지역의 환경 문제 해결 노력

국제 사회	플라스틱 규제 국제 협약 마련, 교토 의정서 및 파리 협정 등 체결
국가	플라스틱세 부과, 신·재생 에너지 보급 확대 등
기업	친환경 제품 생산, 친환경 포장재 사용 등
개인	쓰레기 분리배출과 쓰레기 줍기, 에너지 절약 등

2 극지방의 중요성과 지역 개발

1 극지방의 지리적 중요성

❹□□ 지방	• 항공 교통의 중심지: 유럽, 아시아, 북아메리카의 주요 도시를 짧은 거리로 연결하는 주요 항공 교통로 • 해상 교통: 북극해를 거쳐 아시아와 유럽을 잇는 최단 해운 항로로 최근 주목 → 북동 항로 • 석유, 천연가스, 가스 하이드레이트 등 에너지 자원 매장
❺□□ 지방	• 석탄, 철광석, 구리 등의 자원 매장 • 해양 생태계 연구, 지구 환경과 기후변화 연구

2 극지방의 지역 개발

북극 지방	• **❻**□□□에 매장된 자원 개발을 위한 주변국의 경쟁 심화 • 빙하가 녹는 속도가 빨라지면서 해수면 상승 가속화, 북극곰의 서식지 감소 등 북극 생태계 변화
남극 지방	• 과학적 연구와 남극 개발에 대비하여 많은 국가가 연구 기지 설립 • **❼**□□ □□□ 체결: 영유권 주장을 금지하며 공동 관리 및 과학 연구와 탐사를 진행 • 청정한 자연환경 오염 등 남극 생태계 위협

정답 ❶ 해양 쓰레기 ❷ 지구 온난화 ❸ 백화 ❹ 북극 ❺ 남극 ❻ 북극해 ❼ 남극 조약

---

01 다음 일기의 밑줄 친 환경 문제로 옳은 것은?

> 이번 겨울 방학에 가족들과 함께 오스트레일리아로 여행을 갔다. 첫째 날에는 북동부 케언즈에서 출발해 스노클링을 하기 위해 대보초(그레이트 배리어 리프)로 향했다. 그곳에서 스노클링을 하며 해양 생물과 알록달록한 산호초를 관찰했다. 기후변화로 바닷물의 온도가 상승하면서 색을 잃고 하얗게 변해 죽은 산호가 있어 마음이 좋지 않았다.

① 사막화 ② 해양 쓰레기
③ 해수면 상승 ④ 산호초 파괴
⑤ 열대림 파괴

[02-03] 글을 읽고 물음에 답하시오.

> (㉠)는 오스트레일리아에서 북동쪽으로 약 4,000㎞ 떨어진 곳에 위치한 작은 섬나라이다. 울릉도의 약 3분의 1 크기인 (㉠)는 전 국토의 해발 고도가 5m 이하이기 때문에 ㉡ 해수면 상승의 영향을 크게 받는다. 이르면 50년, 늦어도 100년 안에 국토가 물에 잠겨 국토의 대부분이 사라질 것이라는 관측도 나온다.

02 빈칸 ㉠에 들어갈 국가로 옳은 것은?

① 투발루 ② 뉴질랜드
③ 인도네시아 ④ 파푸아 뉴기니
⑤ 오스트레일리아

03 ㉡과 같은 현상이 나타나게 된 원인으로 가장 적절한 것은?

① 오랜 가뭄 ② 해저 지진
③ 지구 온난화 ④ 빈번한 태풍
⑤ 과도한 해양 쓰레기

04 지구 온난화로 인해 지도의 (가) 지역에서 나타나고 있는 현상으로 가장 적절한 것은?

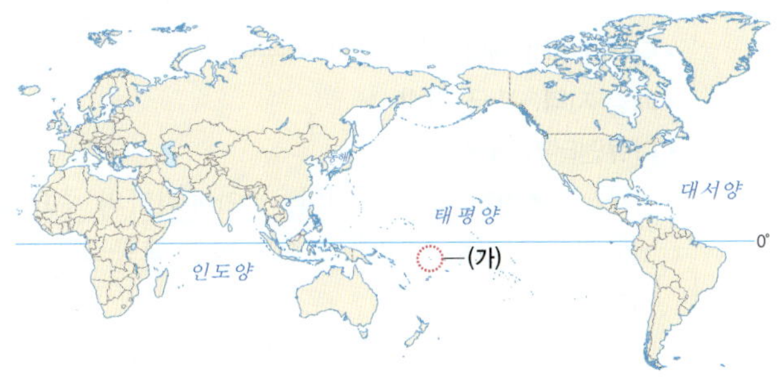

① 빙하가 녹고 있다.
② 육지 면적이 넓어지고 있다.
③ 사막화 현상이 심화되고 있다.
④ 국토가 바닷물에 잠기고 있다.
⑤ 산호초의 서식지가 확대되고 있다.

05 다음 글을 읽고 추론할 수 있는 내용으로 옳은 것을 보기 에서 고른 것은?

　산호초 백화 현상은 산호초가 하얀 골격을 드러내는 것으로, 산호에 색상과 에너지를 제공하는 작은 조류가 수온 상승으로 떠나거나 죽으면 나타난다. 수온이 내려가면 회복될 수 있지만 백화 현상이 오래 지속되면 산호는 결국 폐사하게 된다. 최근 많은 관광객이 찾는 세계 최대의 산호초 군락인 오스트레일리아의 '그레이트 배리어 리프' 전역에서 백화 현상이 나타나고 있다. 산호초 파괴는 바다 환경은 물론 식량 안보, 지역 경제에 악영향을 미칠 수 있다.

보기

ㄱ. 기후변화로 해수 온도가 상승해서 발생하는 현상이다.
ㄴ. 무분별한 관광으로 인한 해양 오염도 산호초 폐사의 원인이다.
ㄷ. 오스트레일리아 대보초 해안 일대에서만 발생하는 현상이다.
ㄹ. 산호초의 폐사는 해양 생물들의 서식지 증가로 이어질 수 있다.

① ㄱ, ㄴ　　　② ㄱ, ㄷ　　　③ ㄴ, ㄷ
④ ㄴ, ㄹ　　　⑤ ㄷ, ㄹ

[06-07] 자료를 보고 물음에 답하시오.

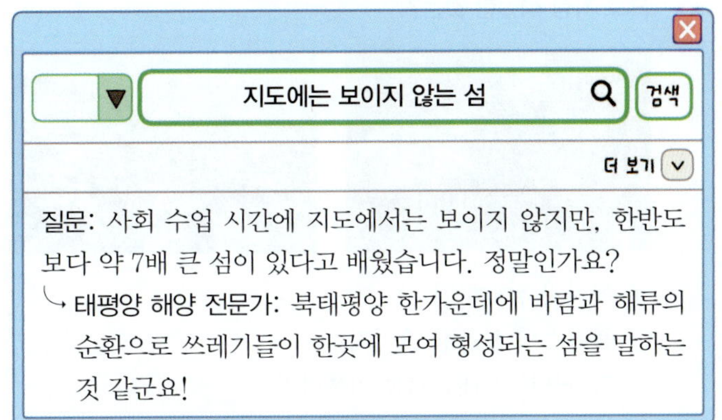

06 위 자료와 관련 있는 환경 문제로 옳은 것은?

① 미세 먼지　　　② 해양 쓰레기
③ 산호초 파괴　　　④ 오존층 파괴
⑤ 해수면 상승

07 위 자료와 관련하여 학생들이 나눈 대화이다. 옳은 이야기를 한 학생끼리 묶은 것은?

① 지호, 수현　　　② 지호, 소현
③ 수현, 소현　　　④ 수현, 진수
⑤ 소현, 진수

08 다음 사진은 해양 쓰레기 피해 사례이다. 이에 관한 해결 방안으로 가장 적절한 것은?

① 에너지 절약하기
② 플라스틱 사용량 줄이기
③ 자가용보다 대중교통 이용하기
④ 물놀이 시 선크림 사용하지 않기
⑤ 신·재생 에너지 이용 비중 늘리기

09 태평양 지역의 환경 문제 해결을 위한 국제적인 노력에 해당하는 것을 [보기]에서 고른 것은?

> **보기**
> ㄱ. 파리 협정   ㄴ. 람사르 협약
> ㄷ. 교토 의정서   ㄹ. 사막화 방지 협약

① ㄱ, ㄴ   ② ㄱ, ㄷ   ③ ㄴ, ㄷ
④ ㄴ, ㄹ   ⑤ ㄷ, ㄹ

10 다음 뉴스를 보고 태평양 지역의 환경 문제 해결을 위해 일상생활에서 개인이 할 수 있는 방안으로 가장 거리가 먼 것은?

① 쓰레기를 분리배출한다.
② 저탄소 제품을 구매한다.
③ 장바구니와 다회용 컵을 사용한다.
④ 탄소 배출 저감을 위한 법을 제정한다.
⑤ 해안가 쓰레기를 줍는 봉사 활동에 참여한다.

11 극지방과 관련한 밑줄 친 (가)~(라)의 다큐멘터리 내용 중 옳은 내용만을 고른 것은?

> • 다큐멘터리 제목: 극지방과 이누이트
> • 배경 지역: 북극 지방
> • 다큐멘터리 내용
> − (가) 아프리카, 오세아니아, 남아메리카의 주요 도시를 짧은 거리로 연결하는 주요 항공 교통로로 이용되는 모습
> − 북극해의 빙하 감소로 (나) 아시아와 유럽을 잇는 최단 해운 항로로 주목받고 있는 모습
> − 순록 유목을 하며 살아가는 (다) 이누이트와 원주민들의 모습
> − (라) 세종·장보고 과학 기지에서 연구 활동을 하는 연구원의 모습

① (가), (나)   ② (가), (다)
③ (나), (다)   ④ (나), (라)
⑤ (다), (라)

12 다음 자료와 관련 있는 지역을 아래 지도의 (가)~(마)에서 고른 것은?

> • 러시아, 미국, 캐나다, 덴마크, 노르웨이 등에 둘러싸여 있다.
> • 석유, 천연가스 등의 지하자원 매장량이 많아 연안국이 이곳의 자원을 점유하기 위해 영유권을 주장하고 있다.
> • 지구 온난화에 따라 빙하의 해빙 속도가 빨라지면서 이곳의 자원과 해상 교통에 관한 관심이 점차 증대하고 있다.

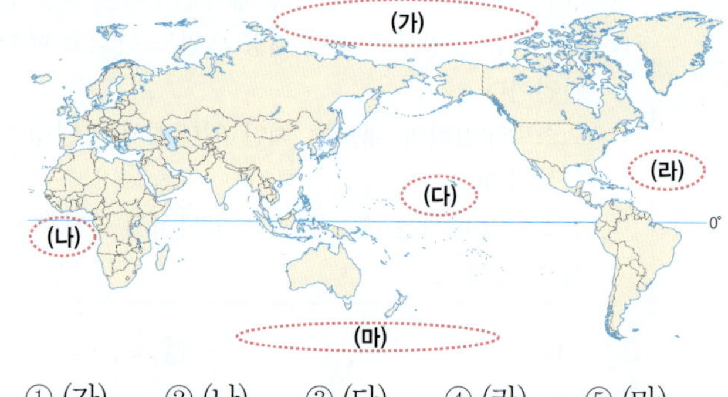

① (가)   ② (나)   ③ (다)   ④ (라)   ⑤ (마)

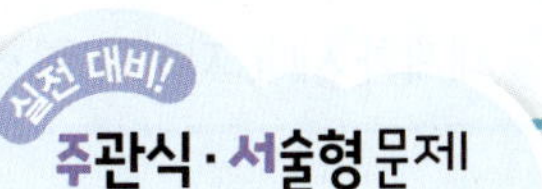

13 극지방에 관한 설명으로 옳은 것은?

하

① 남극에서는 군사 활동을 할 수 있다.
② 북극에 대한민국의 다산 과학 기지가 있다.
③ 남극에는 이누이트, 네네츠족 등이 거주한다.
④ 북극은 주변 국가들이 영유권을 주장할 수 없는 지역이다.
⑤ 남극은 빙하로 덮여 있어 지하자원이 매장되어 있지 않다.

14 남극 지방을 소개할 때 홍보 문구에 사용할 수 있는 내용으로 적절한 것을 보기 에서 고른 것은?

중

보기
ㄱ. 황제펭귄의 서식지
ㄴ. 벌거벗은 얼음의 땅
ㄷ. 긴 뿔이 멋진 순록 무리
ㄹ. 끝없이 펼쳐져 있는 대보초

① ㄱ, ㄴ　　② ㄱ, ㄷ　　③ ㄴ, ㄷ
④ ㄴ, ㄹ　　⑤ ㄷ, ㄹ

15 극지방의 개발과 관련한 다음 대화의 ㉠~㉣ 중 성격이 같은 것끼리 묶은 것은?

중

• 사회자: 극지방의 개발과 관련한 찬반 입장을 이야기해 주세요.
• ㉠ 원주민 대표: 북극해 개발을 위한 쇄빙선과 물류 운송을 위한 선박의 증가로 생태계가 파괴되어 원주민의 생존을 위협하고 있습니다.
• ㉡ 기후 전문가: 극지방의 자원을 개발하는 과정에서 지역의 환경은 더욱 파괴될 수 있습니다.
• ㉢ 관광 업체 대표: 극지방이 지닌 천혜의 자연 경관을 이용한 관광 상품은 사람들에게 매력적으로 다가올 거예요.
• ㉣ 기업 대표: 극지방의 풍부한 자원이 가져오는 경제적 이익은 매우 클 것입니다.

① ㉠, ㉢　　② ㉠, ㉣　　③ ㉡, ㉢
④ ㉡, ㉣　　⑤ ㉢, ㉣

16 태평양 지역과 관련한 가상 일기를 보고 물음에 답하시오.

202△년 열린 태평양 하계 올림픽에 요트 국가 대표로 참가했다. 요트 경기는 바람과 조류의 힘으로 정해진 목표물을 돌아 결승 지점을 통과하는 경기이다. 예선 첫 경기에서 좋은 성적을 거두었지만, 두 번째 경기에서는 태평양을 떠다니는 어업용 그물과 플라스틱 등으로 경기에 애를 먹었다.

⑴ 위 일기에서 나타난 태평양 지역의 환경 문제는 무엇인지 쓰시오.

⑵ 위 일기에서 나타난 태평양 지역의 환경 문제를 해결하기 위한 방안을 두 가지 이상 서술하시오.

17 지구 온난화가 북극 지방에 미치는 긍정적인 영향을 서술하시오.

01 다음 사진과 같은 특성이 나타나는 기후 지역을 아래 지도의 (가)~(마)에서 고른 것은?

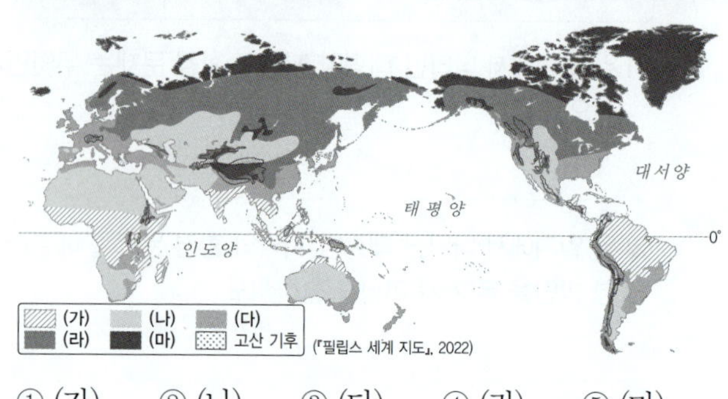

① (가) ② (나) ③ (다) ④ (라) ⑤ (마)

[02-03] 지도를 보고 물음에 답하시오.

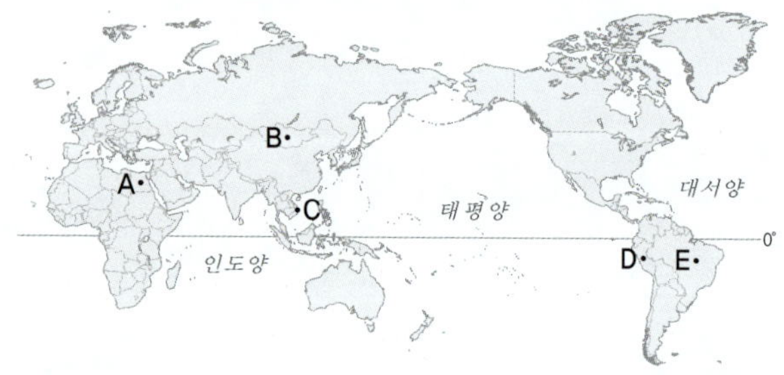

02 다음과 같은 지역의 특성이 나타나는 지역을 지도의 A~E 중 바르게 고른 것은?

> • 농경에 불리한 건조 기후가 나타남
> • 가축을 데리고 이동하는 유목 생활을 하기도 함
> • 쉽게 짓고 해체할 수 있는 이동식 가옥 게르가 나타남

① A ② B ③ C ④ D ⑤ E

03 A~E 지역의 특성으로 옳은 것은?

① A – 연중 우리나라의 봄 날씨와 같은 고산 기후가 나타난다.
② B – 주로 힌두교를 믿어 소고기를 먹는 것을 금기한다.
③ C – 기온이 높고 강수량이 많아 벼농사가 활발하다.
④ D – 추운 기후로 농경에 불리해 순록을 유목한다.
⑤ E – 주로 건조 기후가 나타나 사막이 분포한다.

04 지역의 특성에 관한 설명 중 옳은 것에만 ∨표를 한 학생을 고른 것은?

문항	갑	을	병	정	무
자연환경과 인문환경의 조화로 나타난다.	∨	∨	∨		∨
자연환경에는 기후, 지형 등이 포함된다.	∨	∨		∨	∨
경도는 자연환경 중 기후에 영향을 미친다.			∨	∨	∨
인문환경은 자연환경의 영향을 받지 않는다.		∨	∨	∨	∨

① 갑 ② 을 ③ 병 ④ 정 ⑤ 무

05 다음 지역에 관한 옳은 설명을 보기 에서 모두 고른 것은?

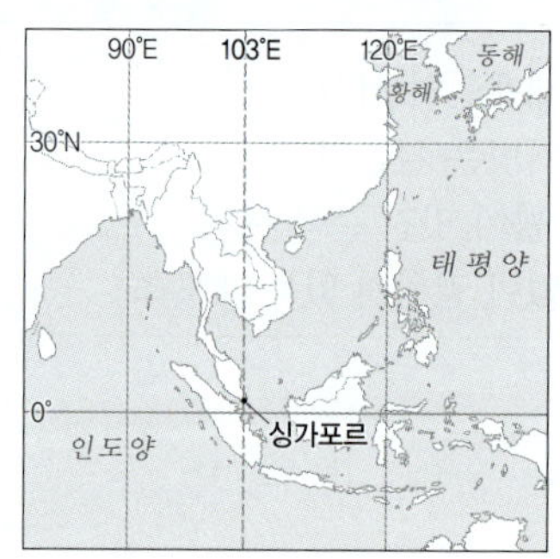

> **보기**
> ㄱ. 열대 기후가 나타날 것이다.
> ㄴ. 사람들이 주로 유목 생활을 한다.
> ㄷ. 다양한 종교가 공존하는 것이 특징이다.
> ㄹ. 지리적 특성으로 인해 중계 무역이 발달했다.

① ㄱ, ㄴ ② ㄱ, ㄹ ③ ㄴ, ㄷ
④ ㄱ, ㄷ, ㄹ ⑤ ㄴ, ㄷ, ㄹ

06 세계화에 관한 설명으로 옳은 것을 고른 것은?

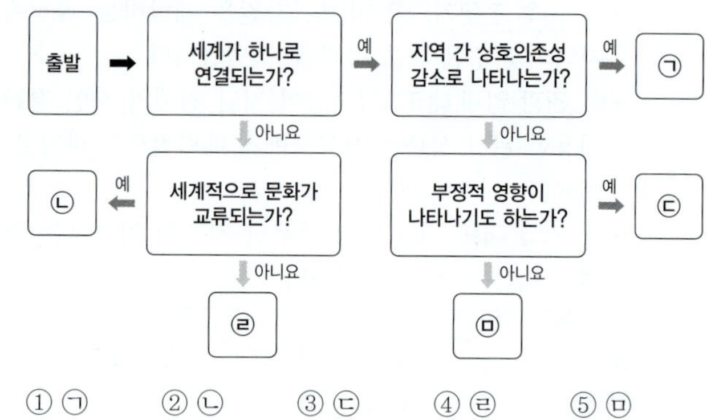

① ㉠ ② ㉡ ③ ㉢ ④ ㉣ ⑤ ㉤

07 다음 뉴스에 관한 옳은 설명을 [보기]에서 모두 고른 것은?

> 　해외 직접 구매, 이른바 '직구'가 일상이 된 사람들이 늘고 있습니다. 우리나라 해외 직접 구매의 성장세는 꾸준히 증가하고 있으며, 미국은 물론 최근 중국 상품에 대한 구매가 급증하고 있습니다.
> 　[김○○/'직구' 소비자: 저는 한국에서 구할 수 없는 상품을 중국이나 미국, 유럽 사이트에서 주로 구입해요.]
> 　해외 직접 구매의 규모가 늘면서 대상 국가도, 이유도 점차 다양해지고 있습니다.

[보기]
ㄱ. 시공간 압축이 일어나고 있는 모습이다.
ㄴ. 통신 발달은 물론 교통의 발달과도 관계있다.
ㄷ. 국경을 초월한 지역 간 상호 작용이 감소하였다.
ㄹ. 이러한 현상은 소비 및 유통 측면의 변화를 가져온다.

① ㄱ, ㄴ　　② ㄱ, ㄷ　　③ ㄷ, ㄹ
④ ㄱ, ㄴ, ㄹ　　⑤ ㄴ, ㄷ, ㄹ

08 다음 글을 읽고 바르게 추론한 내용을 [보기]에서 고른 것은?

> 　내 스마트폰은 대체 어디서 왔을까? 스마트폰에 필요한 금, 구리, 희토류 등의 자원은 러시아, 중국, 콩고 민주 공화국 등에서 채굴된다. 복잡한 기술이 필요한 부품은 한국, 타이완, 중국 등에서 생산하며 마지막 조립 단계는 브라질, 중국, 인도, 베트남 등에서 이루어진다.

[보기]
ㄱ. 스마트폰 생산에는 지역 간 상호연계성이 중요하다.
ㄴ. 스마트폰 생산을 위해 선진국끼리의 교류만 이루어지고 있다.
ㄷ. 스마트폰 생산의 안정성은 다른 지역의 상황과는 관련이 없다.
ㄹ. 스마트폰은 세계 여러 지역이 하나로 연결된 네트워크 세계의 사례이다.

① ㄱ, ㄴ　　② ㄱ, ㄹ　　③ ㄴ, ㄷ
④ ㄴ, ㄹ　　⑤ ㄷ, ㄹ

[09-10] 자료를 보고 물음에 답하시오.

(가)　　　　　　　　　(나)

09 (가), (나)의 지역화 전략을 바르게 연결한 것은?

	(가)	(나)
①	지역 축제	지역 브랜드
②	지역 축제	지리적 표시제
③	지역 브랜드	지역 축제
④	지리적 표시제	지역 축제
⑤	지리적 표시제	지역 브랜드

10 (가), (나)에 관한 옳은 설명을 [보기]에서 모두 고른 것은?

[보기]
ㄱ. (가)는 관광객을 유치하는 효과를 가져온다.
ㄴ. (가)는 지역의 자연환경을 이용한 지역화 전략이다.
ㄷ. (나)는 지역의 특성을 활용한 축제를 여는 전략이다.
ㄹ. (나)는 지역의 지리적 특성을 반영한 상품을 이용하는 전략이다.

① ㄱ, ㄴ　　② ㄱ, ㄷ　　③ ㄷ, ㄹ
④ ㄱ, ㄴ, ㄹ　　⑤ ㄴ, ㄷ, ㄹ

11 다음 글의 밑줄 친 ㉠이 나타난 원인을 쓰고, ㉠의 부정적 영향을 서술하시오.

> 　오늘날 우리는 아메리카노, 햄버거, 마라탕 등 여러 국가의 음식 문화를 경험하고 있다. 이처럼 음식, 영화, 음악 등 일상생활과 밀접한 문화 요소들이 세계적으로 활발히 교류하며 ㉠ 문화의 세계화가 나타나고 있다.

12 (가) 지역의 명칭과 이에 속한 국가가 바르게 연결된 것은?

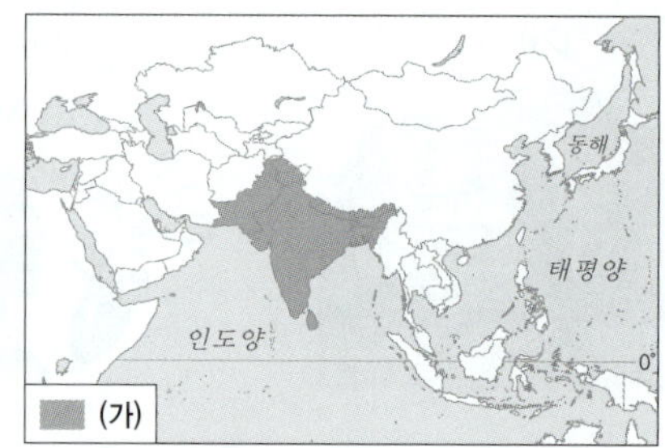

① 동남아시아 – 방글라데시
② 동남아시아 – 인도네시아
③ 남부 아시아 – 방글라데시
④ 남부 아시아 – 인도네시아
⑤ 남부 아시아 – 말레이시아

[13-14] 지도를 보고 물음에 답하시오.

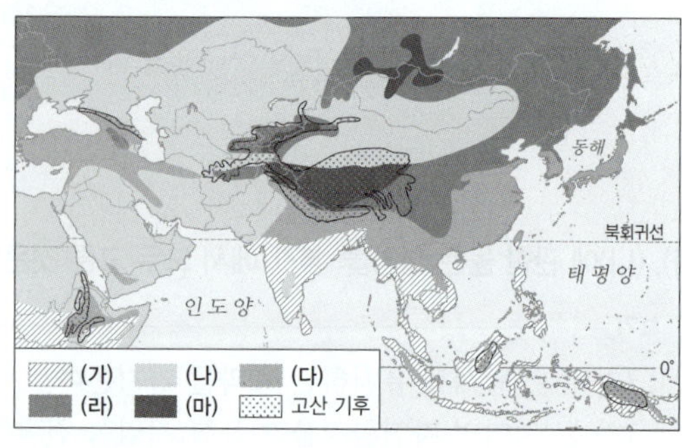

13 다음 기후 그래프와 관련된 기후 지역을 지도의 (가)~(마)에서 고른 것은?

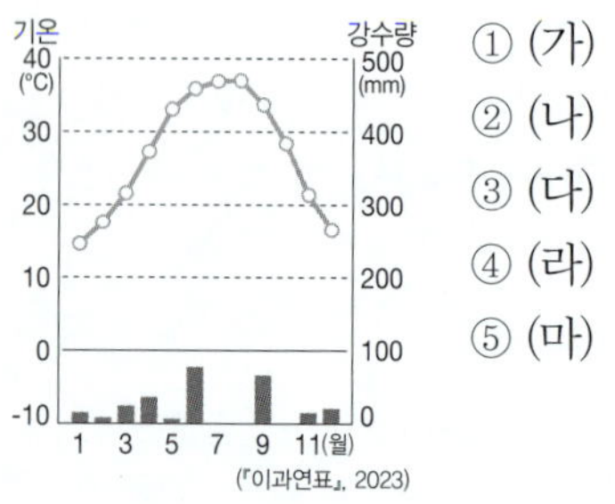

① (가)
② (나)
③ (다)
④ (라)
⑤ (마)

14 (나), (다) 기후에 관한 옳은 설명을 보기 에서 고른 것은?

보기
ㄱ. (나)는 건조 기후, (다)는 온대 기후이다.
ㄴ. (나)는 (다) 지역보다 강수량이 많은 것이 특징이다.
ㄷ. (다)의 계절풍 지대에서 벼농사가 활발히 이루어진다.
ㄹ. (나) 지역에서는 플랜테이션 농업이 많이 이루어진다.

① ㄱ, ㄴ   ② ㄱ, ㄷ   ③ ㄴ, ㄷ
④ ㄴ, ㄹ   ⑤ ㄷ, ㄹ

15 지도의 A~C 지역에 관한 옳은 설명을 보기 에서 고른 것은?

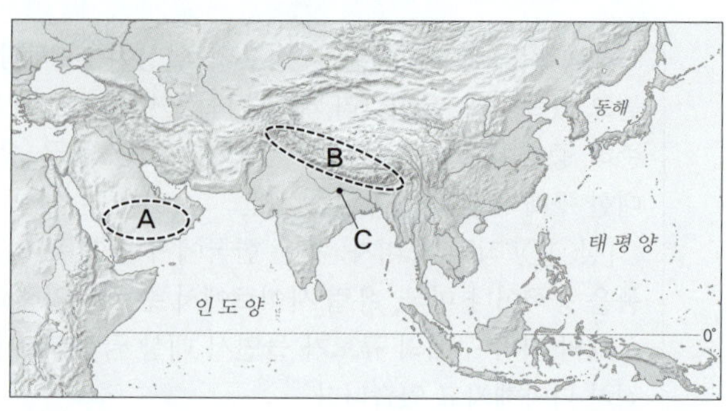

보기
ㄱ. A 지역에는 고비 사막이 발달했다.
ㄴ. B에는 지역의 경계를 이루는 높은 산맥이 있다.
ㄷ. C 주변에는 건조한 초원이 넓게 나타난다.
ㄹ. C는 갠지스강으로 B에서 발원한 하천이다.

① ㄱ, ㄴ   ② ㄱ, ㄷ   ③ ㄴ, ㄷ
④ ㄴ, ㄹ   ⑤ ㄷ, ㄹ

16 다음 게시물의 종교 지역에 관한 옳은 설명을 보기 에서 고른 것은?

보기
ㄱ. 여성들은 히잡을 쓰기도 한다.
ㄴ. 둥근 지붕의 모스크를 볼 수 있다.
ㄷ. 사람들은 쿠란의 가르침에 따라 생활한다.
ㄹ. 소를 신성시하여 소고기를 먹는 것을 금기시한다.
ㅁ. 살생을 금지하며 채식 위주의 음식 문화가 나타난다.

① ㄱ, ㄴ, ㄷ   ② ㄱ, ㄷ, ㄹ
③ ㄴ, ㄷ, ㄹ   ④ ㄴ, ㄷ, ㅁ
⑤ ㄷ, ㄹ, ㅁ

17 지도에 표시된 (가) 지역에 관한 설명으로 옳지 <u>않은</u> 것은?

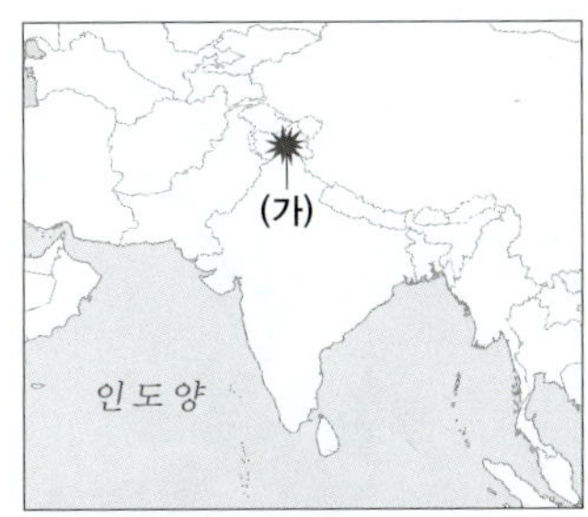

① 이 지역의 명칭은 카슈미르이다.
② 인도와 파키스탄의 접경지대이다.
③ 파키스탄 사람들은 주로 이슬람 율법을 따른다.
④ 이 지역의 갈등을 해결하기 위해서는 세계시민의 태도가 필요하다.
⑤ 힌두교도가 많은 이 지역이 인도에 속하게 되면서 갈등이 시작되었다.

18 다음은 어떤 학생이 작성한 아시아의 인구 관련 정답지이다. 이 학생이 맞힌 정답의 개수는?

문항	내용	답
1	인구수 1위 국가인 인도가 속해 있다.	×
2	아시아는 면적이 넓어 인구 밀도가 낮다.	○
3	농업 지역보다 목축업 지역의 인구 밀도가 높다.	○
4	경제적 차이로 농촌에서 도시로 인구가 이동한다.	○

① 0개　② 1개　③ 2개　④ 3개　⑤ 4개

19 자료의 (가), (나) 국가에 관한 옳은 설명을 **보기** 에서 모두 고른 것은? (단, (가), (나)는 각각 일본, 인도 중 하나임)

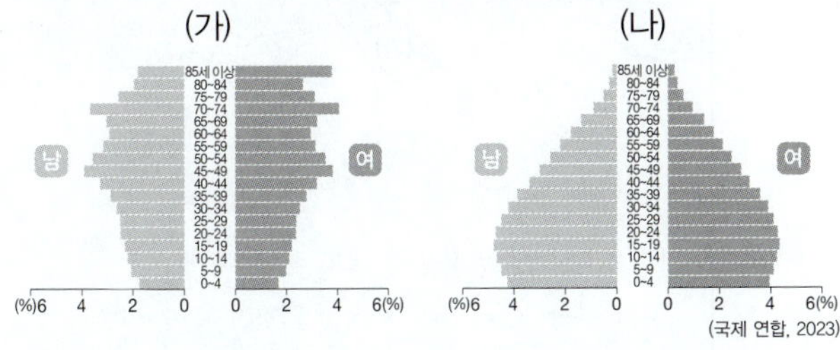

보기
ㄱ. (가)는 일본, (나)는 인도의 인구 구조이다.
ㄴ. (가)에는 출산 장려금 지원 등의 정책이 필요하다.
ㄷ. (나)의 생산 가능 인구 비율은 (가)보다 낮다.
ㄹ. (나)는 식량 부족, 환경 오염 등의 문제를 겪을 수 있다.

① ㄱ, ㄴ　　② ㄱ, ㄷ　　③ ㄷ, ㄹ
④ ㄱ, ㄴ, ㄹ　　⑤ ㄴ, ㄷ, ㄹ

20 다음은 아시아의 산업 특징을 정리한 표이다. 밑줄 친 ㉠~㉤ 중 옳지 <u>않은</u> 것은?

천연자원 생산	• ㉠ 서남아시아 지역: 석유, 천연가스 • ㉡ 중국, 인도 등: 석탄 등의 산업 자원 • 이 밖에도 곡물, 팜유 등 다양한 자원 생산
제조업	• ㉢ 중국, 베트남 등: 노동 집약적 제조업 발달
첨단 산업	• ㉣ 일본, 대한민국 등: 첨단 기술 제품 • 싱가포르, 베트남 등: 정보 통신 산업 발달
문화 산업	• 일본: 애니메이션, 게임 등 • 우리나라: K-pop, 게임, 웹툰 등 • ㉤ 싱가포르: '볼리우드'라고 불리는 영화 산업 발달

① ㉠　　② ㉡　　③ ㉢　　④ ㉣　　⑤ ㉤

21 아시아의 산업 변화가 우리나라 산업에 미치는 영향을 정리한 내용 중 옳은 설명의 개수는?

• 자유 무역 협정을 통해 아시아 국가와 협력한다.
• 첨단 및 서비스 산업으로의 진출을 확대하고 있다.
• 다른 아시아 국가에 공장을 세워 현지의 인력을 고용하기도 한다.
• 경제에서 무역의 비중이 낮아 이웃 국가의 산업 변화에 영향을 적게 받는다.

① 0개　② 1개　③ 2개　④ 3개　⑤ 4개

22 다음과 같은 기후 그래프가 나타내는 기후를 쓰고, 아시아에서 이 기후가 나타나는 지역의 생활 방식을 한 가지만 서술하시오.

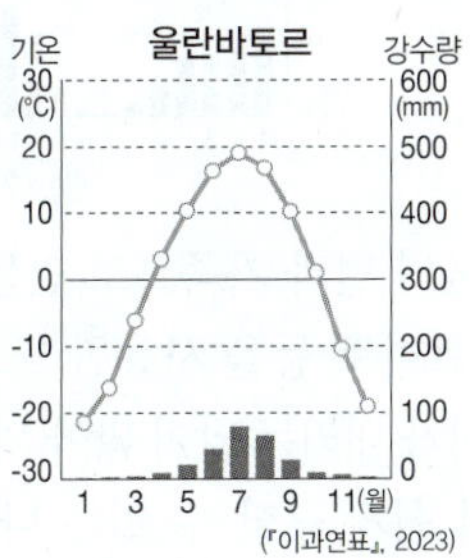

23 유럽의 위치에 관한 옳은 설명을 <u>보기</u> 에서 고른 것은?

> **보기**
> ㄱ. 우랄산맥의 서쪽 지역이다.
> ㄴ. 동쪽으로 아시아와 접하고 있다.
> ㄷ. 서쪽으로 지중해와 접하고 있다.
> ㄹ. 남쪽으로 대서양과 접하고 있다.

① ㄱ, ㄴ   ② ㄱ, ㄷ   ③ ㄴ, ㄷ
④ ㄴ, ㄹ   ⑤ ㄷ, ㄹ

24 다음 다섯 고개 퀴즈의 정답으로 옳은 것은?

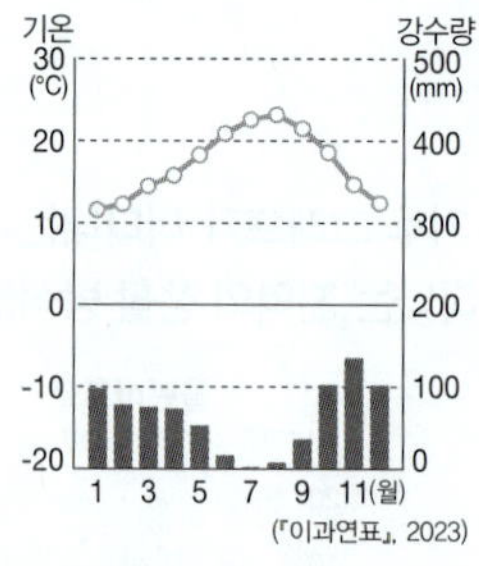

① 독일   ② 영국
③ 핀란드   ④ 에스파냐
⑤ 이탈리아

25 다음 기후 그래프가 나타나는 지역의 주민 생활로 옳은 것은?

① 주로 동물의 털과 가죽으로 만든 옷을 입는다.
② 올리브, 토마토 등을 사용한 파스타를 즐겨 먹는다.
③ 흐리고 비가 내리는 날이 많아 외출 시 우산이 필요하다.
④ 주변에서 쉽게 구할 수 있는 나무를 사용하여 집을 짓는다.
⑤ 가축을 데리고 물과 풀을 찾아서 이동하는 유목 생활을 한다.

26 지도의 (가), (나) 기후의 특징에 관한 옳은 설명을 <u>보기</u> 에서 고른 것은?

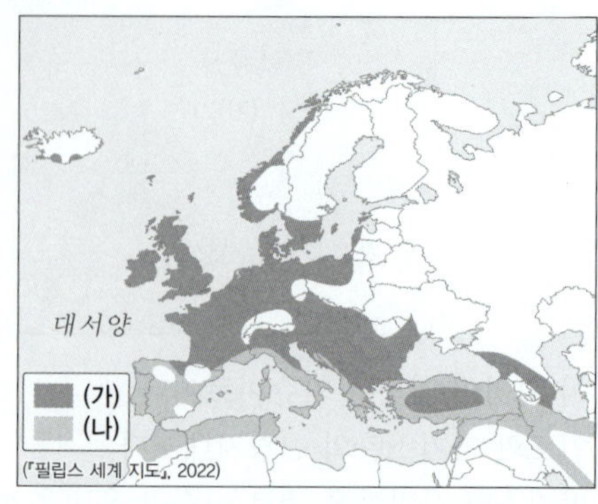

> **보기**
> ㄱ. (가)는 서안 해양성 기후이다.
> ㄴ. (나)는 냉대 기후이다.
> ㄷ. (가)는 (나)에 비해 강수일수가 많다.
> ㄹ. (가)는 (나)에 비해 겨울철 강수 집중률이 높다.

① ㄱ, ㄴ   ② ㄱ, ㄷ   ③ ㄴ, ㄷ
④ ㄴ, ㄹ   ⑤ ㄷ, ㄹ

27 지도의 (가) 산맥과 (나) 산맥을 비교한 내용 중 옳지 <u>않은</u> 것은?

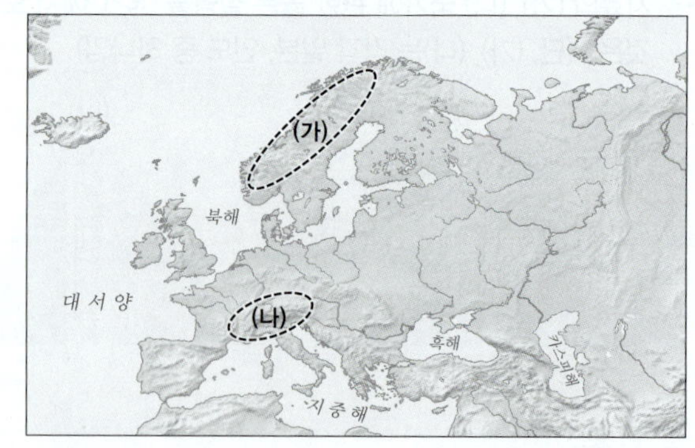

	(가)	(나)
① 경사도	완만함	급함
② 형성 시기	오래되지 않음	오래됨
③ 해발 고도	낮음	높음
④ 침식 작용	많이 받음	적게 받음
⑤ 산맥 이름	스칸디나비아산맥	알프스산맥

28 다음 신문 기사에서 소개하는 도시를 지도의 A~E에서 바르게 고른 것은?

> **역사와 음악이 숨쉬는 도시, (   )**
>
> 다뉴브 강, 베토벤, 모차르트, 슈베르트, 요한 슈트라우스. 이 도시를 상징하는 단어들이다. 중세 절대 왕정의 위용을 보여 주는 웅장한 건축물들과 음악가들의 편애를 받을 만큼 예술을 사랑하는 이 도시는 …후략…

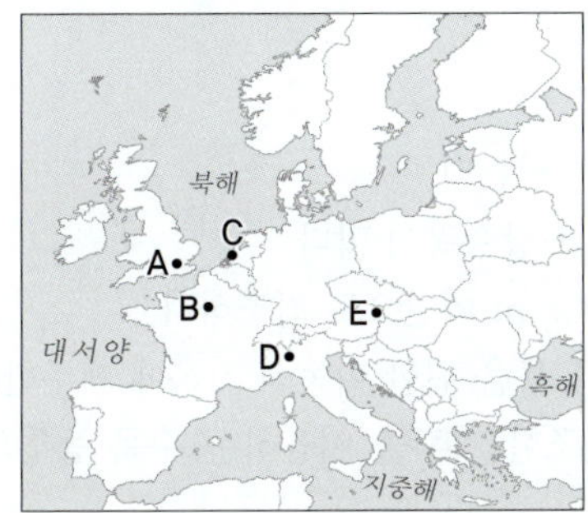

① A
② B
③ C
④ D
⑤ E

29 자료의 빈칸에 공통으로 들어갈 도시의 이름으로 옳은 것은?

> 에스파냐 북부의 (   )은/는 과거 철강 산업 중심의 공업 도시였지만, 철강 산업이 경쟁력을 잃자 인구가 감소하고, 지역 경제가 침체했다. 침체한 도시를 살리기 위해 도시 재생 사업을 추진했다. 그 결과 문화 도시로 탈바꿈하여 연간 100만 명 이상의 관광객이 찾는 도시가 되었다. 이러한 변화는 (   ) 효과라는 말을 탄생시키기도 했다.

① 런던
② 브뤼셀
③ 빌바오
④ 코펜하겐
⑤ 프라이부르크

30 지속가능한 도시를 만들기 위한 노력으로 옳지 <u>않은</u> 것은?

① 일회용품의 사용을 제한한다.
② 탄소중립을 위해 대중교통 이용을 확대한다.
③ 탄소 배출량을 감축하기 위한 정책을 실시한다.
④ 도시 숲을 조성하여 도시의 지속가능성을 높인다.
⑤ 신·재생 에너지 사용량을 줄이고 화석 에너지를 도입한다.

31 자료에서 설명하는 도시의 위치를 아래 지도의 A~E에서 고른 것은?

> 친환경 에너지인 지열 발전이 전력 생산의 가장 큰 비중을 차지한다. 도시 건물의 약 95%가 지열을 에너지원으로 하는 난방 시스템으로 연결되어 있다.

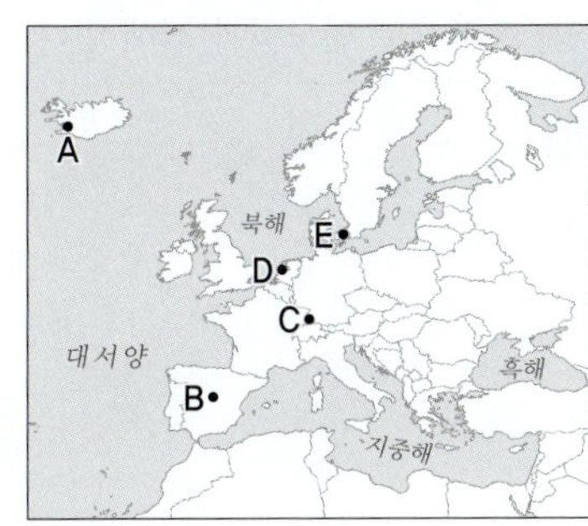

① A
② B
③ C
④ D
⑤ E

32 유럽 연합에 관한 옳은 설명을 **보기**에서 고른 것은?

> **보기**
>
> ㄱ. 2020년 영국은 유럽 연합을 탈퇴하였다.
> ㄴ. 회원국 모두가 단일 화폐인 유로화를 사용한다.
> ㄷ. 회원국 간의 이동에는 입국 및 출국 수속이 필요하다.
> ㄹ. 유럽의 정치·경제 통합을 실현하기 위한 유럽 국가들의 기구이다.

① ㄱ, ㄴ
② ㄱ, ㄹ
③ ㄴ, ㄷ
④ ㄴ, ㄹ
⑤ ㄷ, ㄹ

33 다음과 같은 기후 특징이 나타나는 지역이 하천 교통 발달에 유리한 이유를 강수량과 하천 수위 변화 측면에서 서술하시오.

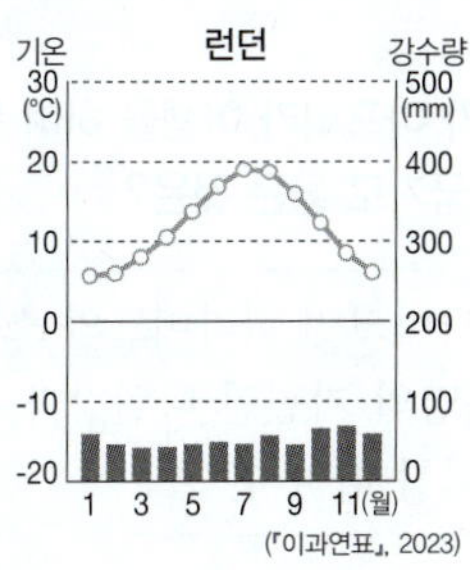

01 아프리카의 지리적 범위에 관한 옳은 설명을 **보기** 에서 고른 것은?

> **보기**
> ㄱ. 북동쪽으로 홍해와 접해 있다.
> ㄴ. 세계에서 면적이 가장 넓은 대륙이다.
> ㄷ. 지중해를 사이에 두고 유럽과 마주하고 있다.
> ㄹ. 서쪽으로 태평양, 동쪽으로 인도양과 접해 있다.

① ㄱ, ㄴ   ② ㄱ, ㄷ   ③ ㄴ, ㄷ
④ ㄴ, ㄹ   ⑤ ㄷ, ㄹ

02 다음에서 설명하는 국가로 옳은 것은?

> 아프리카에서 최초로 월드컵을 개최한 국가이다. 수도는 기능에 따라 프레토리아(행정), 케이프타운(입법), 블룸폰테인(사법)에 분산되어 있다. 이곳의 주요 도시인 요하네스버그는 아프리카를 대표하는 금융의 중심지이자 아프리카 최대의 상공업 도시이다.

① 케냐   ② 모로코
③ 이집트   ④ 마다가스카르
⑤ 남아프리카 공화국

03 다음은 지오가 아프리카 여행을 하며 쓴 여행기의 일부이다. 지오가 방문한 국가로 옳은 것은?

> [1일 차] 랜드마크인 피라미드와 스핑크스 앞에서!
> [3일 차] 문명의 기원인 나일강과 주변 바다를 연결하는 수에즈 운하를 따라서!

① 니제르   ② 이집트
③ 모잠비크   ④ 소말리아
⑤ 콩고 민주 공화국

04 지도에 표시된 (가) 기후 지역에 관한 설명으로 옳은 것은?

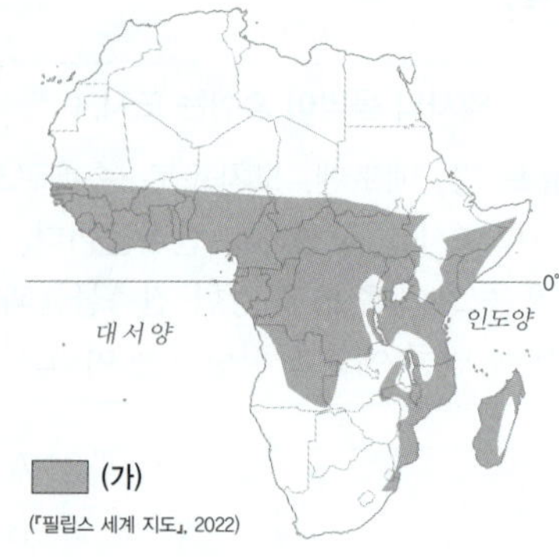

① 편서풍의 영향을 받는다.
② 연중 기온이 높고 강수량이 많다.
③ 연 강수량이 500mm 미만으로 건조하다.
④ 주민들은 순록 유목을 위한 이동식 가옥에 거주한다.
⑤ 여름철 고온 건조한 기후를 이용하는 수목 농업의 비중이 높다.

05 아프리카의 지형 특성에 관한 설명으로 옳지 **않은** 것은?

① 북서부의 아틀라스산맥은 높고 험준하다.
② 나일강은 여러 국가를 거쳐 인도양으로 유입된다.
③ 사하라 사막은 아프리카 전체 면적의 약 30%를 차지한다.
④ 동아프리카 지구대 주변에서는 지진과 화산 활동이 일어난다.
⑤ 아프리카에서 가장 높은 산인 킬리만자로산은 화산 활동으로 형성되었다.

06 아프리카에서 볼 수 있는 경관으로 옳지 **않은** 것은?

① 사바나에서 사파리 관광을 하는 모습
② 겨울철 알프스 산지에서 스키를 타는 모습
③ 킬리만자로산 정상 부근에 눈이 쌓인 모습
④ 오아시스 주변에서 대추야자를 경작하는 모습
⑤ 에티오피아의 고원에서 커피나무를 재배하는 모습

07 빈칸 ㉠~㉢에 들어갈 말을 바르게 연결한 것은?

- 아프리카에서 (㉠) 기후가 나타나는 지역은 낮 동안의 뜨거운 태양으로부터 피부를 보호하기 위해 얇은 천으로 몸을 감싸는 형태의 의복을 입는다.
- 아프리카에서 (㉡) 기후가 나타나는 지역은 뜨거운 기온과 높은 습도에 적합한 얇고 짧은 의복이 발달하였다. 이 지역의 전통 가옥은 창문이 (㉢) 형태이다.

	㉠	㉡	㉢
①	냉대	열대	큰
②	건조	열대	큰
③	건조	냉대	작은
④	열대	건조	큰
⑤	열대	냉대	작은

08 다음은 지오가 아프리카를 여행하며 쓴 일기의 일부이다. 지오가 3일 차에 여행한 국가의 주요 종교로 옳은 것은?

202△년 4월 26일

　아프리카 여행 3일 차, 오늘은 사하라 사막의 남쪽 경계부에 있는 말리의 젠네 모스크를 보러 향했다. 기존에 알고 있던 튀르키예의 술탄 아흐메트 모스크와는 다른 형태로 지어진 것이 신선했다. 이 지역의 모스크는 주변에서 구하기 쉬운 진흙으로 지었다고 한다.

① 불교　　② 유대교　　③ 힌두교
④ 이슬람교　　⑤ 크리스트교

09 아프리카의 지속가능한 발전에 관한 옳은 설명을 **보기**에서 고른 것은?

보기

ㄱ. 경제, 사회, 환경 등 다양한 측면에서 노력을 기울이고 있다.
ㄴ. 국제기구의 역할을 제한하고 비정부 기구의 활동을 증대시키고 있다.
ㄷ. 아프리카 연합(AU)을 설립하여 경제 발전과 생활 수준 향상에 힘쓰고 있다.
ㄹ. 아프리카 연합(AU)은 산하에 여러 기구를 두어 시민 단체 중심으로 활동하고 있다.

① ㄱ, ㄴ　　② ㄱ, ㄷ　　③ ㄴ, ㄷ
④ ㄴ, ㄹ　　⑤ ㄷ, ㄹ

10 공정 여행을 실천하는 방법으로 옳지 <u>않은</u> 것은?

① 현지의 인사와 춤, 노래를 배운다.
② 물건을 구입할 때 최대한 가격을 깎는다.
③ 현지 주민이 운영하는 음식점을 이용한다.
④ 직원에게 정당한 대가를 지불하는 업체를 이용한다.
⑤ 멸종 위기에 놓인 동식물로 만든 기념품을 사지 않는다.

11 아프리카의 열대 기후 지역에서 주로 이루어지는 농업 방식 **두 가지**를 쓰고, 각각의 특징을 재배 작물, 농업 방식을 바탕으로 서술하시오.

____

____

12 아메리카의 위치와 자연환경에 관한 옳은 설명을 보기 에서 고른 것은?

> ─ 보기 ─
> ㄱ. 아메리카 대륙은 세계 육지 면적의 약 30%를 차지한다.
> ㄴ. 아메리카는 지리적으로 앵글로아메리카와 라틴 아메리카로 구분한다.
> ㄷ. 로키산맥과 안데스산맥은 오랜 침식으로 비교적 고도가 낮고 경사가 완만하다.
> ㄹ. 아메리카 대륙은 남북으로 길게 뻗어 있어 위도에 따라 다양한 기후가 나타난다.

① ㄱ, ㄴ ② ㄱ, ㄹ ③ ㄴ, ㄷ
④ ㄴ, ㄹ ⑤ ㄷ, ㄹ

13 다음 주제어와 관련 있는 국가에 관한 설명으로 옳은 것은?

> • 아마존 열대림 • 리우 카니발

① 앵글로아메리카에 속한다.
② 대부분 냉대 기후가 나타난다.
③ 아스테카 문명의 유적지가 있다.
④ 남아메리카에서 면적이 가장 넓다.
⑤ 세계 최대의 소금 사막이 나타난다.

14 다음과 같은 특징이 나타나는 기후 지역에 관한 설명으로 옳은 것은?

> • 이누이트 등 소수 민족 거주
> • 순록 유목, 바다표범 사냥
> • 가축의 가죽이나 털로 만든 두꺼운 의복 착용

① 고대 문명의 유적지가 발견된다.
② 연중 고온 다습한 기후가 나타난다.
③ 북아메리카 북극해 주변에 나타난다.
④ 대표 도시로는 보고타, 키토 등이 있다.
⑤ 플랜테이션 농업이 활발하게 이루어진다.

15 다음 글에서 공통으로 설명하고 있는 기후 지역을 지도의 A~E에서 고른 것은?

> • 북아메리카의 이 기후 지역은 인구 밀도가 높아 뉴욕, 워싱턴 등의 대도시가 발달해 있다.
> • 라틴 아메리카의 우루과이와 아르헨티나 등에서는 유럽계 민족(인종) 비율이 높게 나타난다. 이는 거주에 유리한 이 기후가 나타나기 때문이다.

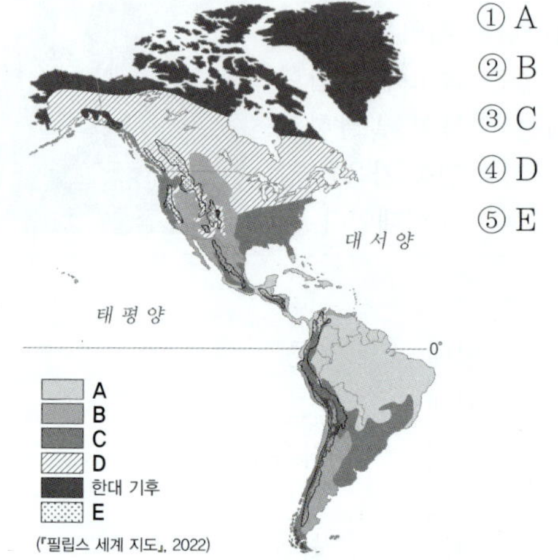

(『필립스 세계 지도』, 2022)

① A
② B
③ C
④ D
⑤ E

16 아메리카의 지형 특성에 관한 설명으로 옳지 않은 것은?

① 그레이트플레인스는 세계 최대의 곡창 지대이다.
② 오대호는 과거 빙하의 영향으로 형성된 호수이다.
③ 로키산맥은 비교적 최근에 형성되어 해발 고도가 높고 험준하다.
④ 미시시피강의 유역에는 세계 최대의 열대 우림이 형성되어 있다.
⑤ 안데스산맥은 남아메리카 서부 해안가를 따라 나타나는 산맥이다.

17 다음 글과 관련 있는 아메리카 민족(인종)에 관한 설명으로 옳은 것은?

> 앵글로아메리카에서 꾸준히 증가하고 있는 이 민족(인종)은 에스파냐어를 모국어로 사용하는 라틴 아메리카계 이주민을 의미한다.

① 이 민족(인종)은 히스패닉이다.
② 종교적 박해를 피해 이주하였다.
③ 미국 남동부 지역에 주로 분포한다.
④ 노동력 확보를 위해 강제 이주되었다.
⑤ 미국에서는 유럽계보다 인구 구성 비율이 높다.

18 앵글로아메리카의 아프리카계 민족(인종)에 관한 설명으로 옳은 것은?

① 주로 멕시코에서 유입되었다.
② 종교적 박해를 피해 유입되었다.
③ 노동력 확보를 위해 강제로 이주되었다.
④ 대부분의 인구가 보호 구역에 거주한다.
⑤ 아메리카 원주민보다 정착 시기가 이르다.

19 다음은 어떤 학생이 작성한 아메리카의 다양한 언어 및 문화 관련 ○× 문제의 답안지이다. 이 학생이 맞힌 정답의 개수는?

문항	내용	답
1	캐나다의 퀘벡주는 프랑스의 식민 지배를 받았다.	○
2	앵글로아메리카 대부분의 지역에서는 영어를 사용한다.	×
3	라틴 아메리카 대부분의 국가는 가톨릭교를 믿는다.	○
4	아메리카의 문화 요소는 서로 상호 작용한다.	○

① 0개 ② 1개 ③ 2개 ④ 3개 ⑤ 4개

20 다음 질문의 대답으로 옳지 않은 것은?

• 선생님: 초국적 기업의 생산 공장이 들어선 지역에서는 어떤 긍정적인 변화가 나타날까요?
• 학생: _______________________________

① 지역 경제가 활성화됩니다.
② 많은 일자리가 창출됩니다.
③ 선진 기술의 습득이 가능해집니다.
④ 사회 기반 시설의 개선이 가능해집니다.
⑤ 산업 공동화 현상이 나타날 수 있습니다.

21 다음 글의 ㉠~㉤에 관한 설명으로 옳지 않은 것은?

세계화 현상으로 국가 간 경계가 약화됨에 따라 ㉠ 초국적 기업의 활동이 활발해지고 있다. 이들은 ㉡ 교통·통신의 발달과 세계 무역 기구(WTO)의 출범 등으로 무역 장벽이 낮아지면서 그 수와 규모가 커지고 있다. 초국적 기업은 ㉢ 공간적 분업을 실시한다. 본사, 연구소, ㉣ 생산 공장 등은 각 목적에 맞는 지역에 입지한다. 이에 따라 초국적 기업의 생산 공장이 들어선 지역은 긍정적 영향과 ㉤ 부정적 영향을 동시에 받는다.

① ㉠ – 여러 국가에서 기업 활동을 한다.
② ㉡ – 교통·통신의 발달로 초국적 기업의 입지 범위는 확대된다.
③ ㉢ – 공간적 분업의 목적은 경영의 효율성 향상 및 이윤 증대이다.
④ ㉣ – 임금이 저렴한 개발 도상국에만 입지한다.
⑤ ㉤ – 유사한 제품을 생산하는 국내 기업이 어려움을 겪게 된다.

22 초국적 기업이 다음 사례와 같이 공간적 분업을 통해 생산 공장을 해외에 두는 이유를 두 가지 이상 서술하시오.

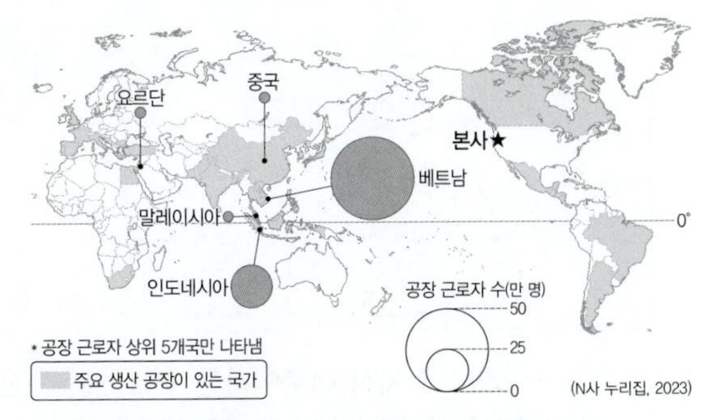

▲ 미국 스포츠 의류 기업 N사의 본사 및 생산 공장

23 다음은 섬 여행을 위해 선정한 지역이다. (가)~(다) 지역의 위치에 관한 설명으로 옳지 <u>않은</u> 것은?

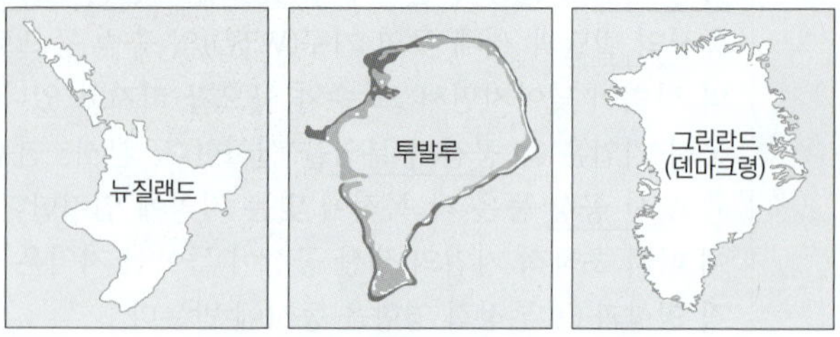

(가)   (나)   (다)

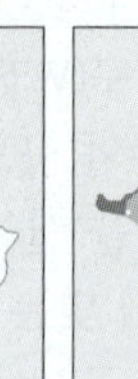

① (가)의 서쪽에는 오스트레일리아가 위치한다.
② (나)는 태평양에 위치한 섬이다.
③ (다)는 북반구에 위치한 섬이다.
④ (가)는 (나)보다 고위도에 위치한다.
⑤ (다)는 (나)보다 적도에 더 가까이 있다.

24 다음 글의 밑줄 친 관광 자원에 해당하지 <u>않는</u> 것은?

> 오세아니아의 아름다운 자연 경관과 고유한 원주민 문화, 다른 대륙에서는 볼 수 없는 독특한 야생 동물은 관광 자원으로 활용되기도 한다.

① 캥거루   ② 코알라   ③ 이누이트
④ 유칼리나무   ⑤ 대보초 해안

25 오세아니아를 여행하며 사진을 찍을 경우, (가)~(라)에 들어갈 사진 설명으로 옳은 것은?

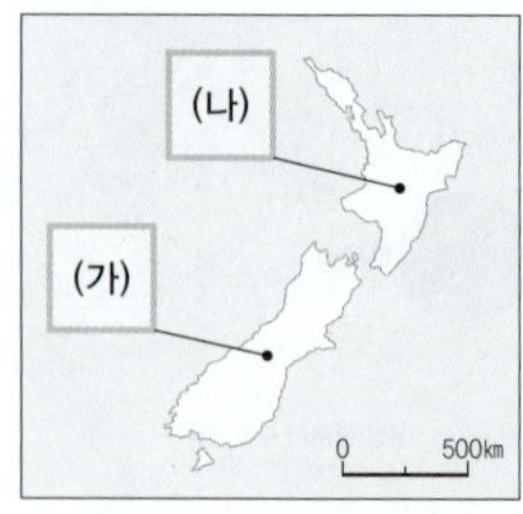
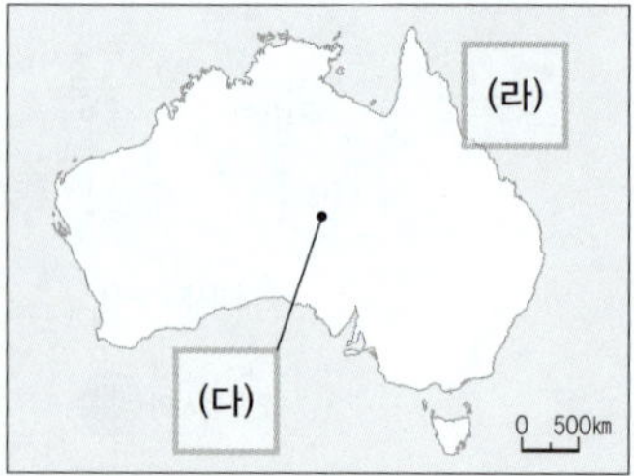

① (가) – 오아시스에서 대추야자를 수확하는 사진
② (나) – 빙하 지형을 탐사하는 사진
③ (다) – 포도 농장에서 와인을 시음하는 사진
④ (다) – 온천에서 온천욕을 즐기는 관광객 사진
⑤ (라) – 산호초 해안에서 스노클링 체험 사진

26 태평양 지역에서 발생하는 환경 문제를 보기 에서 모두 고른 것은?

> **보기**
> ㄱ. 산호초의 백화 현상
> ㄴ. 해수면 상승에 따른 저지대 침수
> ㄷ. 과도한 벌목에 따른 사막화 현상
> ㄹ. 해양 쓰레기로 발생하는 미세 플라스틱 오염

① ㄱ, ㄴ   ② ㄴ, ㄷ   ③ ㄱ, ㄴ, ㄷ
④ ㄱ, ㄴ, ㄹ   ⑤ ㄴ, ㄷ, ㄹ

27 태평양 지역의 환경 문제 해결을 위해 개인이 할 수 있는 노력을 보기 에서 고른 것은?

> **보기**
> ㄱ. 천연 섬유로 만든 옷을 구매한다.
> ㄴ. 해양 폐기물 관련 법을 제정한다.
> ㄷ. 신·재생 에너지 보급을 확대한다.
> ㄹ. 장바구니와 다회용 컵을 이용한다.

① ㄱ, ㄴ   ② ㄱ, ㄹ   ③ ㄴ, ㄷ
④ ㄴ, ㄹ   ⑤ ㄷ, ㄹ

28 다음은 어떤 학생이 작성한 수행 평가 답안지이다. 이 학생이 받게 될 수행 평가 점수는?

※ 극지방과 관련한 다음 설명이 맞으면 ○표, 틀리면 ×표 하시오(문항당 1점).

내용	답
1. 극지방은 대체로 냉대 기후 지역에 속한다.	○
2. 남극 지방은 유라시아와 북아메리카, 그린란드에 둘러싸인 지역이다.	×
3. 북극 지방은 아시아와 유럽을 잇는 최단 해운 항로로 주목받고 있다.	○
4. 남극 조약에 따라 남극에서의 군사 활동이 허용된다.	×

① 0점   ② 1점   ③ 2점   ④ 3점   ⑤ 4점

29 오스트레일리아의 무역과 관련된 그래프를 보고 분석 및 추론한 내용으로 옳은 것은?

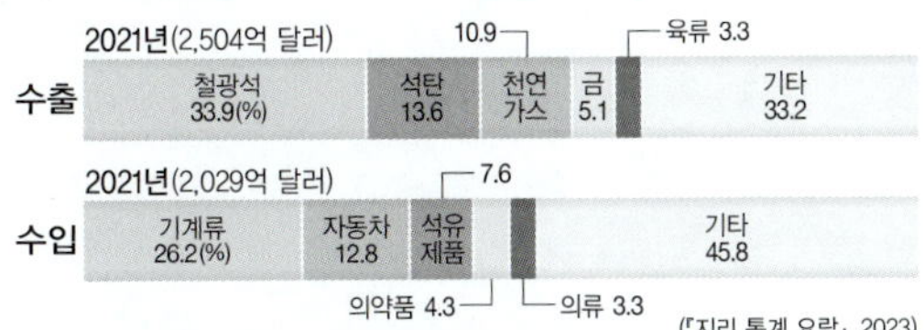

▲ 오스트레일리아의 수출입 품목

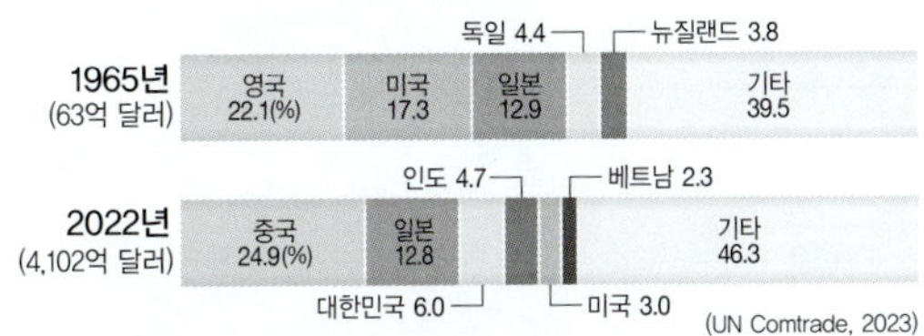

▲ 오스트레일리아의 무역 상대국 변화

① 오스트레일리아는 제조업이 발달하였다.
② 오스트레일리아는 가공 무역이 발달하였다.
③ 주변 지역과의 경제 협력이 강화되고 있는 추세이다.
④ 주요 무역 상대국이 아시아에서 유럽으로 변하고 있다.
⑤ 1965년에 비해 2022년에 미국과의 무역 비중은 증가하였다.

30 지도의 (가) 지역에 관한 옳은 설명을 보기 에서 고른 것은?

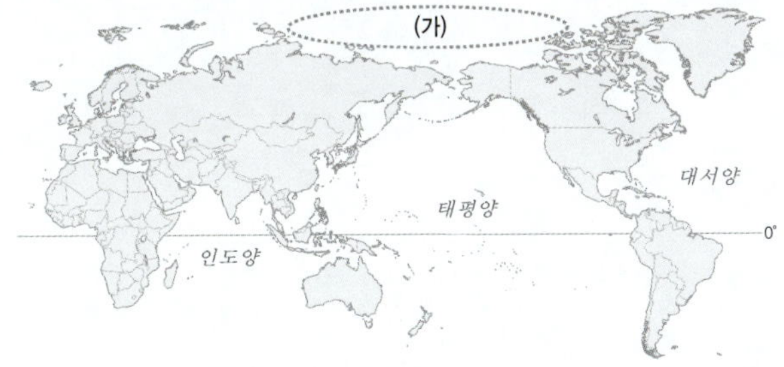

보기
ㄱ. 북극 지방에 해당한다.
ㄴ. 우리나라는 이곳에 장보고 과학 기지를 설치하였다.
ㄷ. 기후변화로 빙하가 녹으면서 선박 운항에 중요한 역할을 하고 있다.
ㄹ. 유럽, 아프리카, 남아메리카의 주요 도시를 연결하는 항공 교통의 중심지 역할을 한다.

① ㄱ, ㄴ
② ㄱ, ㄷ
③ ㄴ, ㄷ
④ ㄴ, ㄹ
⑤ ㄷ, ㄹ

31 북극해 주변 국가들 간에는 분쟁이 지속적으로 발생하고 있다. 분쟁의 발생 원인으로 적절한 것은?

① 민족 간의 갈등 분쟁
② 종교 간의 갈등 분쟁
③ 원주민과 이주민 간의 문화 갈등
④ 환경 문제로 발생한 환경 난민 유입 문제
⑤ 석유 및 천연가스 개발권을 둘러싼 영유권 분쟁

32 다음 자료의 빈칸에 들어갈 말로 옳은 것은?

주제: (   )

– 1959년 12개국이 모여 체결한 국제 협약
– 2024년 현재 57개국이 가입해 있음
　(*자문 당사국 29개국, 비자문 당사국 28개국)
– 남극의 평화적 이용 및 과학 조사와 교류의 허용, 영유권 주장 금지, 군사 행동 금지 등의 내용을 담고 있음

① 남극 조약
② 셍겐 조약
③ 기후변화 협약
④ 마하트리히트 조약
⑤ 남극 물개 보존 협약

33 뉴질랜드의 낙농업과 관련한 사회 수업의 내용이다. 빈칸에 들어갈 내용을 서술하시오.

• 선생님: 뉴질랜드는 사진에서 보듯이 기업적 방목이 이루어집니다. 또한 이와 관련된 수출 품목이 차지하는 비중이 매우 높은 편입니다. 이렇듯 뉴질랜드가 세계적인 낙농업 국가가 된 배경을 기후(기온, 강수량)와 관련지어 설명해 볼까요?
• 학생: _______________________

메모

메모

메모

중학 **사회** ①-1
시험 대비 문제책

중학 **사회** ① -1

정답 및 해설

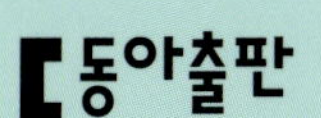

정답 및 해설

중학 사회 ①-1

개념 학습 정리책 · 02

시험 대비 문제책 · 33

개념 학습 정리책

1 세계화 시대, 지리의 힘

01 모자이크 세계

01 위치　**02** (1) 상대적 위치 (2) 위도 (3) 기후 (4) 한대　**03** (1) ㄷ
(2) ㄹ (3) ㄱ (4) ㄴ　**04** (1) ㄷ (2) ㄴ (3) ㄱ

01 ②　**02** ②　**03** ③　**04** ④　**04-1** ③　**05** ③　**06** ⑤　**07**
②　**08** ②　**09** ②　**10** ④　**10-1** ①　**11** ④　**12** ⑤　**13** ①

01 지역의 위치는 절대적 위치와 상대적 위치로 표현할 수 있다. 절대적 위치는 대륙, 해양, 산맥 등으로 설명하는 지리적 위치와 위도와 경도로 나타내는 수리적 위치가 있다. 상대적 위치는 주변 지역과의 정치·문화·경제적 관계에 따라 변하는 위치이다. ② 위도와 경도로 나타내는 위치는 수리적 위치이다. 위도와 경도는 지역의 변하지 않는 고정적인 정보이므로 상대적 위치가 아닌 절대적 위치에 해당한다.

02 지도에서 ㉠은 프랑스, ㉡은 이집트, ㉢은 인도, ㉣은 오스트레일리아, ㉤은 브라질이다. 제시된 내용은 이집트에 관한 설명이다.

03 ㉠은 저위도, ㉡은 고위도 지역에 해당한다. 지구는 둥글기 때문에 위도에 따라 일사량의 차이가 발생한다. 저위도 지역(㉠)에서 고위도 지역(㉡)으로 갈수록 일사량은 줄어들어 기온이 대체로 낮아진다.

04 기후는 각 지역의 위도, 육지와 바다의 분포, 지형 등에 따라 다양하게 나타난다. 세계의 기후는 기온과 강수량을 기준으로 구분하는데, 적도에서부터 극지방으로 가면서 대체로 열대·건조·온대·냉대·한대 기후 순으로 나타난다.

왜 틀렸지? ① (가)는 열대 기후, ② (나)는 건조 기후, ③ (다)는 온대 기후, ⑤ (마)는 한대 기후 지역이다.

04-1 지도의 (다)는 중위도 지역에 나타나는 온대 기후이다. 온대 기후는 기온이 온화하고 사계절이 뚜렷하여 계절에 따른 자연 경관 변화가 잘 나타난다. 일 년 내내 우리나라의 봄과

같은 온화한 날씨가 나타나는 기후는 저위도의 고산 지역에서 나타나는 고산 기후이다.

05 지도의 (나)는 건조 기후이다. 강수량이 적은 건조 기후 지역에서는 물을 얻을 수 있는 오아시스를 중심으로 마을을 이루고 대추야자, 밀 등을 재배한다.

왜 틀렸지? ① 포도, 올리브 등을 재배하는 농장은 온대 기후 지역 중에서도 지중해성 기후 지역에서 주로 볼 수 있다. ② 키가 크고 잎이 뾰족한 것이 특징인 침엽수림은 냉대 기후 지역에 분포한다. ④, ⑤ 열대 기후 지역에서 볼 수 있는 모습이다. 일 년 내내 기온이 높고 강수량이 많은 곳은 다양한 종류의 나무들이 빽빽하게 들어서 밀림을 이루기도 한다.

알려 줄게! 기후와 인간 생활

열대 기후	• 열기와 습기를 피하기 위해 고상 가옥을 지음 • 음식물이 상하지 않도록 하기 위해 기름에 볶거나 튀기는 요리 발달 → 향신료 사용
건조 기후	• 흙벽돌집, 이동식 천막집 • 오아시스 농업, 관개 농업, 목축업 발달
온대 기후	• 계절풍 기후 지역에서는 벼농사 활발 • 지중해성 기후 지역에서는 포도, 올리브 등을 재배하는 수목 농업 발달
냉대 기후	• 풍부한 침엽수를 이용한 통나무집 발달 • 넓은 침엽수림 지대에서는 임업 발달
한대 기후	• 눈과 얼음으로 임시 거처를 지음 • 동물의 가죽이나 털로 만든 의복 착용

06 적도 주변 지역은 대체로 열대 기후가 나타난다. 열대 기후 지역은 기온이 높고 강수량이 많아 푸르고 잎이 넓은 나무가 자란다.

왜 틀렸지? ① 겨울이 길고 침엽수림이 분포하는 곳은 냉대 기후 지역이다. ②, ④ 일 년 내내 기온이 매우 낮아 인간 생활에 불리하며, 농사를 지을 수 없어 주민들이 순록을 유목하며 살아가는 곳은 한대 기후 지역이다. ③ 강수량이 적어 식생이 빈약한 곳은 건조 기후 지역이다.

07 지형이란 땅의 생긴 모양이나 형태를 가리키는 말로, 지형은 침식·운반·퇴적 등의 과정을 거쳐 산지, 평야, 하천, 해안 등의 다양한 형태로 만들어진다. ㄱ. 평야 지역은 넓고 평탄하여 기후 조건이 적절할 경우 농업이 발달한다. ㄷ. 세계의 큰 도시들은 주로 평탄하고 물을 쉽게 구할 수 있는 평야 지역이나, 어업 활동에 유리하고 해상 교통이 편리한 해안 지역에 발달하였다.

왜 틀렸지? ㄴ. 산지는 해발 고도가 높고 대체로 경사가 급하여 인간이 거주하기에 불리한 지형이다. ㄹ. 지형에 따라 사람들의 생활 양식은 다양하게 나타난다.

산지 지역	• 해발 고도가 높고 경사가 급하여 인간 거주에 불리 • 밭농사, 목축업, 관광 산업 등이 발달
평야 지역	• 평지로 경지 및 교통로 건설에 유리 • 벼농사, 밀농사, 교통로로 이용 • 촌락 및 도시 발달
해안 지역	• 다양한 산업이 가능하여 인간 거주에 유리 • 어업, 양식업, 항구, 공업, 관광 산업 등이 발달

08 제시된 글은 히말라야 산지에서 생활하는 모습과 알프스 산지에서 생활하는 모습을 소개하고 있다. 히말라야산맥, 등산객, 셰르파, 알프스 산지 등을 통해 산지 지역과 관련 있음을 알 수 있다. 산지 지역에서는 산지를 이용한 관광 산업이 활발하게 이루어지고, 경사지에서 농사를 짓거나 목축업이 이루어지기도 한다.

09 사진은 몽골에서 주로 볼 수 있는 이동식 가옥인 게르의 모습이다. 몽골은 건조 기후가 나타나 농사짓기가 어려워 염소, 양 등을 기르며 물과 풀을 찾아 이동하는 유목이 발달했다. 유목 생활을 하는 데에 이동이 편리하도록 조립과 분해가 쉬운 이동식 가옥이 발달했다.

10 지도에 표시된 지역은 적도 부근에서 주로 나타나는 열대 기후 지역이다. 열대 기후 지역은 일 년 내내 기온이 높고 습하여 음식이 쉽게 상하지 않도록 기름에 볶거나 튀긴 음식, 향신료를 사용한 음식, 풍부한 열대 과일을 이용한 다양한 요리가 발달했다.

왜 틀렸지? ① 한대 기후 지역과 관련 있다. ② 비가 많이 내리는 열대 기후 지역에서는 빗물이 쉽게 흘러내릴 수 있도록 경사가 급한 지붕이 발달했다. ③ 냉·한대 기후 지역과 관련 있다. ⑤ 냉대 기후 지역과 관련 있다.

10-1 열대 기후 지역에서는 여러 종류의 나무가 층을 이루며 빽빽하게 우거진 밀림이 나타난다.

왜 틀렸지? ② 사막은 건조 기후 지역에서 볼 수 있는 경관이다. ③ 단풍은 사계절이 뚜렷한 온대 기후 지역에서 볼 수 있는 경관이다. ④ 한대 기후 지역에서 볼 수 있는 경관이다. ⑤ 고산 기후 지역에서 볼수 있는 마추픽추의 모습이다.

11 유럽, 지중해, 여름이 고온 건조한 온대 기후, 올리브, 포도는 모두 에스파냐와 관련 있다. 지중해 연안에서는 여름철의 강한 햇빛과 건조한 기후에도 잘 자랄 수 있는 올리브, 포도 등을 재배한다.

12 인도네시아는 열대 기후가 나타나는데, 열대 기후 지역에서는 음식이 쉽게 상하지 않도록 기름에 볶거나 튀긴 음식, 후

추 등의 향신료를 사용한 음식이 발달했다.

왜 틀렸지? ① 건조 기후 지역인 몽골과 관련 있다. ② 오로라, 백야는 한대 기후가 나타나는 고위도 지역과 관련 있다. ③ 잉카 문명이 탄생한 곳은 페루(쿠스코)이다. ④ 망토와 모자는 고산 기후 지역의 의생활과 관련 있다.

13 세계시민에 관한 설명이다. 세계시민이란, 지구촌 문제가 우리의 문제임을 알고 이를 해결하고자 협력하는 자세를 지닌 사람을 말한다.

STEP 3 주관식·서술형   015쪽

01 예시 답안 싱가포르는 북위 $0°\sim2°$, 동경 $103°\sim104°$ 사이에 위치하며, 말레이반도의 끝에 위치한 섬나라이다.

채점 기준	
상	싱가포르의 절대적 위치와 관련하여 수리적 위치, 지리적 위치를 모두 서술한 경우
중	싱가포르의 절대적 위치와 관련하여 수리적 위치, 지리적 위치 중 한 가지만 서술한 경우
하	싱가포르의 절대적 위치에 관한 서술이 미흡한 경우

02 예시 답안 (가), 지구는 둥글기 때문에 지역에 따라 햇볕을 받는 양에 차이가 있다. (가) 지역은 햇볕이 수직으로 들어와 좁은 지역에 열이 집중된다.

채점 기준	
상	지구가 둥글기 때문이라는 점과 (가) 지역의 햇볕을 받는 각도에 관해 모두 서술한 경우
하	지구가 둥글기 때문이라고만 서술한 경우

03 (1) 건조 기후
(2) 예시 답안 강수량이 증발량보다 적다. 사막이 넓게 분포한다. 사막의 모래바람을 피하고 열기를 막기 위해 길고 헐렁한 옷을 입는다. 등

채점 기준	
상	건조 기후를 적고, 건조 기후와 관련한 지역의 특성을 두 가지 이상 서술한 경우
중	건조 기후를 적고, 건조 기후와 관련한 지역의 특성을 한 가지만 서술한 경우
하	건조 기후만 적은 경우

04 예시 답안 지역의 위치와 자연환경, 인문환경이 결합하여 나타나는 지역의 특성이 지역마다 다르게 나타나기 때문이다.

채점 기준	
상	지역의 특성이 지역마다 다르게 나타날 수 있음을 정확히 서술한 경우
하	지역의 특성이 지역마다 다르게 나타날 수 있음을 서술하지 못한 경우

STEP 1 개념 확인 018쪽

01 (1) 공간적 상호 작용 (2) 세계화 (3) 지역화 **02** (1) ○ (2) ○ (3) ×
(4) × **03** 지역 **04** (1) ㄴ (2) ㄱ

STEP 2 대표 문제 018~020쪽

01 ① **02** ③ **03** ⑤ **04** ④ **05** ② **05-1** ④ **06** ⑤ **07**
③ **08** ④ **09** ⑤ **10** ① **10-1** ⑤ **11** ④ **12** ③ **13** ⑤

01 과학 기술과 산업의 발달로 자동차, 대형 선박, 고속 철도, 항공기 등 새로운 교통수단이 등장하면서 사람이나 물자의 이동은 더욱 빠르고 편리해졌다.

02 교통수단과 정보 통신 기술의 발달은 지역 간의 시간적 거리를 단축시켰고, 공간적 제약을 극복하게 했다. 국경을 초월한 지역 간의 공간적 상호 작용으로 상호의존성은 더욱 강화되고 있다.

03 그림은 정보 통신 기술의 발달을 보여 준다. 정보 통신 기술의 발달로 장소 간 이동에 필요한 시간이 감소하고, 공간적 제약이 극복되면서 다양한 상호 작용이 가능해졌다.

04 해외 직접 구매란, 국내 소비자가 온라인 상점 등을 통해 외국의 상품을 직접 구매하는 행위를 말한다. 해외 직접 구매는 교통·통신의 발달로 인해 증가했으며, 먼 지역 간에도 이러한 교류가 발생하고 있다. 따라서 뉴스와 관련하여 옳게 설명한 개수는 3개이다.

05 세계 각 지역의 연결성이 강화되어 여러 지역에서 원료를 공급받을 수 있게 되면서 각 지역의 상호의존성이 강화되고 있다.

05-1 세계의 각 지역은 고유한 특성을 지니고 있으며, 지역이 가진 자원, 농산물, 공업 제품 등도 서로 다르다. 따라서 지역 간에 부족한 것을 채우기 위해 사람과 물자 등이 이동하는 과정에서 지역이 서로 연결된다.

왜 틀렸지? ㄴ. 항공, 해운 등 교통망의 중요성은 증가하고 있다.

06 세계화는 교통과 정보 통신 기술의 발달로 교류가 활발해지면서 빠르게 진행되고 있다.

왜 틀렸지? ① 세계화는 정치, 경제, 사회, 문화 등 다양한 분야에서 나타난다. ② 세계화에 따라 지역 또는 국가 간의 상호의존성은 커

진다. ③ 세계화의 영향은 지역에 따라 다르게 나타난다. ④ 세계화는 세계가 국경을 넘어 하나로 통합되어 가는 현상을 말한다.

07 세계화는 정치, 사회, 경제 등 다양한 분야에서 나타나며 하나의 공동체로 통합되어 가는 현상을 말한다. 세계화로 한 지역에서도 국경을 초월한 다양한 문화를 경험할 수 있는 문화의 세계화가 나타났다. 한편 세계화로 상품, 서비스, 자본 등의 교류가 활발해지면서 전 세계가 하나의 거대한 시장을 형성하는 경제의 세계화가 나타났다.

08 세계화에 따라 한 지역의 경제 상황 변화가 여러 지역에 영향을 줄 수 있다.

알려 줄게! 감염병의 세계화

세계화 시대에는 공간적 상호 작용이 도시, 국가, 세계 등 전 지구적 차원의 공간 스케일에서 활발하게 일어난다. 이에 따라 어느 한 지역에서 발생한 전염병이 급격하게 전 세계로 확산하였으며, 확산 과정에서 전염병을 대하는 대응 방식도 지역과 국가에 따라 다양하게 나타났다.

09 경제, 문화의 세계화는 긍정적인 영향뿐만 아니라 부정적인 영향도 나타난다. 세계화로 널리 퍼진 문화는 각 지역의 특성에 맞게 지역 문화와 융합하기도 하지만, 서구 문화가 널리 퍼지면서 지역의 고유문화는 소멸하거나 정체성이 훼손될 수 있다.

10 세계화로 지역 간 경쟁이 치열해지면서 각 지역은 지역 축제, 지역 브랜드, 지리적 표시제 등의 지역화 전략을 통해 다른 곳과 차별화된 경쟁력을 확보하기 위해 노력하고 있다. (가)는 브라질의 리우 카니발이므로 지역 축제, (나)는 미국 뉴욕의 지역 브랜드 사례이다.

10-1 지역 축제와 지역 브랜드는 지역화 전략에 해당한다.

왜 틀렸지? ㄱ. (가)는 브라질의 리우 카니발로 지역 축제에 해당한다. ㄴ. (나)는 미국 뉴욕의 지역 브랜드에 해당한다.

11 ㉠은 지리적 표시제, ㉡은 지역 축제에 관한 설명이다. 지리적 표시제의 사례로는 콜롬비아 커피, 이탈리아 치즈, 인도 차 등이 있다. 지역 축제의 사례로는 리우 카니발(브라질), 라 토마티나(에스파냐) 등이 있다.

12 (가)는 이탈리아 치즈, (나)는 인도 차의 지리적 표시제와 관련 있다.

13 (가)는 타이의 송끄란 축제, (나)는 에스파냐의 라 토마티나로, (가)와 (나)는 모두 지역화 전략 중 지역 축제에 해당한다. 세계 곳곳에서는 지역의 자연환경과 역사, 특산물 등을 소재로 한 축제가 열린다. 이러한 지역 축제는 매력적인 지역 이미지를 만들고, 지역을 홍보하여 관광객을 유치하는 데 매우

효과적이다. 이는 지역의 관광 산업 발달과 지역 경제 활성화에 기여한다. 대표적인 지역 축제로 브라질의 리우 카니발, 이탈리아의 베네치아 카니발, 독일의 옥토버페스트, 일본의 삿포로 눈 축제 등이 있다.

왜 틀렸지? ⑤ 지리적 표시제에 관한 설명이다.

01 (1) 교통

(2) **예시 답안** 공간적 상호 작용이란, 여러 지역 사이에 발생하는 사람, 물자, 정보, 자본 등의 흐름을 의미한다. 비행기를 타고 해외여행을 하거나, 외국의 스포츠 경기를 실시간으로 보는 것, 스마트폰으로 음식을 주문하고 받는 것 등을 사례로 들 수 있다.

채점 기준	
상	교통을 적고, 공간적 상호 작용의 의미와 사례를 모두 서술한 경우
중	교통을 적고, 공간적 상호 작용의 의미와 사례 중 한 가지만 서술한 경우
하	교통만 적고, 공간적 상호 작용의 의미와 사례를 모두 서술하지 못한 경우

02 ㉠ – 세계화, ㉡ – 지역화

03 (1) 문화의 세계화

(2) **예시 답안** 세계 각국의 다양한 음악, 영화, 음식, 스포츠 등을 일상생활에서도 쉽게 즐길 수 있게 되면서 우리의 삶도 더욱 풍요로워지고 있다. 그러나 각 지역 고유문화의 정체성이 약화되고, 세계 각 지역의 문화가 유사해지는 현상이 발생하였다.

채점 기준	
상	문화의 세계화를 적고, 세계화의 긍정적·부정적 영향을 각각 한 가지씩 모두 서술한 경우
중	문화의 세계화를 적고, 세계화의 긍정적·부정적 영향 중 한 가지만 서술한 경우
하	문화의 세계화만 적고, 세계화의 긍정적·부정적 영향을 모두 서술하지 못한 경우

04 **예시 답안** 지역 축제, 지역 축제는 매력적인 지역 이미지를 만들고, 지역을 홍보하는 데 매우 효과적인 수단으로 관광 산업 발달과 지역 경제 활성화에 기여한다.

채점 기준	
상	알맞은 지역화 전략의 명칭과 긍정적인 효과를 모두 바르게 서술한 경우
중	지역화 전략의 명칭 또는 긍정적인 효과 중 한 가지만 서술한 경우
하	지역화 전략의 명칭 및 긍정적인 효과를 모두 서술하지 못한 경우

❶ 위치　❷ 절대적　❸ 열대　❹ 고산　❺ 해안　❻ 세계시민　❼ 교통　❽ 경제　❾ 지역화 전략　❿ 지리적 표시제

01 ②	02 ①	03 ③	04 ②	05 ②	06 ④	07 ①
08 ②	09 ①	10 ③	11 ④	12 ①	13 ③	14 ③
15 ③	16 ④	17 ③	18 ①	19 ④	20 ④	
21 해설 참조	22 해설 참조					

01 위치는 절대적 위치와 상대적 위치로 구분할 수 있다. 어떤 지역의 위치를 알면 그곳의 자연환경과 인문환경을 파악할 수 있고, 그 지역의 특성을 이해할 수 있다.

왜 틀렸지? ㄴ. 대륙, 해양, 산맥 등으로 나타내는 위치는 지리적 위치이다. ㄹ. 지역의 변하지 않는 고정적인 정보로 나타낸 위치는 절대적 위치이다.

02 자료는 위도에 따른 기온 차이를 보여 주는 것이다. ① 시간에 영향을 주는 것은 위도가 아닌 경도이다.

알려 줄게! 위도와 경도	
위도	• 적도를 중심으로 지역의 위치가 남북으로 얼마나 떨어져 있는지를 나타내는 것 ➡ 지구에 가상의 가로선(위선)을 그어 나타냄 • 적도보다 북쪽은 북위(N), 적도보다 남쪽은 남위(S) • 위도의 차이는 기온에 영향을 줌
경도	• 본초 자오선을 중심으로 지역의 위치가 동서로 얼마나 떨어져 있는지를 나타내는 것 ➡ 지구에 가상의 세로선(경선)을 그어 나타냄 • 본초 자오선보다 동쪽은 동경(E), 본초 자오선보다 서쪽은 서경(W) • 경도의 차이는 시간에 영향을 줌

03 자료의 (가)는 저위도 지역, (나)는 중위도 지역, (다)는 고위도 지역에 해당한다.

왜 틀렸지? ㄱ. (가)에서는 개방적인 가옥 구조가 나타난다. ㄹ. (가)에서 (다)로 갈수록 위도가 높아져 기온이 낮아진다. 통풍이 잘되는 얇은 옷은 (가)와 관련 있다.

04 세계의 기후는 기온과 강수량을 기준으로 열대·건조·온대·냉대·한대 기후 등으로 구분할 수 있다. 이러한 기후는 식생 분포뿐만 아니라 지역 주민들의 생활양식에도 많은 영향을 끼친다.

05 세계의 기후 구분을 보여 주는 지도의 (가)는 열대 기후, (나)는 건조 기후, (다)는 온대 기후, (라)는 냉대 기후, (마)는 한

대 기후이다. 자료에서 모래 먼지가 많고 낙타를 타고 이동한
다는 내용으로 보아 (나) 건조 기후 지역에 해당한다.

06 사진은 몽골에서 볼 수 있는 이동식 가옥인 게르의 모습이다.
몽골은 건조 기후 지역으로, 농사짓기가 어려워 가축을 데리
고 이동하는 유목 생활을 한다. ④ 고상 가옥은 열대 기후 지
역이나 한대 기후 지역과 관련 있다.

> **알려 줄게!** **한대 기후 지역의 고상 가옥**
>
> 한대 기후 중에서 툰드라 기후 지역은 짧은 여름 동안 기온이
> 0℃ 이상으로 상승하여 토양층이 녹아 가옥이 붕괴될 수 있기 때문
> 에 땅에 기둥을 박고 지표면에서 띄워서 집을 짓는 고상 가옥 형태
> 가 나타난다.

07 사진은 그리스 산토리니의 모습이며 A에 위치한다. 지도의 B
는 몽골, C는 러시아, D는 미국, E는 페루이다.

08 ㄱ. 그리스는 온대 기후 중에서도 여름철에 덥고 건조한 기후
가 나타난다. ㄷ. 한대 기후가 나타나는 러시아 북극해 연안
의 원주민들은 순록을 데리고 다니며 이동 생활을 한다.

> **왜** **틀렸지?** ㄴ. 벼농사가 활발해 쌀 요리가 발달한 곳은 베트남이
> 대표적이다. ㄹ. 고산 기후가 나타나고 과거 잉카 문명이 발달한 곳
> 은 페루이다.

09 인간 활동의 결과로 만들어진 산업, 종교, 언어 등을 인문환
경이라고 한다. 인문환경은 자연환경과 더불어 지역의 특성
에 영향을 준다. ㄱ은 종교, ㄴ은 산업이라는 인문환경이 지
역에 영향을 미친 사례이다.

> **왜** **틀렸지?** ㄷ, ㄹ. 기후와 같은 자연환경이 지역에 많은 영향을 주
> 고 있다.

10 정보 통신 기술의 발달로 인해 과거보다 많은 양의 정보를 실
시간으로 빠르게 공유하고 있다.

11 1935년의 항공 노선과 2018년의 항공 노선을 통해 항공 네트
워크의 변화를 보여 주는 자료이다. 오늘날 항공 교통의 발달
로 지역 간 공간적 상호 작용이 증가하고 있다.

> **왜** **틀렸지?** ㄷ. 교통의 발달을 보여 주는 자료이다.

12 자료는 청바지가 만들어지는 데 필요한 원료와 부품별 원산
지를 보여 주는 것으로, 이를 통해 제품을 만들기 위해 세계
각 지역이 연계하고 있음을 알 수 있다.

> **왜** **틀렸지?** ㄷ. 세계 여러 지역이 연계되어 활동함을 보여 준다. ㄹ.
> 한 지역에 문제가 생기면 청바지를 생산하는 데 차질이 발생할 수
> 있다.

13 문항 2, 3에 정답을 표시하였다. 세계화는 세계가 하나의 공
동체로 통합되는 것으로 교통과 통신의 발달로 인한 것이기
때문에 문항 1의 정답은 ○이다. 상품, 자본 등의 교류로 세계

가 하나의 시장을 형성하는 경제의 세계화, 문화 요소들이 세
계적으로 교류되는 문화의 세계화가 나타난다. 따라서 문항
4의 정답은 ○이다.

14 세계화로 기업은 전 세계를 대상으로 상품을 생산하고 판매
하는 것이 가능해졌으며, 소비자는 다양한 상품을 쉽게 구입
할 수 있게 되었다.

> **왜** **틀렸지?** ㄱ, ㄹ은 세계화의 부정적 영향이다.

15 지역화는 각 지역이 고유성을 살리고, 성장 잠재력을 길러 세
계적 차원에서 고유한 가치를 지니게 되는 현상이다.

16 (가)는 인도의 다르질링차로 지리적 표시제, (나)는 에스파냐
의 라 토마티나로 지역 축제에 해당한다.

17 (가)는 특정 지역의 지리적 특성을 반영한 생산품임을 증명하
고 표시하는 전략이며, (나)는 지역의 독특한 특성을 활용해
축제를 여는 전략이다. 세계 각 지역에서는 지리적 표시제를
통해 인정받은 지역 특산물을 판매하고, 지역의 독특한 문화
를 바탕으로 지역 축제를 기획하여 관광객을 유치하는 등 세
계화에 대응하여 지역 경쟁력을 높이는 지역화 전략을 추진
하고 있다.

18 (가)는 브라질 리우 카니발의 모습이다.

19 (가)는 브라질의 리우 카니발, (나)는 우리나라 보령 머드 축
제의 모습이다. (가), (나) 모두 문화, 자연환경 등 지역의 특
성을 활용해 지역 축제를 여는 전략으로 지리적 표시제와는
관련 없다.

20 한국 문화가 세계에 영향을 주고 있음을 보여 주는 사례이다.
ㄹ. 맞는 내용이지만 기사와는 관련 없는 설명이다.

21 (1) 한대 기후
(2) **예시 답안** 일 년 내내 추운 기후여서 농경이 불리해 순록을
유목하면서 생활한다.

채점 기준	
상	해당 지역의 기후 명칭을 적고, 기후 특징과 지역 특성을 모두 바르게 서술한 경우
중	해당 지역의 기후 명칭을 적고, 기후 특징과 지역 특성 중 한 가지만 서술한 경우
하	해당 지역의 기후 명칭만 적은 경우

22 **예시 답안** 지역 브랜드, 지역 그 자체나 지역의 상품을 특정 브
랜드로 인식하도록 하는 전략이다.

채점 기준	
상	지역화 전략의 명칭과 그 의미를 모두 바르게 서술한 경우
중	지역화 전략의 명칭 또는 의미 중 한 가지만 서술한 경우
하	지역화 전략의 명칭 및 의미를 모두 서술하지 못한 경우

2 아시아

01 아시아의 위치와 자연환경

STEP 1 개념 확인　　　　　032쪽

01 ㄷ, ㄹ, ㅂ　**02** (1) ㄴ (2) ㄷ (3) ㄱ　**03** (1) ○ (2) × (3) ○
(4) ×　**04** 계절풍　**05** ㉠ 히말라야 ㉡ 사막

STEP 2 대표 문제　　　　　032~034쪽

01 ①　**02** ③　**03** ②　**04** ①　**05** ①　**06** ⑤　**07** ③　**07-1**
②　**08** ①　**09** ④　**10** ①　**11** ⑤　**12** ⑤　**13** ③　**14** ③

01 아시아는 서쪽으로 유럽, 서남쪽으로 아프리카, 동쪽으로 태평양, 남쪽으로 인도양, 북쪽으로 북극해와 접하고 있다. 아시아는 세계에서 가장 큰 대륙이며, 우랄산맥을 기준으로 동쪽을 아시아, 서쪽을 유럽으로 구분한다.

02 아시아는 자연환경과 문화 특성 등을 기준으로 크게 동아시아, 동남아시아, 남부 아시아, 서남아시아, 중앙아시아로 구분할 수 있다. 지도의 ㉠은 서남아시아, ㉡은 남부 아시아 지역이다.

03 지도의 ㉠은 서남아시아, ㉡은 남부 아시아, ㉢은 동아시아이다. 사우디아라비아, 이란, 카타르는 서남아시아에 해당하는 국가이다.

04 (가)는 일본의 수도인 도쿄로, 동아시아에 속해 있으며 세계적으로 영향력이 큰 도시이다. (나)는 타이의 수도인 방콕이다.

 ㄷ. 타이의 방콕은 동남아시아에 속해 있다. ㄹ. 자카르타는 인도네시아의 수도이다.

05 중국의 수도이자 제11회 아시안 게임이 개최된 도시는 베이징이다. 중국은 동아시아에 해당한다.

06 동남아시아, 남부 아시아는 적도 가까이에 위치하여 일 년 내내 기온이 높고 강수량이 많은 열대 기후가 나타난다. 냉대 기후는 동아시아 일부 지역에서 나타난다.

07 아시아는 지형과 위도에 따라 다양한 기후가 나타난다. 지도의 (가)는 열대 기후, (나)는 건조 기후, (다)는 온대 기후, (라)는 냉대 기후, (마)는 고산 기후이다.

07-1 (나)는 증발량이 강수량보다 많은 건조 기후 지역으로, 중앙아시아와 서남아시아 일대에 넓게 분포한다. 건조 기후 지역은 물을 구하기 힘들어 양, 염소, 낙타 등 가축과 함께 풀과 물을 찾아 이동하는 유목 생활이 이루어진다.

 ① 이동식 가옥을 짓고 사는 모습은 (나) 건조 기후 지역에서 볼 수 있다. ③, ④ 습기를 피하기 위해 고상 가옥을 짓고 사는 것과 열대작물을 대규모로 재배하는 것은 (가) 열대 기후 지역에서 볼 수 있다. ⑤ 계절풍의 영향을 받아 여름 강수량이 풍부한 (가) 열대 기후 지역이나 (다) 온대 기후 지역에서는 벼농사가 활발하게 이루어진다.

08 기후 그래프는 어떤 지역의 월평균 기온과 월 강수량을 나타낸 것으로 이를 통해 그 지역의 기후 특징을 알 수 있다. 제시된 기후 그래프는 연중 기온이 높고 일 년 내내 강수량이 많은 것으로 보아 (가) 열대 기후 지역을 나타낸 것이다.

09 사진은 스리랑카에서 대규모로 차를 재배하는 모습으로, 플랜테이션 농업을 보여 준다. 플랜테이션은 선진국의 자본 및 기술과 현지인의 저렴한 노동력을 결합하여 열대작물을 상업적으로 재배하는 농업 형태이다. 열대 기후 지역에서 주로 이루어지는 농업 형태로, 동남 및 남부 아시아에서는 커피, 차, 천연고무, 사탕수수 등을 주로 재배한다.

 동남 및 남부 아시아의 플랜테이션 작물

플랜테이션 작물 중 커피와 차는 인도네시아, 스리랑카 등에서 많이 재배하고, 천연고무는 타이, 인도네시아, 말레이시아 등에서 주로 재배한다. 사탕수수는 타이와 인도네시아, 인도 힌두스탄 평원의 구릉지에서, 바나나는 필리핀, 인도 등에서 생산량이 많다. 과거에는 한 가지 작물을 대규모로 재배하였으나, 최근 자연재해나 국제 가격 하락 등에 따른 피해를 최소화하기 위해 작물의 종류를 다양화하고 있다.

10 계절풍의 영향을 받는 온대 및 열대 기후 지역은 여름철 기온이 높고 강수량이 많아서 벼농사가 활발하다. 일 년 내내 기온이 높고 관개 시설이 양호한 곳에서는 일 년에 세 번까지도 벼 수확이 가능하지만, 대부분의 지역에서는 강수에 의존하여 일 년에 한 번 농사를 짓는다.

11 아시아에는 산지, 평야 등 지역에 따라 다양한 지형이 나타난다. 중앙아시아에는 초원과 사막이 분포하고, 서남아시아에는 아라비아반도 주변으로 사막이 펼쳐져 있다.

12 지도에 표시된 (가)는 히말라야산맥, (나)는 유라시아 대륙 내부의 고비 사막 일대이다.

 ㄱ. 아시아와 유럽의 경계는 우랄산맥이다. ㄴ. 킬리만자로산은 아프리카에서 볼 수 있는 산이며, (가) 히말라야산맥에서는 에베레스트산을 볼 수 있다.

13 지도에 표시된 ㉠은 인도 북부를 흐르는 갠지스강, ㉡은 인도차이나반도를 흐르는 메콩강에 해당한다.

14 지도에 표시된 ⓒ은 황허강이다. 황허강 주변은 땅이 비옥하여 일찍부터 문명의 중심지를 이루었다.

왜 틀렸지? ③ 인도차이나반도까지 길게 뻗은 하천은 메콩강으로 여러 국가를 걸쳐 흐르는 국제 하천이다.

알려 줄게! **황허강과 중국 문명**

> 황허강은 쿤룬산맥에서 시작되어 황해로 흘러드는 대하천으로 길이가 약 5,400㎞에 이른다. 이 강의 유역에 형성된 황토 지대는 토양이 비옥하고 수분을 유지할 수 있어서 일찍부터 밭농사가 이루어졌다. 이러한 자연환경을 이용하여 중국의 고대 문명이 이곳에서 일어날 수 있었으며, 여러 차례에 걸쳐 중국의 수도가 자리 잡기도 하였다.

STEP **3** 주관식·서술형   035쪽

01 서남아시아, 사우디아라비아 등

02 (1) 건조

(2) 예시 답안 유목, 건조 기후 지역은 강수량이 적어 농사를 짓기 어렵기 때문에 이 지역의 주민들은 가축에게 먹일 물과 풀을 찾아 이동하는 유목 생활을 한다.

채점 기준	
상	유목이라는 명칭과 원인에 관하여 모두 바르게 서술한 경우
중	유목을 적었으나 원인에 관한 서술이 미흡한 경우
하	유목만 적은 경우

03 예시 답안 열대 기후, 지면에서 올라오는 습기와 해충을 피하기 위해 기둥을 높이 세우고 땅에서 바닥을 띄워 지었다.

채점 기준	
상	열대 기후를 적고, 고상 가옥을 지은 이유 한 가지를 모두 바르게 서술한 경우
중	열대 기후를 적었으나 고상 가옥을 지은 이유에 관한 서술이 미흡한 경우
하	열대 기후만 적은 경우

04 (1) 고원

(2) 예시 답안 황허강, 주변 토양이 비옥하고, 물을 구하기 쉬워 농경이 발달했기 때문이다.

채점 기준	
상	황허강이라는 명칭과 문명이 발달한 이유를 모두 바르게 서술한 경우
중	황허강을 적었으나 문명 발달에 관한 서술이 미흡한 경우
하	황허강만 적은 경우

---

02 아시아의 종교와 문화 다양성

STEP **1** 개념 확인   038쪽

01 (1) ○ (2) × (3) × (4) ○   **02** ㄷ, ㄹ   **03** (1) ㄴ (2) ㄹ (3) ㄱ (4) ㄷ   **04** ㉠ 힌두교 ㉡ 이슬람교   **05** (1) 말레이시아 (2) 불교, 이슬람교 (3) 상대주의

STEP **2** 대표 문제   038~040쪽

01 ①   **02** ①   **03** ②   **04** ③   **05** ③   **05-1** ④   **06** ④   **07** ④   **08** ③   **09** ③   **09-1** ②   **10** ③   **11** ④   **12** ③   **13** ③

01 아시아의 종교 분포를 보여 주는 지도에서 동남아시아 및 동아시아에 주로 분포하는 (가)는 불교에 해당한다. 인도와 네팔 등 남부 아시아에 주로 분포하는 (나)는 힌두교에 해당한다.

알려 줄게! **아시아의 지역별 종교 분포**

불교	동남아시아 및 동아시아
힌두교	인도, 네팔 등 남부 아시아 → 인도 전체 인구의 약 80%가 힌두교를 믿음
이슬람교	서남 및 중앙아시아 대부분 지역, 남부 및 동남아시아의 일부 지역
크리스트교	필리핀에서 가장 영향력 있는 종교

02 불교는 석가모니의 가르침에 따라 명상과 수행을 중시하며, 자비와 평등을 실천하는 종교이다.

왜 틀렸지? ② 불교는 채식 위주의 음식 문화가 나타난다. ③ 동아시아 지역에서 많이 믿는 종교는 힌두교가 아닌 불교이다. ④ 모스크에서 기도를 하는 종교는 이슬람교이다. ⑤ 불교와 힌두교는 모두 인도 북부 지역에서 기원하였다. 서남아시아 일대에서 기원한 종교는 이슬람교와 크리스트교이다.

03 (다) 종교는 이슬람교이다. 무함마드가 창시한 이슬람교는 서남아시아의 아라비아반도에서 발생하여 중앙아시아와 북부 아프리카까지 전파되었다. 이슬람교도들은 '쿠란'이라는 경전을 따르며 돼지고기와 술을 금기시한다.

왜 틀렸지? ㄴ. 채식 위주의 음식 문화는 불교에 관한 설명이다. ㄷ. 소를 먹는 것을 금기하는 것은 힌두교에 관한 설명이다.

04 아시아에는 보편 종교인 크리스트교, 이슬람교, 불교가 주로 분포하며, 일부 민족과 관련하여 성립된 민족 종교로는 인도와 네팔의 힌두교와 이스라엘의 유대교가 있다. 이외에도 특정 지역에서 전해 내려오는 토착 신앙과 같은 다양한 종교가 분포한다. 아시아는 불교, 힌두교, 이슬람교, 크리스트교 등

의 종교가 기원한 지역으로 불교는 인도 북부 지역에서, 크리스트교는 서남아시아 일대에서 기원하였다.

05 사진은 인도 갠지스강에서 힌두교 신자들이 몸을 씻고 빨래를 하는 모습이다. 인도는 전체 인구의 약 80% 정도가 힌두교를 믿을 만큼 힌두교가 주요 종교로 자리 잡은 국가이다.

05-1 다양한 신을 믿는 종교인 힌두교는 고행을 통한 수련을 중시한다. 힌두교 신자들은 갠지스강을 신성시하여 이곳에 몸을 담그고 기도를 하기도 한다. 또한 소를 신성한 동물로 생각해 소고기를 먹지 않는다.

> **왜 틀렸지?** ㄱ. 힌두교는 수많은 신을 숭배한다. ㄷ. 둥근 지붕과 뾰족한 첨탑은 이슬람교 사원의 특징이다.

06 동아시아는 불교와 토착 종교 등을 비롯한 다양한 종교가 나타난다. 힌두교 신자는 인도와 네팔 등 남부 아시아에 많다.

07 사진은 타이의 왓 프라싱 사원의 모습이다. 불교가 분포한 지역에서는 불상과 탑 등이 있는 불교 사원을 볼 수 있다. 불교 사원의 탑에는 부처나 스님의 사리(화장한 시신에서 나오는 구슬 모양의 유골)가 모셔져 있다.

08 팔레스타인-이스라엘 지역에서는 이슬람교를 믿는 팔레스타인과 유대교를 믿는 이스라엘 사람들이 종교 갈등을 겪고 있다. 제1차 세계 대전 이후 유대인들이 팔레스타인 사람들이 사는 지역으로 들어오기 시작하면서 갈등이 시작되었다. 유대인들은 이스라엘을 세운 뒤 영토를 점차 넓혀 팔레스타인 지역의 대부분을 차지하게 되었고, 팔레스타인과 이스라엘 간의 갈등은 여전히 지속되고 있다.

09 지도의 (가)는 카슈미르 지역으로 이슬람교를 믿는 파키스탄과 힌두교를 믿는 인도 간 갈등이 발생하고 있다.

09-1 인도 북서부의 카슈미르 지역은 인도와 파키스탄의 접경지역이다. 카슈미르 지역은 많은 주민이 이슬람교를 믿고 있어 영국으로부터 독립할 때 파키스탄의 영토가 될 예정이었다. 그러나 힌두교를 믿던 카슈미르의 지배층이 이 지역의 통치권을 인도로 넘기면서 인도와 파키스탄 간의 갈등이 시작되었다.

> **왜 틀렸지?** ㄴ. 파키스탄에는 주로 이슬람교도가 많다. ㄹ. 카슈미르는 현재도 종교 갈등이 계속되고 있는 지역이다.

10 신할리즈족과 타밀족 사이에 갈등이 일어나고 있는 국가는 스리랑카이다.

11 미얀마는 대다수 국민이 불교를 믿지만 소수의 로힝야족은 이슬람교를 믿고 있어 차별을 받고 있다.

> **왜 틀렸지?** ㄷ. 로힝야족이 믿는 종교인 이슬람교는 유일신을 숭배한다. 수많은 신을 숭배하는 대표적인 종교는 힌두교이다.

12 문항 1, 2에 정답을 표시하였다. 말레이시아는 동서양을 연결하는 길목에 있어 다양한 문화가 교류했으며, 오늘날에는 대표적인 다문화 국가로 성장하여 다양한 민족·언어·종교가 공존하고 있다. 종교의 자유를 헌법에 명시하고 종교별 공휴일을 지정하고 있다. 따라서 문항 3, 4의 정답은 ○이다.

13 세계의 종교 갈등을 해결하기 위해서는 문화 상대주의의 관점에서 문화의 다양성을 존중하고 수용하는 세계시민의 태도가 필요하다.

STEP 3 주관식·서술형

041쪽

01 (가) – 힌두교, (나) – 이슬람교

02 (1) 힌두교

(2) **예시 답안** 소를 먹는 것을 금기하는 문화와 갠지스강에서 목욕하는 것을 신성시하는 문화를 경험할 수 있다. 등

채점 기준	
상	힌두교를 적고, 힌두교와 관련한 두 가지 생활양식을 바르게 서술한 경우
중	힌두교를 적고, 힌두교와 관련한 생활양식을 한 가지만 서술한 경우
하	힌두교만 적고, 생활양식은 서술하지 못한 경우

03 **예시 답안** 이슬람교의 사원인 모스크는 둥근 모양의 지붕과 뾰족한 첨탑이 특징이며, 이슬람교에서는 돼지고기와 술을 금기한다. 등

채점 기준	
상	모스크의 특징과 이슬람교에서 금기하는 음식을 한 가지씩 모두 바르게 서술한 경우
중	모스크의 특징과 이슬람교에서 금기하는 음식 중 한 가지만 서술한 경우
하	모스크의 특징과 이슬람교에서 금기하는 음식에 관한 서술이 모두 미흡한 경우

04 힌두교, 이슬람교

05 **예시 답안** 종교가 다양한 말레이시아에서 각 종교가 평화롭게 공존할 수 있도록 하기 위해서이다.

채점 기준	
상	종교별 공휴일을 지정한 이유를 종교 공존과 연계하여 바르게 서술한 경우
중	종교 공존과 연계한 종교별 공휴일 지정 이유에 관한 서술이 미흡한 경우
하	종교별 공휴일의 특징만 간략히 서술한 경우

STEP 1 개념 확인 045쪽

01 (1) × (2) ○ (3) ○ (4) × **02** (1) ㄱ, ㄹ (2) ㄴ, ㄷ **03** ㉠ 저출산 ㉡ 고령화 **04** 중국 **05** (1) 일본 (2) 사우디아라비아 (3) 베트남

STEP 2 대표 문제 045~048쪽

01 ② **02** ② **02-1** ④ **03** ③ **04** ① **05** ③ **06** ③ **07** ④ **07-1** ⑤ **08** ③ **09** ① **10** ③ **11** ⑤ **12** ④ **12-1** ⑤ **13** ③ **14** ⑤ **15** ② **16** ③ **17** ① **18** ②

---

01 아시아의 인구 특징에 관해 옳은 설명을 한 학생은 갑과 정이다. 아시아는 남부 아시아와 동아시아에 특히 많은 인구가 살고 있으며, 면적에 비해 많은 인구가 살고 있어 다른 대륙에 비해 인구 밀도가 높다.

02 아시아는 자연환경, 농목업, 도시 분포에 따라 지역별 인구 밀도가 다르게 나타난다. (가)는 사막이 나타나는 건조 기후 지역으로 인구 밀도가 낮고, (나)와 (다)는 대표적인 벼농사 지대로 인구 밀도가 높다.

02-1 (가)는 건조 기후가 나타나 물을 구하기 어려워 인구 밀도가 낮은 지역이다. (나), (다) 지역은 계절풍의 영향으로 벼농사가 활발하고 평야가 분포해 인구 밀도가 높은 지역이다.

> **왜 틀렸지?** ㄱ. (가)는 건조 기후가 나타나 강수량이 적은 지역이다. ㄷ. (가) 지역은 기후가 건조하고, 사막이 나타나기 때문에 농경에 불리하다.

03 아시아는 평야 지역이 사막, 초원 지역보다 인구 밀도가 높으며, 농업 지역이 목축업 지역보다, 도시가 농촌보다 인구 밀도가 높다.

04 2023년 기준 인도는 인구수 약 14억 명으로, 중국을 제치고 세계 인구 1위 국가가 되었다.

05 과거에는 아시아에서 유럽이나 북아메리카로의 인구이동이 많았으나, 최근에는 노동력이 풍부한 동남아시아, 남부 아시아에서 임금이 높고 경제가 성장한 동아시아, 서남아시아 등으로 인구이동이 많아졌다.

06 과거에는 소득이 높은 유럽과 북아메리카로의 이동이 많았으나, 최근 경제 발전에 따라 동아시아와 서남아시아 등 가까운 아시아 국가로의 이주도 많아졌다. 특히 서남아시아의 사우디아라비아, 아랍 에미리트 등은 석유 개발로 얻은 경제적 이

익을 신도시 건설 등 대규모 개발 사업에 투자하고 있어 일자리가 풍부하다. 따라서 방글라데시, 인도, 파키스탄 등 주변 아시아 국가에서 일자리를 찾는 젊은 남성 노동자들이 서남아시아로 유입되고 있다.

07 (가) 국가는 유소년층 인구 비율이 높아 생산 가능 인구가 증가하고 있으며, (나) 국가는 노년층 인구 비율이 높다.

07-1 (나) 국가에서는 저출산, 고령화 현상이 나타나고 있다. 의학 기술의 발달로 노인 인구가 증가했으며, 저출산으로 인해 생산 가능 인구가 감소하여 경제 성장이 둔화될 수 있다.

08 기사에 나타난 인구 문제는 노년층 인구 비율이 높아지는 고령화 현상으로 일본, 싱가포르, 우리나라 등에서 나타나고 있다.

09 고령화 문제를 해결하기 위해서는 노인 일자리를 창출하거나 연금 제도를 정비해야 한다.

> **왜 틀렸지?** ㄹ. 산아 제한 정책은 인구가 급증하는 국가에서 실시할 수 있는 대책이다.

10 아시아는 천연자원의 생산량이 많으며 커피, 차, 팜유 등도 많이 생산한다. 특히 석유는 서남아시아, 희토류는 중국에서 많이 생산되는 자원이다.

11 노동 집약적 제조업은 저렴한 인건비를 찾아 중국에서 동남아시아로 공장이 이전하고 있다.

12 (가)는 첨단 산업, (나)는 문화 산업이다. (가), (나) 모두 부가 가치가 높은 산업으로, 우리나라는 두 산업이 모두 발달했다. 일본은 특히 애니메이션 등의 문화 산업이 유명하다.

12-1 중국은 다양한 기술력을 바탕으로 디스플레이, 전기차, 로봇 등의 첨단 산업을 육성하고 있다.

13 제시된 그래프는 사우디아라비아의 산업 특징을 보여 준다. 사우디아라비아 등 서남아시아 국가들은 자원 수출로 축적한 부를 관광 및 금융 산업, 첨단 산업에 투자하는 등 산업 다변화를 위해 노력하고 있다.

> **왜 틀렸지?** ㄱ. 그래프의 연료 및 광물은 석유, 천연가스와 관련 있다. ㄹ. 벵갈루루 지역은 인도의 첨단 산업 중심지이다.

14 1997년 베트남의 의류와 신발 수출액은 총 수출액의 25.6%인 약 24억 달러이고, 2021년의 의류와 신발 수출액은 총 수출액의 16.1%인 약 455억 달러이다.

15 일본은 원료를 수입해 가공하여 수출하는 가공 무역이 발달하였다.

> **왜 틀렸지?** ① 석유 등의 에너지 관련 산업이 주를 이루는 곳은 사우디아라비아 등 서남아시아 일대 국가이다. ③ 우리나라는 제조업과 첨단·문화 산업 분야의 비중이 크다. ④ 싱가포르는 최근 정보

통신 분야에서 급속한 성장을 이루어 첨단 산업의 비중이 높은 편이다. ⑤ 석유와 천연가스 등의 에너지 자원이 풍부해 천연자원 생산이 많았던 사우디아라비아는 최근 산업 구조의 다변화를 위해 관광 산업 등을 육성하고 있다.

16 자료에서 설명하고 있는 국가는 중국이다. 국내 총생산 세계 2위 국가로 우리나라와는 경쟁 및 협력의 관계에 있다. 지도의 A는 사우디아라비아, B는 인도, C는 중국, D는 베트남, E는 일본이다.

17 우리나라는 기술 혁신 등을 통해 첨단 산업 부문의 경쟁력을 강화하고 있다.

18 노동 집약적 제조업은 최근 중국의 인건비가 상승함에 따라 인건비가 저렴한 베트남, 인도네시아 등 동남아시아 국가로 이전하고 있다.

STEP 3 주관식·서술형
049쪽

01 (예시답안) (가) 국가는 (나) 국가에 비해 유소년층 인구 비율이 높으며, (나) 국가는 (가) 국가에 비해 노년층 인구 비율이 높다.

채점 기준	
상	두 국가의 유소년층 인구와 노년층 인구 비율을 모두 비교해서 바르게 서술한 경우
중	두 국가의 유소년층 인구와 노년층 인구를 비교한 내용 중 한 가지만 바르게 서술한 경우
하	두 국가의 유소년층 인구 및 노년층 인구를 비교해 서술하지 못한 경우

02 (예시답안) 카타르에 일자리 수요가 늘어나면서 젊은 남성 이주 노동자들이 증가했기 때문이다.

채점 기준	
상	카타르의 인구 구조 중 남성 청장년층 인구가 많은 이유를 인구이동과 연계하여 바르게 서술한 경우
중	카타르의 인구 구조 중 남성 청장년층 인구가 많은 이유를 미흡하게 서술한 경우
하	단순히 청장년층의 인구 비율이 높다고만 적고 이유를 서술하지 못한 경우

03 (예시답안) 연금 제도 등 사회 보장 제도를 정비하고, 노인 일자리를 창출하는 방안 등이 있다.

채점 기준	
상	고령화 현상을 해결하기 위한 방안 두 가지를 바르게 서술한 경우
중	고령화 현상을 해결하기 위한 방안을 한 가지만 바르게 서술한 경우
하	고령화 현상을 해결하기 위한 방안을 서술하지 못한 경우

04 (가) - 석유, (나) - 석탄

05 (예시답안) 노동 집약적인 제조업의 신발의 공장이 기존 생산국

의 임금 상승으로 인해 인건비가 더욱 저렴한 국가로 이동했기 때문이다.

채점 기준	
상	노동 집약적 제조업의 이동을 저렴한 인건비와 연계하여 서술한 경우
중	노동 집약적 제조업의 이동에 관한 서술이 미흡한 경우
하	신발 산업이 단순히 노동 집약적 제조업이라고만 서술한 경우

❶ 동아시아 **❷** 건조 **❸** 계절풍 **❹** 유목 **❺** 힌두교 **❻** 이슬람교 **❼** 이슬람교 **❽** 카슈미르 **❾** 아시아 **❿** 석유와 천연가스

01 ②	**02** ④	**03** ②	**04** ①	**05** ③	**06** ④	**07** ④
08 ④	**09** ④	**10** ⑤	**11** ②	**12** ④	**13** ②	**14** ②
15 ③	**16** ④	**17** ⑤	**18** ③	**19** ①	**20** ④	**21** ⑤
22 해설 참조		**23** 해설 참조				

01 지도의 (가)는 서남아시아, (나)는 중앙아시아, (다)는 남부 아시아, (라)는 동아시아, (마)는 동남아시아에 해당한다.

02 (마)는 동남아시아로, 타이, 베트남, 싱가포르 등이 이에 해당한다.

(왜 틀렸지?) ㄱ. 인도는 남부 아시아에 해당한다. ㅁ. 카자흐스탄은 중앙아시아에 해당한다.

03 만리장성이 있는 (가) 국가는 중국, 할롱 베이가 있는 (나) 국가는 베트남이다. ㄱ. 중국에는 14억 명 이상의 인구가 살고 있으며, ㄷ. 중국은 동아시아, 베트남은 동남아시아에 해당한다.

(왜 틀렸지?) ㄹ. 크리스트교, 이슬람교, 유대교의 성지가 모두 있는 국가는 이스라엘이다.

04 아랍 에미리트에 위치한 이 도시는 두바이이며, 서남아시아에 속한다.

05 (가)는 열대 기후, (나)는 건조 기후 지역의 기후 그래프이다. 아시아의 기후 구분을 보여 주는 지도에서 서남아시아에 넓게 나타나는 ㉠은 건조 기후, 적도와 가까운 ㉡은 열대 기후, ㉢은 온대 기후에 해당한다.

06 (나)는 건조 기후 지역의 기후 그래프로 건조 기후는 중앙아시아와 서남아시아에 넓게 분포한다. 중앙아시아는 초원이 펼쳐지고 유목민을 볼 수 있으며, 서남아시아는 사막이 넓게 나타난다.

(왜 틀렸지?) ㄷ. 남부 아시아에는 열대 기후가 많이 나타난다.

07 지도에 나타난 지역은 동남아시아 일대로 열대 기후 지역에 해당한다. ④ 가축을 데리고 이동하는 유목은 주로 건조 기후 지역에서 볼 수 있다.

08 문항 2, 3, 4에 정답을 표시하였다. 남부 아시아의 파키스탄, 방글라데시 등은 이슬람교 국가이므로 문항 1의 정답은 × 이다.

09 아시아의 종교 분포를 나타낸 지도에서 서남아시아에 많이 분포하는 (가)는 이슬람교, 인도에 주로 분포하는 (나)는 힌두교이다.

왜 틀렸지? ㄴ. 부처나 스님의 사리를 모신 탑은 불교와 관련된 경관이다.

알려 줄게! **각 종교 건축물의 특징**

종교는 주변과 구분되는 독특한 경관을 만든다. 특히 종교 사원은 각 지역의 기후와 건축 재료의 영향을 받아서 조금씩 변화해 왔다. 불교 경관은 불상, 불탑, 사찰 등이 대표적이고, 여러 신을 섬기는 힌두교의 사원은 수많은 신으로 지붕과 벽면이 장식되어 있다. 이슬람교 사원인 모스크에는 둥근 돔과 뾰족한 첨탑이 있다. 크리스트교의 종교 경관은 높은 종탑과 십자가가 보편적으로 나타나지만, 종파와 지역에 따라서 그 모양이 조금씩 다르다.

10 모스크와 하루에 다섯 번 기도하는 것은 이슬람교와 관련 있는 내용이다. ⑤ 신성한 강으로 여기는 갠지스강에서 몸을 씻는 것과 관련 있는 종교는 힌두교이다.

11 아시아의 종교 갈등과 관련한 지도에서 (가)는 팔레스타인–이스라엘, (나)는 카슈미르 지역에 해당한다. (가)는 이슬람교와 유대교, (나)는 힌두교와 이슬람교 사이에서 갈등이 나타나는 지역이다.

왜 틀렸지? ㄱ. 힌두교를 믿는 소수의 타밀족이 차별을 받고 있어 갈등이 일어나고 있는 지역은 스리랑카이다. ㄷ. 카슈미르 지역에서는 이슬람교 국가인 파키스탄과 힌두교를 주로 믿는 인도 사이에서 갈등이 발생하고 있다.

12 아시아는 목축업 지역보다 벼농사 등과 같은 농업 지역의 인구 밀도가 높다.

13 지도의 A, B 지역은 각각 서남아시아 일대와 고비 사막 일대로 모두 건조 기후가 나타나는 지역이다. 건조 기후 지역은 물을 구하기 힘들어 인구 밀도가 낮다. C는 대표적인 벼농사 지대로 인구 밀도가 높다.

14 (가)는 일본, (나)는 카타르의 인구 피라미드이다. 카타르는 방글라데시, 인도 등 주변 아시아 국가에서 이주해 온 젊은 남성 노동자들이 많다.

왜 틀렸지? ㄴ. (가)는 (나)보다 남성 생산 가능 인구 비율이 낮다. ㄷ. 거대한 석유 자본을 바탕으로 성장한 국가는 (나)이다.

15 (가) 일본은 저출산, 고령화가 나타나고 있어 생산 가능 인구가 감소하여 경제가 둔화될 수 있다.

16 희토류는 중국에서, 석유는 사우디아라비아에서 주로 생산되는 천연자원이다.

17 동남아시아 국가 중에는 천연자원 수출은 물론 제조업, 첨단 산업 등 다양한 산업이 발달하고 있는 국가도 많다.

18 동아시아, 인구 14억 명은 중국에 관한 설명이고, 남부 아시아, 볼리우드는 인도의 문화 산업에 관한 설명이다.

19 다양한 산업이 발달해 있는 (가)는 인도, 제조업 분야의 비중이 높은 (나)는 일본, 연료 및 광물 분야의 비중이 높은 (다)는 사우디아라비아에 해당한다.

20 (가) 인도는 농업에서부터 첨단 산업에 이르기까지 다양한 산업이 발달했다. (나) 일본은 풍부한 자본과 기술을 바탕으로 반도체, 로봇 등의 첨단 산업이 발달했다. (다) 사우디아라비아는 서남아시아에 위치해 석유와 같은 에너지 자원이 풍부하다.

왜 틀렸지? ㄷ. 노동 집약적 제조업은 베트남, 중국 등에서 주로 발달했다.

21 ㄷ. 우리나라, 일본 등 동아시아 국가는 고부가 가치 첨단 산업 발전을 주도하고 있다. ㄹ. 아랍 에미리트 등 서남아시아 일부 국가들은 최근 산업의 다변화를 위해 첨단 산업과 관광 산업을 육성하고 있다.

왜 틀렸지? ㄱ. 세계 최대의 석유 생산지는 서남아시아 일대이다. ㄴ. 노동 집약적 제조업은 인건비가 저렴하거나 넓은 시장을 확보할 수 있는 동남 및 남부 아시아 지역으로 이전하고 있다.

22 (1) 벼농사

(2) 예시 답안 기온이 높고, 강수량이 많다.

채점 기준	
상	벼농사를 적고, 벼농사가 계절풍 지역에서 활발한 이유를 기온, 강수량 측면에서 모두 서술한 경우
중	벼농사를 적고, 벼농사가 계절풍 지역에서 활발한 이유를 기온, 강수량 측면에서 일부만 서술한 경우
하	벼농사만 적은 경우

23 예시 답안 다양한 종교가 공존하는, 말레이시아는 종교의 자유를 헌법에 명시하고 있다. 종교별 공휴일을 지정하였다. 등

채점 기준	
상	말레이시아의 종교 공존과 이를 위한 노력을 모두 서술한 경우
중	말레이시아의 종교 공존과 이를 위한 노력 중 일부만 서술한 경우
하	말레이시아의 종교 공존 및 이를 위한 노력을 모두 서술하지 못한 경우

3 유럽

01 유럽의 위치와 자연환경

STEP 1 개념 확인   060쪽

01 (1) 아시아 (2) 남부 (3) 낙농업   **02** (1) 파리 (2) 온대 (3) 빙하
03 (1) ○ (2) × (3) ×   **04** 편서풍   **05** ㉠ 우랄 ㉡ 아시아

STEP 2 대표 문제   060~062쪽

01 ①   **02** ⑤   **03** ①   **04** ⑤   **05** ①   **06** ②   **07** ③   **08** ⑤
08-1 ②   **09** ⑤   **09-1** ④   **10** ③   **11** ③   **12** ③   **13** ①

01 유럽은 유라시아 대륙의 서부에 위치하며, 우랄산맥을 기준으로 유럽과 아시아를 구분한다.

> **왜 틀렸지?** ② 서쪽으로는 대서양을 접하고 있다. ③ 남쪽으로는 지중해를 접하고 있다. ④ 북쪽으로는 북극해를 접하고 있다. ⑤ 동쪽으로는 아시아와 접하고 있다.

02 유럽은 지리, 정치, 문화 등의 기준에 따라 지역 구분이 다양하게 나타난다. 크게 북부 유럽, 서부 유럽, 남부 유럽, 동부 유럽 등으로 구분할 수 있다. 북부 유럽에는 핀란드, 노르웨이, 스웨덴 등의 국가가 있다.

> **왜 틀렸지?** ㄱ. 체코는 동부 유럽에 해당한다. ㄴ. 영국은 서부 유럽에 해당한다.

03 서부 유럽에 위치한 독일의 수도는 베를린이며, 브란덴부르크 문은 1791년에 세워진 평화의 문이다.

> **알려 줄게!** 브란덴부르크 문
>
> 브란덴부르크 문은 베를린 파리저 광장에 있는 건축물이다. 독일이 동서로 분단되고 베를린 장벽이 세워지면서 브란덴부르크 문을 통한 통행 역시 금지되었다. 이후 베를린 장벽이 철거되고 동독과 서독의 총리가 이 문을 통해 만나면서 브란덴부르크 문은 독일 통일의 상징으로 거듭났다.

04 지도의 A는 영국, B는 프랑스, C는 스웨덴, D는 폴란드, E는 그리스이다. 그리스의 산토리니는 지중해의 아름다운 풍경과 푸르고 하얗게 칠해진 전통 가옥이 조화를 이루는 곳으로, 유럽 최고의 관광지로 손꼽힌다.

> **왜 틀렸지?** ① A는 영국이다. ② B는 프랑스로, 수도는 파리이다. ③ C는 스웨덴으로 북부 유럽에 해당한다. ④ D는 폴란드로, 수도는 바르샤바이다.

05 콜로세움은 이탈리아 로마에서 볼 수 있는 이탈리아의 대표적인 랜드마크이다. 템스강과 타워 브리지는 영국 런던과 관련이 있다.

06 파리는 프랑스, 아테네는 그리스, 마드리드는 에스파냐, 모스크바는 러시아의 수도이다. ② 베이징은 중국의 수도로, 중국은 아시아에 해당한다.

07 유럽은 대륙 서안에 있어 비슷한 위도의 대륙 동안보다 바다의 영향을 많이 받는다. 서부 유럽의 대부분 지역에서는 난류와 편서풍의 영향으로 여름과 겨울의 기온 차가 작은 서안 해양성 기후가 나타난다.

08 유럽의 기후 구분을 나타낸 지도의 (가) 지역은 서안 해양성 기후에 해당한다. 서안 해양성 기후는 대서양을 흐르는 난류와 일 년 내내 불어오는 편서풍의 영향으로 비슷한 위도의 다른 지역에 비해 겨울이 따뜻하고 일 년 내내 강수량이 고른 편이다.

> **왜 틀렸지?** ① 서안 해양성 기후는 편서풍의 영향을 많이 받는다. ② 서안 해양성 기후는 여름과 겨울의 기온 차가 작은 편이다. ③ 서안 해양성 기후는 난류가 흐르는 바다의 영향을 받는다. ④ 여름이 덥고 건조한 날씨는 온대 기후 지역 중에서도 지중해성 기후와 관련 있다.

08-1 서안 해양성 기후 지역은 흐리고 비가 내리는 날이 많다. 따라서 주민들은 외출할 때 가벼운 겉옷과 우산 등을 챙기며 비가 내리지 않는 맑은 날이면 사람들은 해변이나 공원에서 일광욕을 즐긴다.

> **왜 틀렸지?** ① 온돌은 온대 계절풍 기후와 관련된 주민 생활 모습이다. ③, ④ 지중해성 기후와 관련된 설명이다. ⑤ 열대 기후와 관련된 설명이다.

09 지오의 여행기에서 '서늘한 여름 날씨', '온종일 하늘이 흐리고 비가 내렸다' 등은 서안 해양성 기후 지역과 관련 있는 내용이다.

09-1 서안 해양성 기후가 나타나는 지역의 여름은 온난하고, 습윤한 편이다.

10 서안 해양성 기후 지역에서는 가축 사육과 식량 작물, 사료용 작물 재배가 함께 이루어지는 혼합 농업이 발달했다. 지중해성 기후 지역에서는 고온 건조한 여름철 기후에도 잘 견디는 올리브, 오렌지, 레몬, 포도 등을 재배하는 수목 농업이 발달했다.

> **알려 줄게!** 지중해성 기후 지역의 농업
>
> 지중해성 기후 지역은 여름에 덥고 건조하며, 겨울에 따뜻하고 강수량이 많다. 따라서 건조한 여름에는 올리브, 오렌지, 레몬, 포도 등 과수와 코르크나무 등을 재배하는 수목 농업이 이루어지고, 강수량이 많은 겨울철에는 주로 밀과 보리 등을 재배하는 곡물 농업이 이루어진다.

11 지도의 (가)는 스칸디나비아산맥, (나)는 알프스산맥이다.

(가)는 (나)보다 형성 시기가 오래되어 침식 작용을 오랫동안 받아 해발 고도가 비교적 낮고 경사가 완만하다.

12 유럽은 좁은 면적에 비해 다양한 지형 경관이 나타나는 편이다. 북부와 남부에는 높은 산지가 있고, 중앙에는 넓은 평원이 펼쳐져 있다. 평원에는 라인강을 비롯한 여러 하천이 흐르는데, 운하로 연결되어 있어 교통로로 이용하기도 한다. 또한 유럽 북부에는 빙하의 영향으로 형성된 피오르 해안, 빙하호 등이 발달해 있다.

왜 틀렸지? ③ 유럽의 주요 도시들은 프랑스 평원, 북독일 평원 등 평야 지대에 주로 분포해 있다.

13 유럽 남부의 알프스산맥과 피레네산맥은 비교적 최근에 형성되어 해발 고도가 높고 험준하다.

왜 틀렸지? ② 안데스산맥은 남아메리카에 있다. ③ 아틀라스산맥은 아프리카 북서부에 있다. ④ 히말라야산맥은 아시아에 있다. ⑤ 스칸디나비아산맥은 유럽 북부에 위치한 산맥으로, 형성 시기가 오래되어 침식을 많이 받아 비교적 해발 고도가 낮고, 경사가 완만한 편이다.

01 **예시답안** 런던의 여름은 서늘하고 습윤한 반면, 리스본의 여름은 덥고 비가 적게 내려 건조하다.

채점 기준	
상	런던과 리스본의 여름철 기후 특징을 기온, 강수량 측면에서 모두 바르게 서술한 경우
중	런던과 리스본의 여름철 기후 특징을 기온, 강수량 측면 중 한 가지만 서술한 경우
하	런던과 리스본의 여름철 기후 특징에 관한 서술이 미흡한 경우

02 수목 농업

03 **예시답안** 유럽의 중부 지역은 지대가 낮고 평탄한 평원이 나타나고, 남부 지역은 해발 고도가 높은 산지가 나타난다.

채점 기준	
상	유럽 중부와 남부의 지형 특징을 비교하여 모두 바르게 서술한 경우
중	유럽 중부와 남부의 지형 특징 중 한 지역만 바르게 서술한 경우
하	유럽 중부와 남부의 지형 특징에 관한 서술이 미흡한 경우

04 (1) 혼합 농업

(2) **예시답안** 흐리고 비가 내리는 날이 많아 우산을 가지고 다닌다. 맑은 날에 일광욕을 즐긴다. 등

채점 기준	
상	서안 해양성 기후 지역의 주민 생활을 두 가지 모두 바르게 서술한 경우
중	서안 해양성 기후 지역의 주민 생활을 한 가지만 바르게 서술한 경우
하	서안 해양성 기후 지역의 주민 생활에 관한 서술이 미흡한 경우

05 **예시답안** 스칸디나비아산맥은 해발 고도가 낮고 경사가 완만하며, 알프스산맥은 해발 고도가 높고 경사가 급하다.

채점 기준	
상	스칸디나비아산맥과 알프스산맥의 지형 특징을 해발 고도와 경사를 이용해 바르게 서술한 경우
중	스칸디나비아산맥과 알프스산맥의 지형 특징을 해발 고도, 경사 중 한 가지만 서술한 경우
하	스칸디나비아산맥과 알프스산맥의 지형 특징에 관한 서술이 미흡한 경우

02 유럽의 다양한 도시
~03 유럽의 통합과 분리

01 (1) × (2) ○ (3) ○ (4) ×   **02** (1) 세계 (2) 지속가능한   **03** (1) ㄷ (2) ㄱ (3) ㄴ   **04** 불가능하다 → 가능하다   **05** ㄴ, ㄷ, ㄹ

01 ③   **02** ②   **03** ⑤   **04** ②   **04-1** ①   **05** ②   **06** ③   **07** ③   **08** ④   **09** ③   **09-1** ⑤   **10** ①   **11** ②   **12** ⑤   **13** ③

01 에펠 탑, 노트르담 대성당, 루브르 박물관 등은 프랑스 파리의 랜드마크이다.

02 유럽은 일찍이 산업화가 진행되고 오랜 기간 도시가 성장하여 다양한 유형의 도시가 발달하였다. 역사·문화 도시로는 고대 그리스·로마, 중세 시대 등을 거쳐 형성된 그리스의 아테네, 이탈리아의 로마와 피렌체가 대표적이다. 에스파냐의 바르셀로나는 건축가 가우디의 도시로 불리며 아름다운 역사·문화적 건축물이 많다.

03 아이슬란드의 레이캬비크는 지열로 인한 온천 등 독특한 자연환경으로 유명한 관광 도시이다. 패션과 예술이 발달한 세계 문화의 중심지로는 프랑스 파리를 들 수 있다.

04 세계적인 경제와 금융의 중심지이며 빅 벤, 타워 브리지가 유명한 도시인 (가)는 영국의 런던이다. 유럽 연합(EU)의 본부가 위치하며 유럽 정치의 중심 도시인 (나)는 벨기에의 브뤼셀이다.

04-1 지도의 A는 영국 런던, B는 네덜란드 로테르담, C는 벨기에 브뤼셀, D는 이탈리아 밀라노, E는 오스트리아 빈이다. 따라서 (가)는 A, (나)는 C에 해당한다.

05 탄소중립이란, 이산화 탄소를 배출한 만큼 다시 흡수해 실질적인 이산화 탄소 배출량을 '0'으로 만드는 것을 말한다. 유럽은 신·재생 에너지 사용 증대, 자원의 재활용, 대중교통 확충 등 다양한 정책을 추진하여 탄소중립을 달성하고 지속가능한 도시를 만들기 위해 노력하고 있다.

06 지속가능한 도시는 자연환경을 보호하고 경제·사회·문화적 측면에서 균형적인 발전을 추구하는 도시를 말한다. 유럽에서는 지속가능한 도시를 만들기 위해 도시 재생 사업을 추진하거나 탄소중립을 포함한 다양한 정책을 추진하고, 친환경 도시 및 생태 도시를 조성하고 있다.

> **왜 틀렸지?** ㄱ. 지속가능한 도시를 만들기 위해 자가용보다는 대중교통의 이용을 늘린다. ㄹ. 화석 연료의 사용을 줄이기 위해 화석 에너지 대신 신·재생 에너지의 사용량을 늘려야 한다.

07 아이슬란드의 레이캬비크는 지열을 활용한 지열 발전이 전력 생산의 큰 비중을 차지하고 있다. 덴마크의 코펜하겐은 풍부한 바람을 활용한 풍력 발전이 전체 에너지의 약 40%를 차지한다.

08 자료에서 설명하고 있는 도시는 에스파냐의 빌바오이다. 빌바오는 과거 철강 산업 중심의 공업 도시였으나, 철강 산업이 경쟁력을 잃자 인구가 감소하고 지역 경제가 침체하였다. 빌바오 시는 침체한 도시를 살리기 위해 구겐하임 미술관을 유치하고, 하천 주변을 정비하는 등 도시 재생 사업을 추진하여 문화 도시로 변모하였다.

09 유럽의 정치, 경제적 통합을 위해 만들어진 유럽 연합(EU)은 회원국 간의 자유로운 이동을 위해 국경 통제를 최소화하고 있으며, 이를 위해 솅겐 조약을 체결하였다. 솅겐 조약은 유럽 각국이 국경 검문·검색 폐지, 여권 검사 면제 등을 통해 국가 간 통행에 제한이 없도록 한다는 내용의 조약이다. 대부분의 유럽 연합 회원국과 아이슬란드, 노르웨이, 스위스 등이 솅겐 조약에 가입해 있다.

09-1 유럽 연합(EU)의 회원국은 노동력과 자본, 상품, 서비스의 자유로운 이동이 가능하며, 공동 화폐인 유로화를 사용하고 있다.

> **왜 틀렸지?** ㄱ. 유럽 연합 회원국이라고 반드시 유로화를 사용하는 것은 아니며, 유럽 연합 회원국이 아니더라도 유로화를 사용하는 국가도 있다. ㄴ. 유럽 연합 회원국 간에는 관세를 내지 않고 물건을 사고팔 수 있다.

> **알려 줄게!** **유럽 통합의 과정**
>
> 유럽 통합을 위한 노력은 1952년의 유럽 석탄 철강 공동체(ECSC)에서부터 시작되었다. 프랑스, 독일, 이탈리아, 베네룩스 3국(벨기에, 네덜란드, 룩셈부르크) 등 6개국에 의해 결성된 이 기구는 1967년에 유럽 공동체(EC)로 개편되었다. 그 후 유럽 공동체는 본격적인 유럽 통합을 추진하기 위해 1993년에 유럽 연합(EU)으로 명칭을 바꾸었다. 유럽 연합은 1995년에 가입국이 15개국으로 늘어났고, 2004년부터 동부 유럽 여러 나라를 받아들여 2023년 기준 27개국으로 확대되었다.

10 지도의 A는 영국, B는 프랑스, C는 스위스, D는 이탈리아, E는 폴란드이다. 영국은 국민 투표를 거쳐 2020년에 유럽 연합을 탈퇴하였고, 스위스는 유럽 연합에 가입하지 않은 중립국이다.

11 영국이 유럽 연합(EU)을 탈퇴한 사건을 브렉시트(Brexit)라고 한다. 영국(Britain)의 'Br', 탈출(Exit)의 'exit'가 합쳐진 단어이다.

12 영국 스코틀랜드, 벨기에 플랑드르, 에스파냐 카탈루냐, 이탈리아 파다니아 등은 국가 내에서 분리 독립 움직임이 나타나고 있는 지역이다. 고유의 민족, 언어, 종교, 전통문화 등을 가지고 있어 지역 정체성이 뚜렷한 곳이다.

13 벨기에의 북부 플랑드르 지역은 네덜란드어를 사용하고, 남부의 왈롱 지역은 프랑스어를 사용한다. 플랑드르 지역은 언어 및 경제적 수준의 차이로 인해 분리 독립을 요구하고 있다.

STEP 3 주관식·서술형 069쪽

01 (예시 답안) 프랑스의 니스, 스위스의 인터라켄, 아이슬란드의 레이캬비크 등은 특색 있는 자연환경을 바탕으로 성장한 관광 도시들이다.

채점 기준	
상	〈보기〉에 제시된 단어 중 도시의 공통점에 해당하는 단어를 모두 골라 도시의 공통점을 정확하게 서술한 경우
중	〈보기〉에 제시된 단어 중 도시의 공통점에 해당하는 단어를 한 가지만 골라 도시의 공통점을 서술한 경우
하	제시된 도시들의 공통점을 바르게 서술하지 못한 경우

02 (1) 지속가능한 도시

(2) (예시 답안) 신·재생 에너지를 사용한 친환경 도시를 조성한다. 화석 에너지를 사용하는 교통수단 대신 자전거, 트램과

같은 친환경 교통수단을 이용한다. 건물에 숲을 조성하고 도시의 녹지 공간을 늘려 나간다. 등

채점 기준	
상	지속가능한 도시를 바르게 쓰고, 도시들의 다양한 노력을 두 가지 모두 서술한 경우
중	지속가능한 도시를 바르게 쓰고, 도시들의 다양한 노력을 한 가지만 서술한 경우
하	지속가능한 도시의 개념만 적은 경우

03 **예시 답안** 유럽 연합의 시민들은 입국 및 출국 수속 없이 자유롭게 국가를 이동하고, 관세를 내지 않고도 물건을 사고팔 수 있다. 또한 단일 화폐를 사용하며, 회원국 어디든지 살고 싶은 국가에서 살 수 있으며 직업도 가질 수 있다.

채점 기준	
상	유럽 통합이 주민 생활에 미친 영향을 두 가지 모두 바르게 서술한 경우
중	유럽 통합이 주민 생활에 미친 영향을 한 가지만 서술한 경우
하	유럽 통합이 주민 생활에 미친 영향에 관한 서술이 미흡한 경우

04 셴겐 조약

05 **예시 답안** 지도에 표시된 지역들은 한 국가 내에서 분리 독립 움직임이 일어나고 있는 지역이다. 이 지역들은 대부분 고유의 민족, 종교, 언어 등을 가지고 있어 지역 정체성이 뚜렷하고, 경제적 상황에 따른 갈등이 발생하고 있다.

채점 기준	
상	지도에 표시된 지역의 공통적인 특징과 그 원인을 모두 바르게 서술한 경우
중	지도에 표시된 지역의 공통적인 특징은 바르게 서술하였으나, 그 원인에 관한 서술이 미흡한 경우
하	지도에 표시된 지역의 공통적인 특징만 서술한 경우

대단원 **한눈에** **정리하기** 070~071쪽

❶ 우랄 ❷ 서부 ❸ 온대 ❹ 서안 해양성 ❺ 편서풍 ❻ 수목
❼ 알프스 ❽ 빙하 ❾ 영국 ❿ 카탈루냐

대단원 **실전** **문제** 072~075쪽

01 ④	02 ⑤	03 ②	04 ②	05 ⑤	06 ①	07 ⑤
08 ④	09 ④	10 ①	11 ③	12 ④	13 ④	14 ①
15 ③	16 ⑤	17 ④	18 ①	19 ①	20 ⑤	21 ④
22 해설 참조		23 해설 참조				

01 유럽은 지리, 정치, 문화 등의 기준에 따라 지역 구분이 다양하게 나타난다. 크게 북부 유럽, 서부 유럽, 남부 유럽, 동부 유럽 등으로 구분할 수 있다. 지도의 A는 서부 유럽, B는 북부 유럽, C는 남부 유럽, D는 대서양, E는 지중해이다. 북부 유럽에는 스웨덴, 핀란드, 노르웨이 등의 국가가 있으며, 서부 유럽에는 영국, 프랑스, 독일 등의 국가가 있다. 남부 유럽에는 에스파냐, 포르투갈, 그리스 등의 국가가 있으며, 동부 유럽에는 러시아, 폴란드, 우크라이나 등의 국가가 있다.

왜 틀렸지? ④ D는 대서양으로 영국의 서쪽에 위치한다.

02 자료에서 설명하는 국가는 동부 유럽의 우크라이나이다. 지도의 A는 프랑스, B는 독일, C는 스웨덴, D는 폴란드, E는 우크라이나이다.

알려 줄게! **유럽의 빵 바구니, 우크라이나**

우크라이나는 비옥한 토양 중 하나인 흑토 지역에 위치해 있다. 이 토양은 유기물 함량이 높고, 수분을 잘 유지하여 곡물 재배에 매우 적합하다. 또한 우크라이나는 건조지역이지만 고위도에 위치하여 증발량이 많지 않고, 큰 강이 흐르고 있어 건조한 시기에도 관개 시설을 통해 곡물을 생산한다. 이러한 요인으로 우크라이나는 '유럽의 빵 바구니'로 불릴 만큼 밀, 옥수수 등의 생산량이 많은 국가이다.

03 유럽은 2023년 국제 연합 통계를 기준으로 44개 국가가 위치해 있으며, 여러 특징을 지닌 다양한 국가가 있다. 대체로 북부 유럽, 서부 유럽, 남부 유럽, 동부 유럽으로 구분할 수 있다. 스웨덴과 핀란드, 노르웨이 등은 북부 유럽에 위치하며, 러시아는 동부 유럽에 위치한다.

왜 틀렸지? ㄴ. 유럽 연합(EU)의 본부는 벨기에 브뤼셀에 있다. ㄷ. 로마는 이탈리아, 아테네는 그리스에 있는 도시이다.

04 여름이 서늘하고, 겨울이 비교적 따뜻해 목초지 조성에 유리한 서안 해양성 기후 지역은 혼합 농업과 낙농업이 발달했고, 하천 수위 변화가 작아 수운 교통이 발달했다.

왜 틀렸지? ②는 지중해성 기후 지역에 관한 설명이다.

05 유럽의 기후를 구분한 지도의 (가)는 온대 기후 중 서안 해양성 기후, (나)는 온대 기후 중 지중해성 기후이다.

06 지중해성 기후 지역은 여름에는 기온이 높고 강수량이 적으며, 겨울에는 강수량이 많고 비교적 따뜻한 편이다.

왜 틀렸지? ③, ⑤는 서안 해양성 기후의 특성이다.

07 지중해성 기후 지역의 기후 그래프이다. 지중해성 기후 지역에서는 고온 건조한 여름을 이용해 올리브, 오렌지 등을 재배하는 수목 농업이 발달했다.

왜 틀렸지? ①, ④는 서안 해양성 기후 지역에 관한 설명이다. ②는

냉대 기후 지역에 관한 설명이다. ③ 계절풍의 영향을 받는 온대 및 열대 기후 지역에서 벼의 재배가 활발하다.

08 여름이 고온 건조한 지중해성 기후 지역은 오렌지, 레몬 등을 재배하며, 지중해와 인접한 프랑스 남부 망통 지역에서는 이를 활용해 축제를 연다.

09 그림은 혼합 농업의 형태를 보여 준다. 혼합 농업이 주로 이루어지는 서부 유럽 지역은 일 년 내내 습윤하고, 우리나라에 비해 여름은 서늘하고 겨울이 온화하여 목초지 조성에 유리하다.

> **알려 줄게!** **혼합 농업**
>
> 대륙 동안 지역에 비해 여름이 서늘한 서부 유럽은 곡물 농사에 불리해 이를 혼합 농업으로 극복해 왔다. 서늘한 기후에 잘 자라는 밀과 보리 등을 재배하면서 목초지를 따로 조성하여 소나 돼지 등을 함께 기르는 혼합 농업이 발달하게 되었다. 이러한 이유로 이 지역의 식탁에는 빵과 함께 육류가 자주 오른다.

10 알프스산맥은 유럽의 남쪽에 위치한 산맥으로 형성된 지 오래되지 않아 높고 험준하다. 유럽의 가장 동쪽에는 아시아와의 구분 기준이 되는 우랄산맥이 있다.

11 자료에서 설명하는 하천은 라인강이다. 라인강은 운하로 연결되어 있어 교통로로 이용하기도 한다.

> **왜 틀렸지?** ① 포강은 이탈리아를 흐르는 하천이다. ② 나일강은 아프리카에서 볼 수 있는 하천이다. ④ 템스강은 영국을 흐르는 하천이다. ⑤ 아마존강은 남아메리카에서 볼 수 있는 하천이다.

12 자료에서 설명하는 지형은 피오르이다. 북부 유럽의 노르웨이 해안에 발달한 피오르(Fjord)는 빙하의 침식으로 형성된 U자곡에 바닷물이 들어와 만들어진 좁고 긴 만이다.

13 사진은 이탈리아 로마의 랜드마크인 콜로세움과 트레비 분수이다.

> **알려 줄게!** **세계적인 관광지 남부 유럽**
>
> 남부 유럽은 고대에서 중세에 걸친 풍부한 역사·문화 유적과 알프스 산지 및 지중해의 아름다운 자연경관 등 관광 자원이 풍부하다. 더욱이 지중해성 기후의 맑고 건조한 여름 날씨는 햇볕이 부족한 북서부 유럽 사람들에게 일광욕을 즐길 수 있는 휴양지로서 최적의 조건이 된다. 주요 관광·휴양지로는 이탈리아의 로마와 나폴리, 베네치아, 그리스의 아테네, 에스파냐의 마드리드와 바르셀로나, 프랑스 남부의 니스 등이 있다.

14 자료에서 설명하고 있는 친환경 도시는 스웨덴 말뫼이다.

15 유럽 연합(EU) 회원국 중 대부분은 공동 화폐인 유로화를 사용하는데, 프랑스, 벨기에, 독일은 유럽 연합(EU) 회원국 중 유로화를 사용하는 국가이다.

16 유럽 연합은 초기 서부 유럽을 중심으로 결성된 뒤 남부 및

북부 유럽, 동부 유럽 순으로 확장되었다.

> **왜 틀렸지?** ㄱ. 유럽 연합은 유럽의 정치적, 경제적 통합을 위해 협력한다. ㄴ. 영국은 국민 투표를 통해 유럽 연합(EU)에서 탈퇴한 유럽 연합 탈퇴국이다. 중립국 신분을 유지하여 유럽 연합에 가입하고 있지 않은 국가는 스위스이다.

17 문항 1, 2, 3에 정답을 표시하였다. 유럽 연합 회원국은 셍겐 조약에 따라 입국 및 출국 수속 없이 회원국 간에 자유롭게 이동할 수 있으므로 문항 4의 정답은 ×이다.

18 유럽 연합은 유럽의 정치와 경제적 발전을 촉진하였지만 서부 유럽과 동부 유럽의 경제적 격차, 남부 유럽의 재정 적자 확대 등의 문제가 발생하고 있다. ① 유럽 연합에 가입한 국가는 2023년 기준 27개국으로, 회원국 수의 부족으로 인한 문제점은 없다.

19 자료에서 설명하는 국가는 국민 투표를 거쳐 2020년 유럽 연합(EU)을 탈퇴한 영국이다.

20 제시된 자료는 벨기에 내 북부와 남부 지역의 언어 차이로 인한 갈등을 나타내고 있다.

21 카탈루냐 지역은 주민 대부분이 카탈루냐어를 사용하는 등 에스파냐 내에서 독자적인 정체성을 가지고 있고, 제조업의 발달로 경제 발달 수준도 다른 지역에 비해 높은 편이므로 분리 독립을 희망하고 있다.

22 (1) 남부

(2) **예시 답안** 남부 유럽 지역은 지중해성 기후로 여름이 고온 건조하여 화창한 날씨가 계속 이어져 많은 관광객들이 남부 유럽을 찾고 있다.

채점 기준	
상	㉠에 해당하는 지역을 바르게 쓰고, 남부 유럽에 관광 산업이 발달한 이유를 기후적 측면에서 바르게 서술한 경우
중	㉠에 해당하는 지역을 바르게 쓰고, 남부 유럽에 관광 산업이 발달한 이유에 관한 서술이 미흡한 경우
하	㉠에 해당하는 지역을 바르게 썼으나, 관광 산업의 발달 이유는 서술하지 못한 경우

23 **예시 답안** 아이슬란드의 레이캬비크에서는 지열을 이용하여 전력을 생산한다. 네덜란드의 암스테르담에서는 자전거 이용 확대를 위해 자전거 도로를 구축하였다. 등

채점 기준	
상	지속가능한 도시를 만들기 위한 방안을 구체적인 도시를 사례로 제시하여 서술한 경우
중	지속가능한 도시를 만들기 위한 방안을 설명했으나, 사례 지역을 제시하지 못한 경우
하	지속가능한 도시를 만들기 위한 방안에 관한 설명이 미흡한 경우

4 아프리카

STEP 1 개념 확인　　　　　　　　　　080쪽

01 (1) 대서양 (2) 북부 (3) 플랜테이션　**02** (1) 서부 (2) 사바나 (3) 건조　**03** (1) ○ (2) ○ (3) × (4) ×　**04** ㉠ 사하라 ㉡ 북부

STEP 2 대표 문제　　　　　　　　　080~082쪽

01 ③　**02** ③　**03** ①　**04** ⑤　**05** ②　**06** ③　**07** ⑤　**08** ③　**08-1** ④　**09** ①　**09-1** ④　**10** ④　**11** ④　**12** ③　**13** ④

01 아프리카는 아시아에 이어 세계에서 두 번째로 면적이 큰 대륙으로, 북반구와 남반구에 걸쳐 있다. 서쪽으로 대서양, 동쪽으로 인도양, 북동쪽으로는 홍해와 접하며, 북쪽으로 지중해를 사이에 두고 유럽과 마주하고 있다.

왜 틀렸지? ㄱ. 서쪽으로 대서양과 접하고 있다. ㄹ. 북동쪽으로는 홍해와 접하고 있다.

02 아프리카의 지역 구분은 기준에 따라 달라질 수 있는데, 사하라 사막을 기준으로 북부 아프리카와 중·남부 아프리카로 구분할 수 있다. 북부 아프리카에는 이집트, 모로코 등의 국가가 있다.

왜 틀렸지? ㄱ. 케냐는 동부 아프리카에 해당한다. ㄹ. 남아프리카 공화국은 남부 아프리카에 해당한다.

03 수도가 카이로이면서 피라미드와 스핑크스를 볼 수 있는 국가는 북부 아프리카에 위치한 이집트이다. 특히 이집트 카이로는 나일강 하구의 넓은 평야에 발달한 도시로, 인류 역사와 문명의 출발지 중 하나이다.

04 아프리카에는 서로 다른 특징을 지닌 다양한 국가가 있다. 지도의 A는 나이지리아, B는 콩고 민주 공화국, C는 소말리아, D는 마다가스카르, E는 남아프리카 공화국이다. 남아프리카 공화국은 해안 지역을 따라 온대 기후가 나타나 일찍부터 유럽인이 진출하였다.

왜 틀렸지? ① A는 나이지리아이다. ② B는 콩고 민주 공화국이다. ③ C는 소말리아로, 수도는 모가디슈이다. 아디스아바바는 에티오피아의 수도이다. ④ 마다가스카르는 아프리카의 동쪽인 인도양에 위치한 섬 국가이다.

05 아프리카의 북서부에 위치한 아틀라스산맥은 모로코와 관련 있다.

06 라고스는 나이지리아, 카이로는 이집트, 아디스아바바는 에티오피아, 요하네스버그는 남아프리카 공화국의 주요 도시이다. ③ 뉴델리는 아시아에 위치한 인도의 수도이다.

07 아프리카는 대륙의 중앙 부근을 가로지르는 적도를 중심으로 북쪽과 남쪽에 기후가 대체로 대칭하여 분포한다. 적도에서 고위도로 가면서 대체로 열대 기후, 건조 기후, 온대 기후 순으로 나타난다. 적도 부근은 기온이 높고 강수량이 많은 열대 기후가 넓게 나타나며, 북부 아프리카는 강수량이 적은 건조 기후가 넓게 나타난다. 온대 기후는 아프리카 북부의 지중해 연안과 남동부 지역 등에서 나타난다.

왜 틀렸지? ㄱ. 북부 아프리카는 강수량이 적은 건조 기후가 넓게 나타난다. ㄴ. 건조 기후 지역은 증발량이 강수량보다 많은 것이 특징이다.

08 사하라 사막과 그 주변, 남서부 해안 지역에 넓게 나타나는 (가)는 건조 기후이다. 건조 기후는 연 강수량이 500mm 미만인 곳으로, 증발량이 강수량보다 많다.

왜 틀렸지? ① 건기와 우기가 뚜렷한 기후는 기온이 높고 강수량이 많은 열대 기후 지역의 주변에서 주로 나타난다. ② 열대림은 열대 기후와 관련 있다.

08-1 건조 기후 지역에서는 오아시스 주변과 같이 물을 구하기 쉬운 지역에서 대추야자, 밀 등을 재배한다.

왜 틀렸지? ① 계절풍을 이용한 벼농사는 열대 및 온대 기후 지역과 관련 있다. ② 카카오, 커피 등의 열대작물을 재배하는 플랜테이션은 열대 기후 지역과 관련 있다. ③ 햇볕을 반사하기 위한 흰색 외벽은 온대 기후 지역 중에서도 지중해성 기후 지역과 관련 있다. ⑤ 사파리 관광은 열대 기후 지역과 관련 있다.

알려 줄게! 북부 아프리카의 건조 기후 지역

건조 기후 지역은 강수량보다 증발량이 많아 나무가 자라기 어렵기 때문에 대부분 초원이나 사막으로 이루어져 있다. 특히 북부 아프리카는 사하라 사막이 대부분을 차지하는데, 이곳은 북회귀선이 통과하는 지역으로 연 강수량이 매우 적을 뿐 아니라, 낮에는 몹시 뜨겁고 밤에는 추워 기온의 일교차가 크다. 따라서 오아시스 외에는 사람이 거주하기 어려운 곳이다.

09 일 년 내내 기온이 높고 강수량이 많으며 열대림(정글, 밀림)이 발달한 기후는 열대 기후이다. 적도 부근의 저위도 지역에서 넓게 나타나는 열대 기후는 연중 기온이 높고 강수량이 많아 울창한 숲을 이루는 지역과, 건기와 우기가 뚜렷해 초원이 넓게 나타나는 지역으로 구분할 수 있다.

09-1 열대 기후 지역에서는 열대림을 볼 수 있다.

왜 틀렸지? ①, ⑤ 사막과 오아시스는 건조 기후 지역에서 볼 수 있는 경관이다.

10 열대 기후 중 건기와 우기가 뚜렷한 지역에서 나타나는 열대 초원을 사바나라고 한다. 열대 초원은 나무가 드문드문 있고,

키가 큰 풀들이 자라는 곳으로 많은 야생 동물의 서식지이다. 사바나가 발달한 케냐와 탄자니아 등에서는 야생 동물을 이용한 관광 산업이 발달하였다. 건조 기후 지역의 농업은 물을 얻을 수 있는 오아시스 주변에서 주로 이루어지는데, 오아시스의 물을 이용한 농경 생활은 건조 기후 지역의 대표적인 주민 생활 방식이다.

11 (가)는 플랜테이션을 통한 고무 생산 모습, (나)는 전통적인 이동식 화전 농업의 모습이다. 플랜테이션은 현지인의 저렴한 노동력과 선진국의 기술 및 자본이 결합하여 열대작물을 상업적으로 재배하는 농업 방식으로, 유럽인들이 이 지역에 진출하면서 시작되었다.

왜 틀렸지? ㄷ. (가) 플랜테이션은 주로 고무나무, 카카오, 커피 등과 같은 상품 작물을 재배하고, (나) 이동식 화전 농업은 주로 옥수수, 카사바 등의 식량 작물을 재배한다.

12 동아프리카 지구대는 아프리카 대륙 동부에 위치한다. 판이 갈라지고 있는 동아프리카 지구대를 따라서 킬리만자로산, 케냐산과 같은 높은 화산이 발달해 있다.

13 사하라 사막은 전체 아프리카 대륙 면적의 약 30%를 차지하는 세계 최대의 사막이다. 전체 면적의 약 20%가 모래이고, 나머지는 돌과 암석으로 이루어져 있다. 아프리카는 사하라 사막을 기준으로 북부 아프리카와 중·남부 아프리카로 지역을 구분할 수 있다.

왜 틀렸지? ① 고비 사막은 아시아에 위치한다. ② 나미브 사막은 아프리카 나미비아와 앙골라 남부에 위치한 사막이다. ③ 모하비 사막은 북아메리카에 위치한다. ⑤ 아타카마 사막은 남아메리카에 위치한다.

STEP 3 주관식·서술형　　083쪽

01 **예시 답안** 아프리카는 직선 형태의 국경선이 많다. 이는 과거 아프리카를 식민 지배했던 유럽이 지역의 부족 분포를 고려하지 않고 국경선을 그었기 때문이다. 이에 따라 아프리카 여러 지역에서는 부족 간 갈등이 발생하고 있다.

채점 기준	
상	유럽의 식민 지배로 직선 형태의 국경선이 그어지고, 이에 따라 부족 간 갈등이 발생하고 있음을 서술한 경우
중	유럽의 식민 지배로 직선 형태의 국경선이 그어졌음을 서술한 경우
하	국경선의 형태 특징만 단순 서술한 경우

02 (1) (가) – 열대 기후, (나) – 건조 기후

(2) **예시 답안** (가)는 열대 기후 지역으로 기온이 높고, 연 강수량이 많다. (나)는 연 강수량이 500mm 미만인 건조 기후 지역으로 (가)보다 강수량이 적다.

채점 기준	
상	(가), (나) 기후 지역의 명칭을 쓰고, 지역의 강수량을 비교하여 정확하게 서술한 경우
하	(가), (나) 기후 지역의 명칭만 적은 경우

03 **예시 답안** 열대 기후 지역, 키가 큰 풀이 자라는 초원에 나무가 드문드문 분포하는 특징이 나타난다.

채점 기준	
상	열대 기후 지역임을 쓰고, 이 지역에서 나타나는 경관 특징을 정확하게 서술한 경우
중	열대 기후 지역을 썼으나, 경관 특징에 관한 서술이 미흡한 경우
하	기후 지역의 명칭만 적은 경우

04 동아프리카 지구대

05 **예시 답안** ㉠은 사하라 사막, ㉡은 나일강이다. 사하라 사막 주변에서는 낙타를 타고 이동하는 주민의 모습을 볼 수 있다. 나일강 주변에서는 강물을 이용하여 밀, 대추야자 등의 농사를 짓는 주민의 모습을 볼 수 있다.

채점 기준	
상	㉠, ㉡ 지형의 명칭을 쓰고, 주민 생활 모습을 바르게 서술한 경우
중	㉠, ㉡ 지형의 명칭은 썼으나, 주민 생활 모습에 관한 서술이 미흡한 경우
하	㉠, ㉡ 지형의 명칭만 적은 경우

02 아프리카의 문화와 지역 잠재력
~03 아프리카의 지속가능한 발전

STEP 1 개념 확인　　086쪽

01 (1) 건조 (2) 큰 (3) 크리스트교 (4) 높다　**02** (1) × (2) ○ (3) ○　**03** (1) 건조 (2) 아프리카 연합(AU)　**04** 공정 여행　**05** ㄱ, ㄴ, ㄷ

STEP 2 대표 문제　　086~088쪽

01 ④　**02** ②　**02-1** ②　**03** ②　**04** ③　**05** ④　**06** ③　**06-1** ②　**07** ④　**08** ⑤　**09** ⑤　**10** ⑤　**11** ②　**12** ②　**13** ③

01 아프리카는 초기 인류의 기원지로, 일찍부터 여러 문명이 발달하였다. 지역마다 기후, 지형 등 자연환경이 다르며 수많은 민족(인종)과 부족이 고유한 정체성을 형성해 생활양식, 종교, 언어가 매우 다양하게 나타난다.

 ① 북부 아프리카에서는 서남아시아에서 전파된 이슬람교의 영향으로 이슬람교가 주를 이루고 있다. 중·남부 아프리카에는 유럽인의 식민 개척 과정에서 크리스트교가 전파되었고, 토속 종교와 함께 주를 이루고 있다. ② 아프리카에서는 생활양식, 종교, 언어 등 문화가 매우 다양하게 나타나며, 2,000개 이상의 언어가 쓰이고 있다. ③ 건조 기후가 넓게 나타나는 북부 아프리카에서는 물을 구하기 쉬운 오아시스 주변이나 나일강 주변에서 대추야자, 밀 등을 재배한다. 카사바, 옥수수, 얌 등은 적도 주변의 열대 기후 지역에서 주로 재배하는 작물이다. ⑤ 건조 기후 지역에서는 강한 햇볕과 모래바람을 막기 위해 얇은 천으로 온몸을 감싸는 형태의 의복을 주로 입는다.

02 그림은 건조 기후 지역에서 주로 볼 수 있는 가옥 형태이다. 건조 기후는 증발량이 강수량보다 많고, 기온의 일교차가 큰 편이다. 건조 기후 지역에서는 벽이 두껍고 창이 작으며 지붕은 평평한 형태의 흙집 또는 흙벽돌집이 발달했다.

 ㄴ, ㄷ. 열대 기후 지역에 관한 설명이다.

 건조 기후 지역의 가옥 구조

흙집 또는 흙벽돌집	주변에서 구하기 쉬운 진흙 이용
두꺼운 벽과 작은 창문	낮의 열기와 밤의 추위를 막아 줌
평평한 지붕	강수량이 적음
좁은 골목	그늘을 만들 수 있음

02-1 건조 기후 지역에서는 주변에서 쉽게 구할 수 있는 흙을 이용하여 흙집이나 흙벽돌집을 짓고, 그늘이 생기도록 집들을 촘촘하게 붙여서 짓는다.

03 ⑤ 피아노는 이탈리아에서 유래한 것으로 알려져 있다. 여러 지역으로 전파되어 오늘날 세계 각지에서 연주되고 있는 아프리카 전통 악기에는 젬베, 칼림바 등이 있다.

04 아프리카의 종교 분포를 나타낸 지도에서 북부 아프리카에 주로 분포하는 A는 이슬람교, 중·남부 아프리카에 주로 분포하는 B와 C는 각각 크리스트교와 토속 종교이다. 북부 아프리카는 서남아시아에서 전파된 이슬람교의 영향으로 이슬람교도가 많으며, 사하라 사막에 가로막혀 이슬람교가 전파되지 못한 중·남부 아프리카에는 토속 종교와 함께 유럽의 식민 지배로 전파된 크리스트교가 주를 이루고 있다.

05 단순하고 호소력이 있는 아프리카의 화풍이 유럽에 소개되면서 고갱, 피카소 등에게 영향을 주었다. 아프리카 미술은 회화와 공예의 구분이 약하며 형태와 대상을 있는 그대로 표현하지 않는 것이 특징이다. 아프리카의 전통적인 마스크나 장신구 등을 살펴보면 추상적인 표현의 원조라고 할 수 있을 정도이다.

06 사진은 케냐 마사이족의 의복인 슈카의 모습으로, 아프리카의 열대 기후 지역에서 볼 수 있는 의복 형태이다. 덥고 습한 기후에 적합하도록 얇고 짧은 옷을 입으며, 전통문화에 따라 화려한 문양의 옷을 만들어 입기도 한다. 열대 기후 지역에서는 카사바와 옥수수 등을 주로 재배한다.

 ㄱ. 이슬람교는 북부 아프리카에서 주로 나타나는 종교이다. ㄹ. 건조 기후 지역에 관한 설명이다.

06-1 열대 기후 지역에서는 통풍이 잘되도록 문과 창문이 큰 개방형 가옥 구조가 나타난다.

 ① 대청마루와 온돌은 온대 기후 지역에서 볼 수 있다. ③ 설치와 철거가 쉽도록 천막으로 지은 가옥은 게르로, 유목 생활을 하는 건조 기후 지역에서 볼 수 있다. ④ 흙벽돌집은 건조 기후 지역에서 볼 수 있다. ⑤ 온대 기후 지역 중에서도 지중해성 기후 지역에서 볼 수 있다.

07 아프리카는 다른 대륙에 비해 경제활동을 하는 청장년층 인구 비중이 커 '세계에서 가장 젊은 대륙'으로 불린다. 최근 들어 젊은 인구를 바탕으로 경제가 성장하는 추세이며, 세계 경제에서 큰 부분을 차지할 것으로 예상된다.

08 아프리카는 다른 대륙에 비해 청장년층의 비율이 높으며, 지하자원이 풍부하여 성장 가능성이 높다. 아프리카는 세계에서 인구가 가장 빠르게 증가하는 대륙으로 풍부한 인적 자원을 보유하고 있다. 아프리카 국가들은 풍부한 노동력과 규모가 큰 소비 시장의 잠재력을 바탕으로 경제가 성장하고 있다. 또한 아프리카의 풍부한 천연자원은 경제 성장의 중요한 역할을 한다.

09 아프리카 연합(AU)의 본부는 에티오피아 아디스아바바에 있다. 아프리카 국가들은 식민 지배의 아픈 역사를 극복하고 평화와 통합을 이루기 위해 아프리카 연합(AU)을 결성하였다. 아프리카 연합은 아프리카 국가들의 단결을 추구하며, 사회·경제·문화적 차원에서 지속가능한 발전과 아프리카의 경제 통합을 추구한다.

10 자료는 아프리카 대륙 자유 무역 지대(AfCFTA)에 관한 설명이다. 아프리카 국가들은 자원을 저렴하게 수출하고 공산품을 비싸게 수입하는 불공정 무역 구조를 개선하고, 아프리카의 잠재력과 역량을 최대한 발휘하고자 아프리카 대륙 자유 무역 지대(AfCFTA)를 구축하였다. 아프리카 대륙 자유 무역 지대를 통해 아프리카 내에서 관세나 무역 규제를 없애는 등

의 경제 정책을 도입하고 있다.

11 국제 연합(UN)은 산하에 국제 연합 세계 식량 계획(WFP), 국제 연합 아동 기금(UNICEF) 등 여러 기구를 두어 아프리카를 위한 지원 활동을 하고 있다.

12 공정 무역은 소비자가 생산자에게 정당한 가격을 지급하는 무역 방식이다. 아프리카에서 생산된 공정 무역 제품을 구매하는 것은 세계시민으로서 아프리카 현지 경제와 아프리카의 지속가능한 발전에 도움을 줄 수 있는 방안이다.

13 공정 여행은 현지인과 교류하고 그 사회에 도움을 주며, 현지의 환경과 문화를 존중하는 여행 방식이다. 공정 여행을 실천하기 위해서는 현지 주민이 운영하는 숙박 시설과 음식점을 이용해야 한다.

STEP 3 주관식·서술형　　089쪽

01 예시 답안 (가)는 강수량이 적고 일교차가 큰 건조 기후 지역의 의복으로, 강한 햇볕과 모래바람을 막기 위해 얇은 천으로 온몸을 감싸는 형태의 옷이 발달하였다. (나)는 열대 기후 지역의 의복으로, 덥고 습한 기후에 적합한 얇고 짧은 옷이 발달하였다.

채점 기준	
상	(가), (나)와 같은 의복 문화가 나타나는 이유를 모두 정확하게 서술한 경우
중	(가), (나)와 같은 의복 문화가 나타나는 이유 중 한 가지만 정확하게 서술한 경우
하	(가), (나)의 기후 특징만 서술한 경우

02 예시 답안 건조 기후 지역에서는 오아시스 주변에서 대추야자나 밀 등을 주로 재배한다. 또한 진흙을 활용해 벽이 두껍고 창문이 작은 형태의 집을 짓는다.

채점 기준	
상	주요 재배 작물과 전통 가옥 특징을 모두 바르게 서술한 경우
중	주요 재배 작물과 전통 가옥 특징 중 한 가지만 바르게 서술한 경우
하	내용을 전혀 서술하지 못한 경우

03 예시 답안 아프리카의 중위 연령은 다른 대륙에 비해 낮다. 장차 경제활동이 가능한 청장년층 인구가 많기 때문에 지역의 성장 잠재력이 높다.

채점 기준	
상	아프리카의 중위 연령 특징과 이에 따른 지역 잠재력을 정확하게 서술한 경우
중	아프리카의 중위 연령 특징만 서술한 경우
하	내용을 전혀 서술하지 못한 경우

04 국경 없는 의사회

05 예시 답안 아프리카에 관심을 가지고 아프리카 문화를 존중하는 자세를 갖는다. 빈곤과 기아 문제를 해결하기 위한 기부나 봉사 활동에 참여한다. 공정 무역 제품을 구매하거나 공정 여행을 이용한다. 등

채점 기준	
상	세계시민으로서의 참여 방안 두 가지를 바르게 서술한 경우
중	세계시민으로서의 참여 방안 한 가지를 바르게 서술한 경우
하	내용을 전혀 서술하지 못한 경우

대단원 한눈에 정리하기　　090~091쪽

❶ 대서양　❷ 사하라 사막　❸ 적도　❹ 열대　❺ 화전　❻ 오아시스　❼ 이집트　❽ 이슬람교　❾ 크리스트교　❿ 공정 무역

대단원 실전 문제　　092~095쪽

01 ①	02 ⑤	03 ④	04 ⑤	05 ①	06 ⑤	07 ③
08 ⑤	09 ④	10 ③	11 ③	12 ②	13 ①	14 ③
15 ②	16 ④	17 ①	18 ①	19 ②	20 ②	21 ⑤
22 ②	23 해설 참조	24 해설 참조	25 공정 여행			

01 아프리카는 서쪽으로 대서양, 동쪽으로 인도양, 북쪽으로 지중해, 북동쪽으로는 홍해와 접하고 있다. 아프리카는 세계에서 두 번째로 면적이 넓은 대륙이다.

왜 틀렸지? ⑤ 세계에서 면적이 가장 넓은 대륙은 아시아이다.

02 아프리카에서 인구가 가장 많은 국가는 나이지리아이다. 나이지리아의 수도는 아부자이다.

03 아디스아바바, 아프리카 연합(AU) 본부는 에티오피아와 관련 있다. 에티오피아는 아프리카 동부의 내륙 국가로, 커피가 유명하며 아프리카 항공 교통의 중심지 역할을 한다.

04 남아프리카 공화국의 요하네스버그는 아프리카 최대의 상공업 도시이다.

왜 틀렸지? ①, ④ 아부자와 라고스는 나이지리아의 주요 도시이다. ②, ③ 나이로비와 몸바사는 케냐의 주요 도시이다.

05 아프리카 북서부의 모로코에는 아틀라스산맥이 위치한다.

06 아프리카는 대륙의 중앙 부근을 가로지르는 적도를 중심으로 북쪽과 남쪽에 기후가 대체로 대칭하여 분포하는데, 적도에

서 고위도로 가면서 열대 기후, 건조 기후, 온대 기후 순으로 나타난다.

07 플랜테이션은 선진국의 자본과 기술력에 현지인의 저렴한 노동력을 이용한 농업 방식이다. 에티오피아에서는 대부분 전통 방식으로 커피를 재배하고 있지만, 생산성을 높이기 위해 플랜테이션 농업을 통한 커피 재배도 이루어지고 있다.

08 적도 주변의 열대 기후 지역에 관한 설명이다. 이 지역에서는 전통적인 방식의 이동식 화전 농업을 통해 식량 작물 재배가 이루어진다. 이동식 화전 농업은 삼림을 불태워 재를 이용해 작물을 재배하고, 3~4년 후 토양이 척박해지면 다른 곳으로 이동하는 전통적인 농업 방식이다. 주로 카사바, 옥수수, 얌 등의 식량 작물을 재배한다.

09 아프리카는 전체적으로 단조롭고 평평한 고원과 대지를 이루고 있다. 아프리카에는 빅토리아호, 칼라하리 사막, 사하라 사막, 아틀라스산맥 등의 지형이 나타난다.

왜 틀렸지? ㄱ. 알프스산맥은 유럽에 위치한다. ㄷ. 히말라야산맥은 아시아에 위치한다.

10 아프리카의 주요 하천은 강수량이 풍부한 열대 기후 지역에서 시작해 바다로 흐른다.

왜 틀렸지? ① 우랄산맥은 아시아에 위치한다. ② 아틀라스산맥은 아프리카 대륙 북서부에 있다. ④ 나일강 유역에서는 이집트 문명이 탄생하였다. 메소포타미아 문명은 아시아의 티그리스강, 유프라테스강과 관련 있다. ⑤ 고비 사막은 아시아 내륙에 위치해 있다.

11 사하라 사막은 세계에서 가장 큰 사막으로 모로코 남동부에 위치하며, 북부 아프리카 지역에 넓게 분포한다.

12 이집트 문명의 발상지는 나일강이다. 아프리카에서 가장 높은 산인 킬리만자로산은 해발 고도가 높아 정상 부근에는 눈이 쌓여 있다.

13 세계에서 가장 큰 사막, 사막화, 사헬 지대는 사하라 사막과 관련 있다. 사하라 사막은 북부 아프리카의 동, 서에 걸쳐 넓게 분포한다.

14 덥고 습한 열대 기후 지역에서는 통풍이 잘되는 개방적인 구조의 가옥이 나타난다.

왜 틀렸지? ① 강수량이 적은 건조 기후 지역의 가옥 특징이다. ④ 온대 기후 지역 중에서도 지중해성 기후 지역의 가옥 특징이다. ⑤ 건조 기후 지역 등 유목 생활을 하는 지역에서는 이동식 가옥이 발달했다.

15 전통 아프리카 미술은 일정한 형태나 형식이 없는 것이 특징이다.

16 서남아시아에서 전파된 이슬람교는 북부 아프리카 지역을 중심으로 널리 확산되었는데, 말리의 젠네 모스크는 아프리카 토속 종교와 이슬람교 문화가 어우러진 이슬람 사원이다.

알려 줄게! 젠네 모스크

말리의 젠네 모스크는 세계 최대의 진흙 건축물로 알려져 있다. 돔 지붕과 첨탑이 나타나는 보통의 모스크와는 달리, 평평한 지붕 위로 진흙 탑 여러 개가 솟아 있으며, 탑 끝에는 이슬람의 상징인 초승달 대신 풍요와 번영, 순결을 상징하는 타조 알을 얹었다.

17 아프리카의 종교 분포를 보여 주는 지도의 A는 이슬람교, B는 크리스트교, C는 토속 종교이다. 북부 아프리카는 이슬람교를, 중·남부 아프리카는 크리스트교와 토속 종교를 주로 믿는다. 토속 종교의 형태는 부족별로 다양하게 나타난다.

18 중위 연령은 한 국가의 전체 인구를 연령순으로 세웠을 때 한가운데 있는 사람의 나이이다. 2022년 기준 아프리카의 중위 연령은 약 18.7세로 다른 대륙에 비해 낮다.

19 재즈는 아프리카에서 강제 이주한 사람들의 전통 음악과 현지 음악을 결합하여 탄생하였다.

20 국경 없는 의사회는 저개발 지역에 의료 지원 서비스를 하는 비정부 기구이다.

21 르완다, 보츠와나와 같은 아프리카의 여러 국가들은 천연자원 개발, 고부가 가치 산업 육성, 기반 시설 확충 등을 통해 주체적인 경제 발전을 이루고자 노력하고 있다.

22 공정 무역은 소비자가 생산자에게 정당한 가격을 지급하는 무역 방식으로, 지역 주민이 주체가 된 경제적 독립에 도움을 줄 수 있다.

23 **예시 답안** 과거 유럽의 식민 지배 영향으로 국경선과 부족 경계가 일치하지 않아 분쟁이 발생한다.

	채점 기준
상	식민 지배에 따른 국경과 부족 경계의 불일치로 분쟁이 발생한다는 점에 관해 정확히 서술한 경우
중	국경과 부족 경계가 불일치한다는 점에 관해서만 서술한 경우
하	국경과 부족 경계에 관한 서술이 미흡한 경우

24 **예시 답안** 빠르게 인구가 증가하고 경제활동 인구 비율이 높아 대규모 소비 시장을 형성할 수 있다.

	채점 기준
상	인구 증가에 따른 경제적 이익, 소비 시장 증대와 같은 측면에서 지역 잠재력을 바르게 서술한 경우
하	인구 증가와 관련한 아프리카의 지역 잠재력을 서술하지 못한 경우

5 아메리카

01 아메리카의 위치와 자연환경

01 (1) 파나마 지협 (2) 캐나다 (3) 고산 (4) 환태평양 조산대   **02** (1) 태평양 (2) 북아메리카 (3) 애팔래치아 (4) 아마존강   **03** (1) × (2) ○ (3) ×   **04** 미시시피강   **05** ㉠ 로키 ㉡ 애팔래치아

01 ②   **02** ②   **03** ③   **04** ①   **05** ②   **05-1** ①   **06** ⑤   **07** ⑤   **08** ④   **09** ④   **10** ④   **11** ②   **12** ①   **13** ②   **14** ④   **14-1** ②

01 아메리카는 서쪽으로 태평양, 동쪽으로 대서양, 북쪽으로 북극해와 접하며 북반구와 남반구에 걸쳐 있는 대륙이다. 세계 육지 면적의 약 30%를 차지하고 있다.

02 캐나다는 북아메리카에서 면적이 가장 넓은 국가이다.

> **왜 틀렸지?** ① 네팔은 아시아에 위치한 국가이다. ③, ④, ⑤ 프랑스와 네덜란드, 아이슬란드는 유럽에 위치한 국가이다.

03 남아메리카에 위치한 에콰도르는 에스파냐어로 '적도(Equator)'라는 뜻을 가진 국가이다.

04 제시된 내용은 미국 뉴욕과 관련 있다. 뉴욕은 세계 도시이자 상업·금융·예술이 발달한 미국의 주요 도시이다.

> **알려 줄게! 세계 도시**
>
> 세계 도시는 세계화 시대에 국가의 경계를 넘어 세계적인 중심지 역할을 하는 대도시를 가리킨다. 세계 도시는 전 세계의 자본과 기술, 정보 등이 집중되고 다른 지역으로 전달되는 결절지(구분된 두 개 이상의 지점을 연결하여 주는 지역) 역할을 한다. 국제기구의 본부가 입지해 있거나, 국제회의와 행사가 많이 개최되어 국제 정치의 중심지 역할도 수행한다. 대표적인 세계 도시에는 뉴욕, 런던, 도쿄, 파리 등이 있다.

05 아메리카의 기후 분포를 보여 주는 지도의 (가)는 열대 기후, (나)는 냉대 기후에 해당한다. ② 열대 기후 지역에서는 플랜테이션 농업이 이루어진다.

> **왜 틀렸지?** ① 침엽수림 지대는 냉대 기후와 관련 있다. ③ 기업적 목축업은 건조 기후 지역과 관련 있다. ④ 일 년 내내 봄과 같은 날씨는 고산 기후와 관련 있다. ⑤ 열대 기후는 냉대 기후보다 연평균 기온이 높다.

05-1 남아메리카의 아마존강 유역은 덥고 습한 열대 기후가 나타난다. 아마존강 유역에는 세계 최대의 열대 우림이 형성되

어 있다.

> **왜 틀렸지?** ② 빙하호 등의 빙하 지형은 냉대나 한대 기후 지역에서 볼 수 있다. ③ 포도, 올리브, 레몬은 여름이 고온 건조한 지중해성 기후 지역에서 주로 재배하는 작물이다. ④ 이동식 가옥은 유목 생활을 하는 지역에서 주로 볼 수 있다. ⑤ 흰색 외벽의 집은 온대 기후 중에서도 지중해성 기후 지역에서 주로 볼 수 있다.

06 지도의 (다)는 고산 기후이다. 적도 주변의 안데스산맥 일대는 해발 고도가 높아 연중 온화한 고산 기후가 나타난다. 인간 생활에 적합한 기후가 나타나 예로부터 사람들이 모여 살아 보고타, 키토 등의 고산 도시가 발달해 있다.

07 아메리카는 대륙이 남북으로 길게 뻗어 있어 위도에 따라 다양한 기후가 나타난다. 적도 주변의 안데스산맥 일대는 연중 온화한 고산 기후가 나타난다.

> **왜 틀렸지?** ㄱ. 북아메리카에서 분포 면적이 가장 넓은 기후는 냉대 및 한대 기후이고, 남아메리카에서 분포 면적이 가장 넓은 기후는 열대 기후이다. ㄴ. 아마존 열대 우림은 남아메리카에 위치하므로 남반구에 해당한다.

08 아메리카의 농목업 지역을 보여 주는 지도의 A 지역은 기업적 목축업이 이루어지는 미국 서부의 건조 초원 지대, B 지역은 고온 다습한 열대 기후가 나타나 플랜테이션 농업이 이루어지는 곳, C 지역은 기업적 밀 농사가 이루어지는 온대 초원 지대이다.

09 아메리카의 열대 기후 지역에서는 커피, 카카오, 사탕수수, 바나나 등과 같은 열대작물이 대규모로 재배하는 플랜테이션 농업이 이루어지고 있다.

10 (가)는 적도 부근의 해발 고도가 높은 지역에서 나타나는 고산 기후에 해당한다. 고산 기후는 일 년 내내 기온이 10~20℃로 날씨가 온화하여 저지대의 열대 기후보다 인간 생활에 적합하다. (나)는 연중 기온이 높고 비가 많이 내리는 열대 기후에 해당한다.

11 아메리카 대륙의 서쪽에는 주로 높고 험준한 산지가 있고, 동쪽에는 오랜 기간 침식을 받은 낮은 산지나 고원이 발달하였다. ㄱ. 로키산맥은 북아메리카 서부에 위치하며, 비교적 최근에 형성되어 해발 고도가 높고 험준하다. ㄹ. 북아메리카의 로키산맥에서 남아메리카의 안데스산맥까지 이어지는 지역은 환태평양 조산대에 속하여 지진과 화산 활동이 자주 일어난다.

> **왜 틀렸지?** ㄴ. 아마존강은 남아메리카에서 관찰할 수 있는 하천이다. ㄷ. 미시시피강은 북아메리카의 미국 중부를 남북으로 흐르는 하천이다.

12 오대호에 관해 이야기하고 있다. 미국과 캐나다의 국경에 위

치한 오대호는 과거 빙하의 영향으로 형성된 빙하호에 해당한다. 온타리오호, 휴런호, 미시간호, 슈피리어호, 이리호 등 다섯 개의 호수로 이루어져 있다.

13 환태평양 조산대, 남아메리카 서부, 고산 기후는 모두 안데스산맥과 관련 있다. 남아메리카 서부 해안가를 따라 길게 뻗어 있는 안데스산맥은 해발 고도가 높고 험준하다. 해발 고도가 높은 일부 지역에서는 고산 기후가 나타난다.

14 북아메리카의 지형을 나타낸 지도의 (가) 지역은 환태평양 조산대에 속해 지반이 불안정하고, 로키산맥과 같은 높고 험준한 산맥이 나타난다. 반면 (나) 지역은 오랜 기간 침식을 받아 고도가 낮고 상대적으로 안정된 지반이 나타난다. (가)와 (나) 지역 사이에는 대평원을 가로질러 흐르는 미시시피강이 나타난다.

왜 틀렸지? ① 안데스산맥은 남아메리카의 서부 해안가를 따라 길게 뻗어 있는 산맥이다. ② 애팔래치아산맥은 (나) 지역에 위치한다. ③ 로키산맥은 (가) 지역에 위치한다. ⑤ (가) 지역은 (나) 지역보다 평균 해발 고도가 높다.

14-1 (가) 지역에는 로키산맥 등 높고 험준한 산맥이 나타나고, (나) 지역에는 애팔래치아산맥 등 상대적으로 경사가 완만한 산맥이 나타난다.

왜 틀렸지? ㄴ. 미국과 캐나다 국경에 있는 오대호는 (가)보다는 (나)에 가까이 있다. ㄷ. (가)는 (나)보다 최근에 형성되었다.

STEP **3** 주관식·서술형   103쪽

01 ㉠ – 파나마 지협, ㉡ – 리오그란데강

02 세계 도시

03 예시 답안 고산 기후, 적도 주변의 안데스산맥 일대는 해발 고도가 높아 연중 온화한 봄과 같은 기후가 나타난다. 고산 기후 지역은 저지대의 열대 기후 지역보다 인간 생활에 적합하여 일찍부터 사람이 거주하면서 도시가 발달하였다.

채점 기준	
상	고산 기후를 쓰고, 제시어를 모두 사용하여 기후 특징을 바르게 서술한 경우
중	고산 기후를 쓰고, 제시어의 일부만 사용하여 기후 특징을 서술한 경우
하	고산 기후만 적은 경우

04 (1) (가) – 로키산맥, (나) – 애팔래치아산맥

(2) 예시 답안 (가) 지역은 형성 시기가 오래되지 않은 높고 험준한 산맥이 남북으로 뻗어 있고, 태평양 연안을 따라 화산과

지진 활동이 자주 일어난다. (나) 지역은 오랜 시간 침식을 받아 비교적 고도가 낮고 경사가 완만하다.

채점 기준	
상	(가), (나) 지역의 대표적인 산맥을 쓰고, 지형적 특징을 바르게 서술한 경우
중	(가), (나) 지역의 대표적인 산맥을 썼으나, 두 지역의 지형적 특징에 관한 서술이 미흡한 경우
하	(가), (나) 지역의 대표적인 산맥만 적은 경우

05 (1) 환태평양 조산대

(2) 예시 답안 환태평양 조산대는 태평양 주변 판의 경계 지역으로, 지반이 매우 불안정하여 화산과 지진 활동이 빈번하게 발생한다.

채점 기준	
상	환태평양 조산대를 쓰고, 그 특징을 바르게 서술한 경우
중	환태평양 조산대를 썼으나, 그 특징에 관한 서술이 미흡한 경우
하	환태평양 조산대만 적은 경우

---

02 아메리카의 민족(인종)과 문화
~03 초국적 기업의 발달과 지역 변화

STEP **1** 개념 확인   106쪽

01 (1) 히스패닉 (2) 유럽계 (3) 안데스 (4) 초국적 기업   **02** (1) ㄱ (2) ㄷ (3) ㄴ   **03** (1) × (2) × (3) ○ (4) ○   **04** ㉠ 리우 카니발 ㉡ 문화 혼종성   **05** 산업 공동화

STEP **2** 대표 문제   106~108쪽

01 ① **02** ① **03** ③ **04** ④ **05** ③ **06** ④ **07** ④ **08** ④
08-1 ④ **09** ⑤ **10** ② **11** ③ **12** ③ **13** ⑤ **14** ③ **15** ②

01 아메리카에는 새로운 정착지를 찾아 이동한 유럽계 민족(인종)이 자리를 잡으면서 다양한 민족(인종)이 섞이기 시작했다.

02 아메리카는 세계 곳곳에서 이주해 온 다양한 민족(인종)이 함께 어울려 살아가는 다문화 사회에 해당한다.

03 아메리카는 유럽의 식민 지배와 이민자 유입의 영향으로 민족(인종)이 다양하게 나타난다. 앵글로아메리카는 영국의 영향으로 영어를 주로 사용하고, 개신교를 믿는 편이며, 남부 유럽의 영향을 많이 받은 라틴 아메리카는 에스파냐어와 포르투갈어를 주로 사용하고, 가톨릭교를 믿는 편이다. ③ 마야·아스테카·잉카 문명 등 원주민 문명이 번성했던 지역은 라틴 아메리카이다.

04 제시된 자료는 미국의 민족(인종)별 구성 변화를 나타낸 그래프이다. 그래프의 ㉠은 히스패닉, ㉡은 아프리카계, ㉢은 아시아계이다. 히스패닉은 에스파냐어를 사용하는 라틴 아메리카 출신의 이민자와 그 후손들로, 아시아계 이주민에 비해 에스파냐어 사용 비율이 높다.

왜 틀렸지? ① 미국은 유럽계, 히스패닉, 아프리카계, 아시아계 등 다양한 민족(인종)이 함께 공존하는 다민족 국가이다. ② 1990년 대비 2020년에 유럽계의 인구 비율은 감소했다. ③ 히스패닉의 미국 유입은 일자리를 찾기 위한 이유가 크다.

05 우루과이와 아르헨티나에서 비율이 높은 A는 유럽계, 멕시코와 콜롬비아에서 비율이 높은 B는 혼혈, 페루와 볼리비아에서 비율이 높은 C는 원주민, 자메이카에서 비율이 높은 D는 아프리카계에 해당한다. ③ 원주민은 주로 안데스 산지에 위치한 페루와 볼리비아에서 거주 비율이 높게 나타난다.

06 아메리카 원주민의 전통문화와 유럽, 아프리카, 아시아 등의 문화가 섞여 서로 영향을 주고받으면서 새로운 문화를 만들어 내고 있다.

07 브라질의 리우 카니발은 유럽계와 아프리카계 문화가 합쳐진 문화 혼종성의 전형적인 사례이다.

알려 줄게! 리우 카니발

리우 카니발은 매년 2월 말부터 3월 초에 브라질 리우데자네이루에서 열리는 축제이다. 삼바 축제라고도 불리는 리우 카니발은 포르투갈에서 브라질로 건너온 사람들의 크리스트교 축제와 아프리카 전통 타악기 연주와 춤이 합쳐져 생겨났다. 일본의 삿포로 눈 축제, 독일의 옥토버 페스트와 함께 세계 3대 축제로 손꼽힌다.

08 (가)는 캐나다 퀘벡주로 프랑스의 식민 지배 영향으로 프랑스어를 주로 사용한다. (나)는 브라질로 포르투갈의 식민 지배 영향으로 포르투갈어를 공용어로 사용한다.

08-1 영어를 사용하는 앵글로아메리카와 에스파냐어, 포르투갈어를 사용하는 라틴 아메리카는 공통적으로 유럽의 영향을 받았다.

09 세계 무역 기구(WTO)의 등장과 자유 무역 협정(FTA)의 확대로 자본, 기술, 서비스의 국제 이동이 활발해지면서 초국적 기업의 활동 범위와 영향력은 점차 확대되고 있다.

10 초국적 기업은 한 국가에 본사를 두고 세계 여러 국가에서 자회사와 공장 등을 운영하며 상품을 생산, 판매하는 기업이다. 전 세계를 하나의 시장으로 두고 활동하는 초국적 기업은 공산품을 생산하는 제조업뿐만 아니라 농산물의 생산과 가공, 금융 서비스 상품, 정보 산업 등으로 활동 범위를 확대하였다. ② 교통·통신의 발달과 세계 무역 기구(WTO)의 출범 등

으로 무역 장벽이 낮아지면서 초국적 기업의 수와 규모가 커지고 있다.

11 초국적 기업이 경영의 효율성을 높이고 이윤을 극대화하기 위해 본사, 연구소, 생산 공장 등을 세계 여러 지역에 분산하는 것을 공간적 분업이라고 한다.

12 초국적 기업의 본사와 연구소는 정보 획득과 고급 인력 확보를 위해 주로 선진국에 위치하며, 생산 공장은 생산 비용 절감을 위해 주로 개발 도상국에 위치한다.

13 무역 장벽을 완화하여 자유 무역을 확대하는 국가 간 협약을 자유 무역 협정(FTA)이라고 한다.

14 초국적 기업의 생산 공장 등 관련 시설이 들어서면 일자리가 늘어나 인구가 유입되고, 지역의 사회 기반 시설이나 편의 시설이 개선되는 등 지역 경제가 활성화된다. ③ 국내 기업 쇠퇴는 초국적 기업의 진출에 따른 부정적 영향에 해당한다.

15 초국적 기업은 생산 비용을 줄이기 위해 생산 공장을 다른 지역으로 이전하기도 한다. 생산 공장이 들어선 지역에서는 일자리가 늘어나 지역 경제가 활성화되지만, 초국적 기업과 비슷한 제품을 생산하는 국내 기업은 경쟁에 밀려 위축되기도 한다. 한편 생산 공장이 다른 지역으로 빠져나가면 공장이 있던 지역은 일자리가 줄어들어 지역 경제가 침체되고, 산업 공동화 현상이 나타나기도 한다.

왜 틀렸지? ㄴ. 중국에 있던 생산 공장이 인도로 빠져나갔기 때문에 중국에서는 일자리가 줄어들고, 지역 경제가 침체되어 산업 공동화 현상이 나타날 수 있다. ㄹ. 중국에 있던 생산 공장이 들어선 인도에서는 일자리가 늘어나고 인구가 유입되면서 지역 경제가 활성화될 수 있다.

01 (1) (가) – 영어, (나) – 프랑스어

(2) **예시 답안** 캐나다 동부의 퀘벡주는 과거 프랑스의 식민 지배 영향으로 프랑스계 이주민의 비율이 높아 프랑스어의 사용 비율이 높다.

채점 기준	
상	(가), (나)에 해당하는 언어를 쓰고, 캐나다 동부 지역에서 (나) 언어를 주로 사용하여 이유를 바르게 서술한 경우
중	(가), (나)에 해당하는 언어를 썼으나, 캐나다 동부 지역에서 (나) 언어를 주로 사용하여 이유에 관한 서술이 미흡한 경우
하	(가), (나)에 해당하는 언어만 적은 경우

02 문화 혼종성

03 **예시 답안** 원료 산지 근처나 지가와 임금이 저렴해 생산 비용을 줄일 수 있는 지역에 입지하는 경우가 많다. 무역 장벽을 피하거나 판매 시장을 확보하기 위한 지역에 입지하기도 한다.

채점 기준	
상	생산 공장이 입지하기에 유리한 조건 두 가지를 바르게 서술한 경우
중	생산 공장이 입지하기에 유리한 조건 한 가지를 바르게 서술한 경우
하	생산 공장이 입지하기에 유리한 조건을 서술하지 못한 경우

04 **예시 답안** 일자리가 늘어난다. 인구가 유입된다. 사회 기반 시설이나 편의 시설이 개선된다. 지역 경제가 활성화된다. 자본과 기술의 유입으로 국가의 산업 경쟁력이 강화된다. 등

채점 기준	
상	초국적 기업의 진출에 따른 긍정적 변화 두 가지를 바르게 서술한 경우
중	초국적 기업의 진출에 따른 긍정적 변화 한 가지를 바르게 서술한 경우
하	초국적 기업의 진출에 따른 긍정적 변화를 서술하지 못한 경우

대단원 한눈에 정리하기 110~111쪽

❶ 파나마 지협 ❷ 라틴 아메리카 ❸ 고산 기후 ❹ 안데스 ❺ 아마존강 ❻ 히스패닉 ❼ 라틴 아메리카 ❽ 공간적 분업 ❾ 본사 ❿ 산업 공동화

대단원 실전 문제 112~115쪽

01 ⑤	02 ④	03 ①	04 ②	05 ⑤	06 ③	07 ③
08 ③	09 ⑤	10 ④	11 ⑤	12 ③	13 ①	14 ④
15 ②	16 ①	17 ④	18 ②	19 ①	20 ⑤	21 ①
22 해설 참조	23 해설 참조	24 해설 참조				

01 아메리카는 서쪽으로 태평양, 동쪽으로 대서양, 북쪽으로 북극해와 접하며 북반구와 남반구에 걸쳐 있는 대륙이다. 대륙 중부에 위치한 파나마 지협은 지리적 구분의 기준이 되는데, 파나마 지협을 경계로 하여 북쪽은 북아메리카, 남쪽은 남아메리카로 구분한다.

왜 틀렸지? ① 아메리카는 동쪽으로 대서양과 접하고 있다. ② 아메리카는 서쪽으로 태평양과 접하고 있다. ③ 아메리카는 대륙이 북반구와 남반구에 걸쳐 있다. ④ 문화를 기준으로 아메리카 대륙을 구분할 때에는 미국과 멕시코를 지나는 리오그란데강을 기준으로 앵글로아메리카와 라틴 아메리카로 구분할 수 있다.

02 아메리카 대륙은 파나마 지협을 경계로 북아메리카와 남아메리카로 구분할 수 있다. 남아메리카 국가로는 브라질, 에콰도르, 볼리비아, 칠레, 아르헨티나 등이 있다.

왜 틀렸지? ㄱ, ㄷ. 멕시코와 캐나다는 북아메리카에 해당한다.

03 자유의 여신상은 미국의 뉴욕, 예수상은 브라질의 리우데자네이루에서 볼 수 있는 랜드마크이다.

04 에콰도르의 키토, 콜롬비아의 보고타 등은 적도 주변의 안데스 산지에 발달한 고산 도시이다. 고산 기후 지역은 해발 고도가 높아 연중 날씨가 온화하여 저지대의 열대 기후 지역보다 인간 생활에 적합해 일찍이 사람들이 거주하면서 도시가 발달하였다.

05 아메리카의 기후 분포를 보여 주는 지도의 A는 열대 기후, B는 건조 기후, C는 온대 기후, D는 냉대 기후, E는 고산 기후이다. 적도 부근의 해발 고도가 높은 지역에 나타나는 기후는 E(고산 기후)이다. 고산 기후 지역은 저지대의 열대 기후 지역보다 날씨가 온화해 인간이 생활하기에 적합하다. 일찍이 사람이 거주하며 도시와 고대 문명이 발달해 왔다.

06 지도의 D는 냉대 기후이다. 냉대 기후 지역은 열대 기후 지역보다 연평균 기온이 낮다.

왜 틀렸지? ① 적도와 가까운 곳에는 대체로 열대 기후가 나타난다. ② 계절풍의 영향을 받는 열대 및 온대 기후에 관한 설명이다. ③ 플랜테이션은 주로 열대 기후 지역에서 행해지는 농업 방식이다. ⑤ 고산 기후 지역과 관련 있는 설명이다.

07 두 학생은 빙하호인 오대호에 관하여 이야기하고 있다. 미국 북동부의 오대호 일대는 과거 빙하로 덮여 있었던 지역이다. 슈피리어호, 미시간호, 휴런호, 온타리오호, 이리호로 이루어져 있다.

08 아메리카 서부에는 태평양 연안을 따라 로키산맥, 안데스산맥 등이 분포해 있고, 동부에는 대서양 연안에 위치한 애팔래치아산맥 등이 있다. ③ 화산과 지진 활동은 환태평양 조산대에 속하는 서부 산맥에서 주로 발생한다.

09 (가)는 안데스산맥, (나)는 미시시피강에 관한 설명이다. 남아메리카의 서부에는 높고 험준한 안데스산맥이 남북 방향으로 뻗어 있으며, 이 일대는 지진과 화산 활동이 활발하다. 북아메리카의 로키산맥과 애팔래치아산맥 사이에는 세계적인 곡창 지대를 이루는 대평원(그레이트플레인스)과 그 일대를 가로지르며 흐르는 미시시피강이 있다.

10 제시된 사진은 아메리카 원주민의 모습을 보여 준다. 아메리카 원주민은 유럽의 식민지 개척 과정에서 적은 수만 남아 오늘날에는 주로 원주민 보호 구역에 살고 있다.

미국의 지명 중에는 아메리카 원주민과 관련 있는 것이 많다. 그 예로 미시시피강은 원주민 언어로 '위대한 강'이란 뜻이고, 오대호의 하나인 미시간호는 '큰 호수'라는 뜻이다. 이 밖에도 매사추세츠주, 켄터키주 등 미국의 여러 주 이름도 원주민의 이름에서 따오거나 원주민의 언어에서 유래한 것이 많다.

11 앵글로아메리카는 유럽계, 히스패닉, 아프리카계, 아시아계 등 다양한 민족이 어울려 살아가는 다문화 사회에 해당한다.

왜 틀렸지? ㄱ. 일자리 등의 경제적인 이유로 앵글로아메리카로의 아시아계 유입은 증가 추세에 있다. ㄴ. 라틴 아메리카에서 이주한 히스패닉의 증가 등으로 유럽계 비율은 감소하고 있다.

12 (가)는 히스패닉, (나)는 아프리카계 민족(인종)에 관한 설명이다. 아프리카계는 플랜테이션 농업에 필요한 노동력 확보를 위해 아메리카에 강제로 유입되었다.

왜 틀렸지? ② 히스패닉이 미국 전체 인구에서 차지하는 비율은 꾸준히 증가하고 있다. ④ 아프리카계는 대규모 농장이 발달한 브라질이나 카리브해 연안의 자메이카 등에 주로 분포한다.

13 라틴 아메리카에서 유럽계 민족(인종)은 거주에 유리한 온대 기후가 나타나는 우루과이와 아르헨티나에서 거주 비율이 높게 나타난다.

14 아메리카에 정착한 유럽인은 유럽 문화를 전파하였으며 대규모 농장을 운영하기 위해 아프리카에서 많은 노예를 이주시켰다. 이 과정에서 원주민, 유럽계, 아프리카계 간의 혼혈이 이루어졌으며 라틴 아메리카의 민족(인종) 구성이 다양해졌다. ④ 혼혈인은 라틴 아메리카 전역에 걸쳐 거주하고 있다.

왜 틀렸지? ① 라틴 아메리카의 혼혈 인구 비율은 역사적 배경과 관련 있다. ② 원주민은 안데스 산지에 위치한 페루와 볼리비아에 많다. ③ 유럽계는 거주에 유리한 온대 기후가 나타나는 우루과이와 아르헨티나에서 비율이 높다. ⑤ 아프리카계는 브라질이나 카리브해 연안의 자메이카 등에 집중적으로 분포한다.

15 (가)는 캐나다 퀘벡, (나)는 브라질에 관한 설명이다.

라틴 아메리카의 원주민들은 중앙아메리카와 안데스산맥 일대에서 잉카 문명을 비롯하여 찬란한 문화를 발달시켰다. 그러나 이들의 문화는 15세기 말부터 침략해 온 에스파냐에 의해 파괴되었고, 그 대신에 유럽의 라틴 문화가 전파되었다. 오늘날 이 지역에서는 대부분의 주민이 가톨릭교를 믿고, 에스파냐어를 사용하고 있으나 포르투갈의 식민지였던 브라질은 포르투갈어를 사용하고 있다.

16 제시된 글은 문화 혼종성에 관한 설명이다. ㄷ, ㄹ의 사례는 하나의 문화가 일방적으로 소멸한 사례에 해당한다.

17 세계 무역 기구(WTO)의 등장은 경제활동의 세계화를 촉진했고, 이는 초국적 기업이 성장하는 배경으로 작용했다.

18 초국적 기업의 생산 공장은 원료 산지 근처 또는 지가와 임금이 저렴해 생산 비용이 적게 드는 곳에 입지한다. 또한 관세와 같은 무역 장벽을 피하거나 판매 시장을 확보하기 위해 선진국에 입지하기도 한다.

19 초국적 기업은 경영의 효율성을 높이고 이윤을 극대화하고자 본사, 자회사, 연구소, 생산 공장 등을 서로 다른 국가와 지역에 분산하여 배치하는 공간적 분업을 시행한다.

20 (가)는 본사, (나)는 생산 공장, (다)는 연구소에 관한 설명이다. 본사는 정보와 자본 확보에 유리한 지역을, 생산 공장은 원료 산지 근처나 지가가 낮고 저임금 노동력이 풍부한 지역 등을 선호한다.

21 초국적 기업의 생산 공장이 들어선 지역에서는 일자리가 늘어나 인구가 유입되고, 사회 기반 시설이 개선되는 등의 긍정적 변화가 나타난다.

22 예시 답안 아메리카는 지리적으로는 파나마 지협을 기준으로 북아메리카와 남아메리카, 문화적으로는 리오그란데강을 기준으로 앵글로아메리카와 라틴 아메리카로 구분할 수 있다.

채점 기준	
상	아메리카의 지리적·문화적 지역 구분 기준과 지역 이름을 모두 정확하게 서술한 경우
중	아메리카의 지리적·문화적 지역 구분 기준과 지역 이름 중 일부만 정확하게 서술한 경우
하	아메리카의 지리적·문화적 지역 구분 기준과 지역 이름을 서술하지 못한 경우

23 예시 답안 마나우스는 적도 부근의 저지대에 위치해 덥고 습한 기후가 나타나지만, 보고타는 해발 고도가 높은 곳에 위치해 일 년 내내 봄과 같이 온화한 날씨가 지속되기 때문이다.

채점 기준	
상	두 지역의 해발 고도를 비교하여 연평균 기온이 다른 이유를 정확하게 서술한 경우
중	연평균 기온이 다른 이유를 서술하였으나 다소 미흡한 경우
하	두 지역의 기온 차이만 간략하게 서술한 경우

24 예시 답안 초국적 기업의 관련 산업 시설이 들어선 지역은 일자리가 늘어나 인구가 유입되고, 사회 기반 시설이 개선되는 등 지역 경제가 활성화된다. 그러나 해당 국가의 관련 산업이 위축되거나 본국으로 자본이 유출되는 부정적 영향도 있다.

채점 기준	
상	초국적 기업의 진출이 지역에 미친 긍정적·부정적 영향을 모두 바르게 서술한 경우
중	초국적 기업의 진출이 지역에 미친 긍정적·부정적 영향 중 한 가지만 바르게 서술한 경우
하	초국적 기업의 진출이 지역에 미친 긍정적·부정적 영향을 서술하지 못한 경우

6 오세아니아와 극지방

01 세계 속의 오세아니아

STEP 1 개념 확인

01 (1) 태평양 (2) 캔버라 (3) 온대 **02** (1) 남반구 (2) 화산, 빙하 (3) 기업적 농목업 **03** (1) ○ (2) ○ (3) × (4) × **04** 대보초(그레이트 배리어 리프) **05** 찬정

STEP 2 대표 문제

01 ⑤ **02** ① **03** ⑤ **04** ① **05** ④ **06** ⑤ **07** ④ **07-1** ⑤ **08** ④ **09** ② **10** ⑤ **11** ⑤ **12** ② **12-1** ② **13** ⑤

01 오세아니아는 오스트레일리아와 뉴질랜드를 비롯한 태평양의 여러 섬나라들로 이루어져 있다. 오세아니아의 남쪽에는 남극해, 북쪽에는 아시아 대륙, 동쪽에는 태평양, 서쪽에는 인도양이 있다. 오세아니아는 대륙의 대부분이 적도를 중심으로 남쪽(남반구)에 있다.

> **알려 줄게!** 오세아니아의 위치와 관련한 지역 특성
>
> 위도는 지역의 기후와 계절에 영향을 준다. 지구는 둥글기 때문에 위도에 따라 태양 에너지를 받는 양이 다르고, 자전축이 23.5° 기울어져 있어 적도 지역을 제외한 북반구와 남반구는 계절이 서로 반대로 나타난다. 그래서 북반구 중위도인 우리나라가 춥고 눈이 내리는 12월의 크리스마스를 즐길 때, 남반구에 있는 오세아니아에서는 한여름의 크리스마스를 즐길 수 있다.

02 오세아니아는 오스트레일리아와 뉴질랜드를 비롯해 파푸아 뉴기니, 키리바시, 피지, 투발루 등 태평양의 여러 섬나라들로 이루어져 있다.

> **왜 틀렸지?** ㄷ. 스리랑카는 아시아에 있는 섬나라이다. ㄹ. 마다가스카르는 아프리카에 있는 섬나라이다.

03 캔버라는 오스트레일리아의 수도이다. 시드니는 오스트레일리아에서 인구가 가장 많은 도시로, 오페라 하우스를 볼 수 있는 곳이다.

04 오세아니아의 기후 분포를 보여 주는 지도에서 오스트레일리아의 북부에 나타나는 (가)는 열대 기후, 오스트레일리아의 내륙과 서부에 넓게 나타나는 (나)는 건조 기후, 오스트레일리아의 남동부 및 남서부와 뉴질랜드 대부분 지역에 나타나는 (다)는 온대 기후에 해당한다.

05 ④ 화산 지형과 온천은 오스트레일리아가 아닌 뉴질랜드에서 볼 수 있다. 뉴질랜드의 북섬은 환태평양 조산대가 통과하는 지점에 위치하여 지각이 불안정하며, 화산 지형과 온천 등이 발달하였다.

06 뉴질랜드는 북섬과 남섬, 수많은 작은 섬으로 이루어진 섬나라로, 대체로 온대 기후가 나타난다. 북섬에는 화산과 온천, 그리고 낮은 구릉이 발달해 있고, 남섬에는 빙하 지형이 발달한 높은 산지가 있어 서로 대조를 이룬다. 또한 오스트레일리아와 함께 영국의 식민 지배를 받았기 때문에 주민의 대부분이 영어를 사용하는 유럽계이며, 크리스트교를 믿는다.

> **왜 틀렸지?** ① ㉠ 온대 기후가 넓게 나타난다. ② ㉡ 북섬은 화산 지형, 남섬은 빙하 지형이 발달했다. ③ ㉢ 수도는 웰링턴이다. 오클랜드는 뉴질랜드에서 인구가 가장 많은 도시로 경제의 중심지 역할을 한다. ④ ㉣ 주요 종교는 크리스트교이다.

07 오세아니아의 주요 지형을 보여 주는 지도의 (가)는 건조한 사막 지역, (나)는 대찬정 분지, (다)는 그레이트디바이딩산맥, (라)는 남알프스산맥이다.

> **왜 틀렸지?** ㄱ. (가)는 강수량이 적은 내륙 지역으로 건조 기후가 나타나 사막이 넓게 형성되어 있기 때문에 농목업에 불리하다.

07-1 뉴질랜드의 남섬은 피오르 등 다양한 빙하 지형이 발달하였다. 남알프스산맥의 산 정상에서는 만년설 등을 볼 수 있다.

> **왜 틀렸지?** ① (다)는 그레이트디바이딩산맥이다. ② 지진과 화산 활동은 환태평양 조산대가 통과하는 뉴질랜드의 북섬과 관련 있다. ③ 환태평양 조산대는 뉴질랜드의 북섬과 관련 있다. ④ (라)는 남알프스산맥이다.

08 (나) 지역은 대찬정 분지이다. 지하수를 끌어올려 만든 우물인 찬정을 이용하여 대규모로 양을 사육하는 농장을 볼 수 있다. 동부 산지에서 땅속으로 스며든 빗물은 지층을 따라 중부 저지대로 이동하는데, 물이 고여 있는 곳까지 찬정을 뚫으면 불투수층에 눌려 있던 물이 높은 압력에 의해 위로 솟구쳐 나오게 된다.

> **왜 틀렸지?** ① 울창한 열대 밀림은 열대 기후 지역에서 볼 수 있다. ② 대규모 사탕수수 농장은 플랜테이션 농업과 관련 있으므로 열대 기후 지역에서 주로 볼 수 있다. ③ 오렌지, 포도는 대표적인 수목 농업 작물이므로 온대 기후 중에서도 지중해성 기후가 나타나는 지역에서 볼 수 있다. ⑤ 고상 가옥은 열대 기후 지역이나 한대 기후 지역에서 볼 수 있다.

09 ㄱ. 피지 등 태평양 지역의 섬나라들은 기후가 좋고 경치가 아름다워 관광 산업이 발달하였다. ㄹ. 오스트레일리아의 대찬정 분지에서는 대규모로 양을 사육한다.

> **왜 틀렸지?** ㄴ. 침엽수림은 냉대 기후와 관련 있다. 파푸아 뉴기니, 피지, 투발루 등 태평양의 섬나라들은 대체로 열대 기후가 나타난다. ㄷ. 애버리지니 원주민의 문화 체험은 오스트레일리아에서 할 수 있다.

10 ⑤ 빙하는 뉴질랜드 남섬에서 주로 볼 수 있는 지형으로, 오스트레일리아에서는 볼 수 없다.

11 지도의 (가)는 파푸아 뉴기니, (나)는 오스트레일리아, (다)는 뉴질랜드이다. (가)는 대체로 열대 기후가 나타나 커피 등을 재배하는 플랜테이션 농업이 발달한 지역이고, (나), (다)는 세계적인 낙농업 국가이다.

왜 틀렸지? ① 세계적인 철광석 수출국은 (나) 오스트레일리아이다. ② 가공 무역이란 외국에서 원자재를 수입하여 완제품으로 만든 뒤 다시 수출하는 무역 방식을 말한다. (나) 오스트레일리아는 제조업의 발달이 미약하여 풍부한 지하자원은 수출하고, 대부분의 공산품은 수입에 의존하고 있다. 가공 무역이 발달한 대표적인 국가는 일본이다. ③ 플랜테이션 농업은 열대 기후와 관련 있다. (다) 뉴질랜드는 온대 기후가 넓게 나타난다. ④ 밀 경작은 (나) 오스트레일리아와 관련 있다.

12 오스트레일리아의 자원 이동을 보여 주는 지도의 (가)는 석탄, (나)는 철광석이다. 석탄은 동부 산지 주변, 철광석은 북서부 해안 근처에서 많이 생산된다.

12-1 (가)는 석탄, (나)는 철광석이다. 철광석은 제철 및 자동차 공업의 주원료이다.

왜 틀렸지? ㄴ. 철광석은 북서부 해안 근처에서 많이 생산된다. ㄹ. 우리나라와 중국, 일본 등은 오스트레일리아에서 수출하는 석탄과 철광석의 주요 수입국이다.

13 오스트레일리아는 과거 유럽, 미국과의 교류가 많았으나 최근에는 지리적으로 가까운 거리에 있는 아시아 국가와의 교류가 활발하다.

왜 틀렸지? ① 최근 우리나라, 중국, 일본 등 지리적으로 가까운 아시아 국가들과의 교류가 증가하고 있다. ② 1965년과 2022년의 무역액은 각각 63억 달러와 4,102억 달러이다. ③ 2022년 기준 오스트레일리아의 무역 상대국 비중은 중국이 가장 높다. ④ 2022년의 무역 상대국은 주로 아시아 국가들이다.

<table>
<tr><td colspan="2" align="center">STEP 3 주관식·서술형</td><td align="right">123쪽</td></tr>
</table>

01 **예시 답안** 오스트레일리아의 남동부와 남서부 해안은 온대 기후가 나타나는 곳으로, 기후가 온화하여 인간 생활 및 경제활동을 하기에 유리하기 때문이다.

채점 기준	
상	기후와 관련지어 남동부와 남서부 해안의 인구 밀도가 높은 이유를 서술한 경우
중	해안을 따라 인구 밀도가 높다고만 서술한 경우
하	인구 밀도가 높은 이유를 서술하지 못한 경우

02 **예시 답안** 오스트레일리아의 건조 지역에서 지하수를 끌어올려 농목업을 가능하게 하기 위함이다. 찬정을 활용하여 양을 사육한다.

채점 기준	
상	찬정을 설치한 이유와 찬정을 활용한 경제활동을 모두 바르게 서술한 경우
중	찬정을 설치한 이유와 찬정을 활용한 경제활동 중 한 가지만 바르게 서술한 경우
하	찬정을 설치한 이유와 찬정을 활용한 경제활동을 서술하지 못한 경우

03 **예시 답안** 남반구에 위치한 오스트레일리아는 11~2월에 밀을 수확하는데, 북반구의 주요 밀 수출 국가들과 수확 시기가 달라 북반구로 밀을 수출하는 데 유리하다.

채점 기준	
상	남반구에 위치하여 북반구의 밀 수확 시기와 달라 밀 수출에 유리하다고 정확하게 서술한 경우
중	남반구에 위치하기 때문이라고만 간략히 서술한 경우
하	밀 수출에 유리한 이유를 서술하지 못한 경우

04 **예시 답안** 오스트레일리아는 과거에 장거리에 있는 유럽, 미국과의 교류가 많았으나 최근에는 지리적으로 가까운 거리에 있는 아시아 국가와의 교류가 활발하다.

채점 기준	
상	무역 상대국의 지역 및 이동 거리의 특징을 비교하여 바르게 서술한 경우
중	무역 상대국의 지역 및 이동 거리의 특징을 서술하였으나 다소 미흡한 경우
하	무역 상대국의 변화만을 서술한 경우

02 태평양 지역의 환경 문제
~03 극지방의 중요성

<table>
<tr><td>STEP 1 개념 확인</td><td align="right">126쪽</td></tr>
</table>

01 (1) 미세 플라스틱 (2) 지구 온난화 (3) 석유 **02** (1) 줄이기 (2) 한대 (3) 남극 **03** (1) × (2) × (3) ○ **04** ㉠ 해양 쓰레기 ㉡ 해수면 상승 **05** 주장할 수 있다 → 주장할 수 없다

<table>
<tr><td>STEP 2 대표 문제</td><td align="right">126~128쪽</td></tr>
</table>

01 ⑤ **02** ③ **03** ② **04** ③ **05** ② **05-1** ⑤ **06** ⑤ **07** ① **08** ② **09** ④ **10** ③ **11** ⑤ **12** ⑤ **13** ③ **14** ①

01 아시아, 오세아니아, 아메리카 대륙에 접해 있는 태평양에서는 해양 쓰레기, 해수면 상승, 산호초 파괴 등의 환경 문제가 발생하고 있다.

왜 틀렸지? ㄱ. 사막화는 사막 주변의 초원 지대가 사막과 같이 척박한 땅으로 변하는 현상이다. 오랜 가뭄, 과도한 방목 등이 원인이다.

02 전 세계에서 버려진 쓰레기는 바다로 흘러들어 해류를 따라 이동하다 바다 한곳에 모인다. 오랫동안 모인 쓰레기는 쓰레기 섬을 형성한다. 해양 쓰레기의 양이 증가하면서 태평양 한가운데 있는 쓰레기 섬의 면적이 점점 커지고 있다.

03 태평양의 섬나라 투발루는 가장 높은 곳의 해발 고도가 5m도 되지 않아 해수면이 상승하면서 국토가 수몰될 위기에 있다.

04 지구 온난화는 산업화 이후 화석 에너지의 소비 증가, 무분별한 벌목, 도시화 등으로 온실가스 배출량이 늘어나면서 지구의 평균 기온이 점차 상승하는 현상이다. 지구의 평균 기온 상승으로 빙하가 녹고 수온이 높아진 바닷물이 팽창하면서 해수면이 상승함에 따라 태평양의 저지대 섬과 해안은 침수 위기를 겪고 있다. 또한 해수 온도의 상승으로 바닷속의 생태계에도 영향을 준다.

05 태평양 지역의 환경 문제를 해결하기 위해서는 국제 사회뿐만 아니라 국가, 기업, 개인 등 다양한 주체가 함께 노력해야 한다.

왜 틀렸지? ㄴ. 국가는 신·재생 에너지의 생산 및 보급 확대를 위해 노력해야 한다. ㄹ. 태평양의 환경 문제를 해결하기 위해서 개인은 대중교통 이용률을 늘리거나, 생활 속에서 에너지 절약 등을 실천해야 한다.

05-1 생활 속에서 태평양 지역의 환경 문제를 해결하기 위한 개인 차원의 실천 방안으로 플라스틱 사용량을 줄이고, 자주 쓰지 않는 물건은 나눠 쓰며 자원과 에너지를 절약하는 습관을 지니거나 쓰레기를 분리배출 하는 것 등이 있다.

06 미세 플라스틱은 5mm 미만의 플라스틱 조각으로 그 크기가 작아 하수 처리 시설에서 걸러 내지 못하고 바다와 강으로 그대로 유입되어 물고기들이 먹이로 착각하여 먹게 된다. 사람이 미세 플라스틱을 섭취한 물고기를 먹게 되어 체내에 미세 플라스틱이 축적되면 건강에 위협을 받게 된다.

07 교토 의정서는 지구 온난화 규제와 방지를 위해 선진국의 온실가스 감축 목표치를 규정한 국제 협약으로, 1997년 일본 교토에서 개최된 기후변화 당사국 총회에서 채택되었다.

왜 틀렸지? ② 생물 다양성 협약에 관한 설명이다. ③ 사막화 방지 협약에 관한 설명이다. ⑤ 람사르 협약에 관한 설명이다.

08 (가)와 (나)는 각각 북극과 남극을 중심으로 한 지역을 보여주는 지도이다. 북극에 인접한 주변 국가로는 러시아, 캐나다, 덴마크, 미국, 노르웨이 등이 있다.

왜 틀렸지? ① 북극은 북극점을 중심으로 북극해가 펼쳐져 있다. ③ 남극은 남극점을 중심으로 남극 대륙과 이를 둘러싼 남극해로 이루어져 있다. ④ 남극 주변에는 칠레, 아르헨티나 등의 국가와 아프리카, 남아메리카 대륙이 위치해 있다.

09 남극 주변에는 남아메리카 대륙에 속해 있는 아르헨티나, 칠레 등의 국가가 있다.

왜 틀렸지? ㄱ, ㄷ. 미국과 캐나다는 북극해 주변에 있는 국가이다.

10 남극 대륙과 북극해 주변에는 과거 지구의 기후변화, 극지 생물, 해양 생태계 등을 연구하기 위해 세계 여러 국가에서 과학 기지를 설치해 운영하고 있다.

왜 틀렸지? ① 극지방에는 석유, 천연가스 등의 지하자원이 매장되어 있다. ② 남극 조약에 따라 남극에는 군사 기지를 설치할 수 없다. ④ 남극에 관한 설명이다. ⑤ 북극은 유럽, 아시아, 북아메리카의 주요 도시들을 연결하는 주요 항공 교통로 역할을 하고 있다.

11 제시된 지도는 북극해를 둘러싼 영유권 갈등을 나타낸 것이다. 북극해에는 전 세계 천연가스의 약 30%, 석유의 약 13%가 매장된 것으로 추정되는데, 지구 온난화로 북극해의 얼음이 녹으면서 항로와 어로 개척, 자원 채굴이 가능해져 북극해에 인접한 국가들이 더 많은 자원 확보를 위해 북극해에 관한 영유권을 주장하고 있다. 북극해가 개발되면서 환경이 오염되고, 전통적인 생활 방식을 버리고 도시로 이주하는 원주민들이 늘고 있다.

왜 틀렸지? ㄱ. 남극과 남극 조약에 관한 설명이다. ㄴ. 북극해는 인접하지 않은 국가들도 자원 개발과 탐사에 참여할 수 있다.

12 북극은 유럽, 아시아, 북아메리카의 주요 도시를 짧은 거리로 연결하는 항공 교통의 중심지이다. 또한 북극해를 거쳐 아시아와 유럽을 잇는 최단 해운 항로로 주목받고 있다.

13 북극해에 매장된 자원 개발을 위한 주변 국가의 경쟁이 심화되면서 이를 둘러싼 영유권 갈등이 나타나고 있다.

왜 틀렸지? ㄱ. 북극해 주변국으로는 미국, 캐나다, 러시아, 노르웨이, 덴마크 등이 있다. ㄹ. 북극해의 개발로 환경이 오염되면서 원주민들이 전통적인 생활 방식을 버리고 도시로 이주하는 경우가 늘고 있다.

14 남극 조약은 남극에서의 평화적인 활동과 과학적 연구를 목적으로 체결된 국제 조약이다. 남극의 환경 보호와 생물 다양성 보존, 과학적 연구 및 국제 협력을 촉진하는 것을 목적으로 한다.

왜 틀렸지? ㄷ. 남극에서의 군사 활동, 원자력 활동, 폐기물 배출 등을 금지하고 있다. ㄹ. 남극 조약 가입국들은 남극에 관한 권리나 영유권 주장을 할 수 없다.

01 예시 답안 플라스틱 사용량 줄이기, 일회용 컵이 아닌 다회용 컵 사용하기, 쓰레기는 분리배출하기, 장바구니 사용하기, 쓰레기 줍기 등

채점 기준	
상	개인 차원의 해양 쓰레기 문제 해결 방안 두 가지를 구체적인 활동으로 바르게 서술한 경우
중	개인 차원의 해양 쓰레기 문제 해결 방안 한 가지를 구체적인 활동으로 바르게 서술한 경우
하	개인 차원의 해양 쓰레기 문제 해결 방안을 서술하지 못한 경우

02 (1) 지구 온난화

(2) 예시 답안 지역 주민의 삶터가 바닷물에 잠길 수 있고, 지하수에 염분이 스며들어 식수 사용도 어려워진다. 농경지가 침수되고 농작물이 염해 피해를 입을 수 있다.

채점 기준	
상	지구 온난화를 적고, 해수면 상승으로 피해가 나타나는 사례를 바르게 서술한 경우
중	지구 온난화를 적고, 국토가 바닷물에 잠긴다고만 간략히 서술한 경우
하	해수면 상승의 원인인 지구 온난화만 적은 경우

03 예시 답안 긍정적인 측면으로는 항로의 운송 거리와 시간이 단축되고, 자원 개발에 따른 경제적 이익이 증가하거나 극지 환경 체험 등의 관광 산업이 발달할 수 있다. 부정적인 측면으로는 자연환경 및 생태계가 파괴되고, 원주민의 고유문화가 사라질 수 있다.

채점 기준	
상	북극 해빙 감소가 인간 생활에 미치는 영향을 긍정적·부정적인 측면에서 모두 바르게 서술한 경우
중	북극 해빙 감소가 인간 생활에 미치는 영향을 긍정적·부정적인 측면 중 한 가지 측면만 바르게 서술한 경우
하	북극 해빙 감소가 인간 생활에 미치는 영향을 서술하지 못한 경우

04 예시 답안 남극 조약은 남극에서의 군사 활동, 원자력 활동, 폐기물 배출 등을 금지하고, 환경 보호와 생물 다양성 보존, 과학적 연구 및 국제 협력을 촉진하는 것을 목적으로 한다. 또한 조약 가입국들은 남극에 관한 권리나 주장을 포기하며, 남극에서의 평화적인 활동을 보장하기 위해 상호 협력을 강화하고 있다.

채점 기준	
상	남극 조약에서 합의한 내용 두 가지를 바르게 서술한 경우
중	남극 조약에서 합의한 내용 한 가지를 바르게 서술한 경우
하	남극 조약에서 합의한 내용을 서술하지 못한 경우

대단원 한눈에 정리하기   130~131쪽

❶ 남반구   ❷ 온대   ❸ 대찬정   ❹ 뉴질랜드   ❺ 기업적 농목업
❻ 아시아   ❼ 지구 온난화   ❽ 백화   ❾ 북동 항로   ❿ 남극 조약

대단원 실전 문제   132~135쪽

01 ①	02 ②	03 ③	04 ⑤	05 ③	06 ②	07 ④
08 ④	09 ③	10 ⑤	11 ①	12 ⑤	13 ⑤	14 ④
15 ④	16 ④	17 ②	18 ④	19 ③	20 ③	21 ①
22 밀	23 남극 조약	24 해설 참조				

01 인도양과 태평양 사이에 있는 오세아니아는 대륙의 대부분이 남반구에 위치한다. 오스트레일리아, 뉴질랜드와 태평양의 여러 섬나라로 이루어져 있다.

왜 틀렸지? ㄷ. 오세아니아는 오스트레일리아와 뉴질랜드를 비롯해 태평양의 여러 섬나라로 이루어져 있다. ㄹ. 오세아니아에서 가장 넓은 지역을 차지하는 국가는 오스트레일리아이다.

02 뉴질랜드의 수도는 웰링턴이다. 시드니는 오스트레일리아의 인구 최대 도시이며, 캔버라는 오스트레일리아의 수도이다. 싱가포르는 아시아에 속한 도시이다.

03 오세아니아의 기후 분포를 보여 주는 지도에서 오스트레일리아의 북부에 나타나는 (가)는 열대 기후, 오스트레일리아의 내륙과 서부에 넓게 나타나는 (나)는 건조 기후, 오스트레일리아의 남동부 및 남서부와 뉴질랜드 대부분 지역에 나타나는 (다)는 온대 기후에 해당한다. ③ 뉴질랜드는 온대 기후가 넓게 나타난다.

04 지도에 표시된 (가)는 파푸아 뉴기니로, 대체로 열대 기후가 나타나는 지역이다. (나)는 뉴질랜드로 대체로 온대 기후가 나타나는 지역이다.

왜 틀렸지? ① 침엽수림은 냉대 기후와 관련 있다. ② 파푸아 뉴기니는 대체로 열대 기후가 나타난다. ③ 뉴질랜드는 대체로 온대 기후가 나타난다. ④ (가), (나)는 모두 태평양에 접해 있다.

05 C는 대보초 해안으로 산호초 지대이다.

왜 틀렸지? 화산 지형은 주로 뉴질랜드 북섬에서, 피오르 등의 빙하 지형은 주로 뉴질랜드 남섬에서 관찰할 수 있다. 사막 지형은 오스트레일리아의 서부 지역에서 볼 수 있다.

06 자료는 오스트레일리아의 대찬정 분지를 보여 준다. (가)는 건조 기후가 나타나는 대찬정 분지로, 이곳에서는 지하수를 활용하여 양을 대규모로 방목하거나 밀의 재배가 이루어지고 있다. (나)는 그레이트디바이딩산맥으로, 산맥 주변에는 석탄이 풍부하게 매장되어 있다.

 ㄴ. 하천의 풍부한 물을 활용하여 밀을 경작하는 곳은 머리강 유역이다. ㄹ. 그레이트디바이딩산맥은 오랜 침식으로 비교적 고도가 낮고 경사가 완만하다.

알려 줄게! 오스트레일리아의 양모 생산

오스트레일리아는 1770년 제임스 쿡이 탐험한 이후로 영국의 식민지가 되었다. 영국은 처음에는 오스트레일리아를 죄수들의 귀양지로 이용하였다. 그 후 자유 이민자들이 들어오고, 광대한 초원이 발견되면서 건조 기후에 알맞은 메리노종 양을 들여와 양모 생산을 중심으로 한 목축업이 발전하기 시작하였다. 특히 찬정이 개발됨에 따라 목양 지역이 내륙으로 크게 확장되었으며, 영국에서 산업 혁명이 진전되면서 오스트레일리아는 세계 최대의 양모 공급지로 자리 잡게 되었다.

07 오스트레일리아에서는 양과 소의 방목, 밀 재배가 활발하게 이루어지고 있다.

 ① 아메리카 대륙에 관한 설명이다. ② 오스트레일리아는 영국 식민 지배의 영향으로 주민의 대부분이 크리스트교를 믿고, 국기에도 영국 국기가 표현되어 있다. 별과 초승달이 그려진 국기는 이슬람교와 관련 있다. ③ 마오리어는 뉴질랜드와 관련 있다. ⑤ 세계적인 벼농사 지역은 아시아와 관련 있다. 오스트레일리아에서는 밀을 주로 재배한다.

08 지구의 배꼽이라고도 불리는 울루루는 오스트레일리아의 건조 지역에서 볼 수 있다. 오스트레일리아의 랜드마크인 오페라 하우스는 온대 기후가 나타나는 남동부 해안에 발달한 도시인 시드니에서 볼 수 있다.

09 마오리족은 뉴질랜드의 원주민이다. 오스트레일리아의 원주민은 애버리지니이다.

10 오스트레일리아는 최근 지리적으로 가까운 거리에 있는 우리나라, 중국, 일본 등 아시아 국가와의 교류가 활발하다.

 ① 오스트레일리아는 철광석, 석탄 등의 지하자원이 풍부하여 이를 우리나라와 일본 등지로 수출한다. ②, ④ 오스트레일리아는 인구가 적어 제조업의 성장이 상대적으로 취약하여 대부분의 공산품을 수입에 의존하고 있다. ③ 오스트레일리아는 양, 소 사육을 통해 얻어진 육류와 유제품의 수출이 활발하다.

11 지하자원이 풍부한 오스트레일리아는 세계적인 자원 수출국으로, 철광석과 석탄의 수출량이 많다.

 ② 철광석, 석탄 등과 같은 지하자원의 수출 비중이 높다. ③ 오스트레일리아는 제조업의 원료인 지하자원을 수출하고, 우리나라와 중국, 일본 등에서 공산품을 수입한다. ④ 2021년에는 수출액이 수입액보다 많다. ⑤ 오스트레일리아는 제조업의 발달이 미약한 편이다.

12 다자간 자유 무역 협정은 자유 무역 확대를 기반으로 오스트레일리아와 뉴질랜드, 동남아시아 국가 연합(ASEAN), 우리나라 등 태평양에 위치한 국가들 간의 지역 경제 통합을 위한 자유 무역 협정이다. 역내 포괄적 경제 동반자 협정(RCEP)이라고도 한다.

13 인구가 증가하고 자원 소비와 쓰레기 배출이 늘어나면서 태평양 지역에서는 해양 쓰레기와 해수면 상승, 산호초 백화 현상 등의 환경 문제가 나타나고 있다.

14 문항 1, 2, 4에 정답을 표시하였다. 해수면이 상승하여 국토가 침수되면 바닷물이 지하수로 유입되어 식수가 부족해지게 된다. 따라서 문항 3의 정답은 ×이다.

15 투발루의 수몰 위기, 북극곰의 서식지 감소는 모두 지구의 기온 상승으로 빙하가 녹고, 해수면이 상승하여 발생하는 문제이다. 화석 연료 사용은 지구 온난화 현상을 일으키는 주요 원인이다.

16 지구의 평균 기온 상승으로 극지방과 고산 지역의 빙하가 녹아 해수면이 상승하고 있다.

17 태평양 지역의 환경 문제 해결을 위해서는 국제 사회, 국가, 기업, 개인 등 다양한 주체의 노력이 필요하다.

18 북극점을 중심으로 한 북극 지방 일대를 보여 주는 지도의 A는 미국과 캐나다가 위치한 북아메리카 대륙, B는 북극해, C는 유라시아 대륙이다. 북극해에는 전 세계 천연가스의 약 30%, 석유의 약 13%가 매장되어 있다.

19 남극과 북극은 한대 기후가 나타나 나무가 성장하기 어렵다.

20 북극해에는 전 세계 천연가스의 약 30%, 석유의 약 13%가 매장되어 있는 것으로 알려져 있다. 지구 온난화로 북극해의 얼음이 녹으며 항로와 어로 개척, 자원 채굴이 가능해졌다. 이에 따라 북극해에 인접한 러시아, 캐나다, 덴마크, 미국, 노르웨이 등은 북극해의 자원을 더 많이 얻기 위해 이전보다 넓은 북극해 영유권을 주장하고 있다.

21 극지방의 지리적 중요성이 커지면서 극지방 개발을 둘러싸고 다양한 이해관계가 충돌하고 있다.

24 **예시 답안** 산업화 이후 온실가스 배출량이 증가함에 따라 지구의 평균 기온이 상승하는 지구 온난화가 나타나고 있다. 지구의 평균 기온 상승으로 빙하가 녹고 수온이 높아진 바닷물이 팽창하면서 해수면이 상승함에 따라 태평양 저지대의 섬과 해안은 침수 위기를 겪고 있다.

채점 기준	
상	지구 온난화로 인한 해수면 상승에 따른 결과임을 바르게 서술한 경우
중	지구 온난화로 인한 해수면 상승에 따른 결과임을 서술하였으나, 인과 관계 서술이 다소 미흡한 경우
하	단순히 해수면이 상승하였기 때문이라고만 서술한 경우

1 세계화 시대, 지리의 힘

01 모자이크 세계

실력 확인 문제
02~04쪽

01 ④ 02 ① 03 ④ 04 ② 05 ⑤ 06 ③ 07 ① 08 ⑤
09 ④ 10 ③ 11 ② 12 해설 참조 13 해설 참조

01 위치는 어떤 지역이 일정한 장소에서 차지하고 있는 자리를 말한다. 위치에는 지역의 변하지 않는 고정적인 정보로 나타내는 절대적 위치와 주변 국가와의 관계에 따라 결정되는 상대적 위치가 있다. ①, ②, ③, ⑤는 절대적 위치 중에서 위도와 경도로 표현하는 수리적 위치이고, ④는 절대적 위치 중에서 대륙, 해양 등의 지형지물로 표현하는 지리적 위치이다.

02 그림은 위도에 따른 기후 차이를 보여 준다. 지구는 둥글기 때문에 위도에 따라 일사량의 차이가 발생하는데, 저위도로 갈수록 열이 좁은 지역에 집중되기 때문에 기온이 높아진다. 기후와 같은 자연환경의 차이로 지역성이 달라진다.

03 ㄱ, ㄷ. 위도의 차이는 지역의 기후에 영향을 주는데, 기후는 지역의 의식주를 비롯한 주민 생활 방식과 지역성에 큰 영향을 준다. ㄹ. 위도에 따른 일사량의 차이로 중위도 지역에서는 대체로 온대 기후가 나타나는데, 온대 기후는 사계절이 뚜렷한 편이어서 계절에 따라 다른 옷차림이 발달하였다.

왜 틀렸지? ㄴ. 열대 기후는 태양 에너지를 많이 받는 저위도 지역에서 나타난다.

04 기후는 기온과 강수량을 기준으로 열대, 건조, 온대, 냉대, 한대 기후 등으로 구분할 수 있다. 세계의 기후 지역을 보여 주는 지도에서 (가)는 열대 기후, (나)는 건조 기후, (다)는 온대 기후, (라)는 냉대 기후, (마)는 한대 기후에 해당한다. 오아시스 농업, 진흙으로 만든 집, 강한 햇볕과 모래바람은 (나) 건조 기후와 관련 있는 내용이다.

05 (가)는 열대 기후 지역으로, 일 년 내내 덥고 습하기 때문에 음식이 쉽게 상하지 않도록 기름과 향신료를 사용한 요리가 발달했다.

왜 틀렸지? ① 이글루는 한대 기후 지역과 관련 있다. ② 일교차가 커서 망토를 입는 모습은 고산 기후 지역과 관련 있다. ③ 침엽수를 활용한 통나무집은 냉대 기후 지역과 관련 있다. ④ 계절에 따라 다른 옷차림이 나타나는 모습은 온대 기후 지역과 관련 있다.

06 세계 여러 지역마다 고유한 지역의 특성이 나타나는 것은 각 지역의 자연환경과 인문환경 요소들이 서로 영향을 주고 받기 때문이다. 자연환경은 사람이 만들지 않은 자연 그대로의 것으로 기후, 지형, 식생 등이 이에 해당한다. ㄴ. 메콩강의 강물을 이용한 벼농사는 하천이라는 지형을 이용한 것이다. ㄷ. 열기를 막기 위한 길고 헐렁한 옷은 이집트의 건조 기후와 관련 있다.

왜 틀렸지? ㄱ. 아랍어 간판은 언어와 관련 있으므로 인문환경에 의해 나타나는 지역의 특성이다. ㄹ. 제조업, 첨단 산업, 서비스업 등의 발달은 산업과 관련 있으므로 인문환경에 의해 나타나는 지역의 특성이다.

07 일본은 북위 약 30°~45°에 위치하므로 북반구에 해당한다. ① 지구는 약 23.5° 비스듬히 기울어져 있기 때문에 북반구와 남반구는 계절이 반대로 나타난다. 따라서 북반구 중위도와 계절이 반대로 나타나는 것은 남반구 중위도 지역에서 나타나는 특성이다.

08 인간 활동의 결과로 만들어진 산업, 종교, 언어 등을 인문환경이라고 한다. 인문환경은 자연환경과 더불어 세계 여러 지역의 특성을 다채롭게 만든다. 농경 지역은 한 장소에서 작물을 재배하기 때문에 정착 생활을, 유목 지역은 물과 풀을 찾아 염소나 양 등의 가축을 기르기 때문에 이동 생활을 한다.

09 싱가포르는 동남아시아의 말레이반도 끝자락에 위치한 항구 도시로, 태평양과 인도양을 연결하는 지리적 이점으로 중계 무역이 발달하였다.

10 (가)는 몽골에서 볼 수 있는 이동식 가옥인 게르, (나)는 페루 마추픽추의 모습이다. 지도의 A는 그리스, B는 몽골, C는 러시아, D는 미국, E는 페루이다.

11 (가) 지역은 건조 기후가 나타난다. 이 지역은 농사짓기가 어려우므로 염소, 양 등을 기르며 물과 풀을 찾아 이동하는 유목 생활을 주로 한다. (나) 지역은 해발 고도가 높아 고산 기후가 나타나며, 잉카 문명이 탄생한 곳으로 일찍부터 도시가 발달하였다.

왜 틀렸지? 을. 벼농사는 계절풍의 영향을 받는 열대 및 온대 기후 지역에서 활발하다. 정. 여름철 기온이 높고 건조한 날씨를 이용한 수목 농업은 온대 기후 중에서도 에스파냐 등과 같은 지중해성 기후 지역에서 주로 이루어진다.

12 예시 답안 A 지역은 태양 에너지를 비스듬하게 받아 열이 넓은 지역으로 분산되어 기온이 낮게 나타난다. 겨울이 길고 추운 이 지역에서는 순록을 키우며, 동물의 털이나 가죽으로 된 두꺼운 옷을 입는다.

<table>
<tr><th colspan="2">채점 기준</th></tr>
<tr><td>상</td><td>고위도의 기후 특징과 이로 인한 생활 방식을 모두 바르게 서술한 경우</td></tr>
<tr><td>중</td><td>고위도의 기후 특징과 이로 인한 생활 방식 중 한 가지만 서술한 경우</td></tr>
<tr><td>하</td><td>고위도의 기후 특징과 이로 인한 생활 방식을 서술하지 못한 경우</td></tr>
</table>

13 **예시 답안** 인도에서는 힌두교를 주로 믿는다. 힌두교도들은 소를 신성시하여 소고기를 먹지 않고, 갠지스강에서 이루어지는 종교 의식을 중요하게 여겨 이곳에서 목욕, 화장 등을 한다.

<table>
<tr><th colspan="2">채점 기준</th></tr>
<tr><td>상</td><td>힌두교를 적고, 이 지역의 지역성 두 가지를 모두 서술한 경우</td></tr>
<tr><td>중</td><td>힌두교를 적고, 이 지역의 지역성을 한 가지만 서술한 경우</td></tr>
<tr><td>하</td><td>인도의 주요 종교가 힌두교임을 적은 경우</td></tr>
</table>

02 네트워크 세계
~03 세계는 하나로, 지역은 세계로

실력 확인 문제
05~08쪽

01 ① **02** ④ **03** ① **04** ④ **05** ③ **06** ① **07** ④ **08** ⑤ **09** ⑤ **10** ② **11** ② **12** ③ **13** ⑤ **14** ⑤ **15** ④ **16** 해설 참조 **17** 해설 참조

01 1935년 항공 노선에 비해 2018년 항공 노선의 수가 많아졌다. 이를 통해 2018년에 교통이 발달했음을 파악할 수 있다.

왜 틀렸지? ㄷ. 2018년에는 가까운 지역뿐만 아니라 먼 지역과도 항공을 통해 활발히 교류하고 있음을 알 수 있다. ㄹ. 이러한 교통의 발달로 인해 사람이나 물자의 이동은 더욱 쉽고 빨라졌으며, 생활 공간의 범위가 계속 넓어지고 있다.

02 공간적 상호 작용은 여러 지역 사이에 발생하는 사람, 물자, 정보, 자본 등의 흐름을 가리킨다. 인터넷, 스마트폰 등 정보 통신 기술의 발달은 공간적 제약을 극복하였고, 전 세계 어느 지역과도 실시간으로 소통이 가능해졌다.

왜 틀렸지? 지호. 오늘날에는 동네부터 국가, 세계에 이르기까지 다양한 규모에서 상호 작용이 활발하게 이루어지고 있다. 소현. 교통의 발달은 사람이나 물자가 이동할 수 있는 공간적 범위를 확대시킨다.

03 오늘날 세계 여러 지역에서는 작은 동네부터 국가, 세계에 이르기까지 다양한 규모에서 공간적 상호 작용이 활발하게 이루어지고 있다.

04 공간적 상호 작용은 크게 세계적 규모, 국가적·지역적 규모에서 이루어진다. ㉠, ㉡, ㉢, ㉤은 세계적 규모, ㉣은 국가적·지역적 규모의 공간적 상호 작용의 사례이다.

05 세계화는 정치, 경제, 사회, 문화 등의 인간 활동이 해당 지역이나 국가의 경계를 넘어 전 세계로 확대되고 지역 또는 국가 간 상호의존성이 커지는 현상을 말한다. ③ 문화의 세계화가 진행되면 지역 고유문화의 정체성이 약화되고, 세계 각 지역의 문화가 유사해지는 현상이 발생한다.

06 세계화로 상품, 서비스, 자본 등의 교류가 활발해지면서 전 세계가 하나의 거대한 시장을 형성하게 되는 경제의 세계화가 나타났다.

07 경제의 세계화로 전 세계를 대상으로 상품을 생산하고 판매할 수 있게 되면서 각 지역은 경제적 이득을 얻고, 소비자는 세계에서 생산된 다양한 상품을 쉽게 구입할 수 있게 되었다. 그러나 경제의 세계화가 일부 지역을 중심으로 이루어지면서 지역 간 경쟁이 심해지고 경제적 격차가 커지기도 한다.

왜 틀렸지? ㄹ. 경제의 세계화가 진행되면서 상품, 노동 등의 이동에 필요한 항공, 해운 등과 같은 교통수단의 중요성은 계속 증가할 것이다.

08 자료는 커피의 세계화와 지역화를 보여 준다. A 커피 전문점의 지역 특산물을 이용한 메뉴 개발, 지역의 특색을 살린 매장 인테리어 등을 통해 세계화는 지역의 특성에 따라 다른 모습이 나타난다는 것을 추론할 수 있다.

09 자료는 청바지가 전 세계로 전파되면서 전통 의복이 사라져 지역 고유문화의 정체성이 약화되고 세계 각 지역의 문화가 유사해지는 현상을 보여주고 있다.

왜 틀렸지? ㄱ. 세계화로 인해 세계 문화가 보편화되면서 각 지역 고유의 전통문화는 약화되는 모습이다.

10 불고기는 우리나라 고유의 음식 문화로 문화 획일화 현상과는 관련이 없다.

11 문항 1에만 정답을 표시하였다. 지역화는 각 지역이 고유성을 살리고 성장 잠재력을 길러 세계적 차원에서 고유한 가치를 가지게 되는 현상이다. 교통·통신의 발달에 따라 세계화가 진행되면서 지역화의 중요성 역시 커지고 있다. 지역 고유의 전통이나 특성을 이용하여 세계적인 경쟁력을 갖추고자 하기 때문에 문항 2~4의 정답은 각각 ○, ×, ○이다.

12 (가)는 프랑스 리옹이 'ONLY LYON'이라는 브랜드를 만들어 지역을 홍보하는 지역 브랜드 전략이다. (나)는 콜롬비아 커피로 만들어진 제품임을 인증해 주는 지리적 표시제이다.

13 제시된 자료는 브라질에서 열리는 리우 카니발에 관한 설명이다. 리우 카니발은 포르투갈의 축제 문화와 아프리카의 전통문화가 결합한 브라질의 대표적인 지역 축제이다. 지도에 표시된 A는 에스파냐, B는 인도, C는 타이, D는 콜롬비아, E는 브라질이다.

14 제시된 자료는 브라질 쿠리치바의 교통 시스템에 관한 내용으로 지역의 변화가 세계적으로 영향을 준 사례이다. 인구 증가로 지역에 나타난 다양한 문제를 해결하기 위해 원통형 버스 정류장, 버스 전용 도로 등 버스 중심의 교통 정책을 펼친 쿠리치바의 사례는 세계 여러 국가의 교통 체계에 영향을 주었다. ⑤ 쿠리치바의 변화가 세계에 영향을 미치는 모습을 볼 수 있다.

15 우리나라 ○○ 볶음면이 사회 관계망 서비스(SNS)를 통해 세계적인 영향력을 미치고 있음을 보여 주는 사례이다.

왜 틀렸지? ㄴ. 우리나라 음식 문화가 미국에 전파되면서 미국의 음식 문화는 더욱 다양해지고 있다.

16 예시 답안 문화 획일화 현상이며, 한 지역의 문화가 다른 지역에서도 비슷하게 나타나는 현상이다.

채점 기준	
상	글로 알 수 있는 현상의 명칭과 의미를 모두 서술한 경우
중	글로 알 수 있는 현상의 명칭과 의미 중 한 가지만 서술한 경우
하	글로 알 수 있는 현상의 명칭과 의미를 모두 서술하지 못한 경우

17 예시 답안 지리적 표시제이며, 특정 지역의 지리적 특성을 반영한 상품이 그 지역에서 생산·가공된 것임을 증명하고 표시하는 제도이다.

채점 기준	
상	지역화 전략의 명칭과 의미를 모두 서술한 경우
중	지역화 전략의 명칭과 의미 중 한 가지만 서술한 경우
하	지역화 전략의 명칭과 의미를 모두 서술하지 못한 경우

2 아시아

01 아시아의 위치와 자연환경

실력 확인 문제 　　　　　　　　　　　　　09~12쪽

01 ③	02 ③	03 ①	04 ③	05 ③	06 ④	07 ①	08 ①
09 ①	10 ③	11 ①	12 ③	13 ①	14 ③	15 ⑤	16 ⑤
17 ⑤	18 해설 참조	19 해설 참조	20 히말라야산맥, ⓐ – 고원				

01 아시아는 서쪽으로 유럽, 서남쪽으로 아프리카 대륙과 이웃하고 있으며, 남쪽으로 인도양, 동쪽으로 태평양, 북쪽으로 북극해를 접하고 있는 대륙이다. 첫 번째와 두 번째 2개의 문장을 바르게 서술하였으므로 학생이 시험에서 받은 점수는 2점이다.

02 유라시아 대륙을 보여 주는 지도의 A는 유럽과 아시아의 경계인 우랄산맥이다. 우랄산맥을 기준으로 서쪽을 유럽, 동쪽을 아시아라고 부른다.

03 페르시아만에 자리한 카타르의 수도는 도하로, 서남아시아에 위치해 있다.

왜 틀렸지? ③ 두바이는 아랍 에미리트의 도시이다. ⑤ 자카르타는 인도네시아의 수도이다.

04 아시아의 지역 구분을 나타낸 지도의 (가)는 서남아시아, (나)는 중앙아시아, (다)는 남부 아시아, (라)는 동아시아, (마)는 동남아시아이다. 아시아는 자연환경, 문화 특성에 따라 크게 다섯 지역으로 구분할 수 있다.

05 친구들이 공통으로 이야기하고 있는 지역은 (다) 남부 아시아이다. 남부 아시아는 세계 최고의 인구 밀집 지역으로 인도, 파키스탄 등의 국가가 있다.

06 중국의 경제 중심지이자 항구 도시, 세계 최대의 컨테이너 물류량을 가진 도시는 상하이이다. 중국은 (라) 동아시아에 위치한다. 베이징은 중국의 수도이다.

07 인도에서 인구가 가장 많은 도시인 뭄바이는 인도의 경제 수도이다.

알려 줄게! 뭄바이와 볼리우드(Bollywood)

볼리우드(Bollywood)는 뭄바이의 옛 지명인 봄베이(Bombay)와 할리우드(Hollywood)의 합성어로, 인도 영화 산업을 상징하는 용어이다. 인도는 영화 산업이 발달한 국가로, 연간 1,500~2,000편의 영화가 제작된다. 뭄바이는 여러 볼리우드 제작사와 촬영 스튜디오가 모여 있을 만큼 인도 영화 산업의 대표 도시이자 본고장으로 여겨진다.

08 (가)는 열대 기후(싱가포르), (나)는 건조 기후(리야드) 지역의 기후 그래프이다. (가) 지역은 일 년 내내 기온이 높고 강수량이 많다. (나) 지역은 농사짓기가 어려워 가축의 먹이를 찾아 이동하는 유목이 이루어지기도 한다.

> **왜 틀렸지?** ㄷ. (가)는 (나)에 비해 강수량이 많다. ㄹ. (가)는 강수량이 많아 (나)보다 농업에 유리하다.

09 (나)는 건조 기후 지역으로 강수량이 적어 물을 구하기 힘든 지역이다. 지역에 따라 초원과 사막이 넓게 나타난다.

> **왜 틀렸지?** ㄷ. 열대림은 열대 기후 지역에서 볼 수 있는 경관이다. ㄹ. 건조 기후는 서남아시아와 중앙아시아 등지에 주로 나타난다. 동남아시아에서는 주로 열대 기후가 나타난다.

10 아시아의 기후 분포를 보여 주는 지도의 (가)는 열대 기후, (나)는 건조 기후, (다)는 온대 기후이다.

11 나시고렝은 인도네시아의 대표 음식으로, 열대 기후와 관련 있다. 열대 기후 지역에서는 높은 기온으로 음식이 쉽게 상하기 때문에 기름에 튀긴 음식, 뜨거운 음식, 독특한 향신료를 사용한 음식을 주로 먹는다.

12 제시된 사진의 가옥은 나무와 가축의 털, 또는 가죽을 이용해 만든 게르로, 유목 생활을 하는 몽골 지역에서 볼 수 있다. 게르는 유목 생활에 편리하도록 조립과 분해가 쉬운 이동식 가옥이다.

13 제시된 사진은 벼농사의 모습이다. 벼농사는 계절풍의 영향을 받는 열대 및 온대 기후 지역에 발달하며, 특히 기온이 높고 강수량이 많은 지역은 벼농사에 유리해 세계적인 쌀 생산지로 손꼽힌다.

> **왜 틀렸지?** ㄷ, ㄹ. 플랜테이션 농업에 관한 설명이다. 플랜테이션 농업은 현지인의 저렴한 노동력과 선진국의 자본 및 기술이 결합하여 대규모의 열대작물을 상업적으로 재배하는 방식의 농업이다.

14 아시아의 주요 하천을 보여 주는 지도의 (가)는 유프라테스–티그리스강, (나)는 인더스강, (다)는 갠지스강, (라)는 메콩강, (마)는 황허강이다.

15 ㄱ. 인도차이나반도까지 길게 뻗어 있는 하천은 (라) 메콩강이다.

16 아시아의 주요 지형을 보여 주는 지도에서 B는 히말라야산맥에 해당한다. 히말라야산맥은 해발 고도가 높아 지역 사이의 경계 역할을 한다. 갠지스강, 인더스강 등 큰 하천의 발원지이고 티베트고원 등을 볼 수 있다.

17 아시아의 주요 지형을 보여 주는 지도에서 A는 룹알할리 사막, C는 고비 사막이다. A는 아라비아반도 남부에 넓게 펼쳐

진 사막이고, C는 유라시아 대륙 내부에 형성된 사막이다. 사막은 강수량이 적은 지역에서 형성된다.

18 **예시 답안** (가)는 연중 강수량이 많고, (나)는 강수량이 적다. ㉠에 들어갈 지역은 서남아시아이다.

채점 기준	
상	두 지역의 강수량을 바르게 비교하고 지역 명칭을 모두 서술한 경우
중	강수량의 비교 또는 지역의 명칭 중 한 가지만 바르게 서술한 경우
하	강수량의 비교 및 지역 명칭을 모두 서술하지 못한 경우

19 **예시 답안** 열대 기후, 플랜테이션 농업은 현지인의 저렴한 노동력과 선진국의 자본 및 기술을 결합하여 열대작물을 대규모로 재배한다.

채점 기준	
상	기후의 명칭과 플랜테이션의 특징을 모두 바르게 서술한 경우
중	기후의 명칭 또는 플랜테이션의 특징 중 한 가지만 서술한 경우
하	기후의 명칭 및 플랜테이션의 특징을 모두 서술하지 못한 경우

02 아시아의 종교와 문화 다양성

실력 확인 문제 13~15쪽

01 ② **02** ⑤ **03** ⑤ **04** ② **05** ④ **06** ④ **07** ④ **08** ①
09 ⑤ **10** ③ **11** ④ **12** ① **13** 해설 참조 **14** 해설 참조

01 아시아는 불교, 힌두교, 이슬람교, 크리스트교 등 세계 주요 종교의 발상지로 다양한 종교가 나타난다. 동아시아는 불교와 토착 종교를 비롯한 다양한 종교가 나타나고, 서남아시아와 중앙아시아 대부분의 지역에서는 이슬람교 신자가 많다. 인도와 네팔 등 남부 아시아에서는 힌두교 신자가 많지만, 방글라데시, 파키스탄과 같은 이슬람교 국가도 있다.

02 크리스트교는 예수 그리스도가 창시한 종교로, 서남아시아인 팔레스타인 지역에서 시작하여 유럽과 주변 지역으로 전파되었다. 인도 북부 지역에서 기원한 종교는 불교와 힌두교 등이 있다.

03 필리핀에서 가장 영향력 있는 종교는 크리스트교이다. 크리스트교도들은 성경의 가르침을 따르며, 십자가를 중요한 상징물로 사용한다.

필리핀은 아시아에서도 크리스트교의 신도 비율이 높은 국가인데, 이는 오랜 기간 에스파냐와 미국의 식민 지배를 받았기 때문이다. 식민 지배의 영향으로 필리핀에 크리스트교가 전파되었고, 크리스트교가 필리핀의 주요 종교로 자리 잡았다. 2020년 기준으로 필리핀 전체 인구의 약 90%가 크리스트교를 믿고 있다.

04 아시아의 종교 분포를 보여 주는 지도의 (가)는 동남 및 동아시아 지역에 주로 분포하는 불교, (나)는 인도의 주요 종교로 자리 잡은 힌두교, (다)는 서남 및 중앙아시아 대부분의 지역과 남부 및 동남아시아 일부 지역에서 나타나는 이슬람교에 해당한다. 아시아는 거리가 가까운 지역이라도 서로 다른 종교 경관과 생활양식이 나타날 만큼 지역별로 종교 분포가 다양한 편이다.

05 (가) 종교는 불교이다. 인도 북부 지역에서 기원한 불교는 석가모니의 가르침을 따르고, 개인의 수행과 명상을 통한 깨달음을 중요시 한다.

왜 틀렸지? ㄷ. 카스트 제도가 깊이 자리 잡고 있는 종교는 힌두교이다. 카스트 제도란 인도의 전통 신분 제도로, 법적으로는 폐지되었으나 여전히 인도 사회 전반에 영향을 주고 있다.

06 (나) 종교는 힌두교이다. 여러 신을 섬기는 힌두교의 사원은 수많은 신의 모습으로 사원의 지붕과 벽면을 장식하는 것이 특징이다.

왜 틀렸지? ①, ② 거대한 불상과 사리를 모신 탑은 불교와 관련 있는 경관이다. ③ 십자가와 종탑을 세운 성당은 크리스트교와 관련 있는 경관이다. ⑤ 둥근 돔과 첨탑이 있는 모스크는 이슬람교와 관련 있는 경관이다.

07 이슬람교 신자들은 율법에 허용된 음식이라는 뜻의 '할랄' 음식을 먹는다. 이슬람교에서는 돼지고기와 술을 엄격하게 금지한다.

08 힌두교는 인도의 주된 종교이다. 힌두교 신자들은 갠지스강을 신성시 여겨 이곳에 몸을 담그고 기도를 하기도 하며, 장례를 치르기도 한다.

09 기사는 팔레스타인-이스라엘 지역의 종교 갈등을 다루고 있다. 팔레스타인 사람들은 이슬람교를, 이스라엘 사람들은 유대교를 믿는다.

10 아시아의 종교 분쟁 지역을 나타낸 지도의 (가)는 이슬람교와 유대교의 갈등이 나타나는 팔레스타인-이스라엘, (나)는 힌

두교와 이슬람교의 갈등이 나타나는 카슈미르, (다)는 힌두교와 불교의 갈등이 나타나는 스리랑카이다.

11 아시아의 종교 분쟁 지역을 나타낸 지도의 (라)는 미얀마로, 불교를 믿는 다수의 국민과 이슬람교를 믿는 소수의 로힝야족 사이에 종교 갈등이 나타나는 지역이다.

12 지도의 (마)는 말레이시아로, 다양한 종교가 평화롭게 공존하고 있는 지역이다. 이슬람교를 국교로 지정하고 있지만, 다른 종교를 인정하여 다양한 종교 건축물이 공존하거나, 종교별로 하나 이상의 법정 공휴일을 지정하는 등 종교에 대한 자유를 보장하고 있다.

13 예시답안 서남아시아 지역에서는 주로 이슬람교가 나타난다. 이슬람교에서는 돼지고기와 술을 금기하고, 할랄 음식을 먹는다.

채점 기준	
상	종교의 명칭과 음식 문화의 특징을 모두 바르게 서술한 경우
중	종교의 명칭은 적었으나, 음식 문화의 특징에 관한 서술이 미흡한 경우
하	종교의 명칭만 적은 경우

14 (1) ㉠ – 카슈미르, ㉡ – 이슬람교
(2) 예시답안 ㉢에 들어갈 용어는 세계시민으로, 다양한 문화를 존중하고 수용하는 태도이다.

채점 기준	
상	지역명과 종교, 세계시민이라는 용어와 그 의미를 모두 바르게 서술한 경우
중	지역명과 종교, 세계시민까지 적었으나, 태도에 관한 서술이 미흡한 경우
하	지역명과 종교만 적은 경우

03 아시아의 인구와 지역 발전
~04 아시아의 산업 특징과 변화

실력 확인 문제　　　　16~19쪽

01 ③　02 ②　03 ①　04 ⑤　05 ⑤　06 ①　07 ②　08 ①
09 ②　10 ②　11 ④　12 ③　13 ②　14 ②　15 ④　16 ④
17 해설 참조　18 이촌 향도　19 해설 참조

01 아시아의 면적은 세계 전체 면적의 약 33%에 불과하지만, 세계 인구의 약 60%에 가까운 47억 명 정도가 아시아에 거주하고 있다. 아시아는 세계에서 인구가 가장 많은 대륙이며, 인구 밀도가 높은 대륙이다.

왜 틀렸지? ㄱ. 아시아는 인구 밀도가 높은 대륙이다. ㄹ. 아시아의 인구는 아프리카의 약 3배 이상이다.

알려 줄게! **아시아의 인구 밀집**

아시아는 인구가 가장 많은 대륙이다. 이는 기후가 온화하고, 물이 풍부하여 평야가 발달해 농업에 유리한 자연적 요인이 영향을 미쳤다. 또한 산업 혁명 이후 경제, 교통, 산업의 발전 등 인문적 요인에 따라 인구가 증가한 것도 영향을 주었다. 이 때문에 일본, 중국의 동부 지역 등에는 인구가 밀집하였다.

02 아시아에서 인구가 가장 많은 지역은 동아시아, 남부 아시아이다. 2023년 기준으로 인도를 포함한 남부 아시아 지역에 약 20억 명이 살고 있으며, 중국 등이 위치한 동아시아에 약 17억 명이 살고 있다.

03 아시아 지역 중 남부 아시아의 인구가 가장 많고, 이 지역에는 인도, 파키스탄, 방글라데시 등 인구가 1억 명이 넘는 국가들이 분포한다.

왜 틀렸지? ② 아시아에서 남부 아시아 다음으로 인구가 많은 지역은 중국, 일본 등이 위치한 동아시아이다. ③ 동남아시아에서는 인도네시아의 인구가 가장 많다. 인도네시아는 2023년 기준 세계 인구수 4위 국가로, 약 2억 7천만 명이 살고 있다. ④ 건조한 기후의 영향으로 상대적으로 인구가 적은 지역은 서남아시아와 중앙아시아이다. ⑤ 서남아시아의 일부 산유국에서는 청장년층 남성 인구 유입으로 인구가 증가하고 있다.

04 아시아의 인구 밀도를 나타낸 지도의 (가), (다)는 건조 기후 지역으로 농사가 불리해 인구 밀도가 낮고, (나)는 계절풍 기후 지역으로 농업이 활발하여 인구 밀도가 높다.

05 (가), (다) 지역은 건조 기후 지역으로 농사에 불리하며, 인구 밀도가 낮다. (나) 지역은 인구 밀도가 높은 아시아의 대표적인 벼농사 지대이다.

왜 틀렸지? ㄱ. (가) 지역은 건조 기후 지역으로 농사에 불리하다. ㄴ. (나) 지역은 갠지스강 유역의 평야 지대로 벼농사에 유리하여 인구 밀도가 높다.

06 지도는 남부 아시아 등에서 서남아시아로 인구가 이동하는 양상을 보여 준다. 이러한 이동은 지역 간의 경제적 차이로 인해 나타나며, 임금이 낮은 곳에서 높은 곳으로 인구가 이동하고 있다. 최근 이러한 인구이동은 증가하는 추세이다.

07 (가)는 노년층 인구 비율이 높은 일본, (나)는 해외 노동자 유입이 많아 청장년층의 남성 인구 비율이 높은 카타르의 인구 피라미드이다. 석유 자원을 바탕으로 빠른 경제 성장을 이룬 서남아시아의 아랍 에미리트, 카타르, 쿠웨이트 등은 필요한 노동자를 해외에서 적극적으로 받아들여 젊은 남성 인구 비율이 높은 편이다.

왜 틀렸지? ㄴ. 생산 가능 인구란 경제활동이 가능한 15~64세에 해당하는 인구이다. (가) 일본은 저출산·고령화 현상으로 인해 고령 인구가 증가하고, 생산 가능 인구가 감소하고 있다. ㄹ. (나) 인구 피라미드만으로는 파악할 수 없는 내용이다.

08 (가) 국가와 같이 저출산·고령화 문제를 겪고 있는 국가로는 대한민국, 싱가포르 등이 있다. 파키스탄, 방글라데시 등은 높은 출생률과 기대 수명의 증가로 인구가 증가하고 있는 국가이다.

09 제시된 인구 정책은 저출산·고령화를 완화하기 위한 정책이다. 아시아에서 저출산·고령화가 나타나는 지역은 우리나라와 일본, 싱가포르 등이다. 이 국가들은 인구가 정체하거나 감소하면서 노동력 부족, 소비 감소 등으로 경제 성장이 둔화하고, 노인 인구의 증가로 노인 복지 비용이 증가하여 부양 부담이 늘어나는 등의 문제가 발생하고 있다. 해당 국가는 출산 장려 정책, 노인 일자리 확보, 외국인 이민 수용 등 다양한 정책으로 인구 구조 변화에 대응하고 있다.

10 아시아의 많은 국가는 생활 수준의 향상과 의학 기술의 발달로 기대 수명이 높아지고 있으며, 65세 이상 노년층 인구가 증가하고 있다.

왜 틀렸지? ㄴ. 그래프를 보면 유소년층 인구 비율은 감소하고 있다. ㄹ. 산아 제한 정책은 출산율이 급격히 증가하는 국가에서 시행하는 대책이다.

11 (가)는 세계의 공장이라 불리는 중국, (나)는 석유 개발로 급격한 경제 성장을 이룬 아랍 에미리트에 관한 설명이다.

12 아시아는 산업에 필요한 주요 천연자원의 공급지 역할을 하고 있다. 석유와 천연가스는 서남아시아, 희토류와 석탄은 중국, 팜유는 동남아시아에서 많이 생산된다. 또한 아시아는 쌀, 밀 등의 곡물 자원 생산량도 많은 편이다.

13 노동 집약적 제조업은 중국, 베트남 등에서 발달하고 있으며, 최근에는 중국에 있었던 공장들이 임금이 저렴한 동남아시아 국가로 이전하고 있다.

14 동남아시아는 계절풍 기후 지역으로 벼농사가 활발해 쌀 생산량이 많다. 또한 동남아시아는 저렴한 노동력과 풍부한 자원을 이용한 제조업을 중심으로 성장하고 있다.

 ㄴ. 석유, 천연가스와 관련한 산업이 발달한 지역은 서남아시아 일대이다. ㄷ. 최근 우리나라와 일본 등에서는 첨단·문화 산업이 발달하고 있다.

 아시아의 산업 구조와 특징

> 아시아의 국가들은 역사적으로 산업화 시기와 발달 과정이 서로 달라 산업 구조에서 차이가 난다. 지하자원이 부족한 우리나라와 일본 등은 원료의 수입과 제품의 수출에 유리한 해안 지역을 중심으로 제철, 기계 등의 중화학 공업이 발달하였다. 동남아시아의 베트남, 인도네시아 등은 농어업 비중이 높았으나, 최근 풍부한 노동력을 바탕으로 노동 집약적 제조업이 발달하고 있다. 서남아시아의 사우디아라비아, 이라크 등은 풍부하게 매장된 석유, 천연가스 등과 관련한 산업이 발달하였다.

15 아시아는 지역 및 국가마다 산업의 특성과 발전 정도가 다르다. 제시된 그래프에서 연료 및 광물 등 에너지 자원 위주의 산업이 발달해 있는 (가)는 사우디아라비아, 농업과 수공업, 첨단 산업 등 다양한 산업이 발달해 있는 (나)는 인도의 산업 구조이다.

 ⑤ 석유 고갈에 대비해 관광 산업 등 산업의 다변화를 꾀하고 있는 국가는 (가) 사우디아라비아이다.

16 우리나라는 자유 무역 협정(FTA) 체결 등을 통해 여러 아시아 국가와 경제적 협력을 강화하고 있으며, 아시아 국가들의 산업 변화에 적응하기 위해 지속적으로 노력하고 있다.

 ㄴ. 중국의 경제 성장에 따른 인건비 상승으로 중국에 있던 우리나라 기업의 생산 거점들이 상대적으로 임금이 저렴한 인도, 베트남 등 남부 및 동남아시아로 이전하고 있다.

17 저출산·고령화 현상이 나타날 수 있다. 이러한 현상이 계속되면 생산 가능 인구가 감소하여 경제 성장이 어려워지고, 노년층을 부담하기 위한 비용이 커지게 된다. 해당 국가는 출산 장려 정책, 노인 일자리 확보 등 다양한 정책을 추진하고 있다.

채점 기준	
상	해당하는 인구 문제와 그에 알맞은 대책을 모두 바르게 서술한 경우
중	인구 문제는 적었으나 대책에 관한 서술이 미흡한 경우
하	해당하는 인구 문제만 적은 경우

19 문화 산업, 문화 산업이 발달하면 해당 국가를 방문하는 관광객이 증가하고, 관련 상품의 수출이 증가하는 등의 연계 효과가 있다.

채점 기준	
상	문화 산업의 명칭과 연계 효과를 모두 바르게 서술한 경우
중	문화 산업의 명칭은 적었으나 대책에 관한 서술이 미흡한 경우
하	문화 산업만 적은 경우

3 유럽

01 유럽의 위치와 자연환경

 20~23쪽

01 ⑤	**02** ⑤	**03** ③	**04** ⑤	**05** ③	**06** ③	**07** ③	**08** ⑤
09 ④	**10** ⑤	**11** ④	**12** ①	**13** ④	**14** ①	**15** ④	**16** ②
17 ②	**18** 해설 참조	**19** 해설 참조					

01 유라시아 대륙의 서쪽에 위치한 유럽은 서쪽으로 대서양, 남쪽으로 지중해, 북쪽으로 북극해, 동쪽으로 아시아와 접하고 있다. ㅁ 유럽은 동쪽으로 우랄산맥, 카스피해 등을 경계로 아시아와 구분된다.

02 유럽은 지리, 정치, 문화 등의 기준에 따라 서부 유럽, 북부 유럽, 남부 유럽, 동부 유럽 등으로 지역을 구분할 수 있다. 지도의 ㉠은 북부 유럽으로, 노르웨이, 스웨덴, 핀란드 등이 속해 있다. ㉡은 동부 유럽으로, 체코, 폴란드, 오스트리아 등이 속한다. 이탈리아, 에스파냐는 남부 유럽, 영국, 프랑스는 서부 유럽에 속하는 국가이다.

 유럽의 작은 국가

> 유럽은 2023년 국제 연합 통계를 기준으로 44개의 국가로 이루어져 있다. 이는 면적이 훨씬 큰 아시아의 국가 수(48개)와 비슷하다. 왜 유럽은 면적에 비해 국가가 많을까? 이는 역사·문화·지리적 요인 등이 복합적으로 작용했기 때문이다. 유럽은 만과 반도가 많고, 알프스산맥과 같이 높고 험한 산지가 분포한다. 이러한 지리적 특성으로 지역 간의 교류가 어려워 고유한 문화와 언어를 가진 고립된 지역이 많이 형성되었다.

03 유럽 연합(EU)과 북대서양 조약 기구(NATO)의 본부가 있는 벨기에의 수도는 브뤼셀이다.

 ① 런던은 영국의 수도이다. ② 파리는 프랑스의 수도이다. ④ 레이캬비크는 아이슬란드의 수도이다. ⑤ 바르셀로나는 에스파냐의 도시이다.

04 지도의 A는 영국, B는 독일, C는 노르웨이, D는 폴란드, E는 그리스이다.

05 A는 영국, C는 노르웨이이다. ㄴ. 영국의 수도인 런던은 세계 경제의 중심지 역할을 하고 있는 세계 도시이다. ㄷ. 고위도 지역에 위치한 노르웨이는 피오르, 빙하호 등 빙하 지형을 볼 수 있다.

 ㄱ. 영국은 북해 및 대서양과 맞닿아 있다. 남부 유럽의 에스파냐, 이탈리아, 그리스 등이 지중해와 접해 있다. ㄹ. 노르웨이는 냉·한대 기후가 넓게 나타난다.

06 산악 열차, 알프스, 융프라우요흐역은 모두 알프스 산지에 위치해 있는 스위스와 관련 있는 내용이다. 알프스산맥은 해발 고도가 높지만 산악 열차 등의 교통이 발달하여 많은 관광객이 찾는다.

07 대서양 해류는 저위도 지역의 난류를 유럽 대륙의 서쪽으로 운반하며, 북대서양의 습한 공기는 편서풍을 따라 유럽으로 이동한다. 이와 같은 영향으로 영국, 프랑스, 독일 등의 국가에서는 연중 강수량이 고른 서안 해양성 기후가 넓게 나타난다.

 편서풍과 극동풍, 무역풍

편서풍	중위도 지역에서 일 년 내내 서쪽에서 동쪽으로 부는 바람
극동풍	극지방에서 고위도 지역으로 부는 바람
무역풍	중위도에서 적도 부근으로 부는 바람

08 여름철 기온이 높고 건조한 (가)는 지중해성 기후 지역, 일 년 내내 강수량이 고른 (나)는 서안 해양성 기후 지역의 기후 그래프이다. 서안 해양성 기후는 비다에서 불어오는 편서풍의 영향으로 같은 위도의 대륙 동안에 비해 겨울 기온이 높고 여름 기온이 낮아 연교차가 작고, 계절별 강수량이 고른 것이 특징이다.

 ① (가)는 지중해성 기후 지역이다. ② (가) 지중해성 기후 지역은 여름철 강수량이 겨울철 강수량보다 적다. ③ (나) 서안 해양성 기후 지역은 흐리고 비가 내리는 날이 많다. ④ (가), (나) 모두 온대 기후에 해당한다.

09 ㄴ. 지중해성 기후 지역인 그리스의 전통 가옥은 외벽을 하얀색으로 칠해 여름의 뜨거운 햇볕을 반사하고, 창문을 작게 하여 외부의 열기를 차단한다. ㄹ. 지중해성 기후 지역은 여름에 맑은 날씨가 이어져 많은 관광객이 찾는 휴양 도시가 많다.

 ㄱ. 벼농사는 열대 및 온대 기후 지역에서 주로 볼 수 있다. ㄷ. 커피, 바나나 등을 대규모로 재배하는 플랜테이션 농장은 열대 기후 지역에서 주로 볼 수 있다.

10 유럽의 기후 분포를 보여 주는 지도의 (가)는 서안 해양성 기후, (나)는 지중해성 기후, (다)는 건조 기후, (라)는 냉대 기후, (마)는 한대 기후이다. 지중해성 기후 지역에서는 고온 건조한 여름을 잘 견딜 수 있는 포도, 올리브, 레몬 등의 과수 작물을 주로 재배하는 수목 농업이 발달하였다. 비교적 따뜻하고 강수량이 많은 겨울에는 밀, 보리와 같은 곡물을 재배한다.

 ⑤ 카카오는 플랜테이션 농업으로 주로 생산되는 작물로, 열대 기후 지역과 관련 있다.

 지중해 연안의 휴양 도시

지중해성 기후가 나타나는 곳은 북부 및 서부 유럽과 달리 여름에도 맑은 날씨가 이어져 많은 관광객이 찾는다. 지중해 연안의 휴양 도시로 잘 알려져 있는 프랑스의 니스, 크로아티아의 두브로브니크 등에서는 지중해의 아름다운 해변을 배경으로 일광욕을 즐기는 사람들을 쉽게 볼 수 있다.

11 (라) 기후 지역은 냉대 기후 지역으로, 연교차가 크고 기온이 낮아 침엽수림이 분포한다.

12 그림은 혼합 농업의 형태를 보여 준다. 혼합 농업은 연중 강수가 고르고 여름이 서늘하여 목초지 조성에 유리한 서안 해양성 기후 지역에서 주로 이루어지는 농업 형태이다. 혼합 농업은 가축을 사육하면서 식량 작물과 사료 작물을 함께 재배하는 농업이다.

13 여름이 고온 건조한 지중해성 기후가 넓게 나타나는 에스파냐에서는 수목 농업이 발달하였다. 이 지역에서 생산되는 토마토와 지중해에서 잡힌 해산물을 이용하여 만드는 파에야는 에스파냐의 대표 음식이다.

14 서안 해양성 기후 지역은 연중 강수량이 고른 편이어서 하천 수위 변화가 적어 수운 교통이 발달하기에 유리하다. 특히 라인강은 유럽의 중요 교통로로 이용되고 있다.

15 노르웨이, 핀란드 등 북부 유럽의 고위도 지역에서 피오르, 빙하호 등 빙하 지형을 볼 수 있다.

16 유럽 남부의 알프스산맥에 관해 이야기하고 있다. 알프스산맥은 비교적 형성된 지 오래되지 않아 높고 험준하며, 스키장과 케이블카 등을 이용한 관광 산업이 발달하였다.

17 A는 피레네산맥 일대, B는 프랑스 평원, C는 스칸디나비아 산맥 일대, D는 동유럽 평원, E는 우랄산맥 일대이다.

18 서부 유럽의 주요 국가로는 영국, 프랑스, 독일 등이 있다. 이들 국가는 제조업과 금융업 등이 발달해 세계 경제의 중심 역할을 한다.

채점 기준	
상	서부 유럽에 해당하는 국가를 두 곳 이상 적고, 주요 특징을 바르게 서술한 경우
중	서부 유럽에 해당하는 국가를 두 곳 이상 적었으나, 주요 특징에 관한 서술이 미흡한 경우
하	서부 유럽에 해당하는 국가를 두 곳 이상 적었으나, 주요 특징을 서술하지 못한 경우

19 (1) 서안 해양성 기후

(2) 대서양을 흐르는 난류와 일 년 내내 불어오는 편서풍의 영향 때문이다.

<table>
<tr><td colspan="2" align="center">채점 기준</td></tr>
<tr><td>상</td><td>서안 해양성 기후를 적고, 기후 특징이 나타나는 원인을 모두 바르게 서술한 경우</td></tr>
<tr><td>중</td><td>서안 해양성 기후를 적고, 기후 특징이 나타나는 주요 원인인 난류와 편서풍 중 하나만 적은 경우</td></tr>
<tr><td>하</td><td>서안 해양성 기후만 적고, 원인을 서술하지 못한 경우</td></tr>
</table>

02 유럽의 다양한 도시
~03 유럽의 통합과 분리

실력 확인 문제

24~27쪽

01 ① 02 ③ 03 ① 04 ② 05 ② 06 ③ 07 ⑤ 08 ⑤
09 ③ 10 ⑤ 11 ③ 12 ③ 13 ① 14 ⑤ 15 ⑤ 16 ②
17 ② 18 해설 참조 19 해설 참조

01 세계 도시는 세계화 시대에 국가의 경계를 넘어 세계적인 중심지 역할을 하는 대도시를 가리킨다. 유럽은 일찍부터 산업화가 이루어져 여러 세계 도시가 형성되었는데, 유럽의 대표적인 세계 도시로는 영국 런던, 프랑스 파리 등이 있다.

02 고대 그리스·로마 시대, 중세 시대 등을 거쳐 형성된 곳이자 올림픽이 최초로 열린 곳, 민주주의가 시작된 곳은 그리스 아테네이다.

03 최근 유럽은 프랑스의 소피아 앙티폴리스, 핀란드의 오울루 테크노폴리스, 스웨덴의 시스타 사이언스 시티 등의 도시를 중심으로 첨단 산업이 발달하고 있다. 이러한 첨단 도시들에는 세계적인 첨단 산업 관련 기업과 산업 단지가 위치하며 반도체, 생명 공학, 신소재 등 다양한 첨단 기술 산업이 발달하였다.

04 센강, 라데팡스는 프랑스 파리와 관련 있는 내용이다. 지도의 A는 영국 런던, B는 프랑스 파리, C는 네덜란드 로테르담, D는 이탈리아 밀라노, E는 오스트리아 빈이다.

05 네덜란드의 로테르담은 유럽의 관문으로 불리는 북해 연안의 항구 도시로, 오늘날 세계 물류 산업의 중심지 역할을 하고 있다. 오스트리아의 수도인 빈은 '비엔나'라고도 불리며 해마다 다양한 음악, 춤과 관련된 축제 등이 열리는 예술의 도시이다.

06 아이슬란드의 레이캬비크, 스웨덴의 말뫼, 덴마크의 코펜하겐 등은 신·재생 에너지를 이용하여 전력을 생산해 내는 도시들이다.

07 자료에서 설명하는 도시는 덴마크의 코펜하겐이다. 코펜하겐은 풍부한 바람을 활용한 풍력 발전이 전체 에너지의 약 40%를 차지한다. 지도의 A는 아이슬란드의 레이캬비크, B는 에스파냐의 마드리드, C는 독일의 프라이부르크, D는 네덜란드의 암스테르담, E는 덴마크의 코펜하겐이다.

08 지속가능한 도시는 자연환경을 보호하고 경제·사회·문화적 측면에서 균형적인 발전을 추구하는 도시를 말한다. 이는 산업화, 도시화 과정에서 발생한 도시 문제와 기후위기 문제 등을 해결하기 위해 등장하였다. 유럽에서는 지속 가능한 도시를 만들기 위해 도시 재생 사업과 탄소중립을 포함한 정책을 추진하고, 친환경 도시 및 생태 도시를 조성하고 있다.

왜 틀렸지? ① 슬로 시티는 빠른 사회 흐름에서 벗어나 자연과 인간, 환경이 조화를 이루며 여유롭게 살아가자는 취지에서 시작해 지역의 자연환경과 문화를 보존하면서 지속가능한 발전을 추구하는 지역 주민 중심의 도시를 가리킨다. ② 세계 도시는 세계화 시대에 국가의 경계를 넘어 세계적인 중심지 역할을 하는 대도시로, 영국 런던, 프랑스 파리가 대표적이다. ③ 자족 도시는 특정 산업이나 기능을 중심으로 하여 만든 자급자족형 복합 도시를 가리킨다. ④ 스마트 도시는 디지털 기술을 활용하여 도시를 관리하고, 시민에게 서비스를 제공하는 도시이다. 유럽의 대표적인 스마트 도시는 핀란드 헬싱키의 칼라사타마이다.

알려 줄게! **유럽의 슬로 시티**

슬로 시티는 M 햄버거 매장이 이탈리아 로마에 매장을 열자 지역 고유의 전통 음식을 지키려는 모임이 곳곳에서 생겨나기 시작한 것에서 유래하였다. 이후 음식에만 국한하지 않고 도시의 삶 전체에 느림을 도입하자는 슬로 시티 운동이 시작되었다. 2024년 기준으로 33개국의 301개 도시가 슬로 시티로 선정되어 있는데, 유럽의 대표적인 슬로 시티에는 오르비에토(이탈리아), 스벤보르(덴마크) 등이 있다.

09 유럽의 정치, 경제적 통합을 목적으로 만들어진 유럽 연합(EU)은 2020년에 영국이 탈퇴하면서 2023년 기준 27개국이 가입해 있다.

10 유럽 연합 회원국 간에는 노동력, 자본, 상품, 서비스의 자유로운 이동이 가능하며, 관세가 없고, 공동 화폐를 사용하고

있다. ⓔ 유럽 연합 회원국 대부분은 유로(Euro)화라는 단일 화폐를 사용하고 있어 주민들은 환전의 번거로움이 없고, 다른 국가의 은행을 이용하기도 한다.

> **알려 줄게!** **유로존(Eurozone)**
>
> 유로존(Eurozone)이란 유럽 연합(EU)의 공동 화폐인 유로화를 국가 통화로 도입하여 사용하는 국가와 지역을 가리킨다. 2024년 기준 유럽 연합 회원국 27개국 중 유로존 가입국은 20개국이다. 유럽 연합 회원국 수와 유로존 가입국 수에 차이가 있는 이유는 유럽 연합 회원국이라고 반드시 유로화를 사용하는 것은 아니며, 유럽 연합 회원국이 아니더라도 유로화를 사용하는 국가도 있기 때문이다.

11 ㄴ. 튀르키예, 우크라이나 등은 유럽 연합 가입을 희망하고 있으며, 2024년 유럽 연합 가입 후보국 지위를 얻은 국가들이다. ㄷ. 영국은 유럽 연합에 내는 분담금이 증가하면서 이에 대한 부담과 함께 이민자 유입 과다 등을 이유로 유럽 연합 탈퇴를 원했고, 국민 투표를 거쳐 2020년 1월에 유럽 연합을 탈퇴하였다.

> **왜 틀렸지?** ㄱ. 출범 당시 12개국이던 유럽 연합 회원국은 2023년 기준 27개국이 가입해 있다. ㄹ. 중립국의 특성을 유지하고자 유럽 연합에 가입하지 않은 국가는 스위스이다. 프랑스는 유럽 연합 회원국이다.

12 독일, 프랑스, 포르투갈, 룩셈부르크는 유럽 연합 회원국이다. 튀르키예, 우크라이나 등은 유럽 연합 가입을 희망하는 국가들이다.

13 유럽 연합 회원국 간에는 노동력, 자본, 상품, 서비스의 자유로운 이동이 가능하며, 관세가 없고, 공동 화폐를 사용하고 있다. ① 영국의 유럽 연합 탈퇴에 따라 유럽 연합의 관세 면제 혜택을 더 이상 누리지 못하게 되면서 영국에서 유럽 연합으로의 수출이 감소하여 경기가 침체하는 문제가 발생할 수 있다.

14 영국의 스코틀랜드, 벨기에의 플랑드르, 에스파냐의 카탈루냐, 이탈리아의 파다니아 등은 경제, 문화 등의 차이로 국가 내에서 갈등이 발생하면서 분리 독립을 요구하는 지역들이다. 국가 내에서 분리 독립 움직임이 강한 지역은 대부분 고유의 민족, 언어, 종교 등을 가지고 있어 지역 정체성이 뚜렷한 곳이다.

15 자료는 영국의 스코틀랜드에 관한 내용이다. 영국은 잉글랜드와 스코틀랜드, 북아일랜드, 웨일스가 잉글랜드를 중심으로 합쳐져 만들어진 국가로, 이 중 스코틀랜드는 잉글랜드와 민족, 언어, 문화가 달라 잉글랜드로부터의 분리·독립을 희망하는 지역이다. 2014년 9월 스코틀랜드의 분리·독립을 위

한 주민 투표가 시행되었으나, 개표 결과 독립 반대가 약 55%에 이르러 찬성을 앞지르면서 스코틀랜드의 분리·독립은 무산되었다.

> **알려 줄게!** **이탈리아의 파다니아**
>
> 이탈리아의 북부 지역은 제조업이 발달하여 국가 내에서도 경제 수준이 높은 곳이다. 농업이 발달한 남부 지역과의 경제적 차이로 인해 1990년대부터 이탈리아 북부 파다니아 분리 독립 움직임이 나타나기 시작했다. 경제적인 원인에서 비롯해 지역 이기주의라는 비판을 받은 파다니아 분리 독립 움직임은 2000년대 이후 자치권 확대와 세금 재배분을 주장하고 있다.

16 자료는 벨기에 플랑드르 지역에서 나타나는 분리·독립 움직임과 관련 있는 내용이다. 플랑드르 지역은 네덜란드어를 사용하며, 남부의 왈롱 지역보다 경제 발달 수준이 높은 편이다. 지도는 유럽 국가 내에서 분리·독립 움직임이 나타나는 지역들로, A는 스코틀랜드(영국), B는 플랑드르(벨기에), C는 바스크(에스파냐), D는 카탈루냐(에스파냐), E는 파다니아(이탈리아)이다.

17 지도의 D는 에스파냐의 카탈루냐이다. 이 지역은 주민 대부분이 카탈루냐어를 사용하는 등 고유의 문화를 간직하고 있으며, 오랫동안 제조업이 발달해 경제 발전 수준이 에스파냐의 다른 지역보다 높은 편이다.

18 **예시 답안** 독일 프라이부르크에서는 태양광 시설을 활용하여 친환경 에너지 자립 도시를 추진하고 있다. 네덜란드 암스테르담에서는 지속가능한 교통수단 확대를 위해 자전거 도로를 구축하였다. 아이슬란드 레이캬비크에서는 지열을 이용하여 전력을 생산한다.

채점 기준	
상	도시명을 적고, 도시의 친환경 정책을 바르게 서술한 경우
중	도시명을 적었으나, 친환경 정책에 관한 서술이 미흡한 경우
하	친환경 정책을 펼치고 있는 도시명만 적은 경우

19 (1) 브렉시트

(2) **예시 답안** 유럽 연합에 분담금을 지불하는 것에 부담을 느꼈으며, 이민자 유입이 많아지면서 이민자와의 갈등이 심화되었기 때문이다.

채점 기준	
상	브렉시트를 적고, 유럽 연합을 탈퇴한 이유 두 가지를 바르게 서술한 경우
중	브렉시트를 적고, 유럽 연합을 탈퇴한 이유를 한 가지만 서술한 경우
하	브렉시트만 적고, 유럽 연합을 탈퇴한 이유를 서술하지 못한 경우

4 아프리카

01 아프리카의 위치와 자연환경

실력 확인 문제   28~31쪽

01 ②   02 ③   03 ⑤   04 ③   05 ①   06 ①   07 ①   08 ⑤
09 ①   10 ③   11 ④   12 ③   13 ①   14 ⑤   15 ③   16 ②
17 ④   18 해설 참조   19 사하라   20 플랜테이션

01 아프리카는 세계에서 두 번째로 면적이 큰 대륙으로, 북반구와 남반구에 걸쳐 있다. 북쪽에는 유럽, 북동쪽에는 아시아가 있으며 인도양과 대서양 사이에 위치한다. 대륙의 중앙 부근을 적도가 가로지르며, 대륙 북부에 넓게 펼쳐져 있는 사하라 사막을 기준으로 북부 아프리카와 중·남부 아프리카로 지역을 구분하기도 한다.

왜 틀렸지? ㄴ. 지중해를 사이에 두고 북쪽의 유럽과 마주하고 있다. ㄷ. 서쪽으로 대서양, 동쪽으로 인도양과 접해 있다.

02 지도의 A는 나이지리아, B는 차드, C는 남수단, D는 콩고 민주 공화국, E는 남아프리카 공화국이다.

03 요하네스버그와 케이프타운은 남아프리카 공화국의 주요 도시이다. 요하네스버그는 남아프리카 공화국의 금융과 상업의 중심지로 발전하고 있으며, 남아프리카 공화국 남서쪽에 있는 해안 도시인 케이프타운은 남아프리카 공화국의 입법 수도이다. 케이프타운은 유럽과 아시아를 연결하는 무역항이 발달하면서 성장하였다.

04 스핑크스와 피라미드 등과 같은 고대 문명 유적을 볼 수 있으며, 카이로가 수도인 국가는 이집트이다. 이집트 카이로는 아프리카, 서남아시아, 유럽을 잇는 요지에 있는 북부 아프리카의 주요 도시이다.

05 아프리카는 대륙 북부에 위치한 사하라 사막을 기준으로 북부 아프리카와 중·남부 아프리카로 지역을 구분할 수 있다. 사하라 이남 지역은 자연환경과 문화적 경계에 따라 서부·중앙·동부·남부 아프리카로 구분하기도 한다. 북부 아프리카에는 이집트, 모로코 등이 속해 있다.

왜 틀렸지? ㄷ, ㄹ. 소말리아의 모가디슈와 에티오피아의 아디스아바바는 동부 아프리카에 위치한다.

06 에티오피아의 수도 아디스아바바에는 아프리카 연합(AU)의 본부가 위치해 있다.

왜 틀렸지? ㉢ 에티오피아는 아프리카의 동부에 있다. ㉣ 사하라 사막은 아프리카 북부에 넓게 나타나는 사막이다. 에티오피아에는 고원이 발달해 있다.

07 아프리카는 대륙의 중앙 부근을 가로지르는 적도를 중심으로 북쪽과 남쪽에 기후가 대체로 대칭하여 분포한다. 적도가 지나가는 지역에는 열대 기후가 넓게 나타나며, 북부 아프리카에는 건조 기후가 넓게 나타난다.

왜 틀렸지? ㄷ. 아프리카의 북부 지중해 연안과 남동부 지역은 온대 기후가 나타난다. ㄹ. 고산 기후는 아프리카 동부의 해발 고도가 높은 아비시니아고원 등의 일부 산지 지역에서 나타난다.

08 아프리카의 기후 분포를 보여 주는 지도에서 적도를 중심으로 넓게 나타나는 A는 열대 기후, 사하라 사막을 중심으로 넓게 나타나는 B는 건조 기후, 지중해 연안과 남동부 지역에 나타나는 C는 온대 기후이다. ⑤ 열대 기후는 건조 기후보다 연 강수량이 많다.

왜 틀렸지? ① 강수량보다 증발량이 많은 기후는 건조 기후이다. ② 사바나 초원은 열대 기후와 관련 있다. ③ 열대림은 열대 기후 지역에서 볼 수 있다. ④ 온대 기후는 기후가 온화해 인간이 거주하기에 유리한 기후이다.

09 일 년 내내 기온이 높고, 강수량이 많은 (가)는 열대 기후 지역의 기후 그래프이며, 강수량이 매우 적은 (나)는 건조 기후 지역의 기후 그래프이다.

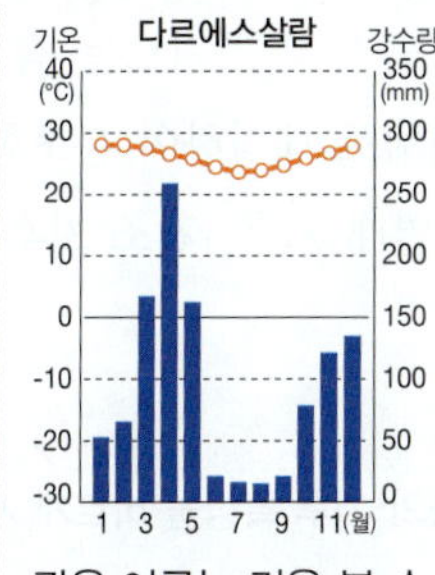

알려 줄게! 건기와 우기가 뚜렷한 열대 기후

열대 기후 지역에 해당하는 다르에스살람의 기후 그래프를 살펴보면 비가 적게 내리는 건기와, 비가 많이 내리는 우기가 뚜렷하다는 것을 알 수 있다. 넓고 울창한 열대림이 분포하는 지역의 주변에서 주로 나타나는 기후로, 이러한 지역에서는 키가 큰 풀과 나무가 드문드문 자라는 넓은 초원에 수많은 야생 동물이 장관을 이루는 것을 볼 수 있다.

10 지도의 A는 말리, B는 나이지리아, C는 탄자니아, D는 마다가스카르, E는 남아프리카 공화국이다. 사파리 투어는 탄자니아의 세렝게티 국립 공원 등에서 할 수 있다. 여우원숭이, 바오바브나무와 같은 독특한 동식물의 서식지로 잘 알려져 있는 곳은 마다가스카르이다.

11 (가) 사막은 건조 기후, (나) 사바나는 열대 기후와 관련 있다. 열대 기후는 건조 기후에 비해 연 강수량이 많아 평균 습도가 높고, 식생을 접하기 쉬우며 분포 지역이 적도에 가깝다. ④ 증발량이 강수량보다 많은 기후는 건조 기후이다.

12 나일강, 콩고강, 나이저강, 잠베지강 등 아프리카를 대표하는 긴 하천은 주로 강수량이 풍부한 열대 기후 지역에서 시작해 바다로 흐른다. ③ 인도 북부 지역을 흐르는 갠지스강은 아시아에서 볼 수 있는 하천이다.

13 아프리카의 지형을 보여 주는 지도의 A는 사하라 사막, B는 나일강, C는 기니만 연안, D는 킬리만자로산, E는 마다가스카르섬이다. 사막 사파리는 사막에서 할 수 있는 체험이므로 사하라 사막(A)과 관련 있다.

14 탄자니아와 케냐의 국경 부근에 위치한 킬리만자로산은 해발 고도 약 5,895m로 아프리카에서 가장 높은 산이며, 화산 활동으로 형성되었다.

15 아프리카에는 아틀라스산맥, 킬리만자로산, 사하라 사막, 나일강 등 다양한 지형이 분포한다. 메콩강(ㄱ)은 아시아, 알프스산맥(ㄹ)은 유럽에 위치한다.

16 (가) 아프리카에서 인구가 가장 많은 국가는 아프리카 서부 기니만 연안에 위치한 나이지리아이다. (나) 나이로비 국립 공원이 위치해 있는 곳은 케냐이다. (다) 서쪽 해안을 따라 사막이 발달해 있는 곳은 나미비아이다.

17 바오바브나무와 여우원숭이, 동부 섬나라는 마다가스카르와 관련 있는 내용이다. 희망봉은 남아프리카 공화국 서남쪽 끝에 있는 곳으로, 케이프타운의 남쪽에 있다. 아이트벤하두, 아틀라스산맥은 아프리카 대륙의 북서쪽에 위치한 모로코와 관련 있는 내용이다.

18 예시 답안 아프리카는 대륙의 중앙 부근을 가로지르는 적도를 중심으로 북쪽과 남쪽에 기후가 대체로 대칭하여 분포한다. 적도에서 고위도로 가면서 대체로 열대 기후, 건조 기후, 온대 기후 순으로 나타난다.

채점 기준	
상	제시어를 모두 사용하여 아프리카의 기후 특성을 바르게 서술한 경우
중	제시어의 일부만 사용하여 아프리카의 기후 특성을 서술한 경우
하	제시어를 사용하여 아프리카의 기후 특성을 서술하지 못한 경우

02 아프리카의 문화와 지역 잠재력
~03 아프리카의 지속가능한 발전

01 아프리카는 수많은 민족(인종)과 부족이 자신들만의 고유한 정체성을 형성해 생활양식과 종교, 언어가 지역별로 다양하게 나타난다.

왜 틀렸지? ㄷ. 아프리카의 건조 기후 지역에서는 얇은 천으로 온몸을 감싸는 형태의 의복이 발달하였다. ㄹ. 창문이 작고 벽이 두꺼운 가옥 구조는 건조 기후 지역에서 볼 수 있다.

02 (가)는 아프리카의 건조 기후 지역에서 볼 수 있는 의복 형태로, 강한 햇볕과 모래바람을 막기 위해 얇은 천으로 온몸을 감싸는 형태의 의복이 발달했다. (나)는 아프리카의 열대 기후 지역에서 볼 수 있는 의복 형태로, 덥고 습한 기후를 나기 위해 얇고 짧은 의복이 발달했는데, 부족의 전통문화에 따라 화려한 색상과 무늬를 사용하기도 한다.

03 아프리카의 수많은 민족(인종)과 부족은 각각 거주하는 지역의 지리적 조건에 적응하여 다양한 문화를 만들어 왔다. 아프리카의 전통 음악은 특유의 리듬감과 경쾌함을 살려 북이나 나무를 두드리는 타악기를 많이 사용하고, 동적인 특징을 지니고 있다. 이러한 전통 음악이 다른 대륙의 음악과 융합하여 재즈, 레게 등으로 발전하였다. 또한 젬베, 칼림바 등의 전통 악기는 세계 여러 지역으로 전파되었다. ① 클래식은 서양의 전통 작곡 기법이나 연주법에 의한 음악이다.

04 제시된 자료는 말리에서 볼 수 있는 젠네 모스크이다. 젠네 모스크는 건조 기후가 나타나는 말리에서 주변에서 구하기 쉬운 진흙을 이용해 만든 이슬람 모스크이다.

왜 틀렸지? ㄱ. 젠네 모스크는 사하라 사막의 남쪽 경계부에 있다. 북부 아프리카 지역을 중심으로 확산된 이슬람교의 영향을 받은 건축물이다. ㄷ. 창문이 크고 개방적인 구조의 가옥은 열대 기후와 관련 있다. 아프리카의 건조 기후 지역의 가옥은 벽이 두껍고, 창문이 작은 것이 특징이다.

05 아프리카의 음악, 미술 등 다양한 예술 문화는 전 세계에 영향을 주면서 누구나 쉽게 접할 수 있는 문화가 되었다.

06 아프리카는 전 세계에서 중위 연령이 가장 낮은 대륙이다. 중위 연령은 전체 인구를 연령순으로 세웠을 때 한가운데 있는 사람의 나이이다. 2022년 기준 아프리카의 중위 연령은 약 18.7세로, 다른 대륙의 중위 연령이 30세를 넘는 것에 비해 낮은 편이다. 중위 연령이 낮다는 것은 앞으로 경제활동을 할 인구가 많다는 것이므로 지역의 성장 가능성이 높다.

07 제시된 그래프는 아프리카와 세계, 유럽의 30세 미만 인구 비율을 보여 준다. 아프리카의 30세 미만 인구 비율은 67.2%로, 세계 평균보다 높은 편이다. 30세 미만 인구 비율이 높다

는 점을 통해 경제활동 인구가 많아 성장 잠재력이 높다는 사실을 알 수 있다.

08 지도의 A는 나이지리아, B는 차드, C는 남수단, D는 콩고 민주 공화국, E는 남아프리카 공화국이다. 아프리카 최대 석유 생산국, 놀리우드는 나이지리아와 관련 있다.

> **알려 줄게!** **놀리우드(Nollywood)**
>
> 놀리우드(Nollywood)는 미국 영화 산업의 중심지인 할리우드에 빗대어 표현한 나이지리아의 영화 산업을 일컫는 말이다. 놀리우드는 단기간에 적은 비용으로 촬영하여 빠르게 유통하는 것이 특징이다. 연간 2,500여 편의 영화를 제작할 정도로 산업의 규모가 큰 편이다. 이러한 영화 산업의 발달로 나이지리아에는 많은 일자리가 창출되고 있다.

09 2002년에 출범한 아프리카 연합(AU)은 아프리카 대륙의 사회·경제·문화적 차원의 통합을 추구하는 기구이다. ② 캄보디아는 아시아에 위치한 국가이다.

10 국제기구와 국가 및 기업, 비정부 기구(NGO) 등 다양한 주체가 아프리카의 지속가능한 발전을 위해 협력하고 있다. ② K-라이스 벨트 사업을 통해 아프리카에는 안정적인 식량을 공급할 수 있다. 저개발 지역의 의료 지원 서비스는 비정부 기구(NGO) 중 국경 없는 의사회와 관련 있다.

11 공정 무역은 생산자와 소비자 사이의 중간 상인의 수를 줄여 생산자가 기존 무역 방식에서 받는 것보다 더 많은 몫을 받을 수 있도록 한다.

12 (1) 건조 기후 지역
(2) **예시 답안** 북부 아프리카는 건조 기후가 넓게 나타나는 지역이다. 건조 기후 지역은 일교차가 매우 크다. 창문이 작고 벽이 두꺼우면 낮의 열기와 밤의 추위를 막을 수 있다. 또한 비가 많이 내리지 않아 지붕을 평평하게 한다.

채점 기준	
상	건조 기후 지역임을 적고, 그림과 같은 가옥이 나타나는 이유를 기후와 관련지어 바르게 서술한 경우
중	건조 기후 지역임을 적고, 가옥의 특징만 대략 서술한 경우
하	건조 기후 지역만 적은 경우

13 **예시 답안** 세계에서 가장 젊은 대륙이기 때문에 경제활동에 참여할 수 있는 인구가 많다. 넓은 소비 시장을 형성할 수 있다. 금, 다이아몬드, 구리 등 지하자원이 풍부하다. 등

채점 기준	
상	아프리카의 인구, 지하자원 등과 관련한 지역 잠재력 두 가지를 바르게 서술한 경우
중	아프리카의 인구, 지하자원 등과 관련한 지역 잠재력 한 가지를 바르게 서술한 경우
하	아프리카의 지역 잠재력을 서술하지 못한 경우

5 아메리카

01 아메리카의 위치와 자연환경

실력 확인 문제　　35~38쪽

01 ④	**02** ①	**03** ③	**04** ③	**05** ②	**06** ④	**07** ①	**08** ③
09 ⑤	**10** ①	**11** ③	**12** ②	**13** ③	**14** ④	**15** ④	**16** ⑤
17 ⑤	**18** 해설 참조	**19** 해설 참조					

01 아메리카는 서쪽으로 태평양, 동쪽으로 대서양, 북쪽으로 북극해와 접하며 북반구와 남반구에 걸쳐 있는 대륙이다. 아메리카는 세계 육지 면적의 약 30%를 차지하고 있다.

02 아메리카는 지리적으로 파나마 지협을 기준으로 북아메리카와 남아메리카로 구분하며, 문화적으로 리오그란데강을 기준으로 앵글로아메리카와 라틴 아메리카로 구분하기도 한다.

03 지리적으로는 북아메리카에 속하지만, 문화적으로는 라틴 아메리카에 해당하는 국가는 멕시코이다.

04 세계 국토 면적 2위, 오타와, 단풍 등은 모두 캐나다와 관련 있는 내용이다.

05 볼리비아의 수도는 라파스이며, 볼리비아에는 세계 최대의 소금 사막인 우유니 소금 사막이 있다.

> **알려 줄게!** **우유니 소금 사막**
>
> 해발 고도 약 3,600m의 고지대에 있는 우유니 소금 사막은 원래 바다였던 곳이 융기한 후, 바닷물이 증발하면서 소금이 남아 형성된 것이다. 12월부터 4월이면 빗물이 고여 물에 반사되는 멋진 경관을 볼 수 있는 곳이기도 하다.

06 남아메리카 인구 1위 도시이자 브라질 인구 1위 도시는 상파울루이다.

> **왜 틀렸지?** ① 뉴욕은 미국의 주요 도시이자 세계의 정치·경제·금융 중심지 역할을 하는 곳이다. ②, ③ 키토와 보고타는 각각 에콰도르와 콜롬비아의 수도로, 해발 고도 2,500m 이상의 고지대에 위치한 고산 도시들이다. ⑤ 멕시코시티는 멕시코의 수도이자 과거 아스테카 문명의 중심지였던 곳으로, 도시 곳곳에서 고대 문명과 관련한 다양한 유적을 볼 수 있다.

07 아메리카의 기후 분포를 보여 주는 지도의 A는 열대 기후, B는 건조 기후, C는 온대 기후, D는 냉대 기후, E는 고산 기후이다. 남아메리카의 적도 부근은 일 년 내내 기온이 높고 비가 많이 내리는 열대 기후가 넓게 나타난다.

08 지도의 A는 열대 기후, D는 냉대 기후이다. 냉대 기후 지역은 열대 기후 지역보다 기온이 낮고, 위도가 높은 지역에 나타

난다. 또한 침엽수림의 분포 면적이 넓어 이를 이용한 임업이 활발하게 이루어진다.

09 제시된 기후 그래프는 일 년 내내 기온이 10~20℃로 온화한 기후가 나타나는 고산 기후 지역의 기후 그래프이다. 지도의 E 기후 지역과 관련 있으며, 적도 부근의 해발 고도가 높은 지역에서 볼 수 있는 기후이다.

10 적도 주변의 안데스 산지는 해발 고도가 높아 덥고 습한 기후가 나타나는 저지대보다 기후가 온화하여 생활하기에 쾌적하다.

11 이누이트, 순록 유목은 한대 기후와 관련 있다. 안데스산맥, 페루, 연중 온화한 기후, 알파카 등은 고산 기후와 관련 있다. 한대 기후 지역은 가장 더운 달의 평균 기온이 10℃ 미만으로 추운 날씨가 지속된다. 고산 기후는 해발 고도가 높은 산지에서 나타난다.

12 남아메리카의 아마존강 유역에는 세계 최대의 열대 우림이 나타난다.

13 안데스산맥에서 발원한 아마존강은 대서양으로 흘러 들어간다. 아마존강 일대에는 열대 우림이 넓게 나타나 지구의 허파 역할을 한다.

> **왜 틀렸지?** ① 화산과 지진은 환태평양 조산대에 속하는 아메리카 대륙의 서쪽 태평양 해안을 따라 활발하게 나타난다. ② 북아메리카의 로키산맥과 애팔래치아산맥 사이에는 미시시피강이 흐른다. ④ 로키산맥은 애팔래치아산맥에 비해 형성 시기가 오래되지 않아 해발 고도가 높고 경사가 험준한 편이다. ⑤ 남아메리카의 태평양 연안은 해류와 산맥의 영향으로 건조 기후가 나타난다.

14 북아메리카의 로키산맥과 애팔래치아산맥 사이에는 세계적인 곡창 지대를 이루는 그레이트플레인스가 펼쳐져 있고, 이 대평원을 가로지르며 미시시피강이 흐른다.

15 북아메리카의 지형을 보여 주는 지도의 (가)는 로키산맥, (다)는 애팔래치아산맥이다. 로키산맥은 애팔래치아산맥보다 비교적 최근에 형성되어 해발 고도가 높고, 산지의 경사가 급한 편이다. 또한 환태평양 조산대에 속해 지각 운동이 활발하다.

16 제시된 지도의 (나)는 오대호이다. 오대호는 미국과 캐나다의 국경에 있는 다섯 개의 호수이며 과거 빙하로 덮여 있던 지역으로, 슈피리어호, 미시간호, 휴런호, 온타리오호, 이리호로 이루어져 있다.

17 환태평양 조산대에 속하는 아메리카 대륙 서쪽은 해양판과 대륙판이 부딪히는 판의 경계에 해당하여 지반이 불안정해 지진과 화산 활동이 빈번하게 나타난다.

18 **예시 답안** 아메리카는 지리적으로 파나마 지협을 경계로 북아메

리카와 남아메리카로 구분한다. 문화적으로는 리오그란데강을 기준으로 앵글로아메리카와 라틴 아메리카로 구분한다.

채점 기준	
상	아메리카의 지역 구분을 지리적, 문화적 측면에서 구분 기준까지 모두 바르게 서술한 경우
중	아메리카 지역 구분에 관하여 모두 서술하였으나 다소 미흡한 경우
하	아메리카 지역 구분의 기준이 되는 지형만 적은 경우

19 **예시 답안** 보고타는 연중 기온이 10~20℃의 봄과 같은 날씨가 나타난다. 적도 주변의 안데스산맥 일대는 해발 고도가 높아 고산 기후가 나타나기 때문이다.

채점 기준	
상	보고타의 기후 특징과 그 원인을 모두 바르게 서술한 경우
중	보고타의 기후 특징과 그 원인에 관해 서술하였으나 다소 미흡한 경우
하	보고타의 기후 특징만 간략히 서술한 경우

02 아메리카의 민족(인종)과 문화
~03 초국적 기업의 발달과 지역 변화

실력 확인 문제 39~42쪽

01 ③	02 ③	03 ⑤	04 ①	05 ①	06 ⑤	07 ⑤	08 ⑤
09 ⑤	10 ④	11 ④	12 ④	13 ②	14 ⑤	15 ②	16 ③
17 해설 참조	18 해설 참조						

01 아메리카는 세계 곳곳에서 이주해 온 다양한 민족(인종)이 어울려 살아가는 다문화 사회이다. ③ 미국 내 원주민은 유럽의 식민지 개척 과정에서 적은 수만 남아 오늘날에는 주로 원주민 보호 구역에 거주하고 있다.

02 아메리카에는 새로운 정착지를 찾아 이동한 유럽계가 자리를 잡으면서 다양한 민족(인종)이 섞이기 시작했다. 유럽계가 아메리카에 정착한 이후 목화와 사탕수수 등을 재배하는 플랜테이션 농업에 필요한 노동력을 확보하기 위해 아프리카에서 강제로 인구를 유입시켰다.

03 ㉠은 주로 에스파냐어를 사용하는 라틴 아메리카 출신의 이주민과 후손인 히스패닉이다. 히스패닉은 멕시코와 국경을 접한 미국의 남서부 지역에 주로 분포하는데, 일자리를 찾기

위한 목적으로 이주해 온 것이 대부분이다. 20세기 이후 앵글 로아메리카 내에서 히스패닉의 비율이 급격히 증가했다.

04 영어를 주로 사용하는 (가) 미국은 영국(A)의 영향을, 프랑스 어를 주로 사용하는 (나) 캐나다 퀘벡주는 프랑스(B)의 영향 을, (다) 포르투갈어를 주로 사용하는 (다) 브라질은 포르투갈 (C)의 영향을 많이 받았다.

05 과달루페 성모상은 멕시코와 관련 있는 문화 혼종성 사례이 다. 지도의 A는 멕시코, B는 콜롬비아, C는 페루, D는 브라 질, E는 아르헨티나이다.

06 아프리카계 민족(인종)은 대규모 농장이 발달한 브라질과 카 리브해 연안의 자메이카, 쿠바 등지에 집중적으로 분포한다.

왜 틀렸지? ① 자메이카와 쿠바는 북아메리카, 브라질은 남아메리 카 국가이다. ②, ④ 열대 기후가 넓게 나타나는 국가들이다. 라틴 아메리카의 우루과이와 아르헨티나는 거주에 유리한 온대 기후가 나타나 유럽계 민족(인종)의 비율이 높은 편이다.

07 라틴 아메리카는 오랜 기간 동안 에스파냐의 식민 지배를 받 았기 때문에 언어, 종교 등 문화적 측면에서 에스파냐와 유사 하다.

08 아메리카에는 원주민의 문화와 유럽계, 아프리카계 등의 문 화가 혼합되어 새로운 형태의 독특한 문화가 형성되었다.

09 국경을 넘어 제품의 기획과 생산, 판매 등의 활동이 이루어지 는 기업을 초국적 기업이라고 한다. 교통·통신의 발달과 함 께 세계 무역 기구(WTO), 자유 무역 협정(FTA)의 확대는 초 국적 기업이 발달하는 데 영향을 주었다. 한편 초국적 기업은 기업의 연구, 생산, 판매 등의 기능을 세계 각지에 분산하여 배치하는데, 저렴한 노동력이 풍부한 지역은 제품을 생산하 는 생산 공장이 입지하는 데 유리하다.

왜 틀렸지? ㄱ. 초국적 기업은 제조업뿐만 아니라 농산물의 생산과 가공, 관광, 금융 등 다양한 분야에 진출해 있다. ㄴ. 초국적 기업의 자회사는 본사와 수평적 관계로 연결되어 있다.

10 (가)는 세계 무역 기구(WTO), (나)는 자유 무역 협정(FTA)에 관한 설명이다. (가)는 국제기구이며 경제 분쟁에 관한 판결 권을 갖는다. (나)는 국가 간 관세 약화를 지향하며, (가)에 비 해 지역주의를 지향한다.

11 초국적 기업의 본사와 자회사는 전문화된 핵심 자산을 각자 보유하고 있으며, 비교적 동등한 지위를 가지고 상호의존적 이며 수평적으로 연결되어 있다.

12 초국적 기업은 기업의 기능을 각 목적에 맞게 여러 곳에 나누 어 배치하는데, (가)는 초국적 기업의 연구소, (나)는 초국적 기업의 생산 공장에 관한 설명이다. (가) 연구소는 정보와 자

본 확보에 유리하며, 지식과 기술을 갖춘 고급 인력이 풍부한 지역에 주로 입지한다. (나) 생산 공장은 원료 산지 근처나 땅 값이 낮고, 저렴한 노동력이 풍부한 지역에 주로 입지하며, 무역 장벽을 피하기 위해서나 판매 시장 확보를 위해 선진국 내에 입지하기도 한다.

13 초국적 기업의 생산 공장은 주로 생산 비용을 줄이기 위해 원 료 산지 근처나 지가와 임금이 저렴한 지역에 입지하는데, 무 역 장벽을 피하기 위해 선진국 내에 입지하기도 한다. ② 산 업 공동화는 초국적 기업의 생산 공장 이전으로 공장이 빠져 나간 지역에서 생산 능력이 떨어지고, 산업이 쇠퇴해 가는 현 상을 말한다.

14 초국적 기업의 생산 공장이 해외로 이전하게 되면 생산 공장 이 빠져나간 지역에서는 제조업의 쇠퇴로 산업 공동화 현상 이 발생하게 된다.

왜 틀렸지? ① 생산 공장의 이전으로 일자리가 줄어들어 실업률은 증가할 수 있다. ② 생산 공장의 이전으로 기업의 선진 기술 역시 외 부로 유출된다. ③ 생산 공장이 빠져나갔기 때문에 외화 송금액 역시 감소한다. ④ 일자리 감소와 실업률의 증가로 지역 경제가 침체할 수 있다.

15 초국적 기업의 생산 공장은 원료 산지 근처나, 지가와 임금이 저렴한 지역에 주로 입지하는데, 무역 장벽을 피하거나 판매 시장 확보를 위해 선진국 내에 입지하기도 한다.

16 자료는 멕시코에 입지한 자동차 관련 초국적 기업의 생산 공 장에 관한 내용이다. 넓은 소비 시장과 저렴한 임금 등을 이 유로 자동차 관련 초국적 기업들의 생산 공장이 멕시코로 이 전해 갔는데, 멕시코로 생산 공장이 빠져나간 지역에서는 일 자리가 줄어들어 실업률이 높아지고, 이에 따라 지역 경제가 침체하는 문제가 나타날 수 있다.

17 예시 답안 그림 속 버스에 탄 승객들의 피부색이 다양하다는 점 을 통해 그림의 배경이 된 아메리카에는 다양한 민족(인종)이 산다는 것을 알 수 있다.

채점 기준	
상	승객들의 피부색을 통해 아메리카의 민족(인종)이 다양하다는 특징을 바르게 서술한 경우
중	민족(인종)이 다양하다라는 정도만 서술한 경우
하	아메리카의 인구 특징을 서술하지 못한 경우

18 예시 답안 디트로이트는 산업 기반이 약해져 실업률이 높아지 고, 인구가 감소하여 지역 경제가 침체할 것이다.

채점 기준	
상	디트로이트의 변화 두 가지를 바르게 서술한 경우
중	디트로이트의 변화 한 가지를 바르게 서술한 경우
하	디트로이트의 변화를 서술하지 못한 경우

6 오세아니아와 극지방

실력 확인 문제   43~45쪽

01 ⑤   02 ③   03 ①   04 ③   05 ④   06 ②   07 ②   08 ⑤
09 ④   10 ①   11 ②   12 해설 참조   13 해설 참조

01 캔버라, 세계 국토 면적 6위 국가, 오세아니아 내 국토 면적 1위 등은 모두 오스트레일리아에 관한 설명이다.

02 오스트레일리아의 남동부와 남서부는 온대 기후가 나타나 인구가 밀집해 있고, 시드니, 멜버른 등과 같은 대도시가 발달해 있다.

03 (가)는 태평양 주변의 섬들로 오세아니아에 속하며, 대체로 열대 기후가 나타난다.

왜 틀렸지? ㄹ. 지형인 피오르 해안은 빙하 고위도 지역에서 주로 볼 수 있다. 오세아니아 지역에서는 뉴질랜드의 남섬에서 주로 볼 수 있다.

04 뉴질랜드는 남반구에 위치해 북반구 중위도인 우리나라와 계절이 반대로 나타난다.

05 지도의 (나) 지역은 오스트레일리아의 북동부 해안으로, 세계 최대 규모의 산호초 지역인 대보초(그레이트 배리어 리프) 해안이 위치해 있다.

왜 틀렸지? ① 사막이 넓게 나타나는 오스트레일리아의 서부에서 할 수 있다. ② 빙하 지형인 피오르가 나타나는 뉴질랜드 남섬에서 할 수 있다. ③ 열대 기후가 나타나는 오스트레일리아 북부 일부 지역에서 할 수 있다. ⑤ 대찬정 분지가 넓게 나타나는 오스트레일리아의 중앙 저지대에서 할 수 있다.

06 오스트레일리아의 주요 지형을 보여 주는 지도의 A는 그레이트빅토리아 사막 등 사막이 넓게 분포하는 곳이다. B는 중앙 저지대에서 나타나는 대찬정 분지이며, C는 대보초 해안으로 산호 지대이다. D는 그레이트디바이딩산맥으로 지각이 비교적 안정된 곳이다.

07 대찬정 분지에서는 지하수 개발로 건조 기후를 극복하여 기업적 방목으로 양을 사육한다.

왜 틀렸지? ㄴ. 대찬정 분지는 오스트레일리아의 중앙 저지대에 위치해 있다. ㄷ. 대찬정 분지에는 건조한 기후로 인해 물이 부족하여 지하에 우물을 깊게 파 지하수를 끌어올리는 시설(찬정)이 설치되어 있다.

08 남반구에 위치한 오스트레일리아는 북반구와 밀 수확 시기가 달라 수출에 유리한 세계적인 밀 수출국이다.

09 제시된 모식도의 ㉠은 일본, ㉡은 뉴질랜드, ㉢은 오스트레일리아이다. 뉴질랜드(㉡)와 오스트레일리아(㉢)는 영국의 식민 지배를 받아 주민 대부분이 유럽계이고, 크리스트교를 주로 믿는다.

왜 틀렸지? ① 일본의 수도는 도쿄이다. ③ 캔버라, 시드니는 오스트레일리아(㉢)의 주요 도시이다. 뉴질랜드의 주요 도시로는 웰링턴 등이 있다.

10 뉴질랜드는 낙농업에 유리한 청정 환경으로 양고기, 양털, 유제품 등의 생산 및 수출이 활발하다.

11 오스트레일리아는 철광석, 석탄의 세계적인 수출국이다. 제조업의 원료인 지하자원을 수출하고, 우리나라와 중국, 일본 등에서 공산품을 수입한다. 과거에는 유럽, 미국과의 교류가 많았으나 최근에는 지리적으로 가까운 아시아 지역과의 교류가 활발하다.

왜 틀렸지? ㄴ. 오스트레일리아는 우리나라와 중국, 일본 등에서 공산품을 주로 수입한다. ㄹ. 오스트레일리아, 뉴질랜드, 동남아시아 국가 연합(ASEAN), 우리나라 등을 포함한 15개국이 참여하는 다자간 자유 무역 협정을 체결하여 아시아와의 경제 협력을 강화하고 있다.

알려 줄게! 역내 포괄적 경제 동반자 협정(RCEP)

동남아시아 국가 연합(ASEAN) 10개국과 대한민국, 중국, 일본, 오스트레일리아, 뉴질랜드를 포함한 15개국은 지역 내 자유 무역을 위해 역내 포괄적 경제 동반자 협정(RCEP)을 체결하였다. 역내 포괄적 경제 동반자 협정은 전 세계 국내 총생산(GDP)의 약 30%와 전 세계 인구의 약 30%를 아우르는 거대한 경제 공동체이다. 앞으로 오스트레일리아와 뉴질랜드 등의 오세아니아 국가들과 아시아 지역 국가 간 경제 협력의 상호의존성은 더욱 커질 것으로 예상된다.

12 **예시 답안** 제조업의 원료인 지하자원을 수출하고, 대부분의 공산품은 수입에 의존하고 있다.

채점 기준	
상	오스트레일리아의 무역 특징을 수출과 수입 품목 차원에서 모두 바르게 서술한 경우
중	오스트레일리아의 무역 특징을 수출과 수입 품목 중 한 가지 차원에서만 바르게 서술한 경우
하	오스트레일리아의 무역 특징을 서술하지 못한 경우

13 **예시 답안** 남반구의 밀 수확 시기는 11~2월이고, 북반부의 밀 수확 시기는 5~10월로 수확 시기가 다르기에 높은 가격으로 수출할 수 있다.

채점 기준	
상	남반구와 북반구의 밀 수확 시기를 정확하게 명시하고 수확 시기가 다름을 비교하여 서술한 경우
중	남반구와 북반구의 밀 수확 시기를 정확하게 서술한 경우
하	남반구와 북반구의 밀 수확 시기가 다름만을 서술한 경우

실력 확인 문제

01 ④	02 ①	03 ③	04 ④	05 ①	06 ②	07 ①	08 ②
09 ②	10 ④	11 ③	12 ①	13 ②	14 ①	15 ⑤	16 해설 참조

17 해설 참조

01 지구 온난화로 바닷물의 온도가 올라가 산호가 하얗게 죽는 산호초 백화 현상은 태평양 지역의 환경 문제 중 산호초 파괴와 관련한 환경 문제이다.

알려 줄게! 산호초의 백화 현상

산호초는 바닷물고기의 서식지로서 생태학적으로 매우 중요하다. 그러나 기후변화로 바닷물 온도가 높아지면서 산호가 하얗게 변하는 백화 현상이 발생하고 있다. 백화 현상이 지속되면 산호는 결국 죽게 되고, 이는 생태계에 큰 영향을 끼친다.

02 제시된 글은 태평양의 섬나라인 투발루에 관한 내용이다. 투발루는 전 국토의 해발 고도가 5m 이하로, 2023년에는 섬 9개 중 2개가 완전히 가라앉은 상태이다.

03 산업화 이후 화석 연료의 사용 증가, 무분별한 벌목, 도시화, 축산과 농업 확대 등으로 온실가스 배출량이 증가함에 따라 지구의 평균 기온이 상승하는 지구 온난화가 나타나고 있다. 지구 온난화의 영향으로 극지방과 고산 지역의 빙하가 녹아 해수면이 상승하고 있다.

04 지도에 표시된 (가) 지역은 태평양의 섬나라이다. 투발루, 키리바시 등 해발 고도가 낮은 태평양의 섬나라들은 지구 온난화에 따른 해수면 상승으로 국토가 바닷물에 잠겨 국가가 사라질 위기에 놓여 있다.

05 산호초 백화 현상은 바닷물의 온도가 올라가 산호가 하얗게 죽어 가는 현상이다. 제시된 자료를 통해 산호의 감소와 폐사는 해수 온도의 상승, 어류 남획, 무분별한 관광으로 인한 해양 오염 때문임을 추론할 수 있다.

왜 틀렸지? ㄷ. 산호초 백화 현상은 오스트레일리아의 대보초 해안 일대뿐만 아니라 산호초가 서식하는 곳이면 어디에서든 나타날 수 있는 문제이다. ㄹ. 산호초가 폐사하면 해양 생물들의 서식지는 감소한다.

06 태평양 한가운데에 바람과 해류의 순환으로 쓰레기들이 한곳에 모여 형성되는 쓰레기 섬은 해양 쓰레기와 관련 있다.

07 해양 쓰레기와 관련 있는 이야기를 하는 학생은 지호와 수현이다.

왜 틀렸지? 소현. 바다의 사막화라고도 불리는 환경 문제는 산호초 백화 현상과 관련 있다. 진수. 투발루의 국토 수몰 문제는 해수면 상승과 관련 있다.

08 해양 쓰레기 가운데 많은 부분을 차지하는 것은 인간이 사용하고 버린 플라스틱 쓰레기이다. 해양 쓰레기 문제를 해결하기 위해서는 플라스틱 사용량을 줄이는 것이 가장 중요하다.

09 해수면 상승 등 태평양 지역에서 발생하는 환경 문제를 해결하기 위해 국제 사회에서는 교토 의정서, 파리 협정 등을 체결하였다.

왜 틀렸지? ㄴ. 람사르 협약은 습지 보존을 위한 국제 협약이다. ㄹ. 사막화 방지 협약은 사막 주변의 초원 지대가 사막과 같이 척박한 땅으로 변하는 것을 방지하기 위한 국제 협약이다.

10 태평양 지역의 환경 문제는 태평양 지역뿐만 아니라 우리의 삶에도 영향을 미칠 수 있기 때문에 세계시민으로서 태평양 환경 문제 해결에 적극 동참해야 한다. 개인적인 차원에서는 쓰레기 분리배출과 쓰레기 줍기 활동, 에너지 절약과 대중교통 이용하기 등을 통해 태평양 환경 문제 해결에 동참할 수 있다. ④ 정책 수립, 법 제정 등은 국가 차원에서 할 수 있는 방안이다.

11 극지방은 북극과 남극을 중심으로 한 주변 지역을 가리킨다. 제시된 자료는 북극 지방에 관한 내용으로, 북극 지방은 항공 교통의 중심지 역할을 하며, 아시아와 유럽을 잇는 최단 해운 항로로 주목받고 있다. 북극해 연안에는 이누이트를 포함한 여러 원주민이 살아가고 있다.

왜 틀렸지? (가) 북극 지방은 유럽, 아시아, 북아메리카의 주요 도시를 짧은 거리로 연결하는 항공 교통의 중심지이다. (라) 세종·장보고 과학 기지는 남극 지방과 관련 있다.

12 제시된 자료는 북극 지방, 북극해와 관련한 내용이다. 북극해에는 전 세계 천연가스의 약 30%, 석유의 약 13%가 매장된 것으로 추정되어 북극해에 인접한 여러 국가들이 영유권을 주장하고 있다.

13 우리나라는 북극에 다산 과학 기지를 건설하고, 쇄빙 연구선인 아라온호를 투입하여 북극 연구를 하고 있다. 이 밖에도 기후위기 대응 연구, 북극 해양 생태계 보호 활동 등도 하고 있다. 남극에는 세종 과학 기지와 장보고 과학 기지를 건설하여 빙하와 오존층 등을 연구한다.

왜 틀렸지? ① 남극 조약에 따라 남극에서의 군사 활동이 금지된다. ③ 이누이트, 네네츠족은 북극 지방과 관련 있다. ④ 북극에 대한 영유권 주장이 가능해 북극 지방의 자원을 더 많이 얻기 위해 인접한 여러 국가가 북극해 영유권을 주장하고 있다. ⑤ 남극에는 석탄, 철광석, 구리 등의 다양한 자원이 매장되어 있다.

생물 다양성	극지방의 생물 다양성은 생물학적 연구와 보전에 매우 중요한 자료를 제공함
풍부한 지하자원과 에너지 자원	극지방에는 석유, 천연가스 등 화석 에너지뿐만 아니라 다양한 지하자원이 풍부하게 매장되어 있음
환경과 기후변화 연구	극지방의 연구는 환경 변화와 기후변화 예측과 관련한 연구에 중요한 역할을 함
지리적 연결성	북극권은 항공이나 선박 운항에서 중요한 역할을 함

14 남극은 일 년 내내 빙하가 덮여 있는 대륙으로, 황제펭귄의 서식지이다.

왜 틀렸지? ㄷ. 순록은 북반구 한대 기후 지역에서 볼 수 있다. ㄹ. 대보초 해안은 오스트레일리아의 북동부 해안에서 볼 수 있다.

15 극지방의 개발을 둘러싼 여러 입장 중에서 ㉠, ㉡은 극지방의 개발에 반대하는 입장, ㉢, ㉣은 극지방의 개발에 찬성하는 입장이다.

16 (1) 해양 쓰레기

(2) 예시 답안 해안가 쓰레기를 줍는다. 일회용 비닐 봉투 사용을 규제한다. 일회용 비닐 봉투 대신 장바구니를 사용한다. 일회용 컵 대신 다회용 컵을 사용한다. 등

	채점 기준
상	해양 쓰레기 문제의 해결 방안을 두 가지 이상 바르게 서술한 경우
중	해양 쓰레기 문제의 해결 방안 한 가지를 바르게 서술한 경우
하	해양 쓰레기 문제의 해결 방안을 서술하지 못한 경우

17 예시 답안 지구 온난화에 따라 빙하의 해빙 속도가 빨라져 북극 지방의 자원을 개발하거나 북극해를 지나는 해상 교통로를 이용하여 운송 거리와 시간을 단축할 수 있다.

	채점 기준
상	지구 온난화가 북극 지방에 미치는 긍정적인 영향을 바르게 서술한 경우
하	지구 온난화가 북극 지방에 미치는 긍정적인 영향을 서술하지 못한 경우

1 세계화 시대, 지리의 힘
~3 유럽

시험 빈출 **문제**   50~55쪽

01 ⑤	02 ②	03 ③	04 ①	05 ④	06 ③	07 ④
08 ②	09 ②	10 ④	11 해설 참조		12 ③	13 ②
14 ②	15 ④	16 ①	17 ⑤	18 ②	19 ④	20 ⑤
21 ④	22 해설 참조		23 ①	24 ⑤	25 ②	26 ②
27 ②	28 ⑤	29 ③	30 ⑤	31 ①	32 ②	
33 해설 참조						

01 제시된 사진은 한대 기후 지역에서 볼 수 있는 가옥 구조와 순록 유목의 모습이다. 한대 기후 지역에 사는 사람들은 기온이 낮아 농사를 지을 수 없는 기후에 적응하여 순록을 유목하거나 바다표범을 잡으며 생활한다. 지도의 (가)는 열대 기후, (나)는 건조 기후, (다)는 온대 기후, (라)는 냉대 기후, (마)는 한대 기후이다.

02 지도의 A는 이집트, B는 몽골, C는 베트남, D는 페루, E는 브라질이다. 농경에 불리한 건조 기후로 인해 유목 생활이 이루어지며, 쉽게 짓고 해체할 수 있는 이동식 가옥인 게르를 볼 수 있는 지역은 몽골(B)이다.

03 베트남은 계절풍의 영향을 받는 열대 기후 지역으로, 세계적인 벼농사 지대이다.

왜 틀렸지? ① 고산 기후는 페루(D)와 관련 있는 설명이다. ② 힌두교 문화는 인도와 관련 있는 설명이다. ④ 순록 유목은 한대 기후가 나타나는 러시아 북극해 연안과 관련 있는 설명이다. ⑤ 건조 기후는 이집트(A), 몽골(B)과 관련 있는 설명이다.

04 지역의 특성은 기후, 지형 등의 자연환경과 사람이 만든 산업, 종교 등의 인문환경의 조화로 나타난다. 한편 위도는 기후에, 경도는 시간 차이에 영향을 준다.

05 싱가포르는 지리적 특성으로 인해 다양한 종교가 나타나고, 중계 무역이 발달했다.

왜 틀렸지? ㄴ. 유목 생활은 건조 기후에서 볼 수 있는 지역성이다.

알려 줄게! **싱가포르의 지역성**

싱가포르는 적도와 매우 가까이 있어 일 년 내내 기온이 높고 강수량이 많은 열대 기후가 나타난다. 믈라카 해협에 위치하면서 동남아시아의 육지와 섬 지역을 연결하는 길목이기도 하며, 태평양과 인도양을 오가는 선박들의 물류 중심지로 성장해 왔다. 지역이 개발될 때 주변 국가에서 노동자들이 많이 들어와 민족(인종), 언어, 종교가 다양한 사람들이 함께 어우러져 살아가고 있다.

06 세계화는 지역 간 상호의존성 증가로 세계가 하나로 연결되는 것이다. 세계적으로 문화가 교류되면서 지역 고유의 문화가 약해지는 부정적 영향도 있다. 따라서 세계화에 관한 설명으로 옳은 것은 ⓒ이다.

07 해외 직접 구매는 교통 및 통신의 발달로 인한 시공간 압축으로 인해 증가했으며, 국경을 초월한 지역 간 상호 작용이 증가했음을 보여 준다. 이는 소비 행태는 물론 택배업 등 유통 측면의 변화를 가져온다.

> **알려 줄게!** **시공간 압축**
>
> 교통과 통신이 발달하면서 장소 간 이동에 필요한 시간이 줄어드는데, 이를 시공간 압축이라고 한다. 시공간 압축으로 국가나 지역 간 교류가 늘어나고, 이는 세계 각 지역의 특성에 큰 영향을 미치고 있다.

08 일상생활 속 네트워크 세계를 보여 주는 스마트폰 생산은 선진국 및 개발 도상국과의 상호연계성이 필요하며, 이러한 이유로 다른 지역의 상황에 따라 생산의 안정성은 변동될 것이다.

09 (가)는 보령 머드 축제로 지역 축제를 활용한 지역화 전략이다. (나)는 인도의 다르질링차로 지리적 표시제를 활용한 지역화 전략이다.

10 ㄱ. 지역 축제는 세계 여러 지역의 관광객을 유치하고, 지역 경제를 활성화하는 효과를 가져온다. ㄴ. 보령 머드 축제는 갯벌이 발달한 보령의 자연환경을 이용한 지역 축제이다. ㄹ. 다르질링차와 같은 지리적 표시제는 지역의 지리적 특성을 반영한 우수한 상품이 그 지역에서 생산·가공되었음을 증명하고 표시하는 제도이다.

> **왜 틀렸지?** ㄷ. 지역 축제에 관한 설명이다.

11 **예시 답안** 문화의 세계화는 교통과 통신의 발달로 나타났다. 부정적 영향으로는 지역 고유문화의 정체성이 약화되고, 세계 각 지역의 문화가 유사해지는 현상이 나타날 수 있다.

	채점 기준
상	문화의 세계화가 나타난 원인과 부정적 영향을 모두 바르게 서술한 경우
중	문화의 세계화가 나타난 원인과 부정적 영향 중 한 가지만 서술한 경우
하	문화의 세계화가 나타난 원인과 부정적 영향을 모두 서술하지 못한 경우

12 지도에 표시된 (가) 지역은 남부 아시아에 해당하며, 인도, 파키스탄, 방글라데시 등이 속해 있다. 말레이시아와 인도네시아는 동남아시아의 국가이다.

13 제시된 자료는 건조 기후 지역의 기후 그래프로, 지도의 (나)와 관련 있다. 아시아의 기후 구분을 보여 주는 지도의 (가)는

열대 기후, (나)는 건조 기후, (다)는 온대 기후, (라)는 냉대 기후, (마)는 한대 기후이다.

14 아시아의 기후 구분을 보여 주는 지도의 (나)는 건조 기후, (다)는 온대 기후이다. 계절풍의 영향을 받는 온대 기후 지역에서는 벼농사가 발달했다.

> **왜 틀렸지?** ㄴ. (나) 건조 기후 지역은 (다) 온대 기후 지역보다 강수량이 적다. ㄹ. 플랜테이션 농업은 열대 기후 지역에서 많이 이루어지는 농업 형태이다.

15 아시아의 주요 지형을 보여 주는 지도의 A는 룹알할리 사막, B는 지역의 경계를 이루는 히말라야산맥, C는 히말라야 산지에서 발원한 갠지스강이다.

> **왜 틀렸지?** ㄱ. 아라비아반도에는 룹알할리 사막이 발달해 있다. 고비 사막은 유라시아 대륙 내부에 발달해 있다. ㄷ. 갠지스강 주변은 토양이 비옥해 농경에 유리하다.

16 제시된 게시물은 이슬람교 지역의 모스크를 나타내는 사진과 해시태그이다. 이슬람교 지역에서는 둥근 돔과 첨탑을 가진 사원(모스크)을 볼 수 있다. 이슬람 율법(쿠란)의 가르침에 따라 생활하며, 이슬람교를 믿는 여성들은 머리와 목 등을 가리기 위해 히잡이라는 전통 의상을 착용하기도 한다.

> **왜 틀렸지?** ㄹ. 소를 신성시하여 소고기 먹는 것을 금기시하는 종교는 힌두교이다. ㅁ. 채식 위주의 음식 문화는 불교와 힌두교에서 볼 수 있는 특징이다.

17 제시된 지도에 표시된 (가)는 카슈미르 지역이다. 인도와 파키스탄이 영국으로부터 독립할 때 이슬람교도가 많은 카슈미르 지역이 힌두교를 주로 믿는 인도에 속하게 되면서 갈등이 발생하고 있는 지역이다.

18 문항 4에 정답을 표시하였다. 아시아에는 인구수 1위 국가인 인도가 속해 있고, 다른 대륙에 비해 인구 밀도가 높은 편이다. 농업 지역이 목축업 지역보다 인구 밀도가 높으며, 경제적 차이로 농촌에서 도시로 인구가 이동하기도 한다. 따라서 문항 1, 2, 3의 정답은 각각 ○, ×, ×이다.

19 (가)는 일본, (나)는 인도의 인구 피라미드이다. (가)는 유소년층(14세 이하)의 인구 비율이 낮고, 노년층(65세 이상)의 인구 비율이 높게 나타나므로 출생률을 높이기 위해 출산 장려금 지원 등의 정책이 필요하다. (나)는 출생률이 높고, 기대 수명이 늘어나면서 인구가 급증하여 실업률 및 빈곤 인구 증가, 사회 기반 시설 부족, 환경 오염 문제 등이 나타날 수 있다.

> **왜 틀렸지?** ㄷ. 생산 가능 인구는 경제활동이 가능한 15~64세에 해당하는 인구를 뜻하는데, (나)의 생산 가능 인구 비율은 (가)보다 높게 나타난다.

20 ㉤ '볼리우드'는 인도의 영화 산업으로, 저렴한 노동력과 우수한 기술을 바탕으로 발달한 문화 산업이다.

21 우리나라는 경제에서 무역 비중이 높아 이웃 국가의 경제 상황이나 세계 경제 변화에 영향을 많이 받는다.

22 예시답안 건조 기후 지역, 이 지역은 농경에 불리하여 가축을 데리고 이동하는 유목 생활이 발달하였다.

채점 기준	
상	기후의 명칭과 알맞은 생활 방식을 모두 바르게 서술한 경우
중	기후의 명칭을 적었으나, 생활 방식에 관한 서술이 미흡한 경우
하	기후의 명칭만 적은 경우

23 유라시아 대륙의 서쪽에 위치한 유럽은 서쪽으로 대서양, 남쪽으로 지중해와 접하고 있다. 동쪽으로 우랄산맥, 카스피해 등을 경계로 아시아와 구분된다.

24 자료에서 설명하고 있는 국가는 이탈리아이다. 이탈리아의 수도인 로마는 콜로세움 등의 역사적 명소로 유명하며, 패션 산업의 중심 도시로 밀라노 등이 있다.

25 온대 기후 중에서도 여름이 덥고 건조하며, 겨울은 온난하고 습윤한 지중해성 기후 지역의 기후 그래프이다. 지중해성 기후 지역에서는 여름철 고온 건조한 환경에서도 잘 자라는 포도, 올리브, 오렌지 등을 재배하는 수목 농업이 발달했다.

> 왜 틀렸지? ① 동물의 털과 가죽으로 만든 옷은 기온이 낮은 냉대나 한대 기후 지역과 관련 있다. ③ 온대 기후 지역 중에서도 서안 해양성 기후와 관련 있다. ④ 열대 기후 지역의 고상 가옥이나 냉대 기후 지역의 통나무집과 관련 있다. ⑤ 유목 생활은 건조 기후 지역과 관련 있다.

26 (가)는 서부 유럽 지역에서 넓게 나타나는 서안 해양성 기후, (나)는 지중해 연안의 남부 유럽에서 주로 나타나는 지중해성 기후이다. 서안 해양성 기후 지역은 흐리고 비가 내리는 날이 많으므로 지중해성 기후 지역보다 강수일수가 많고, 겨울철 강수 집중률이 낮다.

27 유럽의 주요 지형을 보여 주는 지도의 (가)는 대륙의 북부에 위치한 스칸디나비아산맥이고, (나)는 대륙의 남부에 위치한 알프스산맥이다. 알프스산맥은 스칸디나비아산맥에 비해 형성 시기가 오래되지 않아 해발 고도가 높고 험준하다.

28 신문 기사에서 소개하는 도시는 오스트리아의 수도인 빈이다. 유명한 예술가들이 활동한 고전 음악의 성지로, 구시가지 전체가 유네스코 세계 문화유산에 등재되었다. 지도의 A는 영국 런던, B는 프랑스 파리, C는 네덜란드 로테르담, D는 이탈리아 밀라노, E는 오스트리아 빈이다.

29 제시된 자료는 관광 산업이 발달한 에스파냐의 빌바오에 관한 설명이다.

30 지속가능한 도시를 만들기 위해서는 화석 에너지 사용을 줄이고 신·재생 에너지 등 친환경 에너지를 적극적으로 도입하여야 한다.

31 자료에서 설명하는 도시는 아이슬란드의 레이캬비크이다. 레이캬비크는 화산 활동이 활발한 지역으로 지열 발전을 통해 많은 전력을 생산하고 있다. 지도에 표시된 A는 아이슬란드의 레이캬비크, B는 에스파냐의 마드리드, C는 독일의 프라이부르크, D는 네덜란드의 암스테르담, E는 덴마크의 코펜하겐이다.

32 유럽 연합은 유럽의 정치·경제적 통합을 위해 만들어진 유럽 국가들의 지역 협력체이다. 영국이 국민 투표를 거쳐 2020년 유럽 연합을 공식적으로 탈퇴하면서, 2024년 유럽 연합에는 27개국이 가입해 있다. 유럽 연합 회원국은 공동 화폐인 유로화를 사용한다.

> 왜 틀렸지? ㄴ. 유럽 연합 회원국 모두가 유로화를 사용하는 것은 아니며, 회원국이 아니더라도 유로화를 사용하는 국가도 있다. 이에 따라 유럽 연합 가입국과 유로화를 사용하는 국가의 수에는 차이가 나타난다. ㄷ. 솅겐 조약에 따라 유럽 연합 회원국 간 국경의 자유로운 이동이 가능하며, 국경 이동 시에 입국과 출국 수속, 여권 검사 등이 면제된다.

33 예시답안 서안 해양성 기후 지역은 일 년 내내 강수량이 일정하여 하천의 수위 변화가 적어 하천 교통 발달에 유리하다.

채점 기준	
상	강수량의 특징과 연관지어 하천 교통이 발달한 이유를 바르게 서술한 경우
중	강수량의 특징을 서술하였으나, 하천 교통 발달에 관한 서술이 미흡한 경우
하	강수량의 특징만 서술한 경우

01 ②	02 ⑤	03 ②	04 ②	05 ②	06 ②	07 ②
08 ④	09 ②	10 ②	11 해설 참조		12 ②	13 ④
14 ③	15 ③	16 ④	17 ①	18 ③	19 ④	20 ⑤
21 ④	22 해설 참조		23 ⑤	24 ③	25 ⑤	26 ④
27 ②	28 ④	29 ③	30 ②	31 ⑤	32 ①	33 해설 참조

01 아프리카는 서쪽으로 대서양, 동쪽으로 인도양, 북동쪽으로는 홍해와 접하며, 북쪽으로 지중해를 사이에 두고 유럽과 마주하고 있다.

> **왜 틀렸지?** ㄴ. 세계에서 면적이 가장 넓은 대륙은 아시아이다. 아프리카는 아시아에 이어 두 번째로 면적이 넓은 대륙이다.

02 아프리카에서 최초로 월드컵을 개최한 국가, 요하네스버그 등은 남아프리카 공화국과 관련 있다.

03 피라미드와 스핑크스, 나일강과 수에즈 운하는 이집트와 관련 있다.

04 지도의 (가)는 적도를 중심으로 아프리카에 넓게 나타나는 열대 기후이다. 적도 부근은 기온이 높고 강수량이 많은 열대 기후가 나타난다.

05 아프리카에서 가장 긴 하천인 나일강은 빅토리아 호수 부근에서 발원하여 여러 국가를 거쳐 지중해로 유입된다.

06 ① 적도 부근의 열대 초원인 사바나는 수많은 야생 동물의 서식지로 사파리 관광이 이루어지고 있는 곳이다. ③ 킬리만자로산 정상 부근에서는 눈을 관찰할 수 있다. ④ 건조 기후 지역의 오아시스 주변에서는 대추야자, 밀 등을 재배한다. ⑤ 에티오피아의 고원 지역은 커피 재배에 적합한 환경을 갖추고 있는 아프리카 최대의 커피 생산지이다.

> **왜 틀렸지?** ② 알프스 산지는 유럽 남부에 위치한 산지이다.

> **알려 줄게!** 건조 기후 지역의 오아시스 농업
>
> 건조 기후 지역의 농업은 물을 얻을 수 있는 오아시스 지역에서 많이 이루어지는데, 오아시스의 물을 이용한 농경 생활은 유목 생활과 함께 건조 기후 지역의 대표적인 주민 생활 방식이다. 오아시스는 사람과 물자가 모여 상업의 중심지가 되기도 한다.

07 아프리카에서 건조 기후가 나타나는 지역에서는 온몸을 감싸는 형태의 의복이, 아프리카에서 열대 기후가 나타나는 지역에서는 얇고 짧은 형태의 의복이 발달하였다.

08 모스크는 이슬람교의 대표적인 건축물이다. 이슬람교는 북부 아프리카 지역을 중심으로 확산되었고, 이 지역 주민들의 일상생활에 많은 영향을 주고 있다.

09 아프리카 각 국가들은 더 나은 미래를 위해 경제, 사회, 환경 등 다양한 측면에서 지속가능한 발전을 위한 노력을 기울이고 있다.

10 공정 여행은 현지의 환경에 해를 끼치지 않고, 현지의 환경과 문화를 존중하며, 현지 주민들에게 적절한 비용을 지불함으로써 지역 경제에 혜택이 돌아가도록 하는 여행이다. ② 공정 여행을 실천하기 위해 지나치게 가격을 깎는 행위는 하지 않아야 한다.

11 **예시 답안** 플랜테이션과 이동식 화전 농업이 주로 이루어진다. 플랜테이션은 선진국의 자본 및 기술과 현지인의 노동력을 이용하여 카카오, 커피, 고무 등의 상품 작물을 재배하는 방식이다. 이동식 화전 농업은 삼림을 불태워 작물을 재배하고 토지가 황폐해지면 다른 지역으로 이동하는 방식으로 주로 옥수수, 카사바 등의 식량 작물을 재배한다.

채점 기준	
상	열대 기후 지역의 농업 방식을 구분하여 재배 작물과 농업 방식을 포함하여 바르게 서술한 경우
중	열대 기후 지역의 농업 방식 명칭과 특징을 서술하였으나, 재배 작물과 농업 방식에 관한 서술이 미흡한 경우
하	열대 기후 지역의 농업 방식만 적은 경우

12 세계 육지 면적의 약 30%를 차지하는 아메리카는 대륙이 남북으로 길게 뻗어 있어 위도에 따라 다양한 기후가 나타난다.

> **왜 틀렸지?** ㄴ. 아메리카 대륙은 지리적으로 북아메리카와 남아메리카로 구분할 수 있다. 지리적 구분의 기준은 대륙 중앙 부분에 위치한 파나마 지협이다. ㄷ. 대륙 서쪽에 위치한 로키산맥과 안데스산맥은 높고 험준하며, 환태평양 조산대에 속해 지각 운동이 활발하다.

13 아마존강 주변에 나타나는 열대림과, 유럽과 아프리카의 문화가 결합한 축제인 리우 카니발은 남아메리카에서 면적이 가장 넓은 국가인 브라질과 관련 있다.

14 북아메리카 북극해 주변인 고위도 지역에는 한대 기후가 나타나는데, 이 지역에는 이누이트 등 소수 민족이 살고 있다.

15 라틴 아메리카의 우루과이, 아르헨티나는 유럽계 민족(인종) 비율이 높게 나타난다. 이는 거주에 유리한 온대 기후가 나타나기 때문이다.

16 세계 최대의 열대 우림은 아마존강 유역에 있다. 아마존강은 안데스산맥에서 시작하여 대서양으로 흘러드는 세계에서 유량이 가장 풍부한 하천이다.

17 제시된 자료는 히스패닉에 관한 설명이다. 이들은 앵글로아메리카에서 미국과 멕시코 국경 부근에 집중적으로 분포한다. 히스패닉의 이주 요인은 대체로 일자리를 찾기 위한 것이며, 이들이 앵글로아메리카에서 차지하는 비율은 지속적으로 증가하고 있다.

왜 틀렸지? ② 앵글로아메리카로의 이주 초기 유럽계(영국 청교도)에 관한 설명이다. ③ 미국 남동부 지역에는 아프리카계가 주로 거주한다. ④ 아프리카계에 관한 설명이다. 아메리카에 정착한 유럽인들이 목화와 사탕수수의 대규모 재배에 필요한 노동력을 확보하기 위해 이들을 아메리카로 강제 이주시켰다. ⑤ 미국의 인구 구성에서 유럽계의 비율이 히스패닉보다 높다.

18 앵글로아메리카에 분포하는 아프리카계 민족(인종)은 대부분 플랜테이션 농업의 노동력 확보를 위한 목적으로 아프리카 대륙에서 강제 유입되었다. 현재 아프리카 대륙과 가까운 미국 남동부에 집중적으로 분포한다.

왜 틀렸지? ② 앵글로아메리카로의 이주 초기 유럽계(영국 청교도)에 관한 설명이다. ④ 미국 내 아메리카 원주민에 관한 설명이다. 원주민은 유럽의 식민지 개척 과정에서 적은 수만 남아 오늘날에는 주로 원주민 보호 구역에 거주하고 있다.

19 문항 1, 3, 4에 정답을 표시하였다. 프랑스의 식민 지배를 받은 캐나다 퀘벡주는 현재도 프랑스어를 영어와 함께 공용어로 사용하고 있다. 한편 라틴 아메리카 대부분의 국가는 가톨릭교를 믿는데, 이는 에스파냐와 포르투갈의 식민 지배를 받았기 때문이다. 아메리카에는 다양한 민족(인종)이 함께 살아가면서 이들의 문화가 상호 작용해 새로운 형태의 독특한 문화가 형성되었다. 앵글로아메리카는 영국의 영향으로 대부분의 지역에서 영어를 사용하고 있다. 따라서 문항 2의 정답은 ◯이다.

20 초국적 기업은 대체로 생산 비용을 줄이기 위해 본국보다 임금이 저렴한 지역으로 생산 공장을 이전한다. 생산 공장이 들어선 지역에서는 일자리가 증가하고, 지역의 인구가 늘어 지역 경제가 활성화된다. ⑤ 산업 공동화 현상은 생산 공장이 빠져나간 지역에서 나타나는 현상이다.

21 초국적 기업은 경영의 효율성을 높이고 이윤을 극대화하기 위해 기업의 기능을 여러 지역에 나누어 입지한다. 대체로 정보와 자본 확보에 유리하고, 지식과 기술을 갖춘 고급 인력이 풍부한 지역에는 본사와 연구소가 입지한다. 한편 원료 산지 근처나 땅값이 낮고 저렴한 노동력이 풍부한 지역에는 생산 공장이 들어서는데, 무역 장벽을 피하거나 판매 시장을 확보하기 위해 선진국 내에 입지하는 경우도 있다.

22 **예시 답안** 초국적 기업은 생산비 절감을 위해 지가와 임금이 저렴한 개발 도상국에 생산 공장을 입지시킨다. 또한 무역 장벽을 회피하고 판매 시장을 개척하기 위해 선진국 내에 생산 공장을 두기도 한다.

채점 기준	
상	초국적 기업의 생산 공장이 해외에 입지하는 이유를 두 가지 이상 바르게 서술한 경우
중	초국적 기업의 생산 공장이 해외에 입지하는 이유 한 가지를 바르게 서술한 경우
하	초국적 기업의 생산 공장이 해외에 입지하는 이유를 서술하지 못한 경우

23 (가) 뉴질랜드와 (나) 투발루는 오세아니아에 속하며, (다) 그린란드는 북극 지방에 가까이 있다. ⑤ (나)와 (다) 중 적도에 가까운 섬은 (나) 투발루이다.

24 이누이트는 한대 기후 지역과 관련 있으며, 북극해 연안에서 볼 수 있다.

25 제시된 지도의 (가)는 뉴질랜드의 남섬, (나)는 뉴질랜드의 북섬, (다)는 오스트레일리아의 내륙, (라)는 오스트레일리아의 북동부 해안이다. (라)에서는 세계 최대 규모의 산호초 지대를 볼 수 있다.

왜 틀렸지? ① 뉴질랜드 남섬에서는 빙하 지형을 볼 수 있다. 오아시스, 대추야자는 건조 기후 지역과 관련 있으며, 뉴질랜드는 대체로 온대 기후가 나타난다. ② (가)와 관련 있는 설명이다. 뉴질랜드 북섬에서는 화산 지형을 볼 수 있다. ③ (다)는 건조 기후가 넓게 나타나는 곳이다. 포도 농장과 와인은 온대 기후와 관련 있다. ④ 온천, 온천욕은 화산 지형과 관련 있으므로 (나)에서 볼 수 있는 모습이다.

26 지구 표면의 약 30%를 차지하는 태평양에서는 해양 쓰레기, 해수면 상승, 산호초 파괴 등의 다양한 환경 문제가 나타나고 있다.

왜 틀렸지? ㄷ. 사막 주변의 초원 지대가 사막처럼 변하는 사막화는 사막 주변에서 주로 발생한다. 아프리카 사하라 사막 주변의 사헬 지대는 사막화 현상이 나타나는 대표적인 지역이다.

27 태평양 지역에서 발생하는 환경 문제 해결을 위해 개인은 일상생활에서 일회용품의 사용을 줄이고, 친환경 제품을 사용하는 등의 노력을 기울여야 한다.

왜 틀렸지? ㄴ, ㄷ. 해양 폐기물 관련 법 제정, 신·재생 에너지 보급 확대 등은 국가 차원에서 할 수 있는 노력이다.

28 문항 2, 3, 4에 정답을 표시하였다. 극지방은 대체로 한대 기후 지역에 속하므로 문항 1의 답은 ×이다.

29 오스트레일리아는 제조업의 원료가 되는 자원을 수출하고 제품을 수입하는 것으로 보아 제조업 발달이 미약한 편임을 추론할 수 있다. 또한 무역 상대국이 유럽과 미국에서 지리적으

로 가까운 아시아로 변화하고 있으며, 다자간 자유 무역 협정을 체결한 국가들과의 무역이 증가하고 있다.

왜 틀렸지? ② 가공 무역은 외국에서 원자재 등을 수입하여 완제품으로 만든 뒤 다시 수출하는 방식으로, 우리나라와 일본 등에서 발달한 무역 방식이다. ⑤ 1965년에 비해 2022년에 미국과의 무역 비중은 감소하였다.

30 지도에 표시된 (가)는 북극해로, 북극 지방에 해당한다. 기후 변화에 따라 북극해의 빙하가 녹으면서 북극해를 거쳐 아시아와 유럽을 잇는 최단 해운 항로(북동 항로)가 최근 주목받고 있다.

왜 틀렸지? ㄴ. 장보고 과학 기지는 남극에 있다. ㄹ. 북극 지방은 유럽, 아시아, 북아메리카의 주요 도시를 연결하는 항공 교통의 중심지 역할을 한다.

31 북극해에는 전 세계 천연가스의 약 30%, 석유의 약 13%가 매장되어 있는 것으로 추정된다. 또한 지구 온난화와 기후변화에 따라 북극해의 얼음이 녹으면서 항로와 어로 개척뿐만 아니라 자원 채굴이 가능해져 러시아, 캐나다, 덴마크, 미국, 노르웨이 등 북극해 주변 국가들은 북극해의 자원을 둘러싸고 영유권을 주장하고 있다.

32 제시된 자료는 남극 조약에 관한 설명이다. 남극 조약은 남극에서의 평화적인 활동과 과학적 연구를 목적으로 1959년 12개국이 모여 체결한 국제 조약으로, 남극에서의 군사 활동, 원자력 활동, 폐기물 배출 등을 금지하고 있다. 2024년 5월 사우디아라비아의 가입으로 현재 57개국이 가입해 있는 남극 조약은 남극 지역의 안보와 평화, 환경 보호, 과학적 연구 등을 보장하는 데 큰 역할을 하고 있다.

33 **예시 답안** 뉴질랜드는 바다의 영향으로 기온의 연교차가 작고 연중 강수량이 고른 편이어서 목초지 조성에 유리하다. 국토의 약 40%가 목초지로 낙농업에 유리한 환경 때문에 육류와 치즈 등을 주로 수출하는 세계적인 낙농업 국가이다.

채점 기준	
상	뉴질랜드가 세계적인 낙농업 국가가 된 배경을 기온, 강수량 등 기후와 관련지어 바르게 서술한 경우
중	뉴질랜드가 세계적인 낙농업 국가가 된 배경을 기온, 강수량 중 한 가지 요소만 관련지어 서술한 경우
하	뉴질랜드가 세계적인 낙농업 국가가 된 배경을 기후와 관련지어 서술하지 못한 경우

알려 줄게! **사람보다 양이 많은 곳, 뉴질랜드**

뉴질랜드는 양 사육에 적합한 자연환경을 지니고 있어 세계적인 양 사육 국가이다. 특히 뉴질랜드에서 사육하는 양의 수는 뉴질랜드 총 인구의 네 배가 넘을 만큼 많고, 양고기의 세계 시장 점유율은 약 45%로, 세계 1위이다.

메모

중학 **사회** ①-1

정답 및 해설